Ilja Czernik

Die Collage in der urheberrechtlichen Auseinandersetzung zwischen Kunstfreiheit und Schutz des geistigen Eigentums

Ilja Czernik

Die Collage in der urheberrechtlichen Auseinandersetzung zwischen Kunstfreiheit und Schutz des geistigen Eigentums

W DE G RECHT

De Gruyter Recht · Berlin

Dr. iur. *Ilja Czernik*, Humboldt-Universität zu Berlin

∞ Gedruckt auf säurefreiem Papier,
das die US-ANSI-Norm über Haltbarkeit erfüllt.

ISBN 978-3-89949-491-4

Bibliografische Information der Deutschen Nationalbibliothek

Die Deutsche Nationalbibliothek verzeichnet diese Publikation in der Deutschen Nationalbibliografie; detaillierte bibliografische Daten sind im Internet über http://dnb.d-nb.de abrufbar.

Printed in Germany

Konvertierung/Satz: jürgen ullrich typosatz, 86720 Nördlingen
Druck und Bindung: Hubert & Co., Göttingen
Einbandgestaltung: Christopher Schneider, Berlin

meinen Eltern
und meinen Großeltern

Vorwort

Die Arbeit behandelt mit der Collage ein Thema, welches bisher wenig Widerhall in der juristischen Literatur gefunden hat. Das ist verwunderlich, finden sich doch nicht zuletzt im Katalog der documenta 12 eine Vielzahl verschiedenster Collageformen, die zu Diskussionen reizen. Denn gerade am Beispiel der Collage lassen sich exemplarisch die immer wiederkehrenden, grundlegenden Fragen des Urheberrechts erörtern, betreffen sie nun den Werkbegriff oder die des künstlerischen Umgangs mit dem Vorgefundenen.

Neben dem Aspekt der juristischen Bearbeitung dieses Themas ging es mir vor allem darum, mit der Collage im Zusammenhang stehende grundsätzliche Fragen des Urheberrechts darzulegen und dogmatisch zu analysieren. Dies vor allem deswegen, da das Urheberrecht nicht nur heute, sondern vor allem in den nächsten Jahren vor tiefgreifenden Veränderungen steht. Um diese Geschehnisse jedoch zu bewältigen, muss man die Grundlagen der durch die Veränderungen hervorgerufenen Fragen verstehen. Nur so ist es möglich, den Zusammenhang von Urheberrecht und Entwicklung der Kunst nicht aus den Augen zu verlieren

Die vorliegende Dissertation wurde am 28. Juni 2007 bei der Juristischen Fakultät der Humboldt-Universität zu Berlin eingereicht und beinhaltet bereits die Änderungen im Rahmen der Urheberrechtsreform 2007.

Besonderen Dank schulde ich meinem Doktorvater Prof. Dr. Wandtke, der mich inspirierte, unterstützte und mir in meiner Arbeit allergrößte Freiheiten einräumte. Ich möchte mich weiter bei Prof. Dr. Paulus für das zügige Zweitgutachten bedanken, sowie bei Prof. Dr. Schwintowski, der als Vorsitzender der Prüfungskommission für eine offene und angeregte Atmosphäre während der mündlichen Prüfung gesorgt hat.

Berlin, den 30. Januar 2008 *Ilja Czernik*

Inhaltsverzeichnis

Vorwort VII

Inhaltsverzeichnis IX

Literaturverzeichnis XVII

Abkürzungsverzeichnis XXXIX

Einführung in die Untersuchung 1

Ansatz der Untersuchung 3

Zielsetzung der Untersuchung 6

Kapitel 1: Die Collage in der Kunst – Standortbestimmung der künstlerischen Gegenwart 7

§ 1 Kunst in der Entwicklung 7
A. Von der Moderne in die Postmoderne 8
I. Die Moderne – die sog. historische Avantgarde der Kunst 8
II. Die Postmoderne – Zuspitzung des extremen Stilpluralismus 9
B. Der eigentliche Begriff der Avantgarde 12
C. Schlussfolgerungen 14
§ 2 Die Collage – Eine Revolution in der Kunst 15
A. Die Collage als anerkannte Kunsttechnik 15
I. Die Geschichte der Kunsttechnik Collage 15
II. Begriffsbestimmung der Collage 41
III. Die Erscheinungsformen der Collage 43
1. papiers collés 44
2. Fotomontagen 45
3. Klang-, Ton- und Musikcollagen 46
4. Assemblagen, Environments und Installationen 47
5. Happenings und Performances 49
6. Videocollagen 50
7. Literaturcollagen 51
IV. Abschließende Betrachtung 52

B. Das Prinzip der Collage – wesentliche Elemente und Charakteristika und ihre Bedeutung für das 21. Jahrhundert 53
I. Die Bestandteile, die eine Collage ausmachen können und ihre rechtliche Problematik 53
II. Die Intention und Wirkung der Collage 54
III. Eine Zusammenfassung des Bisherigen und ein Ausblick auf das Kommende 59

Kapitel 2: Die Collage und das Grundgesetz – notwendige Vorausbetrachtungen 63

§ 1 Die Bedeutung des Grundgesetzes für die Collage in ihrer urheberrechtlichen Problematik 65
§ 2 Die Collage im Zeichen der Kunstfreiheit 67
A. Quo vadis Kunstfreiheit 69
B. Die Collage als Kunst iSd Art. 5 Abs. 3 GG 85
C. Kunstfreiheit und die Schrankensystematik des Grundgesetzes 86
D. Die Collage und die Kunstfreiheit – eine Zusammenfassung verfassungsrechtlicher Bewertungen 90
§ 3 Die Collage auf Konfrontationskurs zum geistigen Eigentum 91
A. Einleitung 91
B. Begrifflichkeit des geistigen Eigentums 93
C. Die Monopolisierung des Urheberrechts nach dem Grundgesetz contra nachgeschaffener Collage 99
I. Die Eigentumsfreiheit des Grundgesetzes – Schutz der materiellen Interessenlage des Urheberrechts 99
1. Grundlagen des verfassungsrechtlichen Schutzes des geistigen Eigentums 101
a) Zwingende Vorausüberlegungen 101
b) Die maßgeblichen Gründe für den Eigentumsschutz des Urhebers 105
2. Inhalts- und Schrankenbestimmungen – Die Sozialpflichtigkeit des geistigen Eigentums 110

II. Die Collage und der Schutz des geistigen Eigentums – eine Zusammenfassung bisheriger verfassungsrechtlicher Bewertungen 122
D. Das Urheberpersönlichkeitsrecht nach dem Grundgesetz contra nachgeschaffener Collage 124
I. Die Bedeutung dieser Frage für die Collage .. 125
II. Verfassungsrechtliche Einordnung des Urheberpersönlichkeitsrechts 125
1. Kein Exklusivanspruch des Art. 2 Abs. 1 iVm 1 Abs. 1 GG auf das Urheberpersönlichkeitsrecht 126
2. Die Kunstfreiheit als Ausdruck der Urheberpersönlichkeitsrechte 129
3. Das Urheberpersönlichkeitsrecht unter dem Wandel der Eigentumsdefinition 132
III. Folgen der verfassungsrechtlichen Vorgaben zum Urheberpersönlichkeitsrecht für die urheberrechtliche Bewertung der Collage 145
§ 4 Die Collage und das Grundgesetz – Gesamtergebnis der verfassungsrechtlichen Bewertungen 146

Kapitel 3: Die Collage in ihrer urheberrechtlichen Problematik 149

§ 1 Einleitung 149
§ 2 Eine Analyse des bestehenden Werkbegriffs anhand ausgewählter Formen der Collage 150
A. Das Problem des urheberrechtlichen Werkbegriffs mit dem neuen Bildbegriff der Collage 151
I. Die allgemeine Auffassung vom Werkbegriff . 151
1. Verfassungsrechtlicher Kunstbegriff und urheberrechtlicher Kunstbegriff 152
2. Die persönliche geistige Schöpfung – Der gesetzliche Werkbegriff der h.M. 153
II. Das Problem avantgardistischer Formen der Collage mit dem derzeitigen Werkbegriff 158
B. Bisherige Lösungsansätze und ihre Anwendung auf avantgardistische Collageformen 165
I. Individualitäts- und Präsentationstheorie und Collage 166

II. Stellungnahme 172
III. Einbeziehung avantgardistischer Collageformen über die Kreativität des Geistes in den Werkbegriff 184
IV. Stellungnahme 187
V. Braucht es einen allumfassenden Nihilismus, um avantgardistischen Collageformen noch gerecht werden zu können? 195
VI. Stellungnahme 198
VII. Die finalistische Urheberrechtstheorie – Werkschutz avantgardistischer Collageformen über Auswahl oder Bekenntnis? 199
VIII. Stellungnahme 202
IX. Braucht es ein ‚Urheberrecht nach Maß' für den avantgardistischen Collagekünstler? 205
X. Stellungnahme 206
XI. Urheberrecht als Reaktion auf das heutige Sozialsystem Kunst und die Auswirkungen für avantgardistische Collageformen 212
XII. Stellungnahme 216
XIII. Analoge Anwendung des Urheberrechts bei Sonderfällen – ein Werkbegriff passend auch für avantgardistische Collageformen 219
XIV. Stellungnahme 222
XV. Zusammenfassung 227
C. Ein Werkbegriff unter besonderer Bezugnahme auf den veränderten Bildbegriff in der Collage 227
I. Der neue generalisierte Kunstbegriff im Urheberrecht 229
II. Vorstellung eines avantgardistischen Werkbegriffs 230
III. Der avantgardistische Werkbegriff unter besonderer Berücksichtigung der verfassungsrechtlichen Vorgaben und der Collage 236
1. Allgemeine Bewertung des avantgardistischen Werkbegriffs 236
2. Bewertung einzelner Aspekte im und aufgrund des avantgardistischen Werkbegriffs 241

D. Schlussfolgerungen für die Collage ... 250
§ 3 Der Collagekünstler und die verletzten Rechte – Mögliche Auswege aus der Kollision ... 251
A. Die Collage als Urheberrechtsverletzung ... 255
I. Überblick über die Möglichkeiten einer vergütungsfreien Benutzungsmöglichkeit zugunsten der Collage ... 257
II. Die Zitierfreiheit (§ 51 UrhG) – Eine Schranke des Urheberrechts auch zugunsten des Collagekünstlers? ... 257
1. Die allgemeinen Voraussetzungen des § 51 UrhG ... 258
a) Das zitierte Werk – Urheberrechtsfähig und Teil der Öffentlichkeit ... 259
(1) Das zitierte Werk – Urheberrechtsfähig ... 259
(2) Das zitierte Werk – Teil der Öffentlichkeit ... 260
b) Das zitierende Werk – Selbständig schutzfähig ... 266
c) Der Zitatzweck – Entscheidende Voraussetzung des § 51 UrhG ... 269
d) Keine unzumutbare Beeinträchtigung der Interessen des Urhebers ... 272
2. Konkrete Anwendung der allgemeinen Voraussetzungen auf die Collage ... 274
3. Braucht die Collage das Zitat als Inhalts- und Schrankenbestimmung? ... 275
(1) Die Auswirkungen von Germania 3 ... 276
(2) Stellungnahme unter besonderer Berücksichtigung des Bildbegriffs der Collage ... 280
a. Grundsätzliche Bewertung der verfassungsrechtlichen Begründung des BVerfGs ... 280
b. Fragwürdigkeit des Ansatzpunktes des BVerfGs im Fall der Collage ... 284
4. Schlussfolgerungen der Ausführungen zum Zitatrecht für die Collage ... 294

III. Die Collage als freie Benutzung eines urheberrechtlich geschützten Ausgangswerkes nach § 24 UrhG 295
1. Notwendige Vorausbetrachtungen für die urheberrechtliche Bewertung der Collage als *in freier Benutzung entstanden* 296
a) Rechtfertigung der Existenz des § 24 UrhG 297
b) Rechtscharakter des § 24 UrhG 302
c) Auswirkungen auf die rechtliche Betrachtung der Collage iRd freien Benutzung 306
2. Anforderungen iSd § 24 Abs. 1 UrhG an die nachgeschaffene Collage 308
a) § 24 Abs. 1 UrhG: Eine selbständige Collage 309
b) ... entsteht aus dem Werk eines anderen ... 310
c) ... in freier Benutzung 312
(1) Bisherige Begriffsdefinitionen der freien Benutzung und ihre Folgen für die Collage 313
(2) Stellungnahme und eigene Begriffsbildung unter besonderer Berücksichtigung des Bildnisbegriffs der Collage 326
(3) Zusammenfassende Überlegungen zur freien Benutzung und der Collage 335
d) Die Besonderheit des sog. „starren Melodienschutzes“ iRd § 24 UrhG unter besonderer Beachtung der Musikcollage . . 337
(1) Allgemeines zum sog. „starren Melodienschutz“ des § 24 Abs. 2 UrhG 339
a. Melodiebegriff in § 24 Abs. 2 UrhG 341
b. Eine fremde Melodie darf der Musikcollage nicht erkennbar zugrundegelegt sein 343

(2) Starrer Melodienschutz und Collage – eine veränderte Auslegung des § 24 Abs. 2 UrhG tut Not 346

4. Schlussfolgerungen der Ausführungen zur freien Benutzung zugunsten des nachschaffenden Collagekünstlers 355

IV. Die Collage als Bearbeitung – Schutz der künstlerischen Privatsphäre durch § 23 Satz 1 UrhG 356

1. Die Bearbeitung iSd § 23 UrhG und die Bedeutung ihrer Kenntnis für die Collage .. 357

a) Sachverhaltskonstellationen des § 23 UrhG iFd Collage 358

b) Notwendige Vorausbetrachtungen für die urheberrechtliche Bewertung der Collage als Bearbeitung 363

(1) Rechtfertigung der Existenz des § 23 Satz 1 UrhG 363

a. § 23 Satz 1 UrhG – als Privilegierungstatbestand 363

b. § 23 Satz 1 UrhG als verwertungsrechtliche Regelung 366

c. § 23 Satz 1 UrhG als urheberpersönlichkeitsrechtliche Regelung 371

(2) Zusammenfassung und Ausblick auf die Diskussion zur Collage im Anwendungsbereich des § 23 UrhG 380

2. Die Collage – Bearbeitung oder „andere Umgestaltung"? 381

3. Verbot der Veröffentlichung oder Verwertung der nachgeschaffenen Collage 393

a) Das Verbot der Veröffentlichung der nachgeschaffenen Collage 394

b) Das Verbot der Verwertung der nachgeschaffenen Collage 401

4. Die Einwilligung nach § 23 UrhG am Fall der nachgeschaffenen Collage 401

a) Das Einwilligungserfordernis iFd Verwertung der Collage 403
b) Das Einwilligungserfordernis iFd Verletzung von Urheberpersönlichkeitsrechten durch die Collage 412
(1) Dispositionen unter Aussparung des sog. Kernbereichs 414
(2) Dispositionen unter Einbeziehungen des sog. Kernbereichs 423
(3) Schlussfolgerungen der Ausführungen zu §§ 14, 39 iVm 23 Satz 1 Alt. 2 UrhG für die Stellung des Collagekünstlers 428
5. Die Collage als eine nach Plänen und Entwürfen eines Werkes der bildenden Kunst entstandene Bearbeitung 429
6. Schlussfolgerungen der Ausführungen zur Collage als Bearbeitung 434
B. Schlussfolgerungen für den nachschaffenden Collagekünstler 436
§ 4 Die Collage und das Urheberrecht – Gesamtergebnis der urheberrechtlichen Bewertungen 436

Kapitel 4: Die Collage – Rechtliche Einschätzung einer Kunstrevolution in der Zusammenfassung . . . 439

§ 1 Bestandsaufnahme 439
§ 2 Grundlagen für die urheberrechtliche Beurteilung der Collage 440
§ 3 Bewertung der wichtigsten urheberrechtlichen Fragestellungen im Zusammenhang mit der Collage 443
§ 4 Fazit 449

Sachregister 451

Literaturverzeichnis

Adorno, Theodor W.: Ästhetische Theorie (1970), in Gesammelte Schriften. Band 7 (herausgegeben von Rolf Tiedemann), Frankfurt/Main 2003 (zit. Ästhetische Theorie)

ders.: Kultur und Verwaltung, in Merkur XIV. Jahrgang 2. Heft (1960), S. 101–121

Allfeld, Philipp: Urheberrecht an Werken der Literatur und Tonkunst. Kommentar zu dem Gesetze vom 19. Juni 1901 sowie zu den internationalen Verträgen zum Schutz des Urheberrechtes, 2. Auflage, München 1928

Alemdjrodo, Richard: Das Urheberpersönlichkeitsrecht auf dem Prüfstand der Informationsgesellschaft. Vergleich des europäischen, deutschen, englischen und französischen Rechts, Münster 2005

Almy, Max: Video: Electronic Collage, in Hoffmann, Katherine (Hrsg.), Collage critical views, Ann Arbor/London 1989, S. 355–371

Alpert, Frank: Zum Werk- und Werkteilbegriff bei elektronischer Musik- Tracks, Basslines, Beats, Sounds, Samples, Remixes und DJ-Sets, in ZUM 2002, S. 525–534

Aragon, Louis: Les collages, Paris 1980

v. Arnauld, Andreas: Strukturelle Fragen des allgemeinen Persönlichkeitsrechts. Überlegungen zu Schutzbereich und Schranken des grundrechtlichen Persönlichkeitsschutzes, in ZUM 1996, S. 286–292

Asmus, Torben: Die Harmonisierung des Urheberpersönlichkeitsrechts in Europa, Baden-Baden 2004

Badura, Peter: Zur Lehre von der verfassungsrechtlichen Institutsgarantie des Eigentums betrachtet am Beispiel des „geistigen Eigentums", in FuR 1984, S. 552–560

Baum, Alfred: Über das Droit Moral, seine Ausübung und Dauer, in GRUR Int. 1965, S. 418–422

v. Becker, Bernhard: Parodiefreiheit und Güterabwägung. Das „Gies-Adler" Urteil des BGH, in GRUR 2004, S. 104–109

Becker, Hans J.: Mit geballter Faust. Kurt Tucholskys ‚Deutschland, Deutschland über alles', Bonn 1978

Beier, Friedrich-Karl: Die Zukunft des geistigen Eigentums in Europa – Gedanken zur Entwicklung des Patent- Gebrauchsmuster- und Geschmacksmusterrechts, in Hilf, Meinhard/Oehler, Wolfgang (Hrsg.), Der Schutz des geistigen Eigentums in Europa, Referate und Diskussionsberichte der Tagung des Arbeitskreises Europäische Integration e. V. und des Instituts für Deutsches, Europäisches und Internationales Wirtschaftsrecht der Universität Bielefeld in der Universität Bielefeld am 17. und 18. Mai 1990, Baden-Baden 1991, S. 13–35

Beiselt, Daniel: Die Kunstfreiheitsgarantie des Grundgesetzes und ihre strafrechtlichen Grenzen, Heidelberg 1997

Benjamin, Walter: Bekränzter Eingang. Zur Ausstellung „Gesunde Nerven" im Gesundheitshaus Kreuzberg, in *ders.* Gesammelte Schriften Band IV, 1 (herausgegeben von Hella Tiedemann-Bartels) Frankfurt/Main, 1981, S. 557–561 (zit. Bekränzter Eingang)

ders.: Krisis des Romans. Zu Döblins „Berlin Alexanderplatz", in *ders.* Gesammelte Schriften Band III (herausgegeben von Hella Tiedemann-Bartels), Frankfurt/Main 1972, S. 230–236 (zit. Krisis des Romans)

Bleckmann, Albert: Staatsrecht II – Die Grundrechte, 4. Auflage, Köln, u. a. 1997

Blumberg, Hans: Nachahmung der Natur. Zur Vorgeschichte der Idee des schöpferischen Menschen, in *ders.* (Hrsg.) Wirklichkeiten in denen wir leben. Aufsätze und eine Rede, Stuttgart 1981, S. 55–103

Böckenförde, Ernst-Wolfgang: Zur Lage der Grundrechtsdogmatik nach 40 Jahren Grundgesetz, München 1990

Böll, Heinrich: Die Freiheit der Kunst. Wuppertaler Rede vom 14. Oktober 1966, abgedruckt in Voltaire Flugschriften, Berlin 1966

Bonnet, Anne-Marie: ‚Die Moderne' – Eine Einführung, in KAb 1/2005, S. 51–66

de Boor, Hans Otto: Urheberrechtliche Grundsatzfragen in Schrifttum und Rechtsprechung, in UFITA 21 (1956/I), S. 129–150

ders.: Anmerkung (zu BGH JZ 1955, S. 734 ff. [Tonbandurteil] und BGH JZ 1955, S. 743 ff. [Fotokopieurteil], in JZ 1955, S. 747–752

ders.: Urheberrecht und Verlagsrecht. Ein Beitrag zur Theorie der ausschließlichen Rechte, Stuttgart 1917 (zit. Urheberrecht)

Braun, Johann: Kunstprozesse von Menzel bis Beuys. 13 Fälle aus dem Privatrecht, München 1995

Brecht Bertolt: Geschichten vom Herrn Keuner, Frankfurt/Main 1995 (zit. Keuner)

ders.: Der Messingkauf in Bertolt Brecht Werke Band 22, Schriften 2, Teil 2., 1. Auflage Frankfurt/Main, S. 695–869 (zit. Messingkauf)

Breton, André: Erstes Manifest des Surrealismus (1924), in der Version von 1929, in Metken, Günter (Hrsg.) Als die Surrealisten noch Recht hatten. Texte und Dokumente, 2. Auflage, Hofheim 1983, S. 21–50

Breunung, Leonie/Nocke, Joachim: Die Kunst als Rechtsbegriff oder wer definiert die Kunst?, in: Dankert, Birgit/Zechlin, Lothar (Hrsg.) Literatur vor dem Richter. Beiträge zur Literaturfreiheit und Zensur, Baden-Baden 1988, S. 235–270

Der Brockhaus Moderne Kunst: Vom Impressionismus bis zur Gegenwart, Mannheim, Leipzig 2003

Brugger, Gustav: Der Begriff der Bearbeitung und Verfilmung im neuen Urheberrechtsgesetz. Unter Berücksichtigung der Verwendung von Musikwerken im Film und Fernsehen, in UFITA 51 (1968), S. 89–125

v. Brünneck, Alexander: Die Eigentumsgarantie des Grundgesetzes, Baden-Baden 1984

Bullinger, Winfried: Kunstwerkfälschung und Urheberpersönlichkeitsrecht. Der Schutz des bildenden Künstlers gegenüber der Fälschung seiner Werke, Berlin 1997 (zit. Kunstwerkfälschung)

Bürger, Peter: Das Verschwinden des Subjekts. Fragmente einer Geschichte der Subjektivität, Frankfurt/Main 2001 (zit. Verschwinden des Subjekts)

ders.: Theorie der Avantgarde, Frankfurt/Main 1974 (zit. Avantgarde)
Bussmann, Kurt: Änderung und Bearbeitung im Urheberrecht, in Hefermehl, Wolfgang/Nipperdey, Hans Carl Festschrift für Philipp Möhring zum 65. Geburtstag, München und Berlin 1965, S. 201–224
Cage, John: Für die Vögel. Gespräche mit Daniel Charles (in der Übersetzung von Birger Ollrogge), Berlin 1984
Chakraborty, Martin: Das Rechtsinstitut der freien Benutzung im Urheberrecht, Baden-Baden 1997
Chastel, André: Leonardo Da Vinci. Sämtliche Gemälde und die Schriften zur Malerei (in der Übersetzung von Marianne Schneider), München 1990
Christen, Felix: Die Werkintegrität im schweizerischen Urheberrecht, Bern 1982
Claus, Jürgen: Theorien zeitgenössischer Malerei in Selbstzeugnissen, Hamburg 1963
Clément, Christoph: Urheberrecht und Erbrecht, Baden-Baden 1993
Degenhart, Christoph: Das allgemeine Persönlichkeitsrecht, Art. 2 I iVm Art. 1 I GG, in JuS 1992, S. 361–368
Delp, Ludwig: Das Recht des geistigen Schaffens in der Informationsgesellschaft. Medienrecht. Urheberrecht. Urhebervertragsrecht, 2. Auflage, München 2003
Denninger, Erhard, u. a. (Hrsg.): GG. Kommentar zum Grundgesetz für die Bundesrepublik Deutschland, 3. Auflage, Neuwied 2001 (zit. AK-GG/*Bearbeiter)*
ders.: Freiheit der Kunst, in Isensee, Josef/Kirchhoff, Paul (Hrsg.), Handbuch des Staatsrechts der Bundesrepublik Deutschland. Band 6 § 146, Heidelberg 1989 (zit. Freiheit der Kunst)
Dieselhorst, Jochen: Was bringt das Urheberpersönlichkeitsrecht? Urheberpersönlichkeitsrechtsschutz im Vergleich Deutschland – USA, Frankfurt/Main, u. a. 1995
Dieth, Mathias: Musikwerk und Musikplagiat im deutschen Urheberrecht, Baden-Baden 2000
Dietrich, Dorothea: The Collages of Kurt Schwitters, Cambridge 1993
Dietz, Adolf: Einführung. Das Urhebervertragsrecht in seiner rechtspolitischen Bedeutung, in Beier, Karl-Friedrich u. a. (Hrsg.), Urhebervertragsrecht, Festgabe für Gerhard Schricker zum 60. Geburtstag, München 1995, S. 1–50 (zit. FG Schricker)
ders.: Moderne Kunst und droit de suite, in Gewerblicher Rechtsschutz – Urheberrecht – Wirtschaftsrecht, Mitarbeiterfestschrift für Eugen Ulmer, Köln u. a. 1973, S. 3–9 (zit. FS Ulmer)
Doehring, Karl: Die Gesunderhaltung des Menschen im Spannungsfeld zwischen Staatsfürsorge und Individualentscheidung, in Fürst, Walter u. a. (Hrsg.) Festschrift für Wolfgang Zeidler Band 2, Berlin, New York 1987, S. 1553–1565
Döhl, Reinhard: Collage und Realität. Historische Aspekte zum Thema Collage in Hans Thoma-Gesellschaft/Kunstverein (Hrsg.) Aspekte der Collage in Deutschland von Schwitters bis zur Gegenwart, Reutlingen 1996, S. 7–24
Dreier, Thomas/Schulze, Gernot: Urheberrechtsgesetz, Kommentar. München 2003 (zit. Dreier/Schulze)
Dreyer, Gunda/Kotthof, Jost/Meckel, Astrid: Heidelberger Kommentar zum Urheberrecht, Heidelberg 2004 (zit. Dreyer)

Duden. Grammatik der deutschen Gegenwartssprache, 4. Auflage Mannheim u. a. 1984
Dunkelberg, Len: Die Kunst der Collage, Baunach 1998
Dünnwald, Dirk: Der Urheber im öffentlichen Dienst, Baden-Baden 1999
Dürig Günter: Das Eigentum als Menschenrecht, in ZgS 1953, S. 326–350
Dürrenmatt, Friedrich: Theaterprobleme, Zürich 1955
Eckstein, Ernst: Film- und Persönlichkeitsrecht, in GRUR 1923, S. 133–136
Emrich, Wilhelm: Kann Dichtung verboten werden?, in Freie Universität Berlin (Hrsg.) Universitätstage 1964: Gesellschaftliche Wirklichkeit im 20. Jahrhundert und Strafrechtsreform, Berlin 1964, S. 159–172
Enderlein, Wolfgang: Rechtspaternalismus und Vertragsrecht, München 1996
Erbel, Günter: Inhalt und Auswirkungen der verfassungsrechtlichen Kunstfreiheitsgarantie, Berlin/Heidelberg/New York 1966
Erdmann, Willi: Schutz von Werbeslogans, in GRUR 1996, S. 550–558
ders.: Werktreue des Bühnenregisseurs aus urheberrechtlicher Sicht, in Bruchhausen, Karl, u. a. (Hrsg.) Festschrift für Rudolf Nirk zum 70. Geburtstag, München 1992, S. 209–231 (zit. FS Nirk)
ders.: Schutz der Kunst im Urheberrecht in *ders.*, u. a. (Hrsg.) Festschrift für Otto-Friedrich Frhr. v. Gamm, Köln, u. a. 1990, S. 389–403 (zit. FS Erdmann)
ders.: Möglichkeiten und Grenzen des Urheberrechts, in CR 1986, S. 249–259
Erhardt, Elmar: Kunstfreiheit und Strafrecht. Zur Problematik Satirischer Ehrverletzungen, Heidelberg 1989
Erichsen, Hans-Uwe: Höchstrichterliche Rechtsprechung zum Verwaltungsrecht. Zum staatlichen Erziehungsauftrag und zur Lehre vom Gesetzes- und Parlamentsvorbehalt, in VerwArch 69 (1978), S. 387–396
Ermecke, Gustav: Die soziale Bedeutung des geistigen Eigentums. Vortrag, gehalten auf dem Kongreß der Internationalen Gesellschaft für Urheberrecht e. V. am 16. September 1962 in Berlin, Berlin u. Frankfurt/Main 1963
Ernst, Max: Jenseits der Malerei, in Metken, Günter (Hrsg.) Als die Surrealisten noch Recht hatten. Texte und Dokumente, 2. Auflage Hofheim 1983, S. 326–333
Eschenbach, Jürgen: Der verfassungsrechtliche Schutz des Eigentums, Berlin 1996
Fabiani, Mario: Sind Apparat geistige Schöpfer, in GRUR Int. 1965, S. 422–425
Fechner, Frank: Geistiges Eigentum und Verfassung. Schöpferische Leistungen unter dem Schutz des Grundgesetzes, Tübingen 1999 (zit. Geistiges Eigentum)
ders.: Medienrecht. Lehrbuch des gesamten Medienrechts unter besonderer Berücksichtigung von Presse, Rundfunk und Multimedia, 5. Auflage, Tübingen 2004 (zit. Medienrecht)
Federle, Markus Alexander: Der Schutz der Werkintegrität gegenüber dem vertraglich Nutzungsberechtigten im deutschen und US-amerikanischen Recht, Baden-Baden 1988
Feinberg, Joel: Harm to Self, Oxford New York 1986
Feyerabend, Paul: Against Method (1975), London u. New York 1994
Fikentscher, Wolfgang: Wirtschaftsrecht Band II. Deutsches Wirtschaftsrecht, München 1983

Fischer, Hermann Josef/Reich, Steven A. (Hrsg.): Der Künstler und sein Recht. Ein Handbuch für die Praxis, 2. Auflage, München 2007 (zit. Fischer/Reich/*Bearbeiter*)
Flechsig; Norbert P.: Beeinträchtigungsschutz von Regieleistungen im Urheberrecht, in FuR 1976, S. 429–435
Forkel, Hans: Lizenzen an Persönlichkeitsrechten durch gebundene Rechtsübertragung in GRUR 1988, S. 491–501
ders.: Gebundene Rechtsübertragungen. Ein Beitrag zu den Verfügungsgeschäften über Patent-, Muster- Urheber- und Persönlichkeitsrechte. Erster Band: Patent, Musterrecht, Urheberrecht, Köln u.a. 1977 (zit. Gebundene Rechtsübertragung)
Frank, Manfred: Subjekt, Person, Individuum, in *ders.* u.a. (Hrsg.), Die Frage nach dem Subjekt, Frankfurt/Main 1988, S. 7–28
Freitag, Andreas: Die Kommerzialisierung von Darbietung und Persönlichkeit des ausübenden Künstlers, Baden-Baden 1993
Fromm, Friedrich Karl: Der Apparat als geistiger Schöpfer, in GRUR 1964, S. 304–306
ders./Nordemann, Wilhelm (Hrsg.): Urheberrecht, Kommentar. 9. Auflage, Stuttgart 1998 (zit. Fromm/Nordemann/*Bearbeiter*)
Fuchs, Christine: Avantgarde und Erweiterter Kunstbegriff. Eine Aktualisierung des Kunst- und Werkbegriffs im Verfassungs- und Urheberrecht, Baden-Baden 2000
v. Gamm, Otto-Friedrich Freiherr: Zur Lehre vom geistigen Eigentum, in UFITA 94 (1982), S. 73–78
ders.: Urheberrechtsgesetz, Kommentar, München 1968 (zit. v. Gamm)
Gerstenberg, Ekkehard: Moderne Kunst und Urheberrecht, in Klaka, Rainer (Hrsg.), Festschrift für Senatspräsident Wilhelm Wendel. April 1969, München 1969, S. 89–97 (zit. FS Wendel)
ders.: Die Urheberrechte an Werken der Kunst, Literatur und Photographie, München 1968 (zit. Urheberrechte)
Gettke, Wolfram: Das Fotokopierrecht der §§ 53, 54 UrhG – zum Erfordernis einer Gesetzesänderung, Berlin 1984
Gilot, Françoise/Lake, Carlton: Life with Picasso, New York 1964
Girth, Peter: Individualität und Zufall im Urheberrecht, Berlin 1974
Gleizes, Albert/Metzinger, Jean: Cubism, Paris 1912, teilweise abrufbar unter www.mcah.columbia.edu/arthumanities/pdfs/arthum_picasso_reader.pdf
Goebel, Jürgen W./Hackmann, Martin/Scheller, Jürgen: Zum Begriff des Erscheinens beim elektronischen Publizieren, in GRUR 1986, S. 355–361
Götting, Horst-Peter: Persönlichkeitsrechte als Vermögensrechte, Tübingen 1995
Greenberg, Clement: Collage, in Hoffmann, Katherine (Hrsg.) Collage critical views, Ann Arbor/London 1989, S. 67–77
Grohmann, Hans: Das Recht des Urhebers, Entstellungen und Änderungen seines Werkes zu verhindern, Erlangen 1971
Grossmann, Cornelius: Die Schutzfähigkeit von Bearbeitungen gemeinfreier Musikwerke. § 3 Satz 2 UrhG, Baden-Baden 1995 (zit. Bearbeitungen)
Großmann, Rolf: Collage, Montage, Sampling. Ein Streifzug durch (medien-) materialbezogene ästhetische Strategien in Segeberg, Harro/Schätzlein, Frank

(Hrsg.) Sound. Zur Technologie des Akustischen in den Medien, Marburg 2005, S. 308–331 (zit. Collage)

Grunert, Eike Wilhelm: Werkschutz contra Inszenierungskunst. Der urheberrechtliche Gestaltungsspielraum der Bühnenregie, München 2002

Haass, Jörg: Müller oder Brecht?. Zum Einfluss von Kunstfreiheit und Eigentumsgarantie bei Übernahme geschützter Textteile in neue Werke, in ZUM 1999, S. 834–838

Häberle, Peter: Verfassungsinterpretation als öffentlicher Prozess – ein Pluralismuskonzept, in: *ders.* Verfassung als öffentlicher Prozess. Materialien zu einer Verfassungstheorie der offenen Gesellschaft, 2. Auflage, Berlin 1996, S. 121–152 (zit. Verfassungsinterpretation)

ders.: Die Freiheit der Kunst im Verfassungsstaat, in AöR 110 (1985), S. 577–614

Habermas, Jürgen: Die neue Unübersichtlichkeit. Kleine Politische Schriften V, Frankfurt/Main 1985

Haberstumpf, Helmut: Zum Umfang des Verbietungsrechts des Verlegers in Ohly, Ansgar, u. a. (Hrsg.) Perspektiven des Geistigen Eigentums und Wettbewerbsrechts. Festschrift für Gerhard Schricker zum 70. Geburtstag, München 2005, S. 309–324 (zit. FS Schricker)

ders.: Handbuch des Urheberrechts, 2.Auflage, Neuwied u. a. 2000 (zit. Handbuch)

ders.: Die Zulässigkeit des Reverse Engineering, in CR 1991, S. 129–141

Harsdörffers, Georg Philipp: Poetischer Trichter. Die Teutsche Dicht- und Reimkunst/ohne Behut der Lateinischen Sprache/in VI. Stunden einzugiessen. Erster Theil 1650 in einem Nachdruck der Drei Teile in einem Band, Hildesheim, New York 1971

Harriet, Janis/Blesh, Rudi: Collage – Personalities, Concepts, Techniques, Philadelphia and New York 1962

Hauptmann, Christian: Die Vergesellschaftung des Urheberrechts. Das ausschließliche Recht, Entindividualisierung und Vergesellschaftung bei Wahrnehmung durch Verwertungsgesellschaften am Beispiel der GEMA und der VG Wort, Baden-Baden 1994

Hausmann, Raoul: Fotomontage, in Sieg, Triumph, Tabak mit Bohnen, Texte bis 1933, Band 2 herausgegeben von Michael Erlhoff, München 1982

Hauschild, Jan Christoph: Heiner Müller, Reinbeck 2000

Heeschen, Verena B.: Urheberpersönlichkeitsrecht und Multimedia, Berlin 2003

Hefti, Ernst: Die Parodie im Urheberrecht, Berlin 1977

Hegel, G. W. Friedrich: 13 Vorlesungen über die Ästhetik. (Theorie Werkaussage) Frankfurt/Main 1970

Heidegger, Martin: Der Ursprung des Kunstwerkes, Stuttgart 1960

Heim, Elmar: Die statistische Einmaligkeit im Urheberrecht de lege lata und de lege ferenda, Fribourg 1971

Heitmann, Lutz: Der Schutz der materiellen Interessen an der eigenen Persönlichkeitssphäre durch subjektiv-private Rechte. Zugleich ein Beitrag zur Abgrenzung des allgemeinen Persönlichkeitsrechts, Hamburg 1963

Henkenborg, Uwe Andreas: Der Schutz von Spielen. Stiefkinder des gewerblichen Rechtsschutzes und Urheberrechts, München 1995

Henschel, Johann Friedrich: Kunstfreiheit als Grundrecht, Stuttgart, u. a. 1993 (zit. Kunstfreiheit)

ders.: Zum Kunstbegriff des Grundgesetzes, in Broda, Christian, u. a. (Hrsg.) Festschrift für Rudolf Wassermann zum sechzigsten Geburtstag, Neuwied u. Darmstadt 1985, S. 351–358 (zit. FS Wassermann)

Herbst, Dietrich: Enteignung durch Fotokopieren. Falsche Perspektiven bei der Novellierung des Urheberrechtsgesetzes, in Börsenverein des deutschen Buchhandels (Hrsg.) Frankfurt/Main 1984

Hermann, Günter: Verfassungsrechtliche und rundfunkrechtliche Aspekte des Urhebervertragsrechts, in UFITA 73 (1975), S. 85–105

Herzog, Roman: Grundrechte aus der Hand des Gesetzgebers, in Fürst, Walter, u. a. (Hrsg.) Festschrift für Wolfgang Zeidler Band 2, Berlin New York 1987, S. 1415–1428 (zit. FS Zeidler Bd. 2)

ders.: Die Bedeutung des geistigen Eigentums für die Gesellschaft, in Börsenverein des deutschen Buchhandels (Hrsg.), S. 62–75 (zit. Bedeutung des geistigen Eigentums)

Hess, Gangolf: Urheberrechtsprobleme der Parodie, Baden-Baden 1993

Hesse, Hermann: Lektüre für Minuten Gedanken aus seinen Büchern und Briefen, Frankfurt/Main 2002 (zit. Lektüre)

Hesse, Konrad: Grundzüge des Verfassungsrechts der Bundesrepublik Deutschland, 20. Auflage Heidelberg 1999 (zit. Verfassungsrecht)

Hertin, Paul W.: Urheberrecht, München 2004 (zit. Urheberrecht)

ders.: Das Musikzitat im deutschen Urheberrecht, in GRUR 1989, S. 159–167

Hirsch, Ernst E.: Die Rechtsfolgen der Veröffentlichung oder des Erscheinens einer Bearbeitung auf die Rechte des Urhebers am noch nicht veröffentlichten oder noch nicht erschienen Originalwerk, in UFITA 42 (1964/II), S. 8–40

ders.: Die Werkherrschaft. Ein Beitrag zur Lehre von der Natur der Rechte an Geisteswerken, in UFITA 36 (1962/I), S. 19–54

Hofmann, Werner: Grundlagen der modernen Kunst. Eine Einführung in ihre symbolische Form, Stuttgart 1966 (zit. Grundlagen der modernen Kunst)

ders.: Zeichen und Gestalt. Die Malerei des 20. Jahrhunderts, Frankfurt/Main, 1957 (zit. Zeichen und Gestalt)

Hoffmann, Josef: Kunstfreiheit und Sacheigentum. Bemerkungen zum „Sprayer"-Beschluß des BVerfG, in NJW 1985, S. 237–246

Hoffmann, Katherine: Collage in the Twentieth Century: An Overview, in *dies.* (Hrsg.), Collage critical views, Ann Arbor/London 1989, S. 1–37 (zit. Collage in the Twentieth Century)

Hörnig, Andreas: Das Bearbeitungsrecht und die Bearbeitung im Urheberrecht unter besonderer Berücksichtigung von Werken der Literatur, in UFITA 99 (1985), S. 13–116

Hubmann, Heinrich: Die Idee vom geistigen Eigentum, die Rechtsprechung des Bundesverfassungsgerichts und die Urheberrechtsnovelle von 1985, in ZUM 1988, S. 4–13

ders.: Der Begriff der Öffentlichkeit im Urheberrecht, in InterGU Jahrbuch 1979 (Band 4), S. 469–480

ders.: Urheber- und Verlagsrecht. Ein Studienbuch, 4. Auflage, München 1978 (zit. Urheber- und Verlagsrecht) *ders.*: Die Entscheidung des Bundesverfassungsgerichts zum Schutz des geistigen Eigentums, in GRUR Int. 1973, S. 270–274

ders.: Geistiges Eigentum in Bettermann, Karl August, u.a. Die Grundrechte. Handbuch der Theorie und Praxis der Grundrechte, 2. Auflage, Berlin 1972 Bd. IV/1, S. 1–36 (zit. Geistiges Eigentum)

ders.: Das Persönlichkeitsrecht, 2. Auflage, Köln u. Graz 1967 (zit. Persönlichkeitsrecht)

ders.: Das Recht des schöpferischen Geistes. Eine philosophisch-juristische Betrachtung zur Urheberrechtsreform, Berlin 1954 (zit. Recht des schöpferischen Geistes)

Isensee, Josef: Kunstfreiheit im Streit mit Persönlichkeitsrecht, in AfP 1993, S. 619–629

ders.: Gemeinwohl und Staatsaufgaben im Verfassungsstaat, in *ders.*/Kirchhoff, Paul (Hrsg.), Handbuch des Staatsrechts der Bundesrepublik Deutschland. Band 3 § 57, Heidelberg 1988 (zit. Gemeinwohl)

Jameson, Frederic: Post Modernism and Consumer Society in Hal Foster (Hrsg.) The Anti-Aesthetic: Essays on Postmodern Culture, Port Towsend 1983, S. 111–125

Jänich, Volker: Michael Geistiges Eigentum – Eine Komplementärerscheinung zum Sacheigentum?, Tübingen 2002

Jarass, Hans D./Pieroth, Bodo: GG. Grundgesetz für die Bundesrepublik Deutschland. Kommentar, 9. Auflage, München 2007 (zit. Jarass/Pieroth)

Jehoram, Herman Cohen: The freedom of Expression in Copyright and media Law, in GRUR Int. 1983, S. 385–389

Jellinek, Georg: System der subjektiven öffentlichen Rechte, Darmstadt 1963 (Nachdruck der Auflage von 1905)

Johnson, Ellen H.: American Artists from 1940–1980, New York 1982

Jöstlein, Hans: Unruhige Kunst aus urheberrechtlicher Sicht, in UFITA 56 (1970), S. 111–116

Jürgens-Kirchhoff, Annegret: Technik und Tendenz der Montage in der bildenden Kunst des 20. Jahrhunderts. Ein Essay, Lahn-Gießen 1978

Kagel, Mauricio: Interview von Karl Faust mit Mauricio Kagel publiziert unter netzspannung.org/learning/meimus/sacre/documents/Interview-Kagel.pdf

Kastner, Klaus: Das Plagiat – literarische und rechtliche Aspekte, in NJW 1983, S. 1151–1158

Kehrli, Thomy: Der urheberrechtliche Werkbegriff im Bereich der bildenden Kunst, Bern 1989

Keller, Hans-Joachim: Zum Verhältnis von Persönlichkeitsschutz und Kunstfreiheit, in UFITA 79 (1977), S. 89–96

Kellerhals, Miriam: Bemerkungen über das Urheberpersönlichkeitsrecht, in UFITA 2000/III, S. 617–681

Kesting, Marianne: Bertolt Brecht mit Selbstzeugnissen und Bilddokumenten, 34. Auflage, Reinbeck 1993

Kirchhoff, Paul: Der Gesetzgebungsauftrag zum Schutz des geistigen Eigentums gegenüber modernen Vervielfältigungstechniken, Heidelberg 1988 (zit. Gesetzgebungsauftrag)

ders.: Der verfassungsrechtliche Gehalt des geistigen Eigentums, in Fürst, Walter/Herzog, Roman/Umbach, Dieter C. (Hrsg.) Festschrift für Wolfgang Zeidler Band 2, Berlin, New York 1987, S. 1639–1661 (zit. FS Zeidler Bd. 2)

Kleinfeld, Kornelius: Die ausgleichspflichtige Inhaltsbestimmung – eine Alternative zur Enteignung, in DVBl. 1991, S. 365–375

Klippel, Diethelm: Die Idee des geistigen Eigentums in Naturrecht und Rechtsphilosophie des 19. Jahrhunderts, in Wadle, Elmar (Hrsg.), Historische Studien zum Urheberrecht in Europa, Berlin 1993, S. 121–138

Klotz, Heinrich: Kunst im 20. Jahrhundert. Moderne-Postmoderne-Zweite Moderne, 2. Auflage, München 1999

Knies, Wolfgang: Schranken der Kunstfreiheit als verfassungsrechtliches Problem, München 1967

Kobor, Hagen: Grundfälle zu Art. 5 III GG, in JuS 2006, S. 593–596

Kohler, Josef: Die „lustige Witwe" und das Autorrecht, in GRUR 1915, S. 1–8

ders.: Das literarische und artistische Kunstwerk und sein Autorschutz. Eine juridisch-ästhetische Studie, Mannheim 1892 (zit. Das literarische und artistische Kunstwerk)

ders.: Das Autorrecht, Jena 1880 (zit. Autorrecht)

Köhn, Tina: Die Technisierung der Musikproduktion- Probleme der „kleinen Münze" in der Musik, in ZUM 1994, S. 278–288

Kotsiris, Lambros E.: Die Entpersönlichung des Werkes, in UFITA 119 (1992), S. 5–30

Körte, Peter: Bilder, die die Welt bedeuten, in der FAZ vom 14. Januar 2007 S. 21

Krauss, Günter: Zur verfassungsrechtlichen Gewährleistung von Ehe und Familie. Rückblick auf den „Sünderin"-Fall, in FamRZ 1959, S. 485–489

Kreile, Reinhold: Die Sozialbindung des geistigen Eigentums. Ein Beitrag zur Lehre über die Schranken des Urheberrechts in Peter Badura/Rupert Scholz (Hrsg.), Wege und Verfahren des Verfassungslebens. Festschrift für Peter Lerche zum 65. Geburtstag, München 1993, S. 251–266 (zit. FS Lerche)

ders.: Einnahmen und Verteilung der gesetzlichen Geräte- und Leerkassettenvergütung für private Vervielfältigung in Deutschland. Ein System hat sich bewährt, in GRUR Int 1992, S. 24–36

Krieger, Albrecht: 100 Jahre Berner Übereinkunft. Eine rechtspolitische Zwischenbilanz, in ZUM 1986, S. 508–515

Krüger-Nieland, Gerda: Der Urheberrechtsschutz im Spannungsfeld der Eigentumsgarantie der Verfassung, in Jagenburg, Walter (Hrsg.) Festschrift für Walter Oppenhoff zum 80. Geburtstag, München 1985, S. 173–192 (zit. FS Oppenhoff)

dies.: Kopierrecht, in UFITA 85 (1979), S. 99–145

dies.: Das Urheberpersönlichkeitsrecht, eine besondere Erscheinungsform des allgemeinen Persönlichkeitsrechts?, in von Caemmerer, Ernst, u. a. Festschrift für Fritz Hauß zum 70. Geburtstag, Karlsruhe 1978, S. 215–224 (zit. FS Hauß)

dies.: Der verfassungsrechtlich verbürgte Eigentumsschutz urheberrechtlich geschützter Werke und von Leistungsschutzrechten, in Brandt, Willy, u. a. Ein Richter, ein Bürger, ein Christ. Festschrift für Helmut Simon, Baden-Baden1987, S. 695–709 (zit. FS Simon)

Kubler, George: Die Form der Zeit. Anmerkungen zur Geschichte der Dinge (1962), (in der Übersetzung von Bettina Blumenberg), Frankfurt/Main 1982

Kuhlenbeck, Ludwig: Das Urheberrecht (Autorrecht) an Werken der Literatur und Tonkunst und das Verlagsrecht, Leipzig 1901

Kummer, Max: Die Entgrenzung der Kunst und das Urheberrecht, in Brügger, Paul (Hrsg.), Homo Creator. Festschrift für Alois Troller, Basel und Stuttgart 1976, S. 89–115 (zit. FS Troller)

ders.: Das urheberrechtlich schützbare Werk, Bern 1968 (zit. Werk)

Kuspit, Donald B.: Collage: The organizing Principle of Art in the Age of the Relativity of Art, in Hoffmann, Katherine (Hrsg.), Collage critical views Ann Arbor/London 1989, S. 39–57

Lackner, Wolfram S.: Entstehung und Verwertung von Bearbeitungsrechten unter besonderer Berücksichtigung der Popularmusik, München 2001

Ladeur, Karl-Heinz/Gostomozyk, Tobias: Ein Roman ist ein Roman ist ein Roman. Zu den gerichtlichen Auseinandersetzungen um die autobiografischen Werke von Maxim Biller, Alban Nikolai Herbst und Birgit Kempker und der Notwendigkeit einer Rekonstruktion der Kunstfreiheit, in ZUM 2004, S. 426–435

Lehmann, Michael: Das wirtschaftliche Persönlichkeitsrecht von Anbieter und Nachfrager, in Forkel, Hans/Kraft, Alfons (Hrsg.), Beiträge zum Schutz der Persönlichkeit und ihrer schöpferischen Leistungen. Festschrift für Heinrich Hubmann zum 70. Geburtstag, Frankfurt/Main 1985, S. 255–269

Leinemann, Felix: Die Sozialbindung des geistigen Eigentums. Zu den Grundlagen der Schranken des Urheberrechts zugunsten der Allgemeinheit, Baden-Baden 1998

Leisner, Walter: Eigentum in Isensee, Josef/Kirchhof, Paul (Hrsg.) Handbuch des Staatsrechts der Bundesrepublik Deutschland. Band 6 § 149, Heidelberg 1989

Leonardy, Helmut: Kunstfreiheit und Jugendschutz, in NJW 1967, S. 714–717

Lerche, Peter: Fragen sozialbindender Begrenzungen urheberrechtlicher Positionen, in Scheuermann, Andreas/Strittmatter, Angelika (Hrsg.), Urheberrechtliche Probleme der Gegenwart, Festschrift für Ernst Reichardt zum 70. Geburtstag, Baden-Baden 1990, S. 101–110 (zit. FS Reichardt)

ders.: Schranken der Kunstfreiheit. Insbesondere zu offenen Fragen der Mephisto-Entscheidung, BayVBl. 1974, S. 177–185

Lessig, Lawrence: Es geht nicht darum, Madonnas Musik zu stehlen. Lawrence Lessig im Interview mit Andreas Zielke, in der SZ vom 23. 12. 2006 publiziert unter www.sueddeutsche.de/kultur/artikel/62/95966/

Lessing, Gotthold Ephraim: Hamburgische Dramaturgie, Stuttgart, 1990

Löffler, Martin/Glaser, Hans: Grenzen der Zitierfreiheit, in GRUR 1958, S. 477–480

Loewenheim, Ulrich (Hrsg.): Handbuch des Urheberrechts, München 2003 (zit. Loewenheim/*Bearbeiter*)

Luf, Gerhard: Philosophische Strömungen in der Aufklärung und ihr Einfluss auf das Urheberrecht, in Dittrich, Robert (Hrsg.), Woher kommt das Urheberrecht und wohin geht es? Wurzeln, geistesgeschichtlicher Hintergrund und Zukunft des Urheberrechts, Wien 1988, S. 9–19

Lutz, Martin J.: Die Schranken des Urheberrechts nach schweizerischem Recht unter vergleichender Berücksichtigung der europäischen Urheberrechtsgesetze und der deutschen Entwürfe, Zürich 1964

Macke, Wolfgang (Hrsg.): August Macke/Franz Marc. Briefwechsel, Köln 1964

Mahlow, Dietrich: Prinzip Collage Dokumentation – internationale Entwicklung. Originale – deutsche Collagen der Gegenwart. Eine Ausstellung des Instituts für Auslandsbeziehungen Stuttgart (zusammengestellt von Dietrich Mahlow), 2. Auflage, Stuttgart 1987 (zit. Collage)

ders.: Einführung, in Institut für Moderne Kunst Nürnberg. Berlin, 1968 (Hrsg.) Ausstellungskatalog ‚Von der Collage zur Assemblage' 4. April–12. Mai 1968 (zit. Einführung)

v. Mangoldt, Herrmann/Klein, Friedrich/Starck, Christian: GG. Kommentar zum Grundgesetz, Band 1, 5. Auflage, München 2005 (zit. v. Mangoldt/Klein/Starck/*Bearbeiter*)

Mann, Thomas: Doktor Faustus. Das Leben des deutschen Tonsetzers Adrian Leverkühn erzählt von einem Freunde, 35. Auflage, Frankfurt/Main 2005

Maunz, Theodor: Das geistige Eigentum in verfassungsrechtlicher Sicht in GRUR 1973, S. 107–115

ders.: Kunstfreiheit und Kunstpflege, in BayVBl. 1970, S. 354–356

ders./Düring, Günter: Grundgesetz Kommentar Band II Art. 6–16, Loseblattsammlung Stand November 2006 (zit. MD/*Bearbeiter*)

Maurer, Hartmut: Staatsrecht I, 2. Auflage, München 2001

Melichar, Ferdinand: Zur Sozialbindung des Eigentums (1996), in Urheberrecht in Theorie und Praxis. Beiträge zum Urheberrecht 1975–1998, Tübingen 1999, S. 157–168

Mestmäcker, Ernst-Joachim/Schulze, Erich: Kommentar zum deutschen Urheberrecht unter Berücksichtigung des internationalen und des Gemeinschaftsrechts in den Mitgliedstaaten der EG, Stand 43. Lieferung, München 2006 (zit. Mestmäcker/Schulze/*Bearbeiter* 43. Lieferung 2006)

dies.: Kommentar zum deutschen Urheberrecht unter Berücksichtigung des internationalen und des Gemeinschaftsrechts in den Mitgliedstaaten der EG, Stand 11. Lieferung, Frankfurt/Main 1988 (zit. Mestmäcker/Schulze)

Metzger, Axel: Rechtsgeschäfte über das Urheberpersönlichkeitsrecht nach dem neuen Urhebervertragsrecht. Unter besonderer Berücksichtigung der französischen Rechtslage, in GRUR Int. 2003, S. 9–23

ders.: Rechtsgeschäfte über das Droit moral im deutschen und französischen Urheberrecht, München 2002 (zit. Rechtsgeschäfte)

ders.: „Germania 3 Gespenster am toten Mann" oder Welchen Zweck darf ein Zitat gemäß § 51 Nr. 2 UrhG verfolgen?. Zugleich ein Beitrag zur Grundrechtswirkung im Urheberrecht, in ZUM 2000, S. 924–933

von Mickwitz, Beate: Streit um die Kunst. Über das spannungsreiche Verhältnis von Kunst, Öffentlichkeit und Recht; Fallstudien aus dem 19. und 20. Jahrhundert mit dem Schwerpunkt Deutschland, München 1996

Mittenzwei, Werner: Das Leben des Bertolt Brecht oder der Umgang mit den Welträtseln. Erster Band, 3. Auflage, Berlin/Weimar 1988

Möbius, Hanno: Montage und Collage. Literatur, bildende Künste, Film, Fotografie, Musik, Theater bis 1933, München 2000

Moholy-Nagy, László: Malerei, Fotografie, Film (Nachdruck der Ausgabe von 1927), Mainz 1967

Möhring, Philipp/Nicolini, Käte (Hrsg.): Urheberrechtsgesetz. Kommentar, 2. Auflage, München 2000 (zit. Möhring/Nicolini/*Bearbeiter*)

dies.: Urheberrechtsgesetz. Gesetz über Urheberrecht und verwandte Schutzrechte (Urheberechtsgesetz) vom 9. September 1965, Berlin und Frankfurt/Main 1970 (zit. Möhring/Nicolini, 1. Auflage)

Mon, Franz: Über den Zufall (1991), in Gesammelte Texte Band 1. Essays, Berlin 1994, S. 231–233 (zit. Über den Zufall)

ders.: Collagetexte und Sprachcollagen (1968), in Gesammelte Texte Band 1. Essays, Berlin 1994, S. 211–226 (zit. Collagetexte)

ders.: Arbeitsthesen zur Tagung „Prinzip Collage" (1968), in Gesammelte Texte Band 1. Essays, Berlin 1994, S. 209–210 (zit. Prinzip Collage)

ders.: Texte über Texte, Neuwied und Berlin 1970 (zit. Texte über Texte)

ders.: Arbeitsthesen zur Tagung „Prinzip Collage", in Institut für Moderne Kunst Nürnberg. Berlin, 1968 (Hrsg.) Ausstellungskatalog Von der Collage zur Assemblage 4. April–12. Mai 1968, S. 12–13 (zit. Prinzip Collage in Ausstellungskatalog)

Müller, Friedrich: Freiheit der Kunst als Problem der Grundrechtsdogmatik, Berlin 1969 (zit. Freiheit der Kunst)

Müller, Heiner: Germania 3. Gespenster am toten Mann, Köln 1996 (zit. Germania 3)

ders.: Gesammelte Irrtümer 2. Interviews und Gespräche, (herausgegeben von Edelmann, Gregor/Ziemer, Renate) 2. Auflage, Frankfurt/Main 1990 (zit. G I 2)

ders.: Gesammelte Irrtümer. Interviews und Gespräche, Bd.1, Frankfurt/Main 1986 (zit. G I 1)

von Münch, Ingo: Grundrechtsschutz gegen sich selbst?, in Stödter, Rolf/Thieme Werner (Hrsg.), Hamburg – Deutschland- Europa. Beiträge zum deutschen und europäischen Verfassungs-, Verwaltungs- und Wirtschaftsrecht. Festschrift für Hans Peter Ipsen zum 70. Geburtstag, Tübingen 1977, S. 113–128 (zit. FS Ipsen)

ders./Kunig, Philip: Grundgesetz-Kommentar Band 1: Präambel bis Art. 19, 5. Auflage, München 2000 (zit. IvM/*Bearbeiter*)

Münchener Kommentar: zum Bürgerlichen Gesetzbuch Band 1. Allgemeiner Teil. 1. Halbband. §§ 1–240. PostG, 5. Auflage, München 2006 (zit. Münchner Kommentar/*Bearbeiter*)

Münker, Reiner: Urheberrechtliche Zustimmungserfordernisse bei Digital Sampling, Frankfurt/Main, u. a. 1995

Musil, Robert: Vortrag. Paris, in *ders.* Gesammelte Werke 8. Essays und Reden, (herausgegeben von Adolf Frisé) S. 1266–1269

Neumann-Duesberg, Horst: Verwechselung des Urheberpersönlichkeitsrechts mit dem allgemeinen Persönlichkeitsrecht, in NJW 1971, S. 1640–1642

Niehoff, Reiner: Die Herrschaft des Textes. Zitattechnik als Sprachkritik in Georg Büchners Drama ‚Dantons Tod' unter Berücksichtigung der ‚Letzten Tage der Menschheit' von Karl Kraus, Tübingen 1991

Nierhaus, Michael: Grundrechte aus der Hand des Gesetzgebers?. Ein Beitrag zur Dogmatik des Art. 1 Abs. 3 GG, in AöR 116 (1991), S. 72–111

Nirk, Rudolf: Gewerblicher Rechtschutz, Urheber- und Geschmacksmusterrecht, Erfinder- Wettbewerbs-, Kartell- und Warenzeichenrecht, Stuttgart, u.a. 1981

von Noorden, Wolf Dieter: Die Freiheit der Kunst nach dem Grundgesetz und die Strafbarkeit der Verbreitung unzüchtiger Darstellungen, Köln 1969

Nordemann, Wilhelm: Nutzungsrechte oder Vergütungsansprüche. Zur Systematik moderner Urheberrechtsordnungen, in GRUR 1979, S. 280–283

Oekonomidis, Demetrius: Die Zitierfreiheit im Recht Deutschlands, Frankreichs, Großbritanniens und der Vereinigten Staaten, Berlin u. Frankfurt/Main 1970

Oettinger, Klaus: Kunst ohne Schranken. Überlegungen zu Art. 5 Abs. 3 Satz 1 des Grundgesetzes, in UFITA 71 (1974), S. 15–40

Ohff, Heinz: Antikunst, Düsseldorf 1973

von Ohlenhusen, Albrecht Götz: Urheber- und Persönlichkeitsschutz bei Briefen und Dokumentationsfreiheit, in UFITA 67 (1973), S. 57–76

ders./Ling, Peter: Parodie und Urheberrechtsverletzung in der Schweiz und in Deutschland, insbesondere im Bereich der bildenden Künste, in UFITA 2003/III, S. 695–724

Ohly, Ansgar: Geistiges Eigentum?, in JZ 2003, S. 545–553

Oppermann, Thomas: Kulturverwaltungsrecht, Bildung-Wissenschaft-Kunst, Tübingen 1969

Osenberg, Ralph: Die Unverzichtbarkeit des Urheberpersönlichkeitsrechts, Freiburg 1985

Osterwold, Tillmann: Realität/Warhol/Realismus, in Realität. Realismus. Realität, Wuppertal 1972, S. 67–111

Ott, Sieghart: Versammlungsfreiheit contra Kunstfreiheit?, in NJW 1981, S. 2397–2399

ders.: Die strafrechtliche Beurteilung von Werken der Kunst, in NJW 1963, S. 617–620

Otto, Harro: Strafrechtlicher Ehrschutz und Kunstfreiheit der Literatur, in NJW 1986, S. 1206–1211

Pachnicke, Peter: Moralisch rigoros und visuell gefräßig, in *ders.*/Honnef, Klaus (Hrsg.) John Heartfield, Köln 1991, S. 19–35

Pahud, Eric: Zur Begrenzung des Urheberrechts im Interesse Dritter und der Allgemeinheit, in UFITA 2000/I, S. 99–137

ders.: Die Sozialbindung des Urheberrechts, Bern 2000 (zit. Sozialbindung)

Pakuscher, Ernst Karl: Neue Musik und Urheberrecht. Zugleich eine Besprechung zweier Dissertationen in UFITA 72 (1975), S. 107–129

Pohlmann, Hansjörg: Zur Überwindung der „Eigentums"-Vorstellungen im Urheberrecht. Aktuelle Fragen zur Revision der bisherigen Geschichtsbeurteilungen, in UFITA 36 (1962/I), S. 61–100

Pieroth, Bodo/Schlink, Bernhard: Grundrechte Staatsrecht II, 18. Auflage, Heidelberg 2002 (zit. Pieroth/Schlink)

Plassmann, Clemens: Bearbeitungen und andere Umgestaltungen in § 23 Urheberrechtsgesetz, Berlin 1996

Platho, Rolf: Die Parodie: Eine „freie" Bearbeitung nach § 23 UrhG, in GRUR 1992, S. 360–365

Poll, Günter: Die Entwicklung des „Rechts am eigenen Bild“. Eine kritische Bestandsaufnahme der BGH- und OLG-Rechtsprechung, in ZUM 1988, S. 454–458

Polkinhorn, Harry: Space Craft: Collage Discourses in Hoffmann, Katherine (Hrsg.), Collage critical views, Ann Arbor/London 1989, S. 213–223

Poll, Günter: „TV-Total“ – Alles Mattscheibe oder was?. Zum Verhältnis von freier Benutzung (§ 24 UrhG) und Zitatrecht (§ 51UrhG) zu Art. 5 GG, in ZUM 2004, S. 511–522

v. Potrykus Gerhard: Jugendschutzgesetze, München 1971

Prange, Regine: Die Auflösung des klassischen künstlerischen Bildes, in KAb 2/2006, S. 27–38

Primaversi, Patrick: Theater des Kommentars, in Lehmann, Hans-Thies/*ders.* (Hrsg.) Heiner Müller Handbuch. Leben – Werk – Wirkung, Stuttgart u. Weimar 2003

Puvogel, Renate: „Wherever we are is museum“, publiziert unter www.evaadele.com

Raiser, Ludwig: Das Eigentum als Menschenrecht in Grunsky, Wolfgang, u. a. (Hrsg.) Festschrift für Fritz Baur, Tübingen 1981, S. 105–118

Rassow, Reinhard: Staatliche Schutzpflichten für geistiges Eigentum, Hamburg 2006

Rau, Gerhard: Antikunst und Urheberrecht. Überlegungen zum urheberrechtlichen Werkbegriff, Berlin 1978

Raue, Peter: EVA & ADELE – der Mensch als „Werk“ im Sinne des Urheberrechtrechts, in GRUR 2000, S. 951–956

Rehbinder, Manfred: Urheberrecht. Ein Studienbuch, 14. Auflage, München 2006 (zit. Urheberrecht)

ders.: Die Familie im Urheberrecht, in ZUM 1986, S. 365–370

ders.: Die Beschränkungen des Urheberrechts zugunsten der Allgemeinheit, in Schweizerische Vereinigung für Urheberrecht (Hrsg.) 100 Jahre URG. Festschrift zum einhundertjährigen Bestehen eines eidgenössischen Urheberrechtsgesetzes, Bern 1983, S. 353–357 (zit. FS 100 Jahre URG)

Reimer, Dietrich: Schranken der Rechtsübertragung im Urheberrecht, in GRUR 1962, S. 619–635

Reinhart, Beat: Vom Einfluss der Technik auf die Entwicklung des subjektiven Urheberrechts, in UFITA 106 (1987), S. 219–229

ders.: Das Institut der freien Benutzung im Urheberrecht, in UFITA 103 (1986), S. 65–83

Reupert, Christine: Der Film im Urheberrecht. Neue Perspektiven nach hundert Jahren Film, Baden-Baden 1995

Riedel, Hermann: Die musikalische Bearbeitung, in UFITA 59 (1971), S. 165–203

ders.: Grundfragen der Urheberrechtsreform. Einige kritische Bemerkungen zu den Entwürfen des Bundesjustizministeriums zur Urheberrechtsreform, in GRUR 1960, S. 216–230

ders.: Zum Werk-Begriff im Urheberrecht, in JR 1957, S. 366–368

Riekert, Stephan: Der Schutz des Musikurhebers bei Coverversionen, Berlin 2003

Riese, Utz: Postmoderne Ästhetische Grundbegriffe, Band 5, Postmoderne-Synästhesie, Stuttgart u. Weimar 2003, S. 1–26

Riezler, Erwin: Deutsches Urheber- und Erfinderrecht. Eine systematische Darstellung. Erste Abteilung. Allgemeiner Teil, Besonderer Teil: Urheberrecht an Schriftwerken und Tonwerken; Urheberrecht an Kunstwerken und Photographien, Geschmacksmusterrecht, München und Berlin 1909

Rigamonti, Cyrill P.: Geistiges Eigentum als Begriff und Theorie des Urheberrechts, Baden-Baden 2001

Roeber, Georg: Urheberrecht oder Geistiges Eigentum, in UFITA 21 (1956/I), S. 150–196

Roh, Juliane: Deutsche Kunst der 60er Jahre. Malerei, Collage, Op-Art, Graphik, München 1971

Rose, Tricia: Black Noise. Rap Music and Black Culture in Contemporary America, Wesleyan University Press of New England 1994

Rosenberg, Harold: Collage: Philosophy of Put-Togethers, in Hoffmann, Katherine (Hrsg.), Collage critical views, Ann Arbor/London 1989, S. 59–66

Rosenblum, Robert: Der Kubismus und die Kunst des 20. Jahrhunderts (in der Übersetzung von Doris v. Stiernhielm), Stuttgart 1960

Rossbach, Claudia: Die Vergütungsansprüche im deutschen Urheberrecht. Praktische Wahrnehmung, Rechtsverkehr und Dogmatik, Baden-Baden 1990

Runge, Kurt: Das Urheber- und allgemeiner Persönlichkeitsrecht, in UFITA (54) 1969, S. 1–35

ders.: Urheber- und Verlagsrecht. Eine systematische Darstellung unter Berücksichtigung des internationalen Urheberrechts, der Urheberrechtsreform und der Nachkriegslage, Band 1, Bonn 1948 (zit. Urheber- und Verlagsrecht)

Ruzicka, Peter: Die Problematik eines ewigen Urheberpersönlichkeitsrechts unter besonderer Berücksichtigung des Schutzes musikalischer Werke, Berlin 1979

Sachs, Michael (Hrsg.): Grundgesetz. Kommentar, 3. Auflage München 2003 (zit. Sachs/*Bearbeiter*)

Sack, Rolf: Anmerkungen zu BGH, Urteil v. 28. 11. 1985 – I ZR 104/83 (OLG München) – Oberammergauer Passionsspiele, in JZ 1986, S. 1015–1018

Samson, Benvenuto: Urheberrecht. Ein kommentierendes Lehrbuch, Pullach bei München 1973 (zit. Urheberrecht)

ders.: Die moderne Kunst, die Computer-„Kunst" und das Urheberrecht. Zugleich kritische Notizen zu Max Kummers Buch über ‚Das urheberrechtlich geschützte Werk', in UFITA 56 (1970), S. 117–148

ders.: Das neue Urheberrecht. Eine Einführung, in UFITA 47, (1966/I), S. 1–133

Sauerländer, Willibald: Alois Riegel und die Entstehung der autonomen Kunstgeschichte am Fin de Siécle. Für Millard Muss zum 23. 3. 1974, in *ders.* Geschichte der Kunst – Gegenwart der Kritik (herausgegeben von Werner Busch, u. a.), Köln 1999, S. 213–228 (zit. Alois Riegel)

ders.: Von Stilus zu Stil. Reflexionen über das Schicksal eines Begriffs, in *ders.* Geschichte der Kunst – Gegenwart der Kritik (herausgegeben von Werner Busch, u. a.), Köln 1999, S. 256–276 (zit. Von Stilus zu Stil)

ders.: Der Kunsthistoriker angesichts des entlaufenen Kunstbegriffs. Zerfällt das Paradigma einer Disziplin?, in *ders.* Geschichte der Kunst – Gegenwart der

Kritik (herausgegeben von Werner Busch, u. a.), Köln 1999, S. 293–322 (zit. Kunstbegriff)
ders.: „Alte Meister“ oder die Kunsthistoriker in den Romanen, in *ders.* Geschichte der Kunst – Gegenwart der Kritik (herausgegeben von Werner Busch, u. a.), Köln 1999, S. 330–337 (zit. „Alte Meister“)
Schack, Haimo: Urheber- und Urhebervertragsrecht, 3. Auflage, Tübingen 2005 (zit. Urheber- und Urhebervertragsrecht)
ders.: Appropriation Art und Urheberrecht, in Loewenheim, Ulrich (Hrsg.), Urheberrecht im Informationszeitalter, Festschrift für Wilhelm Nordemann zum 70. Geburtstag, München 2004, S. 107–113 (zit. FS Nordemann)
ders.: Kunst und Recht: Bildende Kunst, Architektur, Design und Fotografie im deutschen und internationalen Recht, Köln, u. a. 2004 (zit. Kunst und Recht)
ders.: Das Persönlichkeitsrecht der Urheber und ausübenden Künstler nach dem Tode, in GRUR 1985, S. 352–361
Schaesberg, Petrus: Konzept der Collage: Paradigmenwechsel in der Entwicklung der Collage von Pablo Picasso bis Edward Ruscha, LMU München 2004; http://edoc.ub.uni-muenchen.de/archive/00002372/
Schick, Martin: Der verfassungsrechtliche Begriff des Kunstwerks, in JZ 1970, S. 645–647
ders.: Kunstwerkgarantie und Strafrecht dargestellt am Beispiel der Gotteslästerung und Religionsbeschimpfung, Tübingen 1968 (zit. Kunstwerkgarantie)
Schiefler, Kurt: Veröffentlichung und Erscheinen nach dem neuen Urheberrechtsgesetz, in UFITA 48 (1966/III), S. 81–102
Schilcher, Theresia: Der Schutz des Urhebers gegen Werkänderungen, München 1988
Schlingloff, Jochen: Unfreie Benutzung und Zitierfreiheit bei urheberrechtlich geschützten Werken der Musik, Frankfurt/Main u. a. 1990
Schmid, Thomas Peter: Urheberrechtliche Probleme moderner Kunst und Computerkunst in rechtsvergleichender Darstellung, München 1995
Schmieder, Hans-Heinrich: Freiheit der Kunst und freie Benutzung urheberrechtlich geschützter Werke, in UFITA 93 (1985), S. 63–71
ders.: Geistige Schöpfung als Auswahl und Bekenntnis. Neue Thesen zum urheberrechtlichen Werkbegriff im Hinblick auf maschinelle Kunstprodukte, in UFITA 52 (1969), S. 107–114
ders.: Die persönliche Neugestaltung als allgemeines Kriterium urheberrechtlicher Schutzfähigkeit. Bilanz und Kritik der Werkbegriffsdiskussion aus der Sicht des geltenden Rechts, in Herschel Wilhelm, u. a. (Hrsg.), Festschrift für Georg Roeber zum 10. Dezember 1981, Freiburg 1982, S. 385–394 (zit. FS Roeber)
Schmidt, Karsten: Urheberrechtlicher Werkbegriff und Gegenwartskunst. Krise oder Bewährung eines gesetzlichen Konzepts?, in UFITA 77 (1976), S. 1–52
Schnapp, Friedrich E.: Grenzen der Grundrechte, in JuS 1978, S. 729–735
Schöfer, Nicola: Die Rechtsverhältnisse zwischen dem Urheber eines Werkes der bildenden Kunst und dem Eigentümer eines Originalwerkes, München 1984
v. Schoenebeck, Astrid: Moderne Kunst und Urheberrecht. Zur urheberrechtlichen Schutzfähigkeit von Werken der modernen Kunst, Berlin 2003

Schramm, Carl: Grundlagenforschung auf dem Gebiet des gewerblichen Rechtsschutzes und des Urheberrechts, Berlin u. Köln 1954
Schricker, Gerhard (Hrsg.): Urheberrecht – Kommentar, 3. Auflage, München 2006 (zit. Schricker/*Bearbeiter*)
ders. (Hrsg.): Urheberrecht – Kommentar, 2. Auflage, München 1999 (zit. Schricker/*Bearbeiter* (2. Auflage))
ders. (Hrsg.): Urheberrecht auf dem Weg zur Informationsgesellschaft, Baden-Baden 1997 (zit. Informationsgesellschaft)
ders.: Der Urheberrechtsschutz von Werkschöpfungen, Werbeideen, Werbekonzeptionen und Werbekampagnen, in GRUR 1996, S. 815–826
ders.: Die Einwilligung des Urhebers in entstellende Änderungen des Werkes, in Forkel, Hans/Kraft, Alfons (Hrsg.), Festschrift für Heinrich Hubmann zum 70. Geburtstag, Frankfurt/Main 1985, S. 409–419 (zit. FS Hubmann)
Schröder, Rainer/Bedau, Maren: Doping: Zivilrechtliche Ansprüche des Konkurrenten gegen den gedopten Sportler, in NJW 1999, S. 3361–3367
Schulte, Hans: Die Erfindung als Eigentum in GRUR 1985, S. 772–778
Schulze, Erich: Urheberrecht in der Musik, Berlin, New York 1981
Schwabe, Jürgen: Der Schutz des Menschen vor sich selbst, in JZ 1998, S. 66–75
ders.: Bundesverfassungsgericht und Drittwirkung der Grundrechte, in AöR 100, (1975), S. 442–470
Seemann, Bruno: Prominenz als Rechtsgut, in UFITA 131 (1996), S. 5–48
Seibel, Wolfgang: Die Formenwelt der Fertigteile. Künstlerische Montagetechnik und ihre Anwendung im Drama, Würzburg 1988
Seifert, Fedor: Das Zitatrecht nach Germania 3, in Ahrens, Hans-Jürgen, u.a. (Hrsg.) Festschrift Willi Erdmann. Zum 65. Geburtstag, Köln, u.a. 2002, S. 195–210 (zit. FS Erdmann)
ders.: Geistiges Eigentum – ein unverzichtbarer Begriff in Erdmann, Willi, u.a. (Hrsg.) Festschrift für Henning Piper, München 1996, S. 769–786 (zit. FS Piper)
Seitz, William C.: The Realism and Poetry of Assemblage in Hoffmann, Katherine (Hrsg.), Collage critical views Ann Arbor/London 1989, S. 79–90
Seydel, Thomas: Die Zitierfreiheit als Urheberrechtsschranke. Unter besonderer Berücksichtigung der digitalen Werkverwertung im Internet, Köln u. a. 2002
Simon, Jürgen: Das allgemeine Persönlichkeitsrecht und seine gewerblichen Erscheinungsformen. Ein Entwicklungsprozeß, Berlin 1981
Söllner, Alfred: Zum verfassungsrechtlichen Schutz geistigen Eigentums, in Loewenheim, Ulrich/Raiser, Thomas (Hrsg.), Festschrift für Fritz Traub zum 65. Geburtstag, Frankfurt/Main 1994, S. 367–374
von Staudinger, J. (Hrsg.): Kommentar zum Bürgerlichen Gesetzbuch mit Einführungsgesetz und Nebengesetzen. Buch 1. Allgemeiner Teil §§ 164–240 (Allgemeiner Teil 5), Neubearbeitung Berlin 2004 (zit. Staudinger/*Bearbeiter)*
Stern, Klaus: Das Staatsrecht der Bundesrepublik Deutschland, Band III/2, Allgemeine Lehren der Grundrechte, München 1994 (zit. Staatsrecht Bd. III/2)
ders.: Das Staatsrecht der Bundesrepublik Deutschland, Band III/1, Allgemeine Lehren der Grundrechte, München 1988 (zit. Staatsrecht Bd. III/1)
Staehle, Hansjörg: Plagiat bei Verwendung eines literarischen Stoffes für Filmwerke, in GRUR 1975, S. 541–547

Straub, Wolfgang: Individualität als Schlüsselkriterium des Urheberrechts, in GRUR Int. 2001, S. 1–8

Streissler, Alfred: Das Rechts des Unangreifbaren. Versuch eines Systems des Immaterialgüterrechts unter besonderer Berücksichtigung der Rechte an selbständigen Immaterialgütern, Berlin 1932

Stroth, R.R.: Veröffentlichung von Originalwerk und Bearbeitung im internationalen Urheberrecht. Eine Erwiderung auf Prof. Dr. Eugen Ulmer. „Originalwerk und Bearbeitung im Internationalen Urheberrecht". (Festschrift für Bappert S. 238ff. und in GRUR Ausl. 1964, 613ff.), in UFITA 43 (1964/III), S. 92–103

Stuhlert, Sabine: Die Behandlung der Parodie im Urheberrecht. Eine vergleichende Untersuchung der Behandlung von Parodien im Urheberrecht der Bundesrepublik Deutschland und der Vereinigten Staaten von Amerika, München 2002

Thomaschki, Kathrin E.: Das schwarze Quadrat. Zur urheberrechtlichen Schutzfähigkeit zeitgenössischer Kunst, Konstanz 1995

Thormann, Martin: Abstufungen in der Sozialbindung des Eigentums. Zur Bestimmung von Inhalt und Schranken des Eigentums nach Art. 14 Abs. 1 Satz 2 GG im Spannungsfeld von Eigentumsfreiheit und Gemeinwohl, Stuttgart u.a. 1996

Traub, Fritz: Umformung in einen anderen Werkstoff oder eine andere Dimension. Ein Beitrag zur Entstehung von Bearbeiterurheberrechten an Werken der bildenden Kunst, in UFITA 80 (1977), S. 159–171

Tretter, Hans: Urheberrecht und Grundrechte in Dittrich, Robert (Hrsg.), Die Notwendigkeit des Urheberrechtsschutzes im Lichte seiner Geschichte, Wien 1991, S. 102–123

Troller, Alois: Immaterialgüterrecht Band I: Patentrecht, Markenrecht, Muster- und Modellrecht, Urheberrecht, Wettbewerbsrecht, 3. Auflage Basel und Frankfurt/Main 1983 (zit. Immaterialgüterrecht Bd. I)

ders.: Die Bedeutung der statistischen Eindeutigkeit im urheberrechtlichen Denken in *Merz, Hans/Schluep, Walter R.* (Hrsg.) Recht und Wirtschaft heute, Festgabe zum 65. Geburtstag von Max Kummer, Bern 1980, S. 265–276 (zit. FG Kummer)

ders.: Das Urheberrecht und Gerechtigkeit, in *Henschel, Wilhelm u.a.* (Hrsg.), Festschrift für Georg Roeber, Berlin 1973, S. 655–670 (zit. FS Roeber (1973))

ders.: Buchbesprechungen. Dittrich, Robert: Das österreichische Verlagsrecht. Eine systematische Darstellung samt den einschlägigen Vorschriften, in Schweizerische Mitteilungen über Gewerblichen Rechtsschutz und Urheberrecht 1969 (Heft 2), S. 202–204, (zit. Mitteilungen)

ders.: Literaturanzeigen. Max Kummer. Das urheberrechtlich schützbare Werk. Abhandlungen zum schweizerischen Recht, in ZBJV, Band 104 (1968), S. 232–236

ders.: Angebot und Nachfrage als urheberrechtliches Problem, in UFITA 21 (1956), S. 216–234

Tzara, Tristan: Um ein dadaistisches Gedicht zu machen, in Sieben Dada Manifeste (in der Übersetzung von Pierre Gallissaires), 3. Auflage Hamburg 1984 S. 47–48

Ullmann, Eike: Persönlichkeitsrechte in Lizenz?, AfP 1999, S. 209–214
Ulmer, Eugen: Urheber- und Verlagsrecht, 3. Auflage, Berlin u. a. 1980 (zit. Urheber- und Verlagsrecht (1980))
ders.: Das Veröffentlichungsrecht des Urhebers, in Forkel, Hans/Kraft, Alfons (Hrsg.), Beiträge zum Schutz der Persönlichkeit und ihrer schöpferischen Leistungen. Festschrift für Heinrich Hubmann zum 70. Geburtstag, Frankfurt/Main 1985, S. 435–444 (zit. FS Hubmann)
ders.: Gutachten zum Urhebervertragsrecht insbesondere zum Recht der Sendeverträge, erstattet im Auftrag des Bundesministers der Justiz, Bonn 1977 (zit. Gutachten)
ders.: Zitate in Filmwerken, in GRUR 1972, S. 323–328
ders.: Der urheberrechtliche Werkbegriff und die moderne Kunst. Rezensionsabhandlung, in GRUR 1968, S. 527–530
ders.: Urheber- und Verlagsrecht, 1. Auflage Berlin, u. a. 1951 (zit. Urheber- und Verlagsrecht (1951))
Ulmer, Gregory L.: The Object of Post-Criticism in Hoffmann, Katherine (Hrsg.), Collage critical views Ann Arbor/London 1989, S. 383–412 (zit. The Object of Post-Criticism)
Vischer, Frank: Urheberrecht und bildende Kunst, in Schweizerische Vereinigung für Urheberrecht (Hrsg.) 100 Jahre URG. Festschrift zum einhundertjährigen Bestehen eines eidgenössischen Urheberrechtsgesetzes, Bern 1983, S. 251–262 (zit. FS 100 Jahre URG)
ders.: Monopol und Freiheit in Wissenschaft und Kunst. Zum Grundproblem des Urheberrechts. Rektoratsrede gehalten an der Jahresfeier der Universität Basel, am 28. November 1980, Basel 1980 (zit. Monopol und Freiheit)
ders.: Neue Tendenzen in der Kunst und das Urheberrecht, in Merz, Hans/Schluep, Walter R. Recht und Wirtschaft heute, Festgabe zum 65. Geburtstag von Max Kummer, Bern 1980, S. 277–289, (zit. FG Kummer)
Voigtländer, Robert/Elster, Alexander/Kleine, Heinz: Die Gesetze betreffend das Urheberrecht an Werken der Literatur und der Tonkunst sowie an Werken der bildenden Kunst und der Photografie. Kommentar, 4. Auflage, Berlin 1952
Wallner, Christoph: Der Schutz von Urheberwerken gegen Entstellungen unter besonderer Berücksichtigung der Verfilmung, Frankfurt/Main 1995
Wandtke, Artur-Axel: Grenzenlose Freiheit der Kunst und Grenzen des Urheberrechts. Oder über Kunst lässt sich trefflich streiten?, in ZUM 2005, S. 769–775
ders.: Bertolt Brecht und das geistige Eigentum, in UFITA 2004, S. 47–72
ders.: Die Kommerzialisierung der Kunst und die Entwicklung des Urheberrechts im Lichte der Immaterialgüterrechtslehre von Josef Kohler, in GRUR 1995, S. 385–392
ders.: Urheberrecht pro Kunstfreiheit, in ZUM 1991, S. 484–489
ders./Bullinger, Winfried (Hrsg.): Praxiskommentar zum Urheberrecht, 2. Auflage München 2006 (zit. Wandtke/Bullinger/*Bearbeiter*)
Wanscher, Peter: Probleme der Fortsetzung eines urheberechtlich geschützten Werkes, München 1976
Weber, Werner: Urheberrecht und Verfassung. Vortrag gehalten auf dem Kongress der Internationalen Gesellschaft für Urheberrecht am 30. April 1960 in Wien, Berlin u. Frankfurt/Main 1961

Weiner, Lawrence: „Declaration of Intent“ Erstveröffentlichung in: January 5–31, 1969, Ausstellungskatalog, New York 1969

Weiss, Peter: Fluchtpunkt 1. Auflage, Frankfurt/Main 1983

Weisstein, Ulrich: Collage, Montage and related terms: Their Literal and Figurative Use in and Application to Techniques and Forms in Various Arts. In: Comparative Literature Studies Vol. 15 No. 1 The Pennsylvania Stat University 1978, S. 124–139

Weissthanner, Margot: Urheberrechtliche Probleme Neuer Musik, München 1974

v. Weizsäcker, Carl Friedrich: Die Einheit der Natur, 4. Auflage, München 1972

Wellershoff, Dieter: Die Auflösung des Kunstbegriffs, Frankfurt/Main 1976

Welsch, Wolfgang: Unsere postmoderne Moderne, 2. Auflage, Weinheim 1988

Wendt, Rudolf: Eigentum und Gesetzgebung, Hamburg 1985

Wescher, Herta: Die Geschichte der Collage. Vom Kubismus bis zur Gegenwart, Köln 1974

Wick, Rainer: Zur Soziologie intermediärer Kunstpraxis. Happening. Fluxus. Aktionen, Köln 1975

Winds, Adolf: Geschichte der Regie, Berlin und Leipzig 1925

Wolff, Martin: Reichsverfassung und Eigentum, in Festgabe der Berliner Juristischen Fakultät für Wilhelm Kahl zum Doktorjubiläum am 19. April 1923, Tübingen 1923, IV, S. 3–30

Wolpert, Fritz: Schutz der Melodie im neuen Urheberrechtsgesetz, in UFITA 50 (1967), S. 769–835

Wronka, Georg: Das Verhältnis zwischen dem allgemeinen Persönlichkeitsrecht und dem sogenannten besonderen Persönlichkeitsrecht, in UFITA (69) 1973, S. 71–94

Würkner, Joachim: Das Bundesverfassungsgericht und die Freiheit der Kunst, München 1994

Zechlin, Lothar: Kunstfreiheit, Strafrecht und Satire, in NJW 1984, S. 1091–1093

Zepter, Michael Cornelius: Vom papier collé zur Materialaktion. Anmerkungen zur Geschichte der Collage; in Katalog der Ausstellung Collage, Assemblagen, Objekte in der Hahnentorburg Köln 1981 abrufbar unter http://www.michaelzepter.de/collage.html

Zöbeley, Günter: Zur Garantie der Kunstfreiheit in der gerichtlichen Praxis, in NJW 1985, S. 254–258

Zweig, Stefan: Die Welt von gestern. Erinnerungen eines Europäers (1942), 35. Auflage Frankfurt/Main 1999

Weitere Quellen:

www4.justiz.bayern.de/lgmuenchen1/presse/presse1.html

www.balloon-painting.de/arp.htm

www.danielspoerri.org/web_daniel/deutsch_ds/werk_einzel/15_eatart.htm

www.kunst.gymszbad.de/zab2006/ts-1/kienholz/kienholz-war_memorial-1968.html

www.kunstwissen.de/fach/f-kuns/b_mod/marc00.htm

www.medienkunstnetz.de/werke/global-groove

www.perspektive89.com/2006/06/29/heiner_mullers_theater_der_schrift_oder_der_interviewkunstler_im_spiegelbild_seines_schreibprozesses.html
www.sueddeutsche.de/,spom3/kultur/artikel/137/98039/
www.wdr.de/tv/aks/sowars/20060218_beuys.jhtml

Abkürzungsverzeichnis

Abs.	Absatz
a. F.	alte Fassung
AfP	Archiv für Presserecht
allg.	allgemein
amtl. Bgrd.	amtliche Begründung
Anm.	Anmerkung
AöR	Archiv des öffentlichen Rechts
Art.	Artikel
Aufl.	Auflage
BayObLG	Bayrisches Oberstes Landgericht
BayVBl.	Bayrisches Verwaltungsblatt
Bd.	Band
BGB	Bürgerliches Gesetzbuch
BGBl.	Bundesgesetzblatt
BGH	Bundesgerichtshof
BGHZ	Entscheidungen des Bundesgerichtshofs in Zivilsachen
bspw.	beispielsweise
BT-Drucks	Bundestagsdrucksache
BVerfG	Bundesverfassungsgericht
BVerfGE	Entscheidungen des Bundesverfassungsgericht
bzw.	beziehungsweise
CR	Computerrecht
d. b.	das bedeutet
d. h.	das heißt
ders.	derselbe
dies.	dieselbe
DVBl.	Deutsches Verwaltungsblatt
Einl.	Einleitung
FamRz	Ehe und Familie im privaten und öffentlichen Recht. Zeitschrift für das gesamte Familienrecht
FAZ	Frankfurter Allgemeine Zeitung
f., ff.	fortfolgende
FG	Festgabe
Fn	Fußnote
FS	Festschrift
GG	Grundgesetz
GRUR	Gewerblicher Rechtsschutz und Urheberrecht
GRUR Int.	Gewerblicher Rechtsschutz und Urheberrecht – Internationale Ausgabe
GRUR-RR	Gewerblicher Rechtsschutz und Urheberrecht – Rechtsprechungsreport
h. A.	herrschende Ansicht
h. L.	herrschende Lehre

h.M.	herrschende Meinung
Hrsg.	Herausgeber
idR	in der Regel
insb.	insbesondere
iSd	im Sinne des
iSv	im Sinne von
iÜ	im Übrigen
iVm	in Verbindung mit
Jg.	Jahrgang
JR	Juristische Rundschau
JuS	Juristische Schulung
JZ	Juristenzeitung
KAb	Kunsthistorische Arbeitsblätter
KG	Kammergericht
KUG	Kunsturhebergesetz
LG	Landgericht
LUG	Gesetz betreffend das Urheberrecht an Werken der Literatur und Tonkunst
mwN	mit weiteren Nachweisen
NJW	Neue Juristische Wochenzeitschrift
NJW-RR	Neue Juristische Wochenzeitschrift – Rechtsprechungsreport
Nr.	Nummer
OLG	Oberlandesgericht
RBÜ	Revidierte Berner Übereinkunft
RG	Reichsgerichtshof
RGZ	Entscheidungen des Reichsgerichtshofs in Zivilsachen
Rn	Randnummer
S.	Seite
sog.	sogenannt
st. Rspr.	ständige Rechtsprechung
SZ	Süddeutsche Zeitung
u.a.	und andere (unter anderem)
UFITA	Archiv für Urheber, Film-, Funk-, und Theaterrecht
UrhG	Urheberrechtsgesetz
uU	unter Umständen
v.	von
v.a.	vor allem
vgl.	vergleiche
z.B.	zum Beispiel
ZgS	Zeitschrift für die gesamte Staatswissenschaft
zit.	zitiert
ZUM	Zeitschrift für Urheber- und Medienrecht

Die Collage in der urheberrechtlichen Auseinandersetzung zwischen Kunstfreiheit und Schutz des geistigen Eigentums

„Was sie (Kunst – Anm. d. Verf.) braucht, einzig und allein braucht, ist Material – Freiheit braucht sie nicht, sie ist Freiheit; es kann ihr einer die Freiheit nehmen sich zu zeigen – Freiheit geben kann ihr keiner; kein Staat, keine Stadt, keine Gesellschaft kann sich etwas darauf einbilden, ihr das zu geben oder gegeben zu haben, was sie von Natur aus ist: frei.“[1]

Einführung in die Untersuchung

Warum beschäftigt sich eine juristische Arbeit eigentlich mit der Kunstform der Collage? Gerade wenn es, wie der Titel verspricht, um die urheberrechtliche Auseinandersetzung zweier Verfassungsgüter wie der Kunstfreiheit und des Eigentumsschutzes geht, wäre dann nicht eine allgemein gehaltene Beobachtung vielversprechender, weil in Bezug auf die künstlerischen Randphänomene umfassender? Gregory Ulmer kennt die Antwort auf diese Frage: “By most accounts, collage is the single most revolutionary formal innovation in artistic representation to occur in our century”.[2] Beinahe jeder avantgardistische Kunstschaffende des letzten und dieses Jahrhunderts hat einmal mit der Collage gearbeitet. Und selbst dort, wo die Collage am Ende vom Publikum nicht zu sehen ist, beflügelte ihre Arbeitsweise die Phantasie der Künstler. So „pflegte (Brecht) fast alles mit der Maschine zu schreiben. Korrekturen wurden mit Schere und Kleister ausgeführt. Nach erneuter Durchsicht der Manuskripte schnitt er Texte auseinander und montierte sie neu. Selbst wenige Zeilen schnitt er aus und klebte sie auf, obwohl ein Neuschreiben viel rationeller gewesen wäre. Das Montieren der Sätze machte ihm Spaß und förderte die Lust an der Arbeit“.[3]

1 *Böll* zur Freiheit der Kunst in seiner Wuppertaler Rede von 1966, S. 1.
2 *Gregory Ulmer* The object of post Criticism S. 383.
3 *Mittenzwei* S. 493 f.

Die Collage erweist sich aufgrund ihrer Omnipräsenz im Kulturbetrieb, ihrer Bedeutung für die künstlerische Entwicklung und des zeitgenössischen kulturellen Selbstverständnisses und ihrer Technik des Zusammenfügens aus mehreren Elementen als die optimale Grundlage für eine urheberrechtliche Betrachtung zweier großer Komplexe, denen iRd Arbeit nachgegangen werden soll:

- So wird auf der einen Seite der urheberrechtlichen Auseinandersetzung der Werkbegriff des Urheberrechts stehen, der angesichts der Radikalität mit der die Collage in die Kunst trat, seine Schwierigkeiten in den Randbereichen künstlerischer Werkschöpfung hat und dessen Funktionalität angesichts eines neuen und veränderten Bildbegriffs in der Kunst auf dem Prüfstand und vor einer Überarbeitung unter Berücksichtigung des zeitgenössischen Selbstverständnisses von Kunst stehen muss.
- Auf der anderen Seite wird es aber gerade auch um die Problematik nachschaffender Künstler gehen, die mit den in der Collage inkorporierten Fremdmitteln zwangsläufig auf fremde urheberrechtlich geschützte Schöpfung zurückgreifen, einfach deswegen, weil sie sich von ihnen inspiriert sehen, weil sie die künstlerische Auseinandersetzung mit dem Vorgeschaffenen suchen und sicherlich auch deswegen, weil die äußere künstlerische Formgestaltung nur bis zu einem gewissen Grad neu erfindbar ist und viele Arbeiten daher den Anschein erwecken, sie würden sich ungehemmt am Werk des Urhebers bedienen, ohne diesem eine Gegenleistung zahlen zu wollen, und das, obwohl es nach Sinn und Zweck des Urheberrechts ausschließlich dem Schöpfer gegeben ist, sein Werk sowohl in materieller aber auch in ideeller Hinsicht für sich in Anspruch zu nehmen. Schließlich ist es der erklärte Kerngedanke des Urheberrechts, dass der Urheber in seinen geistigen und persönlichen Beziehungen zum Werk und in der Nutzung des Werkes umfassend geschützt wird, § 11 Satz 1 UrhG. Diese Monopolisierung der geistigen Werke in den Händen ihrer Schöpfer aber, die durch § 11 UrhG begründet wird, scheint jedoch gleichsam einer freien Kunstentwicklung zugunsten des nachschaffenden Collagekünstlers, in der er die angesprochenen künstlerischen Handlungen vornehmen kann, in einer Weise abträglich, wodurch letztlich auch die Frage nach der Rechtfertigung einer möglichen Erweiterung des Werkbegriffs noch einmal laut wird.

Ansatz der Untersuchung

Es ist, ohne vorweg greifen zu wollen, zunächst zu zugeben, dass ein monopolartig ausgestalteter Urheberrechtsschutz grundsätzlich auch als notwendig erscheint, da sich leider unter allen Bevölkerungskreisen der Gesellschaft nach wie vor ein unterentwickeltes Verständnis findet, für den Werkgenuss etwas bezahlen zu müssen.[4] Schließlich muss doch der Urheber von dem leben können, was er geschaffen hat. Denn um Kunst schaffen zu können, bedarf der Künstler einer gesicherten materiellen Existenz. Erinnert sei deswegen an die Worte Beaumarchais: „Man diskutiert in den Foyers der Theater darüber, dass es für die Autoren, die nach Ruhm streben, nicht vornehm sei, für die Bedürfnisse des täglichen Lebens zu kämpfen. Man hat recht, der Ruhm hat Anziehungskraft, aber man vergisst dabei, dass uns die Natur verdammt hat, 365 mal Mittag zu essen, damit man sich des Ruhmes ein Jahr lang erfreuen kann“.[5] Es nutzt der Kunst daher wenig, wenn sie die Künstler nur ehrt aber nicht schützt.

In der in dieser Arbeit zu führenden Auseinandersetzung wird sich zeigen, dass die urheberrechtlichen Fragen, die in diesem Zusammenhang eine Rolle spielen werden, gleichsam immer auch solche des Verfassungsrechts sind. Schließlich handelt es sich beim Urheberrecht um die Ausformung eines verfassungsrechtlichen Auftrags aus Art. 14 Abs. 1 GG, der vor allem im privat-rechtlichen Bereich schützend wirkt, also gleichsam eine verfassungsrechtliche Waffe des Künstlers gegen Plagiatoren und andere Verletzer bietet. Anders also als bei anderen Freiheitsrechten ist es primärer Schutzzweck des Art. 14 Abs. 1 Satz 1 GG, vermittelt durch das Urheberrecht, nicht etwa das Werk gegen den Staat zu verteidigen, sondern es soll dem Urheber vielmehr ermöglicht werden, vermittelt durch den Gesetzgeber, privaten Dritten die freie und nicht genehmigte Verwendung zu untersagen,[6] um selbst wirtschaftlich mit seinem Werk handeln zu können.

Danach scheint der Kunstentwicklung durch den Staat, mittels des Grundgesetzes als Steuerungsinstrument gesellschaftlichen Zusam-

4 *Kreile* FS Lerche S. 251, 255.

5 Zitiert u. a. bei *Hubmann* ZUM 1988, 4, 5; und bei *Krüger-Nieland* FS Simon S. 695, 707.

6 *Grunert* S. 12.

menlebens, die Freiheit einer optimalen Entfaltung zunächst genommen. Ist damit aber nun schon das Ende der Auseinandersetzung erreicht? Wohl kaum, ist doch eine solch starke Monopolisierung, wie sie gerade durch das Urheberrecht betrieben wird, auch immer wieder, nicht nur kulturell, sondern auch unter dem rechtlichen Gesichtspunkt der Kunstfreiheit nach Art. 5 Abs. 3 GG und damit wiederum eines Verfassungsguts kritisiert worden. So wird angeführt, dass es zentrale Funktion der Kunst sei, den status quo der gegenwärtigen Kunst durch kritische Reflexion und durch Schaffung von Erkenntnis und Freiheit zu überwinden.[7] Die Kunst brauche schließlich einen gewissen schöpferischen Freiraum, ohne urheberrechtlich motivierte Beschränkungen, will sie sich frei entwickeln können. Diese freie Entwicklung werde aber nun gerade durch Art. 5 Abs. 3 GG verfassungsrechtlich geschützt. Daher dürften Künstler aus dem vorhandenen Kulturschatz frei schöpfen, ohne dass sie dafür von einer Lizenzierung und Zustimmung des Urhebers abhängig sind oder einer gesetzlichen Lizenz unterliegen, soll die künstlerische Entwicklung nicht letztlich, staatlich verordnet, an der Finanzierung der Kunst und am Tropf der Einwilligung des Urhebers scheitern, da andernfalls eine Verletzung der Kunstfreiheit drohe.

Zwischen diesen beiden Extrempositionen gilt es nun zu vermitteln, denn natürlich kann eine solch weitgehende Forderung nach freier Kunst auch unter dem Gesichtspunkt der Kunstfreiheit nicht zur Aufhebung der Schutzfunktion des Urheberrechts zuungunsten des Urhebers führen, streitet doch für ihn das Verfassungsgut des Eigentumsschutzes aus Art. 14 Abs. 1 Satz 1 GG. Entscheidend für diese Arbeit ist es daher, ein verfassungsrechtliches Verständnis zu entwickeln, das es ermöglicht, mit den Herausforderungen, die diese polarisierenden Positionen aufstellen, fertig zu werden. Denn anders als sonst in der urheberrechtlichen Literatur üblich genügt es nicht, lapidar auf die verfassungsrechtlichen Normen zu verweisen und sich ganz auf die urheberrechtliche und damit einfach gesetzliche Bearbeitung zu konzentrieren. Ein zugfähiges Argumentationsgerüst

7 *Grunert* S. 11; *Keller* UFITA 79 (1977) 89, 91, der von der „Erkenntnis- und Freiheitsschaffenden Funktion" der Kunst spricht; eine ähnliche Formulierungen findet sich auch bei Schricker/*Schricker* Einl. Rn 13: Das Urheberrecht sollte so ausgestaltet werden, dass es optimal zum geistigen, kulturellen und kulturwirtschaftlichen Fortschritt beiträgt".

braucht vielmehr, angesichts der Interaktivität zwischen Urheberrecht und Grundgesetz, eine verfassungsrechtliche Einkleidung und eine Rückverweisung auf die verfassungsrechtlich getroffenen Überlegungen.

Daneben gilt es jedoch noch zwei weitere wichtige und bisher vernachlässigte Ansatzpunkte zu entwickeln, deren Verständnis maßgeblich auf die rechtliche Gesamtbewertung der urheberrechtlichen Probleme einwirken wird. Denn neben den verfassungsrechtlichen Erwägungen ist es von ganz entscheidender Bedeutung, sich über den kulturwissenschaftlichen Hintergrund, vor dem sich die heutige Kulturentwicklung widerspiegelt, klar zu werden. Nur wer die Kunst versteht, wird auch zutreffende künstlerische Bewertungen iRd Rechts treffen können. Daran anknüpfend und eng mit diesem Gesichtspunkt verbunden gilt es als dritten Gesichtspunkt, das urheberrechtliche Werkverständnis zu überarbeiten und die daraus gewonnenen Erkenntnisse in der Abwägung der beiden gegenüberstehenden Extrempositionen mit einzubeziehen. Dieses Problem derzeitigen Unverständnisses kultureller Entwicklung in der Urheberrechtslehre wird somit nicht nur, wie angesprochen, ein eigenständiger, weil iR avantgardistischen Formen der Collage notwendig gewordener Diskussionspunkt dieser Arbeit sein, sondern gleichsam Argumentationsbasis für jede weitere grundrechtsoptimierende Austarierung von Monopolisierungsgedanken und freier Kunst. Die Entwicklung eines eigenständigen Werkbegriffs ist damit in dieser Arbeit Ansatzpunkt als auch urheberrechtlich zu diskutierende Fallkonstellation zugleich. Denn unter diesem fehlenden Verständnis von Kunst leidet die vorhandene urheberrechtliche Diskussion, was verwundert, schließlich sollten die Synergieeffekte zwischen Kunst und Recht gerade im Urheberrecht besonders hoch sein, gilt es doch gerade mit dem Urheberrecht, die Kunst in eine privatrechtliche Einkleidung zu bringen.

Erkennt man erst die Bedeutung aller drei Aspekte (verfassungsrechtliche Einkleidung, kulturwissenschaftlicher Hintergrund und zeitgenössischer Werkbegriff), schafft man eine Argumentationsbasis, mit denen sich die angesprochenen, urheberrechtlich zu diskutierenden, Probleme um die Collage diskutieren lassen.

Zielsetzung der Untersuchung

So wird es nun im Folgenden darum gehen zu zeigen, dass Kunst und Recht sich nicht gegenseitig ausschließen und dass auch Eigentumsfreiheit und Kunstfreiheit unter verfassungskonformer Auslegung der bestehenden gesetzlichen Regelungen des Urheberrechts iSe grundrechtsoptimierten Konkordanz, unter gleichzeitiger Überarbeitung des kulturellen Verständnisses und des Werkbegriffs im Urheberrecht, Bestand behalten können, ohne dass es dafür in jedem Fall einer tiefgreifenden Gesetzesänderung iRd streitigen Zusammenhangs bedarf. Gegenstand dieser Arbeit ist damit die Auseinandersetzung der Kunst auf dem Feld des geistigen Eigentums in der Einkleidung urheberrechtlicher Problemstellungen am Beispiel der Collage.

Kapitel 1: Die Collage in der Kunst – Standortbestimmung der künstlerischen Gegenwart

Man kann keine juristische Arbeit über eine der bedeutendsten Kunsttechniken schreiben, ohne nicht zumindest ein Gefühl für diese Kunstform zu bekommen. Was will die Collage ausdrücken und warum muss man davon sprechen, dass mit der Collage ein völlig neues Kunstverständnis eingeläutet wurde. Erst wenn man in der Lage ist, dieses kulturelle Phänomen zu begreifen und weis die Hintergründe, Ziele und Ideen um die Collage einzuordnen, wird es gelingen, die rechtliche Problematik zufriedenstellend zu lösen. Jedes weitere Vorgehen ohne eine solche Betrachtung wäre wie ein lebloser Körper ohne Seele. Doch nur wo eine Seele ist, kann die Kunst, wie sie heute existiert, verstanden werden.

§ 1 Kunst in der Entwicklung

„Zwischen unserem Heute, unserem Gestern und Vorgestern sind alle Brücken abgebrochen. Ich selbst kann nicht umhin, mich zu verwundern über die Fülle, die Vielfalt, die wir in den knappen Raum einer einzigen – freilich höchst unbequemen und gefährdeten – Existenz gepresst haben, und schon gar, wenn ich sie mit der Lebensform meiner Vorfahren vergleiche. Mein Vater, mein Großvater, was haben sie gesehen? Sie lebten jeder ihr Leben in der Einform. Ein einziges Leben vom Anfang bis zum Ende, ohne Aufstiege, ohne Stürze, ohne Erschütterung und Gefahr, ein Leben mit kleinen Spannungen, unmerklichen Übergängen; in gleichmäßigem Rhythmus, gemächlich und still, trug sie die Welt der Zeit von der Wiege bis ins Grab. Sie lebten im selben Land, in derselben Stadt und fast immer sogar im selben Haus; was außen in der Welt geschah, ereignete sich eigentlich nur in der Zeitung und pochte nicht an ihre Zimmertür“.[8] Wie anders ist dies aber in unserem Heute. Zwar gab es zu jeder Zeit Veränderungen und Ereignisse, die für die Menschen von Bedeutung

8 Auszug aus der von *Stefan Zweig* (1881–1942) seinen Memoiren Die Welt von gestern (1942) vorangestellten Einleitung.

waren. Doch Entwicklungen, wie sie seit dem Beginn des 20. Jahrhunderts ihren Lauf nahmen, hat es vorher in diesem Ausmaße noch nicht gegeben. Es ist überall auf der Welt zu einem grundsätzlichen Wandel der Lebensverhältnisse und damit auch der geistig kulturellen Situation gekommen. So wurde „zur Selbstverständlichkeit, ..., dass nichts, was die Kunst betrifft, mehr selbstverständlich ist, weder in ihr noch in ihrem Verhältnis zum Ganzen, nicht einmal ihr Existenzrecht“.[9] Deswegen gilt es im Folgenden auch darum eine künstlerische Bestimmung unseres Jetztseins zu treffen.

A. Von der Moderne in die Postmoderne

Beschäftigt man sich mit „moderner Kunst“ stolpert man zwangsläufig über die Begriffe Moderne und Postmoderne. Um die Kunst unseres Heute verstehen zu können, sind daher beide zunächst zu erörtern.

I. Die Moderne – die sog. historische Avantgarde der Kunst

Die moderne Kunst, wie wir sie heute kennen, entstand zwischen den Jahren um 1905 und dem Beginn des 1. Weltkrieges. Daher bezeichnet man in der Kunstgeschichte das frühe 20. Jahrhundert als die klassische Moderne. Die Auseinandersetzung mit dem Zerfall traditioneller Werte bildet weitgehend den Kern aller Theorien zur Moderne.

Bis heute lassen sich keine abschließenden Kriterien dafür finden, ob ein Werk der modernen Kunst zugehörig ist oder nicht. Für Armin Zweite definierte sich der Begriff der Moderne als Rückzug aus dem Darzustellenden auf die Darstellungsmöglichkeit (...) Die Moderne drängt (...) von realisierter Zeichenfunktion zur Autonomie des Zeichens. Die Abbildung der Wirklichkeit ist damit nicht mehr Hauptaufgabe der bildenden Kunst. „Zur Selbstverständlichkeit wurde, dass nichts in der Kunst mehr selbstverständlich ist“.[10]

9 *Adorno* Ästhetische Theorie S. 1.
10 *Adorno* Ästhetische Theorie S. 9.

Entscheidendes Ziel der Moderne war die Trennung der Aufhebung zwischen Kunst und Leben.[11] Orientierung suchten die Vertreter der Moderne dabei nicht mehr in den vorangegangenen Stilepochen, sondern entwickelt die Kunst aus sich selbst heraus, was auch als „Selbstbegründungsanspruch"[12] der Kunst bezeichnet wird. Die Moderne war in einen Zustand eingetreten, der sie ganz allgemein dazu verurteilt, „ihr Selbstbewusstsein und ihre Normen aus sich selbst zu schöpfen".[13]

Mit der Moderne kam es daher nicht nur zu Veränderungen in den traditionellen Kunstgattungen Malerei, Musik, Graphik und Bildhauerei. Auch neue, bisher unbekannte Kunstrichtungen entstanden. Dabei wurde zum Teil mit neuen Medien experimentiert, aber auch alte Darstellungsformen erhielten durch Kombinationen und Erweiterungen neue Ausdruckskraft: Die Moderne wird daher auch als eine „gigantische Komposition einzelner Kunstrichtungen" iSe Stilpluralismus verstanden.[14]

II. Die Postmoderne – Zuspitzung des extremen Stilpluralismus

Mit Postmoderne bezeichnet man heute eine geistig-kulturelle Bewegung, die sich nur schwer fassen lässt. Auf der einen Seite ist die Postmoderne geprägt durch die Zurückweisung der Moderne. Teilweise wird sie aber auch als die Vollendung der Moderne angesehen.[15] In jedem Fall kann man sie als Reaktion auf die Moderne betrachten. Von Jean-François Lyotard wird sie gar als Ende der großen Erzählungen bezeichnet.[16] Auch zeitlich ist nicht ganz klar, ob sie in

11 „Wir müssen begreifen, dass Kunst und Leben keine voneinander getrennten Gebiete sind", van Doesburg und van Eesten, zitiert bei *Klotz* S. 29.

12 *Klotz* S. 17.

13 *Habermas* (S. 129) benutzt diese Wortwahl in Bezug auf die Aufklärung, m.E. lässt sich diese Formulierung aber allgemein auf alle mit den vormaligen Formen brechenden Entwicklungen anwenden.

14 *Klotz* S. 17ff.

15 Anders *Bonnet:* „Seit der Postmoderne wurde oft das Ende der Moderne behauptet. Sie ist m.E. weder be- noch vollendet". in KAb 1/2005 S. 51, 66; vgl. näheres zu den Unstimmigkeiten auch bei *Welsch* S. 9ff.

16 Vgl. dazu bei *Welsch* S. 31ff., 33.

die ersten Anfängen der 60er Jahren oder erst mit dem Beginn der 80er Jahre entstand, wo die Postmoderne anfing, sich auch in Alltagsphänomenen wie Mode, Popkultur, Kunst, postmoderne Architektur festzusetzen.

Die schon in der Moderne begonnene Abwendung vom Primat der Vernunft und die Erkenntnis des Verlusts des autonomen Subjekts als rational agierender Einheit, war entscheidender Antriebsfaktor postmoderner Künstler, sich mit Aspekten menschlicher Affektivität und Emotionalität auseinander zusetzen. Anders als die Moderne ist jedoch der universale Wahrheitsanspruch im Bereich ideologischer Auffassungen aufgegeben worden. „Der Künstler will nicht mehr der ästhetische Handlanger oder Propagandist einer gesellschaftlichen Utopie sein“.[17] So stellt John Cage fest, dass er niemals Anderen seine Vorlieben aufzwingen möchte.[18] Dies hat nicht nur bei ihm, sondern generell unter den Künstlern der Postmoderne dazu geführt, dass es zu einem Verlust von traditionellen Bindungen und allgemeinen Gemeinschaftsgefühl gekommen ist und sich zu einer Spaltung des gesellschaftlichen Lebens in eine Vielzahl von Gruppen und Individuen mit einander widersprechenden Denk- und Verhaltensweisen weiterentwickelt hatte, deren Zusammenleben unter Beachtung von Toleranz, Freiheit und Pluralismus in Gesellschaft, Kunst und Kultur bestimmt ist.[19] Die Postmoderne sieht daher das stete Innovationsstreben der Moderne als überholt an. Kunst könne nämlich nichts Neues schaffen.[20] Denn letztlich habe sich die Moderne Kunst automatisiert und etabliert und ihre Funktion als Gesellschaftskritik verloren.

Nicht Innovationen sondern Rekombinationen bestimmen das Bild postmoderner Kunst. Eine übergeordnete Konzeption für zeitgenössische Kunst lässt sich nun gänzlich nicht mehr ausmachen. Die Post-

17 *Welsch* S. 24.
18 *Cage* S. 304.
19 *Welsch* S. 5.
20 „Der Maler Hervé Fischer schritt, in ein indisches Hemd gekleidet, vor dem Publikum auf und ab, maß die Breite des Ausstellungsraums mit einem langen Band und verkündete: ‚Von mythischem Ursprung ist die Geschichte der Kunst. Magique. Ieux. Age. Anse. Isme. Neoisme. Ismse. Ique. Han. Ion. Hic. Pop. Hop. Kitsch. Asthme. Isme. Art. Hic. Tac. Tic.‘ Indem er eine Schnur durchschnitt, erklärte er die Geschichte der Kunst für beendet“, *Brockhaus* S. 289.

moderne setzt damit in gewisser Weise auch den extremen Stilpluralismus der Moderne fort[21] und proklamiert auf diese Weise ebenfalls die grundsätzliche Offenheit von Kunstwerken. Dies zeigt sich dabei vor allem innerhalb eines künstlerischen Werkkomplexes im Wechsel der Ausdrucksformen.[22] Wolfgang Welsch spricht daher auch von der Postmoderne als „Verfassung radikaler Pluralität".[23] So werden die künstlerischen Techniken und Formen verschiedener Stilepochen miteinander kombiniert und in den Werken der Postmodernen Künstler zitiert. Die Grenzen zwischen Kitsch und Kunst, Massenkultur und elitärer Kunstauffassung werden aufgeweicht und verschwimmen. Mit der Postmoderne beginnt daher die ästhetische Neusetzung der Fiktion und eine Rückkehr der Trennung zwischen Kunst und Leben.[24]

Ihr pluralistisches Selbstverständnis hat der Postmoderne des Öfteren den Vorwurf der Beliebigkeit[25] eingebracht.[26] Dieser Vorwurf muss jedoch entschieden abgelehnt werden, da schließlich Pluralität nur die Konsequenz des Künstlers aus der Reflexion, darüber ist, was Kunst zu leisten hat. Zudem gilt es darauf hinzuweisen, dass der Pluralismus der Postmoderne letztlich kein Willkürprodukt ist, sondern Ergebnis einer Vielzahl von Äußerungen, also Meinungen im künstlerischen Diskurs.[27, 28]

21 "We are now in an age of pluralism and interchangeability", *K. Hoffmann* Collage in the Twentieth Century S. 1, 3.
22 *Fuchs* S. 53.
23 *Welsch* S. 4.
24 *Klotz* S. 10.
25 Für den Begriff der Beliebigkeit wird dabei oftmals auf die von *Paul Feyerabend* aufgeworfene Formulierung des "anything goes" rekurriert (vgl. dazu bspw. bei *Sauerländer* „Alte Meister" S. 330, 335), (entwickelt und Diskussionsmodell geworden aufgrund seiner Schrift ‚Against Method' von 1975, S. 14ff.), die jedoch nach Riese missverstanden wird, vgl. dazu bei *Riese* Postmoderne S. 3f.
26 *Jameson*: Postmodernism is a "schizophrenic experience", thus an "experience of isolated, disconnected, discontinuous material signifiers which fail to link up into a coherent sequence", (S. 111, 119).
27 Ähnlich vertreten auch von *Welsch* S. 322f.
28 Im Ergebnis wendet sich auch *Riese* in seiner Bewertung gegen den Vorwurf der Beliebigkeit, vgl. Postmoderne S. 4.

B. Der eigentliche Begriff der Avantgarde

Der Begriff der *Avantgarde* steht heute für Künstler oder Künstlergruppen, die an der Entwicklung einer neuen Kunst- oder Stilrichtung maßgeblich beteiligt sind, die zu meist heftigen Brüchen mit dem Hergebrachten führt. Thema jeder Avantgarde ist das Verhältnis von Kunst und Wirklichkeit, von Kunst und Leben.[29]

Bekannt wurde der Avantgardebegriff im Zusammenhang mit der Kunst durch die sog. historische Avantgarde.[30] Diese rührt aus der Moderne und hatte als zentrales Motiv die gesellschaftliche Isolation der l'art pour l'art und damit die Trennung von Kunst und Leben aufzuheben.[31] Die Durchsetzung dieser Zielsetzung war von Reflexionen und Diskussionen begleitet. Das Bestreben der sog. historischen Avantgarde nach Aufhebung der Trennung von Kunst und Leben darf hierbei nicht als Auflösung von Kunst verstanden werden. Ziel der historischen Avantgarde war es vielmehr, Kunst zu erweitern und zu universalisieren.

Mit dem Entstehen der Postmoderne ist der Avantgardebegriff in der Kunst jedoch stark verblasst. Die von der historischen Avantgarde verfolgten politischen und gesellschaftlichen Veränderungen waren in dem gewünschten Maß nicht eingetreten. Zudem wurde die mit dem Begriff Avantgarde verbundene Vorstellung, dass einzelne Personen oder Gruppen mit ihren Ideen vorangehen und der Rest der Gesellschaft dem nacheifert, zunehmend angezweifelt. Hinzu kam, dass auch die noch so avantgardistische Kunst nach einem gewissen Zeitraum gesellschaftlicher Ablehnung meist in die Institutionen der Kunst eingegliedert und von da an anerkannt ist. Dies veranlasste Peter Bürger festzustellen, dass die Avantgarde gescheitert sei.[32]

29 *Fuchs* S. 77.

30 Begriff nach *Bürger* Theorie der Avantgarde, der konkret zunächst iRd einer generellen Betrachtung der Historizität ästhetischer Kategorien vgl. S. 20ff. benannt wird, S. 23. Konkreter wird Bürger jedoch auch, wenn er diese Überlegungen dem Avantgardebegriff der Moderne zugrundelegt S. 63ff. und dem Avantgardeanspruch der Moderne ein Scheitern attestiert, vgl. dazu auch zusammenfassend auf S. 72.

31 *Bürger* Theorie der Avantgarde S. 69ff.

32 Vgl. auch *Bürger* Theorie der Avantgarde S. 72 u. 78; ähnlich in der Bewertung auch *Klotz* S. 13.

Dem kann nicht zugestimmt werden. So wird übersehen, dass, wenn avantgardistische Kunst in die Institutionen der Kunst aufgenommen wird, das doch nichts anderes heißt, als dass zumindest Teile der Gesellschaft sich anscheinend doch von der Avantgarde beeinflussen lassen und bei ihnen eine entsprechende Bewusstseinsänderung eingetreten ist. Somit hat sie dann aber auch ihren wesentlichen Teil ihrer Funktion, der in der Bewusstseinsbildung aufgrund ihres Veränderungscharakters besteht, bereits erfüllt.[33] Die Avantgarde als Phänomen ist zudem immer historisch, da ihre „Anerkennung als Kunst" ihrem Entstehen typischerweise zeitlich nachfolgt und durch die Anerkennung sie nicht etwa gescheitert ist, sondern im Gegenteil eine Veränderung des Einzelnen in seinem Kunstverständnis und damit auch Lebensverständnis erreicht hat. Aus der Perspektive der Avantgarde wird man daher sogar sagen können, dass Kunstformen nachdem sie sich etabliert haben, künstlerisch nicht mehr interessant sind.[34] Letztlich heißt Anerkennung der Kunst in den Institutionen der Kunst noch lange nicht, dass diese auch vom Mainstream für sich als Kunstform akzeptiert ist. Vielerorts begegnet man nach wie vor dem Ausruf „Das ist doch keine Kunst!" Doch darum geht es der eigentlichen avantgardistischen Kunst.

Der *Avantgarde im eigentlichen Sinne* geht es nicht darum, von Kunstinstitutionen anerkannt zu werden, sondern das Bewusstsein des Einzelnen zu schärfen und ihm bei seiner persönlichen Lebensgestaltung ein Diskussionsmodell an die Hand zu geben, das ihn zum Verändern aufruft. Die Avantgarde kann damit nicht als gescheitert betrachtet werden, sondern muss, da sie sich immer neu erfindet iSe fortlaufenden Entwicklung betrachtet werden.[35] Insbesondere die technischen Entwicklungen im digitalen Zeitalter werden die Avantgarde dabei wieder zu einem wichtigen Vehikel werden lassen, das neue Formen schafft, die heute noch nicht absehbar sind und damit immer wieder die künstlerischen Grenzen neu abstecken wird. Somit bleibt „auch in unserer so genannten ‚postindustriellen' Zeit ... die

33 Ähnlich vertreten auch bei *Jürgens-Kirchhoff* S.186.
34 *Fuchs* S. 85.
35 Ähnliche Gedanken finden sich auch bei *K. Hoffmann* Collage in the Twentieth Century S. 1, 5: "Today some feel the avant-garde is dead, yet some of the motives of the avant-garde, a need and desire for a critical art and an art of change, a shared sense of purpose, are still with us".

Kunst die metaphysische und philosophische Aktivität par exellence". „Kunst bleibt der Ort, von dem aus das materielle Sein der Welt überschritten wird".[36]

Der Begriff der Avantgarde muss daher in dieser Arbeit notwendigerweise als jedes zur Veränderung und von der Masse der Gesellschaft noch um Anerkennung ringendes Diskussionsforum verstanden werden, dessen Ziel es ist, beim Einzelnen eine Bewusstseinbildung hin zum reflektierten und selbstbestimmten Leben zu bewirken. Denn solange etwas gedeiht, was anders, was nicht zu verwerten ist und die herrschende Praxis in Frage stellt,[37] wird es auch immer Avantgarde geben.

C. Schlussfolgerungen

Die Welt hat sich in den letzten hundert Jahren grundlegend verändert und zwar so radikal und in einem solchen Tempo wie nie zuvor. Die daraus entstandenen Unsicherheiten sind versucht worden, mit künstlerischen Mitteln zu thematisieren und aufzuarbeiten. In Reaktion auf die gewaltigen gesellschaftlichen Umbrüche hat sich dadurch auch die Kunst tiefgreifend von den vorherrschenden Vorstellungen entfernt und neue Kunstformen geschaffen. Zeitgenössische Kunst kann man heute nicht mehr unter einem Sammelbegriff verstehen. Die Kunstformen lösen sich zunehmend auf und die Grenzen zwischen den noch bestehenden verschwimmen zusehends. Zu beobachten ist dabei, dass nicht so sehr die gesellschaftliche Veränderung, sondern das Individuum und dessen persönliche Freiheit und Streben nach eigenverantwortlichem und selbstbestimmtem Leben heute im Vordergrund künstlerischen Arbeitens stehen, in der künstlerischen Betrachtungsweise wird daher zunehmend das Individuum in den Vordergrund gestellt. Die künstlerischen Arbeiten verstehen sich dabei zunehmend als Diskussionsangebote, die auf einem Markt der Ideen dem Einzelnen Vorschläge unterbreiten, wie er sein Leben gestalten kann und welche Veränderungen notwendig sind, um frei und selbstbestimmt leben zu können. Über den Einzelnen soll es

36 *Bonnet* KAb 1/2005, S. 51, 66.
37 *Adorno* Merkur 14. Jg. (1960), S. 101, 109.

dann zu gesellschaftlichen Veränderungen kommen. Im Folgenden gilt es nun diese Veränderungen anhand der Collage zu verdeutlichen und ein Bewusstsein herauszuarbeiten, warum die Collage für die Kunst so bedeutend ist.

§ 2 Die Collage – Eine Revolution in der Kunst

"The fact remains that artists are almost obsessively continue to return to collage as a process for the genesis of their work (...) virtually every artist in every art form has experimented with collage to one degree or another".[38] Der Collage wird im Kunstbetrieb ein maßgeblicher Stellenwert eingeräumt. Denn ohne die Entdeckung der Collagetechnik wären zahlreiche spätere Kunstentwicklungen nicht möglich gewesen.

Dieser Abschnitt hat es sich zum Ziel gesetzt, zunächst die historische Bedeutung der Collage darzustellen. Es werden die wichtigsten Entwicklungsschritte aufgezeigt und damit ihre weitreichende Wirkung für das heutiges Verständnis von Kunst. Danach soll versucht werden, dem weiten Begriff Collage eine Bedeutung zu geben, um mit ihm im Folgenden arbeiten zu können. Dies wird deswegen notwendig sein, weil die geschichtliche Entwicklung aufdecken wird, dass eine Vielzahl künstlerischer Techniken nicht nur durch die Collage motiviert worden ist, sondern diese bei näherer Betrachtung nichts anderes als Collagen sind. Abschließend sollen die rechtlichen Probleme der Collage in einem Überblick aufgezeigt werden, um eine Verständnisgrundlage für die späteren Erläuterungen aufzubauen.

A. Die Collage als anerkannte Kunsttechnik

I. Die Geschichte der Kunsttechnik Collage

Man verbindet heute die Collage vor allem mit den Werken solch bedeutender Künstler wie Hannah Höch, Robert Rauschenberger, Picasso, Richard Hamilton, John Heartfield oder Juan Gris. Es liegt al-

38 *Polkinhorn* S. 213, 251.

so nahe zu vermuten, dass es sich bei der Collage um eine relativ neue Kunstrichtung handelt, die erst am Anfang des letzten Jahrhunderts entwickelt wurde. Richtig ist jedoch, dass es sich bei der Collagetechnik um eine lange vorher entdeckte, wenn auch nur sporadisch verwendete Kunsttechnik handelt, die von einer langen und abwechslungsreichen Historie geprägt ist und sich in vielfältigen Geschichten ausdrückt. Erste Formen der Collage finden sich so z.B. bereits im 12. Jahrhundert unter den Arbeiten japanischer Kaligrafen.[39]

Trotz dieser frühen Formen der Collage muss man jedoch feststellen, dass die oben aufgestellte Vermutung nicht täuscht, da diese frühen Formen mit den heutigen Werken nur wenig gemein haben. Waren diese frühen Arbeiten, trotz einiger Ausnahmen, wie Hans Christian Andersen vierteiliger Paravent,[40] doch letztlich vor allem auf Produkte des Kunsthandwerkes beschränkt. So blieb die Collage lange Zeit in ihrer künstlerischen Entwicklung ohne Bedeutung. Zu einem ernstzunehmenden künstlerischen Ausdrucksmittel sollte die Collage sich in der Tat erst im 20. Jahrhundert entwickeln.[41] Dann aber auch in einer Weise, die sie nach den Worten Katherine Hoffman fortan zu einem der wichtigsten Medien werden ließ, das die Kunst zu bieten hat.[42]

Kunsthistoriker sehen heute in Pablo Picasso den Wegbereiter und wichtigsten ersten Vertreter der Collage in der modernen Kunst. Sie beziehen sich dabei auf eines seiner Werke vom Mai 1912,[43] als er Papier und ein Stück eines Wachstuchs, das wie ein Korbgeflecht gemustert war, auf eine Leinwand kleben sollte und diese mit gemalten Flächen zu einem einheitlichen Ganzen verband, um damit ein im

39 Näheres dazu bei *Wescher* S. 7: „Zu den berühmtesten Manuskripten dieser Art gehört das ‚Iseshu' vom Beginn des 12. Jahrhunderts, eine Sammlung der aus je 31 Silben bestehenden ‚Waka'-Verse der Dichterin Ise, die im 10. Jahrhundert lebte".

40 Dieser war über und über mit Reproduktionen der unterschiedlichsten Dinge, die ihn zu Hause und auf Reisen beeindruckt hatten, überbeklebt. Aufgrund der optischen Wirkung wirkt dieser Wandschirm aus den Jahren 1873/74 fast wie ein Werk des Surrealismus, vgl. *Brockhaus* Moderne Kunst S. 66.

41 *Wescher* S. 16.

42 "Collage may be seen as a quintessential twentieth-century art form with multiple layers and signposts pointing to the possibility or suggestion of countless new realities.", *K. Hoffmann* Collage in the Twentieth Century, S. 1.

43 Angeblich soll Picasso dieses Datum in einem Gespräch mit Douglas Cooper genannt haben, vgl. dazu bei *Rosenblum* S. 68.

kubistischen Stil geprägtes Stilleben zu schaffen (*Stilleben mit Rohrstuhlgeflecht*). Das bemerkenswerte an Picassos Arbeit ist, dass erstmals ein Gegenstand nicht mehr nur möglichst realistisch, sondern konkret als es selbst wiedergegeben wurde, wodurch auch jede naive Vorstellung von einer Thematisierung des ‚Realen' in einem gemalten Bild durch ein Objekt der außerbildnerischen Wirklichkeit in Frage gestellt wurde.[44] In eine ähnlich Richtung tendierte zu dieser Zeit auch Braque; dieser hatte bereits ein paar Jahre zuvor in zwei Stilleben *Violine und Krug* und *Violine und Palette* Nägel an den oberen Bildrand eingemalt, die plastisch aus der Fläche herausragten und damit versucht, reale Elemente in seine Bildkomposition mit einzubeziehen.

In der Folgezeit sollten durch die gegenseitige Beeinflussung Braques und Picassos die sog. papiers collés entstehen, die eine neue Ausformung des kubistischen Denkens hervorbringen sollte. Als erstes papier collé gilt dabei das Stilleben mit *Fruchtschalen auf Glas* vom September 1912, das die Bearbeitung einer Komposition Braques ist, das er zuvor in Öl gemalt hatte.[45]

Doch was unterscheidet nun diese Formen der Collage von den bisher bekannten Kunstformen? „Als um 1912 Braque und Picasso zum ersten Mal Papierstücke in ihre Bilder klebten, da war das keine Weiterführung einer bis dahin doch weitgehend in spielerischer Bastelei verharrenden Tradition, sondern bedeutete – auch im Bewusstsein der Künstler selbst – einen radikalen Neuanfang".[46] Vor allem von

44 *Schaesberg* S. 42.

45 Wer nun aber die erste Idee dazu hatte papiers collés herzustellen, ist noch nicht abschließend geklärt. Dazu Kahnweiler: "It is obvious that it was a joint discovery if one calls it a discovery. These two painters were then working so closely together that it is not certain that the one who did the First "papier collé" had already had the first idea. They might have talked about it before … It is generally admitted that the first one was 'Compotier' done by Braque in summer 1912 at Sorgues", Daniel Henry Kahnweiler in einem Brief an Harriet Janis, 4. Februar 1961, *Janis/Blesh*, S. 15 Wozu aber auch *K. Hoffmann* feststellt, dass nicht so sehr die konkrete Festlegung des Begründers der Kunstform entscheidend ist, sondern: "it is the spirit of the endeavour that seems more important" Collage in the Twentieth Century 1, 6.

46 *Zepter* aus seinem Vorwort zum Katalog der Ausstellung Collage, Assemblagen, Objekte in der Hahnentorburg, abrufbar unter *www.michaelzepter.de/collage.html*; zuletzt abgerufen am 30. 1. 2008.

Picasso wurde (als Weiterentwicklung seines in den *Demoiselles d'Avignon* angegangenen Bildkonzepts) „das Einkleben von Papierfragmenten, Zetteln oder Tapetenresten als Möglichkeit zur Konfrontation unterschiedlicher Realitätsebenen erkannt".[47] Anstatt sich darauf zu beschränken, Realität nur abzubilden, wurde eine neue Realität geschaffen. Die Verwendung neuer Werkstoffe entfachte einen kreativen Input, der für eine Vielzahl weitere Künstler dieser und späterer Zeit von grundlegender Bewusstseinserweiterung werden sollte. Waren am Anfang die künstlerischen Mittel noch bescheiden, wurden sie im Laufe der Jahre 1913/1914 mutiger und lebhafter eingesetzt. Neben den matten Holztapeten verwendete Braque zunehmend Papiere mit grünen, blaugrünen und blauen Tönen. Die neutralen Zeitungsausschnitte wurden durch Reklame-Illustrationen ersetzt. Noch lebhafter, noch mutiger und phantasiereicher sollten jedoch die Collagen Picassos dieser Zeit werden. Picasso war, was Collagen anging so produktiv wie später nie mehr. Er ergänzte seinen Bestand an Realität um die verschiedensten Materialien: Visitenkarten, Flaschenetiketts, Streichholzschachteln, Tabakpackungen, Stoffreste und Drucksachen wurden von nun an wichtige reale Bestandteile in seinen Collagen. Ab 1912 unternahmen Braque und Picasso auch erste Versuche dreidimensionaler Gestaltungen. Skulpturen aus gefalteten Papieren, Konstruktionen aus Papier, Blech, Holz und anderem Material wurden gefertigt. Zur gleichen Zeit arbeitete auch Juan Gris, der auch als der „Dritte im Bunde"[48] gilt. Im Gegensatz zu Picasso und Braque verband Juan Gris die Collagen aber immer mit der Ölmalerei. Klebte er am Anfang in sein Stillleben *Gitarre* (1912/13) noch Reproduktionen alter Gemälde ein, verlegte er sich ab 1914 ganz darauf, die Prinzipien seiner kubistischen Gemälde mit der Technik der Collage zu verbinden. Ihm gelang es, die Grenzen zwischen Malerei und Collage aufzuheben. Damit wurde er zum Begründer des synthetischen Kubismus.[49] Diese Schaffensperiode Gris, Braques und Picassos nahm jedoch letztlich mit dem Kriegsausbruch

47 *Zepter* aus seinem Vorwort zum Katalog der Ausstellung Collage, Assemblagen, Objekte in der Hahnentorburg, abrufbar unter *www.michaelzepter.de/collage.html*; zuletzt abgerufen am 30. 1. 2008.

48 *Wescher* S. 22.

49 „Er begann (nämlich) die illusionistische Perspektive mit der kubistischen Simultanansichtigkeit des Gegenständlichen unter Einbeziehung der Technik der Collage zu kombinieren". (*Brockhaus* S. 130).

1914 ein jähes Ende. Juan Gris gab die Kleberei auf, als er nach Kriegsausbruch im Oktober 1914 von Collioure nach Paris zurückkehrte. Die Zusammenarbeit Braques und Picassos lief aus und beide verfolgen fortab ihre eigenen künstlerischen Wege.

Obwohl die papier collés von Picasso, Braque und Gris daher eigentlich nur kurze Zeit aufflammten und ausschließlich in Paris, in der Galerie von Kahnweiler, zu sehen waren, weckten sie jedoch nicht nur bei den Kubisten (bspw. André Derain, Louis Marcoussis) lebhaftes Interesse. Vertreter aller Richtungen, die die sog. klassische Avantgarde ausmachten, nahmen sich vielmehr von nun an dieses neuen künstlerischen Ausdrucksmittels an und in der Folgezeit verbreitete sich die Collagetechnik rapide innerhalb der Künstlerkreise. Clement Greenberg fasst Jahre später diese Entwicklung sehr prägnant zusammen, als er feststellte: „Collage was … a major turning point in the whole evolution of modernist art in this century".[50]

Die Collage wurde zunächst von der sich nach dem ersten Weltkrieg weltweit ausbreitenden Dada-Bewegung aufgegriffen.[51] Generell muss man die Collagen gerade nach dem ersten Weltkrieg als Versuch ansehen, „aus den Bruchstücken der alten Welt eine neue aufzubauen".[52] „Wir suchen eine elementare Kunst, die den Menschen vom Wahnsinn der Zeit heilen und eine neue Ordnung, die das Gleichgewicht zwischen Himmel und Hölle herstellen sollte".[53] Vor allem Hannah Höch gelang es, die fragwürdig gewordenen Gesellschaft der Nachkriegszeit in einer Art Zerrspiegel abzubilden, in dem sie diese in ihren Arbeiten zerlegte und zersetzte und ein schreckenhaftes Bild ihrer Zeit zeichnete. „Phantomartig, blass und grell, mischen sich die

50 *Greenberg* S. 67.

51 „Am Anfang war Dada". Raoul Hausmann in *Brockhaus* S. 73; Zur Entwicklung des Dada und damit einhergehender Collage vgl. auch bei *Benjamin* Bekränzter Eingang S. 560: „Gegen Ende des Krieges (wurde) der Avantgarde deutlich …: die Wirklichkeit hat nun aufgehört, sich bewältigen zu lassen. Uns bleibt … nichts weiter übrig, als sie vor allem einmal ungeordnet, selber, archaisch, wenn es sein muss, zu Wort kommen zu lassen. Die Avantgarde waren damals die Dadaisten. Sie montierten Stoffreste, Straßenbahnbillets, Glasscherben, Knöpfe, Streichhölzer und sagten damit: Ihr werdet mit der Wirklichkeit nicht mehr fertig. Mit diesem kleinen Kehricht ebenso wenig wie mit Truppentransporten, Grippe und Reichsbanknoten.".

52 *Mahlow*, Collage S. 19.

53 Hans Arp Zitat bei *Döhl* S. 20.

Gestalten des mondänen Lebens in die reale Welt von Technik und Industrie. Zwischen Pneureifen und Maschinenkolben thront *Das schöne Mädchen*, dessen erleuchtetes Gehirn eine Glühbirne symbolisiert, ein anderes tanzt auf einem Grammophon".[54] Gerade der Kopf und damit das Gehirn spielte auch in späteren Arbeiten Höchs eine besondere Rolle. „Als Sitz des Intellekts und der Kreativität (eignete sich seine Darstellung in besonderem Maße), um sich über die Ideen des Nationalsozialismus lustig zu machen".[55] Dabei ging sie in der Materialwahl, in der Bildkomposition und der Themenwahl überlegter vor als viele ihrer Kollegen neben und nach ihr.[56] Dies zeigte sie auch beim Höhepunkt der dadaistischer Matinées und Veranstaltungen der Ersten Internationale Dada-Messe 1920 in Berlin, an der Höch mit der Montage *Schnitt mit dem Küchenmesser. Dada durch die letzte Weimarer Bierbauchkulturepoche* (1919) teilnahm. Darin kombinierte sie alltägliche Motive aus Politik, Technik und Unterhaltung sowie Porträtphotographien, Schriftzüge zu einer grotesken, chaotischen und ironischen Montage, die jeden Sinnzusammenhang verweigerte.[57] Parallel zu Höch fertigte Raoul Hausmann wichtige Collagen, so z.B. erste Fotomontagen, Skulptur-Assemblagen wie den *Mechanischen Kopf*,[58] die bedeutendste aller Dada-Plastiken, und immer wieder Klebecollagen. 1920 entstand dabei seine wohl bekannteste Collage *Tatlin at Home*.

54 *Wescher* S. 173.

55 Diana Waldmann (Zitat bei *Döhl* S. 17).

56 Ich finde irgendwo etwas Nebensächliches, je nebensächlicher desto besser – etwas Nichtssagendes, das aber meine Phantasie schlagartig anregt und mich zu einer Aussage zwingt. Diese wird dann systematisch erarbeitet. Das heißt, dass von nun an Zufälliges kaum noch eindringen darf, nicht im Formbau, nicht in der Farbe nicht im Inhalt (sofern einer angestrebt wird). Das heißt auch, dass im weiteren Fortgang der Arbeit ein oft mühseliges Suchen nicht aufhört" (Hanna Höch); Zitat bei *Döhl* S. 18.

57 *Wescher* S. 172f.

58 „Dadaist sein hieß für mich, einen scharfen Wahrnehmungssinn haben und die Dinge so sehen, wie sie sind. Ich wollte den ‚Geist unserer Zeit' enthüllen. Ein gewöhnlicher Mensch hat nur die Fähigkeit die ihm der Zufall auf den Schädel geklebt hat, sein Gehirn bleibt leer. Ich nahm also einen schönen Kopf aus Holz…", (Raoul Hausmann) Zitat bei *Mahlow* Collage, S. 52.

Die zweite Stütze in der Berliner Dada-Bewegung neben der Gruppe um Hausmann bildet das Duo George Grosz und John Heartfield.[59] Beide begannen bereits ab 1916 Collagen anzufertigen. Um der Feldpostzensur zu entgehen, ohne aber gleichzeitig darauf verzichten zu müssen, ihrer politischen Meinung Ausdruck zu verleihen, nahmen sie sich der Collagetechnik an. So verschickten sie an ihre Freunde Postkarten, auf denen sie die Fotos aus verschiedenen Zeitungen so zusammengeklebt hatten, dass daraus ihre Meinung über die Kriegslage ersichtlich wurde. Zusammen mit dem Malikverlag brachten sie sechs Jahre später (1922) eine erste Retrospektive mit dem Titel ‚*Mit Pinsel und Schere*' heraus. Darin zeigten sie ‚*7 Materialisationen, Reproduktionen nach farbigen Originalen aus den Jahren 1919–1922*' und schilderten die Entwicklung weg von der Zeichnung hin zur Collage und Montage. Grosz klebte dazu Zeitungsausschnitte und Illustrationen von Häusern, Personen und Maschinen, Geldscheine und andere Dinge. Die Retrospektive zeigte dabei auch eine Collage, die Wilhelm II. in Jagdausrüstung abbildet, dessen Brust von oben bis unten mit gewaltigen Orden geschmückt ist, vor ihm steht ein Kriegsinvalider, dessen zahlreiche Dekorationen dem in nichts nachstehen. Durch die Arbeit für den Malikverlag entwickelte sich eine Vielzahl von Gemeinschaftsarbeiten, die der ‚Grosz-Heartfield-Konzern' mit dem Doppelnamen Grosz Heartfield unterzeichnete, wie z. B. bei der Montage Dada-merika. Später widmete sich Heartfield vor allem der Technik der Fotomontage. In *Leben und Treiben in Universal City, 12 Uhr 5 mittags* entstand zunächst noch die Fotomontage als Mischform von Grafik, Fotografie und Literatur. Diese wurde jedoch später unter dem Einfluss Heartfield und zeitgleich durch Moholy-Nagy ab 1924 zu einem eigenständigen, verfeinerten Verfahren. Neben seinen Bühnenbildentwürfen für Max Reinhardt und Erwin Piscator, widmete sich Heartfield ab 1929 verstärkt auch antifaschistischen Photosatiren u. a. für die Arbeiter Illustrierten Zeitung (AIZ), aber auch für sein

59 Beiden Gruppen stritten darüber, wer zuerst die Photomontage angewandte hatte. Um Hausmann aus dem Feld zu schlagen hat Georg Grosz in einem Brief an Franz Roh geäußert: „Ja es ist richtig; Heartfield und ich, wir hatten schon 1915 interessante Photo-Klebe-Montage-Experimente gemacht." Das Datum muss man aber wohl als falsch anfechten. Denn Georg Grosz war bis 1916 Soldat und wurde erst in diesem Jahr provisorisch entlassen. Konnte also erst ein Jahr nach 1915 wieder nach Berlin in sein Atelier in Südende zurückkehren." (näheres bei *Wescher* S. 174 und bei *Möbius* S. 209 f.).

mit Tucholsky verwirklichtes Buchprojekt *Deutschland, Deutschland über alles* (1929).[60] Seine prägnantesten Arbeiten dieser Zeit sind u.a. *Deutsche Eicheln* (1933), das Hitler in der Pose eines Gartenzwerges zeigt, der eine Eiche bewässert, aus welcher Soldatenhelme, Bomben und Raketen wachsen. In *Der Sinn des Hitler-Grußes* sieht man wieder einen zwergenhaften Hitler, dessen typische Armbewegung zum Hitlergruß zum Anlass genommen wird, auf die Hintermänner des Nationalsozialismus hinzuweisen. Die Bildunterschrift *Kleiner Mann bittet um große Gaben* und der übergroße und damit mächtige Industrievertreter, der Hitler in die offene Hand Geldscheine legt, verdeutlichen dabei das Beziehungsgeflecht von Industrie und Nationalsozialismus.

Neben Heartfield hatte vor allem Moholy-Nagy die Fotomontage bekannt gemacht. Er selbst nannte sie Fotoplastik[61] und beschrieb sie als „Versuchsmethode der simultanen Darstellung; komprimierte Durchdringung von visuellem und Wortwitz; unheimlich ins Imaginäre wachsende Verbindung der allerrealsten, imitativen Mittel".[62] Besonders deutlich wird dies in seiner ‚Fotoplastik' *Militarismus* (1924).

Vor allem ein Name dieser Zeit sollte jedoch von nun an mit dem Thema Collage verbunden sein, der des Dadaisten Kurt Schwitters. Hans Arp sollte einmal über ihn sagen: „Was für die Götter Griechenlands Nektar und Ambrosia, das war für Kurt Schwitters der Kleister". In Kontakt mit Raoul Hausmann und Hans Arp gekommen, gründete er in seiner Geburtsstadt Hannover einen Ableger der Berliner bzw. Zürcher Dada-Bewegung. Zum Thema seiner Kunst wurde dabei der Neologismus Merz, den er 1919 durch eine Verstümmelung des Wortes Commerzbank kreierte und der in allen seinen Arbeiten auftaucht. In seinen Merz-Bildern kombinierte er ab 1919 Fundstücke wie Zeitungsausschnitte, Busfahrscheine, Bindfäden, Nägel, Haare, Segeltuch oder Holzstücke und gab diesen Gegenständen damit einen neuen, oftmals ironischen Sinn. Schwitters war zu der

60 Kurt Tucholsky: „Das Layout, die Montage von Bild und Text ist von Heartfield besorgt worden.", Zitat in *H. Becker* Mit geballter Faust S. 59f.

61 *Moholy-Nagy* S. 34, beschreibt darin die Fotocollagen des Dada zwar noch als Fotomontagen, seine eigenen, weiterentwickelten Versuche, aber nennt er bereits Fotoplastiken.

62 *Moholy-Nagy* S. 34.

Überzeugung gekommen, dass „alle Beschränkungen auf ein Material einseitig und kleinlich sei".[63] „Weil das Material unwesentlich ist, nehme ich jedes beliebige Material, wenn das Bild es verlangt. Indem ich verschiedenartige Materialien gegeneinander abstimme, habe ich gegenüber der Nur-Öl-Malerei ein Plus, da ich außer Farbe gegen Farbe, Linie gegen Linie, Form gegen Form usw. noch Malerei gegen Material etwa Holz gegen Sackleinwand werte … Es muss jedem Künstler gestattet sein, ein Bild etwa nur aus Löschblättern zusammenzusetzen, wenn er nur bilden kann".[64] „Ich bin Maler, ich nagele meine Bilder".[65] In diesem Sinn entstanden erste Serien seiner Merz-Bilder wie *Das Arbeiterlied, Das Urbild, Das große Ich-Bild*, zur gleichen Zeit widmete er sich schon den ersten Merz-Plastiken, wie dem *Lustgalgen*, der aus einem Wagenrad besteht, an dem ein Strick baumelt und einer Pappwand, hinter der sich das Opfer verbirgt. Kern seiner Arbeiten blieben aber immer die Collagen. Schwitters entwickelte dabei eine wahre Sammelwut. Ohne genaue Sichtung dessen, was er da zusammensammelte, suchte er zu jeder Zeit und an jedem Ort Materialien zusammen, die er später in seinen Arbeiten verwenden sollte. Er verwertete Reste und zunehmend die Abfallprodukte unserer Alltagskultur: Fahrscheine, Formulare, Gebrauchsanweisungen, Etikette, Lebensmittel- und Eintrittskarten, Anzeigen, Verpackungsmaterialien und Zeitungsausschnitte. Es ist diese Vielzahl von verschiedenen Arbeitsstoffen, die in seinen Werken die Idee vom Fremdmaterial vielleicht am deutlichsten werden lassen.[66] Später wählte er dann das Material besonnener aus. Seine Arbeiten wurden systematischer und seine Themen entstanden aus dem Zusammenklang der Materialien, der Form- und Farbwerte, die in ihnen enthalten waren.[67] Die Collage schaffte damit den Sprung vom Expe-

63 Schwitters zitiert nach W. *Hofmann* Zeichen und Gestalt, S. 67.
64 Schwitters in der Zeitschrift Merz 1923, zit. bei *Wescher* S. 183.
65 Schwitters, zitiert nach *Mahlow* Collage S. 56.
66 Es ist „unwesentlich, ob die verwendeten Materialien schon für irgend einen Zweck geformt waren oder nicht. Das Kinderwagenrad, das Drahtnetz, der Bindfaden und die Watte sind der Farbe gleichberechtigte Faktoren. Der Künstler schafft durch Wahl, Verteilung und Entformung der Materialien. … Bei der MERZ-Malerei wird der Kistendeckel, die Spielkarte, der Zeitungsausschnitt zur Fläche, Bindfaden, Pinselstrich oder Bleistiftstrich zur Linie, Drahtnetz, Übermalung oder aufgeklebtes Butterbrotpapier zur Lasur, Watte zur Weichheit". (Kurt Schwitters); zitiert nach *Döhl* S. 20.
67 *Wescher* S. 186.

rimentierfeld einzelner zu einem ernsthaften Ausdrucksmittel der Kunst, ohne dabei jedoch seinen experimentellen Charakter zu verlieren. 1931 schrieb Schwitters beinahe hellseherisch in dem Artikel *Ich und meine Ziele*: „Ich weiß ganz genau, dass für mich und alle anderen wichtigen Persönlichkeiten der abstrakten Bewegung, die große Zeit einmal kommen wird, in der wir eine ganze Generation beeinflussen werden, nur fürchte ich, dass persönlich nicht mehr mitzuerleben“.[68]

Beinahe jeder Hauptvertreter der klassischen Avantgarde versuchte von nun an, die Collage in sein künstlerisches Schaffen mit einzubinden. Neben Hans Citroen, der schon als 14-jähriger auf der Internationalen Dada-Messe im Juni 1920 mit den Klebebildern *Wilsons vierzehn Punkte* besonders gefeiert wurde, bestach sein Bruder Paul mit Collagen, die sich zudem in eine ganz andere Richtung bewegten, als die meisten seiner Zeit. Seine Collagen waren Großstadtbilder, die er aus ausgeschnittenen Photos und Postkarten zu dichten Mosaiken zusammensetzte. Nachdem er bereits 1919 die erste *City* klebte, eine Stadt der hunderttausend Fenster, schuf er 1923 seine wohl bedeutendsten Werke mit den *Metropolis* Bildern. Im Verlauf der zwanziger und dreißiger Jahre beschränkten sich die Künstler längst nicht mehr auf die ihnen durch die Leinwand vorgegebene Zweidimensionalität. Es entstanden die ersten dreidimensionalen Gestaltungen der Assemblage bzw. vom Visionär Schwitters wurden mit den *Merzbauten*[69] sogar schon frühe Environments geschaffen.

Nachdem Max Ernst 1919 bereits gemeinsam mit Hans Arp die Kölner Dada-Gruppe gegründet hatte, gehörte er ab 1924 zu den ersten Mitgliedern der Surrealistengruppe in Paris, wo er seit 1922 lebte. Ernst und Arp hatten bereits eine umfangreiche Collage-Arbeit in der Dada-Bewegung vorzuweisen, bevor sie sich dem Surrealismus anschlossen. Schon 1914, als Arp in Paris mit Künstlern wie Modigliani, Apollinaire und Delaunay und auch mit Picasso in Berührung kam, wurde sein Interesse an Collagearbeiten geweckt und er fabrizierte eine erste Serie aus einfarbigen Papieren in schwarzen, oran-

68 ‚Veröffentlicht in Merz 21 – erstes Veilchenheft‘, zitiert nach *Wescher* S. 187.

69 Eine ausführliche Darstellung zu Schwitters Merzbauten findet sich bei *Dietrich* S. 164 ff.

genen, goldenen und blauen Tönen. Arp selbst beschrieb diese frühen Arbeiten als „statische, symmetrische Konstruktionen, Torbögen pathetischer Vegetationen, Pforten ins Reich der Träume".[70] Auch später in Zürich widmete er sich der Kleberei. Seine Arbeitsmittel wurden vielfältiger, neben Papieren aller Art benutzte er die gängigen Arbeitsmittel, die schon Picasso verwendet hatte: bedruckte Stoffe, Tapetenmuster, Warenetiketts, etc. Zusammen mit der schweizerischen Malerin Sophie Taeuber entstanden in der Folge zahlreiche Papiercollagen in Gemeinschaftsarbeiten. Auf der Suche nach einer idealen Kunstform beschränkten sie sich dabei in ihren Arbeiten nicht auf gradlinige Formen, sondern sie benutzten gleichsam runde und ausgebogene nach ungeheurer Präzision suchende, bildende Formen ohne genaue Bestimmbarkeit.[71] Marcel Janko beschrieb Arps Arbeiten zu dieser Zeit als „wunderbar, wie sich die Formen natürlich organisieren, ohne dass er dem Material Gewalt antat".[72] Als Arp 1924 zurück nach Paris ging, traf er dort mit den Surrealisten zusammen und ein neues künstlerisches Kapitel öffnete sich.

Max Ernst beschrieb seine Hinwendung zur Collage wie folgt: „Als ich mich an einem regnerischen Tag im Jahr 1919 in einer Stadt am Rhein befand, übten plötzlich die Seiten eines illustrierten Katalogs eine überraschende Obsession auf meinen Blick aus, auf denen Gegenstände abgebildet waren, die zu anthropologischen, mikroskopischen, psychologischen, mineralogischen und paläontologischen Demonstrationen dienten. Ich fand dort derart wesensfremde, gegenständliche Elemente vereinigt, dass die Absurdität dieser Zusammenstellung eine plötzliche Steigerung meiner visionären Fähigkeit bewirkte und eine halluzinatorische Folge widerspruchsvoller, doppelter, drei-

70 Zitiert nach *Wescher* S. 142f.

71 „Einzeln und gemeinsam stickten, webten, malten, klebten wir geometrische, statische Bilder. Unpersönliche, strenge Bauten aus Flächen und Farben entstanden. Keine Flecken, keine Risse, keiner Fasern, keine Ungenauigkeiten sollten die Klarheit unserer Arbeit stören. Für unsere Papierbilder wurde sogar die Schere, mit der wir zuerst diese Arbeiten ausschnitten verworfen, da sie zu leicht das Persönliche durch die hand verriet. Wir bedienten uns fortan der Papierschneidemaschine. Wir versuchten uns demütig der ‚reinen Wirklichkeit zu nähern. Es war die Kunst der Stille, die wir übten. Sie wendet sich von der Außenwelt der Stille dem inneren Sein, der inneren Wirklichkeit zu." (Hans Arp); zitiert nach *Döhl* S. 14f.

72 Zitiert nach *Wescher* S. 143.

facher und vielfacher Bilder vor mir entstehen ließ, die sich mit der Eindringlichkeit und der Geschwindigkeit ablösten, wie sie Liebeserinnerungen und Visionen des Halbschlafs eigen sind".[73] Trotzdem Ernst künstlerischer Autodidakt war, schaffte er es wie kein zweiter, dass in seinen Collagen „Abbildungen aus Physik und Alchemie, Anatomie und Naturwissenschaft, Fauna und Flora mit Gegenständen des täglichen Lebens die unerwartetsten Verbindungen"[74] eingingen. Mit Max Ernst erweiterten sich die Gestaltungsmöglichkeiten der Collage nun dergestalt, dass Louis Aragon ihn 1930 in *La Peinture au défi* als den Erfinder der eigentlichen Collage bezeichnete. In seinen Werken erst würden die papiers collés der Kubisten ihre volle Auswertung finden. Ernst hat den Bildelementen durch die sorgsame Anpassung der Materialien durch ihre Amalgierung zugunsten eines einheitlichen Erscheinungsbildes jede einseitige oder eindeutige Bestimmbarkeit genommen und damit dem Irrationalen in die Kunst Einlass gewährt.[75] Ihm verdanken wir auch den Ausspruch „Ce n'est pas le colle qui fait le collage",[76] der dazu führt, dass Collage heute als Sammelbegriff nicht nur für Klebebilder verwendet wird. Dieser Ausspruch bezog sich dabei auf die im Juni 1921 in Paris in der Galerie ‚Au sans pareil' stattfindende Ausstellung, zu der Ernst 56 Collagen angefertigt hatte, von denen aber nur 12 papiers collés waren, also solche, die ausschließlich aus geklebten Bestandteile bestehen.[77] 1922 siedelt Ernst schließlich nach Paris über und folgt Arp, der schon im April 1920 dorthin zurückgekehrt war. Dort erfuhr die Dada-Collage ihren entscheidenden Auftrieb. Als Max Ernst, von Breton zu einer Ausstellung eingeladen, diesem seine Werke schickte, versetzten diese die bei Picabia anwesenden Freunde

73 *Ernst* Jenseits der Malerei S. 326, 331 f.

74 *Wescher* S. 192.

75 *Aragon* S. 27 ff.

76 Zitiert nach *Wescher* S. 192.

77 „Im Sommer 1929 fragte mich eines Tages ein Bekannter, ein Kunstmaler, was ich gerade machte, ob ich arbeitete. ‚Ja', sagte ich, ‚für mein geplantes Buch mit dem Titel *La fême de 100 têtes* mache ich die Collagen', worauf er mir ins Ohr wisperte ‚Und was für einen Leim nehmen sie dazu?' In aller Bescheidenheit, die man an mir schätzt, musste ich ihm versichern, dass ich bei den meisten Collagen keinen Leim verwende. Dass ich auch nicht verantwortlich sei für das Wort ‚Collage' und nur zwölf von den 56 Nummern im Katalog meiner Pariser-‚Collagen'-Ausstellung den Begriff verdienten." *Ernst* Jenseits der Malerei S. 326, 331.

Breton, Aragon und Soupalt in Aufregung. Seine wichtigsten Werke aus dieser Zeit sind u. a. *Le rendez-vous des amis* (1921), *Célèbes* (1921) oder *Zwei Kinder werden von einer Nachtigall bedroht* (1924). Höhepunkt der Arbeit Ernsts war für ihn jedoch sein surrealistischer Collageroman *La femme 100 têtes* (1929).

„Mit dem Surrealismus wird ein neues Interesse an der Collage wach".[78] Breton,[79] der schon als einer der Initiatoren des Pariser Dadaismus zählt, berief sich auf Braque und Picasso, in denen er aufgrund der papiers collés seine Wurzeln sah. Diese hätten neue Quellen für die Darstellung einer unwirklichen Wirklichkeit eröffnet.

Als Surrealist galt ab 1926 auch Arp mit seinen bemalten Reliefs wie *Berg, Nabel, Anker, Tisch, Paolo und Francesca.* Einige Arbeiten wie die *Uhr* (1924) erschienen dabei jedoch auch nach wie vor als klassische' Papier-Collage. Entscheidend für die Weiterentwicklung der Collage auch im Surrealismus war jedoch wieder einmal Ernst. Denn ab dem Ende der 20er Jahre geriet die Collage immer mehr unter seinen Einfluss. Es ist daher auch unmöglich alles aufzuzählen, was Max Ernst in dieser Zeit montiert hat. Er schuf Klebebilder, illustrierte Bücher mit seinen Collagen, konstruierte Bühnenbilder, zeichnete collageartige Bilder, etc. Vor allem aber beeinflusste er damit eine ganze Reihe weiterer Künstler, wie Joan Miró, der, nachdem es in den Anfängen seines künstlerischen Schaffens noch bei Einzelbeispielen collageartiger Arbeiten geblieben war (bspw. *Stilleben mit Kaffeekanne*), ab dem Ende der 20er Jahre, nachdem er mit Ernst und Arp in Kontakt gekommen war, zunehmend die Collage als Ausdrucksmittel wählte. Aus einer Anti-Malerei-Stimmung entstanden 1928 die Materialbilder der *Spanischen Tänzerin.* Anders als die meisten seiner zeitgenössischen Kollegen widmete sich Miró jedoch zusätzlich tiefgehenden systematischen Studien, die sich auf das Verhältnis von Linie und Fläche und Fläche und Raum und auf die spezifischen Farb- und Texturwerte bezogen. In der Folge entstand in seinem Sommersitz in Montroig 1929 eine Reihe von Collagen im eigentlichen Sinne. Grundlegende Gemeinsamkeit in all seinen Colla-

78 *Wescher* S. 210.

79 „Die Papier Collagen von Braque und Picasso besitzen den gleichen Wert wie die Einführung eines Gemeinplatzes in eine stilistisch zurechtgefeilte literarische Abhandlung." *Breton*: Erstes Manifest des Surrealismus (1924) S. 29, 45.

gen, vor allem des Zyklusses *Eté 1929* sind dabei die Klebepapiere, die das Grundschema der Komposition ausmachen und die durch die Verteilung der Farbflächen im Raum bestimmt sind. Nachdem Miró schon ab 1930 auch andere Drucksachen verwendete, entwickelte er zudem seit 1933 neue Bildthemen, die er aus den ausgeschnittenen Illustrationen von Maschinen und Gebrauchsgeräten zusammengestellt hat. Später sollte er einmal darüber sagen: „Ich häufte diese (zerschnittenen Zeitungen) Tag für Tag an. Ich benutzte sie als Ausgangspunkt, da ich sie nicht kopieren, sondern mir von ihnen nur Formen suggerieren ließ“.[80] Im gleichen Jahr entstand eine Serie von Collagen, in denen er die Bildfunde nicht mehr transponierte, sondern als solche in die Kompositionen einsetzte (bspw. Ansichtskarten, Familienfotos, ...). Zwischendurch fertigte Miró immer wieder auch Materialbilder an, bspw. die peintures objets *(Fensterladen, Mann und Frau)*.

Eine der wenigen wirklichen Maler des Surrealismus war Salvador Dali. Nach unterschiedlichen Stilexperimenten u.a. im Bereich der Pittura metafisica in der Manier Giorgio De Chiricos sowie in der Art des Kubismus und Realismus ließ sich Dalí 1929 in Paris nieder, wo er sich der Gruppe um André Breton anschloss. Zwar spielen die Collagen prinzipiell in Dalis Bildern nur eine geringe Rolle (*Baigneuse, Dit Gros, Die Gewissensbisse des Bewusstseins*, *Sphinx*), die verschiedenen surrealistischen Experimente belebten jedoch das allgemeine Interesse an der Collage. So fand im Frühjahr 1930 in der Galerie Goemans eine Ausstellung statt, die Werke der Kubisten Braque, Picasso und Gris, der Dadaisten Arp, Ernst, Man Ray und der Surrealisten Miro, Tanguy, Dali und Magritte zeigte. Mit dem Aufsatz *La Peinture au défi* von Aragon wurde in der Folge auch erstmals eine grundlegende kulturwissenschaftliche Schrift zum Thema Collage verfasst und abgedruckt, die auch auf ihre historische Entwicklung einging. In der surrealistischen Produktion der dreißiger Jahre liefen zudem mehr und mehr Materialbilder und Papier-Collagen nebeneinander her.[81] Zeitgleich entstanden erste zaghafte Versuche der Objektkunst, die auf den Anfängen Duchamps (ready mades) und Man Ray („*gift*/object“) beruhten. So hatte schon 1927 André Breton seinen Anhängern vorgeschlagen, die Gegenstände

80 Art News Annual 1953, zitiert nach *Wescher* S. 216.
81 *Wescher* S. 250.

herzustellen, die ihnen im Traum erscheinen.[82] Dennoch erlahmte in der weiteren Folge das Interesse an der Collage und wurde erst durch neue Perspektiven im Ausdrucksbereich wiederbelebt.

Erst das Zerschneiden und Zerreißen gestrichener Papiere, die Dynamik des spontanen Pinselstrichs abrupt zu kappen und in der Kombination den Rhythmus der Pinselführung synkopenartig zu brechen, versprachen neue Möglichkeiten.[83] Durch Infragestellung des eigenen Temperaments erweiterten sich die kompositorischen Möglichkeiten. Henri Matisse bspw. bezeichnete zu dieser Zeit sein Arbeiten als *Zeichnen mit der Schere*. Vor allem in den vierziger Jahren, den Jahren, in denen er krankheitsbedingt immer häufiger das Bett nicht verlassen konnte, beschäftigte er sich mit der Technik der Découpage und schuf Scherenschnittcollagen aus leuchtend farbigen Papierausschnitten (Papiers découpés bspw. *Zyklus Jazz*). Neben den klassischen papiers collés entstanden nun den Forderungen der Surrealisten entsprechend zunehmend neue Formen, die der Collage die Möglichkeit gaben, mit neuen Materialien und Ausdrucksformen ihre künstlerische Bedeutung als wichtiges Kommunikationsmedium zu vertiefen. Bspw. schuf Joseph Cornell in den frühen vierziger Jahren nach dem Vorbild von Kurt Schwitters in durchsichtigen Kästen (meist aus Glas) seine „eingeschlossenen" Assemblagen. In diese Kästen kombinierte er Alltagsobjekte oder zufällig gefundene Gegenstände (Objets trouvés), wie Photographien und Druckerzeugnisse oder Fragmente von übereinander belichteten Photos, in surrealistischer Manier miteinander und präsentierte sie wie auf einer Bühne. So wurde die Collage auch in den USA mehr und mehr als Kunstmittel aufgegriffen.

Dort war die Collage bisher nämlich nur durch die immigrierten europäischen Künstler bekannt geworden. Als daher Peggy Guggenheim Jackson Pollock, William Baziotes und Robert Motherwell vorschlug, sich an ihrer Collage-Ausstellung zu beteiligen, hatte sich noch keiner von ihnen mit diesem Verfahren befasst. Motherwell und

82 „Das Wort wird durch das Objekt ersetzt". (Breton; zitiert nach *Mahlow* Collage S. 60).

83 *Zepter* aus seinem Vorwort zum Katalog der Ausstellung Collage, Assemblagen, Objekte in der Hahnentorburg, abrufbar unter *www.michaelzepter.de/collage.html*; zuletzt abgerufen am 30. 1. 2008.

Pollock machten sich 1942 also enthusiastisch daran, erstmals Collagen herzustellen. Motherwell sollte sich später daran erinnern, dass Pollock mit zunehmender Spannung und Heftigkeit Papiere zerriss, klebte, sogar die Ränder angebrannte und alles mit Farbe überschüttete und dabei sogar in einen tranceartigen Zustand geraten sein soll.

Allerdings fanden diese ersten Versuche bei Pollock keine Wiederholung. Und auch für Baziotes blieb die Collage *The drugged balloonist*, die er mit den verschiedensten Materialien wie Papier, Stoff, Blättern, Schmetterlingsflügeln etc für die Guggenheim Ausstellung ausstaffierte, ein Einzelfall. Einzig Motherwell machte sich die Collage-Technik fortan zu Eigen. Sie sollte ihm in Zukunft die Arbeit erleichtern, denn mit ihr ließen sich die Kompositionen, die bei ihm schrittweise entstanden, mit den zerrissenen oder zerschnittenen Papieren schneller und leichter variieren als mit der herkömmlichen Malerei.[84] Auf der Suche nach einem eigenen Stil erprobte er in den Jahren 1943/44 in seinen Collagen unterschiedliche Kompositionsprinzipien. „Auf der *Lebensfreude* sind die bemalten und einfarbigen Papiere wie Bildschirme in die Tiefenprojektion eingesetzt. In Grün und Weiß wägt er die genauen Beziehungen und Spannungen zwischen Formen und Farben ab".[85] Künstlerisch gefestigt setzte Motherwell ab Mitte der 40er Jahre die mit der Collage *Pancho Villa* (1943) begonnenen symbolischen Figuren fort, und benutzte in seinen Arbeiten fortan gelegentlich immer wieder auch das Mittel der Collage, so z.B. in *Maria* (1945), *Dichter* (1947). In den 50er Jahren beschäftigte er sich in seinen Arbeiten mit Kontrastwirkungen. Als Haltepunkte und damit beruhigende Elemente inmitten der explosiven Farben und Linien wirken die bunten Warenetiketts, die Motherwell in den 50er Jahren mit Vorliebe in seine Bilder einklebt. Motherwell reagierte mit seinen Arbeiten auf die Hektik des Alltags und stellte heraus, dass in der allgemeinen Wirrnis der Umwelt nur noch die kleinen banalen Dinge glaubwürdig waren.

84 *Motherwell* selbst sieht seinen Collage Arbeiten als ‚autobiographical': „Collages are a modern substitute for still-life … My paintings deal in large simplifications for the most part. Collage in contrast is a way to work with autobiographical material – which one wants sometimes. I do feel more joyful with collage, less austere. A form of play. Which painting, in general, is not, for me, at least", in: An exhibition of the Work of Robert Motherwell S. 8.

85 *Wescher* S. 351.

Die Collagetechnik unterlag damit zunehmend einem Bedeutungswandel. Hatte die erste Generation sich ihr zugewandt, um den Bildgestaltungen in der klaren Beziehung von Linien, Formen und Fragen objektive Gültigkeit zu verleihen, so ging es den Jüngeren darum, in der abstrakten Sprache ihre subjektiven Stimmungen, Eindrücke und Erlebnisse wiederzugeben, ohne sie allzu deutlich zu formulieren. An die Stelle präziser, begrenzter Formen traten nun vage Strukturen und Farbangaben und diese unverbindlichen Ausdrucksmittel ließen sich mit Hilfe der Collage auf vielfache Weise bereichern. Lee Krasner, die eigentlich Malerin ist, sich aber dennoch um die Weiterentwicklung der Collage im sog. abstrakten Expressionismus verdient gemacht hat, sagte in einem Interview sehr treffend: „I long myself asked what collages can do. The Cubists made collages to emphasize the ambiguity of flat surfaces, to indicate volume, even depth, in order to abolish conventional perspectives. The Surrealists used collage for purposes of surprise und irrationality, sometimes to fool the eye. Other serious artists, Kurt Schwitters for instance, composed abstract structures with refuse, Merz and still others created lyric sensory images, as Anne Ryan did so enchantingly. My collages have to do with time and change, and are for me the appropriate means to express such experiences. I have other things in my head when I paint, or make new prints, or do a mosaic".[86]

„Im Bereich der *Monochromen Malerei* und der *Texturologien* bringt die Bemühung um lebendige Oberflächenstruktur eine Fülle neuer Materialien ins Tafelbild. Wenn Jean Dubuffet Blätter oder Schmetterlingsflügel montiert, Alberto Burri Eisenplatten zusammenschweißt oder Säcke zusammennäht oder Eduardo Paolozzi aus Schrotteilen seine frühen Skulpturen zusammensetzt, so steht damit weniger die Konfrontation gegensätzlicher Materialeigenschaften im Zentrum des Interesses als vielmehr die Gestaltung einer von der Mikrostruktur her bestimmten lebendig vibrierenden Oberfläche mit starkem Tastreiz. Oft bilden die Nähte oder Klebestellen die einzigen Kompositionselemente".[87] Anders als Motherwell und Krasner, aber ähnlich wie die Frottagen Ernsts, benutzte Dubuffet für seine Bilder einen plastischen

86 Zitiert nach *K. Hoffmann* S. 20.

87 *Zepter* aus seinem Vorwort zum Katalog der Ausstellung Collage, Assemblagen, Objekte in der Hahnentorburg, abrufbar unter *www.michaelzepter.de/collage.html*; zuletzt abgerufen am 30. 1. 2008.

Untergrund. Dieser Malgrund aus Sand, Kalk, Erde wurde zur bildträchtigen Inspirationsquelle, indem, nach der Vorstellung Dubuffet, der Künstler spontan und unreflektiert, etwa wie Geisteskranke, Kinder oder Dilettanten wahre Kunst schaffen könne. Dubuffut nannte sein 1944 der Öffentlichkeit präsentiertes Verfahren daher auch Art Brut („rohe Kunst"). Seine späteren Werke wie z.B. *Door with Couch-Grass* (1957), das sich vorwiegend aus Gemäldefragmenten, Gras und Steinen zusammensetzt, bildeten dabei den Ausgangspunkt der späteren Assemblageentwicklung.

Doch erst der sog. nouveau réalisme in Europa und die Pop-Art in Amerika und England verhalfen der Collage zum endgültigen Comeback und führte zu einer Wiederentdeckung u. a. der Werke Duchamp und Kurt Schwitters. In Reaktion auf die als verkrustet und erstarrt empfundenen Richtungen des Informel suchte man nach neuen Kunstformen und Ausdrucksmöglichkeiten. Am besten drückt sich die Renaissance der Collage mit den Worten Robert Rauschenbergs aus, der ab 1953 in New York die Collage für sich neu entdeckt: „Ich begann Collagen zu machen, ohne das Wort je gehört zu haben. Ich hatte schon eine ganze Menge davon hergestellt, als ich eines Tages eine Collage sah, die Picasso 1924 gemacht hatte, ein Jahr, bevor ich geboren wurde".[88]

Als 1959 Spoerri nach Paris ging, machte er dort bald Bekanntschaft mit Jean Tinguely, Arman, Francois Dufrêne und Yves Klein und gründete mit ihnen die Kunstrichtung nouveau réalisme. Es entstanden Spoerris erste Objektkunst und vor allem seine *Tableaux-pièges* (dt. Fallenbilder). Den Namen haben die den Assemblagen ähnlichen Materialbilder deswegen, als alltägliche Situationen (z.B. benutztes Geschirr, Reste einer Mahlzeit) auf einer festen Unterlage (Tischplatte, Schreibunterlage) mit Kunstharz wie in einer Falle eingefangen und befestigt werden. Spoerri selbst definierte 1966 diese von ihm erfundene spezielle Form einer Assemblage so: „Gegenstände, die in zufälligen, unordentlichen oder ordentlichen Situationen gefunden werden, werden in genau der Situation, in der sie gefunden werden, auf ihrer zufälligen Unterlage (Tisch, Schachtel, Schublade etc.) befestigt. Ver-

[88] Rauschenberg zitiert nach *Zepter, aus* seinem Vorwort zum Katalog der Ausstellung Collage, Assemblagen, Objekte in der Hahnentorburg, abrufbar unter *www.michaelzepter.de/collage.html*; zuletzt abgerufen am 30. 1. 2008.

ändert wird nur die Ebene: indem das Resultat zum Bild erklärt wird, wird Horizontales vertikal".[89] Dazu erschien 1973 in der FAZ unter dem Titel „Abgegessene Stilleben, Spoerris Fallenbilder in Hamburg" ein Ausstellungsbericht von Dietrich Helms, der folgendes festhielt: „Das ganze Jahr über ist in Spoerris Restaurant in Düsseldorf jeden Tag eine Tischplatte zur Seite gestellt worden – mitsamt der von der Essgesellschaft, die an ihr beschäftigt war, darauf hinterlassenen Dinge. Diese Relikte – abgegessene Platten, Gläser, Flaschen, Servietten, Messer, Gabeln, Kerzen – sind dann sorgfältig an eben dem Ort, an dem sie zufällig standen oder lagen, festgeklebt worden, auch der Restinhalt von Gefäßen wurde fixiert, Asche im Aschenbecher. Es entstanden, an die Wand zu hängen 365 von Spoerris Fallenbilder, datiert, den Ablauf eines Jahres im Restaurant dokumentierend".[90] Die Objektmontage *„Repas hongrois"* (1963) ist ein berühmtes Beispiel für diese Art von Akkumulationen.

Einige *nouveaux réalistes*, wie Arman oder César, erweiterten nun die Assemblage hin zur Skulptur. Arman häufte gleiche alltägliche Gegenstände zu Gruppen, veränderte ihre Bedeutung aber durch Wiederholung und einen ironischen Titel. Bekanntestes Beispiel sind seine *Papierkörbe*. Dabei schüttete er den Inhalt normaler Papierkörbe in durchsichtige Papierkörbe und überließ es dem Zufall, welchen Inhalt und welche Anordnung sein Werk nahm. Ausgangsmaterial für César wurde ab 1949 der Schrott und Müll unserer Überflussgesellschaft. Ab 1960 schuf er sog. Kompressionen, Blöcke aus zusammengepressten Autoteilen, deren Materialeigenschaften durch Verrottung und Verrostung zu einer eigenen Ästhetik führte und die seriell hergestellten Industrieprodukte zu Kunstwerken werden ließ.

Parallel zu dieser kontinentaleuropäischen Entwicklung entstand im angloamerikanischen Raum die Popart. Ihren Ursprung nahm sie in der Ausstellung *This is Tomorrow* in London 1956. Dort hatte der englische Werbegrafiker und Künstler Richard Hamilton eine Collage gezeigt mit dem Titel: *Just what is it that makes today's homes so different, so appealing?*. Diese Collage sollte zum Schlüsselwerk für eine ganze Generation neuer Künstler werden. Denn es wurde ein

89 *Spoerri* äußert sich zu *Eat-Art* unter *www.danielspoerri.org/web_daniel/deutsch_ds/werk_einzel/05_fallenbild.html*; zuletzt abgerufen am 30. 1. 2008.
90 FAZ vom 26. 2. 1973, S. 2, zitiert bei *Dietz* in FS Ulmer S. 3, 5.

Werk gezeigt, das sich vor allem aus Teilen von Werbeprospekten und Illustriertenfotos zusammensetzt und mit dem die Popart entstand.[91] Mit dem aufkommenden Interesse und der Zunahme der Bedeutung von Produktdesign und Massenkommunikation entstand eine neue Bewegung, die mit dem Ziel angetreten war, die Kluft zwischen Kunst und Leben endgültig zu schließen. Es kam zur Rückbesinnung auf die von Duchamps eingeführten *ready mades*, und mit ihnen entstanden die Collagen der 50er und 60er Jahre (bspw. Hamiltons *fashionplate (cosmetic study III)*, bei der er verschiedene Materialien und Techniken miteinander kombinierte). Die neu gewonnenen Ausdrucksmöglichkeiten in der Popart erlaubten es den Künstler, die Grenzen der Collage immer weiter zu verschieben und machten damit die Assemblagen, constructions und combine paintings eines Robert Rauschenberg, Jasper Johns und Ellsworth Kelly möglich. Insbesondere Rauschenberg arbeitete in dieser Zeit wie besessen. Ähnlich wie Schwitters gut 40 Jahre zuvor, benutzte er als Materialien alles, was ihm gerade zur Verfügung stand, beklebte und bemalte er Pappen, Bretter, Steppdecken, Textilfragmente, Photographien und Zeitungsausrisse. Darauf klebte er Comics und Reproduktionen und übermalte sie in seiner wilden, zu Beginn fast anarchischen Malweise (er hatte nach eigenen Aussagen zunächst nur mit den Händen gemalt, ehe er bei Albers malerische Disziplin verordnet bekam).[92] Die Verbindung von Aktionsmalerei und Collage sollten den Einfluss Rauschenbergs auch auf europäische Künstler ansteigen lassen. Bald schon entwuchsen Rauschenbergs Bilder der Enge des Bilderrahmens und der Zweidimensionalität. Um „den Bildern eine eigene Lichtquelle zu geben“ montierte er Glühlampen, die Abbildungsmöglichkeiten erweiterte er durch die Verwendung von Spiegeln, die im Bild eingeklebt, immer auch den sie umgebenden Raum abbilden. Die Objekte wurden immer größer bis hin zu wandfüllenden Assemblagen, die Rauschenberg *combine paintings* nannte. „Die Beschaffenheit der Materialien, die ich für meine Bilder verwendete, wurden so sperrig, dass es unmöglich war, sich vorzustellen, wie sie darin untergebracht werden sollten. Es war ganz klar zu sehen, dass

91 In dieser Arbeit taucht zum ersten Mal das Wort *Pop* auf.

92 *Zepter* aus seinem Vorwort zum Katalog der Ausstellung Collage, Assemblagen, Objekte in der Hahnentorburg, abrufbar unter *www.michaelzepter.de/collage.html*; zuletzt abgerufen am 30. 1. 2008.

es überhaupt keinen Sinn hatte, sie flach an die Wand zu hängen, und das war der Anfang der „*combines*“[93] Das berühmteste Werk dieser Serie, *Monogram* (1955–1959), zeigt eine ausgestopfte Ziege mit einem Autoreifen um den Bauch.

Die Collage findet sich also heute dank der vielfältigen Vorarbeiten nicht mehr nur noch als papiers collés oder als Assemblage sondern vielmehr auch in den Installationen, new object works und den appropriations. In vielen combine paintings der Pop Art steht die Erweiterung der Ausdrucksmöglichkeiten und die Annäherung an die unmittelbar erlebte Alltagswelt bei Fortführung der formalen Intentionen im Vordergrund. Diese Funktion wurde vor allem von Tom Wesselmann vorgeführt, der den „Zivilisationsfetisch Badezimmer“ zum zentralen Thema erhebt.[94] Wesselmann, der bereits 1959 kleinformatige Collagen mit Innenraumszenen angefertigt hatte und die damit eine Vorstufe zu seinen späteren großformatigen Serien *Great American Nudes, Bathtubs* und *Still Life* darstellten, zeigte die menschlichen Alltagswirklichkeiten am Beispiel des sich waschenden oder abtrocknenden Mädchens im Rahmen der dazu entsprechenden Dingwirklichkeit.[95] In der Serie der *Great American Nudes* gab Wesselmann allmählich die herkömmliche Bildform auf und führte seine Arbeiten hin zu environmentalen Gestaltungen. So integrierte er beispielsweise in sein lebensgroßes Bild *Bathtub Collage No. 3* (1963) u.a. eine Tür mit Handtuchhalter und Handtuch, einen Duschvorhang und einen Wäschekorb. Um die Fetischfunktion des Badezimmers herauszustreichen, wurde die für die im Badezimmer auszuführenden Tätigkeiten notwendigen Gegenstände reliefplastisch gestaltet, während demgegenüber der Benutzer nur schemenhaft gezeichnet ist. Es setzt sich damit in den Arbeiten zunehmend die Möglichkeit des Environments durch, die schon von Schwitters ansatzweise genutzt wurde.

Diese Gestaltungsebene wurde in den sechziger Jahren aber nicht einfach nur von Wesselmann wiederentdeckt. Künstler wie Joseph

93 Rauschenberg zitiert nach *Zepter* in seinem Vorwort zum Katalog der Ausstellung Collage, Assemblagen, Objekte in der Hahnentorburg, abrufbar unter *www.michaelzepter.de/collage.html*; zuletzt abgerufen am 30. 1. 2008.

94 *Wescher* S. 367.

95 *Wescher* S. 367.

Beuys, Paul Thek oder Jannis Kounellis wurden durch die Arbeiten Rauschenbergs und Wesselmanns inspiriert und bauten die combine paintings nach und nach zur eigenen Gattung aus. Den konsequentesten Beitrag zu dieser neuen Kunstform hat Edward Kienholz geleistet. „Seine Figuren sind meist surreal wirkende Kombinationen von realen Körperabgüssen und ausgedienten Gebrauchsgegenständen, bearbeitet in einer Mischung aus minutiösem Realismus und einer freien, malerischen Oberflächenbehandlung, oft unter Zuhilfenahme von Kunstharz als Konservierungsmittel. Zu seinen wichtigsten Werken zählen das lebensgroße, begehbare Environment *Das tragbare Kriegerdenkmal* (1968), bei dem der Beobachter die düstere Atmosphäre des Heroenkults einatmen kann“,[96] die Bordellszene *Roxy's* (1961) aber auch das Barinterieur *The Beanery* (1965), *The State Hospital* (1968) und *Five Car Stud* (1969–1972).

Die Concept Art, die sich nun in den ausgehenden 60er Jahren als Gegenwirkung zur Pop Art formierte, verstand sich in ihrem Wesen als Anschauung eines reflektorischen Prozesses über das künstlerische Tun als solches. Die Realität der Dinge trat nun in ihrer Bedeutung zurück, zugunsten einer Vergegenwärtigung der Relationen und Bedingungen, die sich bei der Benutzung von Materialien einstellten.[97] Mit der sozialen Plastik ging Beuys dabei über das ready made von Marcel Duchamp noch hinaus, denn ihn interessierte nicht mehr allein der museale Zusammenhang des Kunstwerks. In Objekten aus Fett (*Fettstuhl*, 1964), Filz (*Warmer Spazierstock*, 1968, *Filzanzug*, 1970), Kupfer (*Fond II*, 1968), Bronze (*Straßenbahnhaltestelle*, 1976), Honig (*Honigpumpe am Arbeitsplatz*, 1977) sowie verschiedenen Lebensmitteln (*Wirtschaftswerte*, 1980) brachte Beuys alltägliche, bei ihm jedoch hochgradig symbolbehaftete Materialien in die Umsetzung seiner Theorie der sozialen Plastik ein. „So wird auch die Objektmontage in der Concept Art und in der prozessuellen Kunst als Denkanstoß, als Instrument der Bewusstseinserweiterung verwertet. In diesem Sinne überführt Joseph Beuys mit seinen Objektmontagen existentielle Grundverhältnisse, Polaritäten des Seins wie Ordnung und Chaos, Natur und Geist, Organisches und Kristallenes in dingliche Symbolbilder, die er als ‚Ausscheidungen seines künstlerischen

96 *Brockhaus* S. 177.
97 *Wescher* S. 370f.

Bewusstwerdungsprozesses' begriff. Meistens waren die Objekte von Beuys gesammelte Relikte seiner Aktionen, die als Erfindungsstücke des Geschehens das Beuyssche Ziel, intellektuelle Konzepte durch emotionale Erfahrung, Ratio durch irrationales Erleben zu erweitern, dokumentierten. Dabei erweist sich das Sammeln und Montieren und Kleben der einzelnen Elemente als Prozess der Synthese, die Verrätselung und Erklärung zugleich ist".[98]

Die Environments fanden ihre Fortsetzung in der Installationskunst. Dabei handelt es sich um eine nach dem Konzept des Künstlers festgesetzte Anordnung einer Reihe gleicher oder verschiedener, ausgewählter oder angefertigter Objekte und Materialien in einem räumlichen Zusammenhang, sowie die Ausgestaltung eines ganzen Raumes. Zu den wichtigsten Vertretern zählen u.a. Daniel Buren (*Les deux plateaux*) Hans Haacke (*Germania*) und Nam June Paik (ebenfalls *Germania, Mond, Erde Sonne*). Seit 1980 erstellte Nam June Paik vor allem Multi-Monitor-Videoinstallationen, in denen er Fernsehmonitore zu Skulpturen anordnete und mehrere Videosequenzen auf ihnen simultan mit rhythmischen Umschaltungen abspielte. Wie etwa 1988, als er für die Olympischen Spiele in Seoul: *The more the better*, ein aus 1003 Fernsehmonitoren geschaffenes Werk (heute im National Museum of Art, Seoul) und *Chase Video Matrix* im MetroTech Center in New York (18 auf 5,5 Meter) schuf. Dieses Prinzip wurde später vorbildlich für andere Videokünstler, wie die Belgierin Marie-Jo Lafontaine oder zuletzt auch Maja Bajevic (*La Mina*), Dias & Redeweg (*Maximale Gier*) oder Hito Steyerl (*Journal No. 1 – An artist's impression*).[99]

In den 60er Jahren steigerte sich zudem das Bedürfnis, Kunst und Leben stärker zu vernetzen. Es entstanden erste Happenings, sog. „collage of actions".[100] In diesen Inszenierungen mischten sich collageartig Dingfragmente, Sprachfetzen, Ausdrucksgesten, akustische Wirklichkeitsausschnitte mit Klängen, Geräuschen und visuellen Erscheinungen der Massenmedien. Nicht von ungefähr begriff Allan Kaprow das Happening als vorläufigen Endpunkt in der „nahezu lo-

98 *Wescher* S. 371.
99 Vgl. dazu auch den Katalog der documenta 12.
100 So nannte Kapprow seine Happenings, vgl. dazu bei *Johnson* S. 81f.

gischen Entwicklung“ des Prinzips Collage.[101] In den *Work Pieces* (1967–1971) beteiligte er das Publikum an spielerischen Arbeitsprojekten, deren Ergebnis danach zerstört wurde. In Deutschland wurde er vor allem mit seinem Happening *The Perfect Bed* (1986) bekannt, in dem sich die Teilnehmer eine bevorzugte Schlafunterlage aussuchen und mit ihr ins Freie ziehen sollten. (Das Happening ist dabei noch lange nicht am Ende angelangt, wie Ai Weiwei gekonnt belegte, als er auf der documenta 12 chinesische Gäste mit der Kunstwelt konfrontierte und versuchte den Spagat zwischen Totalitärem System auf der einen und selbstbestimmten Veränderungspotential auf der anderen Seite mit *Fairytale* darzustellen).

Diese Geschehnisse waren aber letztlich nur Vorläufer für die Videokunst. Zwar gab es schon in den 20er Jahren erste sog. Experimentalfilme, bspw. *Un chien andalou* von Luis Bunuel und Salvadore Dali, der aus einer Aneinanderreihung surrealistischer Bilder und Szenen bestand, eine ausdauernde Erforschung des Potentials der Videokunst erfolgte jedoch erst ab den 70er Jahren. Mit der Erfindung und Markteinführung des Videorecorders um 1965 bot sich für Künstler die Möglichkeit, eigene Filme aufzunehmen und zu bearbeiten. Die Videotechnik war im Vergleich zum Film billiger, schneller und technisch einfacher zu handhaben. Mit dem Begriff Videocollage lässt sich relativ verlässlich ein ganzes Genre visueller Kunst beschreiben, besser als mit jedem anderen Begriff.[102] Mit den technischen Möglichkeiten könnten die Formen der Collage nunmehr von der Leinwand auf den Bildschirm übertragen und noch erweitert werden. Eine der ersten Videocollagen entstand mit dem Projekt *Global Groove* von Nam June Paik. Zusammen mit dem Fernsehtechniker Shuya Abe entwickelte der Medienkünstler Nam June Paik Anfang der 1970er Jahre einen Videosynthesizer, mit dem Fernseh- und Videobilder technisch verfremdet werden konnten. Sein Manifest Versatile Video Synthesizer deutete einige Anwendungsmöglichkeiten für das Gerät an. Eine seiner bekanntesten Videoarbeiten, die er mit dem von ihm entwickelten Videosynthesizer angefertigt hat, sollte der Film *Global Groove* (1973) werden. Dieser beginnt zunächst mit dem Satz „This is a glimpse of a new World when you will be able to switch on every

101 Vgl. *Wick* S. 47.
102 *Almy* S. 355, 356.

TV channel in the world and TV guides will be as thick as the Manhattan telephone book.". In der Folge steppen Tänzer zu amerikanischer Rockmusik, abgelöst von asiatischen Tänzern und einer singenden und trommelnden Indianerin. Darauf folgt ein Boxkampf, der wiederum von einem Werbespot für Pepsi unterbrochen wird. Der Hektik wechselnder Einstellungen und Szenen werden ruhige Sequenzen mit Allen Ginsberg und John Cage entgegengehalten. In diesen kann der Zuschauer wieder Ruhe finden. Daneben gibt es auch immer wieder Ausschnitte von Performances von Paik selbst. Es lässt sich ohne weiteres feststellen, dass durch *Global Groove* Paik nicht nur die Ästhetik v.a. früher Musikvideos vorweg nimmt, sondern auch eine ganze Reihe junger Videokünstler wie Halil Atindere (*Dengbêje*), Yael Bartana (*Summer Camp*), Johanna Billing (*This Is How We Walk On The Moon*) oder Harun Farocki (*Deep Play*)[103] inspiriert hat.[104]

In den letzten Jahren ist das Interesse an der Collage also nicht abgeflacht. Das liegt zum einen darin, das sich mit neuen Materialien wie Acrylgel, neuen Kunststoffen oder Klebern arbeiten lässt. Zum anderen ist das Betätigungsfeld dank multimedialer Möglichkeiten wieder größer geworden. Nicht nur, dass das Kopieren einfacher wurde, es ist heute auch möglich, mit einfachen Mitteln (Scanner, Kopierer, Drucker) Duplikate quasi ohne Qualitätsverlust zu erstellen. Mit Computerprogrammen lassen sich Bilder einfacher verändern und mit einander verbinden, so dass die Grenzen zwischen Original und Veränderungen kaum noch sichtbar sind. Zumal mit dem Internet ein schier unerschöpflicher Vorrat an Arbeitsmaterial geliefert wird. Und nicht nur das, die zunehmende Vernetzung seit den 90er Jahren schafft eine interaktive Kommunikation. Die interaktive Medienkunst lässt sich heute in drei Bild- und Vorstellungswelten einteilen. In der mittlerweile schon als klassisch zu bezeichnenden Variante werden in der Wirklichkeit hergestellte Bilder digitalisiert und am Computer entsprechend bearbeitet. Anders ist dies schon im zweiten Bereich, hier werden die Bilder bereits am Computer erstellt und es entstehen virtuelle Realitäten. Digitale Kunstwerke können heute auch den

103 Vgl. zu diesen un zu weiteren Beispielen auch den Katalog der documenta 12.

104 Dazu Paik: „as collage technique replaced oil paint, the cathode ray tube will replace the canvas".

Betrachter als interaktiven Mitkünstler einbeziehen. Er kann gestaltend eingreifen und produziert Bilder, die sich wiederum mit den durch das Malprogramm errechneten Bildern verbindet und diese modifiziert. Die dritte Ebene bleibt schließlich vollends in der virtuellen Welt. Die Kommunikation wird zur Kunst, der Künstler zum Infodesigner. Jeder macht mit.[105] Ein Beispiel dieser neuen Kunstformen ist das der Netzkunstgeneratoren der Netzkünstlerin Cornelia Sollfrank. Unter dem Motto „A clever artist makes the machine do the work!" lässt sie ein extra für sie geschriebenes Computerprogramm das Internet nach Bilder durchforsten, die sie zu neuen Bildern zusammenbaut. Welche Bilder ausgesucht werden, entscheiden die Nutzer, indem sie einen Suchbegriff eingeben. Das Konzept des Netzkunst-Generators geht auf die Arbeit *Female Extension* aus dem Jahr 1997 zurück und wird seither kontinuierlich weiter entwickelt. Damals reichte Sollfrank beim ersten Museums-Wettbewerb für Netzkunst algorithmisch re-kombinierte Netzfundstücke unter den Namen von 288 virtuellen Netzkünstlerinnen ein.
Die Collage hat damit auch in jüngster Zeit nicht an Bedeutung als wichtiges künstlerisches Ausdrucksmittel verloren. Vielmehr hat sie durch ihren offenen Charakter und durch ihre vielfältigen Möglichkeiten der Herangehensweise, die es erlauben mit allen auch neuen Medien arbeiten zu können, an Einfluss zugenommen. Sie hat sich mit den Jahren ihrer wachsenden Bedeutung als ernsthaftes künstlerisches Medium neben der Malerei, der Bildhauerei und anderen „klassischen Künsten" etabliert. Dies zeigt nicht zuletzt der derzeitige Katalog der documenta (12), in dem Künstler wie Luis Jacob mit *Ablum III* oder *A Dance for Those of Us Whose Hearts Have Turned to Ice, Based on the Coreoggraphy of Francoise Sullivan and the Sculpture of Barbara Heppworth (With Sign-Language Supplement)*; HU XIAOYUAN mit *The Times* oder CK Rajan einen kleinen Ausschnitt dessen präsentieren, was auf der der derzeitigen Documenta zu sehen ist, aber auch sinnbildlich dafür stehen, was außerhalb der Documenta passiert.[106]

105 Siehe auch *Brockhaus* Stichwort Computerkunst (S. 68).
106 Vgl. dazu umfassend den documenta 12 Katalog.

II. Begriffsbestimmung der Collage

Der Begriff Collage ist dem französischen entlehnt und gründet sich auf den *papiers collés* (zu Deutsch etwa geklebte Papiere) Picassos und Braques.[107] Dem allgemeinen Sprachgebrauch nach wird damit zunächst nur ein technischer Vorgang bezeichnet.[108] Eine umfassendere und häufig zitierte Definition[109] findet sich dabei im Brockhaus: „Collage, ein Bild aus zubereiteten Stücken von (beschriftetem) Papier, Tapete, Stoff, Holz, Drahtgaze und anderen Materialien, die nach bestimmten kompositorischen Gesichtspunkten auf einer Fläche zusammengeklebt werden."[110] Doch die Collage hat, wie die Geschichte gezeigt hat, dank ihrer unerschöpflichen Quelle der Inspiration für die künstlerischen Kräfte, eine Entwicklung genommen, die weit über diese Kurzdefinition hinausgeht. Der Begriff Collage darf daher nicht als eine technische Bezeichnung wahrgenommen werden, da man andernfalls immer Gefahr laufen würde, „nach stilistischen Zusammenhängen Umschau (zu) halten und sie (die Collagen) einer der großen Gruppen zuzuordnen: der expressionistischen, der konstruktiven, der neofigurativen, der informellen oder der surrealen".[111] Dies ist schon allein deswegen problematisch, als der Term Stil für die künstlerischen Phänomene des 20. Jahrhunderts nicht zu passen scheint.[112, 113] Denn spätestens seit Beginn der Postmoderne ist das

107 Siehe auch *K. Hoffmann* Collage in the Twentieth Century S. 5.

108 *Zepter* aus seinem Vorwort zum Katalog der Ausstellung Collage, Assemblagen, Objekte in der Hahnentorburg, abrufbar unter *www.michaelzepter.de/collage.html*; zuletzt abgerufen am 30. 1. 2008.

109 Bspw. bei *Dunkelberg* S. 15.

110 *Brockhaus* S. 66 Stichwort: Collage.

111 Auszug aus der Einführung *Mahlows* zum Ausstellungskatalog Von der Collage zur Assemblage 4. April–12. Mai 1968.

112 Siehe auch *Schaesberg* S. 23 Fn 47.

113 Für Juliane *Roh* war der abstrakte Expressionismus in den Jahren 1945–60 der vorläufig letzte umfassende Zeitstil. Vor allem in den 60er Jahren sieht sie eine Zeit des Umbruchs, hofft aber letztlich doch noch darauf, dass das in der Tradition Stehende sich eines Tages als das bleibendere erweist, vgl. S. 8 f. Es scheint, dass sie damit der Hoffnung Ausdruck verleiht, dass vor allem in der Retrospektive sich letztlich doch ein Stil feststellen lassen wird. Die mittlerweile vergangene Zeit seit der Veröffentlichung ihres Buches hat jedoch gezeigt, dass das Gegenteil der Fall ist.

Modell der Stilgeschichte fragwürdig geworden.[114, 115] Eine Definition kann daher nicht aus der Sicht der Herstellungsweise oder Form der „Urcollage“ erfolgen.

Man kann die Collage aber auch nicht unter eine bestimmte Gattung einordnen. Denn angesichts der Vielzahl von Formen wie Papiers collés, Fotomontagen, Assemblages, Environments, etc., wird mit Dubuffet deutlich, dass der Begriff Collage zunächst nichts anderes ist, als eine vorgefertigte Kategorie der Kritiker, die durch Stereotypenbildung versuchen, der Kunst die Fessel der Konventionen anzulegen. Eine Begriffsbildung erscheint daher zu eng und kann in der Tat, wenn man sie herkömmlich versteht, nicht allen Arbeiten und Materialen gerecht werden.[116]

Dennoch bedarf es für diese Arbeit eines griffigen Terms. Aus diesem Grund muss man überlegen, ob es sich nicht zumindest intentionsbezogen an die Begriffsbestimmung herangehen lässt. Max Ernst definiert die Collage nämlich wie folgt: Collage-Technik ist danach die „Vereinigung zweier scheinbar unvereinbarere Wirklichkeiten auf einer Ebene, die ihnen scheinbar nicht entspricht“.[117] Die Frage nach Intentionen und Funktionen des Kunstwerkes erscheint tatsächlich wichtiger als die vorschnelle Einordnung in eine Stil- oder Gattungsschublade.

114 Siehe dazu bei *Kubler* S. 71: „Wir benötigen ein Netzwerk aus anderen Maschen, das sich grundsätzlich von allen bisher üblichen unterscheidet. Die Vorstellung von Stil haben nicht mehr Maschen als die von Packpapier und Konservendosen“, S. 199: „Die Unzulänglichkeiten des Stilbegriffs“.

115 Für eine differenzierte Betrachtungsweise des Stilbegriffs ist vor allem auch *Sauerländer* (Von Stilus zu Stil S. 256 ff.), der dieses aber nicht nur für Kunstwerke der Moderne und Postmoderne einfordert, sondern für die Betrachtung in allen Epochen anstrebt, schließlich bestehe bei übermäßiger Kategorisierung der Kunst mittels des Stils schnell die Gefahr der „ästhetischen Domestizierung und Sterilisierung“, *Sauerländer* Von Stilus zu Stil S. 256, 273 f.

116 Diesem Gedanken liegt folgendes Zitat Dubuffets zugrunde: „the name collage is a critic's term, a pre-established category for stereotyped art forms and trite and conventional ideas. My assemblages are a whole cycle of picture pasted, cemented or sewn, and of little statues – made from butterfly wings, fragments of torn newspaper … you can see that, even if the name collage pleased me (which it does not) still it could not embrace all these works, all these materials aus Jean Dubuffet letter to Harriet Janis, 16. Dezember 1969, abgedruckt in *Blesh/Janis* S. 224.

117 *Ernst* Jenseits der Malerei S. 326, 329.

Sicherlich, die Intentionen, die mit der Collage verfolgt wurden, unterliegen dem Wandel der Zeit, dennoch gibt es eine Konstante, die für alle Collagen gilt. So ist Franz Mon zuzustimmen, der Collage nicht nur als künstlerische Technik, sondern vor allem als eine Grundhaltung künstlerischen Arbeitens versteht, die die ganze moderne Kunst durchzieht.[118] Die Collage ist damit nichts anderes „als (das) Grundprinzip avantgardistischer Kunst".[119] Unter ihrem Begriff muss man daher einen künstlerischen Ansatz verstehen, dem es als Ausdrucksmedium und Prinzip zugleich nicht darauf ankommt, eine wie auch immer geartete Darstellung der Welt zu zeigen, sondern den Prozess einer Wirklichkeitsaneignung, der als Prozess im Ergebnis auch sichtbar bleibt.[120] Denn Kunst ist heute weder eine illusorische reale Wiedergabe der Natur, noch eine abstrakte, sondern ein rein subjektives Auswählen und Zusammenspielen der Elemente.[121]

So muss man es wohl letztlich mit den Worten Harold Rosenberg ausdrücken, der einmal sagte: „Collage is a way of making art".[122]

III. Die Erscheinungsformen der Collage

Die geschichtliche Entwicklung mag verwirrend sein. Auf einmal treten Formen auf, die weit über das hinausgehen, was Picasso, Braque und Gris mit ihren papiers collés angefangen haben. Darüber hinaus musste die Begriffsbestimmung geradezu zwangsläufig zu dem Ergebnis kommen, dass die Collage nichts weiter ist als der in einem Ausdruck zusammengefasste Sinn moderner Kunst. Damit hat sich die Collage zwar als Oberbegriff manifestiert, ohne aber genau

118 *Mon*: Arbeitsthesen zur Tagung „Prinzip Collage" aus Ausstellungskatalog Von der Collage zur Assemblage 4. April–12. Mai 1968, S. 12, ders. in *Mon* Prinzip Collage, Essays S. 209.

119 *Bürger* S. 97, Für *Bürger* ist das der Collage immanente Prinzip der Montage zwar zunächst im Film technisches Verfahren, wird von ihm aber in der Malerei zum künstlerischen Prinzip erklärt. S. 99; in diese Richtung ähnlich äußert sich auch *Kuspit* der die Collage in seinem Aufsatz "The Organizing Principle of Art in the Age of the Relativity of Art" auch zum zentralen Gestaltungsmedium der Postmoderne erhebt, S. 39 ff.

120 *Döhl* S. 7.

121 *Kuspit* S. 39, 44.

122 *Rosenberg* S. 59.

festlegen zu können oder zu wollen, welche Formen im Ergebnis ihr nun angehören und welche nicht.

In der Tat ist festzustellen, dass alle drei (Picasso, Braque und Gris) mit ihren Vorarbeiten eine Entwicklung angestoßen haben, die sich in ihren Ausprägungen stark von den papiers collés entfernt hat. Dennoch kann nicht übersehen werden, dass alle späteren Erscheinungsformen in ihrem Grundtenor der Collage entsprechen und lediglich neue Formen und Ausdrucksmöglichkeiten darstellen.[123] Der Begriff der Collage, wie er hier für die rechtliche Bewertung leider notwendig gebildet wird, ist dabei als Oberbegriff anzusehen, der alle diese Formen mit einbezieht.[124] Um nun aber den Überblick über das, was Collage ausmachen kann, nicht zu verlieren, und um mit einzelnen Begriffen, die immer wieder auftauchen werden, später umgehen zu können, ist es daher an dieser Stelle notwendig geworden, einen kurzen Anschauungsbericht über die wichtigsten Formen der Collage zu liefern.

1. papiers collés

„Mein Atelier barst von lebendiger reiner Farbe. Angestrichene Papiere in den reinsten Farben bedeckten jetzt die Atelierwände, und überall auf dem Fußboden explodierten Fetzen farbiger Papiere. Stunden um Stunden konstruierte ich meine Bilder mit ausgeschnittenen Papieren."[125] Damit bringt Vedova zum Ausdruck, was Weisstein definiert "as a work of art in which newspaper cuttings, pieces of paper, string and other extraneous objects and materials are glued (literally and, by extension, metaphorically) to a two-dimensional surface".[126] Bei den Papiers collés handelt es sich also um Kunstwerke, bei denen unterschiedliche, scheinbar nicht vereinbare Materialien, wie Leinwand, Holz, Pappe, Zeitungspapier, Stoffe, Folien, Federn u.a., kombiniert und miteinander zu einer zweidimensionalen Oberfläche verklebt werden. Das papier collé ist damit nicht mehr

123 „Die Collage führt zur Überschreitung aller Disziplinen, zu einer Interkunst; sie breitet sich als Denkprinzip aus." (*Mahlow* in Prinzip Collage S. 62).

124 Anders Möbius, der anstelle der Collage den Oberbegriff der Montage annimmt, vgl. *Möbius* S. 28ff.

125 Dazu Emilio Vedova, (zitiert nach *Claus* S.75).

126 *Weissstein* S. 130.

abgeschlossen, sondern nimmt Material auf, das nicht vollständig integrierbar ist und wird damit zum offenen Kunstwerk.[127] Das hat den Effekt, dass durch die Einfügung eines Materials aus der realen Welt das Bild insgesamt in seiner Imitation der Welt grundlegend in Frage gestellt wird.[128]

2. Fotomontagen

Bei den Fotomontagen handelt es sich um Kombinationen mehrere Fotos zu einem neuen Bild. Es gibt Klebemontagen, bei der verschiedene Fotoausschnitte miteinander oder auch mit Vorlagen anderer Herkunft zusammengeklebt und anschließend fotografisch reproduziert werden.[129] Bei sog. Sandwichmontagen werden zwei, Schicht an Schicht zusammengelegte, Negative zusammen vergrößert. Einen ähnlichen Effekt erzielt man mit der Mehrfachbelichtung, bei der mehrere Negative übereinander auf dasselbe Fotopapier abgezogen werden.[130]

Im Gegensatz zu den papiers collés erlaubte die Fotografie den Künstlern, die bisher erreichte Integration von fremden Realien mit eigenem Material zu ergänzen.[131] Der Künstler konnte nun Aufnahmen unterschiedlichster Art vorfertigen, um diese sodann zur Realisation seiner Bildidee zu verwenden.

Zwar geht man davon aus, dass es sich bei der Fotomontage um eine Weiterentwicklung der papiers collés handelt, woraus sich aber nicht zwingend schließen lässt, dass es sich um eine höherwertige Collageform handelt, sondern vielmehr um eine andersartige. Diese Andersartigkeit der Fotomontage besteht dabei vor allem in der Eigenständigkeit der fotografischen Technik.[132] Durch die Fotomontage wird die Kompetenz der Fotografie ausgeweitet. Dies ist deshalb möglich, weil

127 *Möbius* S. 141 f.

128 *Aragon* S. 119: « L'introduction d'un objet, d'une matière, pris dans le monde réel et par quoi le tableau, c'est-à-dire le monde imité, se trouve tout entier remis en question ».

129 Man spricht auch von der sog. Positivmontage siehe *Möbius* S. 215.

130 Näher zu den einzelnen Montagetechniken siehe auch *Möbius* S. 215 ff. und *Brockhaus* S. 108.

131 *Möbius* S. 201.

132 *Möbius* S. 206.

Gegenstände nicht mehr nur aus einem einzigen Blickwinkel gezeigt werden müssen, sondern das Bild aus mehreren Fotografien und weiteren Fremdpartikeln zusammengesetzt wird.[133] Während Bürger zu Unrecht die Fotomontage auf eine rein agitatorische Bedeutungsebene reduziert,[134] sollte man ihr einen größeren künstlerischen Wert zugestehen. Als komplexe, vieldeutige Bildgefüge[135] erlaubt die Fotomontage die klarsten, formaldialektischen Herausarbeitungen zwischen den Gegensätzen[136] und ist damit einmal mehr „Versuchsmethode der simultanen Darstellung; komprimierte Durchdringung von visuellem und Wortwitz; unheimlich ins Imaginäre wachsende Verbindung der allerrealsten, imitativen Mittel, gleichzeitig aber auch erzählend handfest und damit veristischer als das Leben selbst".[137, 138]

3. Klang-, Ton- und Musikcollagen

Es erscheint der Begriff Soundcollage am treffendsten, will man Klang-, Ton-, oder Musikcollagen in einem Wort näher zusammenfassen. Damit bezeichnet man nämlich einen Musikstil, bei dem Teile des Musikwerkes hauptsächlich aus Samples und Bruchstücken von fremden Musikstücken bestehen. Da dies aber keine notwendige Voraussetzung ist, spricht man von einer Soundcollage auch in den Fällen, in denen eigene Aufnahmen, Texte und selbstproduzierte bzw. -aufgezeichnete Geräuschkulissen Verwendung finden.[139] Dazu äußerte sich Kodwo Eshun wie folgt: „Es ist schon lange klar, dass Plattenspieler nicht bloß Abspielgeräte sind, sondern Maschinen, die der Rekombination von Klängen dienen. (…) Jeder kann Musik aus Musik machen. Jeder in den neunziger Jahren versteht die Prinzipien der Collage und der Assemblage. Es ist etwas, das zum Grundver-

133 *Möbius* S. 214.
134 *Bürger* Theorie der Avantgarde S. 101 f.
135 *Pachnicke* S. 19, 33.
136 *Hausmann* Texte bis 1933, Bd. 2, S. 131 f.
137 *Moholy-Nagy* S. 34.
138 Zu den Möglichkeiten, die nunmehr mit der digitalen Computertechnik möglich geworden sind, vgl. auch unter Kapitel 1 § 2 A I.
139 „Music is nothing but organized noise. You can take anything – street sounds, us talking, whatever you want – and make it music by organizing it" (Hank Shocklee, zitiert bei *Großmann*, Collage S. 309, 324, der dazu auf *Roses* Buch Black Noise S. 82 verweist).

ständnis des späten 20. Jahrhunderts gehört".[140] Es verwundert wohl nicht, wenn man sechs Jahre nach dieser Aussage feststellt, dass angesichts des technischen Fortschritts auf dem Musiksoftwaremarkt es jedem technischen Durchschnittsnutzer möglich ist, eigene Musikstücke per Composerprogramme zu erstellen. Mit Hilfe von Sequenzern, MIDI-Schnittstellen und sog. Presets[141] ist es ein leichtes, Töne, Tonfolgen, Samples[142] in den gewünschten Musiktrack zu integrieren. Dabei werden Soundcollagen iÜ nicht nur durch Hintereinanderschneiden der Soundsequenzen erstellt, sondern entstehen vielfach gerade in der Hip-Hop-, Dancefloor- und Hous-Music Szene durch Übereinanderschichtung der Tonfolgen. Ausgehend von sog. „Licks", also kurzen aus fremden Werken entnommenen Sequenzen, die in einem Sampling-System gespeichert und durch ein Sequenzer Programm zu Loops ausgedehnt werden, entstehen dann durch Übereinanderlegung mit anderen in ähnlicher Weise entstandenen Samples neue Musikstücke,[143] die als sog. „Lickcollagen" quasi gänzlich aus Samples bestehen können, ohne dass dieses jedoch weiter auffällt.

4. Assemblagen, Environments und Installationen

Die Bezeichnung Assemblage geht auf Dubuffet zurück, der diese erstmals 1953 verwendete.[144] Zum allgemeinen Sprachgebrauch wurde dieser Begriff jedoch erst durch die New Yorker Ausstellung *The Art of Assemblage* unter der Leitung von William C. Seitz 1961.[145] Mit den Worten Franz Mons ist die „Assemblage von Ge-

140 Auszug aus einem Interview mit Kodwo Eshun: „Halb Mensch, halb Plattenspieler. Die Zukunft der Musik: Der britische Autor Kodwo Eshun über DJ-Culture in den Neunzigern, elektronische Musik und Kunst." abgedruckt in der Süddeutschen Zeitung vom 23. 8. 1999, S. 10; zitiert nach *Großmann* Collage S. 308, 309.

141 Näheres zu den technischen Möglichkeiten und den einzelnen Funktionsweisen siehe *Alpert* ZUM 2002, 525, 526; *Köhn* ZUM 1994, 278 ff.

142 Zu den Gestaltungsstrategien des Sampling siehe *Großmann* Collage S. 308, 322 ff.; sowie bei *Münker* S. 6 ff.

143 Dazu ausführlich bei *Münker* S. 12 f.

144 Dubuffet reduzierte den Begriff Collage ausschließlich auf die in den Jahren 1910–20 von Braque, Picasso, Gris und den Dadaisten hergestellten Papiers collés.

145 Museum of Modern Art Katalog der 1961 Ausstellung: The Art of Assemblage, Auszüge abgedruckt in The realism and poetry of Assemblage bei *Seitz* S. 79 ff.

genständen das Zusammenfügen von heterogenen Dingen zu plastischen Agglomeraten bis hin zu den Kasten- und Möbelassemblagen".[146] Bei der Assemblage handelt es sich danach also um eine „Technik des Materialbildes, bei der vorgefundene Objekte bzw. Materialfragmente auf der Fläche montiert werden"[147] und ist dabei nach Seitz eine „method with disconcertingly centrifugal pontialities. It is metaphysical and poetic as well as physical and realistic".[148]

Die Assemblagen nähern sich in ihrer Eigenständigkeit stark den Objekten des Alltags an, da in ihnen der räumliche Charakter im Vergleich zu den Reliefbildern verstärkt wird.[149] Je nachdem können sie sich zum Objekt verselbständigen oder zum Environment ausweiten. Wird die Assemblage mit der Malerei verbunden spricht man von combine painting, erfolgt eine serielle Anhäufung ähnlicher Gegenstände von Akkumulation.

Eine Weiterentwicklung der Assemblage stellt das Environment dar. Der Begriff Environment taucht in den USA Ende der 1950er Jahre im Umfeld der Künstler der Pop Art und des Happenings auf. George Segal nennt seine weißen Gipsfiguren in einer angedeuteten Umgebung „environmental sculptures". Das Environment geht über die assemblierende Annäherung von Collagekunst und Leben noch hinaus. Es besteht aus einer räumlich definierten begehbaren Anordnung verschiedenartiger Materialien und Gegenstände und ist oftmals mit Malerei, Plastik und Lichtkunst verbunden. Der Betrachter erlebt das Environment unmittelbar und wird auf diese Weise in die Arbeit mit einbezogen.[150] Der entstehende Raum des Environments ergibt damit ein Ineinander von Kunst- und Alltagsraum.[151] Dies führt dazu, dass „die Kunst des Environments real-irreale Umwelten aus vorhandenen und aus erfundenen, künstlichen Gegenständen schafft, sowie die Vorstellbarkeit des Unvorstellbaren in Tuchfühlung mit dem alltäglichen Kram mimt. Dabei war es durch die Impulse aus der Happening-Bewegung letztlich nur noch ein kleiner Schritt, auch menschli-

146 *Mon* Texte über Texte S. 258.
147 *Brockhaus* S. 26.
148 *Seitz* S. 79.
149 *Möbius* S. 189.
150 *Brockhaus* S. 90.
151 *Möbius* S. 200.

che Handlungen mit einzubeziehen und die statischen Szenen des Environments mit agierenden menschlichen Körpern zu besetzen."[152]

Seit den 70er Jahren hat sich das Environment zunehmend zur Installation entwickelt. Der Unterschied zum Environment besteht darin, dass die Künstler mit ihren Installationen einen anderen Ansatzpunkt wählen. Anders als das Environment, das oft die Auseinandersetzung mit der Alltags- und Warenwelt suchte, zielt die Installation in der Regel nicht auf eine narrative, räumliche Inszenierung, sondern es geht um eine „festgesetzte Anordnung einer Reihe gleicher oder verschiedener, ausgewählter oder angefertigter Objekte in einem räumlichen Zusammenhang."[153] Gemeinsame Klammer der sehr divergierenden künstlerischen Umsetzungen ist ein konzeptioneller Ansatz als Ausgangspunkt der künstlerischen Arbeit.

5. Happenings und Performances

Als Pionier des Happenings gilt Allan Kaprow, der 1959 für eine Aktion in der New Yorker Reuben Gallery das erste Happening (*18 Happenings in 6 parts*) veranstaltete[154] und der in der Folgezeit auch zum wichtigsten Theoretiker des Happenings wurde. Auf ihn geht auch der Begriff des Happenings zurück. „Im Happening werden Handlungen collagiert. Al Hansen, einer der amerikanischen Protagonisten des Happenings, bezeichnet diese als ‚theatre pieces in the manner of collage'. Im Grunde sehr spontan, ist der Ablauf eines Happenings zwar den Grundzügen nach vom Künstler vorgegeben, aber ansonsten situationsbedingt und damit dem spontanen Verhalten der Akteure und dem Zufall überlassen".[155] So lässt sich mit Kaprow folgendes festhalten: „Happenings are events which put simply happen. ... The most intense and essential happenings have been spawned in the old lofts, basements, vacant stores, in natural surroundings and in the street, where very small audiences, or groups of visitors, are commingled in some way with the event, flowing in an among its

152 *Mon* Texte über Texte S. 259.
153 *Brockhaus* S. 162.
154 Es gab dabei drei Räume, welche durch Plastikfolie voneinander abgetrennt waren und in denen zur gleichen Zeit die Geschehnisse abliefen.
155 *Mon* Collagetexte S. 211, 212.

parts. There is thus no separation of audience and play".[156] „Am Happening … sind (mithin auch) alle Medien beteiligt: Bild, Raum, Bewegung, dramatische Aktion, schließlich auch Wort und Geräusch. Bildende Kunst, Theater, Musik sind, wenn auch in völlig ungewohnter Weise und ohne Rücksicht auf traditionelle Darbietungsregeln, im Happening aktiviert und amalgamiert".[157]

Die Direktheit des Happenings wurde in die Performancekunst übernommen. Dabei handelt es sich um eine in den 70er Jahren in den USA entwickelte Form der Aktionskunst, die weitgehend an die Stelle der Happenings trat.[158] Im Unterschied zum Happening wird das Publikum aber an der Aktion nicht aktiv beteiligt, sondern es bleiben Künstler und Publikum getrennt. Ein weiterer Unterschied zum Happening besteht darin, dass der Performancekünstler nichts dem Zufall überlässt, sondern der Performance eine Dramaturgie gibt und damit ihren Verlauf vorher festgelegt hat. Häufig bedient sich der Performancekünstler aus dem Formenrepertoire des Theaters, des Tanzes, der Musik und anderer Darstellungsformen wie dem Vortrag oder der Demonstration.

6. Videocollagen

Videocollagen gibt es seit den 60er Jahren. Mit der Erfindung des Videorecorders wurde es möglich, den Anwendungsbereich des Experimentalfilms zu erweitern. Die Möglichkeiten wurden in Folge der sich entwickelnden Technik und vor allem seit der Digitaltechnik dabei immer ausgefeilter. Stand in den Anfangsjahren die Technik als Thema im Vordergrund und wurde die Möglichkeiten des Mediums Video ausgelotet, wird der Bildschirm heute als neue *Leinwand* betrachtet, die neue Möglichkeiten und Formen einer Malerei mit

156 Allan Kaprow in *Johnson* S. 81.

157 *Mon* Collagetexte S. 211, 212; ähnlich liest sich auch die Aussage von Wolf Vostell: "Duchamps discovered Readymades and the Futurists claimes noise as art. A primary characteristic of my work and that of my colleagues is that the happening includes whatever noise, movement, object colour, or psychology enters into the total work of art", zitiert nach *K. Hoffmann* Collage in the Twentieth Century S. 1, 23.

158 *Brockhaus* S. 276.

bewegten Bildern eröffnet.[159] Das Konzept Video muss man dabei zwangsläufig als Collage betrachten,[160] da mit dem Videobild als elektronischem Signal einem in vielerlei Hinsicht Möglichkeiten an die Hand gegeben werden, was wiederum ganze im Sinne der Collagetradition ist.[161]

7. Literaturcollagen

Auch in der Literatur kann es Collagen geben.[162] „Obwohl der Piscator niemals ein Stück, kaum je eine Szene selber schrieb, bezeichnet ihn der Augsburger (Brecht – Anm. d. Verfassers) doch als den einzigen fähigen Dramatiker außer ihm. Hat er nicht bewiesen, sagte er, dass man auch Stücke machen kann, wenn man anderer Szenen und Entwürfe montiert, inspiriert und mit Dokumenten und szenischen Präsentationen versieht?“[163] Mit der Montagetechnik lassen sich Stellen anderer literarischer Werke zu einem neuen Gesamtwerk zu-

159 Siehe auch *K. Hoffmann* Collage in the Twentieth Century S. 1, 23f.: “as collage technique replaced oil paint, the cathode ray tube will replace the canvas” (Nam June Paik).

160 *Almy* S. 355, 365 “As a video artist, I realize that I have already thought of video as collage.”.

161 *Almy* S. 355, 356; dazu näher auch John Sanborn: With video he could take “the representational image out of its conventional context and place it seamlessly amongst other images to recontextualize and create a wholly new idiom with new readings and mental association”, zitiert nach *Almy* (S. 355, 364), die dieses Gespräch, aus dem das Zitat stammt, mit Sanborn selbst geführt hatte.

162 Beispiele in der Literatur sind Romane wie Musils *Mann ohne Eigenschaften*, in dem einzelne Zitate von Walter Rathenau einer der Hauptfiguren (dem Arnheim) leicht verändert in den Mund gelegt werden; Sempruns Roman *Netschajew kehrt zurück*, dessen Erzählung um zwei zentrale Aussagen aus den Werken *Die Verschwörung (Paul Nizan)* und *Die Dämonen (Dostojewski)* herum aufgebaut ist und sich immer wieder mit diesen auseinandersetzt und Bezug nimmt oder Döblins Werk *Berlin Alexanderplatz* in dem Fremdmaterial nicht nur aus Redensarten, Reklametexten oder Liedzeilen in den Romanfluss inkorporiert, sondern auch ganze Zeitungsauszüge in den Text eingefügt wurden. Das Manuskript zu Döblins Roman zeigt deutlich, wie frei sich Döblin am Material anderer bediente, in dem er die entsprechenden Zeitungsausschnitte aus der Zeitung gleich an die entsprechende Stelle klebte und es dabei geschieht, dass kaleidoskopartig die Realitätsfragmente der modernen Großstadt zusammenschießen, *Mon* Collagetexte S. 211, 212.

163 *Brecht* Der Messingkauf S. 763.

sammenfassen oder es werden zumindest Teile anderer Werke in das neue Werk integriert. Unter einer Collage im literarischen Werk „ist das Verfahren der unvermittelten Ein- bzw. Zusammenfügung einzelner, mehrerer oder ausschließlich eigenständiger, vorgeformter Textelemente – vom einzelnen Dialogpartikel bis hin zu ganzen Szenen in einen bereits vorgegebenen Dialog oder Szenenzusammenhang bzw. zu einem erst konstituierten Stückganzen zu verstehen".[164] Besonders deutlich wird das Entstehen einer Literaturcollage in dem Tagebuch *Fluchtpunkt* von Peter Weiss, dass über seine Emigrationszeit handelt und in dem er mehrfach auf die Collage eingeht. U.a. schildert er darin das Projekt des *Hieronymus* – ehemals „Mathematiker und Erbauer von Rechenmaschinen": „Die Arbeit, die langsam unter seinen Händen wuchs, bestand aus der Erbauung eines Buches. Er schrieb es nicht, mit Worten, die er erdachte, er baute es auf, aus gefundenen Bruchstücken. Das Schriftbild, das auf den riesenhaften Blättern entstand, enthielt unzählige kleine Einheiten, die er aus den Bergen von alten Büchern und Zeitschriften, die den Raum zu einer zerklüfteten Landschaft machten, ausgeschnitten hatte".[165]

IV. Abschließende Betrachtung

Die Erscheinungsformen collageartiger Arbeiten sind vielfältig geworden seit Picasso die Kunstwelt mit seinem Stillleben mit Rohrstuhlgeflecht in Brand setzte. „Die reine Form der Collage … taucht heute nur noch selten auf, wir können inzwischen eine ausgesprochene Methodenvielfalt feststellen, bei der traditionelle, und von der Avantgarde entwickelte, Techniken und Arbeitsformen wie selbstverständlich ineinander fließen. Techniken sind nicht mehr *Markenzei-*

164 *Seibel* S. 131; Nach Seibels Definition lassen sich vier Grundtypen der dramatischen Montage voneinander unterscheiden: (1) die Zitatmontage; D.h. die „abrupte Einfügung fremden Sprachguts – einzelner Sätze bzw. Satzfragmente – in die Personenrede; (2) die attributive Szenenmontage „als abrupte Einfügung einzelner Szenen in eine primäre Szenenfolge"; (3) die kombinative Szenenmontage „als kombinatives Zusammenfügung verschiedener Szenen bzw. Szenenfolgen, nach einem die Anordnung bestimmenden, einer Intention folgenden Plan" und (4) die additive Szenenfolge und damit die „additive Zusammenfügung völlig selbständiger Einzelszenen, die keine Prinzipien einer konstruktiven Anordnung erkennen lässt". Vgl. dazu auch bei *Seibel* S. 132 ff.

165 *Weiss* Fluchtpunkt. S.139.

chen, sondern je nach Vorhaben frei zu wählende Ausdrucksmittel".[166, 167] Es ist davon auszugehen, dass die Mittel noch lange nicht erschöpft sind und die Collage weiter zu neuen Ausdrucksformen finden wird,[168] somit fällt es schwer einen komprimierten Abschluss zu finden. Am besten lassen sich die vorstehenden Ergebnisse daher vielleicht mit zwei „Aussprüchen" zusammenfassen, wobei diese „Montage" damit ganz in der Tradition der literarischen Collage stehen würde. So lässt sich in Bezug auf die Collage folgendes festhalten: "We live in a multi-layered world and in a world that is so self aware of various perspectives, ideologies and of the meaning of signs and images – it is something that enables one to reflect on the complexity of life and relish its mystery".[169] "Thus collage principles, and extensions and variations of collage, have opened the door to an endless stream of artistic and critical innovations and expressions. Collage may indeed be seen as a quintessential twentieth century art form".[170]

B. Das Prinzip der Collage – wesentliche Elemente und Charakteristika und ihre Bedeutung für das 21. Jahrhundert

I. Die Bestandteile, die eine Collage ausmachen können und ihre rechtliche Problematik

Jede einzelne Technik der Collage setzt sich aus verschiedenen Mitteln zusammen, die erst gemeinsam ein großes Ganzes, nämlich die vom Künstler beabsichtigte Collage ausmachen.

166 *Zepter* aus seinem Vorwort zum Katalog der Ausstellung Collage, Assemblagen, Objekte in der Hahnentorburg, abrufbar unter *www.michaelzepter.de/collage.html*; zuletzt abgerufen am 30. 1. 2008.

167 *Mon* spricht in diesem Zusammenhang davon, dass sich „eine Interdependenz aller experimentell vorgehenden Künste" abzeichnet, „die konsequent zur Interaktion, zur Ausbildung von Zwischenphänomen drängt, in Prinzip Collage S. 13.

168 Ähnlich auch *Mon*: „Sie (die Collage) provoziert unablässig die Erfindung neuer Techniken zur Verformung, Verfremdung, Integration und Destruktion ihres Materials." Prinzip Collage S. 13.

169 Ed Emsweiler zitiert nach *Almy* S. 355, 371.

170 *K. Hoffmann* Collage in the Twentieth Century S. 1, 32.

Die rechtlichen Probleme, die aufgrund des vom Künstler verwendeten Materials auftreten können, sind wie folgt zu kategorisieren. Zunächst können (1) die verwendeten Materialien nach dem UrhG geschützt sein, dies würde bedeuten, dass der Künstler unter Umständen in unzulässiger Weise in die Urheber- oder Leistungsschutzrechte eines Dritten eingreift und man sich daher fragen muss, ob für dieses Vorgehen nicht ein wie auch immer gearteter Rechtfertigungsgrund besteht, oder ob andernfalls der Künstler sich Sekundäransprüchen ausgesetzt sieht; dann gilt es auch zu bedenken, dass (2) gerade bei Materialien, die der Alltagswelt entnommen oder die nach dem Prinzip des Zufalls angeordnet sind, mangels Originalität das Problem der fehlenden urheberrechtlichen Schutzfähigkeit aufkommen kann.

II. Die Intention und Wirkung der Collage

„Ich will nicht, dass ein Bild wie etwas aussieht, das es nicht ist, und ich bin der Meinung, dass ein Bild wirklicher ist, wenn es aus Teilen der wirklichen Welt gemacht ist“.[171]

Die Collage unterliegt nicht nur einem grundsätzlichen Wandel der Malweise, sondern vielmehr einem grundsätzlichen Wandel des Bildverständnisses. Schaesberg spricht in diesem Zusammenhang von einem Paradigmenwechsel im Bildbegriff des 20. Jahrhunderts.[172] Danach müsse man von einem „revolutionären Umbruch des Bildbegriffs sprechen“, der dazu geführt habe, dass „innerhalb eines Jahrzehnts systematisch destruiert und fundamental umformuliert wurde“, was ein Bild „ästhetisch zu leisten“ habe.[173]

Seit der Renaissance war die Malerei immer nur „Theaterbild der Realität“.[174] Es galt die Formel ‚ars imitatur naturam‘. Nach Alberti war die Malerei dazu da, die Wirklichkeit wiederzugeben. Er verglich das Bild mit einem Fenster, das dem Betrachter einen Aus-

171 Robert Rauschenberg zitiert nach *Döhl* S. 1.
172 *Schaesberg* S. 7.
173 *Schaesberg* S. 7.
174 Diana Waldmann zitiert nach *Döhl* S. 12.

schnitt auf die sichtbare Wirklichkeit gewähre.[175] Die künstlerische Fähigkeit des Menschen hatte sich auf die Nachahmung der Natur zu beschränken. Deutliche Worte findet dazu Leonardo da Vinci: „Der Geist des Malers muss dem Spiegel ähnlich werden, der ständig wechselnd die Farbe dessen annimmt, das vor ihm steht und sich mit ebensoviel Abbilden füllt, wie er Gegenstände vor sich hat. Du weißt also Maler, dass du nur gut sein kannst, wenn du als universeller Maler, alle mannigfaltigen Formen nachahmst, die die Natur hervorbringt.“.[176] Diese Anschauung beruhte auf den philosophischen Vorstellungen der Antike, die unter dem Diktum Mimesis, die Kunst unter das Dogma einer Nachahmung der Natur stellten. Denn nur die Ideen sind bei Plato wirklich. Die konkrete Ausformung beschränkt sich hingegen auf Nachahmung und Abbildung dieser Ideen. Als bedeutendster Schüler Platons verstand daher Aristoteles die Nachahmung der Natur als übergreifendes Prinzip. Und nach seiner Poetik entstand der sog. mimetische Kunstbegriff, wonach Kunst immer bestrebt ist, einerseits zu vollenden, andererseits das Gegebene nachzuahmen.[177] Ehe die Kunst somit in unserem Sinne verstanden werden kann, war sie folglich einem Betrachter und der möglichst perfekten Mimesis bzw. Suggestion einer außerbildlichen Wirklichkeit gegenüber verpflichtet.[178]

Bevor sich Franz Mon ergo ganz selbstverständlich gegen die Illusion aussprechen konnte, Kunst könne die Realität durch Mimesis widerspiegeln, bedurfte es demgemäß einer langen Entwicklung, die mitnichten allein durch die Collage angestoßen, fortgeführt und abgeschlossen wurde. Schaesberg übertreibt in dieser Hinsicht, wenn er die Veränderung plakativ auf ein Jahrzehnt zusammendrängt. Es war vielmehr ein in mehrere Etappen unterteilter Prozess, der schließlich dazu führte, dass heute die Kunst aus den Fesseln alter Denk- und Darstellungskonventionen befreit ist:

Bereits im Vorfeld der Moderne, gegen Ende des 19. Jahrhunderts wurde gegen die Konventionen des mimetischen Bildbegriffs und

[175] *Schaesberg* S. 10.
[176] Zitiert nach *Chastel* S. 164.
[177] Vgl. dazu und allgemein zum Mimesisbegriff der Antike und seiner späteren Rezeption bei *Blumenberg* S. 55 ff.
[178] *Bonnet* KAb 1/2005 51, 65.

gegen die akademischen Traditionen rebelliert. Als ersten zaghaften Abweichler mag man Eugène Delacroix ansehen, der mit dem Gemälde *Die Frauen von Algier* erstmals ein „alternatives Konstruktionsprinzip des Bildraums, das nicht mehr in einer durch Gesten und Blicke gestifteten Handlungseinheit gründet, sondern wesentlich auf Farbe aufbaut“,[179] entwickelt hatte und später begeistert von den Avantgardekünstlern wegen seiner innovativen Maltechnik gefeiert wurde. Als maßgeblicher Initiator der sog. Moderne gilt jedoch Paul Cézanne.[180] „To understand Cézanne is to foresee Cubism“, „Realism, which, departing from the superficial reality of Courbet, plunges with Cézanne into profound reality“ [181] schrieben Gleizes/Metzinger bereits 1912 in ihrer Untersuchung des Kubismus. Cézanne hatte nämlich erkannt, dass das Bild eine ebene Fläche ist und kein dreidimensionaler Raum. Aus diesem Grund sei es gar nicht möglich, dass das Bild einen dreidimensionalen Raum vortäuschen könne. Daher hätte er nach einer Methode gesucht, die dreidimensionale Wirklichkeit in die zweidimensionale Bildrealität zu übersetzen. Erstmals bekannte damit ein Maler öffentlich, dass das Bild eben kein Fenster auf die Welt sei, wie die zentralperspektivische Vereinbarung seit der Renaissance suggeriert hatte. Das Bild sei vielmehr eine autonome parallele Wirklichkeit.[182] Das Revolutionäre an Cézanne war dabei, dass er mit den Regeln der traditionellen Fluchtpunktperspektive, die man seit der Renaissance verwendet hatte, brach, und dagegen mehrere unterschiedliche Blickwinkel zu sorgfältigen Kompositionen auf der Bildoberfläche verband. Er vereinfachte die Formen und konstruierte den Bildaufbau aus subtilen Farbflecken oder gleichmäßigen parallel nebeneinander liegenden Pinselstrichen.[183, 184]

179 *Prange* KAb 2/2006 27, 31.

180 Oder mit den Worten Picassos „Cézanne ist unser aller Vater“ *Brockhaus* S. 61.

181 *Gleizes/Metzinger* Cubism S. 9, Teilauszüge abgedruckt unter *www.mcah.columbia.edu/arthumanities/pdfs/arthum_picasso_reader.pdf*; zuletzt abgerufen am 30. 1. 2008.

182 *Bonnet* KAb 1/2005, 51, 55.

183 *Brockhaus* S. 61.

184 Wie wenig Cézannes Zeitgenossen mit seiner Malerei anfangen konnten beweist folgende Anekdote: Man erzählte sich von Cezanne, dass er „eine mit verschiedenen Farben voll gestopfte Pistole auf die weiße Leinwand entlud“ und würdigte daher seine Kunst auch als „Pistolenmalerei“ herab (berichtete bei *Vol-*

Auch Gaugin lehnte sich gegen die abbildende Mimesis auf. Für ihn war Malerei Abstraktion sowohl künstlich als auch symbolisch. Von einer Verwandtschaft zwischen Malerei und Musik ausgehend, erkannte er das Bild als dekorative Fläche mit eigenen Gesetzmäßigkeiten. „Die Linienführung zeichnet nicht unbedingt den Gegenstand nach, sondern entwickelt gemäß der intendierten Bildwirkung dekorative Schwünge".[185, 186]

„Der nächste Schritt im Entwicklungsgang der bildnerischen Moderne"[187] wurde von Picasso in den *Les Demoiselles d'Avignon* vorgenommen, in dem er die endgültige Absage an den räumlichen Illusionismus des Bildes einläutete.[188] Cézannes Positionen wurden noch weiter radikalisiert und statt mimetischer Zentralperspektive und klassischer Normen menschlicher Gestalt wurden „Multiperspektivität, Durchdringung von Raum und Figur, facettenartige Auflösung der Figuren und Gegenstände erprobt. Die neue Sicht auf die Welt wird mittels eines neuen Zeichencodes, einer neuen Bildsprache ausgedrückt".[189] Der Kubismus gilt daher auch als radikalster Bruch in der Kunstgeschichte, mit seinen kunstgeschichtlichen Vorläufen.

Während der analytische Kubismus die Dekonstruktion der Nachahmung durch Zerlegung dreidimensionaler Formen auf der Bildfläche betrieb und die Abbildung der Welt durch ein autonomes Bildsystem formaler Kodierung der außerbildlichen Wirklichkeit ersetzte, wurde durch den sog. synthetischen Kubismus der Gefahr einer vollkom-

lard S. 27; es war iÜ auch dieser zu damaliger Zeit sehr renommierte Kunsthändlers Ambroise Vollard, der ihm ab 1895 half durch größere Ausstellung seiner Werke, die Aufmerksamkeit der Pariser Kunstwelt zu gewinnen).

185 *Bonnet* KAb 1/2005 51, 56.

186 Vor allem Gauguins kühne Farbexperimente war er von maßgeblichem Einfluss für eine ganze Generationen neuer Künstler, vornehmlich die Symbolisten und die Expressionisten.

187 *Schaesberg* S. 26.

188 „Diese neue Welt begann mit einem Donnerschlag. Die *Demoiselles d'Avignon*, 1906 konzipiert, aber in der Hauptsache im Frühjahr 1907 ausgeführt, erschienen wie der Ausbruch eines Gewitters, das die latenten Kräfte des vorangegangenen Jahres frei werden lässt. … Wie die meisten großen bildnerischen Revolutionen spiegeln die *Demoiselles* … die Vergangenheit und die Zukunft wider. Sie setzen eine alte Tradition fort und begründen zugleich eine neue." *Rosenblum* S. 12.

189 *Bonnet* KAb 1/2005 51, 58.

meneren Abstraktion und Unkenntlichmachung des gegenständlichen Motivs begegnet. Die vorher zerlegten Formen wurden vor allem dank der neu entdeckten Collagetechnik wieder zusammengesetzt.[190] Die außerbildliche Realität wurde von nun an nicht mehr bloß abgebildet, sondern wurde zum Bild selbst.

Das Besondere an der Collage besteht nun an dieser Stelle darin, dass in ihr „Raum und Zeit, Nähe und Entfernung, Fremdes und Verwandtes, bewusstes und bewusstwerdendes, Raum, Vorstellung und Manipulation zusammen(fallen), ... sich auf einer Fläche oder einem Raum (verbinden), die nicht mehr gemalt oder gestellt werden und ... ein ganz neues Bild von Wirklichkeit und Kunst“[191] geben. Die Sicht auf die Welt erfolgt gerade beim Collagekünstler nicht mehr durch das kollektive Auge der Kunstakademie, sondern durch sein individuelles Erleben.[192] Zwar ist künstlerisches Arbeiten immer noch das Suchen nach Ausdrucksformen oder Erkenntnisträgern, diese werden nun aber vom Künstler selbst gestaltet, nach seinen eigenen Visionen von der Realität.

Mit den Möglichkeiten der Collage war daher denknotwendig der letzte Schritt zur Befreiung der Kunst und des Menschen aus den starren Vorgaben getan.[193] Der veränderte Bildbegriff war Voraussetzung für die Entwicklung zur Collage und erlebte in ihrer Entdeckung als Kunsttechnik seine Vervollkommnung. Herbert Read fasst diese Veränderung treffend zusammen, als er 1933 feststellte: “We

190 “The purpose of the papier collé was to give the idea that different textures can enter into a composition to become the reality in the painting that competes with the reality in nature. We tried to get rid of “trompe l’oeil’ to find a ‘trompe l’esprit’ ... And this strangeness was what we wanted to make people think about because we were quite aware that our world was becoming very strange and not exactly reassuring”. (Picasso) zitiert in *Gilot/Lake*, S. 70.

191 *Mahlow* Collage S. 13.

192 Nur so lassen sich iÜ unterschiedliche Herangehensweisen der einzelnen Künstler besser erklären. Nur ein Beispiel dazu: Während Braque und Picasso mit ihren Werken mehr Realität ins Kunstwerk bringen wollten, ging es Arp hingegen darum die Realität durch die Kunst zu bewältigen und auf diesem Wege um die Schaffung einer reinen Wirklichkeit.

193 Dazu *Jürgens-Kirchhoff*: „Das papier collé erscheint in besonderer Weise gleichsam als visuelles Medium einer ironischen Reflexion über das Verhältnis von Illusion und Authentizität, als spielerisch-experimentelle ‚Versuchsreihe‘ mit dem Faktischen und dem Fiktiven, mit dem ästhetischen Schein und dem empirisch Gegebenen“. S. 46.

are now concerned not with a logical development of the art of painting in Europe not even with a development for which there is any historical parallel, but with an abrupt break with all tradition. … The aim of five centuries of European effort is openly abandoned".[194]

Die Collage und ihr veränderter Bildbegriff waren also letztverantwortlich dafür, dass der mimetische Kunstbegriff durch die Idee des autonomen Kunstwerks ersetzt wurde, das Wirklichkeit nicht mehr abzubilden suchte, sondern mit Hilfe seiner Zeichenstruktur selbst setzte. Adorno bemerkt zu diesem neuen Kunstverständnis in seiner *Ästhetischen Theorie*: „Der Schein der Kunst, durch Gestaltung der heterogenen Empirie, sei sie mit dieser versöhnt, soll zerbrechen, indem das Werk buchstäbliche, scheinlose Trümmer der Empirie in sich einlässt, den Bruch einbekennt und in ästhetische Wirkung umfunktioniert".[195]

III. Eine Zusammenfassung des Bisherigen und ein Ausblick auf das Kommende

Die Vermittlung dieser kunsthistorischen Kenntnisse war notwendig, um zu verstehen, warum Kunst heute nicht mehr Fenster der Welt iS einer Zentralperspektive ist, sondern warum Arbeiten wie die sog. Soft Sculptures von Alltagsutensilien wie Lichtschaltern, Waschbecken, Ventilatoren, Schreibmaschinen usw. (*Soft Ling Switches*, 1964; *Soft Washstand*, 1965) von Claes Oldenburg möglich wurden und was sie bedeuten. Kunst kann man heute nur verstehen, wenn man ein gewisses Maß an kunsthistorischem Verständnis aufweist. Die Individualisierung der Arbeiten, die Vielzahl der künstlerischen Ausdrucksmittel, die nicht zuletzt durch die papiers collés angestoßen wurden und die sich heute in einer Vielzahl von Collagemöglichkeiten manifestiert, führen zwangsläufig zu Unverständnis, Vorurteilen und Ablehnung. Damit einher geht oftmals ein mangelndes Begreifen, dass unter Umständen aus dem Blickpunkt der Kunstfreiheit Reformen des Urheberrechts zumindest aber eine andere Heran-

194 Herbert Read, zitiert nach *K. Hoffmann* Collage in the Twentieth Century S. 1.
195 *Adorno* Ästhetische Theorie S.232.

gehensweise an einzelne urheberrechtliche Bestimmungen notwendig sind.

Warum? Im Urheberrecht gilt ein Werkbegriff, der die Schutzfähigkeit der künstlerischen Arbeit an bestimmte Voraussetzungen knüpft. Diese Voraussetzungen werden aber nun oftmals nicht in der Anwendung moderner Kunsttheorien geprüft, sondern unter dem Verständnis eines überholten Bild- und Kunstbegriffs im Urheberrecht. Dies führt dazu, dass bestimmte Werke nicht Werkschutz genießen, obwohl ihnen dieser nach Maßgabe eines an der Kulturwissenschaft orientierten Bildbegriffs der Moderne möglicherweise zustehen müsste. Der zweite große Problemkomplex liegt oftmals darin begründet, dass ähnlich wie sich der Bildbegriff im letzten Jahrhundert verändert hat, die Kunst wieder vor nachhaltigen Veränderungen steht. Das Web 2,0, teilweise wird sogar schon vom Web 3,0 gesprochen,[196] mit seinen Möglichkeiten und Gefahren hat längst das Urheberrecht überrollt und es vor große Herausforderungen gestellt. Die digitalen Möglichkeiten erlauben es, heute zu samplen, zu remixen, aus verschiedenen elektronischen Schnipseln neue Kunst und damit auch neue digitale Collagen zu schaffen und somit den eigenen Blick auf die Realität wiederzugeben, kurz sich mitzuteilen. Die Frage, die aus diesem Grund im Folgenden zu stellen ist, muss daher sein, ob nicht diese Veränderungen den Urheberrechtler zu einem gewissen Umdenken im Umgang mit einzelnen Regeln des Urheberrechts zwingen. Dafür ist es nicht zwangsnotwendig, neue Schrankenregelungen zu schaffen. Vielmehr ist es zukunftsträchtiger und produktiver, mit den bestehenden Regeln zu arbeiten und zunächst erst einmal deren Anwendungsraum zu überprüfen und gegebenenfalls, sofern sie denn passen, auch auf die neuen Techniken anzuwenden, bevor nach neuen Regelungen gerufen wird. Da diese Vorhaben häufig im Laufe des Gesetzgebungsprozesses und unter dem Eindruck der verschiedenen Interessengruppen wieder zermalen werden, mit der Folge eines nur halbgaren Kompromisses, der darüber hinaus oftmals der technologischen Entwicklung nur hinterhängt und man mit der Beendigung des Gesetzesverfahrens gleich das neue einleiten könnte, erscheint es vielmehr erstrebenswert, das bestehende Recht

196 Siehe dazu SZ Interview vom 23. 12. 2006 mit Prof. Dr. *Lawrence Lessig*, Rechts-Professor an der Stanford University, *www.sueddeutsche.de/kultur/artikel/62/95966/*; zuletzt abgerufen am 30. 1. 2008.

teilweise zu entstauben und neu aufzulegen. Diese Überlegungen sollen damit im Kern der nun folgenden urheberrechtlichen Betrachtung stehen.

Kapitel 2: Die Collage und das Grundgesetz – notwendige Vorausbetrachtungen

„Eine Gesellschaft, die das geistige Eigentum nicht beschützt, ist keine wirklich freie Gesellschaft."[197] Dieser Forderung Romans Herzogs steht die Erkenntnis Cohen Jehoram entgegen, nach dessen Überzeugung Copyright eben auch als "obstacle to the free flow of information"[198] wirkt. Es sind diese diametralen Interessenlagen zwischen einer möglichst behinderungslosen Benutzung durch die nachschaffenden Künstler und dennoch notwendiger Monopolisierung des Urheberrechts in den Händen des Schöpfers, die das Thema dieses Abschnitts bilden werden. So kann in der Tat eine iRd Kunstfreiheit angestrebte optimale Freiheitsentwicklung des einzelnen Collagekünstlers und das heutige Verständnis von Kunst als Kommunikationsprozess durch das Urheberrecht empfindlich eingeschränkt werden. Die Befürchtung Jehorams ist damit nicht so einfach von der Hand zu weisen. Auf der anderen Seite besteht aber die nicht minder schwer wiegende Gefahr, dass im Namen der Kunstfreiheit die Rechte des Urhebers zu weit beschnitten werden und er damit in seiner persönlichkeitsrechtlichen, aber gerade auch seiner materiellen Existenz schutzlos gestellt wird.

Nach der derzeitigen Lage schützt das Urheberrecht den Urheber in seinen geistigen und persönlichen Beziehungen zum Werk und in der Nutzung des Werkes (§ 11 Satz 1 UrhG). Damit erfasst das Urheberrecht sowohl den Urheber in seinem Urheberpersönlichkeitsrecht als auch seine Verwertungsrechte. Das ein Leitgedanke des Urheberrechts die finanzielle Beteiligung des Urhebers am wirtschaftlichen Erfolg (§ 11 Satz 2 UrhG – Schutz des Vergütungsinteresses) ist, unterstützt nur die Bedeutung des Urheberrechts als Wirtschaftsgut. Diese zunächst sehr weitgehende Regelung des § 11 UrhG wird gleichwohl auf der anderen Seite durch diverse Bestimmungen im Urheberrecht, wie den §§ 23, 24, 44aff. UrhG, unter deren Voraus-

197 *Herzog*, Bedeutung des geistige Eigentums S. 62, 68.

198 *Jehoram* GRUR Int. 1983, 385, 388, er gesteht jedoch dem Urheberrecht eben so zu: "Copyright guarantees the author a share in the marketing of his work, and as such is a means of securing independence pf authors from a Maecenas State.", S. 388.

setzungen es auch dem nachschaffenden Collagekünstler erlaubt ist, eigentlich urheberrechtlich geschütztes Material lizenzfrei und ohne Abhängigkeiten von Zustimmungen und dauernder Gefahr der Unterlassens- und Schadensersetzpflicht künstlerisch zu verarbeiten, wieder eingeschränkt bzw. aufgehoben.

Doch was macht diese Voraussetzungen aus, wann also kann der nachschaffenden Künstler, dem es darauf ankommt, in seiner Collage urheberrechtlich geschützte Werke zu verarbeiten, diese benutzen? Diesen Fragen gilt es iRd Arbeit nachzugehen. Bevor jedoch eine einfachgesetzliche Lösung gefunden werden kann, bedarf es zwischen diesen beiden nur grob skizzierten Extrempositionen erst einmal eines verfassungsrechtlichen Ausgleichs, denn die erlaubte Nutzung fremder Werke und deren entsprechende Verortung ist, ebenso Ausfluss des Grundgesetzes wie die erlaubte Monopolisierung geistiger Schöpfung. Die Notwendigkeit einer näheren Betrachtung der grundgesetzlichen Normen erklärt sich darin, dass, wie sich zeigen wird, nicht nur die Gestaltung privater Rechtsbeziehungen, sondern auch die konkrete zivilgerichtliche Rechtsfindung von den verfassungsrechtlichen Vorgaben maßgeblich beeinflusst wird. Der folgende Abschnitt soll daher dazu dienen, ein Grundverständnis darüber zu verschaffen, wie sich das Urheberrecht in das verfassungsrechtliche System einordnen lässt und welche Einschränkungen der Urheber des benutzten Werkes unter Berücksichtigung der Kunstfreiheit hinzunehmen hat.

Es ist damit erklärtes Ziel dieses Kapitels, unter zugrunde Legung der verfassungsrechtlichen Verankerung beider Positionen ein grundlegendes Verständnis für das Konzept „Urheberrecht" zu schaffen. Diese Vorausüberlegungen werden sich im weiteren Verlauf als grundlegende Notwendigkeit erweisen, da sie die Basis für alle noch zu besprechenden urheberrechtlichen Probleme liefern werden, da jede weitere Diskussion nämlich entscheidend von einem Grundverständnis der verfassungsrechtlichen Normen abhängt. Denn wie sich zeigen wird, wird nur derjenige in der Lage sein, die noch anzusprechenden urheberrechtlichen Probleme zu lösen, der die verfassungsrechtlichen Fragen verstanden hat.

§ 1 Die Bedeutung des Grundgesetzes für die Collage in ihrer urheberrechtlichen Problematik

Bevor eine genaue Analyse der verfassungsrechtlichen Anknüpfungspunkte der urheberrechtlichen Probleme der Collage erfolgt, bedarf es eines ersten Überblicks über die allgemeine Funktion des Grundgesetzes im urheberrechtlichen Rechtsstreit.

Georg Jellinek beschrieb einmal die klassische Funktion der Grundrechte mit den Begriffen status libertatis, status civitatis und Status aktiver Zivität.[199] Dabei bezeichnet Status jeweils Verhältnis und Zustand des Einzelnen gegenüber dem Staat. Als klassischer Grundrechtsfall gilt dabei der sog. status libertatis, der die Autonomie des Bürgers gegenüber dem Staat beschreibt und damit die Funktion der Grundrechte als Abwehrrechte formuliert.[200] Die das geistige Eigentum schützenden Grundrechte wehren damit zunächst, entsprechend dieser Vorstellung, die direkten Eingriffe des Staates in Kunst-, Meinungs-, Berufs-, Persönlichkeitsfreiheit und Eigentum ab. Diese Konstellation aber, in der der Staat in die Rechte des Bürgers eingreift, hat jedoch in der urheberrechtlich diskutierten Wirklichkeit kaum maßgebliche Bedeutung. Es geht hier nämlich nicht um die Abwehr staatlicher Angriffe in die Rechte des Bürgers, sondern um eine grundrechtskonforme Auslegung des einfachgesetzlichen Urheberrechts. Die sich im Urheberrecht widerspiegelnden und in der gerichtlichen Auseinandersetzung gegenüberstehenden Grundrechte haben danach bei der Fallentscheidung möglichst umfassend iS praktischer Konkordanz berücksichtigt zu werden, denn der Einzelne kann seine Freiheit idR nicht ohne den Staat verwirklichen, und ist auf dessen Unterstützung bei der Schaffung und Erhaltung seiner freien Existenz angewiesen.

Staatliche Unterstützung erfährt der Urheber in diesem Zusammenhang auf zweierlei Weise. Zunächst müssen bei der gesetzgeberischen Ausgestaltung der urheberrechtlichen Verhältnisse die Grundrechte beachtet werden. Dies genügt jedoch noch nicht, so muss zusätzlich die Auslegung der Normen des UrhG in der konkreten Fallentscheidung zudem immer unter dem Eindruck der Grundrechte erfolgen.

199 Vgl. dazu bei *Jellinek*, S. 87, 94ff., 114ff., 136ff.
200 *Jellinek* S. 87, 105.

Dieser hier skizzierte Auftrag folgt aus Art. 1 Abs. 3 GG. Das Verhältnis von Verfassungs- und einfachem Gesetzesrecht ergibt sich nämlich aus dem Vorrang des Verfassungsrechts vor dem einfachen Gesetzesrecht. Anders aber als noch im Fall des status negativus lassen sich die hier aufgeworfenen Einschränkungen der Privatautonomie, denn um nichts anderes handelt es sich, wenn das Verhältnis zwischen Urheber und Nutzer nicht dem freien Spiel der Kräfte überlassen bleibt, nicht mit der Funktion der Grundrechte als Abwehrrechte rechtfertigen. Die Annahme einer unmittelbaren Drittwirkung der Grundrechte, wie dies noch vom BAG mit dem Gedanken des „Bedeutungswandels der Grundrechte" vertreten wurde,[201] muss notwendigerweise scheitern. Die Grundrechtsbindung des Art. 1 Abs. 3 GG gilt ausweislich des dortigen Wortlauts für Privatrechtssubjekte nicht, sondern bindet nur die öffentliche Gewalt. Zumal systematisch nur das Grundrecht in Art. 9 Abs. 3 GG eine unmittelbare Drittwirkung unter Privaten erkennen lässt.

Im Lüth Urteil hat das BVerfG allerdings nun völlig zu Recht erkannt, dass den Grundrechten eine Werteordnung immanent ist, die auch für das Verhältnis der Privatrechtssubjekte untereinander Bedeutung hat.[202] Die Geltung der Grundrechte im Privatrecht ist damit zwar keine unmittelbare, es wird aber durch sie entscheidend geprägt. „Gesetzgebung, Verwaltung und Rechtsprechung empfangen von (ihnen) Richtlinien und Impulse. So beeinflusst das Grundgesetz damit auch das bürgerliche Recht; keine bürgerlich-rechtliche Vorschrift darf in Widerspruch zu (ihnen) stehen, jede muss in (ihrem) Geiste ausgelegt werden".[203] „Die klassischen Grundrechte waren demgegenüber bescheidener".[204]

201 BAGE 1, 185, 193 f.: „Zwar nicht alle, aber doch eine Reihe bedeutsamer Grundrechte der Verfassung (garantieren) nicht nur Freiheitsrechte ggü. der Staatsgewalt, ... (sondern sind) vielmehr Ordnungssätze für das soziale Leben, die in einem aus dem Grundrecht näher zu entwickelnden Umfang unmittelbare Bedeutung auch für den privaten Rechtsverkehr der Bürger untereinander haben".; dafür auch *Schwabe* AöR 100, (1975), 442 ff., 469.

202 BVerfGE 7, 198, 205 – Lüth.

203 BVerfGE 7, 198, 205 f. – Lüth; eine ähnliche Formulierung findet sich auch in BVerfGE 73, 261, 269.

204 *Böckenförde* S. 59.

Die Lüth-Entscheidung des BVerfGs hat also zu einem Wandel in der Bedeutung der Grundrechte geführt, weg von reinen Staatsabwehrrechten hin zu objektiven Wertentscheidungen. Damit hat es der Verfassung einen Stellenwert gegeben, die über das hinausgeht, was es eigentlich zu leisten hatte. Böckenförde sieht in ihr deswegen auch die rechtliche Grundordnung des Gemeinwesens.[205] Auch bei der Gestaltung der Rechtsbeziehungen zwischen Urheber und nachschaffendem Collagekünstler hat der Staat die durch die Grundrechte vorgegebene Werteordnung zu beachten. Darüber hinaus sind die Grundrechte aufgrund ihrer starken mittelbaren Wirkung für die Auslegung und Anwendung der bereits bestehenden Vorschriften des Urheberrechts maßgeblich.[206] Daraus ergibt sich letztlich die Notwendigkeit einer verfassungsrechtlichen Betrachtung der möglichen Rechte der Beteiligten am Urheberrechtsstreit.

§ 2 Die Collage im Zeichen der Kunstfreiheit

Das BVerfG hat in seinem Beschluss vom 7. 3. 1990[207] festgestellt, dass „eine aus Fotografien zusammengesetzte Collage … einer inzwischen herkömmlichen Form bildender Kunst entspricht, ohne

205 *Böckenförde* S. 59.

206 *Fechner* Geistiges Eigentum S. 188; *Rehbinder* Urheberrecht Rn 135; dazu *Metzger* ZUM 2000, 924, 929 f.: „alle zivilrechtlichen Normen (sind) im Lichte der Grundrechte der Beteiligten auszulegen“.; dafür auch *Rassow*, der von staatlichen Schutzpflichten ausgeht, deren Grundlage sowohl die Grundrechte, als auch allgemein staatstheoretische Überlegungen sind. Danach sei u. a. die menschliche Existenz „Grund und Rechtfertigung“ für die Annahme einer staatlichen Schutzpflicht. Entscheidendes Argument so Rassow sei jedoch das Grundgesetz selbst, wonach der Schutzbereich des Art. 14 GG einmal aus seiner objektiv-rechtlichen Funktion aber auch als Abwehrrecht, Dritte im Eigentumsschutz beschränken muss. Wegen der Möglichkeit des Gesetzgebers durch Inhalts- und Schrankenbestimmung den Inhalt des Eigentums näher auszugestalten, käme der abwehrrechtlichen Funktion über eine mittelbare Drittwirkung hinaus eine besondere Bedeutung zu, da das Zulassen privater Einwirkungen durch die Festlegungen des Gesetzgebers gleichzeitig auch direkte Auswirkungen auf den Bestand des Eigentums hat (wobei dieses Argument nicht wirklich einleuchtet, da grundsätzlich jeder staatliche Eingriff zugunsten anderer zu direkten Auswirkungen im Grundrechtsgehalt führt) vgl. dazu bei *Rassow* S. 19 ff., insb. S. 41 ff., 51, 55 ff. 57 f., 62 f.

207 Abgedruckt in BVerfGE 81, 278 ff. – Bundesflaggebeschluss.

dass (deswegen) geklärt zu werden braucht, ob und in welchem Umfange die dabei verwendeten Lichtbilder als solche „Kunst" im Sinne der Kunstfreiheitsgarantie sind. Neben diesen ausschließlich formalen, typologischen Aspekt tritt (iÜ auch) ein inhaltlicher. Der Schöpfer des Werks trifft durch die nicht maßstabsgerechte Zuordnung der Fotografien zueinander, also durch eine bildhafte und gleichzeitig verfremdende Verknüpfung zweier Lebensvorgänge, eine eigenständige interpretationsfähige und -bedürftige Aussage. Er bringt im Wege freier schöpferischer Gestaltung seine Auffassung zu der Vereidigungszeremonie zum Ausdruck. Damit genügt die Collage zugleich den wertbezogenen Grundanforderungen, die das Bundesverfassungsgericht in der Mephisto-Entscheidung aufgestellt hat".[208] Damit ist klar, dass zumindest die Fotomontage vom BVerfG als Kunstrichtung und damit als Kunst iSd Art. 5 Abs. 3 GG anerkannt wurde.

Nun reduziert sich die Collage aber nicht allein auf diese Ausrichtung, sondern hat sich, wie gezeigt, vor allem im Avantgardebereich sehr stark diversifiziert. Die Frage, die sich damit stellt, ist, ob man generell alle Formen der Collage dem Schutzbereich des Art. 5 Abs. 3 GG zuordnen kann. Kern der Frage muss also sein, was ist Kunst. So gilt zwar laut Art. 5 Abs. 3 GG der auf den ersten Blick so einleuchtende Satz, „Die Kunst ist frei". Doch was ist Kunst im rechtlichen Sinne. Die vorangegangenen Erläuterungen haben schließlich gezeigt, dass Kunst heute von einem extremen Stilpluralismus gekennzeichnet ist, welcher nicht nur das Recht, sondern auch die Gesellschaft immer wieder vor Herausforderungen gestellt hat. Neue Collagetechniken entwickeln sich zeitgleich mit der technologischen Entwicklung, die gesellschaftlichen Veränderungen tun ihr übriges. Mit der Kunstentwicklung gab es dann auch zwangsläufig starke Bewegungen innerhalb der Kunstauffassungen. Im Folgenden sollen juristisches und kulturwissenschaftliches Schrifttum sowie deren Auswirkungen auf die Rechtsprechung mit ihren durch das BVerfG aufgestellten Grundsätzen dargestellt und bewertet werden, um erklären zu können, wann Collage Kunst und wann damit der Collagekünstler den Schutz aus Art. 5 Abs. 3 GG für sich beanspruchen kann und welchen Schranken die Kunst wiederum unterliegt. Dabei soll eine handhabbare Definition entwickelt werden, dessen Auswirkungen in der hier vorliegen-

[208] BVerfGE 81, 278, 291.

den Arbeit nicht allein auf die rechtliche Kunstdefinition im verfassungsrechtlichen Sinne beschränkt bleiben, sondern dessen Grundsatz auch für die urheberrechtlichen Überlegungen und Begriffsbildungen Wirkung entfalten soll.

A. Quo vadis Kunstfreiheit

Bei der Kunstdefinition handelt es sich zunächst um eine juristische Funktionsbegrifflichkeit.[209] Zwar wurde von einigen im Schrifttum die Frage aufgeworfen, ob man nicht angesichts der avantgardistischen Strömungen an die Definitionsgrenze der Kunstfreiheit gestoßen sei, mit der Folge, dass der Kunstbegriff durch den Staat nicht festlegbar ist.[210] So wurde aufgegriffen, was bereits frühzeitig Duchamp: „Was Kunst ist, bestimme ich!“ und einige Jahre später Ben Vautier: „Alles ist Kunst“[211] feststellten, nämlich, dass der Träger der Kunstfreiheit selbst festlegen solle, was Kunst ist und damit das Grundrecht selber fixieren müsse.[212] Denn angesichts der Heterogenität und Pluralität innerhalb des Kunstbetriebes, die dazu führt, dass bisher anerkannte Maßnahmen zusehends sich auflösen und ineinander übergehen, müsse die Subjektivierung auch rechtlich radikalisiert werden. Künstlerisch relevante Werke seien damit all jene, die mit dem Anspruch auf Kunst vorgestellt werden.[213] Doch gilt dieser Vorausüberlegung folgendes entgegenzuhalten: August Macke bemäkelte einmal die „seichte Farbflecken-Komposition“ eines Wassily Kandinsky[214] und das Ende der Fettecke von Joseph Beuys ist be-

209 Dafür u. a. *Erbel* S. 8.

210 So ausdrücklich vorgetragen von *Breunung/Nocke*, S. 235, 238 ff.; dafür auch *v. Mickwitz* S. 33.

211 Inschrift eines von Ben Vautier signierten, datierten, ansonsten aber leeren Blattes. Das Blatt ist abgebildet in *Ohff* Antikunst, S. 183.

212 *Breunung/Nocke*, S. 235, 238 ff.; *Maunz* BayVBl. 1970, 354, 355; *Ott* NJW 1981, 2397, 2398; mit Einschränkungen *Häberle* Verfassungsinterpretation insb. S. 124–131, der allerdings von einem pluralistisch-öffentlichen Prozess ausgeht, und deswegen eine ganze Reihe von Interpretationsbildung miteinbeziehen will. Dazu zählt er neben anderen auch den Selbstverständnisbegriff (S. 124).

213 *Morlock* S. 448; *Weck* lobte diese Entwicklung im Schrifttum dann auch als einen bedeutenden Fortschritt auf dem Wege zu einer adäquaten verfassungsrechtlichen Lösung des Definitionsproblems, S. 156.

214 *Macke* S. 174.

kannt.[215] Nichts ist damit so unberechenbar, wie die menschliche Anerkennung. Wenn Picasso konstatiert:„Kunst? Wenn ich wüsste was dies ist, würde ich das für mich behalten.", dann drückt es aus, dass nicht einmal der Künstler selbst genau zu wissen vermag, wann er denn Kunst anfertigt.[216]

Das Kriterium des Selbstverständnisses des Künstlers als Maßstab für die Anerkennung als Kunstwerk muss zudem bereits deswegen abgelehnt werden, da das Definitionsmonopol ihm nicht übergeben werden kann. So wären die Folgen einer solchen Herangehensweise nicht einschätzbar, weil auch anderen Grundrechtsträgern in diesem Fall ein Anspruch auf Definitionshoheit eingeräumt werden müsste. Richtig ist zwar, dass im besonderen Fall der Kunstfreiheit der Staat nicht vollumfänglich darüber befinden darf, was Kunst ist, da sonst einem staatlichen Kunstrichtertum Tür und Tor geöffnet wäre. Eine selbständige Entscheidung des Grundrechtsinhabers wäre jedoch mit der verfassungsrechtlichen Qualität der Grundrechte nicht vereinbar. Der Schutzbereich eines Grundrechts zieht nämlich jeweils seine eigene Schrankensystematik nach sich. Würde man es aber dem Einzelnen überlassen, seinen Schutzbereich festzulegen, würde man ihm auch überlassen, über die Freiheitsrechte der Anderen zu bestimmen. Es bedarf daher vielmehr objektiver Kriterien, um der Grundrecht-

215 Beuys war während des 2. Weltkrieges als Sturzkampfflieger in der Ukraine eingesetzt. Nach eigenen Angaben war er im Winter 1943 bei einem Einsatz abgestürzt und im Anschluss von nomadisierenden Tartaren aufgenommen worden. Sie sollen den Schwerverletzten geborgen und ihm das Leben gerettet haben, indem sie ihn mit Fett einrieben und in Filz einwickelten. Tatsächlich überlebte Beuys einen Absturz im März 1944 nur mit schweren Verletzungen, wurde aber am nächsten Tag in ein Feldlazarett eingeliefert, das er erst ein Jahr später verlassen konnte. Der *Brockhaus* schreibt deswegen dazu auch Recht treffend Legende oder Wahrheit (S. 43). In jedem Fall wird man davon ausgehen könne, dass seine Kriegserfahrung von grundlegender Bedeutung für sein gesamtes künstlerisches Leben waren. Fett und Filz wurden zu seinen bevorzugten und symbolträchtigen Materialien in der bildhauerischen Arbeit. Die Fettecke: Beuys formte und installierte am 28. April 1982, hoch in der Zimmerecke seines Ateliers in der Düsseldorfer Kunstakademie, fünf Kilogramm Butter als Skulptur. Die Arbeit widmete er einem seiner Meisterschüler. Eine übereifrige Reinigungskraft der Kunstakademie Düsseldorf entfernte 1986 nach Beuys Tod eigenmächtig das Fett, weil sie es nicht als Kunstwerk, sondern als Schmutz ansah.

216 So gab es dann auch 1977 eine Ausstellung unter dem Titel „Kunst, was ist das?" in den Kunsthallen Hamburg, vgl. näheres dazu bei *Sauerländer* Kunstbegriff S. 293, 300f.

systematik umfassend gerecht werden zu können. Interessant ist zudem folgender Aspekt: Niemand käme doch auf die Idee, einem Werk, das von der Gesellschaft nach allen bisher geschilderten Auffassungen als Kunst anerkannt wäre, nur deswegen die Kunsteigenschaft abzusprechen, weil der Urheber es selbst nicht als Kunst betrachtet. Nichtsdestoweniger darf jedoch die indizielle Bedeutung des Selbstverständnisses des Künstlers nicht unbeachtet bleiben.

Doch aus welcher Sicht ist nun die Kunstdefinition zu entwickeln. Diejenigen, die nicht den Staat als für die Auslegung kompetent beachten, und das ist die Mehrzahl derjenigen Vertreter, die das Selbstverständnis des Künstlers bei der Beantwortung der Frage Kunst/ Nichtkunst als wichtig erachten, gehen wie bspw. Häberle, der stark von Popper und dessen Verständnis von einer offenen Gesellschaft geprägt ist, vom Miteinander zwischen Künstler und Öffentlichkeit aus. Danach sei das Selbstverständnis des Künstlers nur ein Teilaspekt, dem immer noch „das Fremdverständnis der Kunst Empfangenden (gegenüber gestellt werden müsse). Die offene Gesellschaft der Kunstinterpreten konstruiert sich auch von der Seite der Adressaten, der Rezipientengemeinschaft her“.[217] „Die Verfassung muss daher beiden Seiten gerecht werden. (...) Das Publikum entfaltet normierende Kraft nicht nur, indem es rezipiert oder vergisst; seine Wertungen wirken auch hic et nunc auf Kunst im Sinne der Verfassung“.[218]

Doch wirkt eine solche Herangehensweise überzeugend? Richtig ist, dass Kunst, wenn sie sich kommuniziert den Rezipienten mit einbeziehen kann. Es fragt sich, welche Rolle nun die Rezipienten bei der Beurteilung der Kunsteigenschaft einzunehmen haben. Ist eine Schöpfung des Künstlers in den Augen der Rezipienten Kunst, so wird man ihr sicherlich nicht die Kunsteigenschaft iSd Art. 5 Abs. 3 Satz 1 GG absprechen können. Komplizierter wird es jedoch dort, wo Kunst von der Mehrheit Gesellschaft nicht goutiert wird. Als am 20. Juli 1964 auf dem „Festival der neuen Kunst“ in Aachen Studenten die Bühne stürmten und Beuys die Nase blutig schlugen, drück-

217 *Häberle* AöR 110 (1985), 577, 599.

218 *Häberle* AöR 110 (1985), 577, 599; eine ähnliche Argumentation findet sich auch bei *Bleckmann*, der jedoch davor warnt, nur auf die „Meinung des breiten Volkes“ zurückzugreifen, § 26 XI Rn 147.

ten sie damit aus, was viele dachten, die Beuys zuvor schon mit seinen Aktionen, wie z.B. als er einem toten Hasen die Welt erklärte, polarisiert hatten. 1976 machte Beuys erneut Schlagzeilen, als er vor dem Landgericht Wuppertal klagte: Als Teil einer Wanderausstellung des Wuppertaler „Von der Heydt-Museum" befand sich im Museum Morsbroich in Leverkusen die alte Kinderbadewanne Beuys, die er als Assemblage mit Pflastern, Mullbinden und Fett gestaltet hatte. Für eine Feier des SPD-Ortsvereins, die zur gleichen Zeit im Museum stattfand, suchten Hilde Müller und Marianne Klein noch ein Gefäß für die Getränketheke und entdeckten dabei die „verschmutzte" Badewanne. „Wir dachten, das alte Ding könnten wir schön sauber machen und benutzen, um darin unsere Gläser zu spülen", erinnern sie sich, „so wie die aussah, konnten wir sie nicht gebrauchen. Deshalb haben wir die Wanne geschrubbt.",[219, 220] Man kann an den Aktionen und der anschließenden Polarisierung Beuys und vor allem mit dem Beispiel der Badewanne sehr deutlich zeigen, wie sehr der Geschmack des Publikums oft mit avantgardistischer Kunst nichts anzufangen weiß. Dennoch werden diese Teile der Bevölkerung, die sonst mit dem Kunstbetrieb nichts zu tun haben, durch solche bewusst provozierenden Aktionen gerade zu Rezipienten.[221] Würde man das Urteil der Rezipienten als Maßstab für die Beurteilung der Kunsteigenschaft anlegen, wären Minderheiten nicht geschützt und das Freiheitsrecht des Art. 5 Abs. 3 Satz 1 GG in seiner Wirkung beschränkt. Gefährdet wären somit die Bereicherung des Lebensbereichs Kunst um neue Kunstrichtungen und -formen. Es ist also nur in den Fällen dem Urteil der Rezipienten Indizwirkung zuzusprechen, in denen dieses für die Kunstfreiheit votiert.

219 Vgl. näheres sowie das hier gegenständliche Zitat unter *www.wdr.de/tv/aks/sowars/20060218_beuys.jhtml*; zuletzt abgerufen am 30. 1. 2008.

220 Beuys klagte daraufhin vor dem Wuppertaler Landgericht, das ihm gegen die Stadt Wuppertal als Leihnehmer einen Schadensersatzanspruch von 80.000 DM zusprach. Das war einigen dann doch zu viel, und es kam zum eigentlichen Skandal. Beuys Reaktion: „Ich sage ja nicht, die Sache ist so viel wert. Ich kann ja nur die Dinge produzieren, so gut ich es kann"; vgl. zu der weiteren Prozessgeschichte umfassend bei *Braun* S. 51 ff.

221 Beuys Schüler Johannes Stüttgen: äußerte sich darüber wie folgt: „Das war ja das erstaunliche. Beuys konnte Menschen erreichen, die sonst mit dem Kunstbetrieb nichts zu tun hatten"; *www.wdr.de/tv/aks/sowars/20060218_beuys.jhtml*; zuletzt abgerufen am 30. 1. 2008.

Eine andere Form der Drittanerkennung findet sich bei Wendt, der neben dem Selbstverständnis des Künstlers in Zweifelsfällen „für die Abgrenzung von Kunst und Nichtkunst das Urteil eines in Kunstfragen kompetenten Dritten" heranziehen möchte.[222] Als kompetente Dritte werden Personen vorgeschlagen, die zumeist Literatur- Kunst- oder Psychologieprofessoren sind. Deren Sachverständigengutachten gebe also letztlich Auskunft darüber, ob das Werk als Kunstwerk bezeichnet werden kann oder nicht.[223] Theodor W. Adorno meint dazu, dass der „Experte" der Einzige sei, dem „abgefeimten Appell an die volonté de tous" zu widerstehen und „die Interessen des Publikums gegen das Publikum zu vertreten".[224] Dabei wird aber verkannt, dass dies nicht das Definitionsproblem löst, sondern lediglich verschiebt. Denn auch der Kunstsachverständige muss sein Urteil auf der Grundlage eines Rechtsbegriffs treffen, will er nicht einer bloß persönlichen Kunstdefinition nachgehen, die nach verfassungsrechtlichen Grundsätzen nicht als ausreichend betrachtet werden kann. Doch einen verfassungsrechtlichen Kunstbegriff gilt es gerade festzustellen. Man kann sich dieser Aufgabe nicht entledigen, indem man die Begriffsbildung einfach durch die Begriffsanwendung ersetzt. Dies unterscheidet im Übrigen auch den hier verlangten vom herkömmlichen Sachverständigen, der diesen Rechtsbegriff eben in seinem Urteil nicht erst entwickeln muss.

222 IvM/*Wendt* Art. 5 Rn 92; für Schick in JZ 1970, 645, 646 handelt es sich dabei sogar um das (!) maßgebliches Kriterium: „Es empfiehlt sich daher, von allen das Werk unmittelbar kennzeichnenden Kritiken abzusehen und lediglich auf das Urteil abzustellen, das Fachleute über das Werk fällen.", so auch in seiner Dissertation Kunstwerkgarantie und Strafrecht, S. 129 ff.; auch das OLG Hamburg in seinem Urteil vom 26. 11. 1963 sah im Sachverständigengutachten eine gelungene Möglichkeit auf rational-kritische Weise Kunstwerke gegenüber Werken ohne künstlerischen Gehalt, ohne künstlerischen Wert mit allgemeinverbindlicher Wirkung abzugrenzen, NJW 1964, 559, 560; dafür u. a. auch *Leonardy* NJW 1967, 714, 715; *Ott* NJW 1963, 617, 620; dagegen finden sich aber bereits auch schon frühzeitig Stimmen wie bei *Maunz* BayVBl. 1970, 354, 355.

223 Als ein Aspekt neben anderen anerkannt auch von *Jarrass/Pieroth* Art. 5 Rn 106; Sachs/*Betghe* Art. 5 Rn 184; ähnlich vertreten wohl auch von *Bleckmann* § 26 XI Rn 146, wenn auch mit Bedenken.

224 *Adorno* Merkur 14. Jg. (1960), 101, 120; Gleichwohl erkennt Adorno die Problematik dieses „fatalen Zirkels". Schließlich sei nicht eindeutig geklärt wer Experte sein könne, denn „der müsste selbst Experte sein, der entscheidet, wer Experten sind", vgl. dazu auch noch die Argumentation im Folgenden.

Überhaupt verlangt die Rechtssicherheit gerade das Vorhandensein eines rechtlichen Begriffs als Arbeitsgrundlage. Es bedarf somit einer definitorischen Annäherung an die Kunst. Diese kann auch nicht durch die Verlagerung der Deutungshoheit weg vom Staat, hin zu anderen am Kunstleben Beteiligten ersetzt werden. Denn neben der klassischen Funktion der Grundrechte, als Abwehrrechte gegenüber dem Staat, hat das BVerfG erkannt, dass der unbedingten Verwirklichung der Freiheit des Einzelnen nur Genüge getan werden kann, wenn man den Grundrechtsteil des Grundgesetzes als sog. wertentscheidende Grundsatznorm betracht. Das moderne Grundrechtsverständnis ist damit nicht nur ein subjektiv-öffentlichrechtliches, sondern daneben auch iSe objektiv-öffentlichrechtlichen Aufwertung zu verstehen. „Dieses Wertesystem (aber), das seinen Mittelpunkt in der innerhalb der sozialen Gemeinschaft sich frei entfaltenden Persönlichkeit und ihrer Würde findet, muss als verfassungsrechtliche Grundsatzentscheidung für alle Bereich des Rechts gelten.“[225] Solche objektiven Grundrechtsnormen – Wertentscheidungen – lassen sich jedoch niemals subjektiv bestimmen. Es bedarf daher objektiver Kriterien, will man eine am Grundgesetz orientierte Begriffsbildung iS optimaler Freiheitsentfaltung gewährleisten. An dieser sind aber alle gesellschaftlichen Kräfte zu beteiligen.

Doch was ist nun Kunst? Wenn heute von Kunst gesprochen wird, dann sind damit sowohl die *Fettecke* von Joseph Beuys als auch die Gemälde von Peter Paul Rubens wie z.B. *Das Urteil des Paris*[226] gemeint. Kunst findet sich heute sowohl in Bachs *Johannespassion*, sowie in John Cages *4'33* wieder.[227] Klaus Oettinger stellt deswegen

225 BVerfGE 7, 198, 205 – Lüth.

226 Hergestellt zwischen den Jahren 1635–1637, ausgestellt in der National Gallery, London.

227 Ziel Cage war es u.a., dass die Grenzen zwischen Musik, Geräusch und anderen nichtmusikalischen Phänomenen verschwimmen; vgl. zur Kunstkonzeption Cages u.a. in seinem mehrere Interviews mit Daniel Charles zusammenfassenden Buch Für die Vögel). „„4,33“‘ besteht aus drei Sätzen mit der Anweisung Tacet, d.h. sie bestehen aus völliger Stille. In der Uraufführung am 29. August 1952, in einem Auditorium der Harvard-Universität, zeigte der Pianist David Tudor die drei Sätze durch Schließen und Öffnen des Klavierdeckels an. Laut Partitur ist die Dauer des Stückes frei wählbar, und der Titel soll diesen Wert in Minuten und Sekunden genau angeben. Obwohl also streng genommen der Titel je nach gewählter Dauer variieren kann, hat sich die Bezeichnung 4'33" durchge-

zu Recht fest, dass die Gesellschaft in einer generalisierenden Weise von Kunst redet, ohne jedoch eine Ästhetik anbieten zu können, die die Werke aller dieser Künstler einzuholen vermag. Die Kunst erlebt eine „permanente Abkehr vom Hergebrachten, in immer rascherer Veränderung, in ästhetischer Destruktion, in politisch-ideologischer Instrumentalisierung, im Aleatorischen, in der Eingrenzung des Kunstbegriffs",[228] was dazu geführt hat, dass es keine Kanons mehr gibt, nach denen man seine ästhetischen Wertungen anknüpfen könnte. Die Gesellschaft und damit auch das Kunstverständnis haben sich eben gewandelt. Genau dies verkennt aber die idealistische Auffassung und damit auch die Brockhausformel, die den Ästhetizismus in einer Weise begreifen, wonach Kunst eben keinen Entwicklungsprozess durchläuft, sondern die Kunst stetig den gleichen Kunstidealen verpflichtet ist, was letztlich dazu führt, dass die obigen Collagemöglichkeiten in aller Regel nicht von deren Kunstauffassung gedeckt sind. Doch gerade das muss eine Rechtsdefinition leisten können. Sie muss geeignet sein, Kunst, die sich in der permanenten Abkehr von der Hergebrachten, in immer rascheren Veränderung, in ästhetischer Destruktion, in politisch-ideologischer Instrumentalisierung, im Aleatorischen zeigt,[229] zu erfassen. Denn „die Kunst zeigt neue Gesichter, neue Sprachen, neue lallende Laute und Gebärden, sie hat es satt, immerzu die Sprache von gestern und vorgestern zu reden, sie will auch einmal tanzen, sie will auch einmal über die Schnur hauen, sie will auch einmal den Hut schief aufsetzen und im Zickzack gehen."[230] So gibt es keine Kanons mehr in der Kunst, nach denen man seine ästhetischen Wertungen anknüpfen kann.

Hatten also Stimmen wie der Philologe Klaus Oettinger doch Recht, wenn sie vorschlugen, dass „wenn die künstlerische Anerkennung fester Normen fehle … auch das Recht Kunst inhaltlich nicht mehr fassen" könne und deswegen Art. 5 Abs. 3 GG ersatzlos zu streichen sei und der Künstler seine Recht ausschließlich im Rahmen der gene-

setzt, der Wert der Uraufführung. Ebenso frei wählbar ist die Zahl der Ausführenden und die Art der (nicht) benutzten Instrumente Cage kam es auf die Reaktion des Publikums an, das damit jedes mal erneut zum Teil seines Werkes werden sollte.

228 *Isensee* AfP 1993, 619, 622.

229 *Isensee* AfP 1993, 619, 622.

230 *H. Hesse* Lektüre S. 206f.

rellen Geistesfreiheit geltend machen könne?[231] Nun ganz so ist dem dann doch nicht, so lassen sich nicht nur definitorische Ansätze feststellen, diese weisen auch auf Gemeinsamkeiten in der Kunst hin, die sich durchaus zum Ausgangspunkt einer Definitionsbildung eignen. Dies erkennt im Übrigen auch das BVerfG, wenn es feststellt, dass eine „Unmöglichkeit Kunst **generell** (!) zu definieren, (...) (nicht) von der verfassungsrechtlichen Pflicht (entbinden darf), die Freiheit des Lebensbereichs Kunst zu schützen, also bei der konkreten Rechtsanwendung zu entscheiden, ob die Voraussetzungen des Art. 5 Abs. 3 Satz 1 GG vorliegen“. So wird Kunst zunächst ganz allgemein als kommunikatives Phänomen anerkannt.[232] Zu Recht, denn so unterschiedlich die Kunstformen in den letzten Jahrhunderten auch sein mögen, so hatten sie doch gemeinsam, was sich am besten mit folgenden Worten zusammenfassen lässt: „Wir (Künstler) ... suchen unsere (Rezipienten) unmerklich auf den Weg zu leiten, den der Mensch gehen muss, wenn er seine Bestimmung erfüllen soll. Wir hoffen von jenen (Rezipienten), die unsrer Stimme zugänglich sind, dass sie uns so weit als Stütze und als Weggenossen gebrauchen, als ihnen dienlich ist, denn wir wollen vor allem den Rezipienten dazu verführen, sich selbst besser kennen zu lernen und den Mut zum eigenen Lebensweg und Schicksal zu finden“.[233] Ob Ästhetizismus oder episches Theater, ob Objektkunst oder Happening. Kunst fördert die Kommunikation. Kommunikation im Dialog zwischen dem Künstler und seinen Rezipienten und als Folge in der Weiterentwicklung unter den Rezipienten.

Es bleibt aber die Frage, ob sich eine Kunstdefinition nun ausschließlich darin erschöpfen kann, sich über die Kommunikationseigenschaft der Kunst zu bestimmen. Wohl eher nicht, zunächst ist Kommunikation nicht ausschließliches Merkmal der Kunst. Kommunikation findet vielfach in der Gesellschaft statt. Ihre Verortung im Grundgesetz erfolgt deshalb nicht nur in Art. 5 Abs. 3 Satz 1 GG, sondern u.a. auch in der Meinungsfreiheit, der Wissenschaftsfreiheit sowie in der Glaubens- und Gewissensfreiheit oder der Versamm-

231 *Oettinger* UFITA 71 (1974), 15, 31 f.

232 Besonders deutlich wird dies bei AK-GG/*Ladeur* Rn 10; *Denninger* Freiheit der Kunst § 146 Rn 15; *Häberle* AöR 110 (1985), 577, 602; *Hoffmann* NJW 1985, 237, 241; *Isensee* AfP 1993, 619, 624, *Lerche* BayVBl. 1974, 177, 180.

233 *H. Hesse* Lektüre S. 197 f.

lungsfreiheit.[234] Ein weiterer Kritikpunkt muss zudem sein, dass die Kunstfreiheit auch denjenigen schützen muss, der sich der Öffentlichkeit bewusst entzieht. Derjenige Künstler, der aus eigenem Antrieb Kunst für sich in seinem Garten schafft, hat sich dieser nicht entäußert, derjenige, dessen Hobby die Collage ist und dessen Produkte nie ein anderer zu Gesicht bekommt, bleibt dennoch Künstler. Dies erkennt auch das Urheberrecht an, wenn es, trotz eines strengeren „Kunstbegriffs" die Entstehung des Urheberrechts nicht davon abhängig macht, dass das Werk veröffentlicht und damit den Rezipienten zugänglich gemacht wurde. Vor allem die Kunstrichtungen der Avantgarde haben in ihrer Aussagekraft oft kein Verständnis in der ästhetischen Vorstellungswelt der Gesellschaft gefunden und eine Kommunikation war nur sehr schwer vermittelbar.[235] Insofern muss der Kunstbegriff mehr erfüllen als bloße Kommunikationswirkung.

Es scheint an dieser Stelle ratsam, auf zwei Entscheidungen des BVerfG zu rekurrieren, da in diesen die maßgeblichen Ideen des Schrifttums zusammenlaufen. In seiner wegweisenden Mephisto-Entscheidung stellt das BVerfG dabei zunächst fest, dass (1) Art. 5 Abs. 3 Satz 1 GG nicht nur das Verhältnis der Kunst zum Staat als objektive Grundsatznorm regelt, sondern zugleich jedem in diesem Bereich Tätigen ein individuelles Freiheitsrecht gewährt wird; (2) Sinn und Aufgabe des Art. 5 Abs. 3 GG müsse es daher sein, „die auf der Eigengesetzlichkeit der Kunst beruhenden, von ästhetischen Rücksichten bestimmten Prozesse, Verhaltensweisen und Entscheidungen von jeglicher Ingerenz öffentlicher Gewalt frei zu halten". Nur der Künstler allein sei schließlich in der Lage zu entscheiden, in welcher Art und Weise er der Wirklichkeit begegnen möchte. Ihm muss die Entscheidungshoheit überlassen bleiben, soll sich künstlerischer Schaffensprozess frei entwickeln können. „Über die Richtigkeit seiner Haltung gegenüber der Wirklichkeit kann nur der Künstler

234 Grundrechtsschutz ist immer Kommunikationsschutz. Denn in der Ausübung grundrechtlich geschützter Freiheiten steckt immer auch eine Kommunikation des Grundrechtsträgers nach außen. Wenn jemand sich zum christlichen Glauben bekennt, dann kommuniziert er gleichzeitig auch mit der Gesellschaft „Seht her ich glaube an Gott". Genauso verhält es sich beim Schutz durch die Versammlungsfreiheit, die dem Grundrechtsträger allein durch das Teilnahme an der Versammlung die Möglichkeit gibt, nach außen kommunizieren zu können, „Ich gehöre dazu, ich stehe dafür ein".

235 Vgl. dazu auch bei *v. Mickwitz* S. 3 ff.

selbst entscheiden. … Das gilt (…) gerade dort, wo der Künstler sich mit aktuellem Geschehen auseinandersetzt (sog. engagierte Kunst (Anm. d. Verf.))". (3) Darüber hinaus ist Rücksicht auf „die Eigenständigkeit und Eigengesetzlichkeit des Sachbereichs Kunst" zu nehmen, wenn es kritische, engagierte und progressive Kunst geben soll. Zum geschützten Verhalten müssen damit nicht nur die rein künstlerische Tätigkeit (der Schaffensprozess), sondern auch die Verbreitung und Darbietung des Kunstwerks gehören, die letztlich Ausdruck des kommunikativen Aspekts[236] der Kunst sind.

Das BVerfG erkennt zu recht, dass Art. 5 Abs. 3 GG Grundrechtsschutz nicht nur für die künstlerische Betätigung (also den sog. Werkbereich), „sondern darüber hinaus auch die Darbietung und Verbreitung des Kunstwerks" (und damit den sog. Wirkbereich) garantiert. Werk- und Wirkbereich sind gleichsam eine unlösbare Einheit, die erst im Zusammenspiel eine Begegnung mit dem Werk ermöglicht. Grenzen sind aus diesem Grund erst dort zu ziehen, wo die rein kommerzielle Verwertung von Kunst im Vordergrund steht.[237] Neben diesen unterstützenswerten Grundsätzen zur Kunstfreiheit, die auch in der späteren urheberrechtlichen Bewertung quasi als Gegenpol zum statischen Eigentumsschutz iRd Arbeit Einsatz finden wird, hat sich das BVerfG auch zu den bisherigen Versuchen der Kunsttheorien geäußert. Danach lassen sich diesen keine zureichenden Bestimmungen entnehmen. Vor allem avantgardistisches Streben und ein dem Künstler immanentes Misstrauen gegenüber allen starren Formen und Konventionen müsse fast zwangsläufig zu der Auffassung führen, „dass nur ein weiter Kunstbegriff zu angemessenen Lösungen führen kann".[238] An die Stelle einer einzelnen Kunstdefinition setzt es daher in seinem Beschluss „Anachronistischer Zug" drei Annäherungskriterien, die „in ihrer Gesamtheit im konkreten Einzelfall eine Entscheidung ermöglichen, ob ein Sachverhalt in den Schutzbereich des Art. 5 Abs. 3 Satz 1 GG fällt".[239] Kunst ist dabei als Le-

236 Sachs/*Betghe* Art. 5 Rn 188.

237 Anm. dazu: Das BVerfG hat unlängst entschieden, dass derjenige Mittler, der kein künstlerisches Konzept verfolgt, sondern ldlg. kommerzielle Zwecke ggü. dem Künstler durchzusetzen versucht sich nicht auf die Kunstfreiheit berufen kann, BVerfG NJW 2006, 596, 597 – Xavier Naidoo.

238 BVerfGE 67, 213, 225 – anachronistischer Zug.

239 BVerfGE 67, 213, 226 – anachronistischer Zug.

bensbereich mittels einer Gesamtbetrachtung der der Kunst eigenen Strukturmerkmale zu bestimmen. Das BVerfG meint nun zunächst zu erkennen, dass (1) wesentlich für die künstlerische Betätigung oftmals „die freie schöpferische Gestaltung (sei), in der die Eindrücke, Erfahrungen, Erlebnisse des Künstlers, die mittels eines Mediums (dem Werkstück) zu unmittelbaren Anschauungen gebracht werden".[240] (2) Unter Berufung auf die Arbeiten von Friedrich Müller[241] und Wolfgang Knies[242] legt das BVerfG darüber hinaus eine Betrachtung zu Grunde, die es für möglich hält, von formalen Kriterien auf die Kunsteigenschaft eines Werks zu schließen (sog. formales Kriterium). Sind danach bestimmte Gattungsanforderungen eines bestimmten Werktypus, die das Werk als Produkt der Dichtkunst, Malerei oder Bildhauerei erscheinen lassen, erfüllt, „kann dem (Werk) die Kunsteigenschaft nicht abgesprochen werden".[243] (3) In seinem dritten der drei möglichen Definitionsansätze (dem sog. zeichentheoretischen Kriterium) rekurriert das BVerfG schließlich auf die Auffassung von Wolf Dieter von Noorden.[244] Noorden stützte seine Arbeit ausdrücklich[245] auf einen von Wilhelm Emrich fünf Jahre zuvor formulierten Gedanken, wonach jede Darstellung, ob bildlich oder sprachlich, sich in ihre einzelnen Bestandteile runterbrechen lässt. Diese Bestandteile seien nichts anderes, als jeweils mit einer bestimmten Bedeutungsfunktion für Dritte versehene, stoffliche Zeichen, die sich aus dem Vorhandensein und dem Gebrauch semantischer Regeln bzw. einem Sprach- oder Bildsystem ergeben. Der Bedeutungsgehalt dieser Zeichen, über ihre alltägliche Aussagefunktion hinaus, hinge nun von ihrer intersubjektiven Symbolfunktion ab.[246] Es sei kennzeichnend für die Kunst, dass es „wegen der Mannigfaltigkeit ihres Aussagegehaltes möglich ist, der Darstellung im Wege einer fortgesetzten Interpretation eine immer weiterreichende Bedeutung zu entnehmen, so dass sich eine praktisch unerschöpfliche, vielstufige Informationsvermittlung ergibt". Je ausgeprägter diese sei, desto weiter reichten die Vielstufigkeit der die Darstellung

240 BVerfGE 67, 213, 226 – anachronistischer Zug.
241 *Müller* Freiheit der Kunst, insb. S. 41 f.
242 *Knies*, S. 219.
243 BVerfGE 67, 213, 227 – anachronistischer Zug.
244 *v. Noorden*, S. 82 ff.
245 *v. Noorden* S. 85, mit ausdrücklichem Zitatverweis auf *Emrich* S. 164.
246 *Emrich* S. 164 f.; *v. Noorden* S. 85, 87.

komponierender Zeichen und damit ihre Interpretationsfähigkeit und Informationsvermittlung. Indiz für die Kunstwerkseigenschaft sei es nun, dass jeweils immer neue und andere Bedeutungen, Sinnbezüge und formale Qualitäten in den Werken entdeckt werden können und dadurch diese Werke nie zu Ende zu interpretieren sind. Dies unterscheide sie von nichtkünstlerischen Darstellungen, die durch ihre eindeutige Begrenztheit, rasche Durchschaubarkeit und fraglose Aussagen und Formen jedes weitere Nachsinnen und Forschen überflüssig machen.[247]

Der auch als topischer Ansatz des BVerfG verstandene Kunstbegriff ist im Schrifttum auf breite Zustimmung gestoßen. Verschiedentlich wurden jedoch Bedenken geäußert, dass das BVerfG offen gelassen hat, in welchem Verhältnis die drei von ihm verwandten Kunstbegriffe zueinander stehen. Es wurde kritisiert, dass nicht klar sei, wie zu entscheiden sei, wenn nur einer oder zwei der von ihm gewählten Bestimmungsmöglichkeiten gegeben sind. Dabei wird jedoch übersehen, dass aufgrund der staatlichen Neutralitätsverpflichtung Kunst schon dann anzunehmen ist, wenn bereits nach einer dieser Ansätze der Kunstcharakter im Werk als gegeben angesehen werden muss. Das BVerfG hat erkannt, dass die in der Literatur diskutierten Kunstbegriffe zu einseitig waren und es dadurch schwer war, umfassend dem Phänomen Kunst in dessen Komplexität entgegenzutreten. Zu beachten gilt allerdings, dass indem das BVerfG materiale, formelle und zeicheninterpretatorische Ansätze in die Entscheidungsfindung mit einbezieht, es sich natürlich denselben kritischen Einwänden stellen muss, wie es diese einzelnen Auffassungen tun müssen.

So ist zunächst eine strikte Trennung zwischen den einzelnen Werkgattungen oftmals nicht so ohne weiteres möglich. Es gibt Kunstrichtungen wie den Fluxus, der von einem Nebeneinander von Musik, Malerei, Installations- und Objektkunst, Videokunst und Literatur, die oftmals ineinander übergehen und einander in einem einzelnen Kunstwerk bedingen, geprägt ist. Vor allem neue Kunstrichtungen zeichnen sich oftmals dadurch aus, dass hergebrachte und neue Werkgattungen sich überkreuzen und etwas völlig Neues entsteht. Am besten veranschaulichen lässt sich diese Sorge mit der Aktion *Celtic* von Joseph Beuys und Henning Christiansen, bei der im Sinne

247 *Emrich* S. 159f.

eines Gesamtkunstwerkes sowohl Musik, Inszenierungen (Theater), Installationen und Filmvorführungen vorgeführt wurden. Der Schluss der daraus zu ziehen ist, muss sein, dass Werkgattungen offen zu sein haben und sich den modernen Strömungen der Kunst anpassen sollten, somit nur in einem weiten Sinne zu verstehen sind. Selbst wenn eine solche weite Auffassung des Gattungsbegriffs von Müller nicht beabsichtigt war, lässt sich seine Auffassung zumindest in dieser Hinsicht ohne weiteres modernisieren. Der Begriff der Werkgattung ist nicht auf traditionelle Formen beschränkt, sondern umfasst auch Kunstrichtungen, die eine Gemengelage von einzelnen Werkgattungen aufweisen. Problematisch am formellen Ansatz ist jedoch folgender Aspekt, so räumt selbst Müller in seiner Arbeit ein, dass es der Aufbau nach Werkgattungen mit sich bringe, Prüfungsmerkmale innerhalb der Werkgattungen zu fördern, „die sie potentiell als konventionsbildend ausweisen“. Für neue Kunstformen besteht somit die Gefahr erst dann, dem Schutzbereich der Kunstfreiheit zu unterfallen, wenn sie sich in den fraglichen Kunstkreisen entsprechend durchgesetzt haben. So kann die von Müller geforderte Nachhaltigkeit nur bedeuten, dass Kunst davon abhängt, welche Werkgattungen von der Mehrheit der Rezipienten, Kunstschaffenden oder Sachverständigen als solche aufgefasst werden. Das hieße, vereinzelt gebliebene Formen der Kunst aus dem Schutzbereich der Kunstfreiheit herauszulösen. Mithin ist auch der formelle Ansatz nicht frei von qualitativen Merkmalen. So sagt Müller der für die damalige Zeit neu aufkommenden Form des Happenings eine mit Skepsis beladene Zukunft voraus und in der Tat sollte diese Diskussion auch erst 26 Jahre später durch den BGH[248] abschließend entschieden werden. Das eigentlich Problem des formellen Kunstbegriffs besteht somit darin, dass neue Kunstarten, die erst im Begriff sind sich zu etablieren, gerade in ihrer Gründungsphase verfassungsrechtlichen Schutz brauchen, um sich durchzusetzen, diesen aber nach dieser Auffassung nicht bekommen würden. Henschel spricht dabei durchaus zu Recht vom Künstler als „Opfer seiner Eingebundenheit in die Gegenwart“.[249]

Das Problem mit v. Noorden ist, dass strukturelle Vieldeutigkeit idR nicht aus dem Werk selbst kommt, sondern vielfach erst durch den

248 BGH GRUR 1985, 529 f. – Happening.
249 *Henschel* FS Wassermann S. 351, 358.

Rezipienten in diesen hereingetragen wird. Stellt man aber auf den Rezipienten ab, so wird ein Großteil mit zeitgenössischer Kunst, wie Minimal Art oder Objekt Kunst, idR nichts anfangen können. Dies zeigt sich insbesondere auch bei der Kontext Kunst, also Kunst, die ihre eigenen Bedingungen hinterfragt und kommentiert; Bedingungen, unter denen sie entsteht, ausgestellt, gehandelt und rezipiert wird, erschließen sich dem Rezipienten nur dann, wenn dieser genauere kunsthistorische oder kunsttheoretische Kenntnis hat und über ein sehr entwickeltes Maß an Reflexionsfähigkeit verfügt. Auch für den aufmerksamen, interessierten Betrachter zeigt sich die Wirkung der Kunstwerke damit erst dann, wenn er sie als Kunst wahrnimmt. Das bedeutet jedoch, dass bestimmten Arten von zeitgenössischer Kunst, die bspw. vom Gericht nicht verstanden werden, der Kunstfreiheitsschutz versagt bleibt. Zudem muss man feststellen, dass mit von Noorden qualitative Merkmale an den Kunstbegriff angelegt werden.[250] So verdeutlicht von Noorden seine Theorie vor dem Vergleich eines Dostojewski Romans mit dem eines durchschnittlichen Kriminalromans.[251] Danach entfalten durchschnittliche Kriminalromane, seien sie noch so spannend und unterhaltsam, nach Auflösung aller Rätsel beim Leser keine über die bloße Erzählung hinausgehende Wirkung mehr, sie sind belanglos geworden. „Anders (hingegen) die Werke von Dostojewski, (die) in jedem Moment ihrer Gestaltung eine solche unerschöpfliche Fülle psychologischer, religiöser, soziologischer u.a. Bedeutungen und Deutungsmöglichkeiten (bereithalten), dass sie immer wieder neu gelesen und interpretiert werden können und müssen, da die in ihnen enthaltenen Sinn- und Formbezüge in sich unendlich und mit der Auflösung der äußeren Handlungsspannung keineswegs an ihr Ende gelangt sind."[252] Qualitative Ansprüche haben jedoch im Schutzbereich der Kunstfreiheit nichts zu suchen. Wann ist eine Collage „schön" und „gut"? Gerade wenn man in der Kunstdefinition eine juristische Funktionsbegrifflichkeit sieht,[253] muss man einsehen, dass eine solche Ansicht sich letztlich allzumal als unbestimmt erweisen muss. Das ästhetische Kunstver-

250 *v. Noorden* S. 87.

251 *v. Noorden* S. 86, mit demselben Beispiel hatte iÜ schon *Emrich* gearbeitet, S. 164.

252 *v. Noorden* S. 86.

253 Dafür u.a. *Erbel* S. 8.

ständnis der Gesellschaft ist von einem sich wandelnden subjektiven Geschmack geprägt und ist damit gar keine so feste Größe, wie es einen ästhetische Auffassungen oftmals denken lassen.

Und auch der sog. materiell-rechtliche Ansatz hat seine Tücken. So ist zwar anzunehmen, dass dort wo der Künstler ein Werkstück schafft und damit die konkrete Werkkonzeption vornimmt immer Individualität vorliegt. Problematisch wird es jedoch dann, wenn es zu Kunstphänomenen kommt, die nach den Grundsätzen Lawrence Weiners funktionieren, d.h. 1. The artist may construe the piece; 2. The piece may be fabricated; 3. The piece may not be built.[254] Jede dieser Möglichkeiten sei danach gleichwertig und entspreche jeweils der Intention des Künstlers. Die Entscheidung über den Zustand liege dabei beim Empfänger nach der Übernahme. Ziel sei die „Entmaterialisierung" des Kunstwerks und die Einbeziehung des Betrachters selbst. Man sollte sich mithin davor hüten, Kunst letztlich darauf zu reduzieren, dass Kunst immer auf die Schaffung eines Werkstücks abzielt. Der materielle Ansatz führt daher mit seiner Definition, die für die Mehrzahl der Kunstwerke zutreffen mag, dennoch zu einer Verengung des Kunstbegriffs, die bestimmte Kunstformen in denen keine materielle Schöpfung vorliegt, ausklammert. Denn die Kunst stellt ein ausdifferenziertes gesellschaftliches Teilsystem dar, das seinen Eigengesetzlichkeiten folgt.[255] Kunst als Verfassungsbegriff umfasst daher einmal den Lebensbereich Kunst – das Kunstleben – insgesamt, aber eben auch die individuelle Betätigung und damit den Menschen. Kunstfreiheit ist damit immer gleichzeitig auch Menschenfreiheit. Damit fällt unter die Kunstfreiheit neben der bloßen Herstellung des Kunstwerkes, d.h. des eigentlichen schöpferischen Prozesses, das Entwickeln der Kunstauffassung bzw. der Fundamentalkonzeption, das Kunstwerk selbst, also die Werkkonzeption und damit das Ergebnis dieses schöpferischen Prozesses, sowie der Künstler und die Vermittlung des Kunstwerkes an Dritte. Umschreibt der Begriff Kunst den geschützten Lebensbereich ganz allgemein, versteht man unter Kunstwerk als Gattungsbegriff die konkrete Aus-

254 *Lawrence Weiner* in seiner sog. „Declaration of Intent" im Show Catalogue vom Januar 1969: 1. The artist may construe the piece; 2. The piece may be fabricated; 3. The piece may not be built.

255 *Ladeur/Gostomozyk* ZUM 2004 426, 432.

formung als Ergebnis der geistigen Arbeit.[256] Damit wird schnell klar, dass Kunst und Kunstwerk grundsätzlich nicht als Synonyme betrachtet werden können, sondern dass das Kunstwerk oftmals nur einen Ausschnitt aus dem Kulturbereich Kunst darstellen kann. Insofern kann Kunst nicht ausschließlich auf die Herstellung eines einzelnen Werkstücks konkretisiert werden, sondern muss offen als Gesamtkomplex betrachtet werden.

Auch wenn das BVerfG durch die Kombination mehrer in Ansätzen richtiger Auffassungen nun ein weites Spektrum an künstlerischen Formen umfasst, verbleiben dennoch Risiken. Keiner der beschriebenen Ansatzpunkte ist in der Lage, das Problem des Umgangs mit der avantgardistischen Kunst zufriedenstellend zu lösen. Positiv zu bewerten ist jedoch, dass diese Krux vom BVerfG erkannt wurde und es dazu kommt festzustellen, dass avantgardistisches Streben zwangsläufig zu der Auffassung führen muss, „dass nur ein weiter Kunstbegriff zu angemessenen Lösungen führen kann“. Es bedarf heute eines weiten und für neue Entwicklungen offenen Kunstbegriffs, um der von Art. 5 Abs. 3 Satz 1 GG gewährten Freiheit umfassend gerecht werden zu können. Die zahlreichen Kunstauffassungen müssen sich daher den Einwand der Einseitigkeit gefallen lassen. Nichtsdestotrotz enthalten viele von ihnen gute und wichtige Ansatzpunkte. Der hier vertretene Ansatz ist dann auch ein indizieller. Danach ist ein Kunstwerk anhand einer Vielzahl von Kriterien und nicht bloß anhand der drei Theorien des BVerfG danach zu überprüfen, ob nicht Indizien auf die Kunsteigenschaft hindeuten. Wenn die Rezipienten nach ihrem – und sei es nach ihrem subjektiven ästhetischen – Empfinden ein Werk für Kunst halten, die angegriffene Kunstform schon nach formalen Gesichtpunkten als Kunst anzuerkennen ist, sich das gegenständliche Werk als interpretatorisch vieldeutig erweist, von den Parteien benannte Sachverständige die Kunsteigenschaft bestätigen, sich im künstlerischen Schaffen die persönlichen Erfahrungen und Erlebnisse seines Schöpfers wiederfinden, wenn es ihm darum geht, etwas zu kommunizieren oder wenn die Institutionen der Kunst die Art des Werkes, die Art des Schaffens als Kunst akzeptiert haben, dann sind dies alles Indizien, die in einer näheren Betrachtung für die Kunstei-

256 *Wandtke* ZUM 2005 769, 771; *Wandtke* GRUR 2004, 47, 49; sehr deutlich auch bei *Erdmann* FS von Gamm S. 389, 394; anderer Auffassung vor allem *Thomaschki* S. 50ff.

genschaft sprechen können. Diese Aufzählung von Indizien kann natürlich nicht als abschließend betrachtet werden. Vor allem die Rechtsprechung, die letztlich darüber entscheidet, ob ein Werk Kunst ist oder nicht, darf sich neuen Entwicklungen der Kunst nicht verschließen, auch wenn diese nicht unter das vorgegebene Schema zu passen scheinen. Es bedarf des Fingerspitzengefühls des Einzelnen, hier eine sensibilisierte Herangehensweise zu entwickeln, um dem Grundrecht auf Kunstfreiheit einen möglichst weiten Schutzbereich zu eröffnen. Beachtet werden sollte dabei immer der Grundsatz in dubio pro arte.

B. Die Collage als Kunst iSd Art. 5 Abs. 3 GG

Es dürften nun keine vernünftig begründbaren Zweifel mehr bestehen, wonach zumindest die existierenden Kunstformen der Collage über Art. 5 Abs. 3 GG geschützt sein können. Was die bestehenden Formen angeht, so werden sie weltweit in den Ausstellungssälen der Museen gezeigt und nach und nach haben sich auch die Rezipienten allenthalben an die „neuen“ Kunstformen gewöhnt. Man muss also davon sprechen, dass die Kunst der Collageformen in der Ausprägung ihrer einzelnen Techniken ihre Anerkennung im Kunstbetrieb gefunden hat. Damit werden natürlich die Sachverständigengutachten den bestehenden Formen der Collage wohl grundsätzlich immer erst einmal Kunstcharakter zubilligen.[257] Hinzu kommt, dass sowohl nach formellen Gesichtspunkten, als auch nach zeicheninterpretatorischen Gesichtspunkten man nicht umhinkommt, einzelnen Formen der Collage die Kunstfreiheit zuzusprechen. Diese Liste kann nun beliebig anhand weiterer Indizien fortgesetzt werden. Doch soll nicht das Wesentliche aus den Augen verloren werden, so dass sich zusammenfassend folgendes Ergebnis formulieren lässt: Die Indizienlage spricht in einen mehr als ausreichendem Maße für die Anerkennung der Kunsteigenschaft iSd Art. 5 Abs. 3 GG. Nun mag man noch einwenden, dass die Kunstentwicklung sicherlich nicht abgeschlossen ist, und man erwarten muss, dass sich noch weitere Formen entwickeln werden. Doch diese Einwände verhallen angesichts des hier vertretenen indiziellen Kunstbegriffs. Es wird davon auszugehen sein,

257 Es sei an dieser Stelle auf die kulturwissenschaftlichen Ausführungen in Kapitel 1 verwiesen.

dass sich Indizien für die Kunsteigenschaft immer finden lassen, wenn es sich bei der angegriffenen Arbeit auch tatsächlich um Kunst handelt. Im Zweifel gilt dabei eh der alte Grundsatz ‚in dubio pro arte'.

C. Kunstfreiheit und die Schrankensystematik des Grundgesetzes

Vom Kunstbegriff ist die Collage somit umfasst, doch was ist diese Festellung wert, wenn es darum geht, in die Grundrechte anderer einzugreifen? Zwar hat der Grundgesetzgeber die Kunstfreiheit systematisch in die Nähe der Meinungsfreiheit gerückt, ohne sie dabei aber – anders als die Meinungsfreiheit – einer Schrankenregelung zu unterwerfen. Damit gewährte der Grundgesetzgeber der Kunstfreiheit verfassungsrechtliche Schrankenlosigkeit um des Schöpfungsakts willen.

Dies führt in der Folge indes dazu, dass der weite Schutzbereich der Kunstfreiheit, der nicht auf bestimmte Tätigkeiten eingeengt werden kann, damit naturgemäß immer Gefahr läuft, in die Rechte anderer einzugreifen. Henschel spricht sogar davon, dass „trotz der Schwierigkeiten, welche (…) die Umschreibung des verfassungsrechtlichen Kunstbegriffs aufwerfen, (…) der Schwerpunkt der verfassungsrechtlichen Bemühungen um dieses Grundrecht bisher eindeutig bei der Frage (liegt), was der Kunst oder dem Künstler erlaubt ist". Es sei nicht so sehr problematisch gewesen, „ob die umstrittene Lebensäußerung dem Schutzbereich des Grundrechts zugerechnet werden konnte, ausschlaggebend (sei) vielmehr, wo die Schranken verlaufen, die der Kunstfreiheit gezogen sind",[258] denn der Kunst wird vielfach eine kommunikationsstiftende Wirkung zugestanden. Gerade diese Kommunikation mit der Umwelt macht es umso deutlicher, dass idR der Kunstschaffende nicht Kunst in einem Vakuum schafft, sondern bewusst in die Gesellschaft tritt, von dieser partizipiert und sie immer wieder Grundlage seiner Tätigkeit ist. Zwar wird die Kunstfreiheit ihrem Wortlaut nach vorbehaltlos gewährleistet und man könnte auf den Gedanken kommen, dass sie damit keinerlei Beschrän-

258 *Henschel* Kunstfreiheit S. 15 f.

kungsmöglichkeiten unterliegt. Ein wildwüchsiger Freiheitsgebrauch, wie Pieroth/Schlink[259] diese Situation umschreibt, birgt jedoch immer Zündstoff für Konflikte. Die Auflösung des Kunstbegriffs im herkömmlichen Sinne führt nämlich dazu, dass Kunst allumfassend zu verstehen ist. Nimmt man nun aber an, dass jedermann ein Künstler ist, dann wäre jedes Verhalten erlaubt und durch Art. 5 Abs. 3 Satz 1 GG geschützt. Dies kann nicht sein. Denn neben der Kunstfreiheit stehen noch andere mit der Kunst eng zusammenhängende Rechtsfelder (das Urheberrecht und das Persönlichkeitsrecht), die ihrerseits verfassungsrechtlich eingebunden sind. Diese verfassungsrechtliche Einbindung führt aber letztlich dazu, dass Zusammenstöße der Kunstfreiheit mit dem Persönlichkeitsrecht und mit dem Urheberrecht als Eigentumsrecht gleichzeitig auch einen verfassungsrechtlichen Konflikt auslösen. Zwar wurde festgestellt, dass der Kunstbegriff sehr weit zu ziehen ist, um eine umfassende Gewährleistung der Freiheiten der Kunstschaffenden zu sichern. Eine unbegrenzte Freiheit ist gleichwohl in einer sozialen Gesellschaft undenkbar.[260] Die Kunstfreiheit muss als Teil der Grundrechtsordnung die Freiheiten anderer akzeptieren, will sie nicht die staatliche Friedensordnung, die letztlich auch Grundlage der Freiheitsbetätigung „Kunst" ist, in Frage stellen. So bringt das BVerfG dann auch in seiner Mephisto-Entscheidung zum Ausdruck, wie Grundrechtskollisionen in der Kunstfreiheit[261] zu handhaben sind. Dabei betont es zunächst die Eigenständigkeit und Eigengesetzlichkeit der Kunst als vorbehaltlos und verweist den Theorien einer Schrankenleihe eine klare Absage.[262] „Die systematische Trennung der Gewährleistungs-

259 *Pieroth/Schlink* Rn 259.

260 Vgl. dazu bei BVerfGE 30, 173, 193 – Mephisto.

261 Allg. zu Grundrechtskollisionen bei unbeschränkten Grundrechten siehe schon BVerfGE 28, 243, 261.

262 Für einen Rückgriff auf Art. 5 Abs. 2 GG ist heute vor allem noch Isensee, der allerdings bedauert, dass der Zug der Grundrechtsinterpretation abgefahren ist und resigniert feststellt, dass ein Versuch müßig wäre, nachträglich die dogmatischen Weichen umzustellen; vertreten aber auch noch *von Knies* S. 260; *Otto* NJW 1986, 1206, 1210, der allerdings ausdrücklich betont, dass „das Maß der künstlerischen Gestaltung … im Einzelfall einmal das Ergebnis rechtfertigen (kann), dass eine Aussage nicht mehr unter dem Aspekt der Meinungsfreiheit zulässig erscheint, wohl aber … als ‚Nebenwirkung' eines Kunstwerkes hingenommen werden muss".; eine analoge Anwendung der Schrankentrias aus Art. 2

bereiche in Art. 5 GG weist den Abs. 3 dieser Bestimmung gegenüber Abs. 1 als lex specialis aus und verbietet es deshalb, die Schranken des Abs. 2 auch auf die in Abs. 3 genannten Bereiche anzuwenden".[263] „Abzulehnen ist auch die Meinung, dass die Freiheit der Kunst gem. Art. 2 Abs. 1 Halbsatz 2 GG ... beschränkt sei, (eine solche) Ansicht ist unvereinbar mit dem durch das BVerfG in st. Rechtsprechung anerkannten Verhältnis der Subsidiarität des Art. 2 Abs. 1 GG zur Spezialität der Einzelfreiheitsrechte".[264] Andererseits stellt aber das BVerfG auch fest, dass Art. 5 Abs. 3 Satz 1 GG die Kunstfreiheit nicht schrankenlos gewährleistet. Auch die Freiheitsverbürgung des Art. 5 Abs. 3 Satz 1 GG geht vom Freiheitsbild des Grundgesetzes aus. „Jedoch kommt der Vorbehaltlosigkeit des Grundrechts die Bedeutung zu, dass die Grenzen der Kunstfreiheitsgarantie nur von der Verfassung selbst zu bestimmen sind". Eine einzelfallgerechte Problemlösung muss aus diesem Grund auf Verfassungsebene erzielt werden. Ein aus der Kunstfreiheitsgarantie herrührender Konflikt sei daher nach Maßgabe der gesetzlichen Werteordnung und unter Berücksichtigung der Einheit dieses grundlegenden Wertesystems durch Verfassungsauslegung zu lösen. Als Teil des grundrechtlichen Wertesystems ist die Kunstfreiheit insbesondere der in Art. 1 GG garantierten Würde des Menschen zugeordnet, die als oberster Wert das ganze grundrechtliche Wertsystem beherrscht".[265] Die Schranken der Kunstfreiheit finden sich damit nach nunmehr st. Rechtsprechung des BVerfG[266] in den Grundrechten anderer Rechtsträger und in sonstigen Rechtsgütern, sofern diese gleichfalls mit Verfassungsrang ausgestattet sind.[267]

Abs. 1 GG wird vertreten u.a. von *Krauss* FamRZ, 1959, 485, 488, *v. Potrykus* S. 23.

263 BVerfGE 30, 173, 191 – Mephisto.

264 BVerfGE 30, 173, 192 – Mephisto.

265 BVerfGE 30, 173, 193 – Mephisto.

266 Diese Grundsatz gilt seit BVerfGE 28, 243, 261, wo er zwar zunächst nur für die Religionsfreiheit festgelegt aber und der dann durch die Mephisto-Entscheidung BVerfGE 30, 173, 193 ff. auch für die Kunstfreiheit Geltung erlangte.

267 Diese Schrankenkonstruktion ist mittlerweile ein genereller modus operandi in Rechtsprechung und Schrifttum geworden; ausgewählte Entscheidungen: BVerwGE 77, 75, 82; BVerwGE 91, 223, 224; BGHSt 37, 55, 62 – Pornographie, Kunst, Jugendschutz; ausgewählte Stimmen in der Literatur *Erhardt* S. 105 ff.; *Erichsen* VerwArch 69 (1978), 387, 395; *Häberle* AöR 110, (1985), 577, 601 f.; *Zechlin* NJW 1984, 1091, 1092.

Dieser Schrankenkonstruktion des BVerfG ist zuzustimmen. Sie steht im Verständnis der Einheit der Verfassung und gewährleistet bei größtmöglicher Freiheitsbewehrung des Einzelnen, dass das Grundrecht nicht einseitig zu Lasten der anderen Verfassungsrechtsgüter realisiert werden darf, sondern vielmehr sich sein Geltungsbereich nur unter gleichzeitiger Beachtung der entgegenstehenden Verfassungswerte bestimmen lässt.[268] Stehen sich die kollidierenden Verfassungsgüter gegenüber, so ist zu beachten, dass kein Grundrecht dem anderen vorgeht. Es darf nicht sein, dass die Kunstfreiheit unter dem Deckmantel der verfassungsimmanenten Schranken schlussendlich doch noch eingeschränkt wird.[269] Das BVerfG hat die Kollisionslösungssystematik, die es in den Entscheidungen „Mephisto", „anachronistischer Zug" und „Herrnburger-Bericht" schrittweise entwickelt hat, dann auch in seinem Mutzenbacher-Beschluss wie folgt zusammengefasst:[270] Eine Einschränkung der Kunstfreiheit sei nach Auffassung des BVerfG nur dort zulässig, wo (1) Grundrechte Dritter, Verfassungsbestimmungen sonstiger Art oder andere konkret[271] verfassungsrechtlich geschützte Rechtsgüter berührt sind; (2) diese Beeinträchtigung hat zudem schwerwiegend zu sein, d.h. Bagatellebeeinträchtigungen oder die bloße Möglichkeit einer schwerwiegenden Verletzung reichen nicht aus;[272] (3) das kollisionslösende Verfahren ist in einem Ausgleich der widerstreitenden, verfassungsrechtlich geschützten Belange durch Grundsrechtsoptimierung, d.h. im Wege der praktischen Konkordanz zu lösen; (4) dabei müssen der Grad der Außenwirkung sowie die Stärke des Kunstbezugs Berücksichtigung finden[273] und (5) liegt ein Eingriff in die Menschenwürde vor, besteht die Möglichkeit eines Güterausgleichs nicht.[274]

268 *Beiselt* S. 140; vgl. auch bei *Schnapp* JuS 1978, 729, 733f.

269 *Beiselt* S. 155; *Erhardt S. 107*; *Zöbeley* NJW 1985, 254, 256.

270 BVerfGE 83, 130, 143 – Mutzenbacher.

271 Hervorzuheben ist hierbei, dass kein pauschaler Bezug zur „Schutz der Verfassung" erfolgt ist.

272 Kriterium aus dem Beschluss zum anachronistischen Zug BVerfGE 67, 213, 228.

273 Kriterium aus dem Beschluss zum Herrnburger-Bericht BVerfGE 77, 240, 254.

274 Kriterium aus dem Beschluss zum Karikatur-Beschluss BVerfGE 75, 369, 380.

Im Kollisionsfall kommt es also darauf an, einen angemessenen Ausgleich zwischen den vorbehaltlos gewährleisteten Grundrechten und den entgegenstehenden Grundrechten oder Verfassungsgütern im Wege der Abwägung und mit dem Ziel der Herstellung der praktischen Konkordanz herbeizuführen,[275] D.b. die widerstreitenden Grundrechte sind so zu optimieren, dass beiden Gütern Grenzen gezogen werden müssen, es darf keines der Grundrechte gegenüber den anderen zurückstehen beide müssen Einschränkungen hinnehmen. Zu beachten ist dabei, dass wie bei der Meinungsfreiheit ein Kunstwerk nicht nur einseitig interpretiert werden darf, wenn sich mehrere Interpretationsmöglichkeiten zulassen. „Künstlerische Aussagen sind interpretationsfähig und interpretationsbedürftig; ein unverzichtbares Element dieser Interpretation ist die Gesamtschau des Werkes".[276] Dem ist zuzustimmen, auch wenn Würkner sich öfter „wünschenswerte Klarheit und Eindeutigkeit" und damit in der Konsequenz mehr Rechtssicherheit vom höchsten deutschen Gericht erhofft,[277] stellen diese Kriterien jedoch eine handhabbare Vorgehensweise dar, den vielfältigen Erscheinungsformen der Kunst gerecht zu werden. Letztlich lassen sich pauschale Beurteilungen eben nur vermeiden, wenn sie sich offen für einzelfallbezogene Entscheidungen zeigen.

D. Die Collage und die Kunstfreiheit – eine Zusammenfassung verfassungsrechtlicher Bewertungen

Vom indiziellen Kunstbegriff umfasst, wird die Collage in all ihren unterschiedlichen Ausdrucksformen wohl zweifelsohne als Kunst iSd Art. 5 Abs. 3 GG von der Verfassung geschützt. Gleichwohl kann dieser grundgesetzliche Schutz nicht bedeuten, dass damit jedwede künstlerische Handlung koste es was es wolle zu Lasten anderer durchgesetzt werden kann. Vielmehr bedarf es einer überprüfenden Überlegung dann, wenn mit der Collage in Grundrechte anderer eingegriffen wird. Denn darin liegt letztlich auch der entscheidend Schrankengesichtspunkt, den die Kunstfreiheit zu gewärtigen hat. Entscheidend ist dabei in jedem Einzelfall festzustellen, unter wel-

275 *K. Hesse*, Verfassungsrecht Rn 317ff.; *Maurer* § 9 Rn 60.
276 BVerfGE 67, 213, 228.
277 *Würkner* S. 111.

chen verfassungsrechtlich motivierten Gesichtspunkten die gegenläufigen Interessen des Collagekünstlers und die des Urhebers des benutzten Werkes zu einer optimalen Freiheitsentfaltung finden.

§ 3 Die Collage auf Konfrontationskurs zum geistigen Eigentum

Nachdem in einem ersten Überblick geklärt wurde, inwieweit das weite Verständnis über die Kunstfreiheit zugunsten des nachschaffenden Collagekünstler wirkt, ist es nun Aufgabe der Arbeit darzulegen, auf welchen verfassungsrechtlichen Erwägungen das Urheberrecht beruht. Denn dieses steht einer freien Kunstentwicklung aufgrund seines Monopolcharakters entgegen. Und das obwohl festgestellt wurde, dass die Kunstfreiheit des Collagekünstlers erst dort den gesetzlichen Beschränkungen zu weichen hat, wo sich diese als ihrerseits verfassungsrechtlich fundiert erweisen. Der folgende Abschnitt soll daher dazu dienen, einen Überblick zu verschaffen, wie sich das Urheberrecht in das verfassungsrechtliche System einordnen lässt und welche Einschränkungen der Urheber des für die Collage benutzten Werkes unter Berücksichtigung der Kunstfreiheit, aber auch der Regelungen aus Art. 14 GG hinzunehmen hat.

A. Einleitung

Nach Reinhold Kreile steht das geistige Eigentum und davon umfasst auch das Urheberrecht in Deutschland unter dem Schutz der Verfassung. Dies gehöre zur deutschen Verfassungstradition, auch wenn das Grundgesetz das geistige Eigentum nicht ausdrücklich nennt.[278]

Ein ausdrücklicher Auftrag des Gesetzgebers für den Schutz des geistigen Eigentums zu sorgen, findet sich nun allerdings nur im Zusammenhang mit der Verteilung der Gesetzgebungszuständigkeiten zwischen Bund und Ländern in Art. 73 Nr. 9 GG: Danach hat der

278 *Kreile* FS Lerche, S. 251, 260; ähnlich auch *Tretter*, für den „fest steht …, dass die heutigen westeuropäischen Grundrechtsordnungen über die allgemeine Eigentumsfreiheit … auch das geistige Eigentum der Urheber schützen, S.102, 107.

Bund die ausschließliche Gesetzgebung über das Urheberrecht. Das Grundgesetz schweigt jedoch darüber, in welchen Grundrechten sich das Urheberrecht verorten lässt. Jede weitere Aussage über die Rechte des Urhebers, deren Beschränkungen und deren verfassungsrechtliche Begründung lassen sich damit nicht anhand einer einzelnen Verfassungsnorm festmachen. Es bedarf daher eines genaueren Blicks in das Grundgesetz. Dabei wird deutlich, dass das Urheberrecht in einer Vielzahl von Grundrechten seinen Widerhall findet. Während das geistige Eigentum und damit der verwertungsrechtliche Schutz des Urheberrechts durch Art. 14 GG gesichert wird, wird das Urheberpersönlichkeitsrecht zunächst ganz grundsätzlich durch das in Art. 2 Abs. 1 iVm 1 Abs. 1 GG verankerte verfassungsrechtliche allgemeine Persönlichkeitsrecht gewährleistet.[279] Daneben gilt es zu bedenken, jedes Tun, das zumindest andeutungsweise künstlerische Bezüge aufweist, grundsätzlich immer auch dem Schutzbereich der Kunstfreiheit unterfällt. Wird ein Urheber in dieser Weise schöpferisch tätig, schafft er damit auch immer Kunst iSd Art. 5 Abs. 3 Satz 1 GG.

Diese Zersplitterung in grundrechtliche Einzelfreiheiten könnte man nun freilich mit dem Argument kritisieren, dass damit der verfassungsrechtliche Schutz des geistigen Eigentums nicht klar in Erscheinung treten kann. Dem gilt es jedoch entschieden entgegenzutreten. Denn die grundgesetzliche Konzeption erweist sich vielmehr als Glücksfall, lassen sich doch urheberrechtliche Probleme oder, allgemeiner gefasst, Diskussionen im künstlerischen Bereich oftmals nicht mit einer Patentlösung begegnen. Vielmehr bedarf es einer vielschichtigen Analyse des Problems, die eine auf den Einzelfall angepasste Lösung verlangt. Die Verankerung des Schutzes des geistigen Eigentums in einer Vielzahl von verfassungsrechtlichen Normen bietet ein solches flexibles Lösungsmodell an, indem, unter Hinzuziehung einer Vielzahl von Grundrechten, eine umfassende Grundrechtsoptimierung aller Beteiligten gewährleistet werden kann.

279 Das damit die grundgesetzliche Verortung der Urheberpersönlichkeitsrechte noch nicht abschließend beschrieben ist, gilt es in einem gesonderten Abschnitt noch zu zeigen, vgl. näheres dazu unter Kapitel 2 § 3 D II.

B. Begrifflichkeit des geistigen Eigentums

In der verfassungsrechtlichen Diskussion taucht häufig der Begriff des geistigen Eigentums auf. Bevor also näher auf die grundrechtliche Ausgestaltung des Urheberrechts eingegangen werden kann, soll verdeutlicht werden, in welchem Sinne diese Begrifflichkeit hier zu verstehen ist, da dessen Verwendung in der urheberrechtlichen Diskussion nicht unumstritten ist. So sorgt vor allem eine Entscheidung des BGH von 1955 durch ihre Wortwahl und die Eingliederung des Urheberrechts unter den Begriff „geistiges Eigentum" für Irritationen,[280] die bis heute[281] anhalten. Dabei sprach jedoch nicht nur der BGH seinerzeit vom Urheberrecht als „geistiges Eigentum". In Art. 162 der Bayrischen Verfassung wird das geistige Eigentum als das Recht der Urheber, Künstler und Erfinder sogar explizit unter die Obhut des Staates gestellt. Auch die Legislative hat ihr Übriges zu den Verständnisschwierigkeiten getan, als es das Produktpirateriegesetz von 1990 als das „Gesetz zur Stärkung des Schutzes des geistigen Eigentums und zur Bekämpfung der Produktpiraterie"[282] verabschiedete. Schließlich sorgte in jüngster Zeit vor allem das Max-Planck-Institut für Aufsehen, als es seinen Namen in „Max Planck-Institut für Geistiges Eigentum, Wettbewerbs- und Steuerrecht" änderte.

Diese Entwicklung war es dann auch, die Manfred Rehbinder in seinem Lehrbuch zum Urheberrecht dazu veranlasste, davor zu warnen, „den Begriff des ‚geistigen Eigentums' aus der Mottenkiste der Rechtsgeschichte" wieder vorzuholen „und damit an die Naturrechtsdoktrin der französischen Aufklärung" anzuknüpfen.[283] Reh-

280 Vgl. dazu BGHZ 17, 266, 278 – Urheberrecht und Magnettonaufnahme: „Die Herrschaft des Urhebers über sein Werk, … wird ihm hiernach nicht erst durch den Gesetzgeber verliehen, sondern folgt aus der Natur der Sache, nämlich aus seinem geistigen Eigentum, das durch die positive Gesetzgebung nur seine Anerkennung und Ausgestaltung findet. Dieser, das Urheberrecht beherrschende Rechtsgedanke, ist bei der Auslegung urheberrechtlicher Gesetzesnormen stets im Auge zu behalten".

281 Zuletzt Diskussionsthema in *Ohly* JZ 2003, 545 ff.

282 BGBl. I 1990, 422.

283 *Rehbinder* Urheberrecht Rn 97, stattdessen schlägt Rehbinder die Kennzeichnung des Urheberrechts als Werkherrschaft vor und unterstützt damit einen von *Hirsch* (UFITA 36, 1962, 19, 54) in Anlehnung an den türkischen Gesetzesentwurf des Urheberrechts aus dem Jahr 1943 (S. 53) und in dem Bewusstsein,

binder formuliert damit zugleich den ersten Kritikpunkt an der Nutzung des Begriffs des geistigen Eigentums. Danach erinnere er doch zu sehr an die überkommene Lehre vom geistigen Eigentum, die, in dem Maße, in dem sich die ideellen Interessen der Urheber im Bewusstsein der Rechtslehre formulierten, mehr und mehr zurückgedrängt wurde und letztlich in ihrer Überbetonung des Eigentums nur ein Relikt der Geschichte bilde.[284] Gegen den Begriff „geistiges Eigentum“ werden aber nicht nur historische Argumente, sondern vor allem formale und solche Einwände, die die Verschiedenheit der Regelungsmaterien unterstreichen, ins Feld geführt. Danach lasse sich eindeutig feststellen, dass der zivilrechtliche Eigentumsbegriff, wie er sich in den §§ 90, 903 BGB äußert, immer auf körperliche Gegenstände bezogen verstanden werden müsse.[285] Zudem trete der im Urheberrecht einschlägige persönlichkeitsrechtliche Aspekt, den das Sacheigentum nicht kenne, in den verschiedenen Rechtsgebieten (Patent-, Markenrecht), für die der Begriff „geistiges Eigentum“ gebraucht wird, in so unterschiedlicher Weise auf, dass dies einer einheitlichen Begrifflichkeit abträglich wäre.[286]

Es muss nun allenthalben die Frage gestellt werden, ob das „geistige Eigentum“ noch als Oberbegriff und damit als terminus operandus in das Verfassungsrecht eingeführt werden kann, wurde doch schon in der Begründung des Urheberrechtsgesetzes von 1965 deutlich, dass

dass der Begriff Urheberrecht fehlerhaft ist, da dem Urheber nicht eine einzelne, als vielmehr mehrere Rechtspositionen aus seiner Urheberschaft, erwachsen (S. 52), in die verfassungsrechtliche Diskussion eingebrachten Begriff. Diesem wird wiederum von *Seifert* (FS Piper 769, 783 f.) vorgeworfen er habe sich weder durchgesetzt, noch sei er präziser. Ablehnung findet dieser Vorschlag insbesondere auch bei *Kreile* (FS Lerche 251, 255). Er sieht das wirtschaftliche Spektrum des Urheberrechts durch diesen Begriff verdunkelt, danach wecke „Werkherrschaft“ beim Betrachter die Assoziation zur „Sachherrschaft“. Da diese jedoch nicht notwendig Voraussetzung für das Rechtsinstitut Eigentum ist, sei sie ihm gegenüber ein Minus, *ders.* (GRUR Int. 1992, 24, 25).

284 *Rehbinder* Urheberrecht) Rn 97; ähnlich in der Argumentation waren auch schon *de Boor* JZ 1955, 747, 748; *Nirk* S. 58; gegen die Wiederbelebung der Begriffsbildung zuletzt auch *Rigamonti* S. 148.

285 *de Boor* UFITA 21 (1956/I), 129, 131; *Klippel* S. 121.

286 *Pohlmann* UFITA 36 (1962/I), 61, 69: Die Vorstellung eines geistigen Eigentums, in der hier gewählten Begriffsform, sei so Pohlmann wegen der unentrinnbaren Verhaftung mit sachenrechtlichen Vorschriften und der daraus folgenden Disharmonie mit den ideellen belangen nicht denkbar.

das Recht des Urhebers dem Sacheigentum nicht gleichzusetzen sei: Denn im Gegensatz zum Sacheigentum, dessen Zweck sich darin erschöpfe, dem Eigentümer die alleinige Herrschaft über die ihm gehörende Sache zu geben und damit andere von der Benutzung ausschließen zu können, sei Urhebergut immer Mitteilungsgut, was eine Gleichstellung des Urheberrechts mit dem Sacheigentum letztlich dann auch ausschließe.[287]

Trotz der Vielzahl der Kritiken ist es dennoch richtig, zumindest am verfassungsrechtlichen Begriff des geistigen Eigentums festzuhalten. Bereits v. Gamm wies unter Berufung auf die Entscheidungen des BVerfGs zum Kirchen- und Schulgebrauch darauf hin, dass die „Lehre vom geistigen Eigentum" wie sie vom BGH 1955 interpretiert wurde, „keine Anlehnung an das Sacheigentum und zwar auch nicht im Blick auf den verfassungsrechtlichen Schutz des Eigentums nach Art. 14 Grundgesetz" enthalte. Damit sei weder eine Charakterisierung des Urheberrechts im Sinne der früheren Lehre vom geistigen Eigentum, noch im Sinne einer Gleichstellung mit dem Sacheigentum gemeint. Jede andere Annahme „wäre sogar sinnwidrig". In Anlehnung an das Bundesverfassungsgericht[288] stellt v. Gamm heraus, dass es einzig um die Frage der Zuordnung des Urheberrechts in den Schutzbereich der Eigentumsgarantie des Art. 14 GG geht, ohne jedoch das geistige Eigentum und das Sacheigentum als gleichstehend zu behandeln. V. Gamm wehrt sich entschieden gegen eine solche Unterstellung, in dem er daraufhin weist, dass das geistige Eigentum nicht deswegen Art. 14 GG unterfällt, weil es dem Sacheigentum gleich gestellt ist, sondern weil dessen Schutzbereich über den Schutz des reinen Sacheigentums hinausgehend umfassend den vermögensrechtlichen Bereich erfasst.[289] Damit widerlegt v. Gamm mit

287 Amtl. Bgrd. abgedruckt in UFITA 45 (1965/II), 240, 279; zu diesem Kritikpunkt an der „neuen Theorie vom geistigen Eigentum vgl. insb. auch bei *de Boor* in UFITA 21 (1956/I), 129, 131 f. auf dessen Gedankengänge die amtliche Begründung, auch wenn sie ihn nicht nennt, Rekurs zu nehmen scheint.

288 In seiner Entscheidung zur Kirchenmusik vom 25. Oktober 1978 benutzt das BVerfG den Begriff „geistiges Eigentum" im Zusammenhang mit dem Urheberrecht als ganz selbstverständliche Begrifflichkeit, BVerfGE 49, 382, 392, 400 – Kirchenmusik.

289 *v. Gamm* UFITA (72) 1984, 73, 76 f.; eine ähnliche Formulierung findet sich iÜ auch bei *Krüger-Nieland* FS Simon S. 695, 697: „Die Unterschiede zwischen Urheberrecht und Sacheigentum werden von den Verfechtern der Lehre

guten Argumenten die formalen und historischen Kritiken. Denn in der Tat sichert die Verfassung das Eigentum nicht nach dem Muster des § 903 BGB.[290] Aufgabe des Art. 14 GG ist es vielmehr, u.a. durch Zubilligung und Sicherung von Herrschafts- Nutzungs- und Vergütungsrechten, den Schutz der Freiheit des Einzelnen im vermögensrechtlichen Bereich zu garantieren und ermöglicht auf diese Weise eine eigenverantwortliche Lebensgestaltung des Einzelnen.[291] Das die „neueren" Vertreter der Lehre vom geistigen Eigentum diese gegebenen Unterschiede zwischen dem Eigentumsbegriff des Verfassungsrechts und dem zivilrechtlichen Begriff des Sacheigentums übersehen, steht angesichts der klaren Aussagen v. Gamms als einem der Hauptvertreter[292] nicht zu befürchten. Und auch das Argument der Verschiedenheit unter den einzelnen Regelungsmaterien, wonach die Persönlichkeit in den einzelnen Rechtsgebieten verschieden stark ausgeprägt sei und daher keinen einheitlichen Begriff zulasse, überzeugt nur auf den ersten Blick. Zum einen wird mit dem Zusatz „geistig" plastisch wahrnehmbar, dass es sich um Schutzgegenstände handelt, die ihren Ursprung in der geistigen Arbeit haben, wodurch zumal eher der Unterschied zum aus „körperlicher" Arbeit entstandenen Sacheigentum verdeutlicht wird. Nach Fechner seien zudem unter Berufung auf Beier[293] Tendenzen zu erkennen, das ein Zusammenwachsen der bisher voneinander getrennten Gebiete erkennbar werden lässt[294] und tatsächlich gerade die Entwicklung auf dem Gebiet der computerimplementierten Erfindungen, bei dem die strenge Spaltung zwischen Urheber- und Patentrecht langsam verschwimmt, belegen diesen Trend.

vom geistigen Eigentum jedoch keineswegs verkannt. Entscheidend für den verfassungsrechtlich verbürgten Eigentumsschutz des Urheberrechts ist jedoch, dass das Urheberrecht eine umfassende rechtliche Herrschaftsgewalt über private Vermögensrechte gewährt und damit unter den Eigentumsbegriff des Art. 14 GG fällt, der weiter geht als der des bürgerlichen Rechts, der nur körperliche Gegenstände erfasst".

290 *Badura* ZUM 1984, 552, 556; *Rassow* S. 36f.

291 BVerfGE 31, 229, 239; diesem Gedanken verpflichtet u.a. *Hubmann* ZUM 1988, 4, 8.

292 Vgl. dazu bei v. *Gamm* Einf Rn 25.

293 *Beier* S. 16.

294 *Fechner* Geistiges Eigentum S. 113; ähnlich auch *Ohly* JZ 2003, 545, 552.

Was nun die Unterschiede von Sach- und geistigem Eigentum betrifft, lassen sich diese sicherlich nicht wegdiskutieren. Es soll jedoch nicht die Identität zwischen den beiden Rechtsgütern begründet, sondern ein handhabbarer Begriff an die Hand gegeben werden, mit dem die Bedeutung der Immaterialgüter betont wird. Genau wie beim Sacheigentum, das von einer universellen Herrschaftsmacht geprägt ist, stehen im Gegensatz zur amtl. verlautbarten Begründung auch die Immaterialgüterrechte unter dem Eindruck eines ausschließlichen Verfügungsrechts, das im Grunde nichts anderes ausdrückt als eben diese universelle Herrschaftsmacht,[295] was dann auch dazu führt, dass das Urheberrecht damit als nichts anderes als die grundsätzliche Zuordnung des vermögenswerten Ergebnisses der geistigen-schöpferischen Leistung an den Urheber[296] angesehen werden kann, und damit eine Vergleichbarkeit mit dem Sacheigentum nicht ernsthaft in Frage gestellt werden kann. Im Übrigen ist Wilhelm Nordemann zuzustimmen, der dem Gesetzgeber vorwirft, die „gleichermaßen nahezu einhellig vertretene Lehre vom geistigen Eigentum gewissermaßen ‚durch die Hintertür'" aufzuheben. Die amtl. Begründung überzeugt nämlich nicht, wenn sie die Funktion des Sacheigentums auf den Ausschluss der Benutzung durch andere begrenzt. Schließlich gibt es „eine Vielzahl von Gegenständen des Sacheigentums, die ebenfalls zum Zwecke der Gebrauchsüberlassung an Dritte geschaffen und erworben werden (alle der Vermietung und der öffentlichen Benutzung dienenden Sachen wie Häuser, Fahrzeuge, Fernsprechanlagen, öffentliche und private Verkehrsmittel usw.)".[297] Und auch der persönlichkeitsrechtliche Einschlag des Urheberrechts, der dessen vermögensrechtliche Funktion ergänzt, darf nicht zu der Annahme führen, dass das Urheberrecht nicht als geistiges Eigentum betrachtet und damit wie das Sacheigentum geschützt werden sollte.[298] Gerade diese Doppelfunktion und die damit verbundene Aufwertung der Ur-

295 *Weber* S. 23 f.; ähnlich auch vorgetragen von *Troller* Immaterialgüterrecht I S. 91 u. Jänich S. 198 ff.

296 BVerfG GRUR 1980, 44, 46 – Kirchenmusik.

297 Fromm/Nordemann/*Nordemann* Vor § 45 Rn 5.

298 So aber bspw. vertreten bei *Roeber*: Danach vertrage sich der Eigentumsbegriff nämlich nicht mit der persönlichkeitsrechtlichen Fundierung des Urheberrechts, UFITA 21 (1956/I), 150, 190.

heberinteressen machen es notwendig, dass diese nicht hinter den Interessen des Sacheigentümers zurückstehen dürfen.[299]

Es lassen sich bei genauerem Hinsehen daher eine Vielzahl von Argumenten erkennen, die dann auch eine Analogie rechtfertigen, sofern diese die durch die immaterielle Natur des geistigen Eigentums bedingte Abweichungen in ausreichendem Maße berücksichtigt,[300] zumal der Begriff des geistigen Eigentums das Rechtsgut besser bezeichnet als der Ausdruck Immaterialgüterrecht, der über den Charakter des Rechts nichts aussagt.[301] Vielfach wurde daher auch zu Recht darauf hingewiesen, dass es besser sei, mit den nicht vollständig zu beseitigenden Widersprüchen zu leben, als die Gelegenheit der Zusammenfassung der Immaterialgüter unter einen Begriff zu verpassen, der etwaige Abgrenzungen zudem entbehrlich werden lässt.[302]

Zusammenfassend lässt sich damit feststellen, dass man den Begriff des *geistigen Eigentums* zunächst im verfassungsrechtlichen Sinne gebrauchen sollte. In dieser Hinsicht wird der Begriff des geistigen Eigentums nämlich in dieser Arbeit verstanden. Dabei erscheint es wichtig darauf hinzuweisen, dass damit nicht die Übernahme der historischen „Lehre vom geistigen Eigentum" verbunden ist. Auch erscheint es an dieser Stelle bedeutsam, noch einmal zu betonen, dass angesichts der allgemein anerkannten Abweichung des verfassungsrechtlichen vom bürgerlich-rechtlichen Eigentumsbegriff[303] eine undifferenzierte Gleichstellung von Sacheigentum und geistigem Eigentum nicht erfolgt.[304] Vielmehr soll der Begriff „geistiges Eigentum" als ein plastischer Term verstanden werden, der in der kom-

299 *Hubmann* Urheber- und Verlagsrecht, S. 50.

300 Ähnlich schon bei *Streissler* S. 53, 96; sowie später bei *Troller* Immaterialgüterrecht I S. 101, 104.

301 *Seifert* FS Piper, S. 769, 783; *Troller* Immaterialgüterrecht I S. 91.

302 *Troller* Immaterialgüterrecht I S. 100, *ders.* UFITA 21 (1956/I), 216, 227; *Seifert* FS Piper, S. 769, 778 spricht sogar von einem „Glücksfall", dass ein solcher Begriff sich umgangsprachlich herausgebildet hat. Der Begriff sei plastisch und für jedermann verständlich, S. 783.

303 *Jarrass/Pieroth* Art. 14 GG Rn 7.

304 Ähnlich auch *Troller* UFITA 21 (1956/I), 216, 227: Danach erleichtere der Begriff des geistigen Eigentums nur die dogmatische Einordnung im privatrechtlichen System, ohne dass dies zwingend bedeuten müsse die Geisteswerke damit auch den für die Sachherrschaft maßgeblichen Regeln unterstellen zu müssen.

menden verfassungsrechtlichen Diskussion seine Berechtigung findet.[305, 306]

C. Die Monopolisierung des Urheberrechts nach dem Grundgesetz contra nachgeschaffener Collage

I. Die Eigentumsfreiheit des Grundgesetzes – Schutz der materiellen Interessenlage des Urheberrechts

Spätestens seit Maunz geht die allgemeine Auffassung davon aus, dass die Eigentumsgarantie des Grundgesetzes ein Zweifaches enthält, nämlich (1) die sog. Institutsgarantie, d.h. die Garantie des Eigentums als Institut der Rechtsordnung und (2) die sog. Individualgarantie, nach der jeder Eigentümer nach der Maßgabe der Verfassung sein Eigentum behält und gegen unberechtigte Eingriffe den Schutz des Staates genießt.[307] Diese Zweiteilung äußert sich in konkreten Rechtsfolgen und verfassungsrechtlichen Aufträgen an den Staat.

305 Ähnlich auch *Troller* Immaterialgüterrecht I S. 94f., der von einem rechtspolitischen Gewinn der Einheit des Berechtigten mit dem Immaterialgut, „der dem dynamischen Treiben der anderen gegenüber steht“, spricht; sowie *Weber* der zum Begriff geistiges Eigentum folgendes ausführt: Danach sei es „recht plastisch das Urheberrecht im Hinblick auf sein vermögensrechtliches Element nach wie vor als geistiges Eigentum zu bezeichnen, S. 13; die gleichen Überlegungen wie bei Weber und Troller finden sich darüber hinaus auch bei *Beier* S. 16; in Bezug auf die Wirksamkeit skeptischer und letztlich die „Begriffsneubildung“ ablehnend aber *Rigamonti* S. 157.

306 Was die Nutzung des Begriffs geistiges Eigentum in der privatrechtlichen Dogmatik anbelangt, so würde eine entsprechende Behandlung hier den Rahmen sprengen und ist angesichts der hier zu diskutierenden verfassungsrechtlichen Problematik zudem nicht angezeigt. Daher sei auf den Aufsatz von *Ohly* in JZ 2003, 454ff. verwiesen, sowie auf die umfassende Darstellung zum geistigen Eigentum bei *Rigamonti* S. 144.

307 *Maunz* GRUR 1973, 107, 108; zu beachten ist jedoch, dass der Gedanke einer Institutsgarantie zu diesem Zeitpunkt nicht neu war. Bereits 50 Jahre zuvor beschrieb *Wolff* die Eigentumsgewährleistung in Art. 153 Abs. 1 WRV als „Schutz der bestehenden und der neu entstehenden konkreten Privatrechte“. § 153 Abs. 1 WRV gewährleistete nach seiner Auffassung also schon damals „die Zusicherung, dass das Privateigentum als Rechtsinstitut erhalten bleibt“, in Festgabe Kahl IV S. 3, 5; mittlerweile hat sich diese Auffassung durchgesetzt, vgl. statt vieler *Stern* Staatsrecht Bd. III/1 S. 827ff.; MD/*Papier* Art. 14 Rn 11–17; *Leisner* § 149 Rn 12–17.

Danach wird einerseits das Rechtsinstitut Eigentum als solches gewährt und somit, dass es überhaupt eine Herrschaftsform über Rechtsgüter gibt, auf der anderen Seite räumt die individuelle Eigentumsgarantie dem Eigentümer nicht nur ein verfassungsrechtliches Recht gegen Eingriffe des Staates ein, sondern gewährt ihm zusätzlich einen Anspruch auf Schutz gegen Eingriffe Dritter in sein Eigentum.[308]

Wie bereits in der Begriffsdefinition des „geistigen Eigentums“ deutlich wurde, ist der Schutzbereich des Eigentums vor dem Hintergrund seiner Funktion als Eigentumsgarantie zu bestimmen. Die verfassungsrechtlich gewährte Sicherheit des Eigentums muss auch dem Urheber ermöglichen, seine Lebensgestaltung eigenverantwortlich und selbstbestimmt vorzunehmen.[309] Aus diesem Grund war eine Ausdehnung des verfassungsrechtlichen Eigentumsbegriffs über den bürgerlich-rechtlichen Eigentumsbegriff auf alle vermögenswerten privaten Rechte notwendig geworden[310] und damit insbesondere auch auf die Urheberrechte. Bis in die 70er Jahre hinein war dies eine verfassungsrechtlich ungeklärte Problematik.[311] Die Lücke in der Rechtsprechung wurde durch das BVerfG erst in fünf Beschlüssen vom 7. und 8. Juli 1971 geschlossen, in dem es feststellte, dass eben aus diesen Gründen das Urheberrecht als Eigentum iSd Art. 14 GG aufzufassen ist.[312] Diese und die Entscheidung „Kirchenmusik“ sind die Grundlage in der heutigen verfassungsrechtlichen Rechtsprechung, nach der nunmehr auch die Vermögensrechte des Urhebers, namentlich seine Verwertungsrechte (§§ 15 ff. UrhG), möglicherweise sogar

308 *Maunz* GRUR 1973, 107, 108.

309 BVerfGE 31, 229, 239; *Hubmann* GRUR Int. 1973, 270.

310 BVerfGE 2, 380, 399 ff.; *Pieroth/Schlink* Rn 903.

311 Auch wenn die überwiegende Lehre nach Erlass des Grundgesetzes die Ansicht vertrat, dass die Eigentumsgarantie des Art. 14 GG auch das Urheberrecht gewährleistet (*Hubmann* ZUM 1988, 4, 7) wurden doch oftmals – und diese Einstellung hält sich im allgemeinen Rechtsbewusstsein bis heute – Eingriffe in das Urheberrecht im Unterschied zu solchen in das Sacheigentum als weniger bedeutend abgetan; vgl. für weitere Erläuterungen zur fehlenden Wertschätzung des Urheberrechts u. a. bei *Herbst* S. 6 f. u. bei *Kreile* FS Lerche S. 251.

312 Abgedruckt in GRUR 1972, 481 ff. – Kirchen- und Schulgebrauch; GRUR 1972, 485 ff. – Bibliotheksgroschen; GRUR 1972, 487 f. – Schulfunksendungen; GRUR 1973, 488 ff. – Tonbandvervielfältigungen; GRUR 1972, 491 ff. – Schallplatten, Gegenstand der Entscheidungen waren einzelne Bestimmungen des UrhG von 1965, deren Verfassungsmäßigkeit überprüfen werden sollten.

seine Urheberpersönlichkeitsrechte verfassungsrechtlich als Eigentum[313] zu gewährleisten sind. Geschützt sind jedoch nicht nur die im Urheberrechtsgesetz einzeln normierten Vermögensrechte, sondern auch das potentielle Verfügungs- und Verwertungsrecht.[314] Im Folgenden soll es darum gehen festzustellen, warum die Verfassung das Eigentum schützt und welche Beschränkungen der Eigentumsfreiheit gegenüber stehen.

1. Grundlagen des verfassungsrechtlichen Schutzes des geistigen Eigentums

a) *Zwingende Vorausüberlegungen*

Dass das BVerfG in der Sache richtig entschieden hat, wenn es das Urheberrecht notwendigerweise unter die Eigentumsgarantie des Art. 14 GG subsumiert, ist ohne Frage. Ob allerdings die Begründung des BVerfG ausreicht, wonach es ohne tiefgehende Erläuterungen aus der Bedeutung der Eigentumsgarantie auf deren Inhalt schließt und damit die Schutzwürdigkeit unbesehen annimmt,[315] erscheint doch sehr zweifelhaft. Es verwundert daher nicht, wenn die Entscheidung des BVerfG insbesondere aufgrund ihrer scheinbar tautologischen Begründungsformel „schutzwürdig weil schutzwürdig" kritisiert wurde.[316] Daneben wurde in den 80er Jahren vom damaligen Präsident des Bundesverfassungsgerichts, Roman Herzog, anhand des Urheberrechts auf ein in der Grundrechtspraxis zunehmend deutlicher werdendes Dilemma hingewiesen, dass er wie folgt formuliert: „Grundrechte aus der Hand des Gesetzgebers".[317]

313 Näheres dazu siehe in Kapitel 2 § 2 D II 3.

314 BVerfGE 49, 382, 392 – Kirchenmusik; *Badura* ZUM 1984 552, 557.

315 BVerfGE 31, 229, 239„Diese sichernde und abwehrende Bedeutung der Eigentumsgarantie gebietet, die vermögenswerten Befugnisse des Urhebers an seinem Werk als „Eigentum" im Sinne des Art. 14 GG anzusehen und seinem Schutzbereich zu unterstellen".

316 *Schulte* GRUR 1985, 772, 774.

317 Gleichnamiger Titel des Beitrags von *Herzog* FS Zeidler Bd. 2, S. 1415 ff.; dem Problem widmen sich auch die Beiträge von *Söllner* FS Traub, S. 367 ff., *Nierhaus* AöR 116 (1991), 72 ff., insb. S. 97: unter Bezugnahe auf BVerfGE 58, 300, 335 „Der Begriff des von der Verfassung gewährleisteten Eigentums muss aus der Verfassung selbst gewonnen werden"; ähnliche Befürchtungen iÜ bereits Jahrzehnte zuvor bei *Dürig* ZgS 1953, 326, 327.

Was ist damit gemeint? Den Grundrechten immanent sind bestimmte Güter- und Werteinteressen, die nicht vom Staat geschaffen wurden, sondern ihm aus der Tatsachenwelt und Umgangssprache vorgegeben sind. Begriffe wie Leben, körperliche Unversehrtheit, Glauben und Meinung sind danach keine Rechtsbegriffe im eigentlichen Sinne, sondern werden erst durch die Aufnahme in den Verfassungstext zu solchen. Ziel der Grundrechte ist es daher, diese, durch den Sprachgebrauch der Bevölkerung entwickelten, Besitzstände vor dem Zugriff des Staates abzusichern. Nun gibt es aber Grundrechtsartikel, deren Schutzobjekte nicht der Tatsachenwelt, sondern der einfachen Gesetzgebung entnommen sind. Das Problem daran ist, dass damit dem Gesetzgeber die Entscheidungshoheit überlassen wird, darüber zu bestimmen, was Teil des Grundgesetzes wird.[318] Herzog verdeutlicht dieses Problem am Beispiel des verfassungsrechtlichen Eigentumsbegriffs:[319] So geht man heute davon aus, dass das Eigentum eines Menschen aus vermögenswerten Rechten besteht.[320] Mag daher ein Gegenstand noch so vermögenswert sein, ist er vom Gesetzgeber nicht als Recht anerkannt, nimmt er nicht am Verfassungsschutz teil.[321] Besonders deutlich wird dieses Problem gerade im Bereich

318 Dafür bspw. Schricker/*Schricker* Einl. Rn 18, nach dem sich das verfassungsrechtliche Postulat darauf beschränkt dem Urheber die vermögenswerte Seite in einer generellen Weise zuzuordnen, die nähere Ausgestaltung aber dem einfachen Gesetzgeber überlässt; ähnlich vertreten in gewissem Sinne auch von *Rassow*, für den beide Möglichkeiten sich als Alternativen darstellen und es daher dem Gesetzgeber überlassen will, die nähere Ausgestaltung zu übernehmen, da „auch wenn der schuldrechtlich gestaltete Schutz geistigen Eigentum im Detail hinter dem immaterialgüterrechtlichen zurückbleiben mag, … er als solcher nicht zu beanstanden" ist. S. 147.

319 Das Eigentum wie wir es verstehen, ist ein Produkt der Rechtsordnung. Dass Menschen Gegenstände nutzen ist eine Frage des Besitzes. „Das Eigentum als Form der rechtlichen Herrschaft über die Güterwelt aber setzt das Urteil der Rechtlichkeit begrifflich schon voraus und ist daher ohne die Existenz einer Rechtsordnung nicht denkbar." (*Herzog* FS Zeidler Bd 2, S. 1415, 1418); Dies zeigt sich schon darin, dass der Unterschied zwischen Besitz und Eigentum umgangssprachlich nicht existent ist. Eine Differenzierung zwischen sachlicher und rechtlicher Gewalt findet in der „tatsächlichen Welt" nicht statt.

320 BVerfGE 83, 201 Leitsatz 1; BVerfGE 89, 1, 6.

321 St. Verfassungsrechtsprechung vgl. BVerfGE 51, 193, 222; vgl. dazu auch bei *Pieroth/Schlink* Rn 899: „Eigentum iSd Art. 14 Abs. 1 S. 1 umfasst zu einem bestimmten Zeitpunkt alles, was das einfache Recht zu diesem bestimmten Zeitpunkt als Eigentum definiert".

des Urheberrechts. Gäbe es das UrhG nicht und wären die persönlich-geistigen Schöpfungen nicht als ein Recht gesetzlich anerkannt, so wäre das Urheberrecht kein Eigentum iSd Art. 14 Abs. 1 GG.[322] Damit wird das eigentliche Problem nun eklatant; nicht das Grundgesetz, sondern der einfache Gesetzgeber entscheidet letztlich darüber, ob eine vermögenswerte Position Grundrechtsschutz nach Art. 14 Abs. 1 GG genießt oder nicht. Dabei sollte es doch Ziel des Grundgesetzes gerade sein, diese Situation zu verhindern, in der der Gesetzgeber unbeschränkt über die Reichweite des Grundrechtsschutzes entscheiden kann.[323]

Noch nicht ganz klar mag nun aber sein, was diese grundrechtsdogmatische Problematik letztlich mit der Frage zu tun hat, warum geistiges Eigentum geschützt wird und warum der scheinbare Mangel einer näheren Begründung in der Entscheidung des BVerfGs für den verfassungsrechtlichen Urheberschutz nachteilig sein kann, schließlich wird doch das Urheberrecht als allgemein anerkannter Teil der Eigentumsordnung geschützt. Dem gilt es jedoch zu entgegnen: Wenn nun das BVerfG feststellte, dass das Urheberrecht schutzwürdig ist, weil der Gesetzgeber es für schutzwürdig erachtet, dann sagt dies (1) nichts darüber aus, welches Gewicht dem Schutz des Urheberrechts beizumessen ist, (2) aber viel darüber aus, wem die Entscheidungshoheit in der Festlegung des Schutzbereiches zukommt – nämlich dem einfachen Gesetzgeber. Wenn nun aber dieser einfache Gesetzgeber von nun an meinen würde, dass bspw. das Vervielfältigungsrecht kein ausschließliches Recht des Urhebers mehr darstelle und demzufolge § 16 UrhG aus dem Urheberrecht streichen würde, so könnte der Urheber nach diesem Verständnis des Urheberrechtschutzes sich nicht unter Berufung auf Art. 14 Abs. 1 GG gegen diese Praxis wehren. Denn welchen Grundrechtsschutz sollte er für sich in Anspruch nehmen, um sich verfassungsrechtlich zu verteidigen? Ihm mag zwar ein vermögenswertes Gut zustehen, da es aber nach der Entscheidung des Gesetzgebers ihm nicht mehr als Recht zusteht, ist es deswegen auch nicht mehr als „vermögenswertes Recht“ vom Schutzbereich des Art. 14 Abs. 1 GG erfasst. Zudem ist gerade der Bereich des geistigen Eigentums von einer hohen Dynamik gekenn-

322 *Herzog* FS Zeidler Bd. 2, 1415, 1419; so im Ergebnis letztlich auch *Söllner* FS Traub S. 367, 370.
323 Vgl. auch *Nierhaus* AöR 116 (1991), 72, 96.

zeichnet, der mehr noch als jeder andere Bereich des Eigentums einem stetigen Wandel unterworfen ist. Käme es damit zu Veränderungen, wäre der Gesetzgeber nicht qua Verfassungsauftrag verpflichtet, auf die veränderten Rahmenbedingungen korrigierend einzuwirken. Gerade dies macht jedoch den Schutzauftrag der Grundrechte aus.

Es wurde damit nun auf sehr drastische Weise verdeutlicht, wozu diese Dissertation eine tiefgehendere Begründung auf die Frage nach dem Schutzgedanken des geistigen Eigentums liefern muss, als es das BVerfG seinerzeit tat. Würde man anders entscheiden, hieße das, die Ausgestaltung des Urheberrechts und seine Auslegung auch gegenüber dem nachschaffenden Collagekünstler vom Gutdünken des einfachen Gesetzgebers, d.h. ohne wirkliche grundrechtliche Betrachtung abhängig zu machen. Die damit zusammenhängenden Probleme wurden in ausreichendem Maße beschrieben. Erst wenn nun aber deutlich gemacht wird, aus welchen tatsächlichen verfassungsrechtlichen Gründen dem Urheber als geistigem Eigentümer verfassungsrechtlicher Schutz zu gewähren ist, können dem Gesetzgeber, der scheinbar die definitorische Hoheit besitzt, Grenzen in seiner legislativen Definitionsbefugnis gezogen werden. Darüber hinaus ist ein näheres Eingehen auf diese Problematik auch deswegen notwendig, weil erst durch die Deutlichmachung und die Herleitung der Wurzeln des eigentumsrechtlichen Schutzes klar wird, welchen Stellenwert das Eigentum und insb. das Urheberrecht in unserer verfassungsrechtlich bestimmten und geschützten Gesellschaftsordnung einnimmt. Diese Kenntnisse sind daher nicht nur notwendig für die Festlegung der Inhalts- und Schrankenbestimmung, sondern auch für die noch zu klärende Frage des Ausgleichs der durch Grundrechtskollision gekennzeichneten Interessenlagen und damit für die konkrete Anwendung auf die urheberrechtlichen Ausnahmetatbestände.

Dabei sind Fragen dieser Art gerade immer auch solche nach Zumutbarkeit und Proportionalität, denn Entscheidungen des einfachen Gesetzgebers bei der Festlegung von Ausnahmebestimmungen im Urheberrecht, wie den §§ 23, 51 UrhG oder die gerichtliche Abwägung kollidierender Grundrechte im Rahmen der praktischen Konkordanz bedürfen immer auch einer umfassenden Gesamtabwägung zwischen der Schwere des Eingriffs, dem Gewicht der betroffenen Grundrechte und der Dringlichkeit der ihn rechtfertigenden Gründe einerseits und den Interessen des Betroffenen andererseits.[324] Letztendlich geht es doch immer um einen Ausgleich widersprechender Grundrechte durch den Grundsatz der Verhältnismäßigkeit.

Diese Situation vor Augen macht deutlich, dass eine bloße „petitio pricipii",[325] wie sie das BVerfG traf, nicht für später zu diskutierende Konfliktsituationen ausreichen kann, um diese im Sinne einer angemessenen Grundrechtsoptimierung iRd Urheberrechts zu lösen.[326]

b) Die maßgeblichen Gründe für den Eigentumsschutz des Urhebers

Der folgende Abschnitt soll daher maßgebliche Antworten darauf finden, warum es einfachgesetzlich notwendig wurde, das Urheberrecht als geistiges Eigentum zu schützen, um diese in spätere Problempunkte als Beurteilungsmaßstäbe mit einfließen lassen zu können.

Das Eigentum stellt nach Aussage des BVerfG neben dem Leben und der körperlichen Unversehrtheit und Bewegungsfreiheit eines der wichtigsten Elemente staatlicher Ordnung und Legitimation und gleichzeitig ein elementares Grundrecht im engeren Zusammenhang mit der persönlichen Freiheit dar.[327] Die Begründung der Schutzwürdigkeit des geistigen Eigentums kann also nicht darauf abzielen, dass

324 Vgl. näher dazu *Stern* Staatsrecht Bd. III/2, S. 782 ff. und *Pieroth/Schlink* Rn 279 ff.

325 *Fechner* Geistiges Eigentum S. 154.

326 Auch wenn das BVerfG in seinen späteren Entscheidungen erkannt, dass der Eigentumsbegriff nicht mehr vom einfachen Recht abhängig sein kann (BVerfGE 58, 300, 335), zog es daraus keine Konsequenzen. Indem es Anfang der 90er feststellte, dass „der verfassungsrechtliche Eigentumsschutz ... nicht auf bestimmte vermögenswerte Rechte (!) beschränkt (sei)", wird deutlich, dass eine Beendigung der legislatorischen Definitionskompetenz des Staates durch eine grundlegende Entscheidung nicht erreicht werden konnte (BVerfGE 83, 201, 208 f.). Vielmehr verstrickt sich das BVerfG in Widersprüchen, wenn es trotz seiner Entscheidung, dass der Begriff des Eigentums aus der Verfassung selbst gewonnen werden muss (BVerfGE 58, 300, 335) noch deutlich im Leitsatz bekräftig: „Es sei vielmehr so, dass unter den Schutz der Eigentumsgarantie im Bereich des Privatrechts grundsätzlich alle vermögenswerten Rechte (!) fallen, die dem Berechtigten von der Rechtsordnung (!) in der Weise zugeordnet sind, dass er die damit verbundenen Befugnisse ... zu seinem privaten Nutzen ausüben darf" (BVerfGE 83, 201 Leitsatz 1, bestätigt in BVerfGE 89, 1, 6).

327 Vgl. BVerfGE 31, 229, 239; BVerfGE 50, 300, 339.

die vom geistigen Eigentum umfassten Rechte dem Bürger vom Staat, d.h. vom Gesetzgeber verliehen werden. Versuche, das geistige Eigentum außerhalb des einfachen Rechts zu verankern, gab es schon früh, danach muss die Schutzfähigkeit des geistigen Eigentums als vorstaatlich gegebenes Naturrecht anerkannt und geschützt werden.[328] Eine solche Herangehensweise würde dazu führen, dass der Gesetzgeber in seiner legislatorischen Definitionskompetenz nicht mehr frei wäre, sondern vielmehr an eine quasi-naturrechtliche Ordnung gebunden wäre.[329] Begründet wurde dieser dogmatische Ansatz in der Literatur mit dem Verweis auf die fundamentale Bedeutung von Person und Persönlichkeit in der Grundrechtsordnung. Danach sei die Schaffung eines Werkes durch die kreative Persönlichkeit gerade der Idealfall freier Entfaltung der Persönlichkeit.[330] Dies überzeugt, denn die persönliche Freiheit des Einzelnen ist immer die Grundlage einer freien Gesellschaft. Dem entspricht auch die geistesgeschichtliche Tradition des Grundgesetzes, wonach „im geschichtlichen Verlauf der Anerkennung und Positivierung von Grundrechten … seit jeher der einzelne Mensch als private, natürliche Person im Mittelpunkt“[331] steht. Die Ausformung der Grundrechte geschieht mit Blick auf die Erfahrung typischer Gefährdungen und Verletzungen der Würde und der Freiheit des einzelnen Menschen.[332] Daraus folgt, dass jede Überbetonung der gemeinschaftlichen Nutzung von geistigem Eigentum und damit jede Definitionshoheit des einfachen Gesetzgebers letztlich auch ein eklatanter Verstoß gegen den Freiheitsschutz des Urhebers ist.[333]

Anders aber als noch die Naturrechtlehre des 17. und 18. Jahrhunderts, die von einem ewigen und unwandelbaren Begriff des geistigen Eigentums ausgeht,[334] und deren Problem es ist, dass vom Gesetzge-

328 *Hubmann* S. 50, 69; ähnlich auch die Argumentation in BGHZ 17, 266, 278 – Urheberrecht und Magnettonaufnahme, deren Begründung jedoch als Scheinbegründung auch von den Anhängern der Theorie von der Vorgegebenheit des geistigen Eigentums nicht als überzeugend empfunden wurde, *Schulte* GRUR 1985 772; dagegen aber *Schack* Urheber- und Urhebervertragsrecht Rn 83.

329 *Hubmann* Das Recht des schöpferischen Geistes S. 57, 74.

330 *Schulte* GRUR 1985, 772.

331 BVerfGE 61, 82, 100.

332 BVerfGE 61, 82, 100.

333 Ähnlich auch bei *Luf* S. 15.

334 Vgl. dazu auch bei *Pahud* UFITA 2000/I, 99, 100f.; sowie bei *Raiser* FS Baur S. 106, 108f.

ber einmal gewährte Positionen stets unangetastet bleiben müssen,[335] wodurch Fehlentwicklungen im Schutz des geistigen Eigentums nicht zugunsten anderer Grundrechtsträger korrigiert werden könnten, was letztlich dazu führt, dass sich die außerhalb der Rechtsordnung bewegenden Naturrechtslehre einer juristischen Nachprüfbarkeit entzieht,[336] bemühen sich modernere Auffassungen zu Recht dem Menschen nunmehr das zuzuordnen, was seinem Wesen entstammt, und ihm kraft seiner individuellen Leistung die Existenz verdankt.[337] Eigentum ist daher immer als Menschenrecht zu interpretieren.[338] Damit ist Schutzgegenstand nicht das Werk als solches, sondern der schöpferische Mensch.[339] Der individuelle Geist äußert sich nämlich im Werk als verobjektivierter Geist und muss daher dem Urheber von Natur aus gehören.[340] Da das Werk Teil des Wesens des Urhebers ist,[341] erfordere es nach Stimmen in der Literatur teilweise unter Berufung auf den unverletzlichen Menschenrechtskern des Eigentumsrechts,[342] zudem die Würde des Schöpfers, dass ihm die ausschließliche Befugnis über die Schöpferleistung eingeräumt wird.[343] Richtig ist nämlich, dass es nur gerecht ist, dass derjenige, der eine schöpferische Leistung erbringt, am wirtschaftlichen Werk entsprechend partizipiert.[344] In dem er nämlich schöpferisch geistig tätig wird, leistet

335 *Söllner* FS Traub S. 367, 370.

336 *Fechner* Geistiges Eigentum S. 124.

337 *Gettke* S. 72, der den Leistungscharakter betont; ähnlich auch *Dietz*, der den Urheber als den natürlichen Schöpfer seines Werkes ansieht (FG Schricker S. 1, 3), *Kirchhoff* Gesetzgebungsauftrag S. 9, *Fechner* Geistiges Eigentum S. 131.

338 Vgl. dazu grundlegend *Dürig* ZgS 1953, 326 ff.; sowie bei *Raiser* FS Baur S.105 ff., dessen Beitrag ausdrücklich auf *Dürig* rekurriert, S. 106

339 Dafür auch *Hubmann* Das Recht des schöpferischen Geistes S. 90.

340 *Hubmann* Urheber- und Verlagsrecht S. 50; auch bei *Pahud* UFITA 2000/I, 99, 107, der allerdings zu Recht, die naturrechtlichen Begründungsansätze nicht als einzelnen, sondern wie hier als unterstützenden und einen wichtigen Gesichtspunkt unter anderen ansieht.

341 Zu dieser frühen Erkenntnis in der urheberrechtlich Diskussion vgl. auch bei *Schramm* S. 22.

342 *Dürig* ZgS 1953, 326, 328.

343 *Hauptmann* S. 35 unter Berufung auf das monistische Prinzip des Urheberrechts; *Henkenborg* S. 83 f.

344 *Hubmann* Geistiges Eigentum S. 21; *Wendt* S. 259.

er darüber hinaus auch einen Beitrag zur Kulturentwicklung und damit seinen Verdienst zum Gemeingut.[345]

Als grundlegendes Schutzprinzip muss daher das Leistungsprinzip[346] anerkannt werden, das letztlich den verfassungsrechtlichen Schutz des geistigen Eigentums rechtfertigt.[347] Dabei gilt, dass die Eigentumsfreiheit den konkreten durch Arbeit und Leistung erworbenen Bestand an vermögenswerten Gütern zu schützen hat,[348] da sie nur so eigenverantwortliche Lebensgestaltung des Einzelnen zu garantieren vermag.[349]

Das Leistungsprinzip ist jedoch nicht nur aus Gründen der Gerechtigkeit als maßgebliches Zurechnungsinstrument zum Schutzbereich des Art. 14 Abs. 1 GG anzuerkennen, sondern ist auch für die Entwicklung des gesamtgesellschaftlichen Miteinanders von wichtiger Bedeutung. Denn kulturelle Entwicklung wird idR gerade auch durch

345 Vgl. auch *Hubmann* Das Recht schöpferischen Geistes S. 31ff., 76; ähnliche Begründung auch bei *Gettke* S. 74; noch weiter gehen Ansätze, die nicht den Urheber sondern das Interesse der Allgemeinheit als entscheidendes Motiv für eine verfassungsrechtliche Gewährleistung des geistigen Eigentums in den Blickpunkt rücken. Hierbei seien vor allem *Ermecke* S. 23, der unter Bezugnahme auf seine Erläuterungen u.a. auf den S. 17f., den Beitrag des Urhebers zur Kultur betont, und diesen dabei zur „wichtigsten Quelle jeder ‚Durchseelung' des Gemeinschaftslebens" erhebt; sowie *Schricker* Einl. Rn 13 und *Oppermann* S. 445 erwähnt, die beide fordern die Bildung geistigen Eigentums deswegen zu unterstützen, weil dies auf die Kulturlandschaft und für die Gemeinschaft positive Effekte hätte. Der Staat habe nämlich aufgrund des Kulturstaatsprinzips und seines Interesses an einem regen Kulturleben die innere Verpflichtung die Schöpfung geistigen Eigentums attraktiv machen, indem es dieses aktiv schütze. *Fechner* sieht jedoch in diesem Ausgangspunkt nicht zu Unrecht die Gefahr, dass „die wirtschaftliche Seite des geistigen Eigentums (...) nicht in ausreichendem Maße" berücksichtigt wird. S. 130.

346 Die Verwendung des Leistungsbegriff als grundlegender Ansatzpunkt für die Eigentumsbegründung erfolgte zunächst im sog. Schornsteinfegermeisterurteil, BVerfGE 1, 264, 277f. vgl. zur weiteren Diskussion um den Leistungsbegriff bis zur heutigen gemeinhin akzeptierten Verwendung auch bei *Eschenbach* S, 272ff.

347 Den Leistungsgedanken als maßgeblich erachten auch *Badura* ZUM 1984 552, 557; *Fechner* Geistiges Eigentum S. 132, 155f., 202ff.

348 *Kirchhoff* FS Zeidler Bd. 2 1639, 1641.

349 *Hubmann* GRUR Int. 1973, 270; auch *Kirchhoff* Der Gesetzgebungsauftrag S. 9, 19; allg. für das Eigentum vgl. *Thormann* S. 170; Einzelheiten und Nachweise für die Bedeutung des Eigentums für die Existenzsicherung des Eigentums auch bei *Eschenbach* S. 304.

die Monopolisierung angeschoben, da man unter Umständen eher neue künstlerische Ideen verwirklichen muss, als dem alt hergebrachtem nachzuhängen.

Daneben bedarf es des verfassungsrechtlichen Schutzes des Urhebers jedoch auch aus Gründen der Existenzsicherung.[350] Der Eigentumsschutz bewirkt die Sicherheit des Urhebers, die ihn motiviert, individuelle Anstrengungen beim Hervorbringen und Erweben neuer nutzbarer Güter zu unternehmen.[351] Darüber hinaus fördert es den Sinn für den Wert des Wirtschaftsgutes und schafft die Grundlage für den inneren Frieden, indem deutlich der Unterschied zwischen Mein und Dein betont wird.[352]

Als wichtiges abschließendes Argument für den verfassungsrechtlichen Schutz des geistigen Eigentums muss letztlich die besondere Gestalt geistigen Eigentums benannt werden. Da es sich zu jedermanns Eigentum verflüchtigen kann, wenn es durch Veröffentlichung verallgemeinert und in die Hand von jedermann gegeben wird,[353] findet sich im Rechtsbewusstsein der Gesellschaft in zunehmendem Maße ein Verlust an Verständnis für die Notwendigkeit der Monopolisierung geistiger Güter. Anders als im Falle des Sacheigentums, dessen Zurechenbarkeit zum Eigentümer aufgrund der tatsächlichen Zugriffsmöglichkeit und vor allem der fehlenden Reproduzierbarkeit uneingeschränkt anerkannt ist, führt die zunehmende Vergesellschaftung geistiger Schöpfungen durch technische Reproduktionsmittel dazu, dass der Urheber in seiner Existenz bedroht ist und mit ihm die Beteiligten der Kulturgüterindustrie.[354]

350 Vgl. zur Diskussion um die Existenzsicherung als Grund für den Eigentumsschutz auch bei *Eschenbach* S. 313 ff.

351 *Kirchhoff* FS Zeidler Bd. 2, S. 1639, 1650; *ders.* Gesetzgebungsauftrag S. 20 f.; explizit für das Urheberrecht *Grunert* S. 14 f.; *Pahud* UFITA 2000, 99, 104 f.

352 *Kirchhoff* FS Zeidler Bd. 2, S.1639, 1650; *ders.* Gesetzgebungsauftrag S. 20 f.; *Troller* Immaterialgüterrecht I S. 103: Überdies scheint die Idee des geistigen Eigentums dem Laien das Wesen des Urheberrechts am deutlichsten zu erklären".

353 *Kirchhoff* FS Zeidler Bd 2 S. 1639, 1652.

354 Man denke nur an die Auswüchse iRd Privatkopie: Danach brannten 2003 26,6 Mio. Menschen in Deutschland 714 Mio. CD-Rohlinge (2002 waren es „nur": 25 Mio. Personen und 515 Mio. Rohlinge). 325 Millionen CD-Rohlinge wurden mit Musik bespielt. Damit wurden mehr als doppelt so viele LeerCDs

Diese Einzelpunkte wirken damit zusammen iSe „mehrdimensionalen Begründungsdenkens“[355] als die maßgeblichen Gründe für den Schutz geistigen Eigentums. Zu beachten ist dabei, dass die einzelnen Begründung sich gegenseitig überlagern, aber nicht notwendig auch immer gemeinsam vorliegen müssen. Grundsätzlich gilt aber, als verbindendes Moment, dass derjenige, der etwas leistet, sich sicher sein muss, vom Staat geschützt zu werden und an der wirtschaftlichen Verwertung ausreichend partizipieren zu können. Urheberschutz wird damit nicht etwa gewährt, weil der einfache Gesetzgeber das Urheberrecht als Vermögensrecht anerkennt, sondern der verfassungsrechtlich begründete Schutz beruht vielmehr auf Fragen der Existenzsicherung und Gerechtigkeit, der Antriebsfunktion und der Friedensfunktion des geistigen Eigentums, der Gratifikation des Beitrags für die kulturelle Entwicklung der Gesellschaft und der Anerkennung der sich im Werk widerspiegelnden Würde des Einzelnen und hat damit im Ergebnis immer den Schutz der freiheitlichen Lebensgestaltung vor Augen.

Diese Einzelpunkte werden dabei durch die Zusicherung der individuellen Leistungsergebnisse und damit durch die Anerkennung des Leistungsprinzips bedingt und sind für die grundrechtsdogmatische Wertung von entscheidender Bedeutung. Denn neben der Frage der Einordnung des Urheberrechts unter die Eigentumsfreiheit des Art. 14 GG geben diese Punkte vor allem auch Antworten für die Maßstäbe der Ausgestaltung des Urheberrechts.

2. Inhalts- und Schrankenbestimmungen – Die Sozialpflichtigkeit des geistigen Eigentums

Dem Urheber werden aufgrund seiner Leistung und der sich daran anschließenden verfassungsrechtlichen Wertung durch das UrhG die ausschließlichen Befugnisse eingeräumt, über die Verwertung seines Werkes bestimmen zu können (§ 15 UrhG). Damit sichert der Gesetzgeber dem Urheber eine möglichst umfassende Beteiligung an jeglicher Nutzung seiner geistigen Schöpfung zu. Diese dem Urheber

bespielt, als CD-Alben verkauft (133,5 Mio.); Angaben entnommen dem Jahreswirtschaftbericht 2003 der IFPI und der Brennerstudie 2004 der GfK.

355 *Pahud* Sozialbindung S. 47.

verfassungsrechtlich gewährleisteten Möglichkeiten gehen sehr weit. Seine durch das UrhG geschützten Werke werden der Allgemeinheit entzogen, wodurch im privaten aber auch im künstlerischen und gesellschaftssozialen Bereich diese damit auch iRd Collage nicht ohne vorherige Zustimmung des Urhebers verwertet werden dürfen.

Grundsätzlich ist natürlich nicht zu beanstanden, dass der Urheber einen Anspruch darauf hat, dass ihm der wirtschaftliche Nutzen seiner Arbeit zugeordnet wird.[356] Denn unsere Wirtschaftsordnung ist vom sog. Gegenseitigkeitsprinzip und Entgeltprinzip geprägt. Das bedeutet, dass derjenige der in den Genuss eines Geisteswerkes kommen will, dafür bezahlen muss. Es entspricht schließlich der grundlegenden Funktion der Verwertungsrechte als Verbotsrechte, dem Urheber ein Druckmittel in die Hand zu geben, mit dem er die für sich wirtschaftlich gesehen bestmöglichste Vergütung aushandeln kann. Daher müssen immer nachteilige Ausnahmevorschriften[357] zu Lasten der Verwertungsrechte des Urhebers eng und im Zweifel zugunsten berechtigter Urheberinteressen ausgelegt werden.[358] Denn worum geht es beim Schutz des geistigen Eigentums nach Art. 14 Abs. 1 GG? Es geht darum, den Urheber am wirtschaftlichen Erfolg seines Werkes teilhaben zu lassen. Um dies gewährleisten zu können, müssen verfassungsrechtlich daher nicht nur generell die im Urheberrechtsgesetz einzeln normierten Vermögensrechte, sondern auch das potentielle Verfügungs- und Verwertungsrecht geschützt werden. Der Gesetzgeber ist damit im Rahmen des Regelungsauftrags nach Art. 14 Abs. 1 Satz 1 GG grundsätzlich verpflichtet, das vermögenswerte Ergebnis der schöpferischen Leistung dem Urheber zuzuordnen und ihm die Freiheit einzuräumen, in eigener Verantwortung darüber verfügen zu können.[359] Die verfassungsrechtlichen Vorgaben sind daher angesichts der in Art. 14 Abs. 1 GG gewährleisteten Institutsgarantie prinzipiell den Interessen des Urhebers verpflichtet, was zunächst gegen die Annahme einer Aufweichung der Verbotsrechte spräche.

356 BVerfGE 31, 229, 240, 243.
357 Was nach *Delp* S. 318 und *Fechner* Geistiges Eigentum S. 236 insbesondere auch für die freie Benutzung nach § 24 UrhG gelten soll.
358 *Fechner* Geistiges Eigentum S. 236; Schricker/*Schricker* Einl. Rn 16.
359 BVerfGE 49, 382, 394 – Kirchenmusik.

Allerdings sieht die verfassungsrechtliche Konzeption in Art. 14 GG nun aber gleichzeitig vor, dass das Eigentum auch dem Wohl der Allgemeinheit dienen soll. Denn damit das geistige Eigentum als fundamentales Grundrecht und als universelles Menschenrecht verfassungsrechtlich leben kann,[360] darf die Eigentumsfreiheit nicht schrankenlos gewährleistet werden. Dieses wird durch sog. Inhalts- und Schrankenbestimmungen iSd Art. 14 Abs. 1 Satz 2 GG gewährleistet, deren Notwendigkeit und Sinn sich im Urheberrecht gerade aus der Eigentümlichkeit seines Sachbereichs ergibt.[361] Dabei handelt es sich um generelle und abstrakte Festlegungen von Rechten und Pflichten durch den Gesetzgeber hinsichtlich solcher Rechtsgüter, die als Eigentum iSd Verfassung zu verstehen sind.[362]

Die Inhalts- und Schrankenbestimmungen des Urheberrechts, die ihrerseits wieder im Lichte der Kunstfreiheit auszulegen sind,[363] begründen sich vor allem in der Gemeinwohlbindung des Art. 14 Abs. 2 GG, wodurch der Urheber gegenüber dem Interesse der Allgemeinheit auf unbehinderten Zugang[364] verpflichtet wird. Während das BVerfG zunächst in der Gemeinwohlbindung neben einer Vorgabe an den Gesetzgeber „eine Anweisung für das konkrete Verhalten des Eigentümers"[365] erblickte, vertritt es heute die Auffassung, dass Art. 14 Abs. 2 GG ausschließlich Anweisung und Grenze objektiv-rechtlichen Auftrags an den Gesetzgeber ist, Inhalt und Schranken des Eigentums näher zu bestimmen.[366] Diese Wandlung der Rechtsprechung des BVerfG überzeugt. Anders zu entscheiden hieße, eine unmittelbare Drittwirkung des Art. 14 Abs. 2 GG auf den Eigentümer anzu-

360 *Kreile* in FS Lerche, S. 251, 256; *Leisner* § 149 Rn 60: spricht vom sog. „Lebensbereich".

361 *Kreile* in FS Lerche, S. 251, 256; *Leisner* § 149 Rn 65.

362 BVerfGE 52, 1, 27; BVerfGE 58, 300, 330.

363 Dies zuerst für die Meinungsfreiheit grundlegend feststellend BVerfGE 7, 198, 209 – Lüth; dem folgenden u. a. KG UFITA 54 (1969) 296, 300 – Zitierung politischer Karikaturen; ähnlich auch in BVerfG ZUM 2000, 867, 869 – Germania 3 („kunstspezifische Betrachtung").

364 So der Wortlaut der Begründung zu Novelle 1985 in BT-Drucks 10/837, S. 9ff.; 20.

365 BVerfGE 21, 73, 83.

366 BVerfGE 89, 1, 5; ähnlich argumentiert es auch in BVerfGE 80, 137, 150f.: „Die Ausgestaltung der Eigentumsordnung ist dem Gesetzgeber überlassen." Damit macht es deutlich, dass Rechte des einzelnen nur mittelbar durch entsprechende positivrechtliche Umsetzung durch den Gesetzgeber gewährt werden.

nehmen.[367] Diese ist jedoch grundrechtsdogmatisch nur die Ausnahme und bedarf einer expliziten grundgesetzlichen Anordnung.[368]

Die Gemeinwohlklausel des Art. 14 Abs. 2 GG wird deswegen aber nicht bedeutungslos.[369] Trotz ihrer Unbestimmtheit ist sie als Orientierungshilfe zur Regelung (urheberrechtlicher) Eigentumssachverhalte kaum verzichtbar.[370] Schon wegen der Grundrechtsbindung in Art. 1 Abs. 3 GG hat der Gesetzgeber die Gemeinwohlverpflichtung zu beachten. Dies wird deutlich mit den Worten des BVerfG, wonach Regelungen über den Eigentumsinhalt das Wohl der Allgemeinheit zu beachten haben.[371] Es ist daher dann auch diese Gemeinwohlbindung des Art. 14 Abs. 2 GG als Ausdruck gesellschaftlichen Miteinanders und kultureller Prozesse, die letztlich innere Rechtfertigung für die Begrenzungen des Urheberschutzes ist.[372] Aus der Gemeinwohlbindung heraus können sich Umstände entwickeln, die dazu führen, dass das Werk umso stärker als Anknüpfungspunkt für eine künstlerische Auseinandersetzung dienen kann, je mehr es seine gewünschte gesellschaftliche Rolle erfüllt. Denn die „gesellschaftliche Einbindung der Kunst ist damit gleichzeitig Wirkungs-

367 *Thormann* S. 135; *Wendt* S. 303.

368 Nähere Begründung siehe Kapitel 2 § 1.

369 Dies wird teilweise von der Literatur angenommen, näher dazu siehe *v. Brünneck* S. 304–306.

370 *Kreile* in FS Lerche, 251, 263; für *Isensee* Gemeinwohl § 57 Rn 8, 18, 134 ist das Gemeinwohl sogar der Inbegriff aller äußeren Bedingungen, unter denen sich die Grundrechtsträger ihrer Menschenwürde gemäß in Freiheit entfalten können.

371 BVerfGE 21, 73, 83; BVerfGE 25, 112, 117; BVerfGE 37, 132, 140; BVerfGE 71, 230, 246.

372 Erste Überlegungen zur „Gemeinwohlbindung" des Urheberrechts gab es schon Ende des 19. Jahrhunderts. Insbesondere *Kohler* vertrat die Auffassung das Autorenrecht sei „eminent sozialer Natur", daher berücksichtigte er bei der dogmatischen Konzeption seines Autorenrechts die bereits bestehenden Bindungen des Sacheigentums und übertrug sie auf das Urheberrecht (Autorrecht S. 41). In der Folgezeit sollte sich aber die Idee von der Sozialbindung in der Rechtspraxis dennoch nur sehr langsam entwickeln. Erst ab 1933 sah das Reichsgericht im Urheberrecht eine „sozial gebundene Befugnis" (RGZ 140, 264, 270 – Verlagsrecht an sämtlichen Auflagen), bis sich nach und nach als Folge des nationalsozialistischen Gedankenguts der Grundsatz „Gemeinnutz vor Eigennutz" entwickelte. (ein genauerer Überblick über die Historie der des Gedankens der Sozialbindung im Urheberrecht finden sich bei *Leinemann* S. 35 ff., sowie bei *Pahud* Sozialbindung S. 9 ff.).

voraussetzung für sie und Ursache dafür, dass die Künstler in gewissem Maß Eingriffe in ihre Urheberrechte durch andere Künstler als Teil der sich mit dem Kunstwerk auseinander setzenden Gesellschaft hinzunehmen haben".[373] Der Gesetzgeber hat daher den verfassungsrechtlichen Auftrag, im Rahmen des Urheberrechts sachgerechte Maßstäbe für die Grenzen zum Wohle der Allgemeinheit zu finden[374] und wird darüber verpflichtet, will er die Sozialbindung nicht etwa unverhältnismäßig vernachlässigen, die Interessen der Beteiligten in einen gerechten Ausgleich und ein ausgewogenes Interesse zu bringen.[375]

Das Problem dabei ist nun, dass es Ziel einerseits sein soll, dem Individualinteresse des Eigentümers gerecht zu werden und andererseits die Interessen der Allgemeinheit und vor allem, im hier interessierenden Fall, der Collagekünstler an einer umfassenden und möglichst kostengünstigen Nutzung nicht unberücksichtigt zu lassen. Zwischen diesen beiden Interessen, die gegensätzlicher nicht sein könnten, muss ein Ausgleich gefunden werden. Maunz spricht sinnbildlich auch von der Kernschwierigkeit, die dem Schutz der geistigen Schöpfung entgegentrete.[376] Es lassen sich dabei zwei Aspekte ausmachen, denen die folgenden Überlegungen gelten,[377] nämlich (1) die Möglichkeit des Zugangs zum Werkstück und seine Nutzung und (2) die Unentgeltlichkeit dieses Zugangs.

Es gilt nun im Folgenden darzulegen, unter welchen Voraussetzungen eine nicht nur erlaubnisfreie, sondern auch vergütungsfreie Nutzung durch Dritte unter verfassungsrechtlichen Gesichtspunkten möglich ist. Diese Auseinandersetzung ist deswegen notwendig, da nicht so sehr die Verfassungsmäßigkeit der noch zu besprechenden Inhalts- und Schrankenbestimmungen der §§ 23, 51 UrhG in Frage stehen wird, als vielmehr deren Auslegung, die in den Randbereichen ihrer Anwendungsmöglichkeit in der später noch zu führenden Diskussion eine entscheidende Rolle spielen und es darauf ankommen wird, diese an den verfassungsrechtlichen Vorgaben auszurichten.

373 BVerfG ZUM 2000, 867, 869 – Germania 3.
374 Dazu grundlegend BVerfGE 31, 229, 240f.
375 BVerfGE 95, 48, 58; BVerfGE 101, 239, 259 – st. Rspr.; *Pieroth/Schlink* Rn 929.
376 *Maunz* GRUR 1973, 105, 108.
377 *Fechner* Geistiges Eigentum S. 242.

Zunächst gilt es dabei zu überlegen, ob der Urheber nicht aufgrund der Eigenheit des geistigen Eigentums stärker sozial gebunden sein sollte als der Sacheigentümer, was letztlich der Forderung nach einer Reduzierung der Anforderungen an die erlaubnisfreie und damit in der Folge auch an die vergütungsfreie Nutzung gleich käme und damit zu einer zugegebenermaßen schon auf den ersten Blick einseitigen Stärkung der Position des nachschaffenden Collagekünstlers führen würde. Schließlich wäre eine Erweiterung des Anwendungsbereiches der §§ 23, 51 UrhG in der Folge eine nur logische Konsequenz. Hinter dem Versuch, Unterschiede zwischen Sacheigentum und geistigem Eigentum festzumachen, steht nämlich immer das Bemühen, das geistige Eigentum im Gegensatz zum Sacheigentum leichter und nachhaltiger durch einfachgesetzliche Regelungen begrenzen zu können.[378]

Eine solche Ansicht entbehrt jedoch jeder Grundlage und muss sich mehreren Widersprüchen aussetzen. Zunächst widerspricht eine solche Ansicht, die den Urheber gegenüber dem Sacheigentümer strengeren Inhalts- und Schrankenbestimmungen unterwirft, dem Grundsatz der Gleichheit vor dem Gesetzes (Art. 3 GG).[379] Das Eigentum wird in Art. 14 GG für Sach- und geistiges Eigentum gleichermaßen geschützt. Denn ebenso wenig wie das Grundrecht den Eigentumsschutz nicht nach Güterkategorien ausgestaltet hat, hat es die Eigentumsgegenstände unterschiedlich begründet.[380] Eine verfassungsrechtliche Differenzierung lässt sich damit nicht erkennen. Diese übereinstimmende verfassungsrechtliche Behandlung von Urheberrecht und Sacheigentum verhindert jedwede stärkere Sozialbindung des Urhebers als des Sacheigentümers,[381] zumal, wenn das Leistungsprinzip maßgebliches Schutzkriterium der Eigentumsgarantie ist, dann kann der Urheber, der eine maßgeblich Einzelleistung erbringen muss, um geistiges Eigentum zu schaffen, nicht schlechter geschützt

378 *Kreile* FS Lerche, S. 251, 255.

379 *Hubmann* Urheber- und Verlagsrecht S. 55.

380 *Leisner* § 149 Rn 48.

381 Dazu schon bei *Weber*: Es „wird sich keinesfalls wahr halten lassen, dass die verfassungsrechtliche Eigentumsgarantie dem Sacheigentum näher und respektvoller zugewendet sei als dem geistigen Eigentum; S. 14. „Etwaige Begrenzungen der Verwertungsbefugnis se des Urhebers müssen sich deshalb von Verfassungswegen ähnlichen Restriktionen anbequemen wie die Eigentumsbindung“, S. 24; dies auch vertretend *Fechner* Geistiges Eigentum S. 225 u. *Gettke* S. 87.

werden, als bspw. derjenige Sacheigentümer, dessen ererbtes Sacheigentum ohne sein Zutun entstanden ist und dessen Schutz niemand in Abrede stellen würde. Aus diesem Grund muss die Rechtsprechung des BVerfG in seiner Entscheidung „Vollzuganstalten“[382] kritisiert werden, da es darin die Gleichbehandlung beider Rechtsinstitute als verfassungsrechtliche Notwendigkeit missachtet hat, indem sie die soziale Beschränkung weiter gezogen hat als beim materiellen Eigentum. Insofern kann aus der Eigenheit des geistigen Eigentums nicht geschlossen werden, dass dieses einer strengeren Sozialbindung unterliegen und daher der Urheber einen großzügigeren Zugang zum Werk erlauben müsste.

Hieran schließt sich die Überlegung an, ob nicht aufgrund der erschwerten Durchsetzbarkeit der Rechte des geistigen Eigentums dem Urheber gegenüber dem Sacheigentümer eine bevorzugte verfassungsrechtliche Stellung eingeräumt werden sollte.[383] Nach dieser verschiedentlich vertretenen Auffassung sei das geistige Eigentum im Wertekanon des Art. 14 GG höher anzusiedeln als das materielle Eigentum.[384] Zugegeben, eine fehlende Sachherrschaft macht nicht nur Verletzungen weniger offenkundig, sie führt auch dazu, dass geistiges Eigentum Eingriffen vielfach schutzloser gegenübersteht, wenn nicht der Gesetzgeber eine ausreichende gesetzliche Hilfestellung bietet. Dennoch würde auch ein solcher Schritt zu weit gehen. Nicht nur lässt sich eine Bevorzugung erneut vor dem Gleichheitssatz des Art. 3 Abs. 1 GG nur schwer rechtfertigen, zudem darf nicht vergessen werden, dass ein stärker Schutz immer auch zu einer Reduzierung der Beschränkungsmöglichkeiten führt, die angesichts der Gemeinwohlbindung, der Funktion der Kunst als kulturelles Kommunikationsinstrument und dem sich daran anschließenden besonderen Schutz der Kunstfreiheit als allzu pauschal erscheint. Auch die im geistigen Eigentum besonders ausgeprägte persönliche Leistungserbringung darf

382 BVerfGE 79, 29, 40: „der Ausformungsgrundsatz … (der Gemeinwohlbindung) gilt in besonderem Maße für das geistige Eigentum“

383 Dafür etwa *Ermecke* S. 23; *Lehmann* S. 13.

384 *Ermecke* S. 23; *Krüger-Nieland* UFITA 85 (1979), 99, 105f.; *dies.* FS Simon S. 695, 697; *Maunz* GRUR 1973, 107, 114, *Wendt* S. 259.

nicht dazu verführen anzunehmen, dass ein entsprechend höherer Schutz gerechtfertigt wäre.[385]

Damit gilt es zunächst einmal festzustellen, dass auch das geistige Eigentum sich an den herkömmlichen zu Art. 14 Abs. 1 Satz 2 GG entwickelten Überprüfungskriterien messen zu lassen hat und weder eine Bevorzugung noch eine stärkere Belastung des Urhebers verfassungsrechtlich gerechtfertigt ist. Grundsätzlich hat weiter zu gelten, dass vor allem dort, wo sich das Interesse Anderer in erster Linie darauf beschränkt, mit dem Werk rein kommerziell tätig zu werden und mit der Fremdleistung des Urhebers Profit zu machen, dem Urheber die Verwertungsrechte erhalten bleiben müssen. Denn im Individualinteresse Einzelner liegt wahrlich kein öffentliches Interesse, das eine Sozialbindung des Eigentums rechtfertigen würde.

Nun gibt es aber immer wieder Fälle, in denen zwar Teile des geschützten geistigen Eigentums verwandt werden und dabei in kommerzielle Interessen des Urhebers eingegriffen wird, diese aber notwendigerweise gebraucht werden, um damit einem gesteigerten öffentlichen Interesse dienlich sein zu können. Zwar liegt die Bedeutung der geistig-schöpferischen Leistung darin, die Handlung erst ermöglicht zu haben. Deshalb kann nicht schon das Fehlen eines etwaigen wirtschaftlichen Interesses die Freistellung von einer Vergütung rechtfertigen. Allerdings kann die „Unentgeltlichkeit" einer Benutzungshandlung ein Indiz dafür sein, dass sie einem gemeinwohlrelevanten Sachverhalt dient.[386] In jedem Fall bedarf es eines schutzwürdigen Interesses der Allgemeinheit, wie dem Informationsinteresse oder der öffentlichen Meinungsbildung, damit angesichts des sozialen Bezuges des Eigentums die Ausschließlichkeitsrechte, wie bspw. in den Schrankenregelungen der §§ 49, 52, 52a UrhG, auf einen bloßen Vergütungsanspruch reduziert werden.[387] Dieser Vergütungsanspruch tritt also an die Stelle der Nutzungsuntersagung und ist damit in gewisser Weise ein „abgeschwächter Verbotsanspruch".[388] Dabei erreicht er jedoch nicht die Qualität eines Verwer-

385 *Kirchhoff* Gesetzgebungsauftrag S. 19; *ders.* Fs Zeidler Bd. 2, S. 1639, 1645; *Maunz* GRUR 1973, 107, 114.

386 BVerfGE 49, 382, 395 – Kirchenmusik.

387 BVerfGE 31, 229, 243 f.; Loewenheim/*Götting* § 3 Rn 4.

388 *Nordemann* GRUR 1979, 280, 281.

tungsrechts. Man spricht in diesem Zusammenhang auch von sog. ausgleichspflichtigen Inhaltsbestimmungen[389] bzw. iRd geistigen Eigentums von der sog. gesetzlichen Lizenz.[390]

Damit eine Inhalts- und Schrankenbestimmung sogar noch den eben beschriebenen Vergütungsanspruch des Urhebers wie in den Fällen der Zitatfreiheit oder des § 23 UrhG völlig ausschließen kann, reicht die bloße Berufung auf Gemeinwohlerwägungen nicht mehr aus. Schließlich geht es immer auch um Fragen der wirtschaftlichen Exis-

389 Anerkannte Rechtsfigur seit BVerfGE 58, 137ff. Pflichtexemplar, (vgl. dazu die Ausführungen des BVerfGE, insb. auf S. 147ff.), obgleich nicht unumstritten: vor allem *Kleinfeld* (DVBl. 1991, 365, 366ff., 375) und *Lerche* mit besonderem Blick auf das Urheberrecht (FS Reichardt S. 101, 106ff.) kritisieren diese Entwicklung.

390 V.a. *Nordemann* hatte iRd urheberrechtlichen Diskussion die Bildung gesetzlicher Lizenzen unter dem Argument kritisiert, dass Verwerter zunächst zur Nutzung der geschützten Werke berechtigt, oftmals aber über die zu zahlende Vergütung später verhandelt würde. Dadurch sei der Urheber von vornherein in die schwächere Verhandlungsposition gedrängt, (GRUR 1979, 280, 281f.). Dies führt auf den ersten Blick tatsächlich zu einem Gefälle zwischen weiter Eigentumsfreiheit und enger Sozialbindung. Allerdings mag dieses Argument einer genaueren Überprüfung nicht standhalten. Dagegen spricht schon die oftmals nur mittelbare Erfassung des Verwerters, die dazu führt, dass Vergütungen, schon vor der eigentlichen Verwertungshandlung des privaten Nutzers, bspw. von „privaten Dritten" übernommen werden (*Leinemann* S. 75). Zum anderen was nutzt es das Verbotsrecht beim Urheber zu belassen, wenn er gleichzeitig rein praktisch nicht in der Lage ist, dieses durchzusetzen. Auf diese Weise würde sehr viel stärker in die Eigentumsrechte des Urhebers eingegriffen. Sicherlich könnte man in diesen Fällen dem Staat vorwerfen, dass er seine Autorität verliert, wenn er nicht in der Lage ist die Rechte seiner Bürger in ausreichendem Maße zu schützen und es mag Verwertungsrechte geben, bei denen die mangelnde Durchsetzbarkeit fragwürdig ist (ähnliche Überlegung auch bei *Rossbach* S. 325). Insgesamt muss man daher feststellen, dass den wirtschaftlichen Interessen des Urhebers und damit dem Eigentumsschutz des Art. 14 Abs. 1 GG mehr geholfen ist, wenn ihm der wirtschaftliche Erfolg nicht nur durch Verwertungsrechte gesichert wird, sondern auch auf alternativen Wegen Möglichkeiten gefunden werden, den Urheber umfassend an der Verwertung seiner Werke teilhaben zu lassen. Krieger spricht deswegen sogar von einem Durchbruch zugunsten der Urheber (*Krieger* ZUM 1986, 508, 512); (ähnlich auch *Reinhart* UFITA 106 (1987), 219, 228). In jedem Fall ist richtig, dass auf diese Weise zweierlei gewährleistet ist: Der Urheber partizipiert zum einen an seinem Werk und wird so in seiner Eigentumsfreiheit geschützt. Auf der anderen Seite wird der Sozialbindung des Eigentümers ausreichend Rechnung getragen. Damit wurde dieser Problempunkt verfassungsrechtlich durch den Gesetzgeber zufriedenstellend gelöst.

tenz des Urhebers. Zudem trägt der Gesetzgeber ganz grundsätzlich dem Interesse der Allgemeinheit zunächst erst einmal darin ausreichend Rechung, dass er es dem späteren Werknutzer generell ermöglicht, auf das Werk unter Zahlung des gesetzlichen Vergütungsanspruchs zuzugreifen.[391] Nicht notwendig ist dafür jedoch in jedem Fall ein kostenloser Zugang zu den Kulturgütern.[392]

Dennoch sehen es gerade die Bearbeitungsfreiheit in der Privatsphäre als auch die Zitatfreiheit vor, dass nachschaffende Dritte einen kostenlosen Nutzungszugang zum Werk erhalten. Wie lässt sich dies rechtfertigen? Zunächst gilt es festzuhalten, dass angesichts der bereits aufgeworfenen Bedenken eine generelle Antwort darauf, ob der vergütungsfreie Ausschluss der Verwertungsrechte gerechtfertigt ist, sich letztlich immer nur nach der Art und der Bedeutung der streitgegenständlichen Handlung, mithin am konkreten Einzelfall, finden lässt. Insofern kann es zumindest nicht von vornherein ausgeschlossen werden, dass es Fälle gibt, in denen nach verfassungsrechtlichen Erwägungen eine vergütungsfreie Nutzung möglich sein muss. Es gilt daher, in den hier interessierenden Zusammenhängen der Bearbeitungs- und Zitatfreiheit, zu überlegen ob sich nicht tatsächlich eine ausreichende Rechtfertigung finden lässt, die die angesprochenen vergütungsfreien Privilegierungstatbestände zugunsten des Collagekünstlers nicht nur auf Augenhöhe zu den verfassungsrechtlichen Vorgaben aus Art. 14 Abs. 1 Satz 1 GG setzt, sondern diese sogar überwiegen. Entscheidend muss dabei die Feststellung eines gesteigerten öffentlichen Interesses sein, dass eine solche Regelung auch einer verfassungsrechtlichen Überprüfung standhalten kann.[393]

So gilt es zunächst zu berücksichtigen, dass ein Gedanke, eine Idee, eine künstlerische Form auf Dauer nur wirkt, wenn das Publikum die geistige Schöpfung in Gemeingebrauch übernimmt.[394]

391 *Fechner* Geistiges Eigentum S. 243.

392 *Krüger-Nieland* FS Oppenhoff, S. 173, 181: „Der Vergütungsanspruch verhindert in der Regel den ‚freien Zugang zu den Kulturgütern‘ nicht“.; vgl. dazu auch BVerwGE 29, 214, 218; IvM/*Wendt* Art. 5 Rn 28: „Kein Anspruch auf kostenlose Unterrichtung“.

393 BVerfGE 79, 29, 41; BVerfGE 49, 282, 400 – Kirchenmusik; BVerfGE 31, 229, 243.

394 *Kirchhoff* FS Zeidler Bd. 2, 1639, 1661; vgl. unter dem Blickwinkel der zeitlichen Begrenzung dazu schon bei *de Boor* Urheberrecht S. 175ff.

Weiterhin gilt es festzustellen, dass der künstlerische Schaffensprozess oftmals nicht nur von der öffentlichen Auseinandersetzung lebt, sondern regelmäßig erst durch diese in Gang gesetzt wird. Dafür braucht es aber die Möglichkeit des Künstlers des erlaubnisfreien Zugangs zum Werk. Dem absoluten Schutz des Eigentumsinteresses kann daher zunächst einmal schon die Kunstfreiheit entgegengesetzt werden, die als entgegenstehendes Verfassungsgut schon auf Augenhöhe mit dem Eigentumsschutz in die verfassungsrechtliche Gesamtabwägung geht. Damit ist noch nicht geklärt, ob das verfassungsrechtliche Gut Kunstfreiheit den rigiden Eigentumsschutz überwiegt. Dafür scheint jedenfalls der Gedanke zu sprechen, dass „dem Interesse der Urheberrechtsinhaber vor Ausbeutung ihrer Werke ohne Genehmigung zu fremden kommerziellen Zwecken … das durch die Kunstfreiheit geschützte Interesse anderer Künstler gegenübersteht, ohne die Gefahr von Eingriffen finanzieller oder inhaltlicher Art in einen künstlerischen Dialog und Schaffensprozess zu vorhandenen Werken treten zu können".[395] Quasi als Schere im Kopf könnten finanzielle Belastungen im Rahmen der Kunstfreiheit dazu führen, dass eigentlich notwendige künstlerische Projekte bereits an der Finanzierung scheitern und damit bereits der Künstler in seinem Werkbereich betroffen ist. Allerdings handelt es sich bei diesem Argument nur um eine ergänzende Betrachtung, wurde doch bereits festgestellt, dass der an dieser Stelle oftmals zitierte Satz „free flow of information" eben nicht "free flow of free information" heißt. Weit schwerwiegender wiegt jedoch die Überlegung, dass der jetzt schutzsuchende Urheber nicht auf einer einsamen Insel seine Schöpfung geschaffen hat, sondern gerade auch er sich während des Schöpfungsvorgangs bewusst in geistigen Kontakt mit seiner Umwelt gesetzt hat, da auch er sein Werk letztlich immer unter dem Eindruck des bestehenden kulturellen Erfahrungsschatzes entwickelt, er damit gleichzeitig auch an deren Bestehen partizipiert, und er letztlich ebenso auf die Vorarbeiten anderer angewiesen war, wie der jetzt nutzungsbegehrende Künstler.[396] Somit wäre eine jetzt vergütungsfreie Nutzungserlaubnis nur das Ergebnis künstlerischer Solidarität und Zweckmäßigkeit. Zudem darf nicht vergessen werden, dass mit der Veröffentlichung das Werk nicht mehr allein seinem Inhaber zur Verfügung steht. Es tritt vielmehr von diesem

395 BVerfG ZUM 2000, 867, 869 – Germania 3.
396 Ähnlich auch *Grunert* S. 11.

mit dem Akt der Veröffentlichung in einem bewusst vollzogenen Schritt bestimmungsgemäß in den gesellschaftlichen Raum und soll, gerade auch unter Berücksichtigung der Kunst als Kommunikationsfaktor, ein Diskussionsangebot des Künstlers an die Rezipienten und an den sich damit auseinandersetzende nachschaffende Künstler sein. Dadurch kann das Werk zum eigenständigen, das kulturelle und geistige Bild der Zeit mitbestimmenden Faktor werden, in dem sich nach und nach in der Folge die privatrechtliche Verfügbarkeit auflöst und die geistige Schöpfung zum geistigen und kulturellen Allgemeingut wird.[397]

Es lässt sich somit feststellen, dass die gesellschaftliche Einbindung der Kunst gleichzeitig Wirkungsvoraussetzung für sie und Ursache dafür ist, „dass die Künstler in gewissem Maß Eingriffe in ihre Urheberrechte durch andere Künstler als Teil der sich mit dem Kunstwerk auseinander setzenden Gesellschaft hinzunehmen haben“,[398] immer allerdings unter der ausreichenden Berücksichtung der Prämisse, dass das primäre Ziel des nachschaffenden Künstlers nicht die Schaffung einer Situation sein darf, in der er mit seinem Werk in Substitutionskonkurrenz zum Original tritt, sondern es vielmehr sein ausschließliches Ziel zu sein hat, die künstlerische Auseinandersetzung mit dem Fremdwerk zu suchen.

Damit gilt es für den späteren Verlauf der Diskussion festzuhalten, dass in dem Moment, in dem der Collagekünstler das Privileg der Schrankenregelungen der §§ 23, 51 UrhG sucht, er sein Verhalten immer an den hier aufgeworfenen Grundsätzen der aus Kunstfreiheit fließenden Abwägungsgesichtspunkte und unter Berücksichtigung der finanziellen Interessen des Urhebers messen zu lassen und damit letztlich sich eine einfachgesetzliche Auslegung der Privilegientatbestände an den hier getroffenen Wertungen zu orientieren hat.

397 BVerfGE 31, 229, 242; BVerfGE 49, 382, 394 – Kirchenmusik; BVerfGE 79, 29, 42, bestätigt in BVerfG ZUM 2000, 867, 869 – Germania 3; aufgegriffen von *Pahud* UFITA 2000/I, 99, 124.

398 BVerfG ZUM 2000, 867, 869 – Germania 3.

II. Die Collage und der Schutz des geistigen Eigentums – eine Zusammenfassung bisheriger verfassungsrechtlicher Bewertungen

Schutz für sein Werk erlangt der Urheber nicht aus der einfachgesetzlichen Wertung des Urheberrechts, sondern aus der maßgeblichen Wertung des Grundgesetzes in Art. 14 Abs. 1 GG, auch wenn dieses durch das einfachgesetzliche UrhG ausgedrückt wird. Jede urheberrechtliche Entscheidung zugunsten oder zuungunsten des Collagekünstlers wird damit zugleich auch zu einer Verfassungsentscheidung zuungunsten oder zugunsten des Urhebers und hat sich an dieser messen zu lassen.

Dem Gesetzgeber obliegt nun zunächst ein aus Art. 14 Abs. 1 GG abgeleiteter zwingender Verfassungsauftrag, der ihm aufgibt, „das dem geistigen Eigentum innewohnende intellektuelle Produkt"[399] zu verselbständigen und zum Gegenstand eines absoluten Ausschließlichkeitsrechts werden zu lassen.[400] Im Urheberrecht hat daher zu gelten, dass dem Urheber des Originalwerkes das ausschließliche Recht zusteht, sein Werk zu verwerten. Gerade angesichts der sich immer schneller entwickelnden Technik und der zunehmenden Reproduzierbarkeit auf die der Urheber keinerlei Einfluss mehr ausüben kann, ist diese nur gewahrt, wenn der Urheber in die Lage versetzt wird, von vornherein die Verwertung seines Werks zu steuern.[401] Es besteht damit ein vermögenswertes Rechtsgut, das wie das materielle Eigentum eine klar abgegrenzte Rechtsnatur enthält.[402] Dazu gehört, dass der Gesetzgeber dem Urheber einmal positive Nutzungsrechte aber auch negative Verbotsrechte eingeräumt hat. Dadurch wird er in die Lage versetzt, jederzeit gegenüber dem Collagekünstler jegliche Einwirkung oder Nutzung zu verbieten. Man spricht daher vom Urheberrecht auch als einem gegenständlichen oder quasi-dinglichen Recht, dass das Werk dem Rechtsinhaber zuordnet und seiner Herrschaft unterstellt.[403] Dennoch sieht gerade auch das Grundgesetz vor, dass diese Absolutheit des Eigentumsschutzes durch einzelne Inhalts- und

399 *Rassow* S. 126.
400 Dafür u. a. *Badura* ZUM 1984, 552, 554; *Fechner* Geistiges Eigentum S. 235.
401 *Badura* ZUM 1984, 552, 553; BGH ZUM 1999, 566, 572 – Kopienversanddienst einer öffentlichen Bibliothek spricht dabei vom sog. Beteiligungsgrundsatz.
402 *Rassow* S. 126.
403 Schricker/*Schricker* Einl. Rn 19.

Schrankenbestimmungen, wie den §§ 23, 51 UrhG, aufgelockert werden kann, die damit zugunsten des nachschaffenden Collagekünstlers wirken. Dass mit den Inhalts- und Schrankbestimmungen weit mehr verfassungsrechtliche Schwierigkeiten auftreten können, als das von der Mehrzahl der urheberrechtlichen Literatur wahrgenommen wird, die nur zu gerne pauschal auf die Gemeinwohlbindung verweist, ohne sich wirklich näher damit auseinander zusetzen, wurde aufgezeigt.

In jedem Fall wurde bewiesen, dass dem Gesetzgeber bei der Ausgestaltung sowohl der Inhalts- als auch der Schrankenbestimmungen keine freie Dispositionsbefugnis zukommt.[404] Er hat vielmehr „bei der inhaltlichen Ausprägung des Urheberrechts sachgerechte Maßstäbe festzulegen, die einer der Natur und sozialen Bedeutung des Rechts entsprechenden Nutzung und angemessenen Verwertung sicherstellen".[405] Letztlich läuft die Diskussion auf eine für Grundrechtsverletzungen typische Verhältnismäßigkeitsprüfung im Einzelfall hinaus,[406, 407] die für jede, im weiteren Verlauf noch zu behandelnde Ausnahmevorschriften der §§ 51 und 23 UrhG, die dem Interesse des Collagekünstlers entsprechen könnten, gesondert vorzunehmen ist und in deren Rahmen die hier getroffenen Wertungen in die urheberrechtliche Entscheidung einfließen werden.

Generell gilt bei der urheberrechtlichen Bewertung der streitgegenständlichen Normen, sich zwingend immer wieder den Hintergrund des Eigentumsschutzes, wie er durch Art. 14 GG vermittelt wird, vor Augen zu halten. Denn vor allem im Rahmen der freien Benutzung des § 24 UrhG gilt es zu überlegen, ob unter Zugrundelegung der Rechtfertigungsgründe des Eigentumsschutzes überhaupt noch von

404 *Kreile* FS Lerche, S. 251, 256; *Leisner* § 149 Rn 70: „keine schrankenlose Ausformung".

405 BVerfGE 49, 382, 392 – Kirchenmusik.

406 Vgl. dazu in der praktischen Rechtsprechungsanwendung bei BVerfGE 31, 229, 242ff.; 49, 394; allg. Stellungnahmen in der Literatur finden sich u.a. bei *v. Brünneck* S. 398; *Pieroth/Schlink* Rn 929; *Thormann* S. 142f., 211; nähere Einzelheiten auch bei BVerfGE 70, 278, 286.

407 Daneben tritt auch immer die Beachtung des Gleichheitsgebotes (vgl. BVerfGE 79, 29, 41), die die Abwägung in ein ausgewogenes Verhältnis zum Sacheigentum und innerhalb der verschiedenen Normen des geistigen Eigentums zu bringen hat (*Hubmann* Geistiges Eigentum S. 31f.; *Fechner* S. 228f.); generell zu Fragen des Gleichheitssatzes iRd Art. 14 GG siehe auch BVerfGE 58, 137, 150f. – sog. Pflichtexemplarentscheidung.

einer Inhalts- und Schrankenbestimmung gesprochen werden kann[408] oder ob es nicht bereits bei einer in freier Benutzung geschaffenen Collage an einer Verletzung des Schutzbereiches von Art. 14 Abs. 1 Satz 1 GG fehlt. Daneben gilt es die Hintergründe zum Schutz des geistigen Eigentums auch dort in die Bewertung einfließen zu lassen, wo es um die Entwicklung eines tragfähigen Werkbegriffs geht. Gerade dieser hat als Anwendungsvoraussetzung des Urheberrechts und damit als einfachgesetzlicher Entscheidungsmaßstab über die Eröffnung des Schutzbereiches den verfassungsrechtlichen Vorgaben zu gehorchen, will man verhindern, dass der einfache Gesetzgeber festlegt, was zum vermögenswerten Recht gehört und was nicht. Alles in allem lässt sich feststellen, dass die noch kommenden urheberrechtlichen Bewertungen ihre Grundlage in den so eben getroffenen Entscheidungen finden und auf diesen aufbauen werden.

D. Das Urheberpersönlichkeitsrecht nach dem Grundgesetz contra nachgeschaffener Collage

Nach der von Philipp Allfeld begründeten und in der jüngeren Geschichte vor allem von Eugen Ulmer ausgestalteten sog. monistischen Theorie, die die Grundlage des heutigen deutschen Urheberrechts ist, geht man im deutschen Urheberrecht von einem einheitlichen Urheberrecht sui generis aus, in dem nicht nur die vermögensrechtlichen, sondern auch die persönlichkeitsrechtlichen Komponenten des Urhebers geschützt werden: Vermögens- und Persönlichkeitsrechte sind danach als untrennbare immanente Bestandteile eines einheitlichen Rechts[409] miteinander verknüpft.[410] Das einheitliche Rechtsverhältnis

408 Dafür aber bspw. *Melichar*, der zwischen „vertikaler und horizontaler Sozialbindung“ unterscheidet. Vor allem § 24 UrhG, aber auch § 51 UrhG sind nach Aussage Melichars Ausdruck einer „horizontalen Sozialbindung“ und damit Inhalts- und Schrankenbestimmung, die, anders als die „vertikale Sozialbindung“ (bspw. der §§ 46, 47, 52 UrhG), nicht zwischen Urheber und Allgemeinheit, sondern unter den Urhebern besteht. Diese sei daher immer dort einschlägig, wo die den Urheber beschränkenden Regeln nicht unmittelbar durch das Interesse der Allgemeinheit motiviert seien, sondern Ausdruck des „Imperativs der Solidariditát“ zwischen den Urhebern. (S. 157, 162 f.).

409 *Samson* Urheberrecht S. 61; *Ulmer* Urheber- und Verlagsrecht (1980) S. 113 f.

410 So bereits vor 1965: *Allfeld* LUG S. 21; generell für das UrhG seit 1965 vgl. bei *Ulmer* Urheber- und Verlagsrecht (1980) S. 105 ff.

Urheberrecht entspringt dabei, nach dem anschaulichen Bild Ulmers, als Baum aus den beiden Wurzeln Vermögens- und Persönlichkeitsrecht,[411] die je nachdem die ideellen, die wirtschaftlichen oder beide Interessen zugleich schützen,[412] was sich iÜ exemplarisch an § 11 UrhG zeigt, demzufolge das Urheberrecht den Urheber in seinen geistigen und (!) persönlichen Beziehungen zum Werk schützt.

I. Die Bedeutung dieser Frage für die Collage

Mit der nachgeschaffenen Collage, die aus der Benutzung fremder Werkteile hervorgeht, kann nicht nur die verwertungsrechtliche Ebene und damit das Eigentum im herkömmlichen Sinne betroffen sein. Gerade wenn die Übernahme der Fremdleistung in der Collage trotz entgegenstehender verwertungsrechtlicher Gesichtspunkte erlaubt sein sollte oder die Diskussion sich um die rechtliche Einordnung des Einwilligungserfordernisses iRd § 23 UrhG drehen wird, wird es im weiteren Verlauf der urheberrechtlichen Analyse darum gehen, sich mit den urheberpersönlichkeitsrechtlichen Regelungen als integralen Bestandteil des UrhG auseinander zu setzen.[413] Schließlich kann die Übernahme von Fremdmaterial einerseits die integritätsrechtliche Rechtsfolge des § 14 UrhG auslösen, andererseits wird man sich zudem die Frage, innerhalb der Diskussion um den Einwilligungscharakter in § 23 Satz 1 UrhG, stellen müssen, bis zu welchem Grad Rechtsgeschäfte um und über die Urheberpersönlichkeitsrechte möglich sein können.

II. Verfassungsrechtliche Einordnung des Urheberpersönlichkeitsrechts

Bevor es jedoch so weit ist, geht es zunächst darum zu klären, woraus sich der verfassungsrechtliche Schutz des Urheberpersönlich-

411 *Ulmer* Urheber- und Verlagsrecht (1980) S. 116.
412 *Hubmann* Urheber- und Verlagsrecht S. 20.
413 Liegt demgegenüber eine Privilegierung nach § 24 UrhG vor, kommt einer Verletzung des Urheberpersönlichkeitsrechts nicht in Betracht; vgl. dazu Kapitel 3 § 3 A III 1 c).

keitsrechts ableitet, mithin um seine konkrete Verortung im Grundgesetz. Dies erscheint deswegen bedeutsam, als eine urheberrechtlich korrekte Beurteilung der bereits skizzierten Fragen auch davon abhängen wird, welchen verfassungsrechtlichen Befugnissen die Urheberpersönlichkeitsrechte in den, in dieser Arbeit interessierenden Zusammenhängen zuzuordnen sind.

1. Kein Exklusivanspruch des Art. 2 Abs. 1 iVm 1 Abs. 1 GG auf das Urheberpersönlichkeitsrecht

Gegenstand der Urheberpersönlichkeitsrechte ist der Schutz des geistigen Bandes zwischen Urheber und Werk als Ausdruck seines persönlichen Schaffens. Der Schutz des Urheberpersönlichkeitsrechts hat dabei stets den Schutz der Person des Urhebers vor Augen.[414] Dabei wird nun das Urheberpersönlichkeitsrecht im Anschluss an diese Kurzdefinition beinahe gebetsmühlenartig von der Mehrzahl der urheberrechtlichen Literatur als, wie es scheint, ausschließlich durch die Art. 2 Abs. 1 iVm 1 Abs. 1 GG erfasst angesehen.[415]

Nun ist zunächst richtig, dass, auch wenn das Urheberpersönlichkeitsrecht nicht Teil des zivilrechtlichen allgemeinen Persönlichkeitsrechts ist,[416] es doch zumindest, gerade auch vor dem Hintergrund

414 *Schack* GRUR 1985, 352, 353; Schricker/*Dietz* Vor §§ 12ff. Rn 16.

415 Vgl. dazu u.a. bei *Chakraborty* S. 49; *Rehbinder* Urheber- und Verlagsrecht Rn 106; *Schack* Urheber- und Urhebervertragsrecht Rn 81; *Ulmer* Urheber- und Verlagsrecht (1980) S. 109; *Wallner* S. 49.

416 Das Verhältnis des Urheberpersönlichkeitsrechts zum zivilrechtlichen allgemeinen Persönlichkeitsrecht ist umstritten (vgl. dazu ausführlich bei *Kellerhals* UFITA 2000/III, 617, 624ff.). Die Rechtsprechung (BGHZ 13, 334, 339 – Hjalmar Schacht) bezeichnet das Urheberpersönlichkeitsrecht als besondere Erscheinungsform des allgemeinen Persönlichkeitsrechts, billigt ihm also eine gewisse Selbständigkeit zu und stellt damit nach dem Verständnis eines Teils der Literatur klar, dass es sich bei dem Urheberpersönlichkeitsrecht nicht etwa um einen bloßen Ausschnitt des allgemeinen zivilrechtlichen Persönlichkeitsrechts, sondern um eine rechtliche selbständige Erscheinungsform des Persönlichkeitsrechts handelt. Das Werk sei kein Teil der Persönlichkeit des Urhebers, sondern sei nur mit diesem wesensverwandt und gründe sich ebenso wie das allgemeine zivilrechtliche Persönlichkeitsrecht auf den verfassungsrechtlichen Wurzeln der Art. 2 Abs. 1 iVm 1 Abs. 1 GG (*Clement* S. 67; Fromm/Nordemann/*Hertin* Vor § 12 Rn 9; *Kellerhals* UFITA 2000/III, 617, 647; *Neumann-Duesberg* NJW 1971, 1640, 1642; *Osenberg* S.14; Schricker/*Dietz* Vor §§ 12ff. Rn 14; Wandtke/

des allgemeinen Verständnisses der Urheberpersönlichkeitsrechte,[417] in aller Regel als Teil des verfassungsrechtlichen allgemeinen Persönlichkeitsrechts aufgefasst werden muss. Dabei sind für das Urheberpersönlichkeitsrecht „zwei Ausprägungen des verfassungsrechtli-

Bullinger/*Bullinger* Vor §§ 12ff. Rn 16f.). Dem gegenüber sieht die (vor allem ältere) Gegenauffassung das Urheberpersönlichkeitsrecht, aufgrund der engen ideellen Verbindung zwischen Werk und Urheber, die das Werk quasi zum Teil der Persönlichkeit des Urhebers werden lasse, als bloßen Ausschnitt aus dem allgemeinen Persönlichkeitsrecht (*v. Gamm* Einf Rn 93, § 11 Rn 5; *Krüger-Nieland* FS Hauß, S. 215, 219ff.; *Runge* UFITA 54 (1969), 1, 5f., 14ff.; *Wronka* UFITA (69) 1973, 71, 73), mit der Folge, dass auch nach dieser Auffassung das Urheberpersönlichkeitsrecht seine verfassungsrechtliche Verortung in den Art. 2 Abs. 1, 1 Abs. 1 GG findet. Dennoch gerade mit Blick auf die verfassungsrechtliche Bewertung des Urheberpersönlichkeitsrechts erscheint eine Stellungnahme zu diesem Streit ratsam. So widerspricht letzterer Auffassung zunächst der unterschiedlichen Wirkbereichs beider Persönlichkeitsrechte. Das allgemeine Persönlichkeitsrecht schützt die biologische Existenz des Menschen, während das Urheberpersönlichkeitsrecht werkbezogen zu betrachten ist (BGHZ 13, 334, 339 – Hjalmar Schacht; 15, 249ff. – Cosima Wagner; *Neumann-Duesberg*, NJW 1971, 1640, *Wallner* S. 50). Daraus folgt, dass die beiden Persönlichkeitsrechte eigenständige Regelungsbereiche aufweisen und sich damit ergänzen (Fromm/Nordemann/*Hertin* Vor § 12 Rn 9; *Schack* GRUR 1985, 352, 353). Die ältere Auffassung, verkennt weiter, dass sich auf diese Weise „bestimmte Teilbereiche nach ihren Eigengesetzlichkeiten" besser regeln lassen (Wandtke/Bullinger/*Bullinger* Vor §§ 12ff. Rn 16; diesen Vorteil sehen auch Schricker/*Dietz* Vor §§ 12 Rn 15; *Ulmer* Urheber- und Verlagsrecht (1980) S. 209f.; *Wallner* S. 51), mit der Folge eines adaptiveren Rechtsschutzes, der damit dann auch den für das Urheberpersönlichkeitsrecht einschlägigen grundrechtlichen Bestimmung am besten gerecht wird. Bestimmte Probleme, die urheberrechtlicher Natur sind, bedürfen nun mal uU spezieller Regelungen, die für das zivilrechtliche allgemeine Persönlichkeitsrecht nicht anwendbar oder nicht notwendig sind, was sich nicht zuletzt auch in der Möglichkeit der Vererbung der Urheberpersönlichkeitsrechte zeigt (§ 29 Abs. 1 UrhG), die im Unterschied dazu beim allgemeinen Persönlichkeitsrecht nicht existiert. Das Urheberpersönlichkeitsrecht nimmt damit nicht bloß eine Ergänzungsfunktion für das allgemeine Persönlichkeitsrecht wahr. Zusammenfassend lässt sich sagen: Geht es um Eingriffe, die gegen die Wertigkeit und das Ansehen der Person gerichtet sind, sind die Regeln über das allgemeine Persönlichkeitsrecht anzuwenden. Sind dagegen die ideellen Interessen des Urhebers vor allem mit Blick auf die Integrität des Werkes beeinträchtigt, greift der Schutz des Urheberpersönlichkeitsrechtes (*Krüger-Nieland* FS Hauß, S. 215, 223). Beide Rechtsinstitute haben damit ihren eigenen Anwendungsbereich und stehen nebeneinander (*Grohmann*, S. 15 f; *Rehbinder* Urheberrecht Rn 137).

417 Vgl. näheres zur Begründung des Urheberpersönlichkeitsrechts unter Fn 416.

chen Persönlichkeitsschutzes von Belang", nämlich zum einen das Recht auf Selbstwahrung und damit der Schutz der Privat-, Geheim-, und Intimsphäre, sowie das Recht auf Selbstdarstellung, da auch der Urheber die Möglichkeit eingeräumt werden soll, darüber befinden zu können, wie und ob er sich der Öffentlichkeit gegenüber offenbaren will.[418]

Die grundgesetzliche Verortung der Urheberpersönlichkeitsrechte scheint damit in der Tat gefunden zu sein. Die Frage, die sich nun aber stellt ist, ob man den grundrechtlichen Schutz der Urheberpersönlichkeitsrechte ausschließlich auf das eigentlich als Auffanggrundrecht von der Rechtsprechung konzipierte,[419] allgemeine verfassungsrechtliche Persönlichkeitsrecht reduzieren sollte.

Der Gedanke, den Absolutheitsanspruch einer Grundrechtsnorm als für einen Sachverhalt ausschließlich in Frage kommenden Regelungsbereich zu überdenken, ist freilich nicht ganz neu. Schon früher hat es die Auffassung gegeben, dass im Grundrechtsbereich bei Vorliegen mehrer anwendbarer Grundrechte von einer Idealkonkurrenz auszugehen ist und damit die in Frage kommenden Grundrechte für nebeneinander anwendbar erklärt werden.[420] Dies erklärt sich daraus, dass Grundrechte nicht für eine Person oder Tätigkeit als allumfänglich betrachtet werden dürfen, sondern jeweils nur für einzeln herausgegriffene Tätigkeiten oder Einzelaspekte der Persönlichkeit mit einem Exklusivplatz belegt werden können.[421] So erkennen Grunert und Metzger zu Recht, dass eine ausschließliche und abstrakte, weil oftmals begründungslose Berufung auf Art. 2 Abs. 1 iVm 1 Abs. 1 GG zu kurz greift.[422] Denn letztlich wird der im allgemeinen Persönlichkeitsrecht zum Ausdruck kommende Menschenwürdegehalt erst durch die einzelnen Grundrechte näher konkretisiert.[423] Das bedeutet, dass jedes Grundrecht auch ein Stück weit Persönlichkeits-

418 *Metzger* Rechtsgeschäfte S. 76; *Schack* Urheber- und Urhebervertragsrecht Rn 81.
419 *Degenhart* JuS 1992, 361.
420 *Hermann* UFITA 73 (1975), 85, 90.
421 *Hermann* UFITA 73 (1975), 85, 90.
422 *Grunert* S. 203; *Metzger* Rechtsgeschäfte S. 75.
423 So die ganz herrschende Grundrechtsdoktrin: vgl. statt vieler *Pieroth/Schlink* Rn 352: „Andere Grundrechte formen den Menschenwürdeschutz weiter aus".

recht ist. Spiegelt sich doch letztlich in jedem Grundrecht die Persönlichkeit des Grundrechtsinhabers wieder und sichert damit seine persönliche Freiheit in der Form des selbstbestimmten Lebens. Allein auf Art. 2 Abs. 1 iVm 1 Abs. 1 GG als ausschließlichen verfassungsrechtlichen Maßstab in der Beurteilung urheberpersönlichkeitsrechtlicher Sachverhalte zu rekurrieren, muss damit auf Unverständnis stoßen, nimmt man sich doch auf diese Weise die Möglichkeit der Anwendung der eigentlich für die jeweilige Situation geeigneteren grundrechtlichen Norm und muss zusätzlich die ohnehin schon durch eine kaum überschaubare Kasuistik geprägte Regelung der Art. 2 Abs. 1 iVm 1 Abs. 1 GG entweder um eine weitere Fallgruppe ergänzen oder versuchen, eine der bereits bestehenden auf den streitigen Fall anzuwenden, was beide Male oftmals nur mit Mühe zu bewerkstelligen und nur unter erhöhtem Begründungsaufwand möglich sein wird. Dabei werden zudem oftmals mehr Fragen offen gelassen, als Antworten gefunden.[424]

Grundsätzlich gilt es damit festzustellen, dass man zwar generell davon ausgehen kann, dass die Mehrzahl der Fallkonstellationen, in denen Urheberpersönlichkeitsrechte eine Rolle spielen, auch über das in Art. 2 Abs. 1 iVm 1 Abs. 1 GG geregelte verfassungsrechtlich allgemeine Persönlichkeitsrecht geschützt sind, es aber dennoch sachgerechter und unter verfassungsrechtlichen Gesichtspunkten angemessener, weil grundrechtskonformer ist, zunächst zu prüfen, ob nicht die streitige Situation die Anwendung eines spezielleren Grundrechts verlangt, dass die Art. 2 Abs. 1 iVm 1 Abs. 1 GG verdrängt.

2. Die Kunstfreiheit als Ausdruck der Urheberpersönlichkeitsrechte

Im hier zu diskutierenden Fall, in dem der Collagekünstler für sein Werkschaffen auf urheberrechtlich geschützte Materialien zurückgreift, spricht vieles dafür, dass die Urheberpersönlichkeitsrechte

424 Vgl. dazu ausführlich bei *Metzger* Rechtsgeschäfte S. 75 ff., für den sich die einzelnen Urheberpersönlichkeitsrechte alles andere als eindeutig unter Art. 1 Abs. 1, 2 Abs. 1 subsumieren lassen und der bspw. in Fragen der Werkintegrität oder in den Fällen der § 25 UrhG dazu tendiert den grundgesetzlichen Anwendungsbereich des verfassungsrechtlichen allgemeinen Persönlichkeitsrechts nicht für alle Fälle als eröffnet anzusehen, S. 78 f.

desjenigen, dessen Werk verwandt wurde, bereits über Art. 5 Abs. 3 GG geschützt sind.[425] Der Urheber nämlich, dessen Werkschaffen nicht nur den Voraussetzungen des Urheberrechts genügt, sondern auch den Kriterien zum Kunstbegriff aus Art. 5 Abs. 3 GG entspricht, zeigt, dass sich seine Persönlichkeit einerseits im Werkbereich, nämlich in der konkreten Werkgestaltung, daneben aber auch im Wirkbereich, nämlich in der bewussten Wahl der Darstellungsoptionen seines Werkes in der Öffentlichkeit, ausdrückt. Es gilt dabei deutlich zu machen, dass die Kunst ein ausdifferenziertes gesellschaftliches Teilsystem darstellt, das seinen Eigengesetzlichkeiten folgt,[426] in der Kunst als Verfassungsbegriff einmal den Lebensbereich Kunst – das Kunstleben – insgesamt, aber eben auch die individuelle Betätigung und damit den Menschen umfasst. Kunstfreiheit ist damit immer gleichzeitig auch Menschenfreiheit. Damit fällt unter die Kunstfreiheit neben der Herstellung des Kunstwerkes, d.h. des eigentlichen schöpferischen Prozesses, dem Schaffen der Kunst, das Kunstwerk selbst, das das Ergebnis dieses schöpferischen Prozesses darstellt, aber eben auch der Künstler und folglich seine Persönlichkeit. Wenn bspw. Eva & Adele[427] – die „worid communicative global plastic" – als sog living sculptures auftreten, verstehen sie ihr Leben als Gesamtkunstwerk („work of art").[428] Denn hinter dem Slogan „where-

425 Dafür auch *Hermann* UFITA 73 (1975), 85, 87; *Metzger* Rechtsgeschäfte S. 83; *Rassow* S. 34; *Wandtke* ZUM 1991, 484, 487.

426 *Ladeur/Gostomzyk* ZUM 2004 426, 432.

427 Ein ähnliches Beispiel wäre auch das Londoner Künstlerpaar Gilbert & George (alias Gilbert Prousch und George Passmore).

428 EVA & ADELE sind ein Berliner Künstlerpaar, dass seine wahre Identität geheim hält. Seit 1989 erscheinen sie stets im Partnerlook: oftmals im pinkfarbenen Minirock oder Kostüm, Stöckelschuhen. Sie tragen identischen Schmuck, ihre Gesichter sind auffallend geschminkt, ihre Köpfe kahlgeschoren. Damit verdeutlichen sie ihren Standpunkt, wonach sich Geschlechteridentität nicht durch die Gesellschaft definieren lässt sondern frei wählbar sein muss. *(„Over the Boundaries of Gender")*. Werden sie fotografiert, so erhält der Fotograf eine Postkarte mit der Aufschrift „DAS SOEBEN GEMACHTE FOTO AN EVA & ADELE ZUSENDEN". Oftmals treten sie auch bewusst in Kontakt mit Besuchern der Ausstellungen, die sie besuchen. Diese werden durch ihr Mitwirken (Fotografieren und/oder Einschicken der Fotos) Teil des künstlerischen Projekts. Die ihnen zugeschickten Fotos werden von EVA & ADELE bearbeitet und in Bilder verwandelt und wieder dem Kunstkontext zugeführt, sog. Werkkomplex *Cum*. Finden EVA & ADELE Fotografien von sich in den Medien wieder werden auch diese verändert und bilden den sog. Werkkomplex *Mediaplastik*.;

ver we are is museum“ steht das Verständnis, Teil eines Schaffens- und Kunstprozesses zu sein, der nie aufhört.[429] „Leben als Kunst und Kunst als Leben“. Es gibt daher Sachverhaltskonstellationen, bei denen Kunstschaffen, Kunstwerk und Künstlerpersönlichkeit oftmals ineinander fallen und einen einheitlichen Komplex bilden und die daher dagegen sprechen, dass sich Künstlerpersönlichkeit und Kunstwerk voneinander trennen lassen.[430] Die verfassungsrechtliche Regelung des Art. 5 Abs. 3 GG ist damit in den hier zu interessierenden Fallkonstellationen, in denen der Urheber sich gegen Entstellungen seines Werkes durch Collage erwehren muss oder sich die Letztentscheidungsbefugnis darüber behalten möchte, unter welchen Voraussetzungen sein Werk durch die Collage veröffentlicht wird,[431] als die gegenüber Art. 2 Abs. 1, 1 Abs. 1 GG geeignetere Bestimmung anzusehen, wenn nicht etwa die ausschließlich wirtschaftliche Verwertung seines Kunstwerks und damit seiner Urheberpersönlichkeitsrechte im Vordergrund stehen sollte.[432] Auch der Einwand, dass damit das abgestufte Schutzsystem der Grundrechte unterlaufen werden würde, trägt nicht. Denn es darf nicht vergessen werden, dass das BVerfG das allgemeine Persönlichkeitsrecht nur deswegen aus Art. 2 Abs. 1 iVm Art. 1 Abs. 1 GG entwickelt hat, um diejenige persönliche Lebenssphäre des Menschen zu gewährleisten, die nicht durch andere konkretere Freiheitsgarantien ausreichend erfasst ist.[433] Daraus folgt nicht nur abermals die Betonung der Subsidiarität der Art. 2 Abs. 1 iVm 1 Abs. 1 GG, sondern auch, dass das allgemeine verfassungsrechtliche Persönlichkeitsrecht zunächst nur ein Hilfskonstrukt der

vgl. dazu auch bei *Puvogel* unter *www.evaadele.com*; zuletzt abgerufen am 30. 1. 2008.

429 *Raue* GRUR 2000, 951.

430 Deutlich dafür aber *Erdmann* FS von Gamm S. 389, 394; *Schoenebeck* S. 27; anderer Auffassung vor allem *Thomaschki* S. 50ff.

431 Diese Konstellationen kann man wohl als die zentralen Fallgestaltungen betrachten, in denen die Kunstfreiheit eine Rolle spielt; so auch *Wandtke* ZUM 1991, 484, 487; *Fechner* Geistiges Eigentum S. 259; *Grunert* S. 207; *Kirchhoff*: „Art. 5 Abs. 3 GG schützt das veröffentlichte Werk in seiner Ursprünglichkeit“ Gesetzgebungsauftrag S. 25.

432 Vgl. dazu unter Kapitel 2 § 3 D II 3.

433 BVerfGE 54, 148, 153.

Rechtsprechung ist,[434] um dort, wo der Schutz der Verfassung nicht umfassend die Freiheit des Einzelnen schützen kann, einzugreifen. Es entspricht damit vielmehr der Schutzsystematik des Grundrechts, das in erster Linie aus den speziellen Freiheitsrechten Schutz zu gewähren ist, da diese speziell für diese Situation geschaffen wurden.

3. Das Urheberpersönlichkeitsrecht unter dem Wandel der Eigentumsdefinition

Weitaus interessanter in diesem Zusammenhang ist jedoch, ob nicht das Urheberpersönlichkeitsrecht als Eigentumsposition des Urhebers angesehen werden kann. Diese Überlegung gründet sich dabei auch hier auf der oben gefundenen Erkenntnis, dass in jedem Grundrecht das Persönlichkeitsrecht des Einzelnen näher konkretisiert wird. Dazu gilt es, dieser Überlegung, in der nun folgenden Diskussion, gerade auch deswegen erhöhte Aufmerksamkeit zu widmen, als die spätere Diskussion um den Rechtscharakter der Rechtsgeschäfte über die Urheberpersönlichkeitsrechte zwischen Urheber und Collagekünstler entscheidend vom verfassungsrechtlichen Verständnis des Persönlichkeitsrechts geprägt sein wird.

Oftmals wird darauf hingewiesen, dass Art. 14 Abs. 1 GG im verwertungsrechtlichen Bereich Vorrang genießt.[435] Diese Vorrangstellung nimmt Art. 14 Abs. 1 GG dabei auch gegenüber Art. 5 Abs. 3 GG ein, da dessen Schutzbereich den aus rein wirtschaftlichen Gesichtspunkten Schutz suchenden Urheber nicht mehr umfasst.[436] Eine solche Bewertung scheint somit nicht weiter zu überraschen. Sie könnte jedoch dann problematisch werden, wenn man überlegt, Art. 14 Abs. 1 GG über die verwertungsrechtliche Ebene hinaus auf die persönlichkeitsrechtlichen Komponenten des Urheberrechts auszudehnen. Schließlich scheint dieser doch bereits abschließend von der Kunstfreiheit besetzt zu sein.[437] Der nun folgende Abschnitt wird je-

434 Nähere Informationen zu Wirkung und Aufbau des allgemeinen Persönlichkeitsrechts in der Entwicklung durch die Rspr. finden sich bei *Arnauld* ZUM 1996, 286 ff.; sowie bei *Degenhart* JuS 1992, 361 ff.

435 *Fechner* Geistiges Eigentum S. 192; *Maunz* GRUR 1973, 107.

436 So zuletzt entschieden in der Bundesverfassungsgerichtsentscheidung Xavier Naidoo, abgedruckt unter BVerfG NJW 2006, 596, 597 – Xavier Naidoo.

437 Vgl. dazu unter Kapitel 2 § 3 D II 1.

doch darlegen, dass sich dieser Absolutheitsanspruch der Kunstfreiheit oder auch des allgemeinen verfassungsrechtlichen Persönlichkeitsrechts nur schwerlich angesichts des heutigen Umgangs mit der Persönlichkeit im Allgemeinen und den Urheberpersönlichkeitsrechten im Besonderen halten lassen wird. Damit wird nicht nur die Aufrechterhaltung der bisherigen Einstellung zum Eigentumsbegriff weiter in Frage gestellt, sondern es soll vielmehr auch zu einem Umdenken in der verfassungsrechtlichen Dogmatik zum Persönlichkeitsrecht aufgerufen werden.

Diesen besagten Absolutheitsanspruch der Kunstfreiheit auf das Urheberpersönlichkeitsrecht des Künstlers gilt es dabei zunächst, bereits aus den oben iRd der Frage nach dem Umgang mit dem verfassungsrechtlichen Persönlichkeitsrechts genannten Überlegungen heraus, in Zweifel zu ziehen. Schließlich wurde festgestellt, dass es auch in grundrechtlichen Sachverhaltskonstellationen vorkommen kann, dass mehrere Grundrechte auf den konkreten Fall anwendbar sein können. Auch im hier diskutierten Zusammenhang gilt damit zunächst einmal, dass nicht etwa eine Grundrechtskonstellation als von einem Grundrecht allumfänglich erfasst betrachtet werden darf, sondern es vielmehr einer differenzierten Sicht auf die verfassungsrechtliche Ausgestaltung bedarf, die sich abhängig von der herausgegriffenen Tätigkeit oder den Einzelaspekten der Persönlichkeit zeigt.[438] Diese Tätigkeit und die hier maßgeblichen Einzelaspekte in der Persönlichkeitsgestaltung und im Persönlichkeitsschutz gilt es daher nun zu ergründen.

Eine solche Überlegung, wie sie hier angedacht wird, ergibt sich zunächst aus der zunehmenden „Materialisierung schöpferischer Arbeit".[439] In der jüngsten Zeit entstanden ist nämlich nach und nach eine Art „Copyright-Industrie",[440] in der, damit einhergehend, auch die Persönlichkeit naturgemäß in zunehmender Weise zum Wirtschaftsgut gemacht wird. So betrug im Jahr 1995 der Beitrag der urheberrechtlichen Tätigkeit 3–5% des BIP der Gemeinschaft.[441] 10 Jahre später lag dieser Anteil nach Aussagen der EG-Kommission

438 *Hermann* UFITA 73 (1975), 85, 90.
439 *Tretter* S. 102, 109.
440 *Tretter* S. 102, 109.
441 KOM (95) 382, S. 12.

sogar schon bei 5,3%, mit wohl weiter steigender Tendenz.[442] Dabei haben, einer Studie der Turku School of Economics in Finnland zufolge, die Urheberrechtsbranchen im Jahr 2000 mehr als 1200 Mrd. Euro zur Wirtschaftsleistung der EU-15 beigetragen und dabei eine Wertschöpfung von 450 Mrd. Euro erzielt, die nach Aussage der EG-Kommission aufgrund von Lücken in den volkswirtschaftlichen Gesamtrechnungen tatsächlich sogar noch um 10% höher liegen sollen.[443]

In den Fokus des Urheberrechts ist, mehr noch als früher, die wirtschaftliche Komplettauswertung des Urheberrechts gerückt. Der Rechtscharakter des Urheberrechts tendiert unter dieser Entwicklung mithin dahin, ausschließlich auf ein Vermögensrecht reduziert zu werden. So ist es dann auch nicht weiter verwunderlich, dass parallel zu diesen Entwicklungen zu beobachten ist, dass zunehmend die Vermarktung der Kunst nicht mehr ausschließlich noch über die Vermarktung der Ware Kunst erfolgt, sondern die Rechte des Künstlers und damit eben auch die Urheberpersönlichkeitsrechte selbst zu Verkaufsobjekten werden.[444] Es erscheint damit sachgerechter, diese dann auch eher dem Eigentumsschutz des Art. 14 Abs. 1 GG zu unterstellen, als dem allgemeinen verfassungsrechtlichen Persönlichkeitsrecht oder auch, wie hier, der Kunstfreiheit. Zumal gerade bei letzterer es seit Jahren in Rechtsprechung und Literatur als allgemein anerkannt gilt, dass ihr Anwendungsbereich dort nicht mehr eröffnet ist, wo es um die ausschließlich wirtschaftlich berührenden Fragen der Verwertung von Kunst, zu der, wie oben festgestellt, auch die Künstlerpersönlichkeit zählt, geht.[445]

Warum sollte also bei der über die Kunstfreiheit geschützten Urheberpersönlichkeit eine andere Wertung getroffen werden? Was spricht angesichts dieser Entwicklung eigentlich noch dagegen, den Realitäten des Lebens ins Gesicht zu sehen und das Urheberpersönlichkeitsrecht in den Fällen, in denen es vermarktet wird und in denen es dem Urheber nicht darum geht, seine rein ideellen Belange zu

442 *ec.europa.eu/internal_market/smn/smn37/docs/special-feature_de.pdf;* zuletzt abgerufen am 30. 1. 2008.

443 *ec.europa.eu/internal_market/copyright/docs/studies/etd2002b53001e34_en.pdf*; zuletzt abgerufen am 30. 1. 2008.

444 *Wandtke* GRUR 1995, 385, 387, insb. 391.

445 Vgl. dazu unter Kapitel 2 § 2 A.

schützen, sondern als wirtschaftliches Recht zu verwerten, als bloße Eigentumsposition anzusehen? Denn schließlich hat das Recht immer auch auf praktische Entwicklungen zu reagieren.

Einer Kommerzialisierung gleichwohl abträglich könnte der Charakter der Urheberpersönlichkeitsrechte sein. Schließlich soll es sich bei ihnen ausweislich der amtlichen Begründung um all jene Rechtsbeziehungen des Urhebers zu seinem Werk handeln, die nicht materieller Natur sind.[446] Fraglich ist jedoch, ob diese Überlegung, dass Urheberpersönlichkeitsrechte ausschließlich den ideellen Interessen des Urhebers nachkommen, aufgrund der bereits angedeuteten tatsächlichen Realität, überhaupt noch zutrifft. Denn ist es nicht vielmehr so, dass schon die Konzeption des deutschen Urhebergesetzes entsprechend der monistischen Theorie zu einer anderen Sichtweise aufruft? Sind doch schließlich die urheberpersönlichkeitsrechtlichen und vermögensrechtlichen Interessen derart zusammenhängend ausgestaltet, dass ideelle und materielle Interessen dergestalt miteinander verflochten sind, dass der Nutzer eines Werkes, auch wenn ihm an den Verwertungsrechten ausschließliche Nutzungsrechte eingeräumt wurden, diese dann nicht durchsetzen kann, wenn ihm der Urheber aus den Urheberpersönlichkeitsrechten heraus die Einwilligung zur Nutzung seines Werkes verweigert. Eine Entscheidung des Urhebers auf persönlichkeitsrechtlicher Ebene berührt damit zwangsläufig die vermögensrechtliche Ebene und umgekehrt, so dass seine Entscheidung letztlich immer Auswirkungen auf beiden Ebenen zeitigt.[447]

Die „Verwirtschaftlichung" des Urheberpersönlichkeitsrechts führt daher nicht zuletzt dazu, dass sich diese als Druckmittel zur Durchsetzung materieller Interessen einsetzen lassen. Dies ist z.B. bei einem Vorgehen eines Urhebers gegen Entstellungen seines Werkes zur Sicherung des kommerziellen Erfolges des Werkes der Fall.[448] Einer solchen Argumentation wurde zwar vorgeworfen, dass das Interesse des Urhebers, den Marktwert zu erhalten, nicht von ihm allein verfolgt würde. Auch der Werkverwerter wolle den maximalen wirtschaftlichen Erfolg mit dem veränderten Werk, denn man könne

446 Vgl. amtl. Bgrd. abgedruckt in UFITA 45 (1965/II), 240, 258.

447 Näheres zur monistischen Ausgestaltung und ihren Folgen vgl. auch unter Kapitel 3 § 3 A IV 1 b (1), Kapitel 3 § 3 A IV 4 a).

448 Beispiel schon bei Schricker/*Dietz* vor §§ 12ff., Rn 12.

schließlich nicht annehmen, das Ziel seiner Veränderungen sei, durch die „Beeinträchtigung“ seine Verwertungschancen zu verringern.[449] Dabei wurde jedoch bisher verkannt, dass der Urheber damit nicht notwendigerweise gegen die gegenwärtige Verwertung vorgeht, sondern die zukünftige sichern will, an der der Werkverwerter nicht mehr beteiligt und die ihm deswegen auch gleichgültig ist. Durch ein schlechtes Image kann das Werk möglicherweise in der Zukunft nicht mehr gewinnbringend eingesetzt werden. Zumal auch die Person des Urhebers ganz entscheidend von der Öffentlichkeit am wirtschaftlichen Erfolg oder Misserfolg gemessen wird.[450] Erscheint dabei ein Urheber als Kassengift, wird er von Verwerterseite nicht mehr angefragt und das, obwohl der Misserfolg uU nicht so sehr auf seinem Werk, als vielmehr auf der von ihm zwar genehmigten aber nicht fremdvorgenommenen Veränderung seines Werkes beruht. Entscheidet der Urheber sich daher dafür, bspw. in die Bearbeitung seines Werkes einzuwilligen, ist es nur legitim, dass er sich im Wege der Abgeltung seiner Urheberpersönlichkeitsrechte schon von vornherein vor eventuellen Nachfolgeschäden absichert.[451]

Darüber hinaus kann die starke Rechtsstellung des Urheberpersönlichkeitsrechts auch dazu ausgenutzt werden, neben den aus den Verwertungsrechten kommenden Einnahmen, noch weitere aus den Urheberpersönlichkeitsrechten zu generieren. Denn um Klarheit in der Rechtsbeziehung zwischen Urheber und Nutzer zu schaffen und um zu verhindern, dass der Nutzer seiner verwertungsrechtlich bestehenden Nutzungserlaubnis durch den Schutz der Urheberpersönlichkeitsrechte beraubt wird, werden oftmals vertragliche Vereinbarungen geschlossen, nach denen die Einwilligung des Urhebers in die Verwertung seines Werkes auch zu einer Beschränkung seiner Urheberpersönlichkeitsrechte führt.[452] Der Urheber bekommt dabei im

449 *Grunert* S. 202.

450 *Metzger* Rechtsgeschäfte S. 81.

451 Zumal gerade auch Fragen des Integritätsschutzes Ähnlichkeiten zum Eigentumsschutz des Art. 14 Abs. 1 GG aufweisen. Schließlich ist es doch einer der maßgeblichen Aufgaben des Eigentumsschutzes substanzerhaltend zu wirken; vgl. dazu auch *Metzger* Rechtsgeschäfte S. 82 Fn 119.

452 Im Zusammenhang mit dem Recht am eigenen Bild erkennt auch *Poll* ZUM 1988, 454, 456, dass die wirtschaftliche Einsatzmöglichkeit der Persönlichkeitsrecht auch als „Druckmittel“ vorliegen kann, um damit einen möglichst hohen und umfassenden „Beteiligungsanspruch“ zu gerieren.

Ausgleich für seine Einwilligung in die Beeinträchtigung seiner Urheberpersönlichkeitsrechte eine mehr oder minder angemessene Gegenleistung, die letztlich in der Höhe dem „Spiel von Angebot und Nachfrage" unterliegt, was dem alten Grundsatz Trollers von der „Tauschgerechtigkeit" hinreichend Genüge tut.[453]

Damit zeigt sich ein starker wirtschaftlicher Bezug der Urheberpersönlichkeitsrechte, die bewusst kommerzialisiert und damit auch als durch die Schöpfung erworbenes Mittel zur wirtschaftlichen Absicherung eingesetzt werden können. Die Urheberpersönlichkeitsrechte sind schließlich ebenso das Ergebnis der Leistung des Urhebers wie die verwertungsrechtlichen Befugnisse. Sie stehen ihm zu, da er ein Werk geschaffen hat, in dem sich seine Persönlichkeit widerspiegelt; nach dem oben formulierten Leistungsgedanken rechtfertigt dies dann auch einen Schutz nach Art. 14 Abs. 1 GG.[454]

Eine solche Vorgehensweise wurde zwar teilweise dahingehend ausgelegt, dass dem Urherber seine Urheberpersönlichkeitsrechte einfach als nicht wesentlich erscheinen,[455] womit die kommerzielle Handhabung der Urheberpersönlichkeitsrechte heruntergespielt und auf eine bloße Duldung, ohne Verzichtscharakter reduziert wurde,[456] doch mit solch einer Herangehensweise bevormundet man unzulässigerweise den Urheber.[457] Es muss vielmehr dem Urheber überlas-

453 *Troller* FS Roeber (1973) S. 655, 666, dies noch einmal bestätigend dann auf den S. 668 f.

454 So auch *Seemann*, UFITA 113 (1996), 5, 9, der hier ein Zitat J Thomas Mc Carthy benennt, wonach es den Klägern weniger um die Psyche als vielmehr um die Brieftasche gehe; sowie *Poll* ZUM 1998, 454, 456; Anders *Fechner* Geistiges Eigentum S. 194, der die Materialisierung der Urheberpersönlichkeitsrechte als unmöglich ablehnt.

455 OLG München ZUM 96, 165, 167 – „Dachgauben"; diese Formulierung ist noch als milde zu bezeichnen *Osenberg* S. 21 spricht sogar von einer „gewisser Charakterlosigkeit" und nach *Eckstein* ist ein solches Verhalten Zeichen von unsittlicher Persönlichkeitsschachererei, vgl. GRUR 1923, 133, 136.

456 So bspw. bei *v. Gamm* § 14 Rn 7.

457 Dagegen schon *Schricker* FS Hubmann S. 409, 413, der vorträgt, dass Persönlichkeitsschutz nicht zur Bevormundung des Rechtsträgers führen darf, und somit der Urheber sein Urheberpersönlichkeitsrechte auch kommerzialisieren können muss.

sen werden, seine persönlichkeitsrechtlichen Befugnisse in die Hand zu nehmen[458] und sie dementsprechend lizenzieren zu können.

Vorwürfe, die es als „sittenwidrig“ erachten, wenn sich der Urheber seine „Urheber-Ehre abkaufen lässt“[459] weisen darüber hinaus interessante Ähnlichkeiten mit den in der historischen Vergangenheit kritisierten Emanzipationsversuchen der Urheber auf. Zu allen Zeiten wurde bisher versucht ihnen vorzugeben, wofür sie Werke zu schaffen haben und vorgehalten, dass eine umfassende wirtschaftliche Verwertung ihres Werkes ihrer Ehre nur abträglich wäre.[460] Nicht zuletzt hat jedoch das BVerfG entschieden, dass der Einzelne grundsätzlich selbst das Recht hat, zu entscheiden wie er sich Dritten gegenüber darstellt.[461]

Diesen Grundsatz muss man zum Anlass nehmen, darüber nachzudenken, wie sich eine solche Selbstbestimmtheit des Künstlers umfassend und zeitgemäß regeln lässt. Interessant ist in diesem Zusammenhang auch ein Blick auf das Rechtsmodell in den USA zum allgemeinen Persönlichkeitsrecht. Dort differenziert man nämlich zwischen dem „right of privacy“ und dem „right of publicity“. Während das „right of privacy“ als „right to be left alone“ verstanden wird und damit in der Tradition des klassischen deutschen Persönlichkeitsrechtsverständnisses steht, dient das „right of publicity“ der wirtschaftlichen Verwertung der Persönlichkeit, die u.a. Exklusivübertragungen von Persönlichkeitsrechten (sog. Merchandising-Rechte) mit dinglicher Wirkung zulässt und damit dem Persönlichkeitsträger die wirtschaftliche Steuerung und Nutzung seiner Persönlichkeit überlässt und am kommerziellen Gewinn teilhaben lässt.[462] Dieses Modell

458 Dafür auch *Schricker* FS Hubmann, S. 409, 412; bejahend auch *Schröder/Bedau* NJW 1999, 3361, 3365f.

459 *Baum* GRUR Int. 1965, 418, 420: „Was aber so schockierend wirkt, ist die Tatsache, dass sich der Urheber mit der Verletzung seiner Ehre einverstanden erklärt, wenn er von dem Benutzer seines Werkes eine ihm angemessene Entschädigung erhält“.

460 So wurde in Deutschland die Zahlung eines Honorars für das Schreiben eines theologischen Werkes als „Simonie mit des heiligen Geistes Gabe“ bezeichnet (*Fechner* Geistiges Eigentum S. 27 Fn 55).

461 BVerfGE 54, 148, 155.

462 Näheres dazu siehe *Freitag* S. 71f., sowie bei *Seemann*, UFITA 113 (1996), 5ff., insb. 30ff. u. *Götting* S. 168ff., 191ff.

überzeugt[463] nicht nur für das allgemeine Persönlichkeitsrecht, sondern auch für das Urheberpersönlichkeitsrechts, denn grundsätzlich muss, unabhängig von einer urheberrechtlichen Ausgestaltung der Rechtsbeziehungen, auch hier gelten, dass es zunächst erst einmal dem einzelnen Urheber überlassen bleiben muss, wie er seine ideellen Belange ausgestaltet.[464]

Mit Feinberg ist daher von einer de jure autonomy des Einzelnen auszugehen, deren Kern es ist, das Recht zu haben zu wählen und Entscheidungen zu treffen.[465] Dies ist iÜ nicht zuletzt Ausdruck des Freiheitsaspekts in Art. 2 Abs. 1 GG,[466] der eine Bevormundung des Einzelnen durch den Staat gerade ausschließen soll. Hat sich der Urheber daher dafür entschieden, dass sein Werk unter Verletzung seiner Urheberpersönlichkeit umfassend verwertet werden soll und er damit in der Wahrnehmung der Rezipienten als ein anderer Urheber erscheint, dann muss ihm dies somit aus Gründen der eigenverantwortlichen Lebensgestaltung iSd Art. 2 Abs. 1 GG auch erlaubt werden. Insofern wird das amerikanisch dualistische Modell dem Interesse des Persönlichkeitsträgers an einer umfassenden wirtschaftlichen Handlungsfreiheit gerecht.[467] Und dies nicht etwa nur, weil ihm auf diese Weise die rechtliche Absicherung der wirtschaftlichen Ressource seiner Urheberpersönlichkeit gewährleistet wäre, sondern vor allem, weil ihm alle Optionen in die Hand gegeben werden, und ihm die

463 Ähnliches wurde bereits 1963 (!) von *Heitmann* vorgeschlagen, wonach dieser eine Zweiteilung des Persönlichkeitsrechts vorgeschlagen hatte, in dem sich das Persönlichkeitsrecht ähnlich wie die amerikanische Konstruktion in zwei Bereich teilen lasse. Nach wie vor stände danach jedem einzelnen ein ideeller Schutzbereich zu Verfügung. Daneben sei es ihm aber überlassen ob es mit seiner Persönlichkeit wirtschaftlich tätig werden wolle, tue er dies aber, dann sei ihm dazu ein selbständige, vererbliches und übertragbares vermögensrechtliches Nutzungsrecht an die Hand zu geben, S. 78 ff., 107 f.

464 Zu besagter Selbstbestimmtheit zählt es eben auch wie *Feinberg* feststellt: „to live ones life in particular to make the critical life decision", S. 54

465 *Feinberg* S. 68.

466 *Schricker* Informationsgesellschaft S. 93.

467 So benannte *Fikentscher* bereits 1983 die wirtschaftliche Entfaltungsfreiheit als den maßgeblichen Grund für die Anerkennung eines wirtschaftlich orientierten Persönlichkeitsrechts (sog. WPR), vgl. dazu Wirtschaftsrecht Band 2, § 21 III 3 e, § 22 I 2 a; man sollte sich danach den deliktsrechtlichen Schutz der Persönlichkeit in einer Weise vorstellen, dass zwei Rahmenrechte zur Verfügung stehen, das APR und das WPR, § 22 I 2 b

Wahlmöglichkeit belassen wird, sich zwischen wirtschaftlicher Kommerzialisierung oder ideeller, von ihm unangetasteter Persönlichkeitssphäre zu entscheiden,[468] was letztlich auch dem Grundgedanken der in Art. 2 Abs. 1 GG benannten Handlungsfreiheit am ehesten entspricht.

Zumal es im hier diskutierten Fall nicht um den Schutz des Urhebers vor dem Zugriff des Staates geht, sondern um wirtschaftliche und in Selbstbestimmung gewählte Handlungsmöglichkeiten des Kreativen im Verhältnis zu Dritten, die dem Grundsatz der Privatautonomie unterfallen. Es liegt also kein Eingriff des Staates vor, der eine erhöhte Wachsamkeit erfordern würde, sondern ausschließlich eine Selbstbeschränkung des Urhebers. Richtig ist dabei zwar, dass den Grundrechten auch eine objektiv rechtliche Funktion zukommt,[469] doch anders als im oben diskutierten Fall der Freiheitsmaximierung der beiden konkurrierenden Grundrechte aus Art. 5 Abs. 3 und 14 GG, in dem sich eine an optimaler Konkordanz orientierende Freiheit der beiden Grundrechtsträgers erst durch eingreifende Gesetzgebung des Staates verwirklichen lässt, der Staat also quasi dem Urheber und dem Künstler in der Unterstützung bei der Schaffung und Erhaltung seiner freien Existenz beitritt,[470] sind die Vorzeichen hier gerade umgekehrt, wird doch die Freiheit des Grundrechtsträgers nicht entwickelt, sondern durch eine paternalistisch anmutende Haltung des Staates beschränkt. Letztlich wäre aber eine „Ursupation fremder Entscheidungstätigkeit“[471] des Urhebers durch den Staat ein viel schwerwiegender Eingriff in die Freiheit des Urhebers aus Art. 2 Abs. 1 GG, als sein selbstbestimmt gewählter Verlust seiner grundrechtlich getragenen Position.[472] Zudem gerade die objektiv-rechtliche Bewertung des Grundgesetzes zeigt, dass angesichts eines liberalen Grundrechtsverständnisses nur dort eine Schutzpflicht besteht,

468 Im Ergebnis für das allgemeine Persönlichkeitsrecht ähnlich auch bei *Lehmann* in FS Hubmann, 255, 264: „Der Inhaber soll frei entscheiden könne, ob er bestimmte abspaltbare Bereiche seines APR einer kommerziellen Verwertung zugänglich macht oder nicht.“

469 Vgl. dazu unter Kapitel 2 § 1.

470 Vgl. dazu unter Kapitel 2 § 1.

471 *Enderlein* S. 61.

472 Vgl. dazu auch bei *Metzger* Rechtsgeschäfte S. 98f.

wo jemand sich zu Lasten anderer auf seine persönliche Freiheit beruft.

Der Grundrechtsträger hat nun mal das Recht „alles zu tun, was anderen nicht schadet".[473] Ein Eingriff in die Rechte Dritter wäre aber im hier diskutierten Zusammenhang nicht der Fall, da ausschließlich der Urheber selbst Betroffener seiner eigenen Entscheidung ist. Grundrechtsschutz vor sich selbst aber, was die Folge einer übertriebenen Anwendung der aus objektiv-rechtlicher Seite der Grundrechte folgenden Schutzpflicht des Staates wäre, ist damit aber ausgeschlossen.[474] Erst dort, wo die freie Willensentscheidung maßgeblich eingeschränkt ist und aus der Selbst- eine Fremdbestimmung iSe „gestörten Vertragsparität" geworden ist, mithin es am „annähernd gleichen Kräfteverhältnis" der Vertragspartner fehlt,[475] kann es zu einem Eingreifen des Staates kommen, da andernfalls das Grundrecht der freien Entfaltung der Persönlichkeit aus Art. 2 Abs. 1 GG zur bloßen Hülle werden würde. Hierbei handelt es sich jedoch nicht um einen Grundrechtsschutz vor sich selbst, als vielmehr um einen Grundrechtsschutz vor qualitativ überlegenen Dritten, denen der Urheber, aus seiner schwächeren Position heraus nichts entgegenzusetzen hat,[476] was iÜ schon iRd § 138 BGB bereits heute gängige Praxis ist.

Zu bedenken ist auch, dass der Urheber nach der hier erfolgten Überlegung nicht grundrechtlos gestellt wäre, sondern es vielmehr zu einer Verlagerung des Grundrechtsschutzes aus Art. 1 Abs. 1, 2 Abs. 1

473 BVerfGE 6, 32, 39; ähnlich auch *Doehring,* FS Zeidler Bd. 2, S. 1553, 1558: „Das Unterlassen der Selbstgefährdung (kann) nur dann staatlich befohlen werden, wenn qualitativ und quantitativ die Gefahren für das Allgemeinwohl und die Belastung der Allgemeinheit ein ganz erhebliches Maß erreichen".

474 In der Literatur findet sich, gerade auch angesichts der hier skizzierten Argumente, eine allgemeine Ablehnung eines übertriebenen Grundrechtsschutzes v.a. bei *von Münch* FS Ipsen S. 113, 127f.: „Damit bleibt für einen Grundrechtsschutz gegen sich selbst kein Raum".; vgl. dazu auch bei *Doehring* FS Zeidler Bd. 2, S. 1553, 1557f.; *Schwabe* JZ 1998, 66, 70 mwN.

475 BVerfGE 81, 242, 255.

476 So im Ergebnis auch *Metzger* Rechtsgeschäfte S. 173f.; sowie von *Münch* FS Ipsen 113, 127: „Ein Grundrechtsschutz gegen sich selbst kommt nur dann in Betracht, wenn nicht gleichzeitig die Verletzung der Rechte anderer auf dem Spiel steht... Ein Grundrechtsschutz gegen sich selbst liegt aber dann nicht vor, wenn es sich zwar um eine ausschließliche Selbstgefährdung handelt, diese aber nicht auf einer freien Selbstentscheidung beruht."; anders aber bspw. bei *Enderlein* S. 60ff., 150ff.

GG hin zu Art. 14 Abs. 1 GG käme. Insofern wäre jede andere Entscheidung letztlich nur ein übertriebener Persönlichkeitsschutz ohne Grund zu Lasten der Wirtschaftlichkeit des Geistesguts, der noch dazu der allgemeinen Handlungsfreiheit des Art. 2 Abs. 1 GG zuwiderlaufen würde.[477]

Daraus folgt nun aber, dass, wenn der Urheber sich dazu entschlossen hat über sein Urheberpersönlichkeitsrecht zivilrechtliche Rechtsgeschäfte abzuschließen, er sich zwangsläufig auch dazu entschieden hat, sie als „normale" vermögenswerte Rechte zu behandeln und anzusehen. Dagegen lässt sich auch nicht die Funktion der Urheberpersönlichkeitsrechte als Schutz des geistigen Bandes zwischen Urheber und Werk anführen, denn neben den bereits angesprochenen verfassungsrechtlichen Überlegungen zu Art. 2 Abs. 1 GG zeugen gerade das geistige Band und die Werkbezogenheit des Urheberpersönlichkeitsrechtes vielmehr davon, dass es dem Urheber überlassen bleiben muss, wie er über sein Urheberpersönlichkeitsrecht befindet. Genauso wie er der Verbreitung seines Werkes zustimmt, stimmt er eben zu, bspw. das Werk zu verändern oder ohne Urheberbezeichnung zu verbreiten. Die Entstellung aus § 14 UrhG, der Verzicht auf Urheberbenennung in § 13 UrhG, etc. werden jeweils durch einen klaren Gegenwert in der Praxis abgegolten, den der Verwerter im Ausgleich bezahlen wird, will er sichergehen, dass der Urheber nicht aus seinen Persönlichkeitsrechten gegen ihn vorgeht. Wenn der Urheber aber in der Lage ist, aus einer möglichen Beeinträchtigung seiner Persönlichkeitsrechte wirtschaftlichen Nutzen zu ziehen, dann stellt er damit nicht bloß seine ideellen Interesse zugunsten seiner materiellen Interessen zurück,[478] sondern die ideellen Interessen werden vielmehr zu materiellen. Damit wird das Urheberpersönlichkeitsrecht zum Vermögensrecht,[479] das wie die Verwertungsrechte im Gegensei-

477 Ähnlich im Ergebnis auch *Schricker* FS Hubmann 409, 413; *Metzger* Rechtsgeschäfte S. 100.

478 Ähnlich auch *Schricker* Fs Hubmann 409, 413, Das Interesse am Verzicht kann sich nämlich nach Schrickers Überlegung aufgrund der Gegenleistung ergeben haben.

479 Dies in Bezug auf das allgemeine Persönlichkeitsrecht erkennend auch *Seemann* UFITA 113 (1996), 5, 10; unter Bezugnahme auf die Erkenntnisse in *Simon* Persönlichkeitsrecht, der in Bezug auf das allgemeine Persönlichkeitsrechts von einem „eigentumsähnlichen Vermögens- und Verwertungsrecht" spricht, S. 249, sowie in *Poll* ZUM 1998, 454ff.; dies erkannt und folgerichtig bewertet auch

tigkeitsverhältnis steht und wie diese dann auch unter verfassungsrechtlichen Gesichtspunkten behandelt werden muss.

Diese Überlegung ist iÜ auch in der urheberrechtlichen Literatur trotz mangelnder Endkonsequenz in der verfassungsrechtlichen Beurteilung nicht unüblich. Denn wenn Hertin eine wirksame Einwilligung des Urhebers in die Verletzung der Integrität des Werkes und damit seiner Urheberpersönlichkeitsrechte durch Dritte von einer zuvor erfolgten Entschädigung abhängig machen will,[480] erkennt er damit unbewusst an, dass ein pekuniäres Gegenseitigkeitsverhältnis zwischen Einwilligung und Abgeltung besteht und damit die Urheberpersönlichkeitsrechte kommerzialisiert und somit Vermögensgut sein können, zumal auch das Urhebergesetz selbst letztlich für eine derartige Deutung spricht. So gewährt § 97 Abs. 2 UrhG bei Eingriffen in das Urheberpersönlichkeitsrecht primär eine Geldentschädigung. Anders als beispielsweise im Presserecht, bei dem die Möglichkeiten einer Gegendarstellung oder eines Widerspruchs im Vordergrund stehen,[481] wird eine Verletzung der Urheberpersönlichkeitsrechte in erster Linie entgeltlich ausgeglichen. Damit wird nicht nur zu erkennen gegeben, dass jede vorherige Abgeltung der Urheberpersönlichkeitsrechte als vorweggenommene Entschädigung angesehen werden kann,[482] sondern auch, dass den Urheberpersönlichkeitsrechten ein wirtschaftlicher Wert entspricht.[483]

Die Betonung des wirtschaftlichen Werts iRd Urheberpersönlichkeitsrechte zeigt sich an dieser Stelle auch deswegen so beispielhaft, als anders als bei Verletzung des zivilrechtlichen allgemeinen Persönlichkeitsrechts, bei der Schmerzensgeld nur bei schwerem Verschulden gewährt wird und dessen Rechtsfolgen primär auf die Widerherstellung des guten Rufs gerichtet sind,[484] für den Schmerzensgeldan-

durch *Ullmann* AfP, 1999, 209, 210 („materialisierte Persönlichkeitsdetails", „de facto vermögenswerte Rechte"; nicht ganz so weitgehend aber *Götting*, der das Urheberrecht aufgrund der Unübertragbarkeitsregel in § 29 Satz 2 UrhG als Mischrecht eigener Art ansieht, das zwischen Persönlichkeits- und Immaterialgüterrecht angesiedelt ist, S. 11.

480 Fromm/Nordemann/*Hertin* § 14 Rn 20.
481 Vgl. auch *Fechner* Medienrecht Rn 255 ff.
482 *Samson* Urheberrecht, S. 95.
483 So im Ergebnis auch vertreten von *Heeschen* S. 192; *Riekert* S. 121 ff.
484 *Fechner* Medienrecht Rn 302.

spruch aus § 97 Abs. 2 UrhG wie beim regulären Schadensersatzanspruch der Vorwurf einfacher Fahrlässigkeit ausreicht und wie festgestellt auf Geld gerichtet ist. Damit scheint auch der Gesetzgeber nicht umhin zu kommen, die Möglichkeit der Kommerzialisierung des Urheberpersönlichkeitsrechts als Wirtschaftsgut in Betracht zu ziehen und als bestehende Realität anzuerkennen. Daraus folgt, dass es Situationen gibt, in denen die ideellen Interessen damit auch dem Schutz der materiellen Interessen des Urhebers dienen können.[485]

Die bisherigen Ausführungen zeigen damit, dass die kommerzialisierten Urheberpersönlichkeitsrechte unter dem Eindruck der Existenzsicherung und des Leistungsprinzips und damit den grundlegenden verfassungsrechtlichen Stützpfeilern des Eigentumsschutzes entsprechen. Angesichts dieser Gesichtspunkte ist es daher nicht überzeugend, statisch den Eigentumsbegriff nur dort anzuwenden, wo Vermögensrechte explizit als solche bezeichnet werden. Schließlich haben die Ausführungen zum Eigentumsbegriff gezeigt, dass maßgeblich für die Anerkennung als Eigentum nicht die Festlegung durch den Gesetzgeber als vermögenswertes Recht, sondern das Erfüllen der übergeordneten und wie hier gegebenen verfassungsrechtlichen Prinzipien ist. Auch die ideellen Interessen können damit als Produkt eigener Leistung zu privat-rechtlichen vermögenswerten Rechten werden, denen eine gleiche wirtschaftliche Bedeutung zukommt wie den Verwertungsrechten. Ähnlich wie es ab dem ausgehenden 18. Jahrhundert in den Gedanken der Aufklärung zu einem Wandel im Eigentumsbegriff kam und das Sacheigentum, insb. das Grundeigentum, nicht mehr als die einzig maßgebliche wirtschaftliche Grundlage gesicherter wirtschaftlicher Existenz anerkannt wurde,[486] ist am Anfang des 21. Jahrhunderts daher eine erneute Bestandsaufnahme notwendig geworden. Die Persönlichkeitsrechte können nämlich vom Urheber mit dem Ziel eingesetzt werden, Geld

485 *Riekert* S. 123; Schricker/*Dietz* § 14, Rn 2.

486 Bildlich wird dieser Wandel sehr schön von Becker: in Das Eigentum an Geisteswerken (1789) dargestellt: „Wenn ich ein Buch fabriziere, so erzeuge ich auf meinem Grund und Boden, durch meinen Fleiß, aus meinem Stoff, der mich Geld kostet, ein Produkt, dessen Werth eben so wohl mein Eigentum ist, als der Werth des Getreides und Weines dem Land- und Weinbauern“.; zitiert nach *Hubmann* ZUM 1988, 4, 6.

zu verdienen.[487] Die zunehmende Kommerzialisierung der Persönlichkeitsrechte hin zu einem Wirtschaftsgut hat dazu geführt, dass sie, wie die Verwertungsrechte, einem materiellen Interesse dienen können und damit den Schutz der Freiheit des Einzelnen im vermögensrechtlichen Bereich sicherstellen und dementsprechend Voraussetzung für dessen eigenverantwortliche Lebensgestaltung im Wege der Existenzsicherung sein können. Dies lässt sie mithin zum Eigentum des Urhebers werden und damit von Art. 14 Abs. 1 GG erfasst sein.

Zwar mag nicht jeder Urheber eine solche Kommerzialisierung seiner Persönlichkeit betreiben, so dass es daher zu differenzieren gilt. Doch dort, wo der Urheber gezielt seine Persönlichkeit als Wirtschaftsgut verwertet, unterfallen diese dem Eigentumsbegriff des Art. 14 Abs. 1 GG und seinen Schranken. Nimmt der Urheber hingegen eine solche Materialisierung nicht vor, sondern versteht sie nach dem klassischen Modell als reine Schutzrechte, die ihm die Integrität des Werkes und seiner Person sichern, dann wird Art. 2 Abs. 1 iVm Art. 1 Abs. 1 GG, bzw. im hier zu behandelnden Fall der Collage Art. 5 Abs. 3 GG, nicht durch die speziellere Eigentumsfreiheit in Art. 14 Abs. 1 GG verdrängt.

III. Folgen der verfassungsrechtlichen Vorgaben zum Urheberpersönlichkeitsrecht für die urheberrechtliche Bewertung der Collage

IRd urheberrechtlichen Betrachtung der Urheberpersönlichkeitsrechte kann es mithin dazu kommen, dass die Bewertung einer Entstellung des Ausgangswerkes durch die nachgeschaffene Collage über die Kunstfreiheit zu einer verfassungsrechtlichen Einkleidung findet. Gleichzeitig, und hierbei handelt es sich um die entscheidende Erkenntnis iR dieser verfassungsrechtlichen Betrachtung der Urheberpersönlichkeitsrechte, wird man dazu übergehen müssen, Rechtsgeschäfte die zwischen Collagekünstler und Urheber geschlossen werden, nicht mehr nur ausschließlich unter ideellen, sondern aus Gründen der Handlungsfreiheit iSd Art. 2 Abs. 1 GG und mit Blick auf die Realitäten des Lebens, auch unter materiellen Gesichtspunk-

487 So deutlich auch bei *Wallner* S. 74 vorgetragen.

ten zu betrachten, denn die Urheberpersönlichkeitsrechte können vom Urheber in einer Weise vermarktet werden, dass sie zum Wirtschaftsgut werden und damit dem Eigentumsbegriffs des Art. 14 Abs. 1 GG unterfallen.

Diese Erkenntnis führt jedoch nicht nur zu einem grundlegenden Wandel in der Eigentumsdogmatik, sondern auch zu einer anderen Bewertung der Persönlichkeitsrechte. Dies mag in der Folge noch dazu führen, dass bisher eherne Grundsätze, die nunmehr so lange iRd Urheberpersönlichkeitsrechte Bestand behalten haben, in der sich an dieses Kapitel anschließenden urheberrechtlichen Betrachtung, unter verfassungsrechtlich konformer Auslegung zu überdenken sind.

§ 4 Die Collage und das Grundgesetz – Gesamtergebnis der verfassungsrechtlichen Bewertungen

Die wichtigen Fragen im Urheberrecht sind zugleich auch Verfassungsfragen. Wenn es also darum geht, die Rechte des Urhebers durch Schrankenregelungen zu begrenzen, dann geht es immer auch um die Frage, wie weit dürfen die verfassungsmäßigen Rechte des Urhebers beschränkt werden.

Denn auch die noch so avantgardistisch anmutende Collageform, wird nach dem hier entwickelten indiziellen Kunstbegriff als Kunst vom Anwendungsbereich des Art. 5 Abs. 3 GG erfasst und somit verfassungsrechtlich geschützt. Gleichzeitig obliegt es aber dem Gesetzgeber qua Verfassungsauftrag, aus Art. 14 Abs. 1 GG das Urheberrecht so auszugestalten, dass dem Urheber die optimale wirtschaftliche Entwicklungsmöglichkeit gegeben ist. Durch positive Nutzungsrechte und negative Verbotsrechte erlaubt es der Gesetzgeber damit dem Urheber grundsätzlich, die Verwertung seines Werkes durch nachschaffende Collagekünstler entweder zu verbieten oder aber zu lizenzieren, was eigentlich der von der Kunstfreiheit beabsichtigten freiheitlichen Kunstentwicklung zuwider läuft. Dennoch sieht gerade auch das Grundgesetz in Art. 14 Abs. 1 Satz 2 GG vor, dass diese Absolutheit des Eigentumsschutzes verfassungsrechtlich nicht durchzuhalten ist. So müssen gerade auch unter dem Eindruck der Kunstfreiheit vom Gesetzgeber Inhalts- und Schrankenbestimmungen geschaffen werden, unter denen dem nachschaffenden Collagekünstler eine Übernahme des Fremdwerkes auch ohne Vergütung ermöglicht werden. Die nähere Ausgestaltung dieser Inhalts- und Schrankenbestimmung und insbesondere ihre urheberrechtliche Auslegung hat sich dabei immer nach den verfassungsrechtlichen Vorgaben auszurichten und ist damit gerade in den Randbereichen ihrer urheberrechtlichen Anwendung letztlich immer eine am konkreten Einzelfall zu diskutierende Verhältnismäßigkeitsprüfung der Interessen zwischen Urheber und Collagekünstler. Daneben bilden die verfassungsrechtlichen Erläuterungen zum Eigentumsbegriff des Urheberrechts jedoch nicht nur die Verständnisbasis für eine verfassungskonform ausgerichtete Auslegung von Inhalts- und Schrankenbestimmungen, auch auf die Bewertung urheberrechtlicher Sonderphänomene zugunsten des nachschaffenden Collagekünstlers, wie das „der freien Benutzung" nach § 24 Abs. 1 UrhG oder die Entwicklung eines urheberrechtlichen Werkbegriffs, der auch bisher nicht erfasste Sonderformen der Collage urheberrechtlich zeitgemäß erfasst, werden sich die in diesem Abschnitt gewonnenen Erkenntnisse noch unterstützend auswirken. Daneben behält das Eigentumsrecht auch eine besondere Rolle im Falle der Urheberpersönlichkeitsrechte. Das Urheberrecht ist zwar auch Persönlichkeitsrecht im eigentlich von der Verfassung vorgesehen Sinne, wobei die verfassungsrechtliche Verortung im hier diskutierten Zusammenhang der Collage sich vor allem in der Kunstfreiheit und nicht so sehr in Art. 1 Abs. 1, 2 Abs. 1 GG niederschlägt, doch den Grundsatz vom unberührbaren Urheberpersönlichkeitsrecht[488] gilt es dann zu überdenken, wenn Urheberpersönlichkeitsrechte vom Urheber gegenüber dem Collagekünstler kommerziell genutzt werden. Dies hat zur Folge, dass die Urheberpersönlichkeitsrechte dabei nicht nur den durch Art. 14 Abs. 1 GG aufgestellten Regeln des Eigentums zu folgen haben, sondern der verfassungsrechtlich zu vollziehende Wandel im Eigentumsbegriff auch auf das urheberrechtliche Verständnis vom Urheberpersönlichkeitsrecht nachhaltig Einfluss nehmen muss. Das nunmehr abgeschlossene 2. Kapitel dieser Arbeit ist damit die Grundlage und gleichzeitig der Unterbau für die Überlegungen in den nunmehr folgenden urheberrechtlichen Stellungnahmen zur Collage.

488 Nach diesem Grundsatz hat das Urheberpersönlichkeitsrecht, trotz verwertungsrechtlicher Erlaubnis seitens des Urhebers immer gewahrt zu bleiben, *Leinemann* S. 92.

Kapitel 3: Die Collage in ihrer urheberrechtlichen Problematik

„Alles was der Künstler spuckt ist Kunst".[489] Kunst? – Nun vielleicht! Aber was heißt das schon aus urheberrechtlicher Sicht? Denn dass Kunst produzieren nicht notwendig heißen mag, urheberrechtlich geschützte Werke zu schaffen, gilt als allgemein bekannte Floskel. Zudem mag eine sich an bereits bestehenden Werken „vergreifende" künstlerische Arbeit so gar nicht mit der urheberrechtlichen Monopolposition des Urhebers übereinkommen.

§ 1 Einleitung

Diese, gerade auch für die Collage bestimmenden, urheberrechtlichen Diskussionspunkte gilt es nun aber zu ergründen. Die benannten urheberrechtlichen Problemstellungen sind dabei, wie sich gezeigt hat zugleich immer auch verfassungsrechtliche Problemstellungen. Nicht nur, dass das Urheberrecht selbst letztlich nur das Produkt einer weiten Palette von Grundrechten ist, zusätzlich stehen dem Urheberrecht vielfach grundrechtlich geschützte Interessen anderer gegenüber.

Es gilt nun, programmatisch die einschlägigen Fallgruppen noch einmal schlagwortartig festzustellen und kurz zu erläutern, worin die Probleme im Einzelnen liegen, auf die in diesem Kapitel detailliert eingegangen werden soll: (1) Zunächst wird es darum gehen zu zeigen, dass der Werkbegriff des Urheberrechts sich als zu eng erweisen kann, wenn es um die Frage geht, ob bestimmte Collageformen der Avantgarde, wie bspw. Sollfranks *Computercollage*,[490] geschützt werden können. Man muss sich fragen, ob der Werkbegriff wie er heute verstanden wird, noch zeitgemäß ist und ob nicht vor allem eine grundrechtliche Überprüfung unter Berücksichtigung kulturwissenschaftlicher Überlegungen in der einfachgesetzlichen Bewertung zu einer anderen Ansicht führen muss. (2) Daneben wird es darum gehen,

489 (Kurt Schwitters) zitiert nach *Wellershoff* S. 7.
490 Betrachte dazu die Abbildungen unter *www.medienkunstnetz.de/werke/female-extension*; zuletzt abgerufen am 30. 1. 2008.

nachdem nun abstrakt die grundsätzlichen verfassungsrechtlich vorgegebenen Spielregeln geklärt wurden, nach denen die Eigentumsrechte des Urhebers eingeschränkt werden dürfen, festzustellen, wie sich diese Überlegungen auf den konkreten Fall der Collage auswirken. Dabei sollen die grundsätzlichen, urheberrechtlichen Rechte besprochen, in die der Werknutzer zwingend eingreift, wenn er seine Collage fertigt, sowie bestehenden urheberrechtlichen Möglichkeiten ausgelotet werden, nach denen die Rechte des Urhebers zugunsten des Collagekünstlers beeinträchtigt werden können. Gleichzeitig soll dabei die Überlegung im Vordergrund stehen, ob diese ausreichen oder ob sie nicht unter der bisherigen Auslegung zu kurz greifen. Eng damit zusammen hängt die Erkenntnis, dass die Monopolisierung bestimmter Ausdrucksformen im Namen des Urheberrechts in Widerstreit mit der Freiheit der Kunst geraten kann.

Eine besondere Betrachtung in dieser Arbeit wird daher der Rolle der Kunst gewidmet sein, wenn es um Beschränkungen zu Lasten des Urhebers geht. Man muss sich nämlich die Frage stellen, ob nicht die neueren Entwicklungen der Kunst bestimmte Auswirkungen auf das Urheberrecht zur Folge haben, die zu einem Umdenken in bestimmten Teilen der urheberrechtlichen Auslegung bestehender Regeln führen müssen.

§ 2 Eine Analyse des bestehenden Werkbegriffs anhand ausgewählter Formen der Collage

Es gilt nun im Folgenden zu untersuchen, ob und inwiefern die Collage vom Schutz des Urheberrechts umfasst ist und welche konkreten Veränderungen es in der urheberrechtlichen Herangehensweise bedarf, auch und gerade mit Blick auf mögliche Vorgaben aus der Verfassung. Gleichzeitig soll mit diesem Abschnitt die Grundlage für ein tiefgehenderes Verständnis des vom Urheberrecht zu verfolgenden Werkbegriffs vermittelt werden. Dieses ist, wie sich noch zeigen wird, gerade auch deswegen von Bedeutung als sich daraus wichtige Erkenntnisse für die Frage nach einer vergütungsfreien Benutzung zugunsten des nachschaffenden Collagekünstlers ableiten lassen.

Daher kommt dem nun zu behandelnden Thema eine Doppelfunktion zu: einmal Entwicklung eines zeitgemäßen Werkbegriffs, andererseits aber Schaffung einer Verständnisgrundlage für die Entwicklung eines kunstbejahenden Konzeptes des Urheberrechts.

A. Das Problem des urheberrechtlichen Werkbegriffs mit dem neuen Bildbegriff der Collage

Es gibt eine Reihe von künstlerischen Arbeiten, bei denen sich Literatur und Rechtsprechung nicht ganz einig sind, ob sie noch vom Werkbegriff umfasst und damit urheberrechtlich geschützt sind, oder ob ihnen bloß ein Platz in der Kunstgeschichte bleibt. Dieses gilt dabei auch für einzelne Ausdrucksformen der Collage.

Was sich an dieser Stelle auftut, vermittelt den Eindruck einer Zweiklassengesellschaft. Die Anwendungsvoraussetzungen der §§ 1, 2 Abs. 2 UrhG fungieren dabei als eine Art Türsteher mit teilweise sehr rigider Einlasspolitik. Derjenige, dessen Werk nach § 2 Abs. 2 UrhG als persönlich geistige Schöpfung gilt, darf hinein, derjenige, dessen Werk nicht alle Kriterien erfüllt, muss draußen bleiben. Bevor jedoch eine Antwort darauf gefunden wird, was am Werkbegriff veränderungswürdig erscheint, ist es ratsam, zunächst den Blick für die derzeitige Situation und das generelle Verständnis des urheberrechtlichen Werkbegriffs zu schärfen, um die Problematik deutlich werden zu lassen.

I. Die allgemeine Auffassung vom Werkbegriff

Den Schutz jedes potentiellen Urhebers durch das Urheberrecht hat das Gesetz von bestimmten Hürden abhängig gemacht. Der Collagekünstler genießt erst dann Schutz für sein Werk nach Maßgabe dieses Gesetzes, § 1 UrhG, wenn es sich dabei um eine persönlich geistige Schöpfungen (§ 2 Abs. 2 UrhG) handelt. § 1 UrhG gibt damit schemenhaft den Anwendungsbereich des UrhG wider. Die Begriffe Literatur, Kunst und Wissenschaft des § 1 UrhG sind dabei als allgemeine, den Gesamtbereich der geschützten Werke umschreibende Oberbegriffe in einem weiten Sinne zu verstehen,[491] die nicht auf literarische, wissenschaftliche oder künstlerische Hochkultur be-

491 *Dreier/Schulze* § 2 Rn 4; *Erdmann* FS v. Gamm 389, 395; *Schricker* GRUR 1996, 815, 816.

schränkt werden dürfen.[492] Ihr sachlicher Umfang wird durch die Beispiele in § 2 Abs. 1 UrhG angedeutet. Während § 1 UrhG den Charakter einer Präambel hat,[493] ist § 2 UrhG quasi das Eingangstor zum Urheberrecht.[494] Die § 1 und 2 UrhG stehen dabei in Wechselwirkung zueinander und müssen im Zusammenhang betrachtet werden.[495] Erst wenn eine persönlich geistige Schöpfung einem der Bereiche von Literatur, Wissenschaft oder Kunst zugerechnet werden kann, ist sie urheberrechtlich geschützt. Zu beachten ist ferner, dass die in § 2 Abs. 1 UrhG genannten Werkarten nur beispielhaft, nicht aber abschließend aufgezählt sind,[496] wie auch durch die Formulierung *insbesondere* verdeutlicht wird.

Von zentraler Bedeutung für den Schutzbereich im Urheberrecht ist nun der Begriff des Werkes. Dadurch wird das Urheberrecht von technischen Leistungen abgegrenzt, deren Ergebnis häufig die Erfindung ist. Der Anwendungsbereich des Urheberrechts ist somit auf den geistig-ästhetischen Bereich beschränkt.[497] Nicht verwechselt werden darf aber das Werk mit seiner körperlichen Festlegung – dem Werkstück. Das Urheberrecht schützt nämlich nur den in der körperlichen Festlegung fixierten und von ihr ablösbaren geistigen Gehalt, nicht aber das Sacheigentum am konkreten Werkstück.[498]

1. Verfassungsrechtlicher Kunstbegriff und urheberrechtlicher Kunstbegriff

Nicht nur die Verfassung, auch das Urheberrecht schützt die Kunst, denn es nennt als schützenswert in § 1 UrhG abstrakt die Kunst und in § 2 Abs. 1 Nr. 4 UrhG im speziellen Werke der bildenden Kunst. Was das Urheberrecht allerdings genau unter dem Begriff Kunst ver-

492 Schricker/*Loewenheim* § 2 Rn 4.
493 Wandtke/Bullinger/*Bullinger* § 1 Rn 1.
494 Fromm/Nordemann/*Nordemann-Vinck* § 2 Rn 1; Wandtke/Bullinger/*Bullinger* § 2 Rn 1.
495 *Dreier/Schulze* § 2 Rn 2; Möhring/Nicolini/*Ahlberg* § 2 Rn 1; Wandtke/Bullinger/*Bullinger* § 2 Rn 3.
496 Amtl. Bgrd. abgedruckt in UFITA 45 (1965/II), 240, 251.
497 Schricker/*Loewenheim* Einl. Rn 4.
498 *Hubmann* Das Recht des schöpferischen Geistes S. 31; Schricker/*Loewenheim* § 2 Rn 10.

steht, nennt es nicht. Ähnlich wie in der Frage der Kunstfreiheit tut sich die urheberrechtliche Betrachtung mit einer Definition schwer. Auffallend ist zunächst, dass das UrhG ‚Literatur' offenbar nicht als Kunst ansieht, da es diese eigenständig neben der Kunst nennt. Als „Kunst" versteht das Urheberrecht daher nur die bildende Kunst.[499] Der urheberrechtliche Begriff der Kunst ist insoweit lediglich ein Anknüpfungs- und Zuordnungsbegriff. Die bloße Zugehörigkeit der Collage zum Bereich der Kunst besagt deshalb noch nichts über ihre Urheberrechtsschutzfähigkeit aus.

2. Die persönliche geistige Schöpfung – Der gesetzliche Werkbegriff der h. M.

Die Rechtsprechung hat zunächst einmal festgestellt, dass der urheberrechtliche Werkbegriff nichts weiter ist als ein Rechtsbegriff.[500] Seiner Natur nach normativ, ist nun die Frage, ob eine geschützte Collage vorliegt, danach zu richten, ob es sich dabei um eine persönlich geistige Schöpfung handelt.

Nach der amtlichen Begründung ist die Definition des Werkbegriffs als persönlich geistige Schöpfung dabei letztlich als die Zusammenfassung der von der Rechtsprechung[501] und Rechtslehre[502] entwickelten Grundsätze vor dem Bestehen des UrhG von 1965 zu verstehen.[503] Der Werkbegriff gilt dabei als zweckneutral[504] und ob-

499 Wenn in der Arbeit also im Folgenden von „Kunst" gesprochen wird, dann ist damit die allumfassende Kunst iSd Art. 5 Abs. 3 Satz 1 GG und nicht als Teilfunktion des Urheberrechts gemeint.

500 BGH GRUR 2004, 941, 942 – Metallbett; BGH GRUR 2002, 958, 959 – Technische Lieferbedingungen.

501 Vgl. dazu BGHZ 5, 1, 3 – Hummelfiguren: „eigenpersönliche Schöpfungen"; BGHZ 9, 262, 264 – Filmverwertungsvertrag und Filmschutz: „eigentümliche Schöpfung" „individuelle Prägung"; BGHZ 22, 209, 214 – Gebrauchsgraphik und Kunstschutz: „eigenpersönliche, geistige Schöpfung"; BGHZ 27, 351, 352 – Candida: „schöpferische, individuelle Leistung".

502 Vgl. dazu grundlegend bei *de Boor* Urheberrecht S. 72 ff., 83: Schon damals galt die Überlegung, dass das Werk durch „individuelle geistige Schöpfung" entstanden sein muss.

503 Amtl. Bgrd. abgedruckt in UFITA 45 (1965/II), 240, 252.

504 Fromm/Nordemann/*Nordemann-Vinck* § 2 Rn 4; Wandtke/Bullinger/*Bullinger* § 2 Rn 29.

jektiv.[505] Damit kommt es nicht darauf an, ob mit der Collage, eine bestimmte künstlerische Ausdrucksform gewählt werden muss, um unter den Anwendungsbereich zu fallen. Und auch die persönliche Haltung des Richters entscheidet nicht, ob die Collage unter den Werkbegriff fällt.[506] Es ist vielmehr einzig nach objektiven Kriterien zu ermitteln, ob die konkrete Schöpfung als Kunstwerk anzusehen ist.[507] Damit ist jede Entscheidung letztlich eine reine Rechtsfrage.[508]

Im Großen und Ganzen lässt sich feststellen, dass nach der h.M. die Auslegung und Anwendung des Werkbegriffs von vier Voraussetzungen abhängt:[509] Danach müsste es sich bei der gegenständlichen Collage zunächst um eine persönliche Schöpfung des Urhebers handeln. Denn, wenn Zweck des Urheberrechts der Schutz des Urhebers und nicht der des Werkes[510] ist, ist es daher nach nahezu einhelliger Meinung zunächst einmal notwendig, „dass das Werk auf einer mensch-

505 Fromm/Nordemann/*Nordemann-Vinck* § 2 Rn 5; *Samson* UFITA 56 (1970) 117.

506 Eine klare Abgrenzung zwischen den Begriffen der Literatur, Wissenschaft und Kunst lässt sich kaum vornehmen. Die Begriffe überschneiden sich; ein Werk kann mehreren Werkkategorien angehören", Schricker/*Loewenheim* § 2 Rn 7.

507 Schricker/*Loewenheim* § 2 Rn 6: „Die Rechtsprechung hat dabei die Formel entwickelt, dass der Maßstab zur Beurteilung urheberrechtlicher Werke die Auffassung der mit literarischen und künstlerischen Werken einigermaßen vertrauten und hierfür aufgeschlossenen Verkehrskreise ist. Bei Werken der bildenden Kunst muss ein solcher Grad an ästhetischem Gehalt erreicht werden, dass nach der im Leben herrschenden Anschauung der für Kunst empfänglichen und mit Kunstanschauungen einigermaßen vertrauten Verkehrskreise von einer künstlerischen Leistung gesprochen werden kann". Diese Formel der Rechtsprechung ist jedoch nicht ohne Widerspruch geblieben, wonach insbesondere moniert wird, dass eine kunsthistorische Betrachtung doch erhebliche Zweifel an einer objektiven Beurteilung durch die Öffentlichkeit lasse (Möhring/Nicolini/*Ahlberg* § 2 Rn 158).

508 Wandtke/Bullinger/*Bullinger* § 2 Rn 5.

509 Loewenheim/*Loewenheim* § 6 Rn 5; *Erdmann* in Fs v. Gamm 389, 396; ähnlich *Schack* Urheber- und Urhebervertragsrecht Rn 153; *Dreier/Schulze* § 2 Rn 8ff.; *Raue* GRUR 2000, 951, 953; anders aber Möhring/Nicolini/*Ahlberg* § 2 Rn 44, der die wahrnehmbare Formgestaltung von der Begriffsbildung ausnehmen und somit nur von drei Voraussetzungen ausgeht.

510 Amtl. Bgrd. abgedruckt in UFITA 45 (1965/II), 240, 250.

lichen Tätigkeit des Urhebers beruht".[511] Die Schöpfung ist dabei stets Realakt, daher ist es gleich, wie alt, wie geistig verwirrt ein Mensch ist oder welche Profession er ausübt.[512] Dies bedeutet aber auch, dass maschinell hergestellte Collagen oder solche, die bloße Zufallsprodukt sind, nicht als Werkschöpfung anerkannt sind,[513] wobei allerdings weitestgehend anerkannt ist, dass der Urheber entsprechende Apparate zumindest als Hilfsmittel einsetzen darf, solange die Maschine unter seinem beherrschenden und prägenden Einfluss arbeitet,[514] da in diesem Fall „die Form des Werkes auf ein schöpferisches Tätigwerden eines Menschen zurückzuführen (ist), so dass eine urheberrechtlich geschützte Leistung vorliegt".[515]

Diese als persönliche Schöpfung entstandene Collage müsste darüber hinaus einen geistigen Gehalt aufweisen. Wenn § 2 Abs. 2 UrhG davon spricht, dass der Werkbegriff eine „geistige Schöpfung" verlangt, dann versteht die ganz h.M. darunter eine Gedanken- und Gefühlswelt, die sich im Werk mitteilt.[516] Daran fehlt es bei Ergebnissen rein mechanischer Tätigkeiten oder gedankenloser Spielerei.[517] Notwendig sei zudem immer auch, dass der geistige Gehalt im Werk selbst zum Ausdruck kommt und nicht erst durch das Hinzuziehen zusätzli-

511 Loewenheim/*Loewenheim* § 6 Rn 7; allg. A. vgl. dafür statt vieler *Erdmann* in Fs Gamm 389, 396; Fromm/Nordemann/*Nordemann-Vinck* § 2 Rn 12; *v. Gamm* § 2 Rn 12; *Haberstumpf* Handbuch Rn 68; *Schack* Urheber- und Urhebervertragsrecht Rn 155.

512 *Schack* Kunst und Recht Rn 229; Wandtke/Bullinger/*Bullinger* § 2 Rn 18.

513 Einhellige Meinung vgl. dafür u.a. bei *Erdmann* in Fs Gamm 389, 39; Fromm/Nordemann/*Nordemann-Vinck* § 2 Rn 10; Loewenheim/*Loewenheim* § 6 Rn 8; *Rehbinder* Urheberrecht Rn 114; *Schack* Urheber- und Urhebervertragsrecht Rn 156; *Ulmer* Urheber- und Verlagsrecht (1980) S. 127f.

514 *Erdmann* in Fs Gamm 389, 396; Fromm/Nordemann/*Nordemann-Vinck* § 2 Rn 10; *Schack* Urheber- und Urhebervertragsrecht Rn 156; Schricker/*Loewenheim* § 2 Rn 13; *Ulmer* Urheber- und Verlagsrecht (1980) S. 128; Wandte/Bullinger/*Bullinger* § 2 Rn 15f.

515 Wandtke/Bullinger/*Bullinger* § 2 Rn 16.

516 Vgl. dazu in der Lehre statt vieler bei Fromm/Nordemann/*Nordemann-Vinck* § 2 Rn 10; Loewenheim/*Loewenheim* § 6 Rn 10; *Schack* Urheber- und Urhebervertragsrecht Rn 157f.; *Rehbinder* Urheberrecht Rn 115; in der Rspr. wird dies besonders deutlich in BGH GRUR 1999, 923, 924 – Tele Info CD („Gedankenformung und -führung").

517 Fromm/Nordemann/*Nordemann-Vinck* § 2 Rn 10; Schricker/*Loewenheim* § 2 Rn 18.

cher Lehren oder Anweisungen.[518] Zwar soll der geistige Gehalt bei den einzelnen Werkarten in unterschiedlicher Form auftreten (bei Sprachwerken im Wege der Sprache,[519] bei Musikwerken in der durch Hören fassbaren Tonfolge,[520] dem durch Tönen ausgedrückten musikalischen Erlebnis und der Stimmung[521] und schließlich bei Werken der bildenden Künste durch formgebende Tätigkeit, die vorzugsweise zur Anschauung bestimmt ist,[522] zumal der geistige Gehalt in diesem Zusammenhang vor allem als Anregung an das ästhetische Gefühl[523] verstanden wird), alles in allem lässt sich jedoch damit feststellen, dass der geistige Gehalt nach der h.M. letztlich maßgeblich an der äußeren Formgestaltung festgemacht wird. So wird bereits hier vorweggenommen, was bereits als Einzelaspekt geschützt wird, nämlich dass sich der geistige Gehalt wiederum in einer wahrnehmbaren Formgestaltung äußert. Denn, wie bereits angedeutet, müsste die Collage, um urheberrechtlichen Schutz zu erlangen, danach eine Gestalt angenommen haben, in der sie vom menschlichen Sinn Dritter wahrgenommen werden kann.[524] Da Urheberrecht kein Ideenschutz ist, unterfällt der noch nicht geäußerte oder gestaltete Gedanke auch nicht dem Werkbegriff.[525] D.h. jedoch nicht, dass die

518 BGHZ 39, 306, 310 – Rechenschieber; BGH GRUR 1959, 251 f. – Einzelfahrschein.

519 BGHZ 18, 174, 177 – Schutz einer Werbeidee; BGHZ 39, 306, 308 – Rechenschieber; Schricker/*Loewenheim* § 2 Rn 19.

520 *Erdmann* CR 1986, 249, 252; Schricker/*Loewenheim* § 2 Rn 19.

521 *Rehbinder* Urheberrecht Rn 131; Schricker/*Loewenheim* § 2 Rn 19.

522 BGH GRUR 1979, 332, 336 – Brombeerleuchte; BGH GRUR 1959, 289, 290 – Rosenthal Vase; *Erdmann* CR 1986, 249, 252; Schricker/*Loewenheim* § 2 Rn 19; *Ulmer* Urheber- und Verlagsrecht (1980) S. 133.

523 Zurückgehend auf die Entscheidung RGZ 76, 339, 344 – Drucktypen; st. Rspr. dann seit BGHZ 16, 4, 6 – Mantelmodell; in der Literatur u.a. vertreten von *Erdmann* CR 1986, 249, 252; *v. Gamm* § 2 Rn 5; Schricker/*Loewenheim* § 2 Rn 19.

524 BGH GRUR 1985, 1041, 1046 – Inkasso Programm; BAG GRUR 1984, 429, 431 – Statikprogramm; *Erdmann* CR 1986, 249, 252; Loewenheim/*Loewenheim* § 6 Rn 11; *Rehbinder* Urheberrecht Rn 116; *Schack* Urheber- und Urhebervertragsrecht Rn 159; Schricker/*Loewenheim* § 2 Rn 20.

525 OLG München ZUM 1989, 588, 591 – Abgrenzung zwischen konkretem – schutzfähigem – Werk und – nicht schutzfähiger – Idee (Konzept, Charakter, Botschaft); *Ulmer* Urheber- und Verlagsrecht (1980) S. 130; Loewenheim/*Loewenheim* § 6 Rn 11.

Collage körperlich oder gar dauerhaft festgelegt sein muss,[526] sodass auch das improvisierte Happening vom Schutz des UrhG umfasst ist. Das zentrale Kriterium für den Werkbegriff der hM ist jedoch nach Loewenheim die Individualität.[527] In der Collage müsste sich die Individualität ihres Schöpfers widerspiegeln. Da das Werk letztlich das Ergebnis des geistig individuellen Schaffens des Urhebers ist,[528] müsste es sich um eine Collage von individueller Ausdruckskraft handeln.[529] „Grundsätzlich trägt (nämlich) jede sprachliche, musikalische oder bildnerische Gedankenäußerung den unsichtbaren Stempel ihres Verfassers auf der Stirn".[530] Daraus folgt aber zwangsläufig, dass in dem Maße, in dem die h.M. die Individualität des Werkes einfordert, sie eigentlich nach Individualität des Urhebers verlangt.[531] D.h. mit anderen Worten, in der Collage müsste sich dann auch in entsprechender Weise die Persönlichkeit des Urhebers wiederfinden. Diese Voraussetzungen müssen bereits im Zeitpunkt der Schöpfung vorgelegen haben. Das Urheberrecht entsteht daher automatisch und originär im Schöpfer und ist damit direkt an den Schaffensprozess geknüpft.[532] Dies bewirkt, dass ein Urheberrechtsschutz zum einen nicht nachträglich entstehen kann, zum anderen aber ein Werk durch die spätere Kunstentwicklung den einmal erlangten Urheberrechtsschutz nicht wieder verlieren kann.[533] Maßstab zur Beurteilung der Urheberrechtsfähigkeit der Werke in diesem Zeitpunkt soll nach ei-

526 BGHZ 37, 1, 7 – AKI; allg. für das Urheberrecht BGH GRUR 1962, 531, 533 – Bad auf der Tenne II; KG GRUR 1984, 507, 508 – Happening; *Erdmann* FS v. Gamm 389, 398; Loewenheim/*Loewenheim* § 6 Rn 11.

527 Als „bedeutendstes Kriterium für die Bestimmung der urheberrechtlichen Werkqualität" wird es auch von Wandtke/Bullinger/*Bullinger* gesehen § 2 Rn 21; ähnlich Bedeutung erlangt das Kriterium der Individualität auch bei *Flechsig* ZUM 1997, 577, 581; Fromm/Nordemann/*Nordemann-Vinck* § 2 Rn 20; *Haberstumpf* Handbuch Rn 70ff. 76; *Rehbinder* Urheberrecht Rn 117; *Schack* Urheber- und Urhebervertragsrecht Rn 161.

528 BGHZ 9, 262, 268 – Filmverwertungsvertrag und Filmschutz.

529 Allg. dazu vgl. BGH GRUR 1995, 673, 675 – Mauerbilder; BGH GRUR 2002, 958, 959 – Technische Lieferbedingungen.

530 Fromm/Nordemann/*Nordemann-Vinck* § 2 Rn 19; *Ulmer* Urheber- und Verlagsrecht (1980) S. 124; ähnlich auch bei Loewenheim/*Loewenheim* § 6 Rn 13.

531 Ähnlich schon vertreten bei *Schmidt* UFITA 77 (1976) 1, 10 und *v. Schoenebeck* S. 78f.

532 Loewenheim/*Loewenheim* § 6 Rn 21; Wandtke/Bullinger/*Bullinger* § 12 Rn 12.

533 *Dreier/Schulze* § 2 Rn 35, Wandtke/Bullinger/*Bullinger* § 12 Rn 12.

ner Formel der Rechtsprechung dem Urteil der für die jeweilige Gestaltungsart einigermaßen Vertrauten und aufgeschlossenen Verkehrskreise überlassen bleiben.[534]

Schließlich muss Urheberrechtsschutz auch dort gelten, wo die Collage noch nicht veröffentlicht oder erschienen ist.[535] Auch Vor- und Zwischenstufen der Collage wären somit schutzfähig, da sich nur so gewährleisten ließe, dass Arbeiten die, wie die auch Mehrzahl der Collagen, in kontinuierlichen Prozessen entstehen, ausreichend geschützt sind.[536] Entscheidend wäre dabei jedoch immer, dass diese Skizzen, Fragmente oder unvollendeten Collagen bereits in sich einen geistigen Gehalt und auf einer schöpferischen Leistung ihres Urhebers beruhen.[537]

II. Das Problem avantgardistischer Formen der Collage mit dem derzeitigen Werkbegriff

Das UrhG geht zwar wie gezeigt von einem entwicklungsoffenen Werkbegriff aus, macht doch der Gesetzgeber in Abgrenzung zu den Vorgängervorschriften in LUG und KUG deutlich, dass auch Kunstformen, die zum Zeitpunkt der Gesetzgebung noch nicht entstanden oder erst im Begriff waren zu entstehen, jederzeit unter den Urheberrechtsschutz fallen können. Insofern mag es auf den ersten Blick verwundern, warum die hier vorliegende Arbeit davon spricht, dass bestimmte Formen der Collage, die doch als Kunstwerke so offen anerkannt sind, sich uU nicht unter den offenen Katalog in § 2 Abs. 1 UrhG subsumieren lassen.

534 BGHZ 22, 209, 218 – Gebrauchsgraphik und Kunstschutz; BGH GRUR 1972, 143, 144 – Biografie: Ein Spiel; BGH GRUR 1981, 267, 268 – Dirlada; diese Auffassung wurde kritisiert, da aus kunsthistorischer Sicht nicht die Anschauung der Öffentlichkeit das letzte Wort haben sollte, vgl. Möhring/Nicolini/*Ahlberg* § 2 Rn 158.

535 Loewenheim/*Loewenheim* § 6 Rn 12.

536 BGH GRUR 1985, 1041, 1046 – Inkasso Programm; BGH GRUR 2005, 854, 856 – Karten-Grundsubstanz; Schricker/*Loewenheim* § 2 Rn 22; Wandtke/Bullinger/*Bullinger* § 2 Rn 40.

537 Schricker/*Loewenheim* § 2 Rn 22.

Es gilt daher das Auge auf einige Fälle zu lenken, die die hier andiskutierte und noch zu bewältigende Problematik deutlich werden lassen. Denn wenn der „wohlwollende Kunstkritiker“[538] der FAZ in seinem Ausstellungsbericht feststellt: „Der Meister (Daniel Spoerri – Anm. d. Verf.) selbst legte nicht Hand an, er lieferte nur das Rezept und signierte das Produkt. Wozu sollte er auch anderes tun, er hätte das Konzept nur verunreinigen können, wäre er mit Sensibilität und künstlerischem Bestimmungswillen an die Sache herangegangen“,[539] dann zeigt sich darin ein Problem der modernen Collagen, das man zusammenfassend wohl auf den Nenner „Und wo bleibt da die persönliche Schöpfung?“ bringen könnte. Nach dem Verständnis des Werkbegriffs der h.M. soll „Gegenstand des Urheberrechtsschutzes ... das einzelne Werk in seiner Individualität sein“.[540] „Die Hauptbetonung bei dem gesetzlichen Werkbegriff liegt dementsprechend darauf, dass die geistige Schöpfung eine persönliche, d.h. individuelle sein muss“.[541] Würde man diese *Fallenbilder*[542] Spoerris unter den Werkbegriff der h.M. subsumieren, käme man zu dem ernüchternden Urteil, dass sie wohl aufgrund angeblich nicht vorhandener persönlicher Schöpfung nicht als urheberrechtsfähig anerkannt werden können. So bekennt Samson: „Keine Schwierigkeiten bereiten diejenigen Werke, die gleichsam fotografisch ohne einen ersichtlich schöpferischen Gedanken und ohne Gestaltung präsentiert werden, wie z.B. eine Schlafdecke mit einem großen Fettfleck, fettige Lappen und Büchsen in abgegriffenen Pappschachteln, die Joseph Beuys ... auf der Ausstellung im Stedelijk-Museum in Amsterdam im April 1969 gezeigt hat“.[543] Die gleichen Bedenken, die bei Spoerri angemahnt wurden, äußern sich damit gegenüber einer Vielzahl Postmoderner Künstler. Kann man nun aber wirklich mit dieser Bestimmtheit sagen, dass Künstler wie Spoerri oder Beuys ohne einen

538 *Dietz* FS Ulmer S. 3, 5.

539 Dietrich Helms in der FAZ vom 26. 2. 1973, S. 2 zitiert bei *Dietz* FS Ulmer S. 3, 5.

540 *Ulmer* Urheber- und Verlagsrecht (1980) S. 130.

541 *Weissthanner* S. 37.

542 Betrachte dazu u.a. auch die Abbildungen unter *www.danielspoerri.org/web_daniel/deutsch_ds/werk_einzel/05_fallenbild.htm*; sowie unter *www.danielspoerri.org/web_daniel/deutsch_ds/werk_einzel/40_jeudepaume.htm*; zuletzt abgerufen am 30. 1. 2008.

543 *Samson* UFITA 56 (1970) 117, 137.

einzigen schöpferischen, individuellen Gedanken gehandelt haben? Und das, obwohl Spoerri als einer der bedeutendsten Vertreter Postmoderner Kunst gilt, hat er doch mit seinen Kunstwerken maßgeblich die Kunstentwicklung der Nachkriegszeit beeinflusst und in der Folge mit dem noveau réalisme eine der bedeutendsten europäischen Kunstrichtungen der 60er Jahre mitbegründet.

Doch damit haben sich die Negativ-Beispiele noch nicht erschöpft. Eine ähnliche urheberrechtliche Betrachtung durch einen Großteil der Literatur ergeht nämlich auch in den Fällen, in denen der Zufall die federführende Rolle spielt. Um dies zu verdeutlichen, sei auf folgendes Beispiel verwiesen: Danach gilt Hans Arp als Entdecker des Zufalls als Kompositionsprinzip. Dazu erzählt man sich folgende Anekdote: „Arp hatte lange in seinem Atelier am Zeltweg an einer Zeichnung gearbeitet. Unbefriedigt zerriss er schließlich das Blatt und ließ die Fetzen auf den Boden flattern. Als sein Blick nach einiger Zeit zufällig wieder auf diese auf dem Boden liegenden Fetzen fiel, überraschte ihn ihre Anordnung. Sie besaß einen Ausdruck, den er die ganze Zeit vorher vergebens gesucht hatte. Wie sinnvoll sie dort lagen, wie ausdrucksvoll! Was ihm mit aller Anstrengung vorher nicht gelungen war, hatte der Zufall, die Bewegung der Hand und die Bewegung der flatternden Fetzen bewirkt, nämlich Ausdruck. Er nahm diese Herausforderung des Zufalls als Fügung an und klebte sorgfältig die Fetzen in der vom Zufall bestimmten Ordnung auf".[544] Später sollte Arp allen aufgrund dieses Verfahrens entstandenen Collagen die Erläuterung beifügen: „Nach den Gesetzen des Zufalls geordnet". Ein weiteres Beispiel für ein Arbeiten in dem der „Zufall" eine Rolle spielt sind die *Papierkörbe* Armans.[545] Dafür schüttete Arman den Inhalt eines normalen vorgefundenen oder von ihm selbst befüllten Papierkorbs in einen neuen Papierkorb, der aus durchsichtigem Material bestand. Die plastische Komposition und damit die äußere Formgebung wurden ausschließlich durch den Vorgang des Hineinschüttens, auf den Arman keinerlei bestimmenden Einfluss nahm,

544 Hans Richter zitiert nach *http://www.balloon-painting.de/arp.htm*; zuletzt abgerufen am 30. 1. 2008.

545 Betrachte dazu auch die Abbildungen unter *www.arman-studio.com/catalogues/catalogue_poubelle/arman_pou_froissement.html;* sowie unter *www.arman-studio.com/catalogues/catalogue_poubelle/arman_grands_dechets_bourg.html;* zuletzt abgerufen am 30. 1. 2008.

bestimmt. Wäre die Anordnung der Papierschnipsel durch Arp oder die Befüllung der Papierkörbe durch Arman nach einer genauen Arbeitsanweisung erfolgt, wäre wohl an der Individualität keine Zweifel geäußert worden. So aber wird Arp in diesem Fall nach der h.M. der Werkschutz deswegen verweigert, da „Kunstwerke ihre Entstehung … nicht dem Zufall, sondern (gefälligst) dem Zutun ihrer Urheber“[546] zu verdanken haben sollen. Es könne doch nicht sein, so Stimmen in der Literatur, dass eine „gedankenlose Spielerei, das blinde Waltenlassen der Natur, die dem Zufall überlassene Schöpfung“ ein schutzwürdiges Werk erzeuge, „mag das Ergebnis auch noch so neu und so absonderlich sein“.[547] Ähnlichen Bedenken werden sich wohl auch die Arbeiten der sog. Netzkünstlerin Cornelia Sollfrank ausgesetzt sehen.[548] Doch selbst diejenigen, nach denen augenscheinlich Zufallskunst und damit Zufallscollagen scheinbar urheberrechtlich geschützt wären, machen dieses davon abhängig, dass sich in der endgültigen Formgebung auch der Collage ein deutlicher, teilweise bis in alle Einzelheiten zu erkennender und beherrschender Gestaltungswille des Herstellers ausdrückt.[549] Dies hat jedoch mit Zufall als Unvorhersehbarkeit der äußeren Gestaltung nichts zu tun. Der Großteil der durch Zufall entstandenen Collagen bleibt damit schutzlos.

Und auch die Performance-Kunst ist trotz der Happening-Entscheidung des BGH,[550] die als grundlegend für die Formen der Aktionskunst angesehen werden kann, nicht davor gefeit, sich im täglichen Kampf um die urheberrechtliche Schutzfähigkeit neu behaupten zu müssen. So wurde dem Performancepaar *Eva & Adele*[551] Rechtsschutz mit der Begründung verweigert, dass der Ablauf der Ausdrucksmittel nicht von vornherein festgelegt sei.[552] Zudem wurden

546 *Gerstenberg*, Die Urheberrechte S. 43.
547 Vgl. statt vieler Fromm/Nordemann/*Nordemann-Vinck* § 2 Rn 10.
548 Vgl. zu diesen Arbeiten im Einzelnen unter Kapitel 1 § 2 A I, betrachte dazu auch die Abbildungen unter *www.medienkunstnetz.de/werke/female-extension*; zuletzt abgerufen am 30. 1. 2008.
549 Vgl. *Fabiani* GRUR Int 1965, 422 424; *Ulmer* GRUR 1968, 527, 529.
550 BGH GRUR 1985, 529 f. – Happening.
551 Betrachte dazu auch die Abbildungen unter *www.evaadele.com*; zuletzt abgerufen am 30. 1. 2008.
552 LG Hamburg ZUM 1999, 658, 659 – Kein Urheberrechtsschutz für die Auftritte der Performance-Darsteller Eva & Adele.

Eva & Adele in der urheberrechtlichen Bewertung einzig auf ihre Auftritte reduziert. Diese seien nichts anderes als Ausdruck ihres normalen Lebens, so wie sie es nun einmal gewählt haben. Dabei gelte es jedoch zu berücksichtigen, dass kein Mensch dem anderen gleiche, mithin einzigartig sei. Diese Einzigartigkeit entspreche jedoch erst dann der vom Urheberrecht geforderten schöpferischen Originalität, wenn darüber hinaus eine persönlich geistige Schöpfung vorliege, die hier jedoch nicht erbracht werde.[553]

Nun sind Anwendungsvoraussetzungen, die den Schutz des Urheberrechts an bestimmte Vorgaben koppeln, prinzipiell nicht abzulehnen, schließlich hat diese Arbeit gezeigt, welche verfassungsrechtlichen Ziele mit dem Urheberrecht zu verfolgen sind und wie dieses zu einer Monopolisierung künstlerischen Geistesgutes führen kann,[554] die nicht übertrieben werden darf. Schließlich lässt sich auch deswegen nicht jeder Arbeit Urheberrechtsschutz gewähren, als sich in Art. 14 GG ein Leistungsprinzip artikuliert, das belohnt, was zum kulturellen Fortschritt beiträgt. Für all diejenigen Urheber der Werke, die diesem Grundsatz nicht gerecht werden können, heißt es daher zu Recht: ‚Bitte draußen bleiben'. Doch es gibt eine Reihe von Werken, in denen gerade diese Vorgabe aus Art. 14 GG erfüllt zu sein scheint und denen dennoch die Teilnahme im Club der urheberrechtlich geschützten Werke versagt bleibt.

Auch wenn nur allzu oft die Stimmen der h.L. an dieser Stelle vollmundig versichern, dass sich derartige Probleme ausschließlich in den Grenzbereichen avantgardistischer Kunst abspielen,[555] die aber gleichzeitig in der Praxis, wie schon der Mangel an einschlägigen Rechtsprechungsfällen zeige, keine nennenswerte Rolle spiele, so täuscht dies doch nicht über ein fundamentales dogmatisches Prob-

553 LG Hamburg ZUM 1999, 658 – Kein Urheberrechtsschutz für die Auftritte der Performance-Darsteller Eva & Adele.

554 Vgl. Kapitel 2.

555 Statt vieler Schricker/*Loewenheim* § 2 Rn 17; diese Auffassung verwundert freilich, beschäftigt man sich etwas näher damit, wessen Werke Loewenheim alles vom Schutz ausnehmen will: Siebdrucke Warhols, ready-mades Duchamps; da mag man doch die ketzerische Frage stellen, wenn diese Künstler – unter dem heutigen Eindruck – schon als Grenzbereich der Avantgarde gelten, wie verhält es sich dann mit Künstlern, deren Werke selbst in Kunstkreisen nicht unumstritten sind wie Sturtevant oder anderen Vertreter der appropriation art.

lem hinweg, nämlich der Frage, ob die Werkbegriff des Urheberrechts aus dem Jahre 1965 eigentlich noch fit für bestimmte Erscheinungsformen zeitgenössischer Kunst ist und ob sich dieser Werkbegriff auch den zukünftigen künstlerischen Entwicklungen stellen kann. Dies ist allein schon deswegen so virulent, als das Recht in der Lage sein sollte, nicht nur auf Veränderungen zu reagieren, sondern vielmehr so formuliert sein sollte, dass es sich möglichst problemlos an neuen Gegebenheiten adaptieren kann, will man nicht permanent der Entwicklung hinterherhinken.

Überhaupt: Auch den Künstler im Grenzbereich kann die Verweigerung des Urheberrechts empfindlich treffen, wie bspw. *Eva & Adele*[556] erfahren mussten.[557] Denn auch dieser Künstler im Grenzbereich der avantgardistischen Kunst möchte von seiner Kunst leben können, was ihm aber verwehrt sein kann, wird ihm mit seinem Werk unberechtigterweise der Zugang zum Urheberrecht verweigert. Man darf beispielsweise nicht vergessen, dass vor allem in den Fällen der bildenden Kunst nicht nur der Verkauf, sondern vor allem auch der über § 26 UrhG generierte Erlös am Weiterverkauf des Originals immer noch die primäre Verwertungsart darstellt. Dem Künstler kommt das in § 26 UrhG formulierte Folgerecht, das dem Künstler eine fünfprozentige Gewinnbeteiligung in den Fällen der Weiterveräußerung des Originals verspricht, aber nur dann zu Gute, wenn man seinem Produkt vorher auch die Werkeigenschaft zuerkannt hat.

Darüber hinaus geht es aber neben den wirtschaftlichen Aspekten auch um eine gewisse Art von Respekt, die das Urheberrecht seinen Schöpfern entgegenbringt. Wenn mit dem Urheberrecht das Leistungsprinzip goutiert und damit die kulturellen Bestrebungen gefördert und belohnt werden sollen, dann wird damit gleichzeitig eine Form des Dankes und der Anerkennung für die künstlerische Arbeit ausgedrückt. Diese wird aber den Künstlern, die mit ihren Arbeiten zwar maßgeblich am kulturellen Aufbau beteiligt sind, deren Werke

556 Betrachte dazu auch die Abbildungen unter *www.evaadele.com;* zuletzt abgerufen am 30. 1. 2008.

557 Siehe dazu unter Kapitel 3 § 2 A II und unter AG Hamburg ZUM 1998, 1047 ff. – Urheberrechtsschutz für Performance Auftritte von Eva & Adele; LG Hamburg ZUM 1999, 658 f. – Kein Urheberrechtsschutz für die Auftritte der Performance-Darsteller Eva & Adele.

aber nicht mehr dem Zeitgeist des letzten Jahrhunderts und damit dem Werkverständnis der h.M. im Urheberrecht entspricht, verwehrt. Letztlich führt der derzeitige Werkbegriff auch zu einem grundlegenden Problem in der Behandlung urheberrechtlicher Folgeerscheinungen wie die des nachschaffenden Collagekünstlers, die zu nicht immer passenden Erklärungsmodellen zwingen.

Vor diesem Hintergrund formuliert sich nun ein deutlicher Konflikt, zwischen einerseits Werken der „traditionellen Kunst", deren Werkeigenschaft grundsätzlich nicht in Frage gestellt wird, sofern sich die Schöpfung in eine der Kategorien des § 2 Abs. 1 UrhG einordnen lässt und andererseits Werken zeitgenössischer Kunst, die die Grenzen des künstlerisch Machbaren immer wieder neu stecken und denen in der Folge darauf urheberrechtliche Anerkennung verwehrt wird. Es scheint damit so, als führe die Not des Urheberrechts, den Schutz am Werkbegriff festzumachen, dazu, dass bestimmte Formen der Kunst durch das UrhG nicht geschützt werden können. Was überrascht, wurde doch bereits in den Geburtswehen der Urhebergesetzbildung Kritik am Werkbegriff laut,[558] die davor warnte, angesichts der Weiterentwicklungen von Kunstformen und künstlerischem Tätigwerden den Werkbegriff definitorisch festzuschreiben.[559] So mögen es die Einflüsse solch bedeutender Happening Künstler wie Allan Kaprow und Claes Oldenburg gewesen sein, die mit ihren Aktionen wie *18 Happenings in 6 Parts* (New York, 1959), *Chicken* (Philadelphia, 1962), *The Courtyard* (New York, 1962), *Autobodies* (Los Angeles 1964), den Juristen Fromm motiviert haben, dass er bereits 1964 (!) sehr eindringlich davor warnte, dass „den werdenden Vätern unseres neuen Urhebergesetzes … zu raten (wäre), diese Probleme nicht zu übergehen, sondern einen Lösungsversuch in letzter Minute einzuarbeiten. Das Recht muss den Versuch machen, die stürmisch davonrasende Technik einzuholen und nicht ein neues Gesetz im Zeitpunkt seines Inkrafttretens bereits veraltet zu lassen".[560]

Man fragt sich nun, was ist aus dieser Kritik geworden und wie kann sich die h.M. auch noch nach 100 Jahren *Les Demoiselle d'Avignon* rechtfertigen. Hat sich denn gar nichts im urheberrechtlichen Denken

558 Vgl. *Fromm* GRUR 1964, 304ff.; *Riedel* GRUR 1960, 216ff.

559 *Fromm* GRUR 1964, 304ff.; *Riedel* GRUR 1960, 216.

560 *Fromm* GRUR 1964, 304, 306.

verändert? Zugegeben, die h.M. ist nach wie vor die h.M. und auch heute noch führt der Weg zum Urheberschutz über die Voraussetzung: „Persönlich-geistige Schöpfung". Dennoch haben sich, möglicherweise auch als Reaktion auf die damals geäußerten Stellungnahmen, sicherlich aber unter dem Eindruck der sich seitdem weiter verschärfenden und in Gegensatz zum überholten Werkbegriff getretenen Kunstentwicklung, immer wieder einzelne Stimmen in der juristische Literatur geäußert, die hin und wieder an einigen Stellen zum Thema Werkbegriff auch kritisches zu äußern wussten. Dabei fällt auf, dass bis zuletzt eine detaillierte zusammenfassende Darstellung der bisher formulierten maßgeblichen Vorschläge nicht erfolgt ist. Zu Unrecht, denn es hat in der Vergangenheit durchaus eine Reihe interessanter Ideen gegeben, in denen sich brauchbare Ansatzpunkte finden lassen und die sich durch interessante Aspekte auszeichnen. Im Folgenden soll daher zunächst Zeugnis über die wichtigsten Auffassungen der letzten 40 Jahre abgelegt werden. Danach soll in einer Zusammenfassung positives hervorgehoben, negatives kritisiert werden, wobei an deren Ende eine eigene Stellungnahme stehen soll, die sich nicht nur auf Kritik beschränkt, sondern die auf der Grundlage des bestehenden einen handhabbaren Werkbegriff, den es gibt, favorisiert und unter Berücksichtigung der Vorgaben des Grundgesetzes und des eigenen Verständnisses entsprechend weiterentwickelt.

B. Bisherige Lösungsansätze und ihre Anwendung auf avantgardistische Collageformen

Die Arbeit in diesem Abschnitt konzentriert sich im Wesentlichen auf sieben Vorschläge, die es sich zum Ziel gesetzt haben, den Werkbegriff des Urheberrechts fit für den Umgang mit zeitgenössischer Kunst, z.B. wie den Zufallscollagen Arps und Sollfranks, zu machen. Die Entwürfe reichen dabei inhaltlich von Abschaffung jedweder Anwendungsvoraussetzungen über die Entwicklung neuer Abgrenzungskriterien bis hin zu einer veränderten Lesart des bereits existierenden Rechtsbegriffs „persönlich geistige Schöpfung".

I. Individualitäts- und Präsentationstheorie und Collage

Die erste grundlegende aber zugleich konstruktive Kritik am bestehenden Werkbegriff wurde bereits 1968 von Max Kummer in seiner Abhandlung „Das urheberrechtlich schützbare Werk" formuliert. Darin heißt es, dass „zum Werkbegriff das letzte Wort ... noch nicht gesprochen (sei, schließlich fordere) gerade die moderne Kunst zu einer Nachprüfung heraus". Auf der Grundlage einer zwar unvollständigen Phänomenologie[561] macht sich Kummer nunmehr auf, seine eigene Vorstellung vom Werkbegriff zu entwickeln.

In Gegensatz zur h.L. setzte sich Kummer mit seiner Vorstellung vom Werkbegriff vor allem in der Frage der näheren Ausgestaltung des Begriffs der Individualität. Zwar wird auch bei Kummer das Merkmal der Individualität zum entscheidenden Faktor, wenn es darum geht, einem Werk die Urheberrechtsfähigkeit zuzugestehen. Anders aber als bspw. bei Ulmer, für den die Individualität nicht notwendig eindeutig bestimmt oder bestimmbar ist,[562] versteht Kummer aus Gründen der Rechtssicherheit, der Praktikabilität und der Ablehnung eines jeglichen ästhetischen Werturteils im Urheberrecht[563] den Rechtsbegriff Individualität grundsätzlich als „statistische Einmaligkeit".[564] „Nach dem Individuellen fahnden (hieße) nicht wägen, son-

561 *Kummer* Werk S. 4; Kummer kehrt das Erkenntnisverfahren um und setzt an den rechtlichen Folgen an. Er fragt nicht erst danach ob ein Werk geschützt ist, bevor er die Verletzung rügt, sondern er fragt erst danach, ob das Werk plagiierbar ist. Kommt er zu dem Ergebnis ja es ist plagiierbar, dann ist es ein Werk. Eine beinahe euphorische Analyse dieser Vorgehensweise findet sich iÜ bei *Schmidt* UFITA 77 (1976), 1, 23

562 *Ulmer* Urheber- und Verlagsrecht (1980) S. 122 ff.

563 Zu diesen drei Argumenten siehe auch bei *Kummer* in FS Troller 89, 98–102.

564 Nur das Kriterium der Statistik führe als einzige objektive Herangehensweise zu sachgerechten Ergebnissen (*Kummer* Werk S. 30 ff., 80). Jeder Versuch einen gewissen ästhetischen Schwellenwert zu konstruieren, sei verfehlt, folge daraus doch immer ein mehr oder weniger stark ausgeprägtes Werturteil. Gerade im Bereich der Kunst seien subjektive Maßstäbe nicht zur Anwendung geeignet, da sie anderswo kaum uneinheitlicher seien könnten (S. 23) So wirft Kummer u.a. Ulmer vor mittels des Begriffs schöpferische Leistung eine Leistungshöhe und damit eine versteckte Qualitätsanforderung an den Werkbegriff anzulegen (zur Auseinandersetzung Kummers mit den Arbeiten Ulmer siehe näheres unter

dern vergleichen, vergleichen mit dem was da ist, aber auch mit dem was da sein könnte".[565] Eine Collage ist danach bei Kummer immer dann individuell, wenn ihr kein gleiches Gegenstück entspräche bzw. eine exakte Wiederholung unwahrscheinlich wäre.[566] Seine Betrachtung beschränke sich dabei nicht nur auf das Bestehende, sondern umfasst gleichsam „das virtuell mögliche".[567]

Dies lesend, meint man nun annehmen zu können, das bloße Verschieben, Auslassen oder Verändern nur eines Elements im Kunstwerk reiche aus, damit die möglicherweise nachgeschaffene Collage der von Kummer geforderten statistischen Einmaligkeit gerecht würde. Gleichwohl muss man feststellen, dass das Kriterium der statistischen Einmaligkeit bei Kummer wiederum eine gewisse Eingrenzung erfährt. Einzig solche Verschiedenheiten seien erheblich, die der „Normalbetrachter im Rahmen seiner natürlichen Optik wahrnimmt", die also für ihn „handgreiflich" sind.[568] Damit setzt Kummer voraus, dass sich die Werke für den unvoreingenommenen Durchschnittsbetrachter erkennbar voneinander unterscheiden müssen. So versteht Kummer das Kriterium der „statistischen Einmaligkeit" jedoch nicht als eine starre Größe,[569] sondern vielmehr als eine Art Annäherungswert.[570] Danach gebe es „kein absolutes Maß des

den S. 37 ff.). Nicht minder unfähig seien darüber hinaus diejenigen Versuche geraten, die vom Werk ein gewisses Maß an Originalität verlangen. Schließlich könne ein Werk zwar individuell sein, dies könne es aber sein, ohne deswegen gleich auch originell sein zu müssen (S. 35 f.). Die Individualität sei prinzipiell früher erreicht als die Originalität, wer nun diese Unterschiede nivelliere, „schleicht sich einfach in die Individualität hinüber", ohne es offen zu bekennen (S. 36).

565 *Kummer* Werk S. 30.

566 Insbesondere bei vorgefundenen Gegenständen sei die Schutzfähigkeit nur dann gegeben, wenn „die Natur diese gleiche Form mit Sicherheit in keine zweite Hand gibt". Denn „unentdecktes mag längst bestanden haben (aber) wer es findet und … gleichzeitig ein Finden durch andere ausschließt, entdeckt Neues" und damit einmaliges, *Kummer* Werk S. 104.

567 *Kummer* Werk S. 36.

568 *Kummer* Werk S. 67.

569 *Kummer* Werk S. 70.

570 „Wann die Versetzung auch nur eines einzigen Elements genügt, eine neue Individualität zu erzeugen, wann nicht, hängt zwar in erster Linie von der Größe der Elementzahl ab; aber nicht nur von ihr allein"., *Kummer* Werk S. 45 mit weiteren Beispielen.

Handgreiflichen, sondern nur ein relatives in Abhängigkeit von der Natur des Werkes".[571] Es kommt ihm mithin auf den Einzelfall an.[572] Neu bei Kummer war auch der sog. Präsentationsgedanke.[573] Kunst gestern wie heute lebe schließlich davon, mit der Außenwelt in Kontakt zu kommen.[574] Nun sei es daher nur eine natürliche Folge, dass mit dem Widmungsakt an die Öffentlichkeit durch den Künstler erklärt werde, dass es sich bei seinem „Gebilde" um ein Werk handele, für das er dann auch Schutz begehre. Gerade in den Fällen der modernen Kunst fehle jedoch häufig die bei traditionellen Werkgattungen zu findende Eindeutigkeit im Hervorbringen des Künstlers. Um diese Eindeutigkeit wiederzubeleben, bzw. um einen greifbaren Ersatz zu finden, bliebe dem Künstler daher auch gar nichts anderes übrig, als „durch besondere Vorkehrungen zu erkennen zu geben, dass das, was er vorlegt, ein Werk der Kunst ist".[575]

Indem Kummer dabei zwischen geborenen und gekorenen Werken der Kunst unterscheidet,[576] bringt er gleichzeitig zum Ausdruck, dass die Präsentation des Werkes bei bestimmten Werken, wie insbesondere iF besonders avantgardistisch anmutender Formen der Collage, als Voraussetzung notwendig sein kann, um deren Kunstwerkeigenschaft zu verdeutlichen.

Gerne wird nun an dieser Stelle darauf hingewiesen, wie wenig die Kummersche Lehre von der Präsentation, aber auch seine Individua-

571 *Kummer* Werk S. 70.

572 Um ein Gefühl für die unterschiedlichen Wahrnehmungsweisen der natürlichen Optik des Menschen zu erzeugen bedarf es nach Kummer daher auch folgender Überlegung: „Wer einen Stadtplan betrachtet liest in Millimetern, wer ein Wandgemälde, in Zentimetern, wer ein Mammutbild der Pop-art, in Dezimetern, wer eine Flugzeughalle, in Metern", *Kummer* Werk S. 70.

573 *Kummer* Werk S. 75ff.; in der späteren Lehre haben sich vor allem *Kehrli* 108ff. und *Thomaschki* S. 73, trotz grundsätzlicher Ablehnung der Individualitätslehre Kummers auf den Präsentationsgedanken in der Kunst berufen.

574 Bereits an anderer Stelle wurde in dieser Arbeit davon gesprochen wie Kunst als Kommunikationsprozess funktioniert, für tiefergehende Erläuterungen sei daher auf das Kapitel 1: ‚Die Freiheit der Kunst' verwiesen.

575 *Kummer* Werk S. 75: „Einen Tuschspritzer an der Wand darf der Reporter füglich photographieren und das Bild als Tatort des Gefechts zweier Streithähne veröffentlichen. Der gleiche Spritzer, vom Urheber eingerahmt und hinter Glas gelegt als Kunst ausgegeben ruft das Urheberrecht auf den Plan".

576 „Das von den Künstlern Hervorgebrachte (trage) nicht mehr ausnahmslos solcherweise das Signet Kunst … angeboren auf der Stirn". *Kummer* Werk S. 76.

litätstheorie,[577] trotz zugestandener vielfältiger Beachtung, sich im urheberrechtlichen Schrifttum durchgesetzt hat. Richtig daran ist sicherlich, dass der überwiegende Teil der Lehre[578] der Auffassung Kummers nichts abgewinnen konnte. Doch darf dies nicht den Blick auf diejenigen verstellen, die dennoch dem Vorbild Kummers gefolgt sind und – zumindest in Teilen – seine Auffassung vom Werkbegriff teilen. Darunter fallen nicht nur seine Schüler Heim[579] und Girth,[580] sondern vor allem in seinen späteren Ausführungen auch Troller,[581] in Teilen mag man in jüngster Zeit vor allem Straub[582] anführen.

In Deutschland wird jedoch heute vor allem der Name Karsten Schmidt mit der Lehre Kummers in Verbindung gebracht.[583] Ihm gilt

577 Obwohl zumindest die Individualitätstheorie Kummers, immerhin von der I. Expertenkommission für ein schweizerisches Bundesgesetz in Art. 1 Abs. 1 des Vorentwurfs der Kommission aufgenommen wurde. Allerdings wurde diese Vorhaben dann aufgrund des Einwands aus verschiedenen Lagern, vor allem der Interessenverbände von der II. Expertenkommission wieder aufgegeben, vgl. dazu UFITA 72 (1975), 220, 247.

578 Statt vieler *Samson* UFITA 56 (1970) 117, 123ff.; *Ulmer* GRUR 1968, 527ff.; für weitere Nachweise siehe näheres bei *Troller* FG Kummer S. 265, 266–268.

579 *Heim* Die statistische Einmaligkeit im Urheberrecht de lege lata und de lege ferenda 1971.

580 *Girth* Individualität und Zufall im Urheberrecht 1974.

581 *Troller* in FG Kummer S. 265, 270ff. und in Immaterialgüterrecht I S. 360ff.; nach Ansicht Troller gab es wohl ein Missverständnis, was die Fragen der Originalität betrifft und auf das er in seinem Aufsatz zur Festgabe Kummers näher eingeht.

582 *Straub* GRUR Int. 2001, 1ff.: Ausgehend von der Analyse, wonach das Kriterium der Individualität das Schlüsselkriterium des Urheberrechts sei, kommt Straub zur der Überlegung, wonach die Notwendigkeit bestände, urheberrechtlichen Schutz außerhalb ästhetischer oder persönlichkeitsbezogener Wertungen zu garantieren. Dies meint Straub, sei durch das „zukunftsweisende Konzept statistischer Einmaligkeit“ gewährleistet, dem Straub eine maßgebliche Indizwirkung zugesteht (*Straub* GRUR Int. 2001, 1, 4), und das er dahingehend ausgestaltet, als die Werke auf ihre Gestaltungselemente zu analysieren sind und es zu prüfen ist, wie naheliegend die gestalterischen Entscheidungen und ihre Kombination für die betreffende Schöpfergruppe jeweils wären (*Straub* GRUR Int. 2001, 1, 5ff., 8). Anhand der Gesamtheit der Einzelelemente sei dann feststellbar, „ob eine zufällige Parallelschöpfung wahrscheinlich wäre“ (*Straub* GRUR Int. 2001, 1, 8). Maßgeblicher Zeitpunkt an dem sich die Prüfung zu orientieren habe sei iÜ der Moment der Werkschöpfung (*Straub* GRUR Int. 2001, 1, 8).

583 *Schmidt* UFITA 77 (1976), 1ff.; Schmidt bezeichnet die „gewandelte Individualitätsvorstellung“, die auf die „Arbeit des Berner Rechtslehrers Kummer

daher im Folgenden zunächst die Aufmerksamkeit. Während Kummer iRd Individualitätsfeststellung noch von statistischer Einmaligkeit spricht, erscheint es Schmidt, aus Gründen der Präzision, gleichwohl „treffender, von statistischer Ausschließlichkeit zu sprechen, weil ja auch massenweise angebotene Graphiken oder Plastiken in diesem Sinne statistisch einmalig sein sollen".[584] Schmidt würdigt zunächst die phänomenologische Vorgehensweise Kummers und wendet diese Form der Problembewältigung auch in seiner Arbeit an.[585] Indem Schmidt jedoch dieselbe Vorgehensweise wählt, ist sein Weg quasi schon vorbestimmt. So folgt er den Ausführungen Kummers dergestalt, dass er sie gegen die Angriffe der Literatur verteidigt und „verständlich" werden lässt. Dem Vorwurf der Unpraktikabilität[586] begegnet er, in dem er den Kritikern vorhält, dass, wenn man „den Werkbegriff von der potentiellen Rechtsverletzung her (definiert), ... dieser Begriff nicht leichter abgrenzbar sein (kann) als der Begriff der Urheberrechtsverletzung."[587] Die Abhängigkeit des Werkschutzes vom Grad der Werk-Individualität könne nicht gegen die Klarheit und Praktikabilität des Ausgangspunktes sprechen, da schließlich ein massenhaft angebotenes Industrieprodukt nur dann zu einem Kunstwerk werden könne, wenn es vorher in statistischer einmaliger Weise verändert wurde.[588]

Doch trotz dieser Unterstützung, bedenkenlos kann sich auch Schmidt nicht der Meinung Kummers anschließen. So sehr er ihm in der Individualitätstheorie auch folgen mag, so schwer tut er sich dort, wo es um die Frage der ‚Präsentation der Kunst' geht. In den Fällen also, in denen Kunst nicht geboren, sondern vom Künstler entsprechend gekoren wird, sieht Schmidt die bestehenden Einwände der

zurück(geht, als) wohl ohne Übertreibung ... epochenmachend", UFITA 77 (1976), 1, 22.

584 *Schmidt* UFITA 77 (1976), 1, 23 unter Verweis auf *Gerstenberg*, Die Urheberrechte S. 57.

585 „Was nicht plagiierbar ist, kann kein Werk sein.", *Schmidt* UFITA 77 (1976), 1, 23.

586 Vorgetragen vor allem von *Pakuscher* UFITA 72 (1975), 107, 110 und *Rau* S. 44 ff.

587 *Schmidt* UFITA 77 (1976), 1, 24.

588 *Schmidt* UFITA 77 (1976), 1, 25.

Lehre als berechtigt an.[589] Zwar sei Präsentation im Sinne Kummers nichts Subjektives sondern ein erkennbarer Widmungsakt, wodurch diejenige Kritik, die Kummer subjektive Tendenzen vorwirft, zu kurz greife, zudem verkenne Kummer auch nicht den Schutz des unvollendeten Werkes.[590] Der entscheidende Schwachpunkt in der Kummerschen Präsentationstheorie sei vielmehr darin begründet, dass dadurch quasi willkürlich jeder sich zum Urheber erheben könne.[591] Schmidt wirft an dieser Stelle nun die Frage auf, warum das Urheberrecht überhaupt das geistige Eigentum schütze.[592] Die Antwort findet er in der vom Urheber erbrachten Leistung, die er als Schöpfungstat umschreibt.[593] Die von Kummer vertretene Auffassung, die es als gleichgültig erachtet, wie der Urheber zu seinem Werk gekommen ist,[594] begegnet er mit dem Einwand, dass dies nur dort der Fall sein dürfe, wo es „um das Merkmal der Werkindividualität geht, nicht (aber) sobald wir die Urheberschaft prüfen“.[595] Schmidt sieht sich dabei ganz durch das Kriterium der statistischen Ausschließlichkeit gestützt. Denn „Werkschöpfung bedeutet (immer auch) Herbeiführung der Merkmale, die die statistische Ausschließlichkeit, also das erste Kriterium des Werkbegriffs herbeiführen. Wer also ein Industrieprodukt zum Kunstwerk erklärt, schafft bereits mangels statistischer Ausschließlichkeit kein Werk“. Zum Kunstwerk wird es mithin erst dann, wenn der Urheber ihm „statistisch ausschließliche Eigenschaften beigibt“.[596] Sein Verständnis ist hierbei also eher traditioneller Natur, was in der Folge letztlich auch Collageformen wie

589 *Schmidt* UFITA 77 (1976), 1, 29 ff., auch wenn die Mehrzahl freilich nach seinem Dafürhalten nicht immer korrekt mit dem Präsentationsbegriff Kummers umgegangen ist, S. 30.
590 *Schmidt* UFITA 77 (1976), 1, 30.
591 *Schmidt* UFITA 77 (1976), 1, 31.
592 *Schmidt* UFITA 77 (1976), 1, 32 f.
593 *Schmidt* UFITA 77 (1976), 1, 32, Zwar wurde der Leistungsgedanke „vor allem in der nationalsozialistischen Zeit übertrieben, wenn aber die verwirrende Geschichte des Urheberrechts etwas lehrt, dann doch wohl dies, dass ein Urheberrecht, das sich vom Gedanken der Werkproduktion frei macht, mit unserem Urheberrecht nur noch wenig zu tun hat“.
594 *Kummer* Werk S. 104.
595 *Schmidt* UFITA 77 (1976), 1, 33.
596 *Schmidt* UFITA 77 (1976), 1, 33.

Eva & Adele,[597] *Eat Art*[598] oder andere Zufallscollagen vom Urheberrechtsschutz ausschließen würde und damit ein Mehr an Rechtsschutz gegenüber der h.M. zumindest nach Schmidt nicht erreicht wäre.

II. Stellungnahme

In der Zeit seit dem Erscheinen der Lehren Kummers, sind viele Auseinandersetzungen mit seinen Theorien geführt worden. Teilweise waren die Kritiker ungerecht, teilweise muten die Empathiebekundungen etwas zu überschwänglich an.[599] In jedem Fall erscheint es angesichts dieser überquellen Argumenten des Für und Wider zunächst sinnvoll, sich mit den Hauptargumenten der Befürworter und Gegner auseinander zu setzen. Auf diese Weise wird nicht nur eine systematische Aufarbeitung der Lehre Kummers erreicht, sondern es ermöglicht dem Verfasser auch selbst, in einen kritischen Diskurs mit den Kummerschen Vorschlägen treten zu können.

Um diesem Anliegen gerecht werden zu können, ist es angebracht, zunächst beide Lehren Kummers voneinander zu trennen und beide jeweils gesondert abzuhandeln, bevor sie in einer Gesamtbetrachtung am Ende wieder zusammengeführt werden können. Den Grund nennend, was eine solche Vorgehensweise sinnvoll erscheinen lässt, setzt gleichzeitig die Darlegung der wichtigsten Kritikpunkte und damit die eigentliche Stellungnahme in Gang. Eines der am häufigsten auf-

597 Betrachte dazu auch die Abbildungen unter *www.evaadele.com;* zuletzt abgerufen am 30. 1. 2008.

598 Betrachte dazu die Abbildung unter *www.danielspoerri.org/web_daniel/deutsch_ds/werk_einzel/40_jeudepaume.htm*, zuletzt abgerufen am 30. 1. 2008.

599 Vgl. dazu die Aussagen Trollers, der als einer der ersten Rezipienten der Kummerschen Auffassung bereits im Erscheinungsjahr der Arbeit Kummers 1968, diese wie folgt besprochen hatte: „Dürfen wir hoffen, dass Kummers Buch als eine der wichtigsten Aussagen zum gegenwärtigen Urheberrecht aufgenommen und in andere Sprachen übersetzt wird, und dass die anderen Urheberrechtler mit seinem Geiste bis zur Morgendämmerung ringen“ (*Troller* ZBJV, Band 104 (1968), 232, 236). Noch deutlicher äußert er sich 11 Jahre später: „Ich habe seitdem ich von Kummer belehrt wurde, immer wieder die statistische Einmaligkeit als Kriterium angewandt. Ich hoffe, dass sie zum selbstverständlichen Element des urheberrechtlichen Denkens wird“ *Troller* FG Kummer, 265, 276.

tauchenden Begründungen, warum die Vorstellung Kummers vom Werkbegriff abzulehnen sei, ist der Vorwurf, er würde es mit dem Merkmal der Präsentation ermöglichen, die Begründung des Urheberrechtsschutzes von der subjektiven Bestimmung des Urhebers abhängig zu machen. Damit versetze er jedermann in die Lage, sich subjektiv absolute Rechte, wie die aus dem Urheberrecht fließenden Befugnisse, nach Belieben selbst zu gewähren. Dies sei aber mit unserem Rechtssystem, in dem Rechte durch den Staat als Folge des beim Staat liegenden Gewaltmonopols erteilt werden, nicht zu vereinen.[600] Das hieße, dass nach diesem Verständnis der Kummerschen Präsentationstheorie derjenige mit seiner Collage schon dann urheberrechtlichen Schutz genießen würde, der deren Urheberrechtsfähigkeit behauptet würde. Diese Einschätzung kann jedoch nicht widerspruchslos bleiben. So hat sich Kummer nie dafür ausgesprochen, mit dem Merkmal der Präsentation das Kriterium der Individualität auszuhebeln. Im Gegenteil, mit dem Merkmal der Präsentation sollte als Ergebnis nur erreicht werden, dass das Werk auch von der Öffentlichkeit als Kunst wahrgenommen werde. Denn zeitgenössische Kunst leidet oftmals nach wie vor unter dem Stigma, nicht gleich als

600 *Erdmann* FS von Gamm S. 389, 392; Fromm/Nordemann/*Nordemann-Vinck* § 2 Rn 5; Gerstenberg FS Wendel S. 89, 96; *Ulmer* GRUR 1968, 527, 528 f.; auf sehr populistische Art und Weise fasst auch Loewenheim die Befürchtungen zusammen: „Jeder Gewerbetreibende wäre in der Lage, durch entsprechende Präsentation als Kunstwerk für meist nur geschmacksmusterfähige Produkte wie Möbelprogramme oder für Prospekte, Preislisten und Kataloge Urheberschutz in Anspruch zu nehmen und in einer dem Wettbewerbsprinzip zuwiderlaufenden Weise Mitbewerber von Herstellung und Vertrieb derartiger Erzeugnisse ausschließen. Auch Werke, deren Schutzfrist bereits abgelaufen ist, müssten bei konsequenter Durchführung der Präsentationslehre erneut geschützt werden können, sofern sie nur erneut als Werk präsentiert werden“, Schricker/*Loewenheim* § 2 Rn 6; interessanterweise gibt es jedoch hier und da im Laufe der Zeit immer wieder vereinzelt Stimmen, die zwar die Individualitätstheorie Kummers ablehnen, sich gleichwohl für seine Präsentationstheorie erwärmen können, es stimmt also nicht, wenn verschiedene Autoren davon sprechen, die Präsentationstheorie sei generell abgelehnt, Befürworter finden sich u. a. bei *Dietz* FS Ulmer S. 3, 8, hier allerdings mit der Einschränkung, dass „der Gedanke der Präsentation … zumindest in den Fällen (herangezogen werden kann), in denen der Künstler nicht jedes der geschaffenen Objekte signiert und der Kunst übergibt, sondern wo er zusätzlich noch nach ästhetischen oder anderen Gesichtspunkten eine Auswahl trifft“; sowie bei *Kehrli* 108 ff. und *Thomaschki* S. 73 (dazu siehe jeweils unter Kapitel 3 § 2 B III, IV sowie unter Kapitel 3 § 2 B XI, XII).

solche erkennbar zu sein. Während bei traditionellen Werken wie bspw. dem Roman keiner die Frage stellt, ob es sich um Kunst iSd UrhG handele, ist eine solche Eindeutigkeit in den Fällen moderner Kunst wie bspw. einer Assemblage Armans, der mit Wasserhähnen gefüllten Kiste (*Hommage à Mac Mahon*, 1961), nicht immer gegeben, schließlich könne es sich dabei ja auch um eine einfache Werkzeugkiste handeln. Es geht Kummer daher ausschließlich mittels des Präsentationskriteriums darum, dem Richter über die erste Hürde der §§ 1, 2 Abs. 1 UrhG hinweg zu helfen. Gleichzeitig trifft Kummer aber damit noch keine Aussage darüber, ob das Werk und damit auch die streitige Collage dann auch, dank Präsentation, tatsächlich individuell sind. Im Gegenteil, Kummer hat dies ausdrücklich verneint.[601]

Im Übrigen muss man sagen, dass der Präsentationsgedanke nicht ganz neu ist. Auch mit der Präsentation eines Romans in der Öffentlichkeit will der Schriftsteller nichts anderes ausdrücken als seine Überzeugung von der Kunstwerkeigenschaft seines Romans. Doch der alltäglich dutzendfache und vor allem nunmehr in die Normalität aufgegangene Umgang mit dieser Art von Kunstpräsentation hat dazu geführt, dass man die Präsentation, die immer letztlich Bestandteil der Veröffentlichung ist, als solche in ihrer Bedeutung gar nicht mehr wahrnimmt. Das einzige was Kummer nun getan und geschafft hat, ist es, diesen Gedanken auch für zeitgenössische Kunst tragbar zu machen und ihn aus dem kollektiven Vergessen wieder hervorzuholen. Auf diese Weise aber überführt er zeitgenössische Kunst ein Stück weit in die Normalität und gesteht ihr die gleiche Anerkennung zu wie den „alt bewährten“ Schöpfungsmöglichkeiten.[602]

Damit hat nun sogleich eine erste positive Bewertung der Präsentationstheorie Einzug in die Argumentation gehalten. Doch war dieses Argument der Beliebigkeit nicht die einzige Kritik am Präsentationsbegriff Kummers. Danach sei zudem zu befürchten, dass erst mit der Präsentation das Urheberrecht Schutzkraft entfalte und auf diese

601 Vgl. dazu bei *Kummer* Werk S. 75f.

602 Vgl. dazu bei *Kummer* Werk S. 76: „Schon immer taten Autoren das. Indem sie nämlich ein Werk schufen, das einem der ‚klassischen‘ Begriff Literatur, Kunst Musik entsprach, gaben sie kund, das Vorgelegte wolle ein Gedicht oder eine Plastik sein“.

Weise eine nicht zu gerechtfertigende Lücke im Rechtsschutz klaffe. Zudem sei es nicht zwingend anzunehmen, dass mit der Präsentation ein Kunstwerk entstehe.[603] Hierbei handelt es sich um eine Überlegung, die in sich nicht stimmig ist. Zunächst ließe es sich doch argumentieren, dass ein lückenhafter Schutz besser als gar keiner für die Speerspitze der Avantgarde sei. Zudem sagt das Merkmal der Präsentation nichts darüber aus, dass erst mit der Präsentation des Werkes der Urheberrechtsschutz einsetzen soll. Auch der Gedanke, dass der Roman des Dichters bereits ein schützbares Werk in der Schreibtischschublade sei, während die zeitgenössische Kunst erst mit der Präsentation entstehe, was diese Meinung letztlich impliziert, mag nicht so recht überzeugen. Es zeugt vielmehr von einer nicht zu rechtfertigenden Ungleichbehandlung, wonach ein Werk der vermeintlich traditionellen Künste, ohne genauere Betrachtung qua Gewöhnungseffekt als Kunstwerk anerkannt ist, während man einem Fallenbild Spoerris mit einer solchen Argumentation zunächst sogar die Kunsteigenschaft absprechen würde.

Es ist zudem ein Irrtum, wolle man annehmen, dass sich nach Kummer der Kunstcharakter erst durch die Präsentation ergibt. Denn dass es sich bei Werken wie Césars Autoblöcke um Kunst handelt, steht bereits schon dann fest, wenn es geschaffen wird und nicht erst im Moment seiner Präsentation. Dem Präsentationskriterium kommt damit auch bei Kummer einzig eine Hilfsfunktion zu, mit dem es aber möglich sein soll, über den Moment hinweg zu helfen, in dem sich die Öffentlichkeit nicht sicher ist, ob es sich bei dem schutzbegehrenden Werk denn nun tatsächlich um Kunst handelt. Es erfolgt somit iRd Präsentation nur ein klarstellender Akt, von dem aber nicht die Kunstwerkbegründung abhängen kann.

Darüber hinaus wurde Kummer jedoch vorgeworfen, der durch das Präsentationsmerkmal begründete lückenhafte Schutz des Urhebers würde dazu führen, dass etwa das unvollendete Werk, wie die Skizze oder der Entwurf, nicht ausreichend geschützt sei.[604] Dem lässt sich jedoch folgendes erwidern: Zum einen muss man auf das eben gesagte verweisen. Auch sei noch mal darin erinnert, dass sich der Präsentationsgedanke darin erschöpft klarzustellen, dass es sich bei die-

603 *Samson* UFITA 56 (1970), 117, 126, 145.
604 *Girth* S. 36; *Ulmer* GRUR 1968, 527, 529.

sem speziellen Werk um Kunst handele. Er gibt gleichzeitig jedoch keine Auskunft darüber, was es nun mit eventuellen Vorarbeiten des Künstlers auf sich hat. Zum anderen muss man fragen, worauf sich diese Annahme denn stützt. Nur weil ein Werk präsentiert wird, bedeutet das nicht zwangsläufig, dass den anderen der Schutz versagt werde, zumal auch bei traditionellen Werken der Autor eines Buches, der Maler eines Bilder oder der Komponist eines Musikwerkes in aller Regel Skizzen anfertigen wird. Nun fragt man sich, warum man in diesen Fällen den Werkschutz zweifelsfrei annimmt, während es bei gekorenen Werken einen Schutz der Vorarbeiten nicht geben soll, obwohl dieser von Kummer ausdrücklich betont wird.[605] Dieser Argumentation fehlt es daher an Schlüssigkeit, krankt sie vor allem am grundlegenden Missverständnis, dass schon mit der Präsentation ein Urheberrechtschutz erreicht sei.

Doch der Vorrat an Einwänden gegen die Präsentationslehre Kummers hat sich damit noch nicht erschöpft. So fragt Schmieder, wie es denn sein könne, dass demjenigen Urheberpersönlichkeitsrechte eingeräumt werde, der lediglich vorgefundenes präsentiere. Warum also jemand ein „Recht auf (Erst-)Veröffentlichung an einem Zufallprodukt geben, das seine Entstehung nicht einer bestimmten Person verdankt, (sondern einer), die es allenfalls auffindet und als veröffentlichungswürdig ansieht".[606]

Zunächst einmal fällt jedoch auch diese Annahme dem Missverständnis anheim, wonach die Präsentation des Werkes gleichbedeutend mit der Zuerkennung der Urheberrechtsfähigkeit ist. Darüber hinaus hinkt eine solche Argumentation jedoch auch aus anderen Gründen. Aus Gründen, die iÜ auch gegen folgende Überlegung spricht: Danach wird vorgetragen, dass mit dem Präsentationsgedanken sich das Urheberrecht zunehmend vom Schöpfungsgedanken entferne, denn wie könne man annehmen, dass im bloßen Ausstellen einer bereits bestehenden Sache, derselbe schöpferische Geist sei, wie im handwerklichen Hervorbringen des Werkes. Dies widerspre-

605 Vgl. *Kummer* Werk S. 93: Schutz des Kompositionsentwurfs: „Der Entwurf mag noch so rudimentär sein, er stellt doch zumindest ein festgefügtes Gerüst dar oder doch einzelne festgefügte Teile, und was schriftlich festgelegt, ist insoweit auch konkretisiert und schützbar".

606 *Schmieder* FS Roeber S. 385, 388.

che schließlich dem in den §§ 3 und 7 UrhG formulierten Gedanken des Schöpfungsbegriffs der, gerade iFd § 3 UrhG, sich durch die Wortwahl der Bearbeitung des Originalwerkes, und der damit implizierten eigenen gestalterischen Tätigwerden ausdrücke.[607] Diese Überlegung ist jedoch nicht haltbar, denn wenn SOL LEWITT davon spricht, dass „erfolgreiche Ideen … gewöhnlich den Anschein von Einfachheit (haben), weil sie zwingend erscheinen",[608] dann drückt er damit aus, wie leicht man in Versuchung gerät, das Kunstschaffen bspw. eines Duchamps herunter zu würdigen und dem eigenen Urteil den Stempel eines gewissen qualitativ angehauchten Vorwurfs von Faulheit mitzugeben, als ob sich der Künstler der ein Pissoir ausstellt, kaum Gedanken mache, wahllos in seiner Kiste krame, irgend einen Gegenstand herausgreife und anschließend feststelle, das ist Kunst. So wird mit solch einer Argumentation leicht übersehen, dass bspw. „in den ready-mades von Marcel Duchamps … aus dem Sachinhalt, der bisher das Konkrete am Kunstwerk war, ein hintergründiges, vielsagendes Zeichen, ein Emblem, das sich nicht in seiner materiellen, gebrauchszweckhaften Tatsächlichkeit erschöpft – … ein Symbol (geschaffen), in dem ‚ein anderes' erkannt wird".[609] Duchamps hat sich vorher genaue Gedanken gemacht, als es ihm darum ging, mit seinem Flaschentrockner die Grenze zwischen Leben und Kunst aufzuheben. Denn mitnichten findet der Künstler den Gegenstand, den er als objet trouvés ausstellt, einfach so. Er verfolgt vielmehr ein bestimmtes Konzept, wenn er die künstlerische Behauptung aufstellt, dass es sich gerade bei diesem Gegenstand, unbehandelt wie er ist, um Kunst handelt. Denn „Duchamps trieb die Dialektik auf die Spitze, indem er einerseits zynisch den kulturellen Wert eines ‚Pissoir' behauptete, andererseits dessen Realität als antikulturelles Schockmittel einsetzte".[610] So entsteht die Kunst nicht etwa in Folge der Präsentation, sondern als Folge der Konzeption. Dem Präsentationskriterium in der Form, wie es vom Verfasser hier verstanden wird, kommt damit ausschließlich eine Hilfestellung im Umgang mit zeitgenössischer Kunst zu, in Folge dessen es dem Künstler der

607 *v. Schoenebeck* S. 169, *Schmidt* UFITA 77 (1976) 1, 31 f.; sowie in Ansätze zu lesen bei *Schmieder* FS Roeber S. 385, 389.

608 Sol Lewitt zitiert bei *Vischer* FS Kummer S. 277, 286.

609 *Hofmann* Grundlagen der modernen Kunst S. 445.

610 W. Becker Zweifel an der Wahrheit der Wirklichkeit, zitiert bei *Vischer* FS Kummer S. 277, 279.

Avantgarde möglich gemacht wird, deutlich hervorzutreten und zu manifestieren, „Seht her, das was ich hier ausstelle ist Kunst!“. Über die urheberrechtliche Schutzfähigkeit des ausgestellten Werkes wird zudem durch das Präsentationskriterium nichts gesagt.[611]

Damit nähert man sich schon der ersten Frage nach Individualität. Denn was nach Kummer als individuell gilt, verwehrt weiterhin einigen Collagen den Urheberrechtsschutz, da ihnen keine statistische Einmaligkeit zugestanden wird. Nun reicht allein die Tatsache, dass auch nach Kummer ein bestimmter Teil der zeitgenössischen Kunst, der auch vorher schutzlos war, wiederum schutzlos bleibt, sicherlich nicht aus, die Individualitätstheorie Kummers von Grund weg abzulehnen. Es muss daher an dieser Stelle darum gehen, im Einzelnen festzustellen, ob eine Individualität iS statistischer Einmaligkeit in der praktischen Anwendung denk- und durchsetzbar ist. Nun hat sich zunächst Girth dafür ausgesprochen, man könne die Lehre Kummers von der Individualität nicht dergestalt vereinfachen, dass es ihm ausschließlich darum gehe, Individualität auf das Merkmal der „statistischen Einmaligkeit“ zu reduzieren. Nicht jedes Werk, das statistisch einmalig sei, sei nach der Kummerschen Doktrin damit automatisch geschützt.[612] In der Tat führt Kummer an, dass es einer handgreiflichen Individualität bedarf und ein Blick auf sein Werk zeigt, dass das Merkmal der Individualität auch bei Kummer nicht das einzige schutzbegründende Merkmal ist. (Darauf wurde bereits oben ausführlich eingegangen.) Damit ist es nicht überzeugend, mit der

611 In dieser Wertung ähnlich auch *Troller* Mitteilungen 1969 (Heft 2), 202, 204, der aber in FG Kummer S. 265, 274, grds. der Kummerschen Idee vom Präsentationsgedanken widerspricht, da dies nach Auffassung Trollers der These vom Werk als gedankliche Vorstellung grundlegend zuwiderlaufe.

612 *Girth* S. 28 ff.; sowie Troller, der es über den Begriff der ‚statistischen Einmaligkeit‘ als erreicht ansieht, dass man nunmehr, nicht nur eine völlig eindeutige Aussage über ein wesentliches Merkmal des schützbaren Werkes enthalte, sondern darüber hinaus auch nähere Anweisungen darüber gegeben werde, wie dieses Merkmal festzustellen ist. Danach bestände endlich die Möglichkeit wertungsfrei das Kriterium der Individualität eindeutig zu bestimmen (*Troller* FG Kummer, 265, 273); eingeschränkt auch bei *Heim* S. 48 ff., der aber gerade dann von Kummer abweicht, wenn es um die Schützfähigkeit sog. objets trouvés geht. Nach ihm seien nur diejenigen Gebilde, die unmittelbar der Hand eines Menschen entstammten und auf deren Erzeugung oder zumindest an deren Gestaltung dieser aktiven Einfluss genommen hätte.

h. M.[613] anzunehmen, es käme zu einer „völligen Aushöhlung und Verwässerung des Kunstbegriffs".[614] Denn Kummer vorzuwerfen, dass er mit dem Begriff der statistischen Einmaligkeit auch Zufallsprodukte oder solche, die als Folge nur geringster individueller Leistung entstanden sind, nunmehr vom Urheberrechtsschutz umfasst, muss widersprochen werden. Für Kummer gibt es kein absolutes Maß statistischer Einmaligkeit, keine starre Größe, sondern immer nur eine Einzelfallbetrachtung. Es bedarf schließlich immer der Handgreiflichkeit der Individualität. Das bedeutet, dass nach Kummer jede Individualität darauf zurückzuführen ist, „das aus einer Menge von Einzelelementen einzelne ausgewählt und zusammengefügt oder das zumindest Entscheidungen (‚Auswahlen') für die Anordnung getroffen werden".[615] Das bloße Zufallsprodukt reicht somit auch nach Kummer nicht einfach aus, zumal kein Werk das Resultat des Zufalls ist. Wie die Ausführungen zur Präsentationslehre gezeigt haben, ermangelt es einer solchen Auffassung dem tiefgreifenden Verständnis für bestimmte Konzepte der zeitgenössischen Kunst, die sich eben nicht auf den Zufall beschränken, sondern bewusst auswählen und dieses dann auch bewusst als Kunst präsentieren. Nur, weil etwas statistisch einmalig ist, wird es damit nicht automatisch zum Kunstwerk, es bedarf vielmehr erst der Bemächtigung durch den Künstler. Doch dürfen diese Feststellungen nicht den Blick auf das Wesentliche verstellen. Individualität und statistische Einmaligkeit gehen bei ihm grundsätzlich, wie er selbst ausdrücklich betont,[616] Hand in Hand. Daher muss es sich dieser Vorschlag schon gefallen lassen, wenn man ihn zunächst auch daraufhin überprüft. Freilich bedarf es eines differenzierten Blicks, dessen Beobachtung nicht einseitig auf diesen Punkt fixiert bleibt, sondern die Ausführung Kummers in seiner Gesamtheit betrachtet.

Auf den ersten Blick mag man daher annehmen, hier sei ein brauchbares Abgrenzungskriterium gefunden. Was kann schließlich individueller sein, als etwas, was nur einmal auf der Welt vorkommt? Zu-

613 *Dreier/Schulze* § 2 Rn 20; Schricker/*Loewenheim* § 2 Rn 15; *Ulmer* GRUR 1968, 527, 528f.; diese Auffassung wird zum Teil auch von *v. Schoenebeck* S. 165 vertreten.
614 *Samson* UFITA 56 (1970), 117, 123.
615 *Kummer* Werk S. 43.
616 *Kummer* Werk S. 80.

mal das Problem eines wertenden Eingriffs umgangen zu sein scheint, da nunmehr ein objektives Kriterium, nämlich das der Statistik, gefunden wurde, während doch bisher mit der Suche nach dem Persönlichen im Werk eher nach dem subjektiven Ausdruck gefahndet wurde. Doch bereits an diesem Punkt scheiden sich die Geister. Danach sei nicht klar, „ob die Individualität im Sinne des von Kummer entwickelten Begriffs der statistischen Einmaligkeit, in der Hand des Richters (tatsächlich) ein verlässlicher Maßstab urheberrechtlicher Schutzgewährung sein kann“. Schließlich wird der Zivilrichter immer auch nach brauchbaren Abgrenzungskriterien suchen und sie in jedem Einzelfall finden, aber dabei wird er ohne qualitative Wertungen freilich nicht auskommen können.[617] Damit werde aber ein Gewinn an Rechtssicherheit nicht erreicht.[618] Die Frage ist in der Tat, ob mit einer auf das Merkmal der statistischen Einmaligkeit verkürzten Definition ein Kriterium gefunden wurde, das es dem Richter ohne weiteres erlaubt, objektiv und sachgerecht, zeitgenössische Kunst zu beurteilen. Dies erscheint fragwürdig. So soll gerade bei den aus industriell hergestellten Produkten ausgewählten ready-mades der Schutz verwehrt bleiben. Kommen sie hingegen aus der Natur und sind in ihrer Formgebung einmalig, so billigt Kummer ihnen urheberrechtlichen Schutz zu. Ein Werk wird nun aber doch nicht allein deswegen individuell, weil es statistisch einmalig ist.

Besonders problematisch an Kummers Auffassung ist, wie wenig sich tatsächlich statistische Einmaligkeit bestimmen lässt. Kummer selbst gesteht ein, dass es sich immer nur um einen Annäherungswert handeln kann. Dann bleibt aber letztlich die Entscheidung doch wieder dem einzelnen Richter überlassen, ob er die statistische Einmaligkeit als ausreichend wertet, was dazu führt, dass in die scheinbar objektive Betrachtung in den wenigen Grenzfällen, in denen das Problem des Werkbegriffs ein Rolle spielt, doch wieder von subjektiven Wertungen abhängig ist. Schon bei Kummer selbst erscheint die Anwendung des Kriteriums als unsystematisch und nicht überzeugend. Danach soll das *Gomringersche Gedicht*, in dem das Wort schweigen 14-mal wiederholt wird, aufgrund des Schriftbildes knapp

617 *Pakuscher* UFITA 72 (1975) 107, 110f.; ähnlich auch *Vischer* Monopol und Freiheit S. 15f.
618 *Kehrli* S. 111; *Rau* S. 44.

die Grenze des Individuellen erreichen.[619] Auch bei den rechten Winkeln Mondrians vermag der Rechtschutz bloß noch knapp aber immerhin Schritt zu halten, noch mehr verflüchtigt sich jedoch das individuelle bei dem zu einem senkrechten und geraden Strich verkümmerten Bildinhalt, ein Schutzanspruch sei wohl nur anhand der originalen Farben messbar. Ganz und gar kein Urheberrecht soll jedoch nach Kummer dem *Schwarzen Quadrat* Malewitschs zukommen, dessen zeitgenössische Malerei zwar, wie Kummer zugibt, Weltruhm erlangt habe, dessen Individualität im Werk aber abzulehnen sei.[620] Denn wo der Künstler wieder elementarste Formen zum Inhalt seines Werkes mache, befinde er sich im Gemeingut und könne nicht geschützt werden. Doch was ist ein rechter Winkel, wenn nicht elementarste Form? Diese Wertung überrascht aber noch aus einem anderen Grund, vermittelte Kummer schließlich ein paar Seiten zuvor noch ein ganz anderes Bild. Bezogen auf ein Gedicht Schwitters, das nur aus Zahlen besteht,[621] formuliert er folgenden Gedanken: „Auch das ist eine individuelle Leistung; und kann auch jedermann nach der nämlichen Methode Gedichte verfertigen: keiner wird unabhängig auf das genau gleiche Gedicht verfallen".[622] Überraschend ist diese Aussage nun deswegen, als er eine solche Überlegung dem *Schwarzen Quadrat* Malewitschs verweigert.

Ist es nun aber wirklich denkbar, dass ein anderer Maler erneut dasselbe *Schwarze Quadrat auf weißem Grund* zeichnet? Hier zeigt sich nun, wie wenig das Merkmal der statistischen Einmaligkeit taugt und wie willkürlich und damit auch abhängig von der Beobachtungsgabe des Richters letztlich die Entscheidung bleibt. Zumal gerade das *Schwarze Quadrat* Malewitschs bei näherer Betrachtung auf der rein formalen Ebene kein exaktes Quadrat, sondern geringfügig verschoben ist. Auch die richtige Übersetzung des russischen Titels lautetet eigentlich nicht schwarzes Quadrat, sondern schwarzes Viereck.[623] Zudem weichen die exakte Größe, die Form, der malerische Farbauftrag und die Farbtiefe von der Gestaltung anderer vorhandener schwarzer Quadrate eindeutig ab, so dass man zweifelsfrei das

619 *Kummer* Werk S. 33.
620 *Kummer* Werk S. 48.
621 Gemeint ist Kurt Schwitters Gedicht ‚25 elementar'.
622 *Kummer* Werk S. 35.
623 *Fuchs* S. 144 Fn 656.

Schwarze Quadrat von anderen unterscheiden und identifizieren kann.[624] Dies beweist, dass, wenn man nur auf die Form, ohne nähere Betrachtung der Konzeption, der Idee, die hinter dem Werk steht, zeitgenössischer Kunst urheberrechtlich abstellt, man sich sehr leicht in Oberflächlichkeiten verfängt. Denn „wenn jemand fünfzig Campbell Suppen-Dosen nimmt und auf eine Leinwand bringt, beschäftigt uns nicht der optische Gesichtspunkt. Was uns interessiert, ist das Konzept 50 Campbell Dosen auf die Leinwand zu bringen".[625] Man kann bestimmte Formen moderner Kunst nicht einfach auf ihre Form reduzieren. Diesen Fakt hat auch Kummer ausdrücklich betont, wenn er eingesteht, dass Form und Inhalt eine untrennbare Einheit darstellen.[626]

Problematisch gestaltet sich auch die Forderung, wonach der beurteilende Richter vergleichen soll mit dem, was da sein könnte. Er soll einen Vergleich mit dem virtuell Möglichen anstellen. Der ohnehin schon in den Grenzfällen der Avantgarde bestehende Beurteilungsspielraum des Richters wird dadurch noch weiter ausgedehnt, so dass man nun nicht mehr guten Gewissens von Rechtssicherheit und -klarheit sprechen kann. Zudem fragt es sich doch, was virtuell noch möglich ist. Natürlich könnte man argumentieren, dass ein erneutes *Schwarzes Quadrat* denkbar ist, doch glaubt man ernsthaft, ein solches würde noch einmal in genau derselben Weise gemalt. Schließlich ist es genauso identifizierbar als ein Werk Malewitschs, wie die *Mona Lisa* da Vinci zugerechnet wird. Der Richter muss sich nach Kummer nun die Frage stellen, wie wahrscheinlich es ist, dass ein weiterer Künstler noch einmal denselben Flaschentrockner ausstellt oder genau dasselbe Fallenbild Spoerris herstellt wie *Repas hongrois*. Wenig wahrscheinlich, will er in der Kunstwelt nicht als Plagiator gelten.[627] Zudem müsste man sich, wäre man hier konsequent, diese Frage doch letztlich bei jedem Kunstwerk stellen. Nur weil ein Werk Flächen, Linien, Punkte abbildet oder die Skulptur eine Assemblage ist, die aus eine Kiste voll mit Wasserhähnen besteht, wird doch damit nicht automatisch die Möglichkeit erleichtert, ein Werk zu plagiieren. Des Weiteren zeigt sich nun ein fundamentaler Selbstwider-

624 *Fuchs* S. 144.
625 Duchamps zitiert nach *Osterwold*, S. 67, 70.
626 *Kummer* Werk S. 7ff., 20f.
627 Vgl. dazu auch bei *Fuchs* S. 133.

spruch in der Lehre Kummers. Bevor Duchamps das ready-made erfand, war es nicht existent. Wie soll man aber nun etwas mit Werken vergleichen, die noch gar nicht existieren. Schwingt darin nicht gleichzeitig eine qualitative Bewertung, gegen die Kummer sich ja ausdrücklich ausgesprochen hat, der künstlerischen Qualität eines Werkes, dergestalt, dass ein Werk, das anspruchsvoller zu sein scheint, statistisch einmaliger nicht wieder plagiiert wird, während ein Werk, dass sich aus dem Formenschatz des Gemeingutes bedient, eher von anderen wieder gemalt oder ausgestellt wird? In der Tat scheint das Merkmal der statistischen Einmaligkeit vom Richter zu verlangen, er müsse bei der Frage, ob ein solches Werk in Zukunft noch einmal zu erwarten ist, auch der Frage nachgehen, ob es so individuell und damit so qualitativ ist, dass es nicht wiederholbar sei. Auch darf nicht vergessen werden, dass der Urheber immer, ob traditionell oder modern, aus der Summe seiner Erkenntnisse schafft, sein Schaffen kann in aller Regel nie so individuell sein, dass es nicht vorher schon in Ansätzen bestanden hat. Die Arbeit hat gezeigt, dass der Grund für die Entwicklung der Inhalts- und Schrankenbestimmung im Urheberrecht gerade gewesen ist, dass er kulturell in die Vorarbeiten seiner Künstlerkollegen eingebunden ist und auf diesen Erkenntnissen aufbaut. Damit zeigt sich, dass eine wahre statistische Einmaligkeit schon von der Realität gar nicht existieren kann. Die Individualität lässt sich somit nicht auf eine wie auch immer geartete statistische Einmaligkeit oder, wie Schmidt sie nennt, statistische Ausschließlichkeit, reduzieren.

Die Ausführungen haben damit vielfach belegt, dass ein einfacher Wechsel des Individualitätsbegriffs nicht genügt, um das Problem, das das Urheberrecht im Umgang mit bestimmten Werken zeitgenössischer Kunst hat und angesichts der neueren Entwicklungen im Web 2,0 bzw. 3,0[628] haben wird, zufriedenstellend zu lösen. Es ist daher besser zu überlegen, ob nicht das System oder zumindest die Herangehensweise des Systems als solches einer prüfenden Revision ausgesetzt sein sollte, anstatt die Aufmerksamkeit auf einen einzelnen Punkt zu reduzieren. Kummer ist dies nicht gelungen.

628 Vgl. dazu unter Kapitel 1 § 2 A I.

III. Einbeziehung avantgardistischer Collageformen über die Kreativität des Geistes in den Werkbegriff

Als einer der ersten setzte Kehrli 1989[629] auf das Kriterium der Innovation, um sachgerecht auch die Gegenwartskunst in die urheberrechtliche Betrachtung mit einbeziehen zu können. Diese sei nach den traditionellen Kriterien des Urheberrechts oftmals nicht ausreichend geschützt und bedürfe daher einer urheberrechtlichen Aufwertung.[630] Die kulturpolitische Aufgabe des Urheberrechts[631] erfordere es schließlich, die „großen künstlerischen Leistungen" der zeitgenössischen Kunst, die sich in der Anerkennung durch die Fachwelt äußere,[632] und damit auch solche Werke in den Urheberrechtsschutz mit einzubeziehen, denen es an den Voraussetzungen im traditionellen Sinne, namentlich an der Individualität ermangele. Insofern begrüßt er Kummers Bestreben nach einer Schutzvermehrung, kann sich jedoch dem Merkmal der statistischen Einmaligkeit nicht anschließen, da es sich nach seinem Dafürhalten als ein eher ungeeigneter Weg darstelle.[633]

Aufbauend auf den Erkenntnissen der sog. Informationsästhetik kommt Kehrli dabei zu dem Schluss, dass man sich stattdessen lieber darauf besinnen sollte, dass ein Kunstwerk unabhängig davon, ob es individuelle Züge seines Schöpfers aufweise oder nicht, immer auch dem Betrachter eine ästhetische Information vermittelt, die sich aus dem Zusammenspiel aller Darstellungsmittel ergebe.[634] Entscheidend für die Collage wäre mithin nicht ein gewisses Mindestmaß an Indivi-

629 *Kehrli* Der Urheberrechtliche Werkbegriff im Bereich der bildenden Kunst, Bern 1989.

630 *Kehrli* S. 85: „Die Tatsache, dass … Werke von so berühmten Künstlern wie Duchamp, Malewitsch, Picasso, etc. den Urheberrechtstest nicht bestehen und deshalb außerhalb des gesetzlichen Schutzbereiches stehen, ist m. E. bedenkenswert und lässt Zweifel an der richtigen Wahl der maßgebenden Werkkriterien als berechtigt erscheinen".

631 *Kehrli* S. 101 ff.; Schließlich müsse man „dem zunehmenden Bedürfnis der Allgemeinheit sich mittels Kunstwerken einen ästhetischen und geistigen Genuss zu verschaffen … kulturpolitisch Rechnung tragen", S. 101 Entscheidend sei dabei die „die Steigerung und Verbreitung der künstlerischen Produktionskraft", S. 102.

632 *Kehrli* S. 87.

633 *Kehrli* S. 113.

634 *Kehrli* S. 128 ff., insb. S. 130.

dualität, sondern ob die in ihr enthaltene ästhetische Innovation einen Innovationswert aufweise, der sich dem Betrachter auch erschließe. Dafür müsste sich die Collage aber von den vorbestehenden Schöpfungen grundlegend abheben. Entscheidend dafür sei eine quantitative Feststellung. Kehrli kommt es darauf an, so objektiv wie möglich vorzugehen, schließlich arbeite auch die Informationsästhetik „mit mathematischen Mitteln, um eine objektive und rational fassbare Beschreibung an künstlerischen Objekten zu ermöglichen".[635] Aus diesem Grund entwickelt er an dieser Stelle eine Vergleichsmethode in zwei Prüfungsschritten:[636] Im ersten, einer Art Gesamtbetrachtung der streitgegenständlichen Werke, wird die Werkstruktur einer genauen Analyse unterzogen, wodurch sichergestellt werden soll, dass später auch nur solche Werke auf ihre Ähnlichkeit untersucht werden, zwischen denen überhaupt eine Verwandtschaft besteht; erst wenn feststeht, dass vergleichbare Werke existieren, wird in einem zweiten Schritt anhand einer Detailbetrachtung überprüft, bis zu welchem Grad die einzelnen Darstellungselemente dieser Werke Übereinstimmungen aufweisen.[637]

Das Vorgehen erinnert dabei an die Untersuchung der freien Benutzung. Je deutlich erkennbarer die Anlehnung an das vorbestehende Werk ist, desto eher wird man von einer abhängigen Nachschöpfung ausgehen müssen, die keine oder zumindest keine nennenswerte neue ästhetische Information vermittelt. Das würde bedeuten, dass einer Collage, die diesen Überlegungen entspricht, nach Kehrli der Urheberrechtsschutz versagt bleibt.[638]

Daneben kommt es Kehrli aber noch auf die Anerkennung der Schöpfung als „Werk der bildenden Kunst" an.[639] Denn bevor eine Untersu-

635 *Kehrli* S. 130 Fn 32; „Die Erteilung des urheberrechtlichen Rechtsschutzes ist damit nicht mehr von einem bestimmten Mindestmaß an Individualität abhängig", S. 130.
636 *Kehrli* S. 133 ff.
637 Ein solcher Vorschlag Kehrlis erscheint verwunderlich, macht er sich doch hier für eine Vorgehensweise stark, die in Teilen doch an diejenigen Methode erinnert, die Kummer mit seiner Suche nach statistischer Einmaligkeit gegangen ist, und gegen die sich Kehrli noch an anderer Stelle entschieden gewandt hatte (vgl. dazu bei *Kehrli* S. 113: Kummers Vergleich sei danach „widersinnig, denn wie soll der Richter ein Werk mit etwas vergleichen das gar nicht existiert").
638 *Kehrli* S. 136 ff.
639 *Kehrli* S. 123 f.

chung der Schutzfähigkeit des Werkes iRd Urheberrechts erfolgen könne, müsse vorher erst einmal der Anwendungsbereich des Urheberrechts, namentlich der Bereich Kunst, eröffnet sein.[640] Während sich diese Frage bei den traditionellen Werken ganz von selbst erledige, bedürfe es im Zusammenhang mit zeitgenössischer Kunst entweder einer „empirisch-soziologischen" Feststellung durch den Richter[641] oder ganz iSd Präsentationstheorie Kummers eines besonderen Aktes, mit dem der Künstler zu erkennen gebe, dass er einen Anspruch auf Zuerkennung der Kunsteigenschaft erhebe.[642] In Zweifelsfällen wäre dann nach Kehrli die Anerkennung der Collage als Kunstwerk durch ein Sachverständigengutachten zu gewinnen;[643] jedenfalls dann, wenn unter den Kunstexperten weitgehend Einigkeit bestände.[644]

Auch Thomas Peter Schmid stützt seine Werkbegriffsdefinition auf die Innovationsbemühung des Schöpfers.[645] Anders als Kehrli, der sich gegen das Aufrechterhalten der Individualität als Merkmal des Werkbegriffs ausspricht,[646] versteht Schmid, die Ergebnisse der Kreativitätsforschung zugrunde legend, die Kreativität jedoch als logischen Ausdruck der Individualität des Schöpfers.[647] Ob insbesondere ein zeitgenössisches Werk und damit als solches auch die Collage urheberrechtlich geschützt ist, würde damit entscheidend davon abhängen, ob es ein Produkt des kreativen Geistes darstellt. Diejenige

640 *Kehrli* S. 122: „Dies ist deshalb unumgänglich, weil Urheberrecht nur dann entstehen, wenn das betreffende Erzeugnis der im Gesetz genannten urheberrechtlichen Kategorien zugeordnet werden kann".

641 Dem Richter obliegt es daher nach Kehrli sich „darüber zu informieren, ob das in Frage stehende Werk in Galerien, Kunstausstellungen, Museen usw. gezeigt worden ist oder ob Stellungnahmen von Sachverständigen über den Kunstwerkcharakter existieren", *Kehrli* S. 123 Fn 13.

642 *Kehrli* S. 124.

643 *Kehrli* S. 86ff., 124; „Die Bestimmung des Kunstbegriffs obliegt grundsätzlich dem Juristen. Dennoch ist es m.E. unumgänglich, die Erkenntnisse und Meinungen von kunstsachverständigen Kreisen in stärkerem Maße als bisher in die rechtlichen Erwägungen einzubeziehen. Ansonsten muss in Zukunft vermehrt damit gerechnet werden, dass das urheberrecht mit einem überholten Kunstverständnis einer mit Scheuklappen versehenen Justiz gleichgesetzt wird", S. 86.

644 *Kehrli* S. 86.

645 *Schmid* Urheberrechtliche Probleme moderner Kunst und Computerkunst in rechtsvergleichender Darstellung.

646 *Kehrli* S. 111f.

647 „Liegt Kreativität vor, ist auch Individualität gegeben". *Schmid* S. 85.

Collage wäre danach individuell, deren Erscheinungsbild als kreativ bezeichnet werden könnte[648] und, weil sie als Produkt Resultat geistigen Schaffens sei, einen geistigen Inhalt habe. Im Bereich der Kunst bleibe die Bestimmung eines solchen urheberrechtlich-relevanten, geistigen Inhalts nur auf Mutmaßungen beschränkt.[649] Da abstrakte Regeln aber ebenso wenig wie „eine Ermittlung nach logischen Gesichtspunkten" zur Feststellung der Individualität möglich seien,[650] bedürfe es eines Verfahrens auf der Grundlage der Psychologie.[651] Eine Collage müsste nach Schmid als Ausfluss menschlicher Kreativität damit (1) praktikabel sein, d.h. vom Künstler geschaffen zur Lösung eines ästhetischen Problems und (2) eine signifikante Seltenheit aufweisen, d.h. sie müsste sich von den anderen auf dem „Markt" befindlichen Produkten deutlich abheben. Dies wäre dann der Fall, wenn sie nicht mit ähnlichen Produkten verwechselt werden könnte. Die Feststellung, ob sich die Collage dabei durch signifikante Seltenheit auszeichne, müsste nach der Idee Schmids aufgrund von Testreihen ermittelt werden.[652] Der bloße Hinweis des Künstlers, es handele sich bei seiner Collage um Kunst, würde nämlich nicht ausreichen.[653]

IV. Stellungnahme

Es ist zunächst zu begrüßen, dass Kehrli erkannt hat, dass oftmals in der h.M. der Übergang vom angeblich anonymen zum persönlich

648 Um einen fassbaren Arbeitsbegriff zu erhalten, formuliert *Schmid* folgende Definition: „Das Ansatzpunkt der Praktikabilität bestimmt die Kreativität eines Produkts danach, ob es neu ist und Probleme zu bewältigen hilft, also nützlich ist; origineller Unsinn scheidet damit als Forschungsgegenstand aus", S. 87, Allerdings erfasse „auch der Praktikabilitäts-Ansatz … nur einen Teil dessen, das die Besonderheit eines kreativen Produktes ausmacht", S. 88 Zudem dürfe man „sich keinesfalls verleiten lassen, die … Erkenntnis aus dem Bereich der Kreativitätsforschung als vollkommen gesicherte wissenschaftlich bis ins letzte belegbare Fakten anzusehen", S. 94.

649 *Schmid* S. 105.

650 *Schmid* S. 105 f.

651 Vgl. dazu bei *Schmid* insb. auf den Seiten 83 ff., zusammenfassend auf den S. 106 f.

652 *Schmid* S. 106.

653 *Schmid* S. 107.

geprägten Werk als willkürlich festgestellt werden muss.[654] Leider zieht er daraus die falschen Schlüsse. So geht Kehrli in seiner Betrachtung von folgender Grundanalyse aus, die ihn am Merkmal der Individualität zweifeln lässt. Danach sei unter den Werken eine Entpersönlichung zu beobachten, die es oftmals dem Rezipienten unmöglich mache, eine zweifelsfreie Zuordnung der Werke vorzunehmen. Die Anonymität als Markenzeichen zeitgenössischer Kunst mache damit deutlich, wie sehr das Kriterium der Individualität Ausdruck eines anachronistischen Kunstverständnisses sei.[655]

Dies stimmt nicht.[656] Wie die oben ausgeführten Darlegungen zum neuen Bildbegriff belegen,[657] zeugt vielleicht die Wahl der Mittel von Abstraktheit, allerdings wählt der Künstler damit eine Darstellungsform, mit der er seine Vorstellung vom Gesehenen und von der Wirklichkeit, d.h. seine ihm eigene individuelle Wirklichkeit portraitiert. Die Einschätzung einer Entpersönlichung des Werkes kann also nur bedingt geteilt werden. In dem Werk tritt oftmals die Persönlichkeit nur anders auf, eben oftmals bedingt durch die Wahl und Entwicklung eines bestimmten Konzeptes, das mit dem Werk verfolgt wird und das sich im Werk realisiert. Insofern unterliegt Kehrli einer Fehleinschätzung, was das Merkmal der Individualität betrifft. Jedes Werk, das einem bestimmten Konzept wie bspw. dem Suprematismus folgt, drückt in sich die ihm eigene Individualität aus. Malewitsch selbst bezeichnet in seinem *Suprematistischen Manifest* von 1915 den Suprematismus als den Ausdruck der „reinen Empfindung in der bildenden Kunst. Elementare Form dieser Vorherrschaft sei das Quadrat: das Quadrat = Empfindung, das weiße Feld = das Nichts außerhalb dieser Empfindung“.[658] Während seiner Werkperiode *Eat Art* macht Daniel Spoerri deutlich, worum es ihm mit seinen *Fallenbildern*[659] seit 1961 geht. Mit dem Begriff *Eat Art* „meinte er nicht die feine Küche der Sterne-Köche, sondern die Auseinandersetzung

654 *Kehrli* S. 90.
655 *Kehrli* S. 104.
656 Vgl. dazu ausführlich unter Kapitel 3 § 2 C II.
657 Vgl. dazu unter Kapitel 1 § 2 B.
658 *Brockhaus* S. 218; 341.
659 Betrachte dazu die Abbildungen unter *www.danielspoerri.org/web_daniel/deutsch_ds/werke.htm,* sowie unter *www.danielspoerri.org/web_daniel/deutsch_ds/werk_einzel/05_fallenbild.htm*; zuletzt abgerufen am 30. 1. 2008.

mit grundlegenden Prinzipien der Ernährung, also beispielsweise: Was ist überhaupt essbar? Welche Pflanzen, Körner, Getreide, sind die Basis menschlicher Ernährung? Welche Zubereitungen kennt man weltweit? Welche Varianten einfacher Grundrezepte gibt es?"[660] Damit wird deutlich, dass scheinbar zufällige, scheinbar aus dem Gemeingut schöpfende Arbeiten sehr wohl die individuelle Auseinandersetzung ihres Schöpfers in sich tragen, nur eben unter Zuhilfenahme der modernen Formen künstlerischen Arbeitens.

Des Weiteren überzeugt es nicht, wenn Kehrli davon spricht, dass eine durch abstrakte Formenwahl ausgelöste Anonymität eine genaue Zuordnung der Werke zum Künstler unmöglich mache. Man möge dem Verfasser denjenigen Durchschnittsbetrachter zeigen, der einen Diego Velázquez von einem Caravaggio unterscheiden und zweifelsfrei die Werke zuzuordnen vermag. Insofern hat Schmieder nicht zu Unrecht festgestellt, dass „als begehrtes Nutzungsobjekt … sich allerdings ohnedies nur durchsetzen (wird), was allgemein Anklang findet".[661] Damit wird ziemlich treffend auf den Punkt gebracht, was ein Werk bekannt macht und damit auch mit dem Namen seines Schöpfers in Verbindung bringt. Es muss sich auf dem Markt behauptet haben, es muss sich die künstlerische Idee durchgesetzt haben. Es ist also abwegig zu behaupten, dass es Werken zeitgenössischer, abstrakter Kunst nicht gelingen soll, eben diesen Bekanntheitsgrad zu erreichen, sodass man sie nicht eindeutig einem bestimmten Künstler zuzuordnen vermag.

Diese Fehleinschätzung führt damit zu einem Kriterium, dass Kehrli als vorgeschalteten Prüfungspunkt im Rahmen der bildenden Kunst verlangt. Danach soll zunächst überprüft werden, ob bei zeitgenössischen Werken überhaupt ein Kunstwerk vorliege. Es bedürfte also immer einer genauen Bestimmung des Bereichs der bildenden Kunst, bevor sich der Richter mit der eigentlichen Frage des Werkbegriffs auseinandersetzen könnte. Man muss sich jedoch nach dem Sinn einer solchen Vorprüfung fragen, für die das jetzige Urhebergesetz zudem auch keinen Anhaltspunkt bietet. Zum einen sollte es Ziel des Urheberrechts sein, einen einheitlichen Werkbegriff zu formulieren,

660 *http://www.danielspoerri.org/web_daniel/deutsch_ds/werk_einzel/15_eatart.html*, zuletzt abgerufen am 30. 1. 2008.
661 *Schmieder* UFITA 52 (1969), 107, 109.

der nicht zwischen Werken der bildenden Kunst, der Literatur oder Musik unterscheidet, zumal eine Abgrenzung manchmal auch gar nicht möglich erscheint wie der Collageroman *La femme 100 têtes* Ernsts zeigt.

Darüber hinaus kann angesichts der nicht abschließenden Aufzählung in § 2 Abs. 1 Nr. 1–7 UrhG eine genaue Zuordnung gerade offen bleiben. Das Urheberrecht ist an dieser Stelle damit ausgesprochen flexibel. Diese Flexibilität sollte man aber nun nicht durch eine Vorprüfung iRd bildenden Kunst wiederum aufheben. Zumal auch die Erkenntnisgewinnungskriterien doch sehr fragwürdig erscheinen. «Le goût est fait de mille dégoûts».[662] Eine Einigkeit unter Kunstsachverständigen vor allem im Grenzbereich der zeitgenössischen Kunst, um den sich die hier zu behandelnde Frage schließlich dreht, erscheint nicht nur nach diesem Ausspruch, sondern auch unter Berücksichtigung der obigen Ausführungen zum Kunstbegriff nicht immer als ein besonders geeigneter Maßstab, um die Kunstwerkeigenschaft mit aller Sicherheit feststellen zu können. Und auch die empirisch soziologische Untersuchung durch den Richter stößt vor allem dort an ihre Grenzen, wo die Kunst ihren klassischen Anwendungsbereich verlässt und in die multimediale Welt eintaucht. Es wäre doch ein wenig viel verlangt, gerade in den Zeiten des WEB 2,0, in denen alternative Handlungs- und Verbreitungswege fernab aller Museen und Galerien und sogar eigene multimediale Welten wie Second Life entstehen,[663] Erkundigungen darüber einzuziehen, ob das

662 P. Valéry zitiert nach *Sauerländer* Kunstbegriff S. 293, 309.

663 Vgl. dazufolgenden Artikel der SZ mit dem Titel „Videokunst auf YouTube: Wie Youtube inzwischen sogar den Museen mit Videokunst Konkurrenz macht": „Auf Youtube sind sowohl Filmschnipsel des Konzeptkünstlers John Baldessari, Szenen aus den opulenten ‚Cremaster'-Filmen Matthew Barneys, der Trailer von Douglas Gordons ‚Zidane'-Porträt wie auch Handy-Aufnahmen von Olafur Eliassons großartiger Sonnen-Installation in der Tate Modern 2002, zu der zwei Millionen Menschen pilgerten, zu sehen. Ein gefilmtes Tagebuch des litauischen Videopioniers Jonas Mekas gibt es dort auch". „Auf Youtube scheint sich mit digitaler Hilfe zu formieren, was André Malraux in den Fünfzigern in Bildbänden dank farbiger Reproduktionstechniken bereits verwirklicht sah: ein ‚imaginäres Museum' jenseits der Kunsttempel. ‚Man stelle sich die Reichweite vor', schwärmt Laura Cumming im Blog des Guardian – und warnt gleichzeitig davor, dass die Grandezza der räumlichen Video-Projektion, der Zwang, sich ihnen im Museum auszusetzen, ihre zeitraubenden Entschleunigungsmechanismen als ‚fundamentales Etikett des Genres' auf den Computer-Screens verloren gin-

Werk in Galerien oder Museen gezeigt wurde bzw. entsprechende Sachverständigenurteile existieren. Vor allem bleibt unklar, ab wann ein Richter von der Kunstwerkeigenschaft ausgehen kann. Reichen etwa schon zwei Ausstellungen oder bedarf es gar drei Rezensionen, um es als Kunstwerk betrachten zu können? Auch wird nicht jedes Werk im Kummerschen Sinne präsentiert. Diese Einwände lassen erkennen, dass es sich bei Kehrlis Vorprüfung um ein schwer durchsetzbares und sperriges Verfahren handelt, das weder zur Rechtssicherheit noch zur Beschleunigung des Rechtsverfahrens beiträgt.

Betrachtet man an dieser Stelle das Verfahren, mit dem Kehrli vorgeht und vom dem er die Eröffnung des Schutzbereiches des Urheberrechts abhängig machen will, so zeigt sich, dass sich vor allem am zweiten Prüfungsschritt Kehrlis die Diskussion entzündet.[664] Danach wird zwar zunächst gelobt, dass der innovative Gehalt im konkreten Vergleich mit anderen Werken und nicht etwa anhand abstrakter Kriterien ermittelt wird. Im selben Atemzug aber wird bereits auf die Probleme hingewiesen, die Kehrlis Vorgehensweise mit sich bringen soll. Danach führe der Vergleich mit anderen Werken zu einer Vermischung von Schutzbegründung und Schutzumfang, da bereits auf Tatbestandsebene geprüft werde, ob eine freie Benutzung oder bloß eine Bearbeitung vorliege. Die sei aber im Urheberecht ausweislich der §§ 23, 24 UrhG nicht vorgesehen. Zudem sei fraglich, ob man angesichts des Verfahrens zur Feststellung des Innovationscharakters im Werk wirklich von einem grundlegenden Unterschied zur bisherigen Praxis sprechen könne, oder nicht bloß die bisher bestehende urheberrechtliche Abgrenzung zwischen individuellen Zügen und Gemeingut, unter einer anderen Bezeichnung in der Vorgehensweise aber letztlich gleich, fortgeführt wird.[665]

Schon die Vergleichsmethode an sich stößt auf Bedenken. Es lässt sich nicht erkennen, warum abstrakte Kriterien prinzipiell abzulehnen seien. Abzulehnen wären sie doch nur dann, wenn sie sich als unzureichend erweisen und es nicht gelingt, sie rechtskonform und gleichzeitig den Veränderungen angepasst auszulegen. Grundsätzlich

gen". näheres dazu unter *www.sueddeutsche.de/,spom3/kultur/artikel/137/98039/*; zuletzt abgerufen am 30. 1. 2008.

664 Diese wird vor allem von *Thomaschki* S. 60ff. und *v. Schoenebeck* geführt S. 171f.

665 *v. Schoenebeck* S. 171.

erlauben jedoch gerade abstrakte Kriterien aufgrund ihrer unbestimmten Formulierung einen flexiblen Umgang mit dem zu regelnden Umstand. Die Ausführungen zum Vorschlag Kummers haben gezeigt, wie wenig aussagekräftig ein Vergleich letztlich sein kann und wie sehr er doch von der Betrachtung des einzelnen Richters abhängig ist. Die Gefahr einer willkürlichen Einzelfallbetrachtung ist, generell gesehen, gerade in diesen Vergleichssituationen erhöht, da hier für jeden einzelnen Fall erneut eine Betrachtung erfolgen muss und somit keine allgemeingültigen Regeln aufgestellt werden können. Es gibt damit auch kein allgemeines Gerüst vor, dass die Entscheidungsfindung erleichtert. Ein mehr an Rechtssicherheit ist damit also nicht gewonnen. Zumal speziell in diesem Fall nicht ganz klar scheint, wem die Entscheidungshoheit in letzter Konsequenz übertragen werden soll, darüber zu befinden, welche Werke miteinander verwandtschaftliche Bezüge aufweisen und welche nicht. Schlussendlich muss festgestellt werden, dass man sich damit letztlich auch der bereits angesprochenen flexiblen Handhabung des Urheberrechts in der Behandlung der einzelnen Werkarten enthebt, da man ja nun darauf angewiesen ist, in jedem einzelnen Fall uU mühsam festzustellen, welche Werkarten vorliegen. Diese lassen sich aber oftmals gar nicht so genau voneinander trennen und zeigen mitunter fließende Übergänge auf. Zusammenfassend lässt sich sagen, dass eine Vergleichsmethode sich wenig eignet, um aussagekräftige Befunde zu erstellen. Allein aus diesem Grund überzeugt Kehrlis Auffassung nicht.

Nicht geteilt werden kann jedoch die Argumentation, wonach Kehrlis Vergleichsmethode deswegen versage, weil es eine Reihe urheberrechtlicher Fragestellungen außer Acht lasse. So wird Kehrli vorgeworfen, dass seine Methode dort versage, wo es bspw. um das Folgerecht oder das Zutrittsrecht gehe, im generellen also um „Rechte, die nicht im Verhältnis zum Urheber eines konkurrierenden Werkes, sondern Dritten gegenüber bestehen“.[666] Eine solche Auffassung verkennt jedoch, dass sich Kehrlis Vergleichsmethode zwar an den bestehenden Abgrenzungsversuchen der §§ 23, 24 UrhG orientiert, diese aber nicht ersetzt. Man mag nun ein solches Verwischen der Grenzen zwischen Tatbestandsvoraussetzungen und konkreter Anwendung des Urheberrechts durchaus als eine Schwäche dieser Auf-

666 *Thomaschki* S. 62.

fassung ansehen, wodurch einmal mehr belegt wurde, wie wenig handlich sich diese Art der Vorgehensweise im Umgang mit dem Werkgriff erweist, dennoch kann darin nicht gesehen werden, dass sich Kehrlis Versuch einzig darauf beschränkt, Plagiatsfälle zu behandeln. Ihm geht es darum, die Anwendungsvoraussetzungen des UrhG, mithin den Werkbegriff näher zu bestimmen, nicht aber um eine Reduzierung des Urheberrechts auf die Fälle der §§ 23, 24 UrhG. Dieser Einwand weiß daher nicht zu überzeugen.

Abschließend soll dann doch noch ein Blick auf Kehrlis Kernthese geworfen werden. Richtig ist zwar, dass jeder Künstler mit seinem Werk einen gewissen Informationswert verknüpft, doch stellt sich die Frage, inwiefern man dieser Information Innovationskraft zuweist. Gerade in den Fällen des ready-made wird Kehrli vorgeworfen, dass nicht klar sei, ob nicht dieses bereits bekannt und daher gar nicht mehr innovativ sein könne. Konsequent weiter gedacht hieße dass nämlich, dass jedes weitere ready-made nach Duchamps nicht mehr geschützt sein würde.[667] Des Weiteren wird Kehrli vorgeworfen, er würde die Kategorie des Fortschritts einführen, die aber dem Urheberrecht und vor allem auch der Kunst als solcher nicht bekannt ist.[668]

Diese Einwände sind teilweise durchaus berechtigt. Zunächst gilt es zwar zu bezweifeln, dass Kehrli den Innovationswert einzig auf die Form reduziert und damit jedes weiter ready-made als unkreativ aus dem Schutzbereich ausscheiden will. Denn, wie Kehrli selbst betont hat, bezieht sich der Innovationswert auf die im Werk vermittelte ästhetische Information. Es geht ihm also nicht zu Unrecht darum, in den Mittelpunkt seiner Betrachtung die Werkaussage zu stellen. Dass damit in den Fällen zeitgenössischer Kunst uU an den Empfängerhorizont höhere Anforderungen gestellt werden müssen, ist hinzunehmen. Im Übrigen folgt auch der Bildnisbegriff der Renaissance seinen eigenen Grundlagen und Regeln, wie bspw. dem der Zentral-

667 *Thomaschki* S. 61: „So ließe sich etwa der von Jannis Kounellis auf der documenta VII präsentierte, von ihm signierte Kleiderständer nach dem Vorbild Duchamps entweder als schutzloses Plagiat oder aber durch die Wahl eines anderen aber optisch ähnlichen Gegenstandes als neue ästhetische Information klassifizieren. Ebenso ließe sich aber auch die Produktion von ready-mades überhaupt als bereits bekannt und damit nicht innovativ ansehen“.
668 *Thomaschki* S. 62.

perspektive.[669] Auch in diesen Fällen bedarf es, um ein Werk richtig verstehen zu können, und nicht nur oberflächlich dessen Form oder Abbildung zu betrachten, eines gewissen Vorverständnisses für dessen Fundamentalkonzeption. Die Frage, die jedoch zu klären bleibt, ist, ob sich das Kriterium der Innovation als tragfähig erweist und nicht dadurch möglicherweise wieder eine versteckte qualitative Anforderung eingeführt wird. Richtig ist, dass es der kulturpolitische Auftrag des Urheberrechts ist, die kulturelle Entwicklung zu fördern. Dies kann jedoch nicht bedeuten, dass vom Urheberrecht nur noch solche Werke geschützt werden, die dem Bestehenden eine neue ästhetische Innovation hinzufügen. Wie bereits bei Kummer klar wurde, schafft der Urheber nur auf der Grundlage des bestehenden kulturellen Pools. Absolute Innovation ist damit nur in den seltensten Fällen denkbar. Die Gefahr der Bewertung eines Werkes nach seinem Innovationswert und damit einhergehend eine nach qualitativen Gesichtspunkten ausgerichtete Prüfung, wären letztlich die Folge. Schließlich gilt es festzuhalten, dass Kehrli den unbestimmten Rechtsbegriff der Individualität nur durch einen anderen ersetzt hat, nämlich den der Innovation, ohne jedoch zu einem mehr an Rechtsklarheit zu gelangen.

Nicht viel anders kann die Auffassung Schmids bewertet werden, da auch dieser den Werkschutz davon abhängig machen will, ob dem Werk eine kreative Neuerung zugestanden werden kann. Zumal seine Vorgehensweise zu keiner wirklichen Neuerungen gegenüber Kummer führt, ersetzt er den Individualitätsbegriff letztlich nur durch einen anderen, nämlich den der signifikanten Seltenheit. Neu sind dabei nur die kreative Einkleidung des Ansatzes und die psychologische Aufmachung. Die Schwächen einer Gegenüberstellung des Vorhandenen mit dem virtuell Möglichen auf der einen und dem des Vergleiches auf der anderen Seite, kann auch Schmid nicht überwinden.

669 Vgl. unter Kapitel 1 § 2 B.

V. Braucht es einen allumfassenden Nihilismus, um avantgardistischen Collageformen noch gerecht werden zu können?

Nachdem Schmid und Kehrli versucht haben, den Innovationswert eines Werkes in den Vordergrund zu rücken, soll nun untersucht werden, ob es nicht besser wäre, gänzlich auf Anwendungsvoraussetzungen zu verzichten, um auch höchst avantgardistische Formen der Collage vom Schutz des Urheberrechts erfassen zu können. Als radikalster Versuch im Umgang mit der Frage nach den Voraussetzungen für den Schutz durch das Urheberrecht stellt sich dabei die Arbeit von Gerhard Rau dar.[670]

Nachdem Rau den zweiten Teil seiner Arbeit einer umfassenden Analyse der Auffassungen zum Werkbegriff widmet und sich mit ihnen auseinandergesetzt hat,[671] kommt er scheinbar ernüchtert zu dem Ergebnis, dass alle bestehenden Abgrenzungsversuche, seien sie auch noch so bemüht um Neutralität und zumindest scheinbar der Einbeziehung zeitgenössischer Kunst verpflichtet, letztlich doch durch Willkür geprägt sind.[672] Ihm erscheint es daher unmöglich, „frei von Willkür zwischen urheberrechtlich zu schützenden und nicht schützbaren Werken zu unterscheiden". Aus diesem Grund sei, so Rau, es grundsätzlich vernünftig, auf sämtliche Abgrenzungsversuche zu verzichten.[673] Damit würde nach Raus Vorschlag jede Collage zunächst urheberrechtlichen Schutz erfahren, wenn sie sich in irgendeiner Weise in einer sinnlichen Formgebung äußert, die einem Urheber zugeordnet werden könne.[674] Dies sei deswegen notwendig, da sich

670 *Rau* Antikunst und Urheberrecht Berlin 1978.
671 *Rau* S. 17 ff.
672 *Rau* S. 41: „Ob die Abgrenzung zwischen urheberrechtlich geschütztem Werk und ungeschütztem Erzeugnis von der künstlerischen Qualität oder der Individualität ausgeht, als freie Bewertung durch den Beurteilenden oder mit Hilfe wissenschaftlicher Methoden wie Informationstheorie oder Statistik durchgeführt wird, in jedem Fall ist dabei Willkür festzustellen. Willkürlich ist entweder die Art der Abgrenzung, die Grenzziehung oder beides".
673 Er kommt damit in der Konsequenz seines Handelns der Forderung Riedel nahe, der bereits 1957 jede Definition des Werkbegriffs ablehnte, da jede Definition immer auch die Gefahr berge, zu einer Behinderung der Zukunftsentwicklung zu führen, *Riedel* JR 1957, 366, 368.
674 *Rau* S. 41.

der Schutz des Urheberrechts „nur auf wahrnehmbar Gemachtes bezieht", mit der Folge, dass Gebilde, die unabhängig von Menschenhand entstanden sind, wie etwa Gesteinsbrocken oder Pflanzenteile, keinen urheberrechtlichen Schutz beanspruchen könnten.[675] Ähnlich wie bei Vischer,[676] ist für Rau jede Abgrenzung, insbesondere unter dem Gesichtspunkt der Individualität, immer eine Frage des Schutzumfangs und nicht etwa der Schutzfähigkeit.[677] Das Urheberrecht habe in der Vergangenheit versäumt, sich der zeitgenössischen Kunst anzupassen und dabei an einem überholten Model festgehalten.[678]

Das Grundübel sieht Rau vor allem darin begründet, dass das Urheberrecht der falschen Vorstellung anhänge, Schutzfähigkeit und Individualität ließen sich miteinander vereinen.[679] Am Beispiel der freien Benutzbarkeit verdeutlicht Rau schließlich, worauf es ihm ankommt, und warum er zu der Annahme kommt, auf sämtliche Schutzkriterien verzichten zu können.[680] Da nur ein individuelles Werk plagiierbar sein könne, spiele die Frage der Individualität vor allem dann eine Rolle, wenn es darum geht festzustellen, ob eine abhängige Nachschöpfung oder eine freie Benutzung vorliege. Eine Collage, die nicht individuell ist, die also lediglich Gemeingut enthält, könnte danach nicht plagiiert werden. Auf der anderen Seite würde bei einer Collage, in welcher sich die persönlichen Züge ihres Schöpfers widerspiegeln, kaum eine freie Benutzung möglich sein. Zwischen diesen beiden vereinfachten Extrempositionen bewege sich nun die urheberrechtliche Praxis. Dabei sei zu beachten, dass eine Grenzziehung zwischen Plagiat und freier Benutzung dort zu ziehen sei, „wo nach geltendem

675 *Rau* S. 42.

676 Dazu unter Kapitel 3 § 2 B IX, X.

677 *Rau* S. 43 ff., besonders deutlich spricht er dies aus, wenn er feststellt, dass „der Umfang des Schutzes gegen abhängige Nachschöpfungen … sich nach der Individualität des Werks" richtet, S. 46.

678 Nach Rau bliebe damit „den Juristen … der Vorwurf erspart, sich künstlerisch ein halbes Jahrhundert im Rückstand zu befinden", S. 42.

679 *Rau* S. 44, „Die Erkenntnis, dass nur individuelle Werke zu plagiieren sind, führte dazu, die Individualität als Schutzvoraussetzung anzusehen. Die unbegründete Verknüpfung Individualität = Schutzfähigkeit berücksichtige jedoch nicht, dass Urheberschutz bezüglich des Originals nicht unbedingt auch Schutz gegen abhängige Werke bedeuten muss, sondern dass letzterer je nach Individualität des Werkes unabhängig vom vollen Urheberrechtsschutz bezüglich des Originals gegen Null gehen kann".

680 *Rau* S. 44 ff.

Recht die Schutzgrenze für urheberrechtliche zu schützende Werke verläuft. Nur insofern ist das Kriterium der persönlich geistigen Schöpfung von Bedeutung".[681] Erst in diesen Fällen komme das Merkmal der Individualität, gleich wie man es verstehen mag, ob als persönlich geistige Schöpfung oder als statische Einmaligkeit zum Zuge.[682] Zwar bestände auch hier Gefahr einer willkürlichen Behandlung, wie immer, wenn es um Fragen der geistig persönlichen Schöpfung gehe, allerdings käme man an dieser Stelle um eine Bewertung aus Gründen der „Abhängigkeit" nicht herum. Den Vorteil in seiner Auffassung sieht Rau jedoch darin begründet, dass man sich zumindest einen Bewertungsschritt, nämlich denjenigen im Vorfeld, wenn es um die Schutzfähigkeit des Werkes geht, erspare.[683] Zudem würde ein solcher Werkbegriff auch den Anwendungsbereich des Urheberrechts erweitern, da das Urheberrecht sich ja nicht zwangsläufig auf die Abgrenzung Plagiat oder freie Benutzung reduziere. Die Gefahr einer zu weiten Entgrenzung des Urheberrechtsschutzes sieht Rau jedoch nicht, da er es als unbegreiflich ansieht, wenn Künstler wie Malewitsch oder Fontana nicht selbständig über die Veröffentlichung und den Zugang zum Werk entscheiden könnten, weil sie vom geltenden Urheberrecht nicht als Schöpfer akzeptiert und ihnen daher auch nicht der Schutz der Persönlichkeitsrechte der §§ 12–14, 25 UrhG zukäme.[684] Zudem sei es nur gerecht, wenn derjenige, der Interesse an einem Werk und seiner Nutzung hat, sich vom Urheberrecht ein Nutzungsrecht einräumen lässt. Der Urheber werde daher auch nicht aufgrund der ihm über die §§ 15, 16–22, 26, 27 UrhG einräumten Befugnisse ungebührlich bevorteilt. Darüber hinaus sieht er die Interessen der Allgemeinheit über die Schrankenregeln der §§ 45ff. UrhG als ausreichend gewahrt an.[685]

681 *Rau* S. 45.
682 *Rau* S. 45.
683 *Rau* S. 46f.; „Die Anwendung des Kriteriums ‚persönlich geistige Schöpfung" bei der Prüfung, ob ein Plagiat eines Werkes vorliegt, ist ebenso willkürlich wie sie bei der Prüfung der Schutzfähigkeit … dargestellt wurde. Anders als dort ist jedoch eine Bewertung nicht zu vermeiden. Der Grund dafür besteht in dem Begriff der Abhängigkeit, die nicht eindeutig oder wissenschaftlich exakt bestimmt werden kann", S. 46.
684 *Rau* S. 42f.
685 *Rau* S. 43.

VI. Stellungnahme

„O, ihr Verfertiger allgemeiner Regeln, wie wenig versteht ihr die Kunst, und wie wenig besitzt ihr von dem Genie, das die Muster hervorgebracht hat, auf welche ihr sie bauet, und das sie übertreten kann, so oft es ihm beliebt“,[686] mag man mit Lessing ausrufen. Denn was maßen sich Juristen eigentlich an, Kunst in ein Korsett aus Regeln zu stecken und darüber zu befinden, was als schützenswert erachtet werden muss und was nicht. Wäre es daher nicht legitim zu fordern, die Kunst zu schützen, befreit von allen Einschränkungen? Warum also nicht fordern, „Gebt die Kunst frei, schützt sie wo ihr nur könnt“. Dem könnte diese Auffassung nachkommen, scheint doch eine Collage nach Rau nunmehr als grundsätzlich schützenswert, ohne dass es dafür eines erhöhten Begründungsaufwandes oder des Feststellens irgendwelcher Individualität im Werk bräuchte.

So verführerisch einfach die Auffassung Rau doch zu sein scheint, so unbestimmt und wenig voranbringend präsentiert sie sich bei genauerem Hinsehen. Nun mag noch nicht überzeugen, wenn argumentiert wird, dass das Urheberrecht einen solchen Verzicht auf Abgrenzungskriterien nicht vorsehe, da es mit § 2 Abs. 2 UrhG die entsprechenden Schutzvoraussetzungen klar definiert habe.[687] Denn Gesetze lassen sich ändern und eine Grenze muss erst dort gezogen werden, wo verfassungsrechtliche Bedenken bestehen. Insofern ist der Wortlaut des Urheberrechts sicherlich nicht maßgeblich, um de lege ferenda Veränderungen, die in der Abschaffung des Werkbegriffs liegen, aufzuhalten. Allerdings fragt man sich zu Recht, ob man es sich nicht möglicherweise etwas zu leicht macht, wenn man einen völligen Verzicht auf Abgrenzungskriterien fordert. Es lässt sich nicht umhin festzustellen, dass eine fassbare Abgrenzung des Anwendungsbereichs des Urheberrechts mit dieser Herangehensweise nicht vorgenommen werden kann.[688] Rau selbst gesteht ein, dass die urheberrechtliche Prüfung der Werkeigenschaft nur zum Teil obsolet wird.

Die Frage ist nun, welche Vorteile dies bringen soll. Zwar ist es richtig, dass es im Urheberrecht und gerade auch bei Kunstwerken wie

686 *Lessing* Hamburgische Dramaturgie, 48. Stück.
687 *v. Schoenebeck* S. 169.
688 *Schmid* S. 81; *Thomaschki* S. 24.

den unterschiedlichen Collageformen, nicht immer nur um Fragen der Plagiierbarkeit, sondern gerade auch um Fragen des Folgerechts, des Persönlichkeitsrechts, des Zugangsrechts und damit solche Rechte geht, die nicht nur im Verhältnis der Urheber gegenüber dem nachschaffenden Künstler bestehen, sondern generell wahrgenommen werden. Es erscheint damit zunächst in der Tat ein unkomplizierter Weg gefunden, zeitgenössische Kunst und damit, wie oben bereits angesprochen, jegliche Formen der Collage mit einzubeziehen. Doch muss man feststellen, dass das Problem, das zeitgenössische Kunst mit dem Begriff der Individualität zu haben scheint, auch an dieser Stelle nicht kleiner geworden ist, sondern nach wie vor darauf wartet, beantwortet zu werden.

Eine zufriedenstellende Antwort auf diese Frage kann aber, gerade wenn es um die Frage der freien Benutzung geht, nur dann gegeben werden, wenn dem Grundproblem, nämlich der Festellung der Individualität, abgeholfen wird. Dafür bedarf es jedoch eines völlig neuen Ansatzes im Umgang mit dem Begriff der persönlich geistigen Schöpfung, insbesondere mit dem der Individualität, d.h. es gilt sich zwangsläufig mit diesen Begriffen auseinander zusetzen, will man einen zukunftsträchtigen Ansatz entwickeln. Ein wenig kläglich mag es daher anmuten, wenn Rau selbst eingesteht, dass sich willkürliche Behandlungen nicht vermeiden lassen und damit zugibt, dass von seinem Vorschlag nicht wirklich Neues zu erwarten ist.[689] Alles in allem erweist sich Raus Vorschlag als wenig hilfreich und zudem ungeeignet, um mit dem Vorkommnis zeitgenössischer Kunst und damit avantgardistischer Collagen gerecht werden zu können.

VII. Die finalistische Urheberrechtstheorie – Werkschutz avantgardistischer Collageformen über Auswahl oder Bekenntnis?

Möglicherweise leistet die nächste Auffassung jedoch ein grundlegendes Umdenken und eine Beachtung der veränderten Wertungen des Bildbegriffs iRd Werkbegriffs, denn nur eine solche Vorgehensweise erscheint angesichts der bisherigen Erkenntnis noch als tragfä-

689 *Rau* S. 46.

hig. So ist Schmieder dann auch aufgrund einer empirisch-soziologischen Betrachtung zu der Überzeugung gelangt, dass „die Kunst … nicht nur die Ästhetik, sondern auch das Recht vor neue Probleme (stelle) … Nicht mehr die individuelle Handschrift des Künstlers präge sein Werk ausschließlich, sondern oft ist der mehr oder weniger gesteuerte Zufall für das Ergebnis mitbestimmend".[690] Diese Erkenntnis festigt bei Schmieder nun die Überzeugung, dass das Begriffsmerkmal der Individualität, wie es von der der h.L. verstanden wird, aufzuheben und damit eine für diese wesentliche Schutzvoraussetzung anders auszugestalten sei.[691] In dem der Mensch aus der Vielzahl der bestehenden und nebeneinander realisierten Schöpfungsmöglichkeiten das für sich befriedigende Werke auswähle, identifiziere er sich mit dem Ergebnis ebenso stark, als er hätte er es selbst produziert. Der Künstler greife daher nicht das erst beste Zufallsprodukt heraus, sondern suche vielmehr seine Kunstwerke danach aus, ob sie ihm irgendwie aussagekräftig erscheinen. Dies sei vergleichbar mit einem Photographen, der aus einer Serie von Aufnahmen, die aus seiner Perspektive gelungensten Fotografien auswählt, um sie zu veröffentlichen.[692] Entscheidendes Merkmal für die Anerkennung der Collage als urheberrechtlich schützwürdig wäre daher nach Schmieders Vorschlag nicht etwa die eigenhändige Produktion des Werkstücks, als vielmehr die künstlerische Auswahl.[693]

Schmieder sieht sich dabei in seiner Auffassung vor dem Hintergrund des § 12 Abs. 1 UrhG bestätigt, denn indem der Urheber darüber entscheidet, ob er ein Werk veröffentlicht oder nicht, setzt er sich zu Beginn jeder Werknutzung fast zwangsläufig und intensiv mit den zur Veröffentlichung bestimmten Werken auseinander. Aus diesen Überlegungen entstünde eine geistig-persönliche Beziehung zum „opus in statu nascendi".[694] Durch die anschließende Auswahl und

690 *Schmieder* UFITA 52 (1969), 107.

691 *Schmieder* UFITA 52 (1969) 107ff.: „Hier steht das Urheberrecht am Scheideweg", S. 107.

692 *Schmieder* UFITA 52 (1969) 107, 111.

693 *Schmieder* UFITA 52 (1969) 107, 113.

694 Die besondere Betonung dieses Veröffentlichungsrechts im Rahmen des droit moral zeigt deutlich, dass vor beginn jeder Werknutzung die geistig persönliche Beziehung zum opus in statu nascendi sich zu dessen Anerkennung als ‚fertig', als ‚veröffentlichungsreif' entwickelt und verdichtet haben muss", *Schmieder* UFITA 52 (1969), 107, 112.

die Zurechnung des zufällig entstandenen Gebildes zur eigenen Person entstünde in diesem eine persönliche Komponente seines „Schöpfers".

Diese Möglichkeit, Schutz für die Auswahl und Zusammenstellung von Werken, habe im Übrigen auch der Gesetzgeber gesehen, wie er mit § 4 UrhG und dem Schutz von Sammelwerken zeige.[695] „Nach dem Willen des Gesetzgebers erschöpft sich das Schöpferische also keineswegs im persönlich handwerklich geprägten Erzeugnis". Hat man erst diesen Gedanken vollzogen, so soll es nach Schmieder „nicht mehr sonderlich schwer (fallen), noch einen kleinen Schritt weiter zu gehen und die künstlerische Wahl schlechthin für die Konstruierung des urheberrechtsfähigen Werkes als letztlich ausschlaggebend anzusehen".[696] Diese Überlegungen zugrunde legend, ergebe sich, so Schmieder, ein Katalog von Schutzvoraussetzungen, nach denen eine Collage: (1) auf ästhetischem Gebiet objektiv neu sein (Originalität); (2) im soziologischen Sinne nutzbar sein (Marktfähigkeit) und damit (3) auf persönlicher Urheberschaft beruhen müsste, jedoch nicht notwendig im Sinne einer bewusst geplanten handwerklichen Herstellung, sondern ebenso gut im Sinne der individuellen Auswahl und Präsentation eines außerpersonalen Produkts. (Individualität). (4) Zuletzt müsste vom Collagekünstler verlangt werden, dass er sich zu seinem „Werk" als einem gelungenen, veröffentlichungsreifen oder sonst (z.B. im Wege weiterführender Interpretation) nutzbaren Erzeugnis subjektiv bekennt (Identifikation).[697] Ermangele es an der Identifikationsvoraussetzung (was nach Schmieder vor allem bei „rohen Skizzen", unfertigen Versuchen und ähnlichen Vorstudien" der Fall sein wird), sei Schutz zwar nicht urheberrechtlich aber über die allgemeinen Persönlichkeitsrechte gegeben,[698] was aber nicht heißen mag, dass nicht „eine Sinnesänderung zur späteren Anerkennung der Vorstudie als einer gelungenen Emanation", nicht

695 „Denn danach wird vorausgesetzt, dass es Sammlungen gibt, die nur durch die Auslese von Werken oder Beiträgen irgendwelcher Art eine persönlich geistige Schöpfung darstellen"., *Schmieder* UFITA 52 (1969), 107, 112.

696 *Schmieder* UFITA 52 (1969), 107, 112f.

697 *Schmieder* UFITA 52 (1969), 107, 113.

698 *Schmieder* UFITA 52 (1969), 107, 113f.: „Systematisch richtig erscheint es mit, den Schutz des künstlerisch gebilligten Entwurfes rein persönlichkeitsrechtlich zu sehen, verwandt dem Schutz der Geheimsphäre", S. 113.

auch nachträglich den urheberrechtlichen Schutz aufleben lassen könne.[699]

VIII. Stellungnahme

Bei Schmieder finden sich Erkenntnisse, mit denen er sich grundlegend von den bisher dargestellten Auffassungen unterscheidet. Erstmals[700] wird dem Urheber zugestanden, dass er sich mit seinem Werk dergestalt auseinandersetzt, dass er einem bestimmten System folgt und sein Schaffen Resultat eines Überlegungsprozesses ist. Eine so weitreichende Erkenntnis findet sich auch nicht bei Kummer, da dieser den Werkschutz letztlich immer noch von statistischer Einmaligkeit abhängig machen will und damit einen anderen Ansatzpunkt wählt.

Dennoch geht Schmieders in Ansätzen richtige Überlegung in der Konsequenz noch nicht weit genug, denn gerade Zufallscollagen werden auch bei ihm nicht vom Urheberrechtsschutz erfasst, obwohl dies auf den ersten Blick so aussehen mag. Entscheidendes Merkmal für den Urheberrechtsschutz einer Collage wäre nämlich nach Schmieder, dass der Künstler aus einer Vielzahl von Gegenständen, Produkten oder Werken etwas auswählt und sich zu diesem Werk bekennt. Er macht den Urheberrechtsschutz damit letztlich von der Identifikation des Urhebers mit seinem Werk abhängig. Dies setzt jedoch voraus, dass dieser sich nachträglich noch einmal intensiv bspw. mit der Formgebung auseinandergesetzt hat und damit das Werk noch abgelehnt werden kann, wenn dem Künstler dessen Endfassung nicht gefällt. Denkt man aber an die Zufallscollagen Arps zurück, so wird deutlich, dass sich der Künstler eben gerade nicht unter den verschiedenen Werken heraussucht was ihm am besten gefällt, sondern er die Auswahl, die Anordnung die Formgebung gerade dem Zufall überlässt und dieses Werk keiner nachträglichen Bewertung unterzieht. Künstlerisches Handeln meint in dieser Hinsicht daher nicht Suche nach der perfekten Collage, sondern ein bewusstes Einsetzen des Zufalls im wörtlichsten Sinne. Die Identifikation des Urhebers ist

699 *Schmieder* UFITA 52 (1969), 107, 113.
700 Bedenke Schmieders Aufsatz stammt aus dem Jahr 1969.

daher bei diesen künstlerischen Arbeiten bereits mit dem Beginn des Schöpfungsakts gegeben, sie entsteht nicht nachträglich. Überhaupt darf das Urheberrecht nicht von einer bewussten Identifikation des Urhebers mit seinem Werk abhängig gemacht werden. Nicht jede Schöpfung entsteht in dem Bewusstsein, hier entstehe ein Werk, das möglicherweise einmal urheberrechtlich geschützt sein kann. Gerade künstlerisches Arbeiten erfolgt manchmal unbewusst und ohne den vorgefertigten Willen des Künstlers mit seiner Arbeit ein urheberrechtsfähiges Werk hervorzubringen.

Die Herangehensweise Schmieder erweist sich in diesem Zusammenhang jedoch noch aus einem anderen Grund als problematisch. Der Urheberrechtsschutz muss bereits im Zeitpunkt der Schöpfung entstehen, unabhängig davon, ob sich der Urheber zum Werk bekennt oder nicht. Die Argumentation, dass erst mit der Überlegung des Urhebers das Werk zu veröffentlichen, die geistig-persönliche Beziehung zum Werk das „Opus in statu nascendi" zum Opus macht, geht fehl. Nicht etwa, weil dem Urheber nach § 12 UrhG das Recht zukommt, sich gegen die Veröffentlichung seines Werkes zu entscheiden oder aber ihm nach § 13 UrhG zusteht darüber zu befinden, sich öffentlich durch das Anbringen einer Urheberbezeichnung zum Werk zu bekennen, bzw. sich durch ein Unterlassen von diesem zu distanzieren und ihm dennoch die Rechte aus dem UrhG gleichsam zustehen und nicht etwa aufgrund einer fehlenden Identifikation verlustig gehen. Eine solche Gesetzeskonstruktion ließe sich abändern und bildet daher keine ausreichende Argumentationsbasis. Dem Urheber kann es vielmehr aus Gründen der Rechtssicherheit nicht erlaubt werden, sich im Nachhinein, durch eine spätere Anerkennung des Werkes, dieses doch noch an sich zu reißen.

Zudem verkompliziert sich die Sachlage dann noch, wenn sich der Urheber nachträglich doch noch für seine Collage entscheiden würde. Nach Schmieders Ansicht müsste von diesem Zeitpunkt an erstmals der Urheberrechtsschutz über diese Collage Rechtskraft entfalten können. Damit wären Dritte, die bisher die Collage nutzen würden, aber in ihrer wirtschaftlichen Planung überrollt. Zumal das Urheberrecht kein Registerschutz ist. Die ohnehin fehlende Publizität im Urheberrecht würde nun völlig zum Nachteil Dritter durchschlagen, würden sie doch erst im Nachhinein uU nach kostenintensiven Investitionen per einstweiliger Verfügung erfahren, dass die bisherige Benutzung des von ihnen wirtschaftlich gebrauchten Werkes von nun an nicht mehr möglich sei, da es nunmehr urheberrechtlich geschützt ist. Diese Dritten müssten daher ihre Unternehmung aufgeben und sich unter Umständen mit schwerwiegenden wirtschaftlichen Folgen abfinden. Dies ist nicht zu rechtfertigen.

Die rechtspraktischen Probleme, die Schmieders Vorschlag mit sich bringen, machen seinen Vorschlag damit unbrauchbar. Unklar ist auch, woher Schmieder annimmt, dass das Werk und somit auch die Collage marktfähig sein müssen, um urheberrechtlich schützenswert zu sein. Denn was ist, wenn es noch gar keinen Markt für das vom Künstler entwickelte „Produkt" gibt. Etwa weil es so innovativ ist, das bisher noch niemand die Idee dafür hatte. Als Duchamps mit seinem *Urinoir* sich für die New Yorker Kunstausstellung anmeldete, wurde er abgelehnt, eben weil es so neu war und so revolutionär, dass die Vielzahl der Rezipienten aber auch die „Experten" damit gar nichts anzufangen wussten, mithin es dafür auch keinen Markt gab. Schmieders Aussagen sind an dieser Stelle sehr ungereimt und wenig überzeugend.

Ebenso wenig nachvollziehbar gestaltet sich das Kriterium der objektiven Neuheit, das auch bei Kehrli und Schmid in veränderter Form auftaucht, aber, wie oben bereits dargelegt, nicht tragfähig ist. Jede Abgrenzung nach Originalität, mag sie darin bestehen, objektiv neu, kreativ oder innovativ zu sein, muss sich danach denselben Kritikpunkt gefallen lassen, wonach durch sie qualitative Maßstäbe eingeführt werden, die iÜ auch nicht objektiv überprüfbar sind, sondern vom subjektiven Verständnis des Betrachters bzw. von wenig aussagekräftigen Vergleichen abhängen, die noch dazu an mangelnder Ausgereiftheit kranken. Auch Schmieders Vorstellung kann trotz seiner positiven Erkenntnis vom Anfang nicht überzeugen, sondern verheddert sich am Ende in unübersichtlichen und problembeladenen Voraussetzungen.

IX. Braucht es ein ‚Urheberrecht nach Maß' für den avantgardistischen Collagekünstler?

Vor allem Vischer hat sich Anfang der 80er Jahre für ein „Urheberrecht nach Maß" ausgesprochen.[701] Im Unterschied zu anderen Vertretern des Schrifttums geht es ihm jedoch nicht darum, normative und vor allem allgemeingültige Kriterien für alle Werkkategorien aufzustellen, sondern seine Überlegungen orientieren sich von der Rechtsfolge her.

Die phänomenologische Herangehensweise ist nun nicht unbedingt neu in der Werkbegriffsbildung,[702] Vischers Ziel allerdings ist es, schwebt ihm doch vor, gleichsam für jede „einzelne urheberrechtliche Befugnis"[703] in Abhängigkeit zum konkreten Werk, eine einzelne, scheinbar maßgeschneiderte Lösung zu konstruieren. Grundlage für diese Konzeption ist Vischers Blick auf die alles entscheidende „Grundfrage des Urheberrechts". Dabei gehe es darum, einen notwendigen Ausgleich zwischen dem Monopolisierungsinteresse des Urhebers auf der einen, das der Allgemeinheit bestimmte, auch künstlerisch motivierte Nutzungen vorenthalten will und dem Interesse des freien geistigen Schaffens auf der anderen Seite, das dem Zugriff der urheberrechtlichen Befugnis sog. Allgemeingut wieder entzieht und jedermann zur Verfügung stellt, zu verwirklichen.[704] Dies lasse sich so Vischer aber nicht mittels apodiktischer Formeln oder einfacher Werkbegriffsdefinitionen beantworten, sondern es müsse jede einzelne urheberrechtliche Befugnis danach untersucht werden, ob sie monopolisierbar sei, ohne gleichzeitig die Freiheiten des anderen ungebührlich zu beeinträchtigen.[705]

701 *Vischer* FS 100 Jahre URG, S. 251, 257.

702 Vgl. dazu schon bei *Kummer* in Das urheberrechtlich schützbare Werk, Bern 1968.

703 *Vischer* FS 100 Jahre URG, S. 251, 256.

704 *Vischer* Monopol und Freiheit S. 23; *ders.* FS 100 Jahre URG, S. 256 „Jede Zuerkennung eines Ausschließlichkeitsrechtes verlangt Die Ausscheidung dessen, was wirtschaft und – in unserem Gebiet – geistes- und kulturpolitisch der Monopolisierung durch einen einzelnen zugängig ist, und dessen, was der Allgemeinheit vorbehalten bleiben muss", vgl. auch bei *Vischer* Monopol und Freiheit S. 6f.

705 *Vischer* FS 100 Jahre URG, S. 251 256.

Diese Überlegungen führen nun aber zwangsläufig dazu, dass bspw. die hier zu diskutierende Collage nicht in jeder Beziehung geschützt sein mag. So könnte sich der Schutz einer Collage uU auf ein direktes Vervielfältigungsverbot beschränken, wenn sie etwa lediglich geometrische Grundformen, allgemeine Konzepte oder generelle Ideen verwende, die nicht monopolisierbar seien. Auf der anderen Seite könnte, wenn die Collage starke individuelle Züge aufweist, sogar eine völlige Herrschaft über das Werk in jeder Hinsicht die Folge sein, das dann auch den Schutz gegen Nachahmung oder Bearbeitung mit einschließe, der einem bei Verwendung gemeinfreier Elemente nicht zustehen könne.[706]

Als unentziehbares Verwertungsrecht, ähnlich einem Basisrecht für alle, gilt jedoch bei Vischer das Reproduktionsrecht, das jedem Autor zustehe, unabhängig davon, ob sich der Inhalt seines Werkes auch aus nichtgeschützten Elementen zusammensetze.[707] „Das Resultat (seiner) Untersuchung mündet somit in der Forderung nach einem offenen Werkbegriff und einem abgestuften Urheberrechtsschutz".[708]

X. Stellungnahme

Der abgestufte Schutz Vischers stellt die Rechtspraxis vor eine Reihe großer Herausforderungen. Auch wenn sich zunächst Stimmen in der Literatur finden lassen, die es als positiv hervorheben, dass dem Werk, unabhängig vom Grad der in ihm verkörperten Individualität, Urheberrechtsfähigkeit zuerkannt wird, und dadurch Gegenwarts-

706 *Vischer* Monopol und Freiheit S. 25f.; „Das hat sicherlich nichts zu tun mit einer höheren Werkqualität, sondern resultiert allein aus der Überlegung, dass das gänzlich ‚individuelle' Werk keine schutzwürdigen Freihalteinteressen Dritter verletzt", *Vischer* FS 100 Jahre URG, S. 251, 260.

707 *Vischer* Monopol und Freiheit S. 25: „Der Grundsatz, dass generelle Ideen, allgemeine Konzepte und mathematische oder geometrische Grundformen von niemandem zur ausschließlichen Nutzung monopolisiert werden dürfen, bedeutet aber nicht, dass das konkrete, die generelle Anweisung befolgende oder geometrische Grundformen benützende Werk völlig außerhalb des Schutzes steht. Das schwarze Quadrat von Malewitsch ist als Werk von Malewitsch geschützt. Niemand darf deshalb ein schwarzes Quadrat malen und dieses Bild als Malewitsch ausgeben. … Der Autor besitzt die Reproduktionsrechte".

708 *Vischer* FS 100 Jahre URG, S. 251, 261.

kunst erstmals umfassend berücksichtigt sein soll, stünde ihr doch nunmehr bspw. auch das Folgerecht des § 26 UrhG, das Recht auf Anerkennung der Urheberschaft gem. § 13 UrhG, das Veröffentlichungsrecht nach § 12 UrhG oder ganz generell sämtliche Verwertungsrechte zu,[709] so muss man am Ende feststellen, dass es sich hierbei um eine fadenscheinige Lösung handelt, die, wie schon bei Rau, nichts zur Erhellung des eigentlichen Problems in der Werkbegriffsdogmatik beitragen kann.

So versäumt es Vischer, eine befriedigende Antwort auf die Frage zu geben, wie sich Individualität im Werk und im konkreten Fall in einer Collage wie *Repas hongrois* näher bestimmen lassen könnte. Dies überrascht, denn eine nähere Beschäftigung mit dieser Problematik bliebe schließlich, auch wenn man Vischers Überlegung folgt, nicht aus, da die Klärung der Frage, ob ein Werk gemeinfreie Elemente beinhaltet oder plagiiert werden kann, nach wie vor nur über das Merkmal der Individualität gelöst werden kann. In dieser Hinsicht bedeutet Vischers Ansatz keinen Fortschritt gegenüber Rau und muss aufgrund derselben Einwände, die schon gegenüber Rau laut wurden, abgelehnt werden.[710] Zumal sich nach Vischer ein Mehrklassenurheberrecht etabliert, und das in einer Form, wie es nicht mal das heutige Urheberrecht mit seinem überholten Werkbegriff vorsieht. Insofern muss auch der vermeintliche Vorteil dieser Lösung kritisiert werden, wonach die Interessen der Allgemeinheit an der Freiheit des Kunstschaffens mit dem Monopolisierungsinteresse des Urhebers nunmehr in noch umfassender Weise in Einklang gebracht sein soll, als dies bisher der Fall war. Richtig ist zwar, dass eine abgestufte, auf den einzelnen Fall zugeschnittene Lösung auf dem Papier, immer nach der größten Einzelfallgerechtigkeit aussieht. Die Realität, gemessen an Vischers Auffassung, muss jedoch zu einer anderen Erkenntnis führen. Zwar mag die Allgemeinheit von Vischers Ansatz profitieren, wenn dem Urheber seine Rechte auf ein Minimum beschränkt werden, dies geht jedoch einseitig zu Lasten des Urhebers.

Dafür verantwortlich sind mehrere Gründe in Vischers Vorschlag. Denn wenn man mit Vischer eine Collage daraufhin untersuchen würde, welche Verwertungsrechte ihrem Urheber zustehen könnten,

709 *Thomaschki* S. 84ff.
710 Vgl. dazu auch Kapitel 3 § 2 B VI.

so ist man, noch viel dringender als bei Rau, bei dem sich diese Frage ausdrücklich nur in den Plagiatsfällen stellt,[711] auf das Merkmal der Individualität angewiesen. Jedes Verwertungsrecht, jedes Urheberpersönlichkeitsrecht wird nach Vischers Ansatz von der näheren Ausprägung der Individualität im Werk abhängig sein. Je ausgeprägter die Individualität ist, desto mehr Rechte kann der Urheber auf sich vereinen. Schon aus diesem Grund überrascht es, dass Vischer das Merkmal der Individualität als bloße apodiktische Formel brandmarkt,[712] er gleichzeitig aber auf dieses Merkmal mehr als alle anderen angewiesen ist.

Doch Vischers Überlegung gilt es noch aus einem anderen schwerwiegenden Grund abzulehnen. Denn denkt man seinen Ansatz zu Ende, so erweitert er mit der Abstufung des Schutzumfangs nach individuellen Elementen das Merkmal der abzulehnenden Gestaltungshöhe[713] nicht mehr nur ausschließlich auf die Abgrenzung zwischen

711 Vgl. dazu bei *Rau* S. 42f.

712 *Vischer* Monopol und Freiheit S. 17.

713 Dabei handelte es sich um die Frage, welche Anforderungen an die Individualität zu stellen sind, und ob diese möglicherweise unterhalb der einzelnen Werkgattungen verschieden angesetzt werden müssen. Dies ist zugegebenermaßen deshalb nicht ganz eindeutig, weil die Individualität je nach Werk und je nach Urheber verschieden stark ausgeprägt sein kann. Damit werden uU unterschiedliche Niveaustufen erreicht. Dieses Niveau wird nun als Gestaltungshöhe bezeichnet (dabei handelt es sich um einen von Ulmer in die Urheberrechtslehre eingeführten Begriff, der von Rspr. und Lehre gleichermaßen übernommen wurde; so zuletzt etwa in BVerfG GRUR 2005, 410 – Laufendes Auge; BGH GRUR 1999, 923, 924 – Tele-Info-CD; u.a. auch bei Fromm/Nordemann/*Nordemann-Vinck* § 2 Rn 14 Loewenheim/*Loewenheim* § 6 Rn 16; Wandtke/Bullinger/*Bullinger* § 2 Rn 23) und soll den quantitativen Aspekt der Individualität beschreiben (Loewenheim/*Loewenheim* § 6 Rn 16; Wandtke/Bullinger/*Bullinger* § 2 Rn 23). Ziel der Gestaltungshöhe ist es die rein handwerksmäßige oder routiniert erbrachte Leistung (BGH GRUR 1993, 34, 36 – Bedienungsanweisung; BGH GRUR 1991, 449, 452 – Betriebssystem; BGH GRUR 1986, 739, 741 – Anwaltsschriftsatz), die keinen besonderen künstlerischen Wert aufweist und damit bloßes einfaches Alltagserzeugnis ist aus dem Urheberrechtsschutz auszusondern (BGH GRUR 1983, 377, 378 – Brombeermuster; *Jöstlein* UFITA 56 (1970), 111, 115; Loewenheim/*Loewenheim* § 6 Rn 14). Die Rspr. stellt dabei zunächst den geistig/schöpferischen Gesamteindruck des Werkes einen Gesamtvergleich ggü. vorbestehenden Gestaltungen und prüft, ob sich bestimmte schöpferische Eigenheiten feststellen lassen, die eine durchschnittlichen Gestaltertätigkeit überragen (teilweise wird sogar ein deutliches Überragen verlangt: BGH GRUR 1972, 38, 39 – Vasenleuchter; BGHZ 94, 276, 287 – Inkasso Programm). Prob-

lematisch ist nun, welches Maß an Gestaltungshöhe angelegt werden muss, um zu verhindern, dass einmal nicht nur „künstlerische Spitzenleistungen" (Wandtke/Bullinger/*Bullinger* § 2 Rn 24) geschützt sind, zum anderen aber das Urheberrecht auch nicht mit Banalem überschwemmt wird und so in seiner Funktion als Schutzrecht geschwächt wird. Besonders Erdmann hat sich dafür ausgesprochen an die zur Anerkennung des Werkcharakters anzusetzende Gestaltungshöhe hohe Anforderungen zu stellen. Dies rechtfertige sich aus der Überlegung der langen Dauer der Schutzfrist (*Erdmann* GRUR 1996, 550, 551). Auch die weitreichenden Befugnisse des Urhebers werden als Argumente für eine nicht zu niedrige Gestaltungshöhe angeführt. Darüber hinaus gehen Rechtsprechung und Teile des Schrifttums (Loewenheim/*Loewenheim* § 6 Rn 18 bezeichnet diese sogar als die wohl noch überwiegende Meinung im Schrifttum) davon aus, dass vor allem bei Werken der angewandten Kunst aber auch bei Schriftwerken, die einem praktischen Gebrauchszweck dienen, eine höhere Schutzuntergrenze gilt (zu rein literarischen Werken vgl. v. a. BGH GRUR 2000, 144, 145 – Comic Übersetzungen II; ansonsten BGH GRUR 1995, 581, 582 – Silberdiestel; BGH GRUR 1983, 377, 378 – Brombeer-Muster; BGH GRUR 1979, 332, 336 – Brombeerleuchte; BGH GRUR 1974, 669, 671 – Tierfiguren; *Erdmann* FS v. Gamm S. 389, 402 f.: „Ein Richter der künstlerisch wertblind ist, wäre ein schlechter Richter".; ähnlich in der Überlegung auch *Ulmer* Urheber- und Verlagsrecht (1980) S. 149). Dagegen seien insb. Sprach- und Musikwerke als sog. kleine Münze, d. h. solche die mit einem Mindestmaß an Gestaltungshöhe ausgestattet sind, noch urheberrechtlich schutzfähig.

Sicherlich Konsens muss sein, dass das Urheberrecht nicht Stil, Manier, Methode oder Technik schützen kann. Von den individuellen Zügen müssen daher die Elemente des Gemeingutes abgegrenzt werden, da andernfalls das Urheberrecht zu einer Monopolisierung dieses Gemeinguts führen würde. Damit wäre bspw. das szenisch bedingte Streichen einer Rolle in einem Theaterstück für einen anderen Regisseur untersagt, wenn dies bereits in einer Vorgängeraufführung geschehen ist. Dies darf natürlich nicht sein, da die Folgen unabsehbar wären und einen Stillstand in der Kulturgüterproduktion herauf beschwören. Eine Gestaltungshöhe, die jedoch (1) zwischen den Werken unterschiedliche Maßstäbe anlegt und (2) zu hohe Anforderungen an die Individualität stellt, muss abgelehnt werden. Schon der amtl. Begründung zum UrhG von 1965 lässt sich entnehmen, dass den Werken geringer Individualität der Urheberrechtsschutz nicht zu versagen ist. Aus diesem Grund verzichtete man bewusst, anstelle der Formulierung „persönlich geistige Schöpfung", darauf die Formulierung „Schöpfung eigentümlicher Prägung" in das Gesetz aufzunehmen. Aus einer solchen Formulierung hieß es, lassen sich höhere Anforderungen an die Individualität ableiten und den Werken geringerer Individualität bliebe der Schutz versagt (vgl. amtl. Bgrd. abgedruckt in UFITA 45 (1965/II), 240, 252). Vor allem aber die europäische Urheberrechtsentwicklung spricht gegen die Annahme einer Gestaltungshöhe im qualitativen Sinne Danach haben die europäischen Richtlinien ausdrücklich darauf hingewiesen, dass für die Bestimmung der Urheberrechtsfähigkeit von Werken der Fotografie, der Computerprogrammen und Datenbankwerken einziges Kriterium die eigene geistige Schöpfung sei (vgl. dazu Schutzdauer-Richtlinie

Werken der angewandten und der bildenden Kunst, sondern auf alle Werkarten. Dies ist zwar immerhin bezogen auf die Gleichheit der Werkarten untereinander gerecht, es führt jedoch dazu, dass einer Collage nur dann voller Urheberrechtsschutz zugestanden werden kann, wenn sie durch eine überragend ausgeprägte Individualität gekennzeichnet ist.

abgedruckt in GRUR Int 1994, 13 ff.; Computer-Richtlinie, abgedruckt in GRUR Int. 1991, 545 ff.; Datenbankrichtlinie abgedruckt in GRUR Int. 1996, 806 ff.). Interessanterweise hat der BGH daraufhin seiner Rechtsprechung zumindest in diesen Bereich nach Inkrafttreten der Richtlinie unmittelbar angepasst (vgl. dazu BGH GRUR 2000, 317, 318 – Werbefotos). Im Übrigen lässt auch der Wortlaut des nationalen § 2 Abs. 2 UrhG nicht die Annahme einer gesetzlichen Differenzierung zu. Danach werden „Werke der bildenden Künste einschließlich (!) der Werke der … angewandten Kunst geschützt" § 1 Abs. 1 Nr. 4 UrhG, sobald es sich um „persönlich geistige Schöpfungen" (§ 2 Abs. 2 UrhG) handelt. Nun mag man einwenden, dass dann für den Anwendungsbereich des Geschmacksmustergesetzes kein Platz mehr bleibt. Dagegen ist jedoch einzuwenden, dass zum einen die Ansätze von UrhG und GeschmG unterschiedlich sind. Danach steht im Vordergrund nicht etwa die schöpferische Leistung des Gestalters, sondern das Design als wesentliches Instrument des Marketings. Denn das GeschmG fördert das Gewerbewesen und nicht etwa das künstlerische Schaffen. Damit wird schnell deutlich, dass gerade in den Fällen in denen in Designentwicklung Geld investiert wurde, und in denen der Designer sich im Vorfeld nicht sichern sein kann, ob das Produkte Urheberrechtsschutz als kleine Münze erlangt, das GeschmG die Möglichkeit eröffnet zusätzlichen Schutz durch das DPMA zu erlangen. Das GeschmG verliert dadurch nicht etwa seinen Anwendungsbereich an das Urheberrecht, sondern gewinnt den Charakter einer parallelen risikoloseren Absicherungsmöglichkeit. Zumal dem Unternehmen, dass idR das Design anmeldet, es im Grunde besehen gleichgültig sein wird, ob es seine Rechte aus dem UrhG oder aus dem GeschmG zieht. Dagegen steht auch nicht die maximale Schutzdauer von 25 Jahren. „Industrial design" muss als schnelllebiges Geschäft betrachtet werden, in dem Design nur in den seltensten Fällen auch nach 25 Jahren noch als zeitgemäß gilt.
Letztlich muss man sich auch wundern, warum nach wie vor versucht wird, an diesem überholten Kriterium festzuhalten, stellte doch schon van de Velde 1895 fest, dass „wir in der Kunst keine Scheidung zulassen (dürfen), die darauf ausgeht, einer ihrer vielen Erscheinungsformen und Ausdrucksmöglichkeiten einen höheren Rang vor den übrigen zuzuweisen" (van de Welde zitiert nach *Sauerländer* Alois Riegel S. 213, 217; eine ähnliche Äußerung findet sich iÜ auch in ver sancrum 1898, wo es heißt: „Wir kennen keinen Unterschied zwischen ‚hoher Kunst' uind ‚Kleinkunst'; ebenfalls zitiert nach *Sauerländer* Alois Riegel S. 213, 217). Dies alles spricht letztlich gegen die Annahme einer qualitativen Gestaltungshöhe, die zusätzliche Kriterien neben der Individualität verlangt.

Das allen Werken, gleich welchen Grad von Individualität sie erreichen, als eine Art Basisrecht, Reproduktionsschutz zugestanden wird, tröstet dabei wenig, da der Urheberrechtsschutz nicht auf einen Plagiatsschutz reduziert werden sollte. Dem Merkmal der Gestaltungshöhe sind daher dieselben ablehnenden Gründen entgegenzuhalten, die es schon unter der Werkbegriffsdefinition der h.M. fragwürdig werden lassen.[714] Als Grundlage für die Werkbegriffsneubildung erweist es sich damit als nicht überzeugend.

Der abgestufte Rechtsschutz in der von Vischer vorgeschlagenen Form muss sich aber auch unter verfassungsrechtlichen Gesichtspunkten schwere Vorwürfe gefallen lassen. Jegliche Einschränkungen der Urheberbefugnisse müssen sich an Art. 14 Abs. 1 Satz 2 GG messen. Mit dem, vom Verfassungsgeber vorgegebenen System der Inhalts- und Schrankenbestimmung sollen die mitunter sehr weitgehenden Verwertungsrechten des Urhebers beschränkt werden. Doch wie die obigen Ausführungen zum verfassungsrechtlichen Teil dieser Arbeit gezeigt haben, lassen sich die Verwertungsrechte des Urhebers nur aus überwiegenden Gründen des Gemeinwohls unter Beachtung sachgerechter Maßstäbe und oftmals nur gegen Gewährleistung einer gesetzlichen Lizenz und einer damit verbundenen pekuniären Abgeltung einschränken. Vischers Vorschlag geht jedoch in seiner Reichweite darüber noch hinaus. In dem er die Zuweisung der Verwertungsrechte vom Grad der Individualität abhängig macht, entzieht er in einem Großteil der Fälle diese wieder dem Urheber, ohne dass dabei jedoch dessen Verlust finanziell ausgeglichen wird. Eine Beschränkung der Rechte des Urhebers aber, ohne diesem im Gegenzug eine Vergütungspflicht zu gewähren, lässt das Grundgesetz wiederum nach den obigen Erkenntnissen nur unter noch strengeren Voraussetzungen zu. Notwendig ist dabei ein über die Maßen gesteigertes Interesse der Allgemeinheit, dass darin begründet sein muss, dass bspw. die Bedeutung anderer grundrechtlich geschützter Freiheiten, die Eigentumsfreiheit in diesem Zusammenhang überwiegt und diese andernfalls nicht mehr ausgeübt werden können.[715] Vischers Vorschlag ist somit auch verfassungsrechtlich nicht nur bedenklich, sondern schlichtweg abzulehnen. Erstmals scheitert damit ein Vorschlag auch

714 Vgl. dazu die Diskussion unter Fn 713.
715 Vgl. dazu unter Kapitel 2 § 3 C I 2.

an den verfassungsrechtlichen Vorgaben des Grundgesetzes. Es wird sich im Folgenden noch zeigen, dass auch diese Vorgaben nicht so einfach übergangen werden können.

XI. Urheberrecht als Reaktion auf das heutige Sozialsystem Kunst und die Auswirkungen für avantgardistische Collageformen

„Von vornherein zum Scheitern verurteilt sind alle Bemühungen der Urheberrechtler, diese (zeitgenössische) Kunst mit Kriterien wie persönlicher geistiger Schöpfung, die zutiefst im humanistischen Weltbild verwurzelt sind, zu erfassen".[716] Zwingende Voraussetzung eines modernen Urheberrechtsschutzes sei es daher, Abschied zu nehmen „von der Vorstellung, anhand von spezifischen Anforderungen an die Beschaffenheit eines Objekts lasse sich ermitteln, ob es Kunstwerk sei oder nicht".[717]

Karin Thomaschki tritt damit ausgesprochen nachdrücklich für einen „Verzicht auf alle spezifischen Anforderungen an die Beschaffenheit eines Objekts" ein. „Insbesondere auf das Kriterium der Individualität"[718] komme es nach ihrer Auffassung nicht an. Nicht zuletzt diese Position setzt sie in einen krassen Gegensatz zur h.M., die doch im Kriterium der Individualität das Hauptmerkmal ansieht, dass eine Zuerkennung der Werkeigenschaft erst rechtfertige. Ähnlich radikal hatte vor Thomaschki schon Rau seinen „Werkbegriff" formuliert.[719] Allerdings wählt Thomaschki einen anderen dogmatischen Ansatzpunkt. Sie versteht Kunst als selbstorganisierendes soziales System, in dem Kunst nicht mehr bloß ein Zusammenschluss aller vorhande-

716 *Thomaschki*, S. 94.
717 *Thomaschki* S. 73.
718 *Thomaschki* S. 75; ähnlich auch auf S. 62, 73f.
719 *Rau* S. 65: „Die scheinbar radikale Lösung auf ein Schutzkriterium für den Urheberrechtsschutz und damit auf eine Schutzgrenze zu verzichten, erweist sich … als konsequente Weiterführung von Versuchen, willkürliche oder sonst wie nachteilige Entscheidungen zu vermeiden."

nen Kunstwerke ist, sondern eine Organisationsform in der Handlungen und Kommunikation das Leitbild bestimmen.[720]

Nach der Theorie der sozialen Systeme als Folge neuester wahrnehmungstheoretischer Aspekte, könne man nämlich von der Gesellschaft, auch aufgrund der gestiegenen Komplexität gesellschaftlichen Lebens, nicht mehr von einem geordneten Ganzen sprechen, sondern müsse sie als ein Nebeneinander gesellschaftlicher, ausdifferenzierter Subsysteme begreifen, die verschiedene Bereiche des Lebens ausmachen und die jeweils für sich, eigene soziale, selbsterhaltende und selbstreferentielle Maßstäbe entwickelt haben.[721] In dem Maße, in dem sich die Kunst entwickelt habe, habe sich auch das Kunstverständnis und damit das System Kunst gewandelt. Es sei die Herausbildung eines autonomen Kunstsystems zu beobachten, in dem über die Kunstwerke nur noch ein Art Programm laufe, über das die Kommunikation unter den Rezipienten und mit dem Künstler sichergestellt werde.[722] Entscheidendes Kriterium für die Zuerkennung der Kunsteigenschaft sei daher, ob das einzelne Werk einen Kommunikationsprozess in Gang setzen könne. Der einzelnen Collage käme aus diesem Grund auch keine allgemeingültige oder gesamtgesellschaftliche Bedeutung mehr zu, seine nunmehr spezifische künstlerische Relevanz würde nach Thomaschkis Vorschlag vielmehr allein vom Kunstsystem, d.h. über die Fähigkeit der Kommunikationsbildung,

720 *Thomaschki* S. 64ff., insb. 70; Die Objekte, die innerhalb des Systems Kunst als Kunstwerke fungieren, konstituieren nicht das System Kunst, sondern bilden allein den Bezugspunkt für die systembildenden und damit Funktionsautonomie gewährleistenden Kommunikationen", S. 73.

721 *Thomaschki* S. 64ff., insb. S. 66. „Die Theorie sozialer System basiert auf einer erkenntnistheoretischen Umorientierung, die ... unter der Bezeichnung ‚Radikaler Konstruktivismus' international bekannt geworden ist. Der Radikale Konstruktivismus versteht sich als Kognitionstheorie, die das Wahrnehmungsproblem vom Gehirn aus angeht. Das Gehirn ist danach kein weltoffenes Reflexsystem, sondern ein funktional geschlossenes System, das nur seine eigenen Gegenstände versteht und nur mit eigenen Zuständen umgehen kann" (*Thomaschki* S. 65), *Thomaschki* überträgt diese Überlegungen nun auf gesellschaftliche Phänomene, wonach auch bei diesen kein Import von Strukturen aus anderen möglich sei, sondern sich die Wahrnehmung auf das jeweilige eigene System beschränke S. 66, 67f.

722 *Thomaschki* S. 95: „Die Kunstgegenstände haben keine Bedeutung mehr an sich, sondern nur noch eine im System Kunst verliehene, oder anders ausgedrückt: das System Kunst definiert sich selbst, was ihm Kunst ist".

verliehen werden.[723] Grundsätzliche Voraussetzung, um ein Bezugspunkt für die künstlerische Kommunikation zu werden, wäre es, dass die Collage dabei den Anspruch erhebe, sich als Werk der Kunst/ Literatur/Musik etc. im System zu präsentieren.[724] Damit greift Thomaschki die von Kummer angestoßene Präsentationstheorie wieder auf, die sie jedoch, anders als er, nicht als zusätzliche Frage zur Individualität begreift, sondern in ihr den maßgeblichen Anknüpfungspunkt sieht. Für die Kunstwerkeigenschaft der Collage wäre damit letztlich entscheidend, ob sie in der Lage wäre eine künstlerisch motivierte Kommunikation zu entfachen.[725]

Grundsätzlich orientiere sich laut Thomaschki das Merkmal der Präsentation am ehesten an den veränderten gesellschaftlichen Funktionsbedingungen zeitgenössischer Kunst. Es biete darüber hinaus den Vorteil, nicht von einer irgendwie gearteten Qualitätseinschätzung der einzelnen Produktion abhängig zu sein. Deswegen müsse man sagen, dass „eine Produktion dann urheberrechtlichen Schutz genießen (soll), wenn sie geeignet ist, gesellschaftlich als Kunst zu fungieren". Dies soll dann gewährleistet sein, wenn sie als Bezugsobjekt spezifisch künstlerischer Kommunikation tauge oder zumindest vom vermeintlichen Künstler als Kunstwerk präsentiert werde und auf diese Weise eine Kommunikation in Gang gesetzt werden könne.[726]

Thomaschkis Konzeption eines Urheberrechts, das auch zeitgenössischer Kunst gerecht wird, reduziert sich jedoch nicht nur darauf, einen neuen „Werkbegriff" zu formulieren. In den sich an diese Frage anschließenden Ausführungen setzt sie sich mit der Konsequenz der „klassischen Werkbegriffsdefinition" auseinander, nach der eine „Alles-oder-Nichts-Dogmatik" im Urheberrecht herrsche. Entweder werde einer Schöpfung voller Schutz gewährt oder man halte sie aus dem Schutzbereich des Urheberrechts vollständig fern.[727] Auf Vischers Überlegungen zur Grundfrage des Urheberrechts rekurrie-

723 *Thomaschki* S. 70; „Erst durch die Kommunikation zwischen Künstlern, Galeristen, Kritikern und Publikum erhält das simple Objekt eine künstlerische Bedeutung und wird so zum Kunstwerk", S. 73.

724 *Thomaschki* S. 71.

725 *Thomaschki* S. 77.

726 *Thomaschki* S. 79.

727 *Thomaschki* S. 80.

rend, fragt sich Thomaschki nun, ob eine solche Konzeption überhaupt gerechtfertigt sei. Über die Präsentationstheorie hinaus formuliert sie für den Umgang des Urheberrechts mit seinen Produkten daher dann auch einen abgestuften Schutz, ganz im Geiste Vischers. Vorstellen könnte sich Thomaschki danach ebenfalls ein sog. „Urheberrecht nach Maß", dessen Schutzumfanggewährleistung davon abhänge, welchen Grad von Individualität das betreffende Werk aufweisen könne. Je stärker sich damit in der Collage individuelle Züge nachweisen ließen, desto mehr Schutz sei dem Künstler zuzugestehen. Diesem könnte damit eine völlige Herrschaft über sein Werk zugestanden werden, der Schutz könne aber auch gegen Null tendieren. Vischers Vorschlag sei, so die Beobachtung Thomaschkis, iÜ gar nicht so weit entfernt von der bereits heute praktizierten Abgrenzung zwischen freier oder unfreier Benutzung eines Werkes.[728]

Im Umgang mit den §§ 23, 24 UrhG komme der Bestimmung der Individualität jedoch ein fester Platz zu. Danach hänge von der Individualität alles ab, ob die Züge des benutzen Werkes im neuen verblassen können oder ob die „Schwäche des Originals eine freie Benutzung erleichtert".[729] Der Schutzumfangs richte sich damit nach dem Grad der Individualität und sei jeweils im Einzelfall mit Blick auf das Freiheitsinteresse anderer durch konkreten Vergleich mit dem vermeintlich in den Schutzbereich eingreifenden Werk nach den Regeln der §§ 23 und 24 UrhG zu bestimmen".[730]

Thomaschki gibt zwar zu, dass jede Abgrenzung zwischen freier und unfreier Benutzung im Einzelfall grundsätzliche Schwierigkeiten bereite und ohne ein Werturteil sicherlich nicht gezogen werden könne. Sie gibt aber gleichzeitig zu bedenken, dass derartige Interessenkollisionen mittels eines werturteilsunabhängigen formalen Kriteriums nicht befriedigend gelöst werden können.[731] Diese Beobachtung ist

728 *Thomaschki* S. 82.
729 *Thomaschki* S. 83, 87.
730 *Thomaschki* S. 89 f.
731 *Thomaschki* S. 89: „Jedoch bietet der hier gewählte Ansatz den Vorteil, dass zumindest die Frage des Ob des urheberrechtlichen Schutzes, also der grundsätzlichen Werkeigenschaft, ohne Werturteile entschieden werden kann. Wertentscheidungen werden erst dort getroffen, wo sie zur Berücksichtigung der Interes-

nun allerdings nicht ganz neu, sondern findet sich bereits bei Rau und Vischer. Auch diese hatten bei genauerem Hinsehen letztlich die „klassische" Kriterienprüfung der h.M. nicht vollends abgelehnt, sondern ihre Anwendung nur nach hinten verschoben, nämlich auf den Moment, in dem es um die Prüfung gehe, ob ein Plagiat eines Werkes vorliege oder nicht.[732]

Schlussendlich muss man Thomaschkis Ansatz mit Blick auf die Collage wie folgt begreifen: Danach wären Collagen als „Objekte der zeitgenössischen Kunst ... grundsätzlich urheberrechtlich geschützt, wenn sie sich – unabhängig von ihrer Individualität – nach den Umständen (als) Kunst, Literatur oder Musik präsentieren",[733] gleichzeitig würde sich der urheberrechtliche Schutz jedoch nur auf die in der Collage verkörperten individuellen Züge erstrecken.

XII. Stellungnahme

Thomaschkis aufmerksame Beobachtung des zeitgenössischen Kunstbetriebs ist zunächst einmal ausdrücklich zu begrüßen. Ihre Analyse, wonach sich die Kunst in ein selbständiges, selbstreferentielles und soziales System verwandelt hat, dass nach seinen eigenen Regeln funktioniert, wird vom Verfasser geteilt, deckt sie sich doch in gewissem Maße mit der Beobachtung, der der Verfasser iRd der Kunstfreiheit nachgegangen ist und die ihn zu der Erkenntnis geführt hat, dass Kunst gerade als Verfassungsbegriff immer den gesamten Lebensbereich Kunst umfasst.[734] Bereits Kohler hatte erkannt, dass der „richtige Weg zur Erkenntnis des Autorenrechts durch die Erkenntnis der Kunst hindurch"[735] führt.

sen anderer an der grundsätzlichen Freiheit des Kunstschaffens unvermeidbar sind, nämlich bei der Frage des Schutzumfangs".

732 *Rau* S. 46 – vgl. näheres dazu auch unter Kapitel 3 § 2 B V, VI; *Vischer* Monopol und Freiheit S. 25 – vgl. näheres dazu auch unter Kapitel 3 § 2 B IX, X.

733 *Thomaschki* S. 89.

734 Vgl. unter Kapitel 3 § 2 A I 1.

735 *Kohler* Das literarische und artistische Kunstwerk, S. 182; daneben ist es aber auch das „Motto" Kohlers, dass auf dem Einband seiner hier genanten Publikation prangt.

Schuldig bleibt Thomaschki jedoch zu erklären wie der Lebensbereich Kunst und der Lebensbereich Recht miteinander in Einklang gebracht werden können. Denn nach der Theorie der sozialen Systeme bildet auch das Recht ein eigenständiges und zunächst nach außen abgeschottetes Subsystem. Nicht zu Unrecht wird daher darauf hingewiesen, dass es Thomaschki nicht gelingt darzulegen, in welcher Weise ein möglicher Informationsfluss zwischen den Systemen diese Kluft überbrücken kann.[736] Wenn man die Theorie der sozialen Systeme ernst nimmt, dann kann man nicht an dieser Stelle unbesehen die Regeln des Subsystems Kunst auf die des Subsystems Recht übertragen, ohne mit sich selbst in Widerspruch zu geraten. Es fehlt Thomaschki damit, trotz eines interessanten Ausgangspunkts, die notwendige Konsequenz und Fortführung ihrer Gedankenwelt. Sie verkürzt auf diese Weise unzulässig die Wirkungsweise der von ihr selbst vorgestellten ausdifferenzierten Gesellschaftssysteme und beschränkt sich auf eine für ihr theoretisches Fortkommen zugeschnittene und dadurch vereinfachte Darstellung.

Doch auch ihre weiteren Ausführungen können nicht ohne Widerspruch bleiben. Zunächst scheint sie den Werkbegriff zu entgrenzen, in dem sie all diejenigen Phänomene als Kunst und damit als urheberrechtlich schützenswert ansieht, die eine gesellschaftliche Kommunikation in Gang setzen. Dabei greift sie auf die von Kummer in die Diskussion eingeführte Präsentationstheorie zurück. Nun ist aber der Vorschlag, die Kunstwerkeigenschaft davon abhängig zu machen, dass Kunst ein Kommunikationsprozess ist, nicht wirklich etwas Neues, finden sich doch in der verfassungsrechtlichen Diskussion bereits seit langem Ansätze, nach denen die Kunstfreiheit vom Kommunikationswesen der Kunst abhängig gemacht wird.[737] Doch bereits diese Vorschläge wussten in ihrer Absolutheit nicht zu überzeugen. So gibt es auch solche Werke, die nicht in der Öffentlichkeit diskutiert werden, sondern rein im Privaten geschaffen werden und dort auch bleiben. Schließlich hat nicht jeder Urheber den Anspruch, ein Werk zu schaffen, das dem gesellschaftlichen Diskurs gewidmet ist. So entsteht eine Vielzahl von Collagen gerade auch im privaten Bereich. Diese müssen aber, auch ohne, dass über diese

736 Vgl. auch bei *v. Schoenebeck* S. 173.
737 Vgl. unter Kapitel 2 § 2 A.

Werke gesellschaftlich kommuniziert wird, vom Tage ihrer Schöpfung an urheberrechtlich geschützt sein. Andernfalls wäre bspw. das Veröffentlichungsrecht des Urhebers nicht mehr haltbar. Würde man nämlich vertreten, dass ein Werk nur dann urheberrechtsfähig ist, wenn ihm über die Kommunikation künstlerische Relevanz vermittelt wird, dann wäre, bis das Werk veröffentlicht ist, dieses noch ungeschützt. Dem Urheber könnte man damit in der Konsequenz nicht mehr das Recht zubilligen, sich auch gegen eine Veröffentlichung zu entscheiden, da nun jeder Dritte berechtigt wäre, diese vorzunehmen. Schließlich setzt ja nach Thomaschki Urheberrechtsschutz erst mit der Präsentation ein. Die Kunstwerkeigenschaft mithin einzig von diesem Kriterium abhängig zu machen, erscheint daher sehr gewagt und führt zu unangenehmen und vor allem nicht notwendigen Schutzlücken.

Die weitere Ausgestaltung des Urheberrechts durch Thomaschkis erinnert nun an das sog. ‚Urheberrecht nach Maß', das schon bei Vischer vorgeschlagen wurde und auf den Thomaschki ausdrücklich rekurriert. Doch auch Thomaschki gelingt es nicht, die mit dem abgestuften Schutz einhergehenden Probleme zufriedenstellend zu lösen.[738] Auch hier zeigt sich wieder, wie wenig auf das Kriterium der Individualität in der Diskussion eingegangen wird und wie es letztlich zu keiner Begriffsneubildung kommt. Dies ist angesichts der Bedeutung, die das Kriterium der Individualität für den abgestuften Schutz spielt, umso erstaunlicher. Zudem mangelt es auch in den Ausführungen Thomaschki an einer Rechtfertigung, mit der es möglich ist, die verfassungsrechtlichen Bedenken, die eine solche Vorgehensweise hervorruft, zu zerstreuen.

Alles in allem erweist sich Thomaschkis Vorschlag trotz eines interessanten Anknüpfungspunktes und einer durchaus zutreffenden Analyse der Kunst als nicht geeignet, um dem Problem des Urheberrechts mit zeitgenössischer Kunst gerecht zu werden und vor allem, um das Urheberrecht zukunftsträchtig und verfassungsrechtlich abgesegnet auszugestalten.

738 Zu den ablehnenden Argumenten vgl. unter Kapitel 3 § 2 B X.

XIII. Analoge Anwendung des Urheberrechts bei Sonderfällen – ein Werkbegriff passend auch für avantgardistische Collageformen

Nach von Schoenebeck[739] sei die Lage gar nicht so verworren wie man annehmen mag. Eine rechtliche Beurteilung der modernen bildenden Kunst sei auch unter dem herrschenden Urheberrechtsgesetz möglich, sofern man einzelne, geringfügige Korrekturen bei der Auslegung des Urheberrechtsgesetzes vornähme.

Entscheidend sei es danach, den Anwendungsbereich des Urheberrechtsgesetzes neu zu bestimmen und dabei insbesondere die Auslegung des Begriffsmerkmals der Individualität zu überdenken.[740] Danach liege der Schwachpunkt der bisherigen Auslegung der §§ 1, 2 UrhG vor allem darin begründet, dass die h.M. es bisher nicht verstanden habe, zwischen dem „Bereich der Kunst“ allgemein und dem „Bereich der Werke der Kunst“ zu unterscheiden. Nach wie vor hänge man nämlich der überholten Vorstellung an, künstlerisches Schaffen erschöpfe sich ausschließlich in der Werkproduktion. Dabei übersehe man jedoch, dass es auch solche Kunstrichtungen gebe, in denen sich das Arbeiten des Künstlers auf die künstlerische Handlung beschränke bzw. es solche Kunstrichtungen gebe, in denen es dem Künstler vor allem darauf ankommt, neue künstlerische Konzepte zu entwickeln.[741] Trotz aller Veränderungen im Bereich der Kunst bliebe es gleichwohl auch heute noch möglich, die Zugehörigkeit des Produkts zur bildenden Kunst in erster Linie anhand der künstlerischen Technik vorzunehmen. Probleme erwartet von Schoenebeck dabei nur dort, wo sich neue künstlerische Techniken entwickeln.

Recht pragmatisch formuliert sie jedoch, wie man mit dieser Frage am besten umgehen soll. Danach müsse man sich durch eine vergleichende Sicht auf die bereits bestehenden und bewährten Techniken behelfen, bis sich ihr Bekanntheitsgrad in einem Umfang ausgeweitet habe, dass man von einer generellen Akzeptanz sprechen könne.

739 *v. Schoenebeck* Moderne Kunst und Urheberrecht Berlin 2003.
740 *v. Schoenebeck* S. 181, 233.
741 *v. Schoenebeck* S. 182f.

Wem das nicht reiche, müsse eben notfalls auf das Urteil eines Sachverständigen vertrauen.[742]

Erhebliche Probleme bei der urheberrechtlichen Beurteilung der modernen Kunst bereite indes dem Urheberrecht die Bestimmung der erforderlichen Individualität. Dies sei auch deshalb so schwierig geworden, da man – so von Schoenebeck – im Rahmen der Schutzfähigkeitsprüfung bei § 2 Abs. 2 UrhG Fragen der Schutzfähigkeit mit Fragen des Schutzgegenstandes, vor allem aber mit Fragen des Schutzumfanges vermengt habe. Damit habe man die Grenzen zwischen Tatbestand und Rechtsfolge weitestgehend verwischt. Den Grund dafür sieht von Schoenebeck darin, dass das Tatbestandsmerkmal der Individualität für alle diese Fragen eine wichtige Rolle spiele. Lösen könne man den hier diskutierten urheberrechtlichen Konflikt daher nur dann, wenn man sich vorher „über die Bedeutung der Individualität Klarheit verschaffe".[743] Falsch sei es daher anzunehmen, Individualität iSd Urheberrechts könne bedeuten, dass damit der durch den Künstler bewusst im Werk verkörperte individuelle Ausdruck gemeint sei. Ein solches Verständnis ergebe sich im Übrigen nicht schon in der Betrachtung „neuer Kunstrichtungen". Auch in der„alten Kunst" sei es oftmals gar nicht beabsichtigt gewesen, dass der Künstler sich selbst ausdrücken will. Oftmals beschränkte sich sein Arbeiten darauf, Bestehendes naturgetreu abzubilden. Nun sei zwar eine objektive, naturgetreue Wiedergabe gar nicht möglich, schließlich drückten sich individuelle Züge des Künstlers immer unterbewusst im Werk aus. Allerdings zeige man damit, dass individuelle Züge im Werk auch dann vorliegen können, wenn der Künstler gerade beabsichtigt, seine Person in der Gestaltung zurückzunehmen. „Mit dem Erfordernis der Individualität ist daher nicht der bewusste Ausdruck der Persönlichkeit gemeint, sondern die individuellen Züge des Werkes, die sich auch ohne eine entsprechende Absicht des Künstlers naturgemäß ergeben".[744]

Entscheidend für die hier behandelten Collageformen wäre damit, dass sich in ihnen Elemente wiederfinden lassen, die auf das persön-

742 *v. Schoenebeck* S. 184.
743 *v. Schoenebeck* S. 234.
744 *v. Schoenebeck* S. 234f.; „Ein Werk iSd Urheberrechts liegt dann vor, wenn überhaupt individuelle Züge in ihm erkennbar sind". S. 191.

lich geistige Schaffen eines Menschen rückführbar sind.[745] Im Übrigen wäre es unerheblich, wessen Individualität da zum Vorschein käme, denn dies sei keine Frage der Schutzfähigkeit, sondern müsse erst dann geprüft werden, wenn es um die Frage der Zuordnung der Urheberschaft gehe.[746]

„Ausgenommen vom urheberrechtlichen Schutz seien hingegen solche Kunstformen, die sich nicht mehr mit der Schöpfung von Werken befassen, sondern sich stattdessen dem offenen Schöpfungsprozess in künstlerischen Handlungen und Konzepten zuwenden".[747] Um diese Formen gleichwohl urheberrechtlich einzufangen, schlägt von Schoenebeck die Anwendung eines urheberrechtsähnlichen Rechts zunächst für die Aktionskunst vor. Da diese Kunstform kein minus, sondern immer nur ein aliud sein könne, sei eine unmittelbare Anwendung des Urheberrechts nicht denkbar.[748] Allerdings unterscheide sich die Interessenlage zwischen demjenigen künstlerischen Schaffen im herkömmlichen Sinne (also mit anschließendem Werkstück) nicht von demjenigen künstlerischen Schaffen in Aktionen (also das künstlerische Arbeiten, das sich in der Einmalhandlung erschöpft[749]). Beiden gemein sei aber das Interesse des Künstlers auf Entlohnung für seinen Beitrag zum kulturellen Leben, der zudem nur dadurch ausreichend gewährleistet werden könne, wenn man ihm auch die Zweitverwertungsrechte zugesteht.[750]

Um also als Aktionskünstler (dies würde wohl auch die Performance *Eva & Adele*[751] mit einbeziehen) in den Genuss dieses urheberrechtsähnlichen Schutzes zu gelangen, bedürfe es folgender Voraussetzun-

745 *v. Schoenebeck* S. 191, 193.
746 *v. Schoenebeck* S. 191 f.
747 *v. Schoenebeck* S. 235.
748 *v. Schoenebeck* S. 224.
749 Die Handlung ist im Unterschied zum Gegenstand dadurch gekennzeichnet, dass sie flüchtig ist, d.h. nicht dauerhaft festgelegt. Ihr fehlt die potentielle räumliche und geistige Ubiquität. Die Handlung ist einmal und situationsgebunden. Sie ist nicht wiederholbar. Das ist ja auch der Ansatz der aktionsbezogenen Kunstrichtungen: Sie wenden sich gegen die dauerhafte Festlegung des künstlerischen Schöpfungsprozesses im Werk und bemühen sich um einen „offenen" Schöpfungsprozess", *v. Schoenebeck* S. 221.
750 *v. Schoenebeck* S. 225, 236 f.
751 Betrachte dazu die Abbildungen unter *www.evaadele.com*; zuletzt abgerufen am 30. 1. 2008.

gen:[752] (1) Als ein subjektives, absolutes Recht konstruiert, verlange das Urheberrecht ein Rechtssubjekt, nämlich den Urheber. Um diesen bestimmen zu können, erfordere es eines Rückgriffs auf die in den Regelungen der §§ 7–9 UrhG enthaltenen Grundsätze; (2) da es bei den künstlerischen Handlungen gerade an der dauerhaften Festlegung fehle, die bei traditionellen Werken, die erforderliche Bestimmtheit und Abgegrenztheit ausmachten, müsse man an dieser Stelle einen alternativen Weg einschlagen, mit der sich auch die Aktionskunst abgrenzt und bestimmen lässt. Entscheidend sei dabei nach von Schoenebeck eine Abgrenzung in räumlicher und zeitlicher Hinsicht. (3) Letztlich bedürfe es aus Gründen der Rechtssicherheit der Präsentation des Werkes als Kunst. Denn wenn für eine Handlung Rechtsschutz als „künstlerische Handlung" beansprucht wird, müsse dies aufgrund der verschwimmenden Grenzen zwischen Leben und Kunst für andere nach außen hinreichend sichtbar gemacht werden.

In der Frage des Schutzes für Konzeptionskünstler müsse man demgegenüber zunächst erst einmal zwischen den Werken, die infolge des Konzepts entstanden sind und dem, dem Werk zugrundeliegenden Konzept unterschieden werden. „So weit noch ein Kunstwerk im traditionellen Sinne geschaffen wird, so ist für dieses unproblematisch Urheberrechtsschutz gegeben. Zu prüfen ist dann, ob das dem Werk zugrundeliegende Konzept vom Umfang des urheberrechtlichen Schutzes umfasst ist".[753] Dieses sei dann nicht als urheberrechtsfähig anzuerkennen, wenn, entsprechend dem Grundsatz der Freiheit der Idee, das Konzept nicht ausgeführt wurde.

XIV. Stellungnahme

Mit von Schoenebeck findet sich eine der wenigen Stimmen in der neueren Literatur, die eine Bewältigung des urheberrechtlichen Problems im Zusammenhang mit zeitgenössischer Kunst nicht durch Abschaffung der bestehenden Anwendungsvoraussetzungen, sondern in Anwendung des bestehenden Urheberrechts durch geringfügige Kor-

[752] *v. Schoenebeck* S. 225 ff.; zusammengefasst auf S. 228.
[753] *v. Schoenebeck* S. 237; vgl. auch S. 228 f.

rekturen in der Auslegung der herkömmlichen Begriffe selbst vorschlägt.

Dieser Vorschlag erweist sich dabei von der Grundidee als sehr gelungen, da er es ermöglicht, anhand der bestehenden Regeln durch zeitgemäße Auslegung auch solche Werke mit einzubeziehen, denen Schutz bisher versagt blieb, und das, ohne auf die gewohnten Begriffe verzichten zu müssen. Denn grundsätzlich muss man feststellen, dass es sich beim Werkbegriff um einen unbestimmten Rechtsbegriff handelt, dem erst durch Auslegung Leben eingehaucht wird. Diese Auslegung aber kann dem Wandel unterworfen sein. Schließlich haben sich „Recht und Gesetz ... den gesellschaftlichen Gegebenheiten und Entwicklungen – soweit diese nicht verfassungs- insbesondere grundrechtswidrigen Charakter haben – möglichst einfühlsam anzupassen und nicht umgekehrt".[754] D.h. freilich, dass in dem Maße, in dem sich eine Gesellschaft verändert, immer auch die Auslegung eines Rechtsbegriffs angepasst und in seiner Bedeutung abgewandelt werden muss. Damit muss es aber eben auch möglich sein, zeitnah zu künstlerischen Veränderungen auf diese reagieren zu können und die Auslegung des Werkbegriffs dementsprechend anzupassen, ohne dass es dafür eines langwierigen Gesetzgebungsverfahrens bedarf, an dessen Ende auch nichts anderes stehen kann als ein erneuter, unbestimmter Rechtsbegriff,[755] der aber nicht minder problembelastet sein wird. Insofern ist es richtig, anhand der bestehenden Regeln eine angepasste Auslegungsform zu finden.

V. Schoenebecks Vorschlag geht eine Analyse der bestehenden Kunst voraus, die sie zu der Erkenntnis führt, dass Kunst heute nicht ausschließlich auf die bloße Werkproduktion reduziert werden kann. In der Tat lassen sich in den verschiedenen Formen zeitgenössischer Kunst gerade auch bei den einzelnen Collageformen immer wieder Strömungen feststellen, die deutlich werden lassen, dass es dem Künstler oftmals um mehr geht, als die Herstellung eines Werkstücks. Es geht ihm gleichsam darum, seine persönliche Auffassung, seine Idee von Kunst und dem, was Kunst ausdrücken will, kann und muss und was sie beim Rezipienten bewirken soll, mitzuteilen. Gerade bei

754 *Schmieder* UFITA 52 (1969), 107, 108.

755 Denn eine ausgefeilte Kasuistik wie weiland im Preußischen „Allgemeinen Landrecht" wird man wohl nicht mehr einführen wollen.

den Künstlern der Avantgarde geht der Verfasser angesichts der eigenen Betrachtungen zur Kunstentwicklung und der tiefgehenden Analyse des heutigen Bildbegriffs sogar so weit zu sagen, dass dies die bestimmende Grundlage ihres Schaffens bildet.[756]

Dass v. Schoenebeck dabei zur Feststellung der Kunsteigenschaft auf die Anerkennung der Kunsttechnik zurückgreift, erinnert sehr an den formalen Kunstbegriff des Verfassungsrechts[757] und überzeugt aufgrund seiner Einseitigkeit nicht. Es erscheint dem Verfasser vielmehr weit sinnvoller, die Kunstwerkeigenschaft iRd urheberrechtlichen Prüfung nicht so sehr zum Problem zu machen und dem Grundsatz in dubio pro arte folgend, diese ohne nähere Prüfung notfalls über das Präsentationsmerkmal zu bejahen. Denn eine Aufweichung des Urheberrechts besteht auch dann nicht zu befürchten, wenn man im Zweifel für die Kunstwerkeigenschaft stimmt, da die eigentliche Hürde zur Monopolisierung des Geistesguts nach wie vor die in § 2 Abs. 2 UrhG formulierten Anwendungsvoraussetzungen bleiben. Wem das nicht reicht, sollte eine Prüfung der Kunsteigenschaft anhand der oben entwickelten Kriterien zum Verfassungsbegriff Kunst anstrengen und wird sehen, dass er im Ergebnis eher dazu kommen wird, die Kunsteigenschaft als gegeben anzunehmen, als sie zu verneinen.

In der Folge schafft es v. Schoenebeck dennoch, anders als viele andere Auffassungen zuvor, zielführend zwischen Schutzumfang und Schutzgewährung zu trennen. Sie erkennt, dass die Individualität der Schlüssel zur Zuerkennung der Urheberschaft ist. Dies überzeugt. Denn es darf nicht vergessen werden, dass der Urheberrechtsschutz zwar vom Werk abhängig ist, letztlich aber die Person des Urhebers als solche geschützt wird. Eigentliches Schutzobjekt des Urheberrechts ist damit nicht die Collage als konkretes Werkstück und damit als Objekt, sondern die Person des Urhebers, mithin das Subjekt. Insofern ist es geradezu zwingend anzunehmen, dass die Individualität, die nichts anderes als Ausdruck dieses Subjekts ist, eine überragende Rolle im Urheberrechtsschutz spielen muss. Zumal auf diese Weise nunmehr endlich das Paradoxon überwunden wird, nachdem zwar das Merkmal der Individualität zunächst grund weg als apodiktische

756 Vgl. dazu unter Kapitel 1 § 1, § 2 B.
757 Vgl. dazu unter Kapitel 2 § 2 A.

Formel abgelehnt, sie aber für die nähere Ausgestaltung des Urheberrechts wie aus dem Nichts wieder hervorgezaubert wurde, ohne aber dabei zu nennenswerten Veränderungen oder Fortschritten im Individualitätsbegriff in Bezug auf zeitgenössische Erscheinungsformen in der Kunst kommen zu können.

Leider vergibt v. Schoenebeck an dieser Stelle die Chance, weiterführende Überlegungen anzustellen. So versäumt sie es festzustellen, auf welche Weise sich Individualität zu äußern vermag und ob sich nicht moderne Kunsterscheinungen durch eine eigene Individualität auszeichnen, die viel mit dem veränderten Bildbegriff in der Kunst zu tun hat. Stattdessen beschränkt sie ihre Feststellung darauf, dass sich Individualität auch dadurch zeigen kann, dass sich ein Künstler entscheidet, weniger Individualität zu zeigen und es bei Lichte besehen auch nicht darauf ankomme, da es ausreiche, wenn das Werk von sich aus individuell wäre. Im Zweifel käme es nur darauf an, dass ein individuelles Werk vorliege, woraus sich diese Individualität erschöpfe, ob aus der Persönlichkeit eines anderen oder eben aus der Einzigartigkeit des Werkes, sei für die Schutzbegründung unerheblich.

Ähnlich wie schon bei Gerstenberg, der vorschlug dem Finder und Vorzeiger eines ästhetischen Objekts ein Leistungsschutzrecht einzuräumen,[758] trägt sie vor, dass in den Fällen, in denen sich Kunstschaffen im offenen Schöpfungsprozess in nicht festgelegten künstlerischen Handlungen definiere, an eine analoge Anwendung des Urheberrechts zu denken sei. In den Fällen der Konzeptkunst sei zu bedenken, dass das Konzept als solches niemals geschützt sein könne. Nun, zumindest die letzte Erkenntnis ist keine Überraschung kann sie vor allem auch unter verfassungsrechtlichen Gesichtspunkten gar nicht anders ausfallen. Der Monopolschutz muss dort begrenzt werden, wo Stil, Manier und Methode, und nichts anderes ist das Konzept, geschützt würden. Andernfalls wäre die kulturelle Kraft einer Gesellschaft mehr als nur gelähmt, sie wäre erstarrt. Eine solche Bewertung kann auch unter einem veränderten Individualitätsbegriff nicht anders ausfallen. Was nun die analoge Anwendung des Urheberrechts betrifft, so erscheint fraglich, ob es deren wirklich bedarf. Der Kern des Kritikpunktes richtet sich also gar nicht gegen die analoge Anwendung

[758] *Gerstenberg* FS Wendel S. 89, 97.

des Urheberrechts in der Art und Weise wie sie von v. Schoenebeck formuliert wird, erscheint diese durchaus als tragfähige Alternative, die auch unter dem verfassungsrechtlichen Blickwinkel unter Berücksichtigung des Leistungsprinzips nicht zu beanstanden ist, sondern vielmehr gegen das fehlende Verständnis, was an Individualität in einem Werk tatsächlich vorkommen kann. Denn wenn künstlerische Formgebung als papiers collés, als Assemblage, als combine painting, oder als living sculpture erfolgt, so wird damit in jeder einzelnen Form genauso die Individualität des Künstlers ausgedrückt, wie durch den überkommenen mimetischen Bildausdruck. Sicherlich, die Formen sind abstrakter geworden und man meint darin die Individualität weniger feststellen zu können als in den Figuren der *Nachtwache* Rembrandts. Und natürlich kann auch nicht ein Konzept geschützt werden. Doch darf nicht übersehen werden, dass das konkrete, vom Künstler bewusst gewählte, möglicherweise sogar von ihm entwickelte Konzept nachdrücklich seine Individualität ausformt, weil es eben seine Auffassung von Kunst und Leben widerspiegelt und somit zusammen mit dem Werkstück genau das leistet, was eigentlich an Individualität im Werk gefordert wird. Sogar in einem viel tieferen Sinn als das Werke, die infolge des mimetischen Kunstbegriff entstanden sind, je ausdrücken könnten. In dem der Künstler die Möglichkeit erhält, fern von allen Vorgaben der Kunstakademien befreit seine eigene Wirklichkeit zu schaffen, seinen eigenen Vorschlag vom Leben auf dem Marktplatz der Ideen, wie er sich in der Postmoderne heute darstellt, zu präsentieren und als Diskussionsentwurf in die Gesellschaft einzubringen, ist es ihm möglich, sehr viel gezielter zu arbeiten und seine Kunstwerke um ein Vielfaches individueller zu gestalten, als es ihm je durch traditionelle Bildgestaltung erlaubt war.[759] Die Veränderungen, die der neue Bildbegriff mit sich brachte, werden nun aber von v. Schoenebeck nicht in ausreichendem Maße erkannt, was dazu führt, dass sie, trotz eines guten Starts, auf halber Strecke stehen bleibt und den begonnenen Weg nicht konsequent zu Ende gehen kann und auf diese Weise gezwungen ist, einen Alternativvorschlag zu entwickeln, der für sich genommen zwar tragfähig, letztlich aber nicht notwendig wäre.

759 Vgl. dazu unter Kapitel 1 § 1, § 2 B.

XV. Zusammenfassung

Die bisherigen Vorschläge der Literatur haben allesamt nicht zu überzeugen gewusst. Zu sehr orientieren sie sich an Einzelaspekten, waren verfassungsrechtlich mehr als bedenklich, verstrickten sich in Widersprüchen oder aber hatten sich nicht ausreichend mit dem veränderten Bildbegriff und der veränderten Arbeitsweise künstlerischen Handelns auseinandergesetzt. Auch wenn es die Literatur durchaus geschafft hat, interessante Teilbetrachtungen in der Werkbegriffsdiskussion einzubringen, wie etwa den Gedanken der Präsentation als Hilfskonstrukt, die Erkenntnis, dass Kunst als System heute mehr als bloße Werkproduktion ausmacht oder aber die Erkenntnis, dass eine veränderte Auslegung des bestehenden Rechtsbegriffs ‚persönlich geistige Schöpfung' als trag- und zukunftsfähigste Vorgehensweise erscheint, so fehlt ihnen allen doch der entscheidende Wurf, der die urheberrechtliche Werkbegriffsbestimmung tatsächlich auch voranbringt und damit das Urheberrecht nicht nur für die bestehenden, sondern auch für die zukünftigen Herausforderungen, die durch das multimediale Zeitalter bereits eingeläutet sind, fit werden lässt.

C. Ein Werkbegriff unter besonderer Bezugnahme auf den veränderten Bildbegriff in der Collage

Kann man nun aber tatsächlich zeitgenössische Kunstformen wie den *Fallenbildern* den Urheberrechtschutz verweigern, weil ihnen angeblich jeglicher persönlicher Schöpfungsgehalt fehlt? Dubuffet hat einmal gesagt: „Es ist der falsche Herr Kunst, der sich am meisten den Anschein gibt, der wahre zu sein, und es ist der wirkliche, der nicht darnach aussieht".[760] Kann es also wirklich sein, dass traditionelle Kunst einfach schon aus der Gewohnheit heraus geschützt wird, weil die jeweiligen Werkgattungen mittlerweile so geläufig sind, dass schon gar keiner mehr in Betracht zieht, sie könnten nicht individuell sein? Sollte die Tatsache, dass Kunst heute mehr ist, als nach vorgegeben Regeln zu arbeiten, dem Künstler, der mit seinem Streben gewillt ist, sich täglich neu auseinander zu setzen, zum Nachteil gereichen. Sollten die Verdienste eines Künstlers, wie u.a. Spoerri, Arp,

760 *Dubuffet* zitiert in Museum, Kunstmuseum, S. 96.

Rauschenberg oder Pollock, um kulturelle Entwicklung und das Bestreben nach gesellschaftlichem Diskurs deshalb nicht gewürdigt werden können, weil sie sich sämtlicher Konventionen gegenüber verschließen, ihre eigenen Vorstellung entwickelt und umgesetzt haben? Glaubt man ernsthaft, dass den eingangs dieser Analyse problematisierten Werken keine Individualität durch ihre Schöpfer beigegeben wurde? Lässt sich diese offensichtliche Ungerechtfertigkeit vor dem Leistungsgedanken des Art. 14 GG wirklich guten Wissens vertreten? Diesen Fragen muss nachgegangen werden. Denn Antworten darauf sind notwendig geworden. Notwendig, weil es, wie gezeigt, nach wie vor keinen rechten Ansatz gibt, der nicht nur bestehende Entwicklungen erfasst, sondern auch offen ist für zukünftige Kunstphänomene, die das Web 3.0 bereithalten wird und die bislang noch nicht abzusehen sind, auch wenn sie durch Künstler wie Sollfrank bereits angedeutet werden.[761] Es wird sich in naher Zukunft einmal mehr zeigen, dass die Probleme, die sich der Werkbegriff heute gegenübersieht, nicht die letzten sein werden, denn wie schon Franz Marc feststellte wird „was heute gespenstig scheint, … morgen natürlich sein".[762] Es ist nun einmal das Merkmal aller gesellschaftlichen Entwicklungen, dass ein Stehen bleiben oder ein Ende, mit dem alle Entwicklung abgeschlossen ist, nicht existiert.

Die Rechtspraxis steht an dieser Stelle daher vor einem Scheideweg. Soll sie warten, bis die Veränderungen eingetreten sind oder sollen progressive Rahmenbedingungen geschaffen werden, mit denen es sich auch in Zukunft angemessen arbeiten lässt?

Eines hat die Geschichte immer wieder gezeigt, wer nur auf Entwicklungen reagiert, lähmt seine eigene Schöpfungskraft und seine eigene Innovationsfreude und schafft es nicht, sich konstruktiv und zukunftsbejahend mit den auf ihn einstürzenden Problemen umzugehen. Das Merkmal der Reaktion ist daher grundsätzlich ein schlechter Ratgeber, weil sie einem das Heft des Handelns aus der Hand nimmt und verunsichert. Sie verleitet einen zurückzublicken und sich daran zu klammern, was war und nicht die Chance zu ergreifen und neu zu formulie-

761 Betrachte dazu die Abbildungen unter *www.medienkunstnetz.de/werke/female-extension*; zuletzt abgerufen am 30. 1. 2008.
762 Franz Marc über die Zukunft der Malerei zitiert nach *www.kunstwissen.de/fach/f-kuns/b_mod/marc00.htm*; zuletzt abgerufen am 30. 1. 2008.

ren was sein wird. Es gilt daher, im Fortgang einen Werkbegriff aktiv zu formulieren, der nicht nur einen tragfähigen verfassungsrechtlichen Kompromiss zwischen Monopolisierung, Leistungsgedanken und Allgemeingut darstellt, sondern an dem sich auch zukünftige Entwicklungen messen lassen können. Was gebraucht wird, ist ein offener Werkbegriff, der nicht rückwärts gewandt an überholten Denkmustern klebt, sondern vorwärtsgerichtet die Probleme anpackt.

I. Der neue generalisierte Kunstbegriff im Urheberrecht

Bevor es jedoch so weit ist, soll eine kurze Betrachtung des Kunstbegriffs im Urheberrecht (insb. iRd §§ 1, 2 Abs. 1 UrhG) erfolgen. Wie gezeigt wurde ist dieser auch iRd Diskussion um den Werkbegriff immer wieder Thema der Auseinandersetzung gewesen.[763] Daher soll kurz auf ihn eingegangen werden.

Im Zuge der Einheitlichkeit des Rechts ist es entscheidend, die Auslegung des Kunstbegriffs im UrhG anhand der verfassungsrechtlichen Überlegungen zu Art. 5 Abs. 3 GG festzumachen.[764] Beide Kunstbegriffe müssen als deckungsgleich betrachtet werden. Die dort getroffenen Überlegungen sind daher auch als allumfassend und in einer für das rechtliche Verständnis von Kunst generalisierenden Weise zu verstehen. Nur so, aufgrund des dort gewählten indiziellen Ansatzes und mit Blick auf die dort getroffenen Überlegungen, kann tatsächlich auch gewährleistet werden, dass eine nach qualitativen oder einseitigen Gesichtspunkten orientierte Aussiebung unter den Kunstwerken nicht bereits aufgrund dieses Merkmals geschieht. Erst dann, wenn es darum geht festzustellen, ob sie die notwendigen Anforderungen des § 2 Abs. 2 UrhG erfüllen, darf eine Wertung erfolgen. Insofern ist nach dem Grundsatz in dubio pro arte dann von Kunst auszugehen, wenn die Indizienlage für die Annahme eines Kunstwerks spricht. Eines dieser Indizien, neben weiteren, kann dabei uU das Präsentationskriterium sein. Diese weite Begriffsbildung, auch innerhalb der urheberrechtlichen Gesetzesauslegung anzuneh-

763 Vgl. dazu u. a. unter Kapitel 3 § 2 B I, III, XIII.
764 Vgl. dazu unter Kapitel 2 § 2 A.

men, widerspricht auch nicht den Anforderung aus Art. 14 Abs. 1 GG, da, wie bereits angedeutet, die letztliche Anerkennung des Werkes als persönlich geistige Schöpfung von weiteren Voraussetzungen abhängig ist. Diese gilt es daher nun im Folgenden zu entwickeln. Von Schoenebeck hatte dabei richtig erkannt, dass es sich bei dem Merkmal ‚persönlich geistige Schöpfung' um einen unbestimmten Rechtsbegriff handelt. Was liegt also näher, als ihn durch eine veränderte Auslegung an die neuen Gegebenheiten anzupassen. Im Folgenden soll daher nun eine Theorie vorgestellt werden, die sich genau dieser Beobachtung verschrieben hat. Es soll geprüft werden, ob darin nicht doch noch ein tragfähiger Versuch in der Literatur gesehen werden kann, den es zu unterstützen gilt. Ob dies der Fall ist, soll im Anschluss an die Vorstellung der Theorie erläutert, gegebenenfalls soll sie dabei ergänzt und ihre Begründung vertieft werden.

II. Vorstellung eines avantgardistischen Werkbegriffs

Christine Fuchs steht den bisherigen Ansätzen sehr skeptisch gegenüber. In ihrer Arbeit[765] weist sie daraufhin, dass die bisherigen Vorschläge zur Reformierung des Werkbegriffs deswegen in der Praxis nicht zu überzeugen wussten, da sie zum einen mit sachfremden Kriterien wie Statistik und Psychologie aufwarten und zum anderen gleichzeitig an der eigentlichen Problematik vorbei gearbeitet werde. Die entscheidende Grundfrage, die es zu lösen gelte, liege tatsächlich vielmehr darin begründet, zeitgenössische Kunst von nichtkünstlerischen Produkten abzugrenzen.[766]

Grundvoraussetzung, um zu einem befriedigenden Ergebnis zu kommen, sei es, nach Fuchs, zunächst einmal, eine Abgrenzung zwischen Kunstwerk und Allgemeingut vorzunehmen. Dafür bräuchte es aber Kriterien, mit denen sich Kunstwerke als solche identifizieren lassen. Im Grunde sei dafür eine „Änderung der rechtlichen Terminologie" erforderlich. Allerdings, wohl unter dem Eindruck, dass sich schnellere Ergebnisse eher durch Rechtsfortbildung, denn durch

765 *Christine Fuchs* Avantgarde und Urheberrecht 2000.

766 *Fuchs* S. 135: „Es geht vor allem darum, diese künstlerischen Werke gegenüber anderen nichtkünstlerischen Produkten, gegenüber allen anderen farbigen Flächen, gegenüber allen anderen, nichtkünstlerischen Kopien abzugrenzen".

langwierige Gesetzgebungsverfahren erreichen lassen, sei es im Grunde auch möglich, die Begriffe persönlich geistige Schöpfung durch eine veränderte Auslegung zu aktualisieren. Es handele sich hierbei schließlich um Rechtsbegriffe, die einer veränderten Lesart grundsätzlich zugänglich sind, da ihr Bedeutungsgehalt sich erst durch das Gesetz selbst oder durch dessen Auslegung durch Gerichte und Rechtslehre inhaltlich bestimmen und konkretisieren lassen. Ziel der Bemühungen Fuchs' sei es daher, einen „Übersetzungsvorschlag zu erarbeiten, „der die bestehenden Begriffe verwendet, jedoch deren Bedeutung auf die aktuelle Situation hin erweitert".[767]

Da das Urheberrecht material-tätigkeitsbezogene Merkmale verwendet, um ein Werk zu definieren, müsse auch die Aktualisierung des Werkbegriffs an der künstlerischen Tätigkeit ansetzen. Entscheidend sei es daher, den Entstehungsprozess der Arbeit in die Überlegungen mit einzubeziehen. Anders als früher sei heute künstlerisches Arbeiten vor allem durch einen gesteigerten Reflexionsprozess geprägt. Mittels vorangehender Werkkonzeption werde heute vom Künstler eine Gestaltungsentscheidung getroffen, mit der im Vorfeld die konkrete Form des Werkes näher bestimmt werde. Über die Fundamentalkonzeption werde erreicht, dass man einen handhabbaren Oberbegriff für verschiedenartigste Werkkategorien an die Hand bekomme. Zudem gebe die Fundamentalkonzeption des Werkes Einsicht in den individuellen Werkbegriff des Künstlers.[768] Da die künstlerische Konzeption somit zu einem entscheidenden Faktor im Arbeiten des Künstlers geworden sei, müsse dies aber dann auch seine ausreichende Berücksichtigung in der Neudefinition des Werkbegriffs finden. Blieb es bisher „auch unausgesprochen", so werde doch schlussendlich, auch im heutigen Urheberrecht, wenn es darum gehe, eine persönlich geistige Schöpfung festzustellen, nichts anderes als die Werkkonzeption geprüft. Die Tatbestandsmerkmale subjektive Gestaltung und Individualisierbarkeit der Formgebung würden danach

767 *Fuchs* S. 135.

768 *Fuchs* S. 136; „Die unterschiedlichen Formen neuartiger Werke lassen sich nicht mehr durch Werkgattungen beschreiben. Aber sie lassen sich über den Begriff der Konzeption als geschlossene Werke erfassen. Die Werkkonzeption enthält die wesentliche Gestaltungsentscheidungen des einzelnen Werkes, die sog. Fundamentalkonzeption die wesentlichen Merkmale des individuellen Werkbegriffs.", *Fuchs* S. 126.

bereits dann bejaht, wenn die Komposition sich dem Betrachter in einer äußerlich sichtbaren Gestaltungsweise offenbare.[769] Allerdings müsse sich eine Werkbetrachtung nun angesichts der zeitgenössischen Kunstentwicklungen zwingend von der „erstarrten Materialität" des Werkbegriffs lösen. Es sei notwendig geworden, dass jede Untersuchung des zu begutachtenden Gegenstands sich ebenso darauf konzentriert, ob sich nicht hinter dem Werk ein künstlerischer Aussagegehalt verberge, der sich dem Rezipienten durch das äußere Erscheinungsbild nicht so ohne weiteres zeige. Da die Sinn- und Bedeutungsebene eines zeitgenössischen Kunstwerkes häufig eine spezielle Sachkenntnis voraussetze, könne man sie schließlich nicht ohne einen bestimmten Kontext verstehen. Dadurch werde es nun aber unumgänglich, den Entstehungsprozess und damit den künstlerisch-theoretischen Hintergrund in die Beurteilung mit einzubeziehen. Dies erreiche man am besten, in dem man die Fundamentalkonzeption als Korrektiv der einzelnen Anwendungsvoraussetzungen des Urheberrechts mit berücksichtige. Dazu schlägt Fuchs vor, jedes einzelne Merkmal des Werkbegriffs, so weit nötig, unter dem Blickwinkel der Fundamentalkonzeption zu aktualisieren.[770]

Konkret auf die Collage angewandt hieße das nun, dass mit Fuchs unter der schöpferischen Leistung, also der ersten Voraussetzung der h.M. an den Werkbegriff, nunmehr nicht allein die äußere Formgebung der Collage, sondern vor allem die „Fundamentalkonzeption, die das Werk zum Ausdruck bringt",[771] zu verstehen wäre. In dem sich nämlich der Collagekünstler im Laufe seiner künstlerischen Entwicklung und Auseinandersetzung permanent selbst und damit die

769 *Fuchs* S. 138; zur Unterstützung ihrer Annahme verweist Fuchs an dieser Stelle nun auf eine Aussage Nordemanns, wonach man den „Maler, der Farben blind über den Rücken wahllos gegen eine Wand wirft und sich nach dieser Aktion diejenigen Teile der Leinwand herausschneidet, auf denen die Farben besonders wirkungsvoll zusammenliegen, … wegen der individuellen Leistung, die in der Sichtung und Ordnung des willkürlichen Materials liegt, gerade noch als Urheber" ansehen mag, Nordemann (zitiert bei *Fuchs* S. 138). Danach handele es sich bei der von Nordemann beschriebenen Vorgehensweise des Künstlers um nichts anderes als um die vom Urheber vorgenommene Werkkonzeption.

770 *Fuchs* S. 138f.

771 *Fuchs* S. 139: „Die Erarbeitung einer Fundamentalkonzeption aber stellt selbst eine schöpferische Leistung dar und genau diese schöpferische Leistung bildet den Ansatzpunkt zur Begründung der urheberrechtlichen Schutzwürdigkeit und Schutzfähigkeit".

bestehenden, vom Grossteil der Künstler unbewusst angewandten Konventionen kritisch hinterfrage, erarbeite er sich seine eigene Fundamentalkonzeption und formuliere auf diese Weise seine ihm allein befindliche, individuelle Positionierung in den Fragen der Gestaltung seiner Collage. Damit müsste bereits im Vorfeld der künstlerischen Tätigkeit, eine subjektive Gestaltung durch den Collagekünstler vorliegen, mit der Folge, dass sich „an eine Fundamentalkonzeption ebenso Kriterien der Durchformung oder der Individualität anlegen (lassen), wie an die Gestaltung eines traditionellen Werkes“.[772] Relativ unkompliziert verhielte es sich mit der zweiten Voraussetzung der herrschenden Werkbegriffsdefinition, wonach die schöpferische Leistung des Künstlers durch äußere Formgebung der Umwelt wahrnehmbar gemacht worden sein muss. Indem der Collagekünstler nämlich, auf der Grundlage seiner Fundamentalkonzeption, das Werkstück realisiere, werde dieses durch das entstandene Produkt sinnlich wahrnehmbar und durch die Formgebung entsprechend materialisiert. Entscheidend wäre dabei, dass eine strukturelle Analyse der wesentlichen Werkelemente ergebe, dass die Collage eine Fundamentalkonzeption zum Ausdruck bringe.[773] Denn in der Entwicklung der Fundamentalkonzeption zeige der Künstler, dass er eine bestimmte Auffassung vom Gegenstand Kunst hat. Er entwickelt also seine eigene Vorstellung vom Kunstobjekt und wird damit in jedem Fall geistig tätig. Fuchs fragt sich nun, ob dies ausreicht, um von einem geistigen Gehalt iSd h.M. sprechen zu können. Schließlich müsse die Fundamentalkonzeption unmittelbar in der Collage zum Ausdruck kommen und darf sich nicht erst durch die Zuhilfenahme zusätzlicher Anweisungen ergeben. Den geistigen Gehalt als „persönliche Handschrift des Urhebers“ definierend, kommt Fuchs zu dem Schluss, dass es ein Fehler wäre, würde man die Fundamentalkonzeption auf eine zusätzliche Anweisung reduzieren. Der Künstler soll im Werk seinen menschlichen Geist zum Ausdruck bringen, d.h. seine Gedanken mitteilen, genau dies tue er aber, wenn er zuvor eine Fundamentalkonzeption entwickele.[774]

772 *Fuchs* S. 139.

773 *Fuchs* S. 140: „Liegt einem nicht individuell gestalteten Gegenstand, wie z.B. dem ready-made … eine solche Fundamentalkonzeption zugrunde und stellt sich der Gegenstand als Träger dieser Konzeption dar, so ist er als eine gestalterische Form anzusehen. Der Gegenstand ist dann ein ‚konzeptuelles Werk‘ in Gestalt einer ‚konzeptuellen Form‘“.

774 *Fuchs* S. 140f.

Fuchs erklärt ihren Gedankengang konkret am Beispiel des ready-made. Danach handele es sich beim ready-made um die „Neuformulierung des Verhältnisses zwischen Kunst und Wirklichkeit". Eben darin liege der geistige Gehalt. Und Fuchs wird noch deutlicher, als sie eine konkrete Situation schildert, in der ein Museumsbesucher das erste Mal mit einem „Alltagsgegenstand" als Ausstellungsstück in Berührung kommt. Auch ohne eine tiefgehende, vorherige Rezeption der Kunstanschauung des Künstlers, führe eine solche Begegnung meist zur Irritation beim Besucher, sei dieser es „doch gewohnt, hier (im Museum) ‚Kunstwerke' zu sehen". Reflektiere der Besucher nun im Fortgang seine Beobachtungen und seine eigene Reaktion auf das Gesehene, so sei dies nach Fuchs nichts anderes als eine strukturelle Analyse dessen, was der Künstler vorher mit seiner Fundamentalkonzeption entwickelt habe.[775] Darüber hinaus lasse sich feststellen, dass in den Arbeiten des Künstlers sich nicht nur die Fundamentalkonzeption äußere, vielmehr habe „jedes Werkexemplar … zugleich einen eigenen geistigen Gehalt".[776] Danach äußere sich in den einzelnen Exemplaren jeweils eine ganz unterschiedliche Ästhetik, die eine Fülle verschiedener Reflexionen auszulösen vermögen. So sei das *Schwarze Quadrat* von Malewitsch „in seiner konkreten Form, Träger einer ganz bestimmten ‚geistigen' Information, einer ganz bestimmten ‚geistigen' Energie oder Kraftkonstellation – was leichter nachzuvollziehen ist, wenn andere Exemplare der Werkgruppe mit betrachtet werden".[777]

„Hauptproblem in der urheberrechtlichen Handhabung zeitgenössischer Kunst" und damit auch im Umgang mit der Collage bleibt indes auch nach Fuchs das Merkmal der Individualität.[778] Die Funktion des Gesetzes bringe es mit sich, dass der Individualität unter den Anwendungsvoraussetzungen des Urheberrechts die bestimmende Rolle zuzuweisen ist. Hier gilt es also nun, die Quadratur des Kreises

775 *Fuchs* S. 141; „Dass eintieferes Verständnis der Fundamentalkonzeption, insbesondere die Bedeutung der möglicherweise komplexeren inhaltlichen Aussagen, ein Vorverständnis und eine gewisse Sensibilität erfordert, unterscheidet die Rezeption zeitgenössischer Kunst nicht wesentlich von traditioneller", S. 141.
776 *Fuchs* S. 142.
777 *Fuchs* S. 143; deutlich werde dies iÜ auch bei den ready-mades Duchamps, danach sei die Bildqualität und die surrealistischen Assoziationen seiner *fontaine* andere, als die seines Flaschentrockners, S. 142.
778 *Fuchs* S. 143f.

zu vollführen, wonach auch einer solchen Collage Individualität abgerungen werden müsste, die sich eigentlich jeder persönlichen Formgebung zu verweigern scheint. Allerdings, so Fuchs, dürfe sich „die rechtliche Bewertung eines Werkes nicht an seine inhaltliche Aussage anknüpfen, sondern an seine Struktur als Kunstwerk".[779] Es dürfte mithin nicht dazu kommen, dass die künstlerische Aussage des Collagekünstlers, ohne genauere Differenzierung, einfach in die rechtliche übersetzt würde. Entscheidendes Anknüpfungskriterium bleibe daher die Kunstwerkeigenschaft. Die notwendige Individualität zeitgenössischer Collageformen würde sich danach ausschließlich in der vorausgehenden Konzeption äußern.[780] Das bedeute nun aber freilich nicht, dass die Fundamentalkonzeption als Abstraktum geschützt sei.[781] Auch andere Künstler könnten sich des Prinzips readymades oder der monochromen Malerei annehmen.[782] Dies lesend, wird man Fuchs daher dann auch so verstehen müssen, dass sie letztlich Schutz nur für die konkrete Collage fordert, in der sich die Fundamentalkonzeption widerspiegelt. Der Urheberrechtsschutz wäre damit nicht für eine konkrete Arbeitsweise, sondern, wie gehabt, einzeln und werk- aber nicht formbezogen zu verstehen.

779 *Fuchs* S. 143.

780 *Fuchs* S. 143f.; 153; „Das ready-made Flaschentrockner kann aufgrund seiner Fundamentalkonzeption von dem bloßen Gegenstand Flaschentrockner unterschieden werden. Diejenige Flaschentrockner, die noch weiterhin industriell produziert und außerhalb des Kunst-Kontextes verkauft wurden, enthalten nicht die Behauptung, ein Kunstwerk zu sein, das heißt sie sind keine readymades, sie sind nicht Träger der Fundamentalkonzeption, sondern bloße Alltagsgegenstände"., S. 143.

781 „Auch wenn die Fundamentalkonzeption selbst nicht schutzfähig ist, bildet sie aber die Grundlage für den Schutz des jeweiligen Werkes, denn sie stellt eine individuelle schöpferische Leistung dar, die in das Werk einfließt und bildet einen wesentlichen Teil des geistigen Gehalts des Werkes", *Fuchs* S. 146.

782 *Fuchs* S. 144; interessant ist dabei, dass Fuchs in diesem Zusammenhang auch den Gedanken äußert, wonach die bloße Wiederholung dieser Innovationen nicht ausreichen soll, um einen urheberrechtlichen Schutzanspruch zu begründen, S. 145.

III. Der avantgardistische Werkbegriff unter besonderer Berücksichtigung der verfassungsrechtlichen Vorgaben und der Collage

1. Allgemeine Bewertung des avantgardistischen Werkbegriffs

Ähnlich wie v. Schoenebeck ist auch Fuchs, zu Recht, in der Erarbeitung ihrer Position zu der Überzeugung gelangt, dass durch eine aktualisierte Auslegung der Anwendungsvoraussetzungen der Werkbegriff als Rechtsbegriff auch auf solche zeitgenössische Kunstphänomene angewandt werden könne, die bisher noch nicht als darunter subsumierfähig erschienen.[783] Mit Fuchs wird nun zum ersten Mal deutlich, dass, wenn „der richtige Weg zur Erkenntnis des Autorenrechts durch die Erkenntnis der Kunst hindurch“[784] führen soll, man sich vorher auch mit dieser und ihren neuen Entwicklungen auseinandergesetzt haben muss.

Die Vorgehensweise Fuchs‘ verdient dabei Zustimmung. Sie erkennt den grundlegenden Wandel im künstlerischen Arbeiten und zieht die veränderten Konzepte der Künstler in ihre Betrachtung und Bewertung des Kunstbegriffs mit ein. Denn um eine moderne Auslegung, die auch solche Phänomene jetzt schon mit einbezieht, die noch kommen werden und sich nicht den Ruf erwirbt, schon in ihrer Entstehung altbacken und überholt zu wirken, gewährleisten zu können, bedarf es einer Überlegung, die generell dem Phänomen Kunst auf den Grund geht. Nur wenn man sich mit den Prinzipien der Kunst auseinandersetzt, lässt es sich feststellen, ob der bestehende Rechtsbegriff tatsächlich in der Lage ist, die verschiedensten Kunstrichtungen aufeinander zu vereinen. Es geht darum zu erkunden, welche Gemeinsamkeiten zwischen der Kunst von gestern und morgen bestehen und ob sich nicht in einem dieser gemeinsamen Merkmale etwas erkennen lässt, das in der Lage ist, den eigentlichen Grund für die Zugestehung der Werkeigenschaft auszumachen. Diese Überle-

783 Vgl. dazu die Stellungnahme zur Auffassung v. Schoenebecks unter Kapitel 3 § 2 B XIV.

784 *Kohler* Das literarische und artistische Kunstwerk S. 182.

gungen sind es daher, die den Verfasser in den folgenden Ausführungen beschäftigen werden.

Am Anfang der Betrachtung soll die für die Erkenntnisgewinnung zwingend notwendige Frage beantwortet werden, wie eigentlich die Kunst, wie man sie heute meint zu kennen, entstanden ist. Über Kunst wurde in dieser Arbeit schon so viel gesprochen, sie wurde analysiert und es wurde an mancher Stelle um sie verzweifelt gerungen, doch bisher wurde nicht die Frage aufgeworfen, warum gibt es sie eigentlich – die Kunst. Dazu hilft eine Betrachtung Debussys am Beispiel der Musik: „Nach den letzten kosmologischen Forschungen gilt es als sicher, dass der Affe der Vorläufer des Menschen war. In der Musik war der Vorläufer der erste Wilde, der auf den Gedanken verfiel, zwei Holzstücke gegeneinander zuschlagen; das eine war hohl und gab einen Klang von sich, an dem sich der Wilde ergötzte. Ein anderer schlauer Wilder spannte Fäden über das hohle Stück Holz und schabte mit seinen schlecht geschnittenen Fingernägeln heftig darauf herum. Von daher stammt zweifellos der unvorbereitete Nonenakkord, der später soviel Verwirrung in die Musikwelt tragen sollte … Und woher rührt der unerwartete Reiz den Akkorde annehmen, die überall sonst in der Musik auch vorkommen, wenn nicht von der klanglichen Anordnung, die nicht erlernbar ist, weil sie in keinem Buch aufgezeichnet steht? Neben dieser Anordnung kommt es auch noch auf die strenge Auswahl dessen an, was vorausgeht und nachfolgt. Doch das ist eine andere Geschichte, die man den klugen großen Leuten besser nicht erzählt“.[785] Mit Claude Debussys wird damit deutlich, dass Kunst ihren Anfang dem Zufall und der Neugier des Menschen am Unbekannten verdankt und darum seit alters her immer der gesellschaftlichen Entwicklung voraus sein musste. Das stetige Bestreben, bestehende Grenzen wieder und wieder zu hinterfragen und dabei neue Wege zu beschreiten, hat dazu geführt, dass sich Kunst und Recht niemals im Gleichschritt bewegt haben. So ist es kein Wunder, dass das, was als situiert und anerkannt scheint, ein paar Jahrzehnte, manchmal vielleicht Jahrhunderte vorher als anstößig, revolutionär, originell betrachtet wurde und sich erst im Laufe der Zeit die Gesellschaft mit derartigen Entwicklungen abgefunden

785 Claude Debussy, ‚Über den Vorläufer‘ zitiert nach *Pakuscher* UFITA 72 (1975)107, 111.

und sie sogar in sich aufgenommen hat. 114 Jahre nach der Erstaufführung der *Weber*, die u.a. den deutschen Kaiser Wilhelm II veranlasste, seine Loge im Deutschen Theater aufzugeben und einen ehrbaren Arzt vor lauter Abscheu seine Arzttasche samt Instrumente auf die Bühne werfen ließ, sorgt Gerhard Hauptmanns Stück in der ‚werkgetreuen' Form heute nicht mehr für große Aufregung, übrig geblieben ist also allenfalls eine farbenfrohe Geschichtserzählung, über die man heute höchstens noch amüsiert lächeln kann, wenn man sie denn überhaupt kennt. Doch diese Inkorporation, dieses Einsickern der einstmals avantgardistischen Kunst in den Kulturbetrieb, bis hin zur völligen Anerkennung, führt zwangsläufig zur Normalität und damit wird aus der Avantgarde ziemlich bald ein Teil des Establishments. Da diese, nun man mag es Anerkennung nennen, oftmals erst nach der Dauer eines langfristigen Prozesses stattfindet, der Einzelne in der Gesellschaft aber aufgrund seiner beschränkten Lebensdauer nur kurzfristige allenfalls mittelfristige Prozesse miterlebt, wird über die Generationen vergessen, dass der derzeitige Entwicklungsstand, den man aktiv miterlebt, auch nur das Ergebnis eines mehrstufigen Prozesses ist, der nicht von vornherein bestanden hat. Aber aufgrund der mangelnden Erfahrung und des Selbstverständnisses mit der er wahrgenommen wird, kommt gefühlt gar kein Zweifel auf, der einen denken lassen könnte, dass es diese Situation, in der man lebt, nicht ewig gegeben habe, auch wenn man sich dessen bewusst sein mag, dass es einmal anders gewesen ist. Gleichzeitig wird jede neue Entwicklung mit Argusaugen beobachtet, denn die für jede Generation typische ausschnittsweise Betrachtung des gesellschaftlichen Prozesses führt dazu, selten die komplette Kunstentwicklung, höchstens noch mit einem Blick zurück, aber nie mit einem Blick nach vorn, zu betrachten. Selten findet sich aber einmal eine Betrachtung, in der sich jemand fragt, ‚Was wird eigentlich eines Tages mal in der Kunst als Normalität gelten?', und ‚Worüber werden zukünftige Generationen diskutieren, was wird sie bewegen?'. Ein solcher Mangel an Abstraktionsfähigkeit, mit der die eigene gesellschaftliche Situation aus der ausschnittsweisen Sichtweise herausgelöst werden könnte und mit der es möglich wäre, mit der gefühlten Ewigkeit zu brechen, findet oftmals nicht statt.[786] Resultat dieser statischen Sicht

786 Vgl. zu diesem Problem kritisch auch bei *Sauerländer* Kunstbegriff S. 293 ff.; der feststellt, dass es in der Kunst keine absolute Gültigkeit gibt, son-

ist ein Unverständnis gegenüber neuen Richtungen und Situationen in der Kunst.[787] Vor allem aber kommt es zum immer währenden Versuch, diese mit den hergebrachten und an die bestehende Entwicklung angepassten Regeln zu bewältigen. Dabei entstehen dann häufig diejenigen Probleme, die mit der Auslegung des Werkbegriffs zusammenhängen.

Wenn man jedoch den Versuch unternimmt auszubrechen und sich und die gesellschaftliche Entwicklung und damit die Entwicklung der Kunst von außen betrachtet, dann gelingt ein Phänomen, das sich schon Brecht im epischen Theater zu Nutze gemacht hat, nämlich die Verfremdung des zu Betrachtenden und damit ein Blick über die Teilperspektive hinaus. Gelingt so eine Betrachtung, dann wird deutlich, dass iRd Kunst, so sehr sie sich in ihren Ausprägungen, ihren Stilen, ihren Epochen oder einfach in ihren Werken auch unterscheiden mag, eine Komponente doch gleich geblieben ist. Künstlerisches Arbeiten funktioniert gestern wie heute nach bestimmten Regeln, mithin nach einem bestimmten Konzept. Jeder Künstler, bevor er zu arbeiten anfängt, verfolgt eine bestimmte Idee, die er umzusetzen möchte. So ist in den letzten Jahrzehnten ein Trend zu beobachten gewesen, dass die Konzeption als Idee stärker in den Vordergrund getreten ist und sich nicht mehr so leicht einem bestimmten Stil verschreibt, wie es noch vor 1907, dem Jahr, das mit Picassos *Demoiselles d'Avignon* als endgültiger Wendepunkt in der zeitgenössischen Kunstwicklung angesehen werden muss, der Fall war, wobei dieser Trend natürlich mit dem Aufkommen weiterer zeitgenössischer Kunstformen noch weiter verstärkt worden ist. Denn Künstlerisches Arbeiten heißt „Komponieren",[788] heißt selbstbestimmte und damit gänzlich individuelle Entscheidung in der Wahl der Ausdrucksmittel, in der Wahl des künstlerischen Konzepts. Das macht es aber notwendig in der urheberrechtlichen Bewertung hinter die Fassade als Außenposition zurückzutre-

dern nur eine historisch bedingte, relativierbare Verabredung darüber, was unter Kunst verstanden werden soll und welche Gegenstände man als Kunstwerke ansehen will, *Sauerländer* Kunstbegriff S. 293, 301.

787 Vgl. dazu auch bei *Thomas Mann*, der folgendes feststellt: „Immer wenn ein isoliertes Materialbereich geschichtlich vorwärtsgebracht und höher gestuft wurde, blieben andere zurück und sprachen in der Einheit des Werkes dem Entwicklungsstand Hohn, der durch die fortgeschrittene behauptet wurde, in Doktor Faustus S. 257.

788 *Klotz* S. 156.

ten.[789] So hat auch heute noch nach wie vor der Satz Heideggers Bestand, wonach der Künstler der Ursprung des Werkes, und das Werk Ursprung des Künstlers ist.[790] Die Verwendung des Konzeptes des Künstlers als Ansatzpunkt erscheint dem Verfasser damit als ein schlüssiges Merkmal, das bisher vielfach übersehen wurde und das, obwohl die h.M. bereits heute davon ausgeht, dass eine Trennung zwischen Idee und Form nicht mehr so ohne weiteres möglich ist und dass auch die Idee schutzfähig sein kann, soweit diese eine persönlich geistige Schöpfung ist.[791] Trotz aller dieser Erkenntnisses hat sie es bisher nicht vermocht, diese entsprechend in der Werkbegriffsbildung als Hilfestellung einzusetzen. Dabei hatte schon Kohler erkannt, dass jedem Künstler ein „imaginäre Bild“ vor Augen schwebt, wenn er Kunst schafft. Dies wird von Kohler als ein gewisses Abstractum“ bezeichnet, als „die Quintessenz, welche vorhanden ist, in welcher Darstellungsform auch immer das Bild gegeben wird“, als „der Rest, welcher bleibt, wenn man von einer jeden Darstellungsform abstrahiert“.[792] Er ruft dazu auf, Schutz zu gewähren, auch dann, „wenn die imaginäre Idee, auch nur die eine (wenn selbst unvollkommene) Verkörperung gefunden hat“.[793] Dem imaginären Bild sei daher Schutz zu gewähren, „mag dieses in einer inneren und äußeren Form erscheinen, in welcher es will“.[794] Dieses „imaginäre Bild“, das Kohler da beschreibt, ist nun nichts anderes als das vom Verfasser erkannte und nunmehr in der Werkbegriffsausgestaltung zu berücksichtigende Konzept.

789 *Klotz* S. 156.

790 Vgl. dazu bei *Martin Heidegger* Der Ursprung des Kunstwerks 1960.

791 „Das Werk wird in seiner Individualität sowohl durch den Inhalt als auch die Formgestaltung geprägt“, *Dünnwald* S. 111; ähnlich auch bei *Henkenborg* S. 100ff., 105; vgl. dazu auch das Beispiel der Werbekonzeption bei *Schricker* GRUR 1996, 815, 824f.; sowie allgemein zur Auffassung der h.M. bei Schricker/*Loewenheim* § 2 Rn 27ff. mwN.

792 *Kohler* Das literarische und artistische Kunstwerk S. 33.

793 *Kohler* Das literarische und artistische Kunstwerk S. 60.

794 *Kohler* Das literarische und artistische Kunstwerk S. 37.

2. Bewertung einzelner Aspekte im und aufgrund des avantgardistischen Werkbegriffs

Positiv an Fuchs fällt auf, dass sie die Einbeziehung der, wie sie es nennt, Fundamentalkonzeption nicht allein auf das Merkmal der Individualität bezieht, sondern in der Aufarbeitung der Problematik fast schon schulmäßig vorgeht, indem sie in klassischer Subsumtionsarbeit die vier Voraussetzungen des Urheberrechts (persönliche Gestaltung, geistiger Gehalt, wahrnehmbare Formgestaltung und Individualität) einer reformierten Betrachtung unterzieht. Damit wird deutlich, wie wenig die bestehenden Begriffe von einer modernen Auslegung entfernt sind. Selbst die schärfsten Kritiker einer solchen Ansicht werden wohl kaum bemängeln können, dass mit dem Werk, ob Zufallscollage, ob Performance oder Alltagsgegenstand, eine *wahrnehmbare Formgestaltung* vorliegt. Auch zeigt der Künstler durch die Wahl des Gegenstandes, durch die Art der Performance, eben durch die Erarbeitung der Konzeption eine gesteigerte Form der *geistigen Auseinandersetzung*. In dem er bewusst eine dieser Ausdrucksmöglichkeiten wählt und sie entsprechend seiner Kunstauffassung, d.h. seiner Fundamentalkonzeption folgend, ausgestaltet, wird er geistig tätig und äußert dies in seinem künstlerischen Tun. Nun mag man einwenden, dass zeitgenössische Kunst eine erhöhte Sachkompetenz vom Rezipienten verlange, mithin der geistige Inhalt nicht mehr aus dem Werk selbst komme. Doch glaubt man wirklich der normale Museumsbesucher des Louvre, die *Mona Lisa* sehend, versteht die von da Vinci ausgesuchte Bildkomposition? Wer weiß schon, dass das Bild in der Sfumato Technik gemalt wurde, die bewirkt, dass der Hintergrund wie hinter einem Rauchschleier verschwommen wirkt und sich diese Technik dem Betrachter in den sehr weichen Hell-Dunkel Übergängen an den Augenwinkeln, dem rechten Mundwinkel und an den Rundungen des Kopfes offenbart,[795] oder, dass da Vinci für Hintergrund und Figur einen jeweils eigenen Fluchtpunkt gewählt hat, oder der Betrachter deswegen das Gefühl

795 *www.louvre.fr/llv/activite/detail_parcours.jsp?CURRENT_LLV_PARCOURS%3C%3Ecnt_id=10134198673226925&CONTENT%3C%3Ecnt_id=10134198673226886&CURRENT_LLV_CHEMINEMENT%3C%3Ecnt_id=10134198673226886&FOLDER%3C%3Efolder_id=2534374302024407&bmUID=1156198931183&bmLocale=en*; zuletzt abgerufen am 30. 1. 2008.

hat, unabhängig von seiner Position aus der er das Bild betrachtet, die Augen der Mona Lisa würden ihn direkt anschauen, weil sie von da Vinci mit einem Silberblick gemalt wurde? Wohl kaum wird die Mehrzahl der Rezipienten wissen, dass beim Abdecken jeweils einer Gesichtshälfte ein weiterer Aspekt der Bildkomposition da Vincis deutlich wird, nämlich, dass die linke Seite die passive ist (kein Lächeln, kaum Schatten, schwammiger Hintergrund), die rechte Gesichtshälfte somit die aktive ist (Lächeln, Schatten, aktiver Blick, klarer Hintergrund mit Mensch, Brücke und Haus). Man erkennt darin, dass die Problematik des geistigen Gehalts, der sich oftmals dem Rezipienten nur durch eine vertiefte Sachkenntnis völlig erschließt, nicht erst ein Phänomen der moderne Kunst ist, sondern immer dann auftritt, wenn sich künstlerisches Schaffen nicht auf bloße Abbildung beschränkt.

Was nun die *schöpferische Leistung* des Künstlers angeht, so ist die h.M. in der Tat zu eng, wenn gefordert wird, dass Zufallsmomente oder nicht kontrollierte Eingriffe in den Schaffensprozess eines geschützten Werkes nicht mit einbezogen werden dürfen.[796] So erkennt Bürger, dass es nicht gänzlich ausgeschlossen werden kann, dass der Zufall als Ausdruck des totalen Protests gegen jedes Moment des Zwanghaften, als Vorgehensweise der Entfaltung von Spontaneität als zumindest post festum feststellbarer individueller Ausdruck gedeutet werden kann.[797] Darüber hinaus wird man wohl sogar feststellen müssen, dass es den Zufall nicht gibt.[798] Schließlich gilt es zu bedenken, dass auch bei der Zufallsproduktion das künstlerische Produkt nicht etwa Resultat blinder Spontaneität ist, sondern genauesten Kalküls, aber eben nicht Kalkül in Bezug auf das Ergebnis, das als solches unvorhersehbar bleibt, sondern Kalkül einzig in Bezug auf die Mittel.[799] Schließlich kann der Zufallsmoment vom Künstler gerade als schöpferischer Prozess ausgenutzt werden. So ist „Zufall keine Beliebigkeit, diesseits jeder Zwangsläufigkeit. Zufall ist immer der bzw. ein Charakter der Konstellation, in der ich mich befinde. Die Zufallsqualität wird erst von mir als solche erfasst, festgestellt, ja

796 Dafür auch Möhring/Nicolini/*Ahlberg* § 2 Rn 51.

797 *Bürger* Theorie der Avantgarde S. 91.

798 *Mon* Über den Zufall S. 231.

799 So auch *Bürger* Theorie der Avantgarde, der allerdings zu Unrecht noch zwischen unmittelbarem und mittelbarem Zufall unterscheiden will S. 91.

hervorgebracht".[800] Denn wie wichtig das Zufallsprinzip für die künstlerische Arbeit gerade mit der Collage ist, zeigt auch die Gebrauchsanweisung Tristan Tzaras aus dem Jahr 1916, die er den Künstlern für ihr Schaffen an die Hand gab: „Nehmt eine Zeitung. Nehmt Scheren. Wählt in dieser Zeitung einen Artikel von der Länge aus, die Ihr Eurem Gedicht zu geben beabsichtigt. Schneidet den Artikel aus. Schneidet dann sorgfältig jedes Wort dieses Artikels aus und gebt sie in eine Tüte. Schüttelt leicht. Nehmt dann einen Schnipsel nach dem anderen heraus. Schreibt gewissenhaft ab in der Reihenfolge, in der sie aus der Tüte gekommen sind. Das Gedicht wird Euch ähneln. Und damit sei Ihr ein unendlich originellerer Schriftsteller mit einer charmanten, wenn auch von den Leuten unverstandenen Sensibilität".[801] Gerade in dieser Anweisung wird nun aber versinnbildlicht, dass trotz scheinbarer Beliebigkeit diese Vorgehensweise und damit das künstlerische und im Werk bebilderte Konzept kein beliebiges ist. „Dem Zufall entspricht (vielmehr) das ganz und gar eigentümlich".[802] Es ist daher nur natürlich, diejenigen Anschauungen als zu eng zu empfinden, die fordern, dass das Werk Resultat eines eindeutig geplanten und vorher in der konkreten Formgestaltung festgelegten Ergebnisses sein muss. Geplante und zufällige Elemente müssen in einem Schaffensprozess zusammengeführt werden dürfen.[803] Mithin kann der Zufall oftmals nicht als unpersönlicher Moment in der Schöpfung, sondern muss vielmehr als bewusst eingesetzte Arbeitstechnik verstanden werden, in dessen Wahl und Anwendung gerade das persönliche Element der Schöpfung liegt. Das Merkmal der persönlichen Schöpfung liegt damit, wie am Beispiel des Zufalls gezeigt, nicht ausschließlich in der Ausarbeitung einer vorher festgelegten wahrnehmbaren Formgestaltung, sondern in der Entwicklung und Anwendung des erarbeiteten Konzepts, das zu einem sich daran anschließenden, bestimmten und wahrnehmbaren Ergebnis führt. Insofern hätte Fuchs in ihren Ausführungen an mancher Stelle etwas deutlicher herausstellen müssen, dass freilich nicht allein die Entwicklung der Fundamentalkonzeption die schöpferische

800 *Mon* Über den Zufall S. 231.
801 *Tzara* S. 44.
802 *Mon* Über den Zufall S. 231, 232.
803 Wandtke/Bullinger/*Bullinger* § 2 Rn 17; so vertreten aber bspw. bei Schricker/*Loewenheim* § 2 Rn 13.

Leistung ist, sondern erst durch das Zusammenspiel von Fundamental- und darauf aufbauender Werkkonzeption für den urheberrechtlichen Werkbegriff eine Rolle spielen kann. Da man andernfalls annehmen müsste, dass derjenige, der sich eine fremde Fundamentalkonzeption zunutze macht, sie jedoch in seine eigene Werkkonzeption einbaut, kein urheberrechtsfähiges Werk schafft. Eine solche Auffassung würde freilich zu weit gehen, da man ansonsten dazu käme, der Fundamentalkonzeption Urheberrechtsschutz zuzugestehen und das losgelöst vom konkreten Werk. Dies wäre schließlich so, als würde man die Zentralperspektive oder Sfumato Technik schützen wollen. Dann wäre in der Tat eine nicht gerechtfertigte Monopolisierung des Gemeingutes die Folge, die jedoch nicht zuletzt auch auf verfassungsrechtlichen Widerspruch stieße. Die Fundamentalkonzeption bildet damit zwar den Ausgangspunkt der urheberrechtlichen Betrachtung der geistigen Schöpfung, bedarf aber immer des Zusammenspiels mit dem konkreten Werk. Damit wird deutlich, dass auch solche Werke, die sich auf den ersten Blick aufgrund ihrer Ausdrucksmittel als wenig individuell erweisen, geschützt sein können, wenn sich ihre Individualität aus der Verbindung des Werkstücks mit der Konzeption zu erkennen gibt. Mit Fuchs wird diese Überlegung nun auch zum ersten Mal ausdrücklich artikuliert. Sie vertritt dabei die Auffassung, dass sich Individualität im Werk auch durch die Benutzung eines Konzeptes zeigen kann und darin ist ihr beizupflichten. Warum?

Der Verfasser ist im Laufe dieser Arbeit, vor allem in der Auseinandersetzung mit dem Prinzip der Collage, dem veränderten Bildbegriff aber auch einzelnen hier vorgeschlagenen und abgelehnten Werkbegriffen, zu der Überzeugung gekommen, dass es gerade diese Vorarbeiten des Künstlers sind, mithin das Entscheiden für ein Konzept, das den Grundstein für die Frage nach Individualität im Werk ausmacht. Zwar meint man annehmen zu können, dass zeitgenössische Kunst vom Verschwinden des Subjekts geprägt und damit die Individualität im Werk bis hin zur völligen Abwesenheit reduziert ist,[804] lassen sich doch bspw. Aussagen wie die von Cage, nach der es sein Ziel ist, der Welt mitzuteilen, was er gesehen und was er gehört und

[804] Vgl. dazu bei *Kotsiris* UFITA 119 (1992), 5 ff.; *Seemann* UFITA 131 (1996), 5, 24 ff.; sowie allgemein zur philosophischen Diskussion um das Verschwinden des Subjekts bei *Bürger* Verschwinden des Subjekts S. 9 ff.

nicht wie er es gesehen und wie er es gehört hat,[805] in dieser Weise verstehen. Doch irrt Cage, wenn er meint, dass damit im Werk keine Subjektivität mehr vorkommt.[806] Denn „der Begriff der Objektivität ist völlig sinnentleert",[807] zumal es wirklichen „Realismus (in der Kunst) … überhaupt nicht (gibt), es geht nur Stilisierung"[808] der künstlerischen Überlegungen gemäß den aus der Konzeption kommenden Vorgaben. Das Werk bleibt nämlich in Wahrheit trotz scheinbar entpersönlichter Materialien und Formen letztlich immer das Produkt der Individualität und damit dem Duktus des von Menschen gemachten, innerhalb dessen seine subjektive (!) Handschrift offen gelegt wird,[809] überlassen.[810] Gerade im Fluxus, einer auf Cage zurückgehenden Weiterentwicklung des Happenings, zeigt sich zwar eine Entpersönlichung der Mittel, aber eben nicht eine Entpersönlichung der künstlerischen Idee. So steht zwar hinter dem Fluxus zunächst die Absicht, sich absichtsvoll gegen das bewusst formenhafte in der Kunst zu wehren und damit gegen die Bedeutungshaftigkeit.[811] Gerade darin, in besagtem „absichtsvollen", liegt aber doch letztlich auch nur eine subjektive Kunstvorstellung und damit eine, wenn auch singuläre Bedeutungshaftigkeit der konkreten Aktion. Dies äußert sich nicht zuletzt auch darin, wenn Vostell erklärt, dass nach wie vor die Leute durch ein Durchleben der Kunst auf deren Inhalte aufmerksam gemacht werden sollen.[812] Kunst hat damit nach wie vor den Anspruch, wenn auch nicht direkt, so zumindest indirekt, die Welt zu verändern, indem dass Bewusstsein ihrer Rezipienten aktiviert und angesprochen wird.[813] Damit ist auch die Kunst Cages und anderer scheinbar entpersönlichter Künstler letztlich nur die Folge ihrer inter-individueller Interaktion, innerhalb derer sie als selbstbewusstes Einzelwesen, mit der ihnen jeweils eigenen singulären Moti-

805 *Cage* S. 305.
806 *Cage* S. 305.
807 *Müller* G I 1 S. 35.
808 *Müller* G I 1 S. 62.
809 *Klotz* S. 156.
810 Vgl. dazu auch bei *Müller* G I 1, s. 61: „Als Autor (darf) ich mich immer weniger heraushalten …, wenn ich über Müntzer, oder über Luther, oder sonst wen schreibe, schreibe ich über mich".
811 *Wick* S. 50.
812 Vostell zitiert nach *Wick* S. 116.
813 *Wick* S. 70.

vation[814] und damit in Ausdruck ihrer Individualität handeln. Dies beweist gerade auch Cage nicht zuletzt durch seine eigene Feststellung, nach der es genau seine Absicht (!) (und damit seine individuelle Vorstellung und Konzeption) sei, zu verhindern, dass seine Musik irgendwo hinführe, dass er versuche die Töne dahingehen zu lassen, wohin sie wollen.[815] Somit liegt gerade in der Festlegung der Konzeption letztlich auch das Individuelle des Künstlers. So muss man sich auch iF Cages doch fragen, wer letztlich entscheidet, welche Töne bewusst für dieses konkrete Werkstück ausgewählt werden, welche Konzeptidee dem Werk zugrunde liegt, wenn nicht der Künstler in seiner individuellen Arbeitsweise. Dies spiegelt sich iÜ nicht zuletzt im von Cage selbst gewählten Gebrauch des Wortes „Absicht" wieder. Darin zeigt er letztlich, dass trotzdem die Subjektivität aus der konkreten, wahrnehmbaren äußeren Gestalt des Werkes gewichen zu sein scheint, diese tatsächlich aber noch vorhanden ist und durch eine in das Konzept miteinbeziehende Wahrnehmung erkennbar wird. Zudem gilt es zu bedenken, dass „erstens jede ‚objektive' Erkenntnis, insofern sie ein Akt eines Subjekts ist, unter gewissen ‚subjektiven' Bedingungen (steht). Zweitens fragt sich, was wir über das Subjekt der Erkenntnis aussagen, wenn wir bedenken, dass es selbst in der Welt der Objekte als einer ihrer Teile lebt".[816] Darauf kann es letztlich nur eine Antwort geben, nämlich, dass, solange ein einzelner Kreativer arbeitet, er sich nie frei von Subjektivität bewegt. Möglicherweise findet sich diese Subjektivität „nicht an der Oberfläche (seines Werkes), aber es steckt immer etwas sehr persönliches darin".[817] Nicht zuletzt haben schließlich der veränderte Bildbegriff aber auch die Kunsttheorien der Moderne und Postmoderne[818] gezeigt, dass man nicht so ohne weiteres von einem Rückgang der Individualität im Werk sprechen kann, wie dies vielleicht die bloßen äußeren Formelemente einen glauben lassen, vielmehr erblickt der Verfasser darin ein Erstarken, eine Zunahme des individuellen Handelns des Künstlers und nicht etwa ein Rückgang im individuellen Input des Künstlers.[819] Eine Entpersönlichung im Werk[820]

814 *Frank* S. 7, 23.
815 *Cage* S. 95.
816 Vgl. dazu auch bei *v. Weizsäcker* Einheit, S. 140f.
817 Vgl. dazu auch bei *Müller* G I 1 S. 95.
818 Vgl. dazu unter Kapitel 1 § 1.
819 So etwa *Seemann* UFITA 131 (1996), 5, 25.

findet also nicht statt, auch wenn die gestalterischen Mittel dies möglicherweise vermitteln sollten. Denn in dem Maße, wie es dem Einzelnen erlaubt ist individuell zu handeln, drückt sich gerade auch angesichts des festgestellten Stilpluralismus in der Postmoderne ein gesteigerter Grad an Individualität im Werk aus. Die Formgebung erfolgt nicht, weil eine Kunstakademie dies als eherne Grundsätze vorschreibt, sondern weil es der Künstler aus seinem Innersten heraus will, weil er meint, sich auf diese Weise am geeignetsten mitteilen und ausdrücken zu können. Daher muss man das künstlerische Schaffen des Einzelnen auch begreifen als Suche nach seiner eigenen Selbstbestimmung, die sich selbst hinterfragt.[821] Schließlich ist es einer der Kernpunkte der Postmoderne, dass sich Künstler bewusst in den Widerstreit mit anderen Konzeptionen setzen[822] und damit einen Diskussionsaustausch auf dem Marktplatz der Ideen anschieben. Darin zeigt sich erneut das subjektive Moment zeitgenössischer Kunst, in dem zum einen keiner vorgeschriebenen und damit in der Tat entpersönlichten, weil nicht selbstbestimmt gewählten künstlerischen Vorgabe gefolgt wird, zum anderen aber eine eigene Konzeption entwickelt wird, die zudem auch mangels Vorgabe entwickelt werden muss, was letztlich bedeutet, dass diese immer auch subjektiv motiviert sein muss, folgen doch diese Kunstwerke damit ihrer eigenen Autonomie und somit ihren eigenen Formgesetzen.[823] Gerade darin zeigt sich aber die immanente und nicht abstellbare Subjektivität und damit Persönlichkeit des Einzelnen im Werk.[824] Wie anders könnte man mithin erklären, dass „jeder Klang durch die einfache Tatsache musikalisch werden (konnte), dass er in ein musikalisches Stück aufgenommen werden konnte“,[825] wenn nicht durch die Anerkennung der individuellen Meinung des Künstlers, ausgedrückt durch seine (!) Vorstellung von Kunst, mithin durch sein (!) Konzept. Es kommt damit zu einer Verschiebung der maßgeblichen Individualitätskomponente, weg von der äußeren Form hin zur dafür notwendigen Vorarbeit. Dies lässt sich dabei auch an einem konkreten Bei-

820 Vgl. dazu *Kotsiris* UFITA 119 (1992), 5 ff.
821 *Hofmann* Grundlagen der modernen Kunst S. 22.
822 *Welsch* S. 322.
823 *Adorno* Merkur 14. Jg. (1960), 101, 109.
824 Zur Frage der Individualität im angeblich entpersönlichten Werk vgl. auch die Stellungnahme zu Kehrlis Werkbegriffsdefinition unter Kapitel 3 § 2 B IV.
825 *Cage* S. 81.

spiel verdeutlichen: So schafft es Duchamps in ein einziges Kunstwerk alle Widersprüche einer Gesellschaft hineinzupacken und den Konsumenten seines Kunstwerkes einem Denkprozess auszusetzen. Dies ist sein Konzept. Ihm gelingt es, mit der Präsentation eines Alltagsgegenstandes, die in der Gesellschaft vorhandene Motive, Instinkte und Sehnsüchte zu zeigen. Denn „der verfremdete Flaschentrockner wird zu einem besonderen Flaschentrockner. Die anderen stehen in Geschäften, er jedoch, von Duchamp signiert, steht in Ausstellungen und Museen. Was ihn von den anderen unterscheidet, kann man mit Walter Benjamin seine ‚Aura' nennen. Durch die Vereinzelung gibt Duchamps dem Gegenstand seine Autorität, die dieser als Massenartikel nicht besaß".[826] Das macht sein Werk individuell.

Ob *Schwarzes Quadrat*, *Eat Art*, *Flaschentrockner* oder die *zerrissenen Zufallscollagen* Arps, all diese Werke lassen sich ihrem Schöpfer zu ordnen, eben weil sie die individuelle Konzeption ihrer Schöpfer erkennen lassen und nicht nur, weil sie einfach berühmt sind. Indem der Künstler ein Konzept erarbeitet, wählt er seine Handschrift und gibt damit seine innere Überzeugung und damit seine Individualität preis. Denn mit der Idee vom autonomen Kunstwerk, in dem der Künstler die Realität nach seiner eigenen Vorstellung gestaltet, wird durch ihn weit mehr Individualität hineingelegt, als in der bloß naturalistischen Malweise, die nach allgemeingültigen Maßgaben erfolgt.[827] So ist die Kunst heute mehr denn je geprägt vom subjektiven Auswählen und Zusammenspielen der Elemente.[828] Gerade auch die Collage und ihr veränderter Bildbegriff zeugen von dieser grundlegenden Veränderung in der Herangehensweise des Künstlers, in der auch schon die Entwicklung der Fundamentalkonzeption individuel-

826 W. *Hofmann* Grundlagen der modernen Kunst S. 339.

827 An dieser Stelle sei auf die ready-mades von Duchamp verwiesen, der 1917 sich mit einem bei, der New Yorker Firma J. L. Mott Iron Works, erworbenen Urinal (Das Objekt ist heute nicht mehr vorhanden, aber durch eine Fotografie in der zweiten Ausgabe von *The Blind Man* (New York, Mai 1917) authentisch überliefert.), *unter* dem Pseudonym „Richard Mutt" bei der Jahresausstellung der *Society of Independent Artists* in New York bewarb. Duchamps wollte auf diese Weise das traditionelle Kunstverständnis radikal in Frage stellen. Er warb für die Idee, dass bereits die Auswahl dieses Gegenstandes ein künstlerisches Werk sei.

828 *Kuspit* S. 39, 44.

les Erleben des Künstlers widerspiegelt[829] und seine Collage individuell werden lässt. Es mutet daher zynisch an, wenn man, wie Nordemann davon spricht, dass diese Werke ausschließlich deswegen berühmt seien, weil es ihre Schöpfer sind.[830] Denn anders als bei der Frage, was zu erst da war, „das Ei oder die Henne", ist die Antwort hier eindeutig. Das Werk war berühmt und dann als Folge auch sein Schöpfer. Wer wüsste heute noch wer Malewitsch war, hätte er nicht die Kunst durch seine Konzeption des Suprematismus, die sich in seinen Werken ausdrückt, maßgeblich beeinflusst und vorangebracht. In seinem Werkschaffen, in dem sich Fundamentalkonzeption und Werkkonzeption vereinen, liegt die eigentliche *individuelle Leistung*, die es auch entsprechend zu würdigen gilt.[831]

Mit der Heranziehung der Fundamentalkonzeption in die rechtliche Beurteilung des Werkes als persönlich geistige Schöpfung gelingt mithin eine Ausweitung der urheberrechtlichen Schutzfähigkeit auch auf avantgardistische Formen der Collage und das auf eine Weise, die sich nicht nur an den Vorgaben der §§ 1, 2 UrhG orientiert, sondern darüber hinaus auch verfassungsrechtlich geboten ist. So artikuliert sich, wie festgestellt, im UrhG der von Art. 14 Abs. 1 GG vorgegebene Leitsatz vom Leistungsprinzip, wonach nicht nur der Beitrag des Künstlers zur Kulturentwicklung und damit sein Verdienst für das Gemeinwohl zu honorieren sind, sondern er sich durch seine schöpferische Leistung auch das Recht verdient hat, am wirtschaftlichen Wert seines Werkes nicht nur beteiligt zu werden, sondern diesen grundsätzlich für sich beanspruchen zu können. Es bedarf an dieser Stelle keiner Redundanz derjenigen Aussagen, die bereits so vielfach getätigt wurden. Künstler wie Arp, Dubuffet, Spoerri und wie sie noch heißen mögen, haben die Kunst mit ihren Werken vorangebracht, sie haben sie auf eine völlig neue Entwicklungsstufe ge-

829 Nur so lassen sich iÜ unterschiedliche Herangehensweisen der einzelnen Künstler besser erklären. Nur ein Beispiel dazu: Während Braque und Picasso mit ihren Werken mehr Realität ins Kunstwerk bringen wollten, ging es Arp hingegen darum die Realität durch die Kunst zu bewältigen und auf diesem Wege um die Schaffung einer reinen Wirklichkeit.

830 Fromm/Nordemann/*Nordemann-Vinck* § 2 Rn 7; diese Auffassung angreifend *Fuchs* S. 130.

831 Vgl. in der praktischen Anwendung dazu zutreffend AG Hamburg ZUM 1998, 1047; 1048, die im Grunde keine andere Betrachtung als die der Fundamentalkonzeption vornehmen.

stellt. Ihre Werke erfüllen genau die Kriterien, aufgrund derer Art. 14 GG vom Gesetzgeber verlangt, geistiges Schaffen zu schützen.[832] An dieser Stelle wird nun auch die oben beschriebene Problematik deutlich, wonach nicht der einfache Gesetzgeber mit Schaffung des Urheberrechts den Schutzbereich der Eigentumsfreiheit des Art. 14 GG begründet, sondern die Verfassung ihm vorzugeben hat, was zu schützen ist und was nicht. Und das tut sie aus den benannten Prinzipien der Leistungsgerechtigkeit, der Existenzsicherung und als Belohnung für die Kulturförderung. Die Ausführungen haben aber gezeigt, dass die Collagen, die bisher als wenig schutzfähig angesehen wurden, in gleicher Weise diesen Prinzipien entsprechen, wie die bisher geschützten „traditionellen Werkarten". Schließlich gilt es auch zu berücksichtigen, dass Schutzgegenstand nicht das Werk als solches ist, sondern immer der schöpferische Mensch und dessen sich im Werk verobjektivierender Geist, also seine Fundamentalkonzeption. Insofern verwehrt man avantgardistischen Werkformen, die den verfassungsrechtlichen Vorgaben entsprechen, einzig urheberrechtlichen Schutz aufgrund einer fehlerhaften, einfachgesetzlichen Auslegung des Werkbegriffs und eines mangelnden Verständnisses von der Bedeutung der Konzeption in der Kunst. Es braucht damit diese veränderte Auslegung des urheberrechtlichen Werkbegriffs hin zu der hier vertretenen Auffassung schon aus verfassungsrechtlichen Gründen.

D. Schlussfolgerungen für die Collage

Eine Collage im speziellen und damit das Werk im allgemeinen ist damit auch dann vom Urheberrecht umfasst, wenn sich aus seiner Fundamentalkonzeption ergibt, dass es sich bei der in der konkreten Formgestaltung wiederfindenden Arbeit um eine persönlich geistige Schöpfung handelt. Die Frage nach der Werkeigenschaft sollte nicht allein auf die äußere Formgestaltung reduziert werden, wie dies letztendlich von der h.M. geschieht, sondern vielmehr abstrakt und unter Berücksichtigung aller Faktoren, die zu der konkreten Formgestaltung geführt haben, beantwortet werden.

Was bedeuten diese Erläuterungen nun für die Zukunft? Es wäre wünschenswert, wenn sich Vertreter der h.M. mit den Ausführungen

832 Näheres dazu vgl. unter Kapitel 2 § 3 C I 1.

dieser Arbeit auseinandersetzen würden und die kulturgeschichtlichen und verfassungsrechtlichen Erkenntnisse in ihre Bewertung mit einbeziehen würden. Daraus wird nämlich deutlich, dass man den bestehenden Werkbegriff weiterentwickeln kann und das auf sehr elegante Art und Weise, in dem man ihn einer am Zeitgeist orientierten Auslegung zugänglich macht. Eine moderne Auslegung des unbestimmten Rechtsbegriffs ‚persönlich geistige Schöpfung' macht es nämlich möglich, jederzeit in der Lage sein zu können, auf neue Herausforderungen angemessen zu reagieren und dies auch in verfassungsrechtlich annehmbarer Weise. So würden dann auch living sculptures wie *Eva & Adele*,[833] Netzwerkkunst wie *Female Extensions*[834] oder Zufallscollagen wie die *Fallenbilder*[835] Spoerris oder die *Papierkörbe*[836]Armans ihrer Bedeutung in der Kunst entsprechend vom Urheberrechtsschutz erfasst. Diese Erkenntnis macht Mut, gerade im Hinblick auf zukünftige Entwicklungen im Multimediazeitalter, die das Urheberrecht noch vor Herausforderungen stellen werden. Denn in einem ist sich der Verfasser sicher, die Tür des Urheberrechts darf nicht für neue Ausdrucksformen verschlossen sein, sondern das Urheberrecht, hat sich so lange immer wieder neu zu definieren, wie es die Kunst tut.

§ 3 Der Collagekünstler und die verletzten Rechte – Mögliche Auswege aus der Kollision

Es scheint, als habe am 23. Februar 1945 der amerikanische Fotograf der Associated Press Joe Rosenthal geahnt, was passieren würde. Die Schlacht um Iwo Jima war gerade vorbei und für Propagandazwecke

833 Betrachte dazu auch die Abbildungen unter *www.evaadele.com;* zuletzt abgerufen am 30. 1. 2008.

834 Betrachte dazu die Abbildungen *www.medienkunstnetz.de/werke/female-extension*; zuletzt abgerufen am 30. 1. 2008.

835 Betrachte dazu die Abbildungen unter *www.danielspoerri.org/web_daniel/deutsch_ds/werk_einzel/05_fallenbild.htm; www.danielspoerri.org/web_daniel/deutsch_ds/werk_einzel/40_jeudepaume.htm*; zuletzt abgerufen am 30. 1. 2008.

836 Betrachte dazu die Abbildungen unter *www.arman-studio.com/catalogues/catalogue_poubelle/arman_pou_froissement.html;* sowie unter *www.arman-studio.com/catalogues/catalogue_poubelle/arman_grands_dechets_bourg.html*; zuletzt abgerufen am 30. 1. 2008.

sollte die Flaggenhissung des Stars and Stripes noch einmal mit einer größeren Flagge und vor der Linse des Kriegsfotografen Rosenthal wiederholt werden.[837] Als alles so weit war, rief er den fünf Marines und dem Navy-Sanitäter, die für die Fotoinszenierung eilends ausgesucht worden waren, zu: „Okay Leute, wer will berühmt werden?" Es entstand eines dieser Bilder, von denen ein Fotograf sein ganzes Leben träumt und das ihm das Schicksal höchst selten vor die Kamera bringt. Er bekam den Pulitzerpreis und eine zeitlang, so wird behauptet, war sein Foto das am häufigsten reproduzierte Bild der Welt und das nicht nur weil es auf 150 Millionen Briefmarken abgebildet wurde. Es wurde berühmter als der Fotograf selbst und berühmter als die Abgebildeten, deren Ruhm im Nachkriegsamerika schnell erlosch.[838] Als Ausdruck und Ikone der amerikanischen Hoffnung gab es Amerika den Glauben an den Sinn dieses Krieges und noch heute ehrt es als monumentales Standbild auf dem Nationalfriedhof von Arlington Amerikas gefallene Helden.[839] Das Bild der sechs Fahnenträger vom 23. Februar 1945 irgendwo auf Iwo Jima inmitten des 2. Weltkrieges wurde zum Inbegriff von Heldenmut, Stärke, Zusammenhalt und Entschlossenheit.

Was mag nun den Verfasser einer juristischen Arbeit, der über die Kunstformen der Collage schreibt, an dieser Geschichte interessiert haben? Es ist die Urheberrechtsfähigkeit des Bildes, des Monuments und die Frage, inwiefern der Urheberrechtsschutz des Originals Nutzungsmöglichkeiten nachschaffender Künstler mit dem in ihnen ausgedrückten Inhalt, Auffassungen und Themen zulassen. Denn dass

837 Auch wenn Rosenthal bis heute behauptet, dass nichts inszeniert wurde, so gilt doch als gesichert, dass es sich bei dem Foto nicht um ein authentisches im Kriegesgeschehen aufgenommenes Bild handelt, sondern um eine später nachgestellte Inszenierung, da die tatsächliche Flaggenhissung aufgrund der Kampfhandlungen nicht störungsfrei durchgeführt werden konnte. Im Übrigen war die Fahnenstange zu lang, die Fahne selbst war viel zu klein war und das Bild hätte sich wohl aus diesem Grund auch gar nicht für weitere Propagandazwecke geeignet.

838 Näheres zur Geschichte des Bildes vgl. *Peter Körte* in der Printausgabe der FAZ vom 14. Januar 2007, Bilder, die die Welt bedeuten S. 21.

839 Das Kriegerdenkmal in Arlington gilt als das größte Bronzemonument der Welt. Es zeigt die sechs Soldaten mit der Flagge und wurde 1954 nach einem Entwurf von Felix de Weldon aufgestellt. Es zeigt 9,75 m hohe Figuren, die auf einem schwarzen Granitsockel aufgestellt sind. Die Flagge wird dabei täglich neu gehisst.

gerade diese Frage aktuell werden kann, beweist die nächste Erzählung:

Als 1962 die USA die ersten 11 200 US-Soldaten nach Vietnam beorderte, ahnte noch keiner, dass sich eine der größten militärischen Katastrophen aber auch einer der größten Imageschäden für die USA anbahnen sollte. Die Tet-Offensive im Januar 1968, in der nordvietnamesische Truppen die amerikanischen Verbände mit einem groß angelegten, überraschenden Angriff auf zahlreiche südvietnamesische Städte, insbesondere Huë, überraschten, sollte zwar militärisch ein Fehlschlag werden, politisch und psychologisch wurde sie zum Erfolg. Die Weltöffentlichkeit wurde aufmerksam und die Proteste stiegen an. Doch nicht nur auf der Straße erscholl Unmut, auch in der Kunst artikulierte sich Widerstand gegen einen Krieg, der nicht mehr zu gewinnen schien und dessen Sinn sich verloren hatte in all den Massakern wie in May Lai, dem Phoenix-Programm und den Bildern von Exekutionen, Napalmattacken und Opfern. Das Bild Rosenthals, mit all seinem Heldentum, seinem Patriotismusgehabe und seiner pathetischen Art, erschien nunmehr nur noch wie ein schlechter Scherz der Geschichte und sollte sich daher als Kernthema eines der wichtigsten Environments des 20. Jahrhunderts eignen. In dem Jahr, in dem über 500.000 US-Soldaten in Vietnam kämpften, entstand das *Tragbare Kriegerdenkmal*[840] von Kienholz, indem eine Gruppe gesichtsloser (!) Soldatenhüllen genau die Szene nachstellt, die Rosenthal auf seinem Foto festhielt. Der Betrachter erlebt die alltägliche Atmosphäre eines American Diners und wird auf diese Weise mit dem Infragestellen des Gewohnten konfrontiert. Dazu spielt im Hintergrund in der Endlosschleife Kate Smiths Interpretation des Liedes „God bless America", ihr in Acryl eingegossener Kopf wurde auf eine umgekehrte Mülltonne als Behälterkörper gesetzt, aus der ihre Beine hervorragen. Nun war Katie Smith alles anderes als schlank und man mag den derben Humor Kienholz darin erkennen, aber die gepanzerte Hülle des Müllbehälters steht auch für die instrumentalisierte Frau, deren Aufgabe es ist, Brutapparat zu sein für spätere Heldengenerationen. Ihr eingegossener Kopfes steht für die Starrheit des Blicks, nichts links, nichts rechts sehend, stur geradeaus, hinein

840 Betrachte dazu die Abbildung unter *www.artchive.com/artchive/K/kienholz/war_memorial.jpg.html*; zuletzt abgerufen am 30. 1. 2008.

in den blinden Patriotismus.[841] Dieser wird von „Uncle Sam" weiter getragen, dessen beleuchtetes Poster neben ihr hängt und der mit seiner Aufschrift: „I Want You For U.S. Army" wie kein anderes Plakat für patriotisches Werben um Kriegsfreiwillige seit dem 1. Weltkrieg steht und dafür auch seit 1961 per Kongressresolution zum nationalen Symbol erhoben wurde.[842] Zusätzlich prangt über einem leeren Tisch eine Gedenkfläche mit umgedrehtem Kreuz. Der Adler der Fahnenstange ziert dabei den vertikalen Kreuzbalken und gibt ihm eine offizielle Widmung, man hat das Gefühl, als würde er ihn weihen. Darunter darf jeder mit Kreide aktuelle Siegesdaten eintragen und wird damit zum Teil des Environments, so wie man auch immer Teil der Geschichte ist. Darunter wiederum hängt ein Schwamm zum Löschen und verdeutlicht die Vergänglichkeit. 475 durch Kinderhand aufgeschriebene und durch Kriege ausgelöschte Staaten sind auf die schwarze Wand geschrieben worden. Kienholz konfrontiert mit seinem *Tragbaren Kriegerdenkmal* „Heldentum mit der Sinnfrage, das austauschbare Siegesdatum wird mit der Kehrseite der Liste der Ausgelöschten konfrontiert. Der monumentalen Einmaligkeit steht die flinke, auswechselbare Transportabilität und Improvisation gegenüber". „Das Kriegerdenkmal ist kein Monument ewigen Andenkens mehr, sondern es demonstriert Beliebigkeit und Austauschbarkeit des Heldentums und es problematisiert die Erinnerung daran".[843] Kienholz setzt sich also bewusst mit der Thematik des Bildes Rosenthals und des Arlington Monuments de Weldons auseinander. Er schafft ein hochpolitisches Kunstwerk, dessen Bedeutung gerade auch in der heutigen Zeit nicht abgeklungen ist.

Doch darf er das unter urheberrechtlichen Gesichtspunkten überhaupt? Kann er zum Leitmotiv seiner Assemblage ein Werk machen, das urheberrechtlich geschützt ist und dessen Rechte beim Urheber liegen? Denn sowohl das Photo als auch das Monument sind urheberrechtlich vom Werkbegriff der §§ 1, 2 Abs. 2 UrhG erfasst. Als Urheber haben sowohl Rosenthal aber auch de Weldon daher grund-

841 *www.kunst.gymszbad.de/zab2006/ts-1/kienholz/kienholz-war_memorial-1968.html*; zuletzt abgerufen am 30. 1. 2008.

842 Uncle Sam ist übrigens eine Karikatur Samuel Wilson (1766–1854), der sich seinerzeit im Alter von vierzehn Jahren freiwillig zur Armee gemeldet hatte.

843 *www.kunst.gymszbad.de/zab2006/ts-1/kienholz/kienholz-war_memorial-1968.html*; zuletzt abgerufen am 30. 1. 2008.

sätzlich das verfassungsrechtlich verbürgte Recht, ihr Werk gegen Eingriffe in ihre Verwertungs- und Persönlichkeitsrechte jeglicher Art zu schützen, mithin Kienholz bspw. das öffentliche Ausstellen seines Werkes zu verbieten. Die Zustimmung sowohl de Weldons als auch Rosenthals wird Kienholz nicht eingeholt haben. Kann es also wirklich sein, dass beide die Arbeit Kienholz verbieten könnten? Gäbe es in diesem Fall für Kienholz keine Möglichkeit, sich zu rechtfertigen? Und welchen Einfluss spielt die Kunstfreiheit in diesem Zusammenhang? Dies sind die Fragen, denen im nun folgenden Abschnitt nachgegangen werden soll und deren Beantwortung grundlegend ist für eine ganze Art und Weise künstlerischer Kommunikation, wie sie vor allem von den Collagekünstlern praktiziert wird, da es diese vor allem sind, die sich in ihrem Arbeiten durch Fremdmaterial und durch die Werke anderer in ihren künstlerischen Schaffen inspirieren und diese Erkenntnisse und Erfahrungen in ihr Tun mit einfließen lassen.[844]

A. Die Collage als Urheberrechtsverletzung

In der Vorbereitung auf diese Arbeit, bin ich Zeuge geworden, wie ein Regisseur, der eine Collage über das Leben und Arbeiten Benatzkys auf die Bühne bringen und dazu einzelne Werkstücke aufführen will, damit zu kämpfen hat, die einzelnen Einwilligungen bei den verschiedenen Verlagen und den Erben Benatzkys einzuholen, bei denen seine Arbeiten liegen und von deren Einverständnissen die

844 Weitere Beispiele wären u. a. Max Ernsts 42,2 x 50,4 cm große Assemblage *Mickeys Himmelfahrt* aus dem Jahr 1965 in der die urheberrechtlich geschützte Disney Figur Mickey übernommen wurde, (vgl. dazu *Seifert* FS Erdmann S. 195 ff.); Heartfields Fotomontage *Die Freiheit selbst kämpft in ihren Reihen* (1936), dass sich aus dem Gemälde Eugène Delacroix *Die Freiheit führt das Volk an* von 1830 und einer Originalaufnahme von Madrid aus dem Jahr 1936 vermischt, sowie Nam June Paiks *Global Groove* (1973) bei dem Ausschnitte aus TV-Sendungen, von Künstlerfreunde wie John Cage, Allen Ginsberg, Charlotte Moorman, Karlheinz Stockhausen, sowie Material anderer Videokünstler wie Jud Yalkut, Robert Breer verwendet wurde, betrachte dazu die das Video unter *www.medienkunstnetz.de/werke/global-grove/video/1/*; zuletzt abgerufen am 30. 1. 2008; sowie Louis Jacob mit *A Dance for Those of Us Whose Hearts Have Turned to Ice, Based on the Coreoggraphy of Francoise Sullivan and the Sculpture of Barbara Heppworth (With Sign-Language Supplement).*

Verwirklichung dieses Vorhabens abhängt. Dies zeigt, dass die oben am prominenten Beispiel angerissenen Fragen durchaus auch in der Realität eine bedeutende Rolle einnehmen.

Es entscheiden damit oftmals die Bereitschaft und die Möglichkeit zur entgeltlichen Gegenleistung letztlich darüber, ob ein Werk im Ergebnis realisiert werden kann oder nicht. Nun hat die Arbeit bisher gezeigt, dass grundsätzlich die Position des Urhebers eine sehr starke ist und es sein gutes und auch verfassungsrechtlich begründetes Recht ist, jegliche Verwertung des Werkes, gleich ob in körperlicher oder unkörperlicher Form, zu verbieten.[845] Die in den §§ 15, 16–22 UrhG geregelten Verwertungsrechte sind daher auch untrennbar mit dem Urheber verbunden (§ 29 Abs. 1 UrhG) und es gehört damit zu den grundlegenden Merkmalen des Urheberrechts als Ausfluss des Art. 14 Abs. 1 GG, dem Urheber die vermögenswerten Ergebnisse seiner schöpferischen Leistung ausschließlich zuzuordnen. Doch wie sagte einst Robert Schumann: „Sei bescheiden! Du hast noch nichts erfunden und gedacht, was nicht andere vor dir schon gedacht und erfunden. Und hättest du's erfunden, so betrachte es als ein Geschenk von Oben, was du mit Anderen zu theilen hast."[846] Dieser Gedanke findet sich auch im Grundgesetz wieder, das in Art. 14 Abs. 1 Satz 2 GG die Möglichkeit vorsieht, ein Werk auch außerhalb jeder Lizenzierung nutzen zu können, wenn Gründe erkennbar sind, deren Bedeutung ausnahmsweise schwerer wiegen als die Rechte des Urhebers.[847] Seine Entsprechung findet dieser Grundsatz dann auch in den §§ 44a–63a UrhG und den §§ 23, 24 UrhG, in denen hinsichtlich bestimmter Nutzungen Beschränkungen zugunsten der Allgemeinheit vorgesehen sind und von denen einige näher unter dem Blickwinkel der hier angesprochenen Problematik auf ihre Tauglichkeit hin untersucht werden sollen.

845 Vgl. dazu unter Kapitel 2 § 3.
846 Robert Schumann zitiert nach Reich in Fischer/Reich/*Reich*, S. 29.
847 Vgl. dazu unter Kapitel 2 § 3 C I 2.

I. Überblick über die Möglichkeiten einer vergütungsfreien Benutzungsmöglichkeit zugunsten der Collage

Für die erlaubte Benutzung fremden Geistesgutes ohne vorherigen Erwerb von Nutzungsrechten sieht das UrhG drei maßgebliche Lösungswege vor, die für den hier angerissenen Fall von Interesse sein könnten. Der Künstler kann das Werk lediglich als Anregung verstehen und in freier Benutzung entsprechend § 24 UrhG ein selbständiges Werk schaffen, er kann aber auch, wenn die Grundzüge des Werkes weiter durchschimmern sollten und er Veränderungen am Werk vornimmt, dieses nach § 23 UrhG zustimmungsfrei bearbeiten, wobei allerdings § 23 UrhG nur solche Nutzungsmöglichkeiten zustimmungsfrei erlaubt, die ausschließlich auf die Privatsphäre beschränkt sind, so dass jedes weitere, an die Öffentlichkeit dringende Vorhaben des Künstlers dann doch noch von der Zustimmung des Urhebers abhängen würde. Übernimmt er schließlich Teile fremden Geistesguts in der Individualität unverändert, dann bleibt ihm immer noch die Möglichkeit, sich auf die Zitierfreiheit zu berufen. Vom Plagiat unterscheidet sich diese Vorgehensweise darin, dass eine Übernahme nur unter Angabe der Quellen erfolgen darf, wobei sich Umfang und Zweck an den Grenzen des § 51 UrhG orientieren müssen.

II. Die Zitierfreiheit (§ 51 UrhG) – Eine Schranke des Urheberrechts auch zugunsten des Collagekünstlers?

Am Anfang aller Betrachtung soll die Zitierfreiheit stehen. So gilt es zu klären, ob es dem Collagekünstler, der scheinbar unerlaubt Fremdmaterial in seiner Collage verwandt hat, möglich ist, unter Berufung auf § 51 UrhG, den Vorwurf der unrechtmäßigen Entnahme fremden geistigen Eigentums iSv Art. 14 Abs. 1 Satz 1 GG zu entkräften.

Im Bewusstsein, dass kultureller und wissenschaftlicher Fortschritt immer auch der Unterstützung durch den Gesetzgeber bedarf, wurde mit § 51 UrhG eine Schrankenbestimmung geschaffen, deren Ziel es sein sollte, die Freiheit geistigen Schaffens zu gewährleisten. Die Regelung des UrhG geht dabei sogar soweit, dass dem Urheber im

Gegenzug keinerlei gesetzliche Vergütung eingeräumt wird, sondern er sein Werk vergütungsfrei zur Verfügung zu stellen hat.[848] Damit wird ohne Zustimmung des Urhebers jedem Nutzer vergütungsfrei eine Art „Nutzungsrecht" eingeräumt.[849] Dies lässt sich nicht zuletzt damit begründen, dass, „ausgehend von dem Gedanken, dass der Urheber bei seinem Schaffen auf den kulturellen Leistungen seiner Vorgänger aufbaut, ... es ihm im Interesse der Allgemeinheit zugemutet (werden muss), einen verhältnismäßig geringfügigen Eingriff in sein ausschließliches Verwertungsrecht hinzunehmen, wenn dies der geistigen Kommunikation und damit der Förderung des kulturellen Lebens zum Nutzen der Allgemeinheit dient".[850] Der Rolle der Zitatfreiheit wird daher eine ausgesprochen herausragende Bedeutung beigemessen, wenn es um die immer wiederkehrenden Abwägungsfragen zwischen Kunstfreiheit und Eigentumsschutz geht.[851] Sie bildet eine der wichtigsten Schranken des Urheberrechts.[852]

1. Die allgemeinen Voraussetzungen des § 51 UrhG

Bei den in § 51 UrhG nicht abschließend aufgezählten Fallkonstellationen handelt es sich um Regelbeispiele, deren Anwendungsbereiche naturgemäß nicht auf diese gesetzlich beschriebenen Fallgruppen beschränkt sind. Die Frage, die sich nun stellt, ist, ob eine Erstreckung des Anwendungsbereiches über die in § 51 UrhG aufgezählten Regelbeispiele hinaus auf die Collage nachvollziehbar ist. Ob die Collage damit selbst ein (ungeschriebenes) Regelbeispiel bilden kann.

848 Näheres zu vergütungsfreien Inhalts- und Schrankenbestimmungen vgl. unter Kapitel 2 § 3 C I 2.

849 Vgl. BGH GRUR-RR 2002, 313, 314 – Übernahme nicht genehmigter Zitate aus Tagebüchern.

850 BGH GRUR 1987, 362, 363 – Filmzitat.

851 Dass Grundrechte Dritter namentlich die Kunstfreiheit ebenfalls entscheidend in den Abwägungsvorgang zwischen Art. 14 Abs. 1 Satz 1 und Satz 2 GG mit hereinspielen, obwohl die maßgeblichen Streitigkeiten nicht das Resultat staatlicher Eingriffe sind, sondern es sich in der Mehrzahl um privatrechtliche Auseinandersetzungen handelt bzw. § 51 UrhG das private Verwenden fremder Geisteswerke regelt, erklärt sich aus der sog. „Ausstrahlungswirkung" der Grundrechte als Folge ihrer objektiv-rechtlichen Funktion; vgl. dazu unter Kapitel 2 § 1.

852 Loewenheim/*Götting* § 31 Rn 124.

Doch bevor eine tiefgehendere Analyse dieses Problems erfolgt, soll an dieser Stelle zunächst ein erster Überblick über die gesetzlichen Anwendungsvoraussetzungen des § 51 UrhG gegeben werden. Ein Überblick bedarf es schon aus dem Grund, da jedwede Fallkonstellation einen Basissatz von Kriterien erfüllen muss, um unter den Anwendungsbereich des § 51 UrhG zu fallen. Eine nähere Auseinandersetzung mit den Kriterien des Zitatrechts ist auch deswegen von Bedeutung, da nur ein grundlegendes Verständnis von § 51 UrhG überhaupt eine ausreichende Diskussionsbasis gewährleistet.

a) Das zitierte Werk – Urheberrechtsfähig und Teil der Öffentlichkeit

(1) Das zitierte Werk – Urheberrechtsfähig

§ 51 UrhG beschränkt die Verwertungsrechte des Urhebers. Daher bedarf es eines Rückgriffs auf die Schrankenregelung des § 51 UrhG ausschließlich in den Fällen, in denen das Zitat auch aus einem urheberrechtlich geschützten Werk entnommen ist. Dabei handelt es sich sozusagen um die Grundvoraussetzung. Das bedeutet auch, dass ein vormals geschütztes Werk, welches nunmehr gemeinfrei geworden ist, jederzeit ohne Rückgriff auf die Zitatfreiheit benutzt werden darf. Denn ein Werk löst nur dann die Verwertungsrechte des Urhebers aus, wenn es auch aktuell noch urheberrechtlich geschützt ist.[853]

853 Aufgrund einiger gesetzlicher Verweisungen ist das Zitatrecht jedoch nicht nur auf die nach den §§ 1, 2 Abs. 2 UrhG geschützten Werke, sowie den urheberrechtlich geschützten Bearbeitungen nach § 3 UrhG anwendbar, sondern schränkt in Teilen auch die verwandte Schutzrechte ein. So erstreckt § 70 Abs. 1 UrhG die Zitatfreiheit auch auf Auszüge aus wissenschaftlichen Ausgaben, § 71 Abs. 1 S. 3 UrhG erkennt die Notwendigkeit aus nachgelassenen Werken zitieren zu können, § 72 Abs. 1 UrhG erlaubt Zitate von Lichtbildern; und schließlich berücksichtigen die §§ 84, 85 Abs. 3, 87 Abs. 3, 94 Abs. 4, 95, 94 Abs. 4 UrhG, dass ab und an das Bedürfnis besteht Zitate zu übernehmen aus Leistungen von ausübenden Künstlern und Veranstaltern, Herstellern Tonträgern, Sendeunternehmen, Filmherstellern und den Herstellern von Laufbildern. Begründen lässt sich diese entsprechende Anwendung schon allein vor dem Hintergrund, dass wenn schon das stärkere Urheberrecht die Zitatfreiheit kennt, dies doch erst Recht iRd bloßen Leistungsschutzrechte gelten muss. Keine Zitierfähigkeit ist jedoch in den Fällen des Datenbankschutzes nach §§ 87a ff. UrhG gegeben, da es sich hierbei ausdrücklich des Gesetzeswortlauts in § 87c UrhG um abschließende Regelung bestehen, die keinen Rückgriff auf den ersten Teil des Urheberrechts zulassen.

(2) Das zitierte Werk – Teil der Öffentlichkeit

Darüber hinaus muss das zitierte Werk bereits der Öffentlichkeit zugänglich gemacht worden sein. Dieses Kriterium findet seinen Widerhall im Urheberpersönlichkeitsrecht, namentlich in § 12 UrhG[854] und dem daraus abgeleiteten Recht des Urhebers, darüber zu bestimmen, ob sein Werk[855] veröffentlicht werden soll. Doch welche Voraussetzungen verbergen sich tatsächlich hinter dem Begriff Öffentlichkeit?[856] Um dies festzustellen, bedarf es daher einer näheren Begriffsbestimmung.

Zwar schweigt sich das Gesetz in § 12 UrhG darüber aus, wann ein Werk erschienen oder veröffentlicht ist, allerdings ist mit § 6 UrhG eine Norm in das Urheberrecht aufgenommen worden, die als zentrale Anlaufstelle betrachtet werden kann, wenn es um den Begriff des *Veröffentlichens* geht.

In Reaktion auf die fehlende Definition des Begriffes in den Vorgängerkodifizierungen des LUG und KUG, die sich mit umfangreichen Rechtsfolgenregelungen begnügten und die nähere Ausgestaltung der praktischen Anwendung vorbehielten, war es zunächst das erklärte Ziel des Gesetzgebers von 1965, mit der Einführung des § 6 Abs. 1 UrhG alle diejenigen Zweifel zu beseitigen, die mit dem Begriff der Veröffentlichung eines Werkes zusammenhingen.[857] Es scheint damit fast so, als sei der Begriff der Veröffentlichung nunmehr in § 6 Abs. 1 UrhG abschließend definiert, liest sich die Erklärung in § 6 Abs. 1 UrhG augenscheinlich zunächst als nachvollziehbar, gilt doch danach ein Werk dann als veröffentlicht, wenn es mit Zustimmung des Berechtigten der Öffentlichkeit zugänglich gemacht worden ist.

Die Frage ist jedoch, ob diese Definition wirklich als griffige und handhabbare Begriffsbestimmung ausreicht oder ob man nicht mit einer solchen Betrachtung tatsächlich eher einer Tautologie des Ge-

854 Schließlich handelt es sich bei § 12 UrhG schon aufgrund seiner systematischen Stellung um die „Grundnorm des Urheberrechtsschutzes“, insofern gibt das Gesetz selbst diese strengen Vorgaben vor.

855 Das schließt auch Werkteile mit ein.

856 Hierbei handelt es sich um eine Diskussion deren Klärung grundlegend nicht nur für die hier behandelte Frage ist, sondern deren Bedeutung iRd Bearbeitung erneut von Bedeutung sein wird, vgl. dazu unter Kapitel 3 § 3 A IV 3 a).

857 Vgl. amtl. Bgrd. abgedruckt in UFITA 45 (1965/II), 240, 254.

setzgebers aufgesessen ist, gilt ein Werk doch letztlich als nach § 6 Abs. 1 UrhG veröffentlicht, wenn es Teil der Öffentlichkeit wurde. In der Tat wird hier versucht, den Begriff der Öffentlichkeit mit demselben Begriff zu erklären. Insofern ist § 6 Abs. 1 UrhG zunächst wenig gewinnbringend. Die Frage, die sich nun stellt, ist, ob sich die Erklärungshaltung des Gesetzgebers zum Begriff der Öffentlichkeit auf § 6 UrhG beschränkt oder ob sich im UrhG noch weitere Klärungsansätze zum Öffentlichkeitsbegriff finden lassen. Tatsächlich scheint sich mit § 15 Abs. 3 UrhG ein solcher zu finden. Dabei meint man zunächst sogar eine Definitionsschärfe zu erkennen, die man bei der Formulierung des § 6 Abs. 1 UrhG gerade vermisst hat. Es wirkt damit so, als ob das Thema der Öffentlichkeit erst durch das Zusammenspiel der §§ 6 Abs. 1, 15 Abs. 3 UrhG vollumfänglich als geregelt betrachtet werden kann.

Das zumindest könnte man annehmen, wenn man mit der h.M. davon ausgeht, dass der Gesetzgeber mit § 6 Abs. 1 UrhG als angeblich bloßer Begriffsbestimmung der Veröffentlichung jede nähere Legaldefinition des Begriffs „Öffentlichkeit" an dieser Stelle gar nicht beabsichtigt hat.[858] Um dieses gewollte Manko auszugleichen, ist es daher nach der h.M.[859] auch notwendig, § 15 Abs. 3 UrhG analog auf alle diejenigen Fälle anzuwenden, in denen es um die nähere Begriffsbestimmung der Öffentlichkeit gehe,[860] da erst mit dessen Formulierung vom Gesetzgeber eine nähere Umschreibung des Begriffs der Öffentlichkeit tatsächlich auch vollzogen werde. Danach sei mit § 15 Abs. 3 UrhG analog Öffentlichkeit iSd § 6 Abs. 1 UrhG ausschließlich immer als eine Mehrzahl von Personen zu verstehen, die nicht in persönlicher Beziehung miteinander verbunden sind.[861]

858 *Lackner* S. 154f.

859 Dafür u.a. *Dreyer* § 6 Rn7; *v. Gamm* § 6 Rn 7; *Goebel/Hackmann/Scheller* GRUR 1986, 355, 357; *Hubmann* InterGU 1979, 469, 473.; Wandtke/Bullinger/*Bullinger* § 6 Rn 6.

860 Analog deswegen, da § 15 Abs. 3 UrhG schon seinem Wortlaut nach („Die Wiedergabe ist öffentlich …") nur für die Fälle der öffentlichen Wiedergabe iSd Abs. 2 derselben Norm einen direkten Geltungsbereich für sich beanspruchen kann.

861 15 Abs. 3 UrhG: Die Wiedergabe ist öffentlich, wenn sie für eine Mehrzahl von Mitgliedern der Öffentlichkeit bestimmt ist. Zur Öffentlichkeit gehört jeder, der nicht mit demjenigen, der das Werk verwertet, oder mit anderen Personen,

Die Frage, die es nun zu beantworten gilt, ist, ob man tatsächlich wie von der h.M. propagiert, die in § 15 Abs. 3 UrhG niedergelegte Begriffsbestimmung unverändert auf § 6 Abs. 1 UrhG anwenden kann, also vom Begriff der Öffentlichkeit als einen festen und im UrhG gesamtheitlich regelungsbedürftigen Problematik ausgeht oder aber ob nicht vielmehr eine differenzierende, anhand der einzelnen Zusammenhänge orientierte Begriffsauslegung vorzuziehen ist, was wiederum zu Variationen im Öffentlichkeitsbegriff innerhalb der einzelnen Regelungen führen würde.[862] Das würde im hier diskutierten Fall bedeuten, dass ein Werk dann als veröffentlicht gelten kann, wenn die Allgemeinheit, d.h. also theoretisch jedermann von ihm Kenntnis nehmen kann. Es würde danach nicht ausreichen, dass wie bei § 15 Abs. 3 UrhG das Werk einer Mehrzahl von Personen, die untereinander nicht persönlich verbunden sind, zur Kenntnis gebracht wird, sondern es bedürfte vielmehr einer breiten Menge, denen das Werk offenbart sein müsste.[863] Insofern ist der Begriff des Veröffentlichens in § 6 Abs. 1 UrhG enger als der der öffentlichen Wiedergabe in § 15 Abs. 3 UrhG.[864]

Beide Überlegungen haben zunächst etwas für sich. So scheint für die h.M., die schon angesprochene Feststellung zu sprechen, wonach mit § 6 Abs. 1 UrhG eben keine Legaldefinition geschaffen wird, sondern nur ein Allgemeinplatz ohne näheren Inhalt. Eine solche Betrachtungsweise scheint dabei, berücksichtigt man zudem das grundsätzlich immer vorhandene allgemeine Interesse der Rechtspraxis an einer einheitlichen Begriffsbildung im Rechtsverkehr und der damit verbundenen Hoffnung auf ein Mehr an Rechtsklarheit und -sicher-

denen das Werk in unkörperlicher Form wahrnehmbar oder zugänglich gemacht wird, durch persönliche Beziehungen verbunden ist.

862 Dafür *Reupert* S. 119ff.; *Haberstumpf* Handbuch Rn 131; *Schack* Urheber- und Urhebervertragsrecht Rn 231, 329; Schricker/*Katzenberger* § 6 Rn 8f.; *Ulmer* Urheber- und Verlagsrecht (1980) S. 180; im Ergebnis so wohl auch *Hörnig* UFITA 99 (1985), 13, 68; *Schiefler* UFITA 48 (1966) 81, 84ff.

863 So schon die amtl. Begründung, die ausdrücklich davon spricht, dass die Allgemeinheit, also nicht bloß einzelne nicht miteinander bekannte Personen, die Möglichkeit erhalten haben muss, das Werk mit Auge oder Ohr wahrzunehmen, UFITA 45 (1965/II), 240, 254; ähnlich auch Schricker/*Katzenberger* § 6 Rn 11, der von einer größeren Zahl von Personen spricht und gleichzeitig zur Schaffung einer Kontrastwirkung daraufhin weist, dass für § 15 Abs. 3 UrhG bereits zwei Personen als Öffentlichkeit ausreichen würden.

864 Schricker/*Katzenberger* § 6 Rn 11.

heit, fast notwendig, wonach alle Zeichen auf einen Rückgriff auf § 15 Abs. 3 UrhG zu stehen scheinen. Was also mag gegen eine solche Annahme sprechen?

Nun zunächst trägt die systematische Stellung des § 6 Abs. 1 UrhG im zweiten Abschnitt des Urhebergesetzes diese Annahme nicht. Nicht nur dass der Gesetzgeber auf diese Weise ausdrücklich auf den besonders engen Bezug der Regelung des § 6 UrhG zum Werk verweist, in dem er § 6 Abs. 1 UrhG nämlich vor die Klammer, d.h. vor die Urheberpersönlichkeitsrechte und die Verwertungsrechte zieht, bringt er vor allem auch zum Ausdruck, dass grundsätzlich § 6 Abs. 1 UrhG als die allein maßgebliche Bestimmung zur definitorischen Festlegung des Veröffentlichungsbegriffs gelten soll. Unterfüttert wird diese Annahme vor allem durch einen Blick auf die systematische Stellung des § 15 Abs. 3 UrhG, die im Kontrast zum § 6 Abs. 1 UrhG dem Verwertungsrechtebereich zugeordnet ist. Damit beschränkt der Gesetzgeber bewusst den Anwendungsbereich des § 15 Abs. 3 UrhG auf den der öffentlichen Wiedergabe aus § 15 Abs. 2 UrhG. Diese Überlegung erhält dabei ihren ergänzenden Begründungswert zusätzlich aus den Ausführungen zur amtlichen Begründung. Darin lässt sich erkennen, dass dem Gesetzgeber das Problem der mangelnden Definition des Öffentlichkeitsbegriffs bekannt war.[865] Trotzdem hatte er es unterlassen, die in § 15 Abs. 3 UrhG geltende Regelung zur allgemeinen in § 6 UrhG kodifizierten Begriffsbestimmung zu erheben. Vielmehr wird in der amtlichen Begründung versichert, dass eine Änderung der bisherigen Rechtsauffassung nicht beabsichtigt war, sondern diese vielmehr der gesetzlichen Regelung des § 6 UrhG zugrunde gelegt werden sollten.[866] Mit anderen Worten, die für die damaligen Urheberrechtsgesetze des KUG und LUG entwickelten Grundsätze, unter denen sich insbesondere die Überzeugung entwickelt hat, wonach die Bestimmung des Öffentlichkeitsbegriffs den jeweiligen Gegebenheiten anzupassen ist, sollten nach der Vorstellung des Gesetzgebers auch iRd Auslegung des § 6 Abs. 1 UrhG entsprechend fortgelten. Eine gesetzlich festgeschriebene und allgemeingültige Regelung des Öffentlichkeitsbegriffs sollte danach mit dem UrhG von 1965 nicht geleistet werden, sondern seine Festle-

865 Amtl. Bgrd. abgedruckt in UFITA 45 (1965/II), 240, 254.
866 Vgl. amtl. Bgrd. abgedruckt in UFITA 45 (1965/II), 240, 254.

gung sollte weiterhin der fließenden Rechtspraxis überlassen bleiben. Diese Überzeugung wird zudem noch verstärkt, wenn man sich die amtliche Begründung zu § 15 Abs. 3 UrhG vor Augen hält, in der ausdrücklich auf die Sonderstellung der öffentlichen Wiedergabe hingewiesen wird, die es notwendig werden ließ, dass der Gesetzgeber in Abkehr von seiner grundsätzlichen Haltung ausnahmsweise eine ausdrücklich kodifizierte Festlegung des Öffentlichkeitsbegriffs vorzunehmen hatte,[867] wobei jedoch gilt, dass § 15 Abs. 3 UrhG seinem Anwendungsbereich nach ausdrücklich auf die Wiedergabearten des UrhR beschränkt sein soll; weitere Verwertungs- und Nutzungsrechte werden in der amtlichen Begründung nicht genannt,[868] was einmal mehr unter Beweis stellt, dass eine für das Urheberrecht allgemeingültige Anwendung des § 15 Abs. 3 UrhG nicht beabsichtigt war. Doch nicht nur historische und systematisch motivierte Gründe sprechen gegen eine analoge Anwendung des § 15 Abs. 3 UrhG. Eine solch ablehnende Haltung ergibt sich auch aus der Berücksichtigung der unterschiedlichen Regelungszwecke, die das UrhG an den verschiedenen Stellen, in denen der Öffentlichkeitsbegriff gebraucht wird, verfolgt.[869] Während es iRd § 12 UrhG als Grundnorm nicht nur der Urheberpersönlichkeitsrechte, sondern des gesamten Urheberrechts darum geht, zugunsten des Urhebers den Öffentlichkeitsbezug so weit wie möglich herauszuschieben und dieser damit von besonders strengen Anforderungen an die Voraussetzungen der Werkentlassung an die Öffentlichkeit ausgeht, soll mit der Regelung des § 15 Abs. 3 UrhG im Sinne eines umfassenden wirtschaftlichen Schutzes des Urhebers das genaue Gegenteil erreicht werden. So verwundert es

867 „Der Begriff der Öffentlichkeit einer Werkwiedergabe hat für die Allgemeinheit besonders große Bedeutung, weil er in zahlreichen Fällen, vor allem bei Musikwiedergaben; die beim Tanzunterricht, bei Betriebsfeiern und bei Vereinsveranstaltungen stattfinden, für die Beurteilung der Frage entscheidend ist, ob die Wiedergabe des Werkes der Erlaubnis des Urhebers bedarf oder erlaubnisfrei und damit vergütungsfrei zulässig ist. Es ist daher wichtig, die Voraussetzungen, unter denen eine Veranstaltung als öffentlich anzusehen ist, jedenfalls in den Grundzügen bereits im Gesetzestext klar zum Ausdruck zu bringen". amtl. Bgrd. abgedruckt in UFITA 45 (1965/II), 240, 261 f.

868 Absatz 3 enthält eine allgemeine Definition des Begriffs der Öffentlichkeit der Wiedergabe eines Werkes, die für alle besonderen Wiedergabearten in gleicher Weise maßgebend ist.; amtl. Bgrd. abgedruckt in UFITA 45 (1965/II), 240, 261.

869 *Schiefler* UFITA 48 (1966) 81, 84.

nicht, wenn in der Rechtsprechung das Verständnis, unter welchen Bedingungen eine öffentlichen Werkwiedergabe iSd § 15 Abs. 2, 3 UrhG vorliegt, von einem weiten Öffentlichkeitsbegriff geprägt ist, und eine Wiedergabe nur unter Erfüllung sehr restriktiver Vorgaben als nach § 15 Abs. 3 UrhG als nicht öffentlich ansieht und damit im Zweifel das Vorliegen einer Öffentlichkeit, um dem Urheber jedwede wirtschaftliche Nachteile zu ersparen, eher bejaht als verneint.[870]

Dieses Verständnis des Öffentlichkeitsbegriffs darf dem Urheber freilich nicht zum Schaden gereichen. Katzenberger wirft daher zu Recht die Überlegung auf, dass ein solch rigides Verständnis des Öffentlichkeitsbegriffs ihm uU der Möglichkeit enthebe, sein Werk zu Test- oder Diskussionszwecken einem durch persönliche Beziehungen nicht verbundenem Publikum zur Verfügung zu stellen, ohne dass er damit gleichzeitig Gefahr laufe, die Veröffentlichungsreife seines Werkes hinnehmen zu müssen.[871] Dies ist z.B. bei Vorführungen der Nullkopie eines Films vor ausgewähltem Publikum der Fall,[872] was aber nicht nur in diesem Beispiel nicht hinnehmbar ist und erneut davon zeugt, wie wenig von einer erweiterten Anwendung des § 15 Abs. 3 UrhG analog letztlich zu halten ist. Das bedeutet nun freilich nicht, dass auf für den Urheber vorteilhafte zu § 15 Abs. 3 UrhG entwickelte Grundsätze verzichtet werden oder ganz generell § 15 Abs. 3 UrhG in der Öffentlichkeitsbestimmung im konkreten Fall keine Rolle spielen soll,[873] doch ist sich davor zu hüten, diese statisch auf jeden Fall in gleichmacherischer Weise anzuwenden, wie überhaupt solche Verallgemeinerungen grundsätzlich nur mit Vorsicht vorzunehmen sind. Im hier vorliegenden Fall bedeutet das jedoch, dass iRv § 12 UrhG von einem engeren Öffentlichkeitsbegriff auszu-

870 Vgl. dazu in der praktischen Anwendung u. a. bei BGHZ 17, 376, 379 – Betriebsfeier; BGH GRUR 1975, 33, 34f. – Alters-Wohnheim; BGHZ 123, 149, 151 – Verteileranlage; KG ZUM 2002, 828, 831 – Versendung von Pressespiegeln per E-Mail.

871 Schricker/*Katzenberger* § 6 Rn 9; dem sich anschließend *Lackner* S. 155.

872 Dieses Beispiel findet sich u.a. bei *Dreier/Schulze* § 12 Rn 5; *Reupert* S. 119; Schricker/*Dietz* § 12 Rn 8; Wandtke/Bullinger/*Bullinger* § 12 Rn 7

873 Eine ähnliche Überlegung findest sich auch bei *Schiefler* UFITA 48 (1966), 81, 85; Schricker/*Katzenberger* § 6 Rn 12, die jedenfalls bei Vorliegen von persönlichen Beziehungen zwischen den Teilnehmern das Vorliegen einer Öffentlichkeit ablehnen.

gehen ist, als dies durch eine rein analoge Anwendung des § 15 Abs. 3 UrhG gewährleistet werden kann.

b) Das zitierende Werk – Selbständig schutzfähig

§ 51 UrhG setzt ausdrücklich voraus, dass es sich bei dem zitierenden Werk um ein selbständiges Werk handeln, das den Voraussetzungen der persönlich geistigen Schöpfung iSd § 2 Abs. 2 UrhG genügen muss. Diesen Voraussetzungen müsste auch die Collage genügen. Denn Hintergrundgedanke dieser Regelung ist die Zielsetzung, geistiges und damit persönliches Schaffen zu fördern. Privilegiert soll schließlich nur derjenige werden, der selbst willens und imstande ist, schöpferisch tätig zu werden.[874]

Die zitierende Collage müsste damit in urheberrechtlicher Unabhängigkeit oder, wie es § 51 UrhG ausdrückt, in Selbständigkeit zum zitierten Werk stehen. Während einer Collage, die in freier Benutzung entstanden ist, diese Selbstständigkeit sicherlich nicht abgesprochen werden kann, folgert sich dieses Merkmal schon denknotwendig aus dem Wortlaut sowie dem Sinn und Zweck des § 24 UrhG, lässt sich diese Frage für eine in unfreier Bearbeitung nach § 23 UrhG entstandenen Collage nicht so einfach klären. So wird es von Teilen der Literatur nicht als ausreichend angesehen, wenn das zitierende Werk lediglich als eine Bearbeitung oder sonstige Umgestaltung (§ 23 UrhG) des zitierten Werkes ausfällt.[875] Diese Meinung ist nicht unumstritten,[876] so sollen zumindest schöpferische Bearbeitungen eine Qualität erreichen, die es dem Bearbeiter erlaubt, aus dem bearbeiteten Werk zitieren zu dürfen. Schließlich genießen schöpferische Arbeiten nach § 3 UrhG auch gegenüber dem bearbeiteten Werk Urheberschutz und haben sich diesem gegenüber verselbständigt. Zudem könne auch für den Bearbeiter die Notwendigkeit bestehen, aus dem bearbeiteten Werk zu zitieren. Eine solche Auffassung würde auch

874 Fromm/Nordemann/*Vinck* § 51 Rn 3; Schricker/*Schricker* § 51 Rn 209.

875 Vgl. statt vieler *v. Gamm* § 51 Rn 8; *v. Ohlenhusen* UFITA 67 (1973), 57, 65; Schricker/*Schricker* § 51 Rn 21.

876 Vor allem bei *Dreyer* § 51 Rn 12.

nicht zu Lasten des Urhebers gehen, da dieser über § 23 UrhG ausreichend geschützt sei.[877]

Zunächst einmal gilt es festzuhalten, dass eine Behauptung, wonach in Bearbeitungen generell nicht zitiert werden darf, nicht vertretbar wäre. Hierbei handelt es sich um Grundübereinstimmung, die man wohl allen unterstellen kann, die sich zur Zitatfreiheit geäußert haben.[878] Der Wortlaut in § 3 UrhG ist eindeutig in der Feststellung, dass es sich auch bei Bearbeitungen um *persönlich geistige Schöpfungen* handeln kann. Damit sind sie zumindest allen anderen Werken gegenüber, die diese urheberrechtliche Stufe nicht erreicht haben, als selbständig zu betrachten. Somit gilt es als allgemeinen Konsens festzuhalten, dass aus jedem Werk, das nicht Grundwerk iSd §§ 3, 23 UrhG ist, entsprechend den Vorgaben des § 51 UrhG, ohne Zweifel zitiert werden darf. Was nun aber die Frage angeht, ob eine Bearbeitung aus dem Grundwerk zitieren darf, so muss man wohl annehmen, dass ein Urheber, der mit einer Bearbeitung seines Werkes einverstanden ist, auch die Zitierung zulassen wird. Es würde nicht ausreichen, auf den Ausnahmecharakter der Schrankenregelung per se zu verweisen, da mit § 23 UrhG eine Sperre in das UrhG eingebaut wurde, die die notwendige Selbstbestimmung des Urhebers in ausreichendem Maße absichert. Daher sollte es letztlich auch diesem überlassen bleiben, über sein Werk und damit über seine Rechte und ihre Ausübung zu entscheiden. Dies sollte ihm auch nicht durch eine verschärfte urhebergesetzliche Schrankenauslegung abgenommen werden, widerspricht dies doch dem Verständnis vom selbstverantwortlichen Individuum, das in eigenständiger Weise seine Angelegenheiten regelt.

Eng mit der Betrachtung dieses Problems verknüpft ist die Frage, welche Qualität eigentlich die Selbständigkeit eines zitierenden Werkes erreichen muss, um Fremd- und Eigenleistung in ausreichendem Maße abgrenzen zu können. Wäre es etwa gerechtfertigt zu fordern, ein Zitat nur dann als zulässig zu betrachten, „wenn es im Verhältnis zur eigenen Schöpfung des Zitierenden eine völlig untergeordnete

877 Ein ähnlicher Gedanke findet sich auch im Kommentar von *Dreier/Schulze*, der davon ausgeht, dass eine vom Urheber gestattete Bearbeitung idR auch die Übernahme wörtlicher Zitate umfassen wird § 51 Rn 7.

878 Ausdrücklich bei *Dreyer* § 51 Rn 10; *v. Gamm* § 51 Rn 8; *Seydel* S. 31.

Rolle spielt"[879] und sollte man im Zweifel schon wegen des Ausnahmecharakters des § 51 UrhG eine Entscheidung gegen den Zitierenden fällen? Es gibt Stimmen in der Literatur, die eine solche Herangehensweise befürworten. Grundsätzlich gilt zu Recht, dass für die Feststellung der Selbstständigkeit entscheidend sein muss, ob „nur unter dem Schein eines Zitats oder einer Mehrheit von Zitaten fremde Werke ohne wesentliche eigene Leistung wiedergegeben"[880] wurden. Es geht schließlich darum, Schaffenskraft entsprechend dem im Urheberrecht immer wieder durchdringenden Leistungsprinzip zu belohnen. Dies kann jedoch nicht gleichbedeutend damit sein, dass das Werk aus sich heraus, auch ohne Zitat, verständlich sein muss.[881] Zwar ist es richtig, dass urheberrechtliche Unabhängigkeit nur gegeben ist, wenn die eigene Leistung den Schwerpunkt bildet;[882] das Merkmal der eigenständigen Existenz darf jedoch nicht wortklauberisch überdehnt werden, kann diese sich doch gerade aus der Beschäftigung mit dem zitierten Werkteil ergeben, indem augenscheinlich das Zitat zwar den Mittelpunkt und den Großteil der Arbeit auszumachen scheint, die eigentliche Essenz der Arbeit aber erst dadurch ermöglicht wird. Generell kann man der Regelung des § 51 UrhG nicht entnehmen, dass das eine Werke als höherwertiger anzusehen ist als das andere. Entscheidend muss immer eine objektive Betrachtung des Einzelfalls sein, da ein künstlerischer Umgang mit dem zitierten Werk sich nur schwerlich von starren Abgrenzungskriterien wie Zweck, Qualität und Quantum bestimmen lässt.[883] Zwar soll der erste Anschein dann für eine bloße Fremdentlehnung und damit für Unselbständigkeit sprechen, wenn zumindest die Hälfte des zitierenden Werkes aus Fremdleistung besteht.[884] Allerdings sollte man darin nur einen Anhaltspunkt erblicken, der in eine umfassende Gesamtbewertung des Werkes mit einfließt. Weitaus wesentlicher erscheint es,

879 Fromm/Nordemann/*Vinck* § 51 Rn 3.

880 *Ulmer* Urheber- und Verlagsrecht (1980) S. 314; ähnlich auch bei BGH GRUR 1986, 59 – Geistchristzentrum; BGH GRUR 1994, 800, 802f. – Museumskatalog; Fromm/Nordemann/*Vinck* § 51 Rn 3.

881 BGH GRUR 1994, 800, 803 – Museumskatalog; *Dreier/Schulze* § 51 Rn 7; ein solcher Gedanke fand sich in der Literatur bei *Löffler/Glaser* GRUR 1958, 477 iÜ bereits bevor das UrhG von 1965 verabschiedet wurden.

882 Loewenheim/*Götting* § 31 Rn 134; Schricker/*Schricker* § 51 Rn 23.

883 Ähnlich auch Möhring/Nicolini/*Waldenberger* § 51 Rn 12.

884 Dafür Möhring/Nicolini/*Waldenberger* § 51 Rn 12.

den Schwerpunkt der Prüfung auf die Frage nach eigener geistiger Leistung zu legen. Dies würde auch Sinn und Zweck des Privilegierungstatbestandes des § 51 UrhG entsprechen. Insofern erscheint es ratsam, das Werk nicht statisch mit dem Maßband oder mit fixen Werten zu untersuchen, sondern darauf, was sie an eigener geistiger Schöpfung zulassen und was diese an kulturellen Fortschritt bringt.

Die konsequente Anwendung dieser Erkenntnis führt letztlich auch dazu, dass derjenige, dessen „Collage“ sich in der bloßen Auswahl und Anordnung von Zitaten erschöpft, sich nicht auf § 51 UrhG berufen kann, wenn die Verwertung der fremden Werkteile ausschließlich in der Form der Aneinanderreihung unveränderter Werkteile besteht, ohne dass damit ein aus der Fundamentalkomposition erkennbarer, irgendwie gearteter tiefer Sinn verfolgt wird, der auf eigenschöpferisches Handeln schließen lässt. Denn obwohl man so ein Werk als Sammelwerk und damit als prinzipiell selbständig und schutzfähig ansehen muss (§ 4 UrhG), erfordert das Merkmal der Unabhängigkeit Selbständigkeit nicht nur gegenüber dem einzelnen, zitierten Werk, sondern in Bezug auf alle in ihm enthaltenen Zitate.[885]

c) Der Zitatzweck – Entscheidende Voraussetzung des § 51 UrhG

Nicht jedes Zitat ist gerechtfertigt, auch wenn es sich bei der zitierenden Collage um eine persönlich geistige Schöpfung handeln sollte, deren Selbständigkeit gegenüber dem Grundwerk auch nach der strengsten Auffassung als gegeben angesehen werden muss. Bevor das jeweilige streitgegenständlich Zitat als zulässige Benutzung anerkannt wird, muss es sich nämlich zunächst am Merkmal des Zitatzwecks messen lassen. Dabei handelt es sich um die „entscheidende Voraussetzung für die Anwendung des § 51 UrhG überhaupt“.[886] In dessen Rahmen wird nicht nur über das „ob“, sondern auch über die Frage nach dem „wie“, nämlich nach dem Umfang des Zitats, ent-

885 BGH GRUR 1973, 216, 217f. – Handbuch moderner Zitate; BGH GRUR 1994, 800, 802f. – Museumskatalog; OLG München ZUM 1990, 252, 253 – Zum Umfang des Zitatrechts gem. § 51 Nr. 2 UrhG; ähnlich auch schon bei RGSt 37, 294ff. – Nachdruck; allgemeine Auffassung auch in der Literatur statt vieler Loewenheim/*Götting* § 31 Rn 133; Schricker/*Schricker* § 51 Rn 22.

886 BGHZ 85, 1, 10f. – Presseberichterstattung und Kunstwerkwiedergabe; dazu eingehend vgl. auch BGH GRUR 1986, 59 – Geisteschristentum.

schieden. Grundsätzlich gilt, dass in dem Fall, in dem das Zitat nicht mehr von der Reichweite des Zitatzwecks erfasst ist, nicht nur der darüber hinausgehende Zitatteil, sondern das Zitat in seiner Gesamtheit unzulässig ist.[887]

Eine erste Annäherung an dieses Kriterium muss über die Ausgestaltung in § 51 Nr. 1 UrhG erfolgen. Danach sind wissenschaftliche Großzitate nur in einem solchen Maß zulässig, wie sie ihren Beitrag zur Erläuterung des Inhalts leisten. Als Grundverständnis wirkt diese Bestimmung auch auf die Auslegung der übrigen Fallgruppen ein. Doch trotz dieser ersten Erkenntnisse gilt, dass jede tiefergehende Bestimmung des Zitatzwecks immer vor dem Hintergrund des jeweiligen Wesens des Zitates erfolgen muss.[888] Abhängig von der Zitatart können die Anforderungen an den Zitatzweck dabei wachsen oder abnehmen.

Man geht davon aus, dass es sich beim Zitatzweck zwar um ein subjektives Tatbestandsmerkmal handelt, dessen Beurteilung aber von objektiven Kriterien abhängig gemacht wird.[889] Einen ersten Anhaltspunkt bietet dabei die äußere Gestaltung. Der zitierende Collagekünstler müsste danach in dieser erkennbar zum Ausdruck gebracht haben, dass er fremdes Geistesgut unverändert und unter Beibehalt fremder Individualität für sich in Anspruch nimmt. Dies wird erreicht, wenn sich das Zitat erkennbar von der zitierenden Collage abhebt und es dem Werkbetrachter auf diese Weise möglich wird, für sich, aus seiner Sicht feststellen zu können, dass er es an dieser Stelle im Werk mit zwei verschiedenen Urhebern zu tun hat.

Allein die äußere Gestaltung genügt freilich nicht, um eine Anwendung des § 51 UrhG zu rechtfertigen. § 51 UrhG dient der Kommunikation und geistigen Auseinandersetzung,[890] insofern bedarf es eines bestimmten Grundes, der eine Zitierung notwendig werden lässt. Man spricht auch von der sog. „inneren Verbindung“[891] zwischen zi-

887 Schricker/*Schricker* § 51 Rn 19; Wandtke/Bullinger/*Lüft* § 51 Rn 6.
888 Loewenheim/*Götting* § 31 Rn 129; Schricker/*Schricker* § 51 Rn 14.
889 *v. Gamm* § 51 Rn 5; Schricker/*Schricker* § 51 Rn 15.
890 BGHZ 85, 1, 11 – Presseberichterstattung und Kunstwerkwiedergabe.
891 BGH GRUR-RR 2002, 313, 315 – Übernahme nicht genehmigter Zitate aus Tagebüchern; OLG Frankfurt/Main ZUM 2005, 477, 481 – Ausstrahlung eines

tierendem und zitiertem Werk. Das Zitat dient entweder der kritischen Auseinandersetzung mit dem Werk selbst und ist auf diese Weise „Erörterungsgrundlage“[892] oder aber es dient der Bestätigung der eigenen Auffassung oder eignet sich zur neutralen, referierenden Darstellung[893] und hat damit „Belegfunktion“.[894] Grundsätzlich würde der Zitierwille auch in einer Collage dann fehlen, wenn das Zitat nur um seiner selbst Willen gebracht wird,[895] eigene Ausführungen in weitreichendem Ausmaß ersetzt werden[896] oder mit ihm eine ausschließlich informatorische Berichterstattung[897] verfolgt wird.

An dieser Stelle wird von einigen Stimmen in der Literatur darauf hingewiesen, dass eine Prüfung auch nach einer Art Ausschlussverfahren erfolgen könnte. Dabei gelte es zu berücksichtigen, dass ein Zitatzweck wohl immer auch dann nicht als gegeben angesehen werden könnte, wenn nach Entfernung des fremden Werkteils vom zitierenden Werk nur noch ein Torso übrig bliebe, der keine nennenswerte eigene Aussage beinhalte.[898] Doch wie schon bei der Beurteilung dieser Frage im Rahmen der Selbständigkeit klar wurde, mag eine solche Herangehensweise auch in diesem Zusammenhang aus den oben genannten Gründen nicht überzeugen. Erklärung und zitiertes Werk können schließlich so eng miteinander verknüpft sein, dass jedes Auseinanderreißen, jede getrennte Betrachtung die Werkaussage verfälscht und ihr unter Umständen nicht gerecht wird. Das muss nun nicht bedeuten, dass ein Zitat immer zwingend erforderlich sein muss, um den Anforderungen des Zitatzwecks gerecht zu werden.

Ausschnitts aus einer Sendung des Hessischen Rundfunks in „TV-total“; *Dreier/Schulze* § 51 Rn 4; Loewenheim/*Götting* § 51 Rn 130.

892 BGH GRUR 1987, 34, 35 – Liedtextwiedergabe I.

893 Vgl. insbesondere Schricker/*Schricker* § 51 Rn 17.

894 Vgl. dazu grundlegend BGHZ 50, 147, 154 – Kandinsky I; sowie u. a. bei BGH GRUR 1986, 59ff. – Geisteschristentum; BGH GRUR 1987, 34, 35 – Liedtextwiedergabe I; OLG Hamburg ZUM-RD 2004, 75, 79 – Schutzfähigkeit von wissenschaftlichen Werken.

895 BGHZ 28, 234, 240 – Verkehrs-Kinderlied; BGH GRUR 1986, 59, 60 – Geisteschristentum; nach Fromm/Nordemann/*Vinck* darf sich ein Zitat, nicht als bloßes Anhängsel zeigen, sondern muss vielmehr in den Text eingearbeitet worden sein § 51 Rn 4.

896 BGH GRUR 1982, 37, 40 – WK-Dokumentation.

897 BGHZ 85, 1, 10f. – Presseberichterstattung und Kunstwerkwiedergabe I.

898 OLG München ZUM 1998, 417, 419 – Brechttexte im Werk eines anderen Autors; Fromm/Nordemann/*Vinck* § 51 Rn 4; *Seydel* S. 34.

Entscheidend ist vielmehr, ob es sich, „nach der Natur der Dinge und nach Maßgabe aller Umstände, unter Berücksichtigung der Üblichkeit, um eine vernünftige, sachgerechte Wahrnehmung des Zitatzwecks handelt".[899]

d) Keine unzumutbare Beeinträchtigung der Interessen des Urhebers

Neben den gesetzlich normierten Begrenzungsmomenten wird allgemein angenommen, dass ein Zitat dann als nicht gerechtfertigt angesehen werden kann, wenn eine abschließende Abwägung der beteiligten Interessen von Zitierendem und Zitiertem zu dem Ergebnis kommen muss, dass mit dem erlaubten Zitat die Interessen des Zitierten unzumutbar beeinträchtigt werden. Hierbei handelt es sich um ein ungeschriebenes Korrektiv, das zur Ausfüllung von Wertungsspielräumen heranzuziehen ist. Seine Begründung zieht vor allem die Rechtsprechung aus der Drei-Stufen-Regelung des Art. 9 Abs. 2 RBÜ, die u.a. den Grundsatz enthält, dass eine Schranke dann unzulässig ist, wenn die Interessen des Urhebers unzumutbar verletzt und eine normale Verwertbarkeit des Werkes nicht mehr garantiert wäre.[900]

Ergänzend wird vor allem von der Literatur auf Art. 10 Abs. 1 RBÜ verwiesen; dessen Klausel, wonach Zitate „ständigen Gepflogenheiten entsprechen und in ihrem Umfang durch den Zweck gerechtfertigt" sein müssen, sei ebenfalls bei der Auslegung des § 51 UrhG zu berücksichtigen.[901] Hierbei gelte, dass neben den materiellen auch immaterielle Interessen in die Betrachtung mit einbezogen werden müssen, denn grundsätzlich soll der Urheber darüber entscheiden können, welche seiner Werke in anderen übernommen werden.[902] Insbesondere wenn die Gefahr bestehe, dass durch die Auswahlordnung und Wiedergabe der Zitate beim Betrachter ein unzutreffender Eindruck über das Gesamtwerk des Zitierten entstehen könne, müsse es diesem möglich bleiben, sich dagegen zu wehren.[903]

899 Schricker/*Schricker* § 51 Rn 19.
900 Vgl. dazu auch bei BGHZ 50, 147, 153 – Kandinsky I.
901 Möhring/Nicolini/*Waldenberger* § 51 Rn 7; Schricker/*Schricker* § 51 Rn 4.
902 BGHZ 50, 147, 159 – Kandinsky I.
903 Loewenheim/*Götting* § 31 Rn 135; Schricker/*Schricker* § 51 Rn 23.

Etwas differenzierter sehen dies Stimmen, die eine indirekte Beeinträchtigung gleichwohl zulassen wollen.[904] Danach sei zunächst jede mit dem Zitat verbundene Kritik des Grundwerkes, mag sie auch zu wettbewerblichen Schäden führen, vom Urheber hinzunehmen.[905] In materieller Hinsicht dürfe jedoch nicht zu erwarten sein, dass das zitierte Werk des Urhebers vom Verkehr nicht mehr erworben werde, weil sich das zitierende Werk (also die Collage) in eine Form direkter „Substitutionskonkurrenz"[906] setze und auf diese Weise bereits so viel über dieses Werk mitteile und offenbare, dass jedes ernsthafte Interesse daran erlahme und damit die Zahl derjenigen, die auf das Werk andernfalls zurückgreifen würden, in weitreichendem Maße minimiert werde.[907]

Diese einschränkende Auslegung des § 51 UrhG wird jedoch von Teilen der Literatur[908] nur in Maßen für bedeutsam gehalten. Zum einen seien die mit dem Zitat verbundenen finanziellen Nachteile vom Gesetzgeber so vorgesehen, zum anderen werde den ideellen Interessen durch die §§ 14, 39 UrhG in ausreichendem Maße Rechnung getragen, denn schließlich würden diese durch § 51 UrhG gerade nicht eingeschränkt. Doch selbst unter denjenigen, die dieses Merkmal weitaus ernster nehmen, hat sich die Überzeugung durchgesetzt, wonach es sich hierbei um ein Korrektiv handelt, das nur

904 *Seydel* S. 37; Fromm/Nordemann/*Vinck* § 51 Rn 9; in der Rspr. finden sich ähnliche Überlegung sogar schon sehr frühzeitig in KG UFITA 54 (1969), 296, 300 – Zitierung politischer Karikaturen; LG München I UFITA 77 (1976), 289, 292 – Zitierung von Karikaturen im politischen Meinungskampf.

905 *Seydel* S. 37; bezogen auf die Wettbewerbsüberlegungen ähnlich auch Fromm/Nordemann/*Vinck* § 51 Rn 9.

906 Dieser Begriff wurde bereits in Schricker/*Schricker (2. Auflage)* § 51 Rn 23 gebraucht und findet sich nun auch u. a. bei Loewenheim/*Götting* § 31 Rn 135 und *Seydel* S. 37 mwN; diese Überlegung, eine Abgrenzung unter wettbewerblichen Aspekten vorzunehmen ist aber nicht neu sondern findet sich unter anderer Bezeichnung iÜ schon bei *Runge* S. 171,der in seiner Abhandlung aus dem Jahr 1948 danach unterscheidet „ob das Werk, aus dem entlehnt wird durch die Art des Zitats wettbewerblich einen Schaden erleidet"; ähnlich auch vorgetragen bei *Löffler/Glaeser* GRUR 1958, 477 („wettbewerblich keinen Schaden erleidet"); sowie in der Folge ähnlich bei *Oekonomidis* S.245 f., der auf die amerikanischen Grundsätze des fair use und fair dealings verweist, bei deren Bejahung er eine wettbewerbliche Belastung des Urhebers des benutzten Werkes ausschließt.

907 BGH GRUR 1986, 59, 60 – Geisteschristentum; BGHZ 28, 234, 243 – Verkehrs-Kinderlied.

908 *Dreyer* § 51 Rn 22.

dann einschlägig sein darf, wenn der Zitatzweck andernfalls nicht mehr gewahrt oder aber die gesetzlichen Vorschriften nicht ausreichten und sich das zwingende Bedürfnis ergebe, entsprechende Rechtsschutzlücken auffüllen zu müssen.[909]

Bei § 51 UrhG handelt es sich letztlich um nichts anderes als den Ausfluss einer allgemeinen Abwägung zwischen Art. 14 Abs. 1 Satz 1, 14 Abs. 1 Satz 2, 1 iVm 2 Abs. 1 und 5 Abs. 3 GG. § 51 UrhG selbst ist also nichts anderes als das Resultat eines Interessenausgleichs. Aufgrund der Bedeutung und der Komplexität der Abwägung erscheint es durchaus ratsam, die Entscheidung bestimmter Sachverhalte durch eine spezielle Abwägung noch einmal abzusichern. Allerdings muss dabei der Bedeutung der Art. 5 Abs. 3 und 14 Abs. 1 Satz 2 GG hinreichend Rechnung getragen werden. Es kann nicht sein, dass deren Gewicht einfach im Nachhinein wieder eingeschränkt wird. Die Anwendung des hier besprochenen, ungeschriebenen Korrektivs muss daher auf solche Momente beschränkt werden, in denen eine generelle Abwägung der beteiligten Verfassungsnormen zu dem Ergebnis käme, dass eine Schrankenregelung in diesem Fall ausnahmsweise nicht gerechtfertigt ist. Dies erscheint jedoch angesichts der umfassenden Regelungen des UrhG als nur schwer vorstellbar.

2. Konkrete Anwendung der allgemeinen Voraussetzungen auf die Collage

Eine Collage wäre dann ein grundsätzlich zitierfähiges Medium, wenn sie sich als selbständige Werkschöpfung darstellt, die aus einem urheberrechtsfähigen und veröffentlichten Werk fremde Werkteile übernommen hat und sie dabei die notwendig schützenswerten, vermögensrechtlichen Interessen des Urhebers des benutzten Werkes nicht über Gebühr beeinträchtigt. Diese Anforderungen spielen von der Bedeutung her nur eine untergeordnete Rolle und werden im Zweifel als erfüllt gelten. Wichtigste Voraussetzung bleibt jedoch die Erfüllung des Zitatzwecks iRd sog. Belegfunktion und hier gestaltet sich die Sachlage nicht so eindeutig. So muss der übernommene Werkteil entweder als „Erörterungsgrundlage“[910] zur Bestätigung der

909 Schricker/*Schricker* § 51 Rn 24.
910 BGH GRUR 1987, 34, 35 – Liedtextwiedergabe I.

eigenen Auffassung oder aber zur neutralen, referierenden Darstellung[911] gebraucht werden. Dabei müsste der Collagekünstler erkennbar zum Ausdruck bringen, dass er fremdes Geistesgut unverändert für sich in Anspruch nimmt. Dies erscheint bei einer Collage schon als fragwürdig, darüber hinaus findet eine „klassische" Auseinandersetzung mit dem Zitat oftmals nicht statt, sondern ist der Interpretation des Rezipienten überlassen. Statt also fremdes Geistesgut als fremde Aussage zu übernehmen, macht der Collagekünstler sie vielmehr zu seiner eigenen. Damit scheint es, als ob die Collage den Anforderungen des Zitatzwecks bereits aufgrund ihrer Konzeption nicht nachkommen kann. Ob dem auch tatsächlich so ist, gilt es daher im Folgenden nachzugehen.

3. Braucht die Collage das Zitat als Inhalts- und Schrankenbestimmung?

Dieses Zwischenergebnis vor Augen gilt es nun im Folgenden zu untersuchen, ob die Zitierfreiheit in § 51 UrhG der Kunstform der Collage auch wirklich gerecht wird oder ob nicht eine andere Verortung der Collage im Privilegierungsbereich des UrhG als sachgerechter empfunden werden muss.

Diese Frage stellt sich trotz der Urheberrechtsreform 2007 fort. Zwar wurde mit der Urheberrechtsreform 2007 die von vielen als zu eng empfundene Kasuistik aufgehoben. Die grundelegende Germania 3 Entscheidung des BVerfG aus dem Jahre 2000[912] gilt jedoch in ihren Grundsätzen weiter fort, denn im Zuge des Gesetzgebungsverfahrens wurde deutlich, dass eine inhaltliche Änderung iRd § 51 UrhG mit der Urheberrechtsreform 2007 nur behutsam vorgesehen war und jede Erweiterung im Einzelfall der Rechtsprechung überlassen bleiben soll.[913] Die Frage ob eine Collage das Zitatrecht für sich in Anspruch nehmen kann ist daher nach wie vor an den Grundsätzen der Germania 3 Entscheidung zu bestimmen.

911 Vgl. insbesondere Schricker/*Schricker* § 51 Rn 17.
912 Abgedruckt unter BVerfG ZUM 2000, 867 ff.
913 Vgl. dazu die Begründung zum Entwurf eines Zweiten Gesetzes zur Regelung des Urheberrechts in der Informationsgesellschaft durch die Bundesregierung vom 22. März 2006, S 53, abrufbar unter *www.urheberrecht.org/topic/Korb-2/bmj/1174.pdf*; zuletzt abgerufen am 30. 1. 2008.

Das Besondere an der Germania 3 Entscheidung des BVerfG war, dass erstmals umfassend die Anwendungsmöglichkeiten der Zitierfreiheit über die in § 51 UrhG a.F. beschriebenen und bis dahin bestehenden analogen Fälle erweitert und auf grundlegende, kunstwerkübergreifende Überlegungen gestützt wurde. Dabei wurden vom BVerfG die Anforderungen an den Zitatzweck dergestalt aufgeweicht, dass man nunmehr sagen kann, dass „der Künstler ... urheberrechtlich geschützte Texte auch ohne einen solchen Bezug (damit meint das BVerfG die Belegfunktion – Anm. des Verfasser) in sein Werk aufnehmen darf, soweit sie als solcher Gegenstand und Gestaltungsmittel seiner eigenen künstlerischen Aussage bleiben“.[914]

Im Folgenden gilt es daher die Entscheidung des BVerfG zu Heiner Müllers Theaterstück Germania 3 – Gespenster am toten Mann zu diskutieren und auf ihre Tragfähigkeit hin zu untersuchen. Denn es stellt sich die Frage, ob nicht aufgrund der Germania 3 – Entscheidung durch das BVerfG, welche auch unter dem Begriff Kunstzitat zusammengefasst werden kann, die Anwendung des § 51 UrhG auf die Collage nunmehr zwingend ist. Neben einer generellen Stellungnahme zur Germania 3 – Entscheidung des BVerfG soll daher insbesondere auf die Frage der Notwendigkeit der dort formulierten Gedanken in Bezug auf die Collage eingegangen werden.

(1) Die Auswirkungen von Germania 3

Als Heiner Müller sein letztes Theaterstück *Germania 3 – Gespenster am toten Mann* schrieb, ahnte er wohl kaum, dass er damit posthum eine der wichtigsten und wegweisendsten Entscheidungen des Bundesverfassungsgerichts für das Urheberrecht seit Jahren auslösen würde. „Mein Umgang mit alten Stoffen und Texten ist auch ein Umgang mit einer Nachwelt. Es ist, wenn Sie so wollen, ein Dialog mit Toten“,[915] so nannte Müller seine Vorgehensweise in der Adaption fremder Stücke. Und nicht anders hielt er es mit seinem letzten Theaterstück „Germania 3 – Gespenster am toten Mann“, in dessen Rahmen er sich, ohne Zustimmung durch die Brechterben, in der Szene „Maßnahme 1956“ zweier umfangreicher Stellen aus den Brechtwerken „Leben des Galilei“ („Parabel des kleinen Mönchs“,

914 BVerfG ZUM 2000, 867, 869 – Germania 3.
915 *Müller* G I 1, S. 138.

Umfang etwa zwei Textseiten) und „Coriolan“ (Umfang zusammen etwa zwei Textseiten) bedient hatte, um diese ‚Brechtschen‘ Aussagen seinen eigenen Figuren in den Mund zu legen. Zur Kenntlichmachung des Fremdtextes wurde Kursivschrift verwendet und am Schluss des Buches wurde unter der Überschrift „Textnachweise“ auf die diversen Quellen verwiesen.

Müller ging es darum, Brechts Haltung zu den Geschehnissen des 17. Juni 1953 zu kommentieren. Mit „Maßnahme 1956“[916] stellt er eine fiktive Unterhaltung zwischen den ‚Brechtwitwen‘ Weigel, Kilian, Berlau und Hauptmann dar, die sich um die Radiomeldung von der Verhaftung des Staatsfeindes Wolfgang Harich und der Proben zum Coriolan u.a. mit den letzten direkten Brechtschülern Palitzsch und Wekwerth entspinnt. Darin eingebettet sind die angesprochenen Textstellen. Die rechtliche Auseinandersetzung zwischen den Brechterben und der Witwe Müllers, die sich daraufhin in der Folge ergeben sollte, wirkt dabei fast selbst wie eine Parabel auf die Erbenwirklichkeit im Urheberrecht.[917]

916 *Müller* Germania 3 S. 48ff.

917 Wem im deutschen Urheberrecht die Letztentscheidungsbefugnis über die Frage Rechtsausübung zukommt ist umstritten. Teilweise wird die Auffassung vertreten, dass es gerade hinsichtlich ideeller Entscheidungen ausschließlich auf die Interessen des Urhebers ankomme und die Erben insoweit an diese gebunden seien, folge dies doch schon aus der Natur des Urheberpersönlichkeitsrechts, welche sich aus der Persönlichkeit des verstorbenen Urhebers in Verbindung mit seinem Werk ergebe (BGH GRUR 1989, 106, 107 – Oberammergauer Passionsspiele II; *v. Gamm* § 30 Rn 4; *Rehbinder* ZUM 1986, 365, 370; *Ruzicka* S. 73; *Schack* GRUR 1985, 352, 356; *Schilcher* S. 43ff.). Demgegenüber wird vertreten, dass die Erben in ideeller Hinsicht vollständig frei seien, mithin das Urheberpersönlichkeitsinteresse nach ihrem Interesse ausüben können (Fromm/Nordemann/*Hertin* § 30 Rn 1; Schricker/*Dietz* Vor §§ 12ff. Rn 31; Schricker/*Schricker* § 30 Rn 3; *Ulmer* Urheber- und Verlagsrecht (1980) S. 357). Der Urheber, der nicht durch Einsatz der erbrechtlichen Instrumentarien für die Zeit nach seinem Ableben Vorkehrungen getroffen hat, habe es schließlich selbst zu verantworten, wenn nach seinem Tod die Erben nicht in der Weise mit dem Erbe umgehen, wie es seinen ideellen Interessen entsprochen hätte., vgl. zu der Problematik ausführlich *Clement* S. 61ff.). Dieser Streit ist gerade bei Brecht aber insofern von Interesse, als die Brechterben eine ausgesprochene rigide Nachlasspolitik betreiben, die den Brechtschen Vorstellungen so gar nicht zu gefallen scheinen, legt man Aussprüche wie „Nehm sich jeder heraus, was er gerade braucht! Ich selber hab mir was herausgenommen“ (Brecht zitiert nach *Kesting* S. 48) und die Annahme

Nachdem das LG Potsdam zunächst die Rechtmäßigkeit der von der Klägerin im einstweiligen Rechtsschutzverfahren erwirkten Verfügung anerkannt hatte, wurde dieses Urteil in der Berufungsinstanz durch das OLG Brandenburg wieder aufgehoben. Dieses konnte in der Verwendung der Textstellen, trotz Fehlens der argumentativen Auseinandersetzung mit dem Zitiermaterial, unter Hinweis auf § 51 Nr. 2 UrhG a.F. keine Urheberrechtsverletzung erkennen.[918] Mit diesem Urteil wenig einverstanden, verlegten die Brechterben daraufhin den Rechtsstreit nach Bayern, wo er zunächst vor dem LG München verhandelt wurde, das in der Argumentation und Rechtssprechung den Ausführungen des OLG Brandenburg folgen sollte. Vor dem OLG München schließlich schien sich das Blatt noch einmal zu wenden, da dieses mit seinem Urteilsspruch vom 26. 3. 1998 es als erwiesen ansah, dass die Verwendung der Brechtschen Textpassagen einen Anspruch der Klägerin nach § 97 UrhG rechtfertige, da die Übernahme des Fremdwerkes weder die Voraussetzungen des Zitates nach § 51 UrhG a.F., noch der freien Benutzung nach § 24 UrhG erfüllten.[919] Das BVerfG hatte sich nun mit diesen beiden entgegengesetzten Positionen, die nicht nur zwischen den Parteien, sondern auch zwischen den beiden Oberlandesgerichten herrschten, auseinander zusetzen. Dabei stellte es fest, dass das Oberlandesgericht München bei der Auslegung und Anwendung des § 51 Nr. 2 UrhG a.F. Bedeutung und Tragweite der Kunstfreiheit grundlegend verkannt habe. In seiner Urteilsbegründung führt das BVerfG dementsprechend aus, dass es beim OLG München eine hinreichend durch Art. 5 Abs. 3 Satz 1 GG gebotene kunstspezifische Betrachtung des von Müller geschaffenen Werkes vermisse und deren Versäumnis schließlich dazu führe, dass sich dessen Urteil als eine Verletzung der Kunstfreiheit offenbare. Damit hob es das Urteil des OLG München auf und erkannte für Recht, dass die von Müller gewählte Vorgehensweise vom Privilegientatbestand des § 51 UrhG erfasst sei.[920]

Brechts von einer „grundsätzlichen Laxheit in Fragen geistigen Eigentums“ (Brechts zitiert nach *Kesting* S. 47) zugrunde.

918 OLG Brandenburg ZUM-RD 1997, 483, 484f. – Das Zitat als integraler Bestandteil des neuen Werkes.

919 OLG München ZUM 1998, 417 – Brechttexte im Werk eines anderen Autors.

920 Vgl. BVerfG ZUM 2000, 867ff. – Germania 3.

Die unterschiedliche Beurteilung der Sachverhalte muss man damit begründet sehen, dass das BVerfG, „bei der Auslegung und Anwendung des § 51 Nr. 2 UrhG (a.F.) die innere Verbindung der zitierten Stellen mit den Gedanken und Überlegungen des Zitierenden über die bloße Belegfunktion hinaus auch als Mittel künstlerischen Ausdrucks und künstlerischer Gestaltung“[921] versteht. Darin unterscheidet es sich von der Betrachtungsweise des OLG München. Noch wesentlich deutlicher als das OLG Brandenburg führt das BVerfG aus, was es zu dieser Annahme gebracht hat. Danach enthebe sich der Autor mit der Veröffentlichung seines Werkes der alleinigen Inhaberschaft darüber und mache es zum Teil des gesellschaftlichen Diskurses. Nun könne es sein, „dass das Werk umso stärker als Anknüpfungspunkt für eine künstlerische Auseinandersetzung dienen kann, je mehr es seine gewünschte, gesellschaftliche Rolle erfüllt“.[922] Die gesellschaftliche Einbindung der Kunst und damit immer auch des Künstlers bewirke, dass in bestimmten Umfängen, Eingriffe in das Urheberrecht durch Dritte „als Teil der sich mit dem Kunstwerk auseinander setzenden Gesellschaft hinzunehmen“[923] seien. Für die Zitatfreiheit gerade auch mit Blick auf die Collage bedeute dies nun, dass ein Künstler auch dann urheberrechtlich geschützte Materialien verwenden darf, wenn er sie nicht zur Verdeutlichung übereinstimmender Meinungen, zum besseren Verständnis der eigenen Ausführungen oder zur Begründung oder Vertiefung des Dargelegten anführt, sondern sie in seine Collage insoweit aufnimmt, als er sie dadurch zum Gegenstand und Gestaltungsmittel seiner eigenen künstlerischen Aussage macht. Maßgeblich sei allein, ob sich das Zitat „funktional in die künstlerische Gestaltung und Intention seines Werks einfügt und damit als integraler Bestandteil einer eigenständigen künstlerischen Aussage erscheint“.[924] Kernsatz der Entscheidung, der sich über den bloßen Anwendungsbereich des § 51 UrhG hinaus auf alle Schrankenbestimmung des UrhG erstreckt, ist jedoch die Feststellung des BVerfG, dass immer dann, wenn „ein geringfügiger Eingriff in die Urheberrechte ohne die Gefahr merklicher wirtschaftlicher Nachteile der künstlerischen Entfaltungsfreiheit gegenüber

921 BVerfG ZUM 2000, 867, 869 – Germania 3.
922 BVerfG ZUM 2000, 867, 869 – Germania 3.
923 BVerfG ZUM 2000, 867, 869 – Germania 3.
924 BVerfG ZUM 2000, 867, 870 – Germania 3.

(steht), ... die Verwertungsinteressen der Urheberrechtsinhaber im Vergleich zu den Nutzungsinteressen für eine künstlerische Auseinandersetzung zurückzutreten“[925] haben.

(2) Stellungnahme unter besonderer Berücksichtigung des Bildbegriffs der Collage

a. Grundsätzliche Bewertung der verfassungsrechtlichen Begründung des BVerfGs

Das BVerfG hat bereits einige wichtige Aspekte genannt, die zunächst unter dem Gesichtspunkt der Kunstfreiheit für eine Anwendung des Zitatrechts auf die Collage zugunsten der nachschaffenden Künstler sprechen könnten.[926]

Zwar wurde die Germania 3 Entscheidung des BVerfG in einem anderen Zusammenhang, nämlich als es um die Zulässigkeit erlaubnisfreier Appropriation-Art ging, dahingehend kritisiert, dass mit der Erweiterung des bereits angesprochenen Zitatzwecks über die bisherige Belegfunktion hinaus die Abwägungsentscheidung des Urhebergesetzgebers missachtet werde.[927] Eine solche Auffassung ist aber nicht nachvollziehbar. Schließlich darf nicht vergessen werden, dass nicht der einfache Gesetzgeber vorgibt, was unter den Privilegierungstatbestand zu stellen ist, sondern sich dessen Auftragsbereich aus der übergeordneten Verfassungsentscheidung ergibt. Erst die verfassungsrechtlich motivierte Abwägung zwischen den gegenläufigen Urheberrechtsinteressen führt zur gesetzlich richtigen, weil ausgewogenen Norm.[928]

Bereits Allfeld hatte in den 20er Jahren des letzten Jahrhunderts die Überlegung in die Diskussion eingeführt nach der vom Zitatzweck auch ein solches Vorgehen gedeckt sei, bei dem man „die Aussprüche anderer Schriftsteller historisch, ästhetisch oder kritisch“ beleuchtet.[929] Weitere Überlegungen zum Zitatzweck deuten darauf hin, dass es sich hierbei nicht um einen Einzelfall handelt, der für eine

925 BVerfG ZUM 2000, 867, 869 – Germania 3.
926 Vgl. dazu unter Kapitel 3 § 3 A II 3 b) (1).
927 *Schack* FS Nordemann 2004, 107, 109.
928 Vgl. dazu unter Kapitel 2 § 2 C.
929 *Allfeld* LUG, S. 225.

weite Zielsetzung des Zitazwecks eintritt. So geht es Voigtländer/Elster/Kleine darum, mit dem Zitat nicht nur „die eigene Auffassung durch eine andere zu stützen", sondern sie treten auch dafür ein, dem Künstler mit Hilfe der Zitatfreiheit es zu ermöglichen, an andere Auffassungen die eigene Erörterung anzuknüpfen.[930] Schricker schließlich hält die Hommage an einen Künstler oder die Collage mit geschützten Werkteilen für die künstlerische Auseinandersetzung für ausreichend.[931] § 51 UrhG war damit seit jeher nicht nur auf die Lesart beschränkt, die ihm durch die Rechtsprechung insbesondere seit der Kandinsky I Entscheidung,[932] die in Folge der Auffassung Ulmers ergangen ist, und der sich daran anschließenden Rezeption in der Literatur beschienen ist. Die Frage, die sich angesichts einer veränderten Auslegung des § 51 UrhG daher richtigerweise zu stellen ist, ist nicht, ob damit die Abwägungsentscheidung des einfachen Gesetzgebers aufgehoben wird, sondern vielmehr, ob eine veränderte Lesart des § 51 UrhG iSe Weitung seines Anwendungsbereiches auch tatsächlich vor den strengen Augen des Grundgesetzes noch gerechtfertigt sein kann, ob also eine Abwägungsentscheidung zwischen Eigentumsschutz und Kunstfreiheit letztlich zugunsten der Kunstfreiheit ausfällt.

Grundsätzlich sollte jeder Künstler in seinem Schaffensprozess absolut gegen jegliche Beeinträchtigungen von außen sowohl in seinem Werk- als auch in seinem Wirkbereich geschützt werden.[933] Bei un-

930 *Voigtländer/Elster/Kleine* S. 116.
931 Schricker/*Schricker* § 51 Rn 17.
932 BGHZ 50, 147 ff. – Kandinsky I.
933 Vgl. dazu oben Kapitel 2 § 2 A, C; Zwar finden sich in der Literatur immer wieder Überlegungen, nach denen sich die eigentliche Kunstschöpfung (also der Werkbereich) möglichst frei von rechtlichen Schranken entwickeln soll, während der Wirkbereich wegen der Außenwirkung auf andere Rechtsgenossen und „Distanz zum eigentlichen künstlerischen Schöpfungsprozess, um dessen willen die Kunstfreiheit vorbehaltlos gewährleistet worden ist" (IvM/*Starck* Art. 5 Abs. 3 Rn 333), stärkeren Einschränkungen unterliegen müsse (IvM/*Starck* Art. 5 Abs. 3 Rn 330). Gegen eine solche Stufentheorie in der Beschränkung der Kunstfreiheit spricht jedoch zum einen, dass bei bestimmten Kunstäußerungen Werk- und Wirkbereich zusammenfallen, eine Trennung sich somit nicht so einfach ziehen lässt, zumal in den fließenden Übergängen moderner Kunstformen der Wirkbereich über die bloße Kommunikation hinausgeht und somit dem Wirkbereich eine je nach Art der Kunstgattung höchst differierende Bedeutung zukommt, wodurch „die kunstvermittelnden Handlungen selbst mehr oder weniger Bezug zum

gefilterter Anwendung dieser Überlegungen auf die Zitatfreiheit könnte man daher meinen, dass ein enger Zitatzweck, wie ihn die bisherige Auslegung des § 51 UrhG vorsieht, immer auch ein Verstoß gegen die Kunstfreiheit des nachschaffenden Künstlers beinhaltet. Es gilt jedoch weiter zu bedenken, dass für den Urheber die nicht minder starke Position der Eigentumsfreiheit streitet. Schließlich muss man berücksichtigen, dass auch die Kunstfreiheit nicht uneingeschränkt geschützt wird. Vielmehr entscheidend ist daher allein der Umgang mit der Abwägung der beiden entgegengesetzten Positionen zwischen dem Monopolisierungsinteresse des Urhebers und dem Collagekünstler, der wie Müller, seine Arbeiten dergestalt konzipiert, dass er Fremdmaterialen bewusst als Gestaltungsmittel einsetzt, um sie auf diese Weise zum integralen Bestandteil der eigenen Aussage zu machen. Generell gilt dabei, dass durch die Eigentumsfreiheit der konkrete, durch Arbeit und Leistung erworbene Bestand an vermögenswerten Gütern geschützt wird,[934] da nur so eine eigenverantwortliche Lebensgestaltung des Einzelnen möglich ist. Die Grunderkenntnis der Eigentumsfreiheit, wonach der Urheber Herr seines Werkes ist, darf jedoch nicht dazu führen, dass man damit Sinn und Zweck des Art. 14 Abs. 1 GG nicht weiter berücksichtigt. Es gilt daher zunächst folgendes festzustellen: Danach ist es richtig, die Grenzen der Schrankenbestimmungen vor dem Hintergrund der verfassungsrechtlichen Ausführungen in Kapitel 2 eng zu ziehen. Das Zitat darf nicht dazu führen, den Urheber in seiner wirtschaftlichen Nutzung des Werkes zu stören.

Kunstwerk haben können"(*Henschel* Kunstfreiheit als Grundrecht S. 23 f.). Zum anderen scheitert eine nach Werk- und Wirkbereich differenzierende Schrankenlösung aber letztlich auch am Wortlaut des Art. 5 Abs. 3 Satz 1 GG. Denn wenn die Kunstfreiheit vorbehaltlos gewährt wird, dann muss dies auch für den Wirkbereich gelten. Das Grundrecht differenziert nicht zwischen den beiden grundrechtlich geschützten Betätigungen. Sie bilden vielmehr eine untrennbare Einheit (BVerfGE 77, 240, 254). Zumal die Kunst ansonsten in einem ihrer wichtigsten Merkmale beschränkt wäre, der Kommunikation. Die gesellschaftliche Rezeption des Kunstwerkes ist aber nun einmal essentieller Bestandteil des künstlerischen Tätigwerdens und wird als solcher durch die Kunstfreiheit mit geschützt. Für Kurt Schwitters bspw. wurde ein Kunstwerk erst zu einem solchen durch den Zuschauer. Würde man den Wirkbereich daher einem strengeren Schrankenvorbehalt unterstellen, bestände die Gefahr, der Kunstfreiheit ihre Wirkung zu nehmen, zurück bliebe ein weitgehend inhaltsleeres Grundrecht.

934 *Kirchhoff* FS Zeidler Bd. 2 S. 1639, 1641.

Diese vielfach gesehene Gefahr der Existenzbedrohung durch Aushöhlung der wirtschaftlichen Selbstbestimmtheit des Urhebers, der vor allem auch mit der Institutsgarantie begegnet werden soll und die angesichts der zunehmenden Vergesellschaftung geistiger Schöpfungen vor allem durch technische Reproduktionsmittel steigt, ist im hier diskutierten Zusammenhang also iFd Müllerschen Collage aber nicht gegeben. Es geht hier nicht um die Herstellung einer Privatkopie oder die massenhafte Verteilung eines urheberrechtlich geschützten Textes aus vorgeschobenen Informationsgründen zum eigentlich rein privaten Nutzen, sondern um eine künstlerische Auseinandersetzung. Eine solche Vorgehensweise, die aber in grundlegendster Weise dem Zweck der Einschränkung der Eigentumsfreiheit in Art. 14 Abs. 1 Satz 2 GG entspricht, kann auch nicht durch die Institutsgarantie des Eigentums in Frage gestellt werden.

Gleichzeitig ist es jedoch richtig zu verhindern, dass dem Künstler ein Persilschein ausgestellt wird. So hat es auch unter einer erweiterten Auslegung des Zitatzwecks dabei zu bleiben, dass jede darüber hinaus gehende Verwendung des entlehnten Materials, die der Konzeption der Intertextualität[935] erkennbar nicht entspricht, nicht mehr von § 51 UrhG gedeckt ist. Nicht vergessen werden darf jedoch, dass eine „erweiterte“ Auslegung des Zitatzwecks nicht dazu führt, dass damit in Zukunft nunmehr hemmungslos immer mitten hinein ins fremde Werk gegriffen werden darf. Denn als abschließendes, wenn auch ungeschriebenes aber doch zumindest allgemein anerkanntes Korrektiv gilt immer noch, dass ein Zitat trotz tatsächlicher Erfüllung der ausdrücklich normierten Voraussetzungen des § 51 UrhG dann nicht gerechtfertigt ist, wenn es sich als Eingriff darstellt, der zu unzumutbaren Verletzungen der Interessen des Urhebers führt. Insofern ist dieses ungeschriebene Korrektiv nichts anderes als ein Ausfluss der Institutsgarantie des Art. 14 GG, die hier ihren einfachgesetzlichen Niederschlag findet und auf diese Weise jede noch einmal einer prüfenden Bewertung unterzogen wird. In jedem Fall wird den Interessen des Urhebers schon allein deswegen ausreichend Gewähr geleistet werden, als jede Streitfrage nicht allein über § 51 UrhG zu klären ist, sondern jede Beurteilung des gegenständlichen Zitats im-

935 Näheres zur Frage der Intertextualität insb. ihrer Bedeutung im Werk Müllers vgl. unter Kapitel 3 § 3 A II 3 b) (2) b.

mer auch unter Berücksichtigung der Verfassung zu erfolgen hat, und unter Abwägung der gegenläufigen grundgesetzlichen Interessen, deren Fehlen das BVerfG iÜ bei der Urteilsfindung durch das OLG München ausdrücklich rügt, zu erfolgen hat.

Es ist mithin nicht davon auszugehen, dass mit dem Germania 3 Beschluss des BVerfG eine Verletzung der Eigentumsfreiheit des Urhebers durch Dritte praktisch vorgezeichnet ist. Vielmehr wird ein anhand der Verfassung erarbeiteter Weg umrissen, wie er in ähnlichen Fällen, in denen derartige Fragestellungen auftreten, zu befolgen ist. Dabei gilt zu berücksichtigen, dass diese grundlegende Entscheidung in ihrem Wesen nicht allein auf Sprachwerke begrenzt werden darf. Es ist nicht nur eine Frage der Gerechtigkeit unter den Werkarten, sondern auch eine der Notwendigkeit iS künstlerischen Arbeitens, dass die hier getroffenen Grundsätze auch für andere Kunstwerke bestehen. Insofern müssen die dargestellten Kernsätze des BVerfG allumfassend für den gesamten Bereich der Kunst gelten, in dem die hier diskutierte Frage virulent wird. Grundsätzlich gilt es daher, dem BVerfG in seinen verfassungsrechtlichen Überlegungen zunächst erst einmal zuzustimmen.[936]

b. Fragwürdigkeit des Ansatzpunktes des BVerfGs im Fall der Collage

Das Problem an der Entscheidung Germania 3 ist jedoch, dass das BVerfG den falschen Normenansatz wählt. So muss man sich doch fragen, ob iFd Collage nicht bereits eine Besserstellung des Künstlers iSd Kunstfreiheit durch § 24 Abs. 1 UrhG erreicht wird und es somit eines Rückgriffs auf § 51 UrhG gar nicht bedarf.[937] Schließlich

936 Dies vertritt zumindest die überwiegend Mehrzahl in der Literatur, vgl. bspw. bei *v. Becker* GRUR 2004, 104, 109; *Dreier/Schulze* § 51 Rn 2; *Metzger* ZUM 2000, 924ff.; Schricker/*Schricker* § 51 Rn 16ff.; *Seifert* FS Erdmann, S. 195ff.

937 Ähnliche Überlegung schon bei *Haass* ZUM 1999, 834, 836, 838, der allerdings nicht abstrakt wird, sondern in seiner Betrachtung auf den konkreten Fall beschränkt bleibt, und wohl auch bei *Poll* ZUM 2004, 511, 517: der allerdings etwas kryptisch formuliert: Das „die Verwendung der zitierten Vorlage im ‚Kontext einer eigenständigen künstlerischen Gestaltung' … geradezu das Kennzeichen der freien Benutzung (ist), während diese Voraussetzungen bei Zitaten nur ausnahmsweise dann vorliegt, wenn sie ‚als solche Gegenstand und

handelt es sich bei der Collage immer auch um die Herstellung eines Kunstobjekts, das sich den traditionellen Regeln der Beurteilung gerade entzieht.[938]

Diese Überlegung stellt sich dabei vor allem vor dem Hintergrund der mit der Collage einhergehenden Veränderung im Bildbegriff der Kunst und ihrer Folgen für den Werkbegriff im Urheberrecht. So ist die Wahl der Ausdrucksmittel spätestens seit der sog. Moderne nicht einfach ein notwendiges und fast zwangsläufig vorgegebenes Arbeitsmittel, dass auf einer herrschenden und von Akademien bestimmten Kunstauffassung beruht, sondern es entsteht vielmehr aus der bewussten selbstbestimmten Entscheidung des Künstlers für eine bestimmte Fundamentalkonzeption seines künstlerischen Selbstverständnisses und Arbeitens und sich daran anschließender Werkkonzeption, aus deren Zusammenspiel sich die in der Collage verkörperte Individualität ergibt.[939] Kunst wie sie heute verstanden wird, ist damit immer das Suchen nach der eigenen Sprache, nach dem eigenen individuellen Ausdruck, in dem sich immer auch das Verhältnis des (Collage)Künstlers zur Kunst, ihrer Aufgabe und ihren Ausdrucksmitteln widerspiegelt.[940] Wenn das BVerfG für Recht erkennt, dass man auch dann von einem zulässigen Zitat ausgehen kann, wenn eine umfassenden Würdigung des gesamten Werkes ergibt, dass das Zitat auch in dem gewählten Zuschnitt nicht bloß der Anreicherung eines Werkes durch fremdes geistiges Eigentum dient, sondern vielmehr zum Gegenstand und Gestaltungsmittel der eigenen künstlerischen Aussage wird,[941] so scheint es zu übersehen, dass in dem es zur eigenen Aussage des Künstlers wird uU die notwendige Fremdheit der übernommenen Individualität nicht mehr gegeben ist, sondern vielmehr durch die des nachschaffenden Künstlers überlagert und damit ein neues eigenständiges Werk geschaffen wird.

Gestaltungsmittel der künstlerischen Aussage‘ des Zitierenden sind, d.h. als künstlerische Stilmittel eingesetzt werden“.

938 Vgl. *Bürger* Theorie der Avantgarde S. 100f.

939 Vgl. dazu die Erläuterungen zum Werkbegriff unter Kapitel 3 § 2.

940 Vgl. dazu unter Kapitel 1, Kapitel 3 § 2 C III 2, sowie die einzelnen im vorliegenden Abschnitt benannten Ausführungen Müllers.

941 BVerfG ZUM 2000, 867, 870 – Germania 3.

So schreibt Müller, wie sehr das Verwenden der Zwischentexte notwendiges Merkmal seiner Ausdrucksform ist. Denn „viele meiner Stücke sind (aus Bruchstücken anderer) zusammengesetzt".[942]

Was heißt das nun aber für die hier aufgeworfene Frage? Um Müller zu verstehen, muss man seine Werkästhetik begreifen. In dem Müller die provokative Frage stellt, ob es „ein Stück von Shakespeare (gibt), das er erfunden hat, wo er die Geschichte erfunden hat",[943] legt er den Grundstock für das Verständnis seiner Texte. Im Folgenden soll daher also zunächst versucht werden, anhand einiger Ausführungen Müllers seine Anschauungen von Werkschöpfung und Intertextualität dazulegen, um auf diese Weise eine erste kulturwissenschaftliche Erläuterung dessen geben zu können, was das BVerfG in seiner Entscheidung juristisch zu erklären versucht hat, letztlich aber im falschen Zusammenhang sieht:

Müller kommt in der Fragestellung zum einzigartigen Werk zu einem scheinbar ernüchternden Ergebnis: Danach „gibt (es) keinen Stoff, den Sophokles erfunden hat, auch keinen Stoff, den Aischylos erfunden hat. ... Dramatik ist immer ein Spätprodukt gewesen oder ein Produkt einer Krise, eines Übergangs von einer Epoche zur anderen und eigentlich immer die Zusammenfassung oder Quersumme einer Epoche und damit vielleicht der Entwurf zu einer neuen, aber immer auf der Basis der Quersumme der alten".[944] „Vor allem im Theater ist das völlig normal. Es gibt eben nur eine gewisse Anzahl von dramatischen Grundsituationen, und wenn man eine solche wählt, existieren immer schon Modelle, und man kann eigentlich keine Szene schreiben, ohne ähnliche Szenen mit ähnlichen Strukturen dabei mitzubedenken. Szenen, die schon geschrieben sind".[945]

Doch gerade aus dieser vorgefundenen Situation zieht Müller Hoffnung und Kreativpotential, denn „man ist doch froh, wenn man ein Modell hat, von dem man ausgehen kann, das man dann frei variieren kann. Das setzt im Grunde mehr Phantasie, mehr Kreativität frei,

942 *Müller* G I 1, S. 130.
943 *Müller* G I 1, S. 148.
944 *Müller* G I 1, S. 148.
945 Müller zitiert nach *www.perspektive89.com/2006/06/29/heiner_mullers_theater_der_schrift_oder_der_interviewkunstler_im_spiegelbild*_seines_schreib prozesses.html; zuletzt abgerufen am 30. 1. 2008.

als wenn man blind irgendwo anfängt".[946] Diese konsequente Haltung seines Denkens führt bei Müller dazu, das Schreiben als nichts anderes als das endlose Weiterschreiben des schon Existierenden zu begreifen.[947] Dabei greift Müller während seines Schreibprozesses nicht nur auf noch nicht veröffentlichte ältere, von ihm zu einem anderen Zeitpunkt verfasste Textpassagen, Fragmente oder bestehenden Szenen zurück, sondern er benutzt auch fremde Stoffe, Gedanken und Arbeiten. Dabei bedauert er ausdrücklich, „dass das Theater von neuen Technologien, etwa der Bildenden Kunst, noch viel zu wenig übernommen oder verwendet hat, dass zum Beispiel die Collage als Methode im Theater noch kaum wirklich angewendet wird".[948] Dabei verändere doch „jedes neue Kunstwerk ... den Blick auf alle alten".[949]

Bei der Verwendung von Fremdmaterial handelt es sich daher um ein wichtiges Arbeitsmittel Müllers, dessen Anwendung zum einen nicht auf das Stück *Germania 3* beschränkt ist und zum anderen sich in diesem nicht allein Auszüge aus Brechts Coriolan und Galilei, sondern auch Teile der Werke von Kafka, Kleist, Hölderlin, Grillparzer, Hebbel und eigener, von Müller geschriebener, Stücke verarbeitet werden, was den Vorwurf der ausschließlich als Ausbeutung motivierten Übernahme der Texte Brechts durch Müller widerlegen mag, indem es sich als künstlerisches Arbeitsmittel herausstellt. Das Verwenden dieser sog. *Zwischentexte* oder auch dazwischengeschriebener Intertextualität, d.h. Kommentartexte,[950] erlaubt es nämlich Müller den Gesprächsfluss in seinem Stück zu unterbrechen, was dazu führt, dass die Bedeutungs- und damit die Interpretationsebene des Dialogs erweitert werden kann.[951] Denn den Zuschauer oder Leser zur selbständig deutenden Interpretation zu bringen, ist für Müller der Kern seines Arbeitens. Es ist das Fundament, auf dem ein guter

946 *Müller* G I 1, S. 143.
947 „Das führt zwangsläufig dazu, dass man auf alles Alte zurückgreift und das Vorgeformte wieder verformt" *Müller* G I 1 S. 148.
948 *Müller* G I 1, S. 21.
949 Müller zitiert nach www.perspektive89.com/2006/06/29/heiner_mullers_theater_der_schrift_oder_der_interviewkunstler_im_spiegelbild_seines_schreib prozesses.html; zuletzt abgerufen am 30. 1. 2008.
950 *Müller* G I 1 S. 18f.
951 Diese Vorgehensweise gibt es schon bei Brecht, der von Verfremdungseffekten spricht.

Text aufbaut. Dafür braucht es nicht der „Interpretation durch einen Regisseur oder durch einen Schauspieler. Was der Text sagt, sagt der Text".[952] Müller sieht daher in seinen sog. „Intermedien"[953] die Chance, Dialoge und damit seinen Text, deren Verlauf er an sich schon vorher wusste und deren Niederschreiben, ihn in der herkömmlichen Art und Weise langweilen würde,[954] in einen anderen Kontext zu stellen. Denn in dem er ausgewählte fremde Themen und Texte in seine eigene Schöpfung einfügt, übernimmt er zugleich deren Geschichte, Kolorit und Rezeption sowie ihren politischen Hintergrund und führt sie in seinem eigenen Werk zu einem neuen Ganzen zusammen[955] und macht sie damit zur seiner eigenen Aussage, besetzt aber nicht mit der fremden, sondern mit der eigenen Individualität. Kulturwissenschaftlich gesehen handelt es sich bei Müllers Vorgehen damit um eine Form sehr innovativen und zukunftsgerichteten Arbeitens, das es ihm ermöglicht, in einem erhöhten Maß zugleich abstrakt und konkret zu arbeiten und dabei eigenschöpferischen und deutungsoffenen Schaffen genügend Raum zu lassen.

Die Frage ist nun, was bedeuten die Erfahrungen und Ansichten für die Kunst im Ganzen und daran anschließend für das Recht. Müller weist zu Recht daraufhin, dass die Form, die er wählt, nämlich das collageartige Zusammenfügen mehrerer fremder Werkteile als Ausdruck von Intertextualität und Kommentierung zwar für das Theater neu sein mag, vor allem aber in der bildenden Kunst seit der Einführung und Weiterentwicklung der Collage schon lange verwandt wird. Damit wird deutlich, dass die hier diskutierte Problematik nicht allein auf Müllers Zwischentexte beschränkt werden kann, sondern die hier zu treffenden Grundsätze ganz generell dort zu gelten haben, wo mit der Kunstform der Collage gearbeitet wird. Auch bei anderen Formen der Collage gilt nämlich, dass Neues nur bedingt denkbar ist und wenn dann nur iR einer neuen Interpretation, in dem das Beste-

952 *Müller* G I 1, S. 153: „Interpretation ist die Aufgabe des Zuschauers, die … nicht auf der Bühne stattfinden darf. Dem Zuschauer darf diese Arbeit nicht abgenommen werden. Das ist Konsumismus, dem Zuschauer diese Arbeit abzunehmen, das Vorkauen. Das ist kapitalistisches Theater. Aber es ist das Vorhandene und das Übliche".

953 *Hausschild* S. 94.

954 *Müller* G I 1, 18.

955 BVerfG ZUM 867, 870 – Germania 3.

hende aus seinem herkömmlichem Zusammenhang herausgerissen und auf eine neue Bedeutungsebene gehoben wird, wie u.a. Kienholz das mit seinem *Tragbaren Kriegerdenkmal*[956] versucht.

Es wurde bereits mehrfach darauf hingewiesen, dass ein Urheber nicht im Vakuum oder auf einer einsamen Insel Kunst schafft, sondern vielmehr in dem Moment, in dem er sein Werk veröffentlicht, zwangsläufig zum gesellschaftlichen Diskussionsthema wird. Zwar wurde Müller vorgehalten, und dieser Einwand betrifft alle Künstler, die sich einer ähnlichen Herangehensweise an das fremde Werk bedienen, dass seine Zwischentexte nicht zur Erläuterung oder Vertiefung eigener Ausführungen gebraucht werden, mithin eine Auseinandersetzung mit dem verwandten Material gar nicht stattfindet.[957] Dieser Vorwurf bedeutet jedoch nichts anderes, als dass man Müller fehlende Eindeutigkeit in seinen Aussagen unterstellt. Letztlich reduziert sich solch eine Forderung darauf, dass Künstler, die sich für die Übernahme fremder Werkteile entschieden haben, eindeutig zu erklären haben, was sie mit der Übernahme aussagen wollen oder aber deren äußere Gestaltung so verfremden müssen, dass diese nicht mehr erkennbar ist. Müller wäre nach einer solchen Vorstellung gezwungen zu sagen „Brecht hat ..., war ..., ist ...“. Kennt man nun aber Müllers Einstellung zur Interpretation, muss man erkennen, wie wenig diese Forderung nach einer platten, weil offenkundigen und wenig subtilen Kommentierung, mit seinem Konzept von Theater korreliert. Eine solche Forderung führt damit nicht nur zur Verletzung der Kunstfreiheit, sondern ist auch vom Kern her falsch. Es wird nämlich verkannt, dass Müller „durch die intermittierende Einschreibung von Kommentaren in sein Stück ... ein Theater in permanenter Selbstreflexion entworfen hat“,[958] innerhalb dessen er auf diese Weise die Texte iF Germania 3 in einen bestimmten Zusammenhang zur Festnahme des Staatsfeindes Wolfgang Harich, zum Ungarnaufstand 1956 und zu den Aussagen der Witwen Brechts zu seiner Haltung während des 17. Juni 1953 stellt. Welche Interpretation man daraus ziehen mag, muss zwar jedem selbst überlassen bleiben, denn dies

956 Betrachte dazu die Abbildungen unter *www.artchive.com/artchive/K/kienholz/war_memorial.jpg.html*; zuletzt abgerufen am 30. 1. 2008.
957 OLG München ZUM 1998, 417, 419 – Brechttexte im Werk eines anderen Autors.
958 *Primaversi* S. 45.

entspricht seinem Konzept künstlerischen Theaterschaffens. Die wortlautgetreue Übernahme bedeutet damit jedoch nicht, dass man Müller vorwerfen kann, er würde sich in plagiierender Weise am fremden Text vergreifen und quasi seine eigene durch die Fremdleistung ersetzen. Müllers Verfahren ist damit nicht etwa das der Reproduktion, sondern das der Aufklärung.[959] Die Erklärungen Müllers bezeugen vielmehr, dass die Benutzung fremder Werke und damit alter Stoffe und Texte für ihn nichts weiter als ein Umgang mit der Nachwelt ist, was ihn zwangsläufig dazu führt, dass er das bereits vorgeformte wieder verformt.[960] Wie das BVerfG richtig erkennt, werden sie damit Gegenstand und Gestaltungsmittel der eigenen künstlerischen Aussage und müssen verfassungsrechtlich schon zugunsten der Kunstfreiheit privilegiert werden.

Die Ausführungen Müllers haben jedoch auch gezeigt, dass es falsch wäre, die vom Ansatz richtigen Erkenntnisse des BVerfG, zumindest was die Collage angeht, am Zitatrecht des § 51 UrhG festzumachen. Denn „die Collage hat … immer damit gearbeitet, dass sie aus dem Zusammenhang gerissen hat und dann einen neuen Zusammenhang hergestellt hat“.[961] Die Collage wird danach auch als das „WUNDER DER TOTALEN TRANSFIGURATION VON WESEN UND OBJEKTEN MIT ODER OHNE VERÄNDERUNG IHRER PHYSISCHEN ODER ANATOMISCHEN ERSCHEINUNG“[962] bezeichnet. In dem sie das aber tut, schafft sie ihre eigene Realität, d.h. sie verändert die vorhandene und ersetzt damit die Aussage des Künstlers und damit letztlich auch dessen Individualität im Werk durch diejenige des nachschaffenden Künstlers. „Allein dadurch (nämlich), dass eine fest umrissenene Realität, deren natürliche Bestimmung ein für alle Mal festzuliegen scheint (…), sich unvermittelt neben einer zweiten weit entfernten und nicht weniger absurden Realität (…) an einem Ort findet, wo beide sich fremd fühlen müssen (auf einem Seziertisch), tritt sie aus ihrer natürlichen Bestimmung und ihrer Identität heraus; auf dem Umweg über einen relativen Wert geht sie von einer falschen Absolutheit über in eine neue, wahre und poetische

959 *Primaversi* S. 45, 47.
960 *Müller* G I 1 S. 148.
961 Diedrich Diederichsen zitiert nach *Großmann* S. 308, 310.
962 *Ernst*, Jenseits jeder Malerei, S. 326, 330.

Absolutheit".[963] Denn die Einfügung von Realitätsfragmenten in ein Kunstwerk verändert diese grundlegend. Das Bild erhält einen anderen Status[964] und die Teile emanzipieren sich vom dem ihm ursprünglich übergeordneten Ganzen.[965] In einem Umkehrschluss zu Bürgers Überlegungen zur Collage, in denen er feststellt, dass die Collage zwar noch als Sinnganzes zu verstehen sei, aber die Einheit den Widerspruch in sich aufgenommen habe, da das Werkganze nicht mehr durch die Harmonie der Einzelteile konstituiert werde, sondern durch die widerspruchsvolle Beziehung heterogener Teile, wird deutlich, dass, wenn sich schon die Teile innerhalb der Collage emanzipieren, dies erst Recht in Bezug auf das Original gelten muss, aus dem sie entnommen sind.[966] An einem Beispiel wird dies umso deutlicher. Kernaussage des Bildes von Iwo Jima ist der unerschütterliche Glaube an Heldentum, Kameradschaft und eisernen, unbeugsamen Willen. In der Adaption von Kienholz ist davon nichts mehr übrig geblieben. Die von Rosenthal einstmals verfolgte Idee wurde umgekehrt und vor dem Hintergrund des Vietnamkrieges der Sinnlosigkeit preisgegeben.[967] Ebenso ergeht es den in der Videomontage *Global Groove*[968] verwandten Videosequenzen, die durch Nam June Paiks Fundamentalkonzeption eine völlig andere Dynamik erhalten und damit bei *Global Groove* zu einem eigenen, von den Ausgangswerken grundsätzlich verschiedenen Inhalt führen. Die Aussage des einzelnen Videos rückt in den Hintergrund und an deren Stelle tritt „a glimpse of a video landscape of tomorrow when you will be able to switch on any TV station on the earth and TV guides will be as fat as the Manhattan telephone book".[969] Aus dem Statement des einzelnen wird die Vision des Ganzen nämlich die Vorstellung eines weltweiten Channel-Zapping unter Zugrundelegung des Lebensgefühl zur Theorie Marshall McLuhans vom kommenden »global village« und der damit einhergehenden weltweiten Kommunikation im globalen

963 *Ernst*, Jenseits jeder Malerei, S. 326, 329.
964 Vgl. dazu auch bei *Bürger* Theorie der Avantgarde S. 105.
965 Vgl. dazu auch bei *Bürger* Theorie der Avantgarde S. 107.
966 Vgl. dazu auch bei *Bürger* Theorie der Avantgarde S. 110.
967 Vgl. dazu die Einleitung zu diesem Abschnitt unter Kapitel 3 § 3.
968 Betrachte dazu das Video unter *www.medienkunstnetz.de/werke/global-grove/video/1/*; zuletzt abgerufen am 30. 1. 2008.
969 Aus der Einleitung zu Global Groove, mit der das „Programm" eingeleitet wird.

Dorf.[970] Dieselbe Destruktion der ursprünglichen Bedeutung geschieht auch mit Brechts Texten bei Müller. „Seine Stücke arbeiten mit dem Bruch … zwischen Bild und Bedeutung“.[971] Daraus entsteht die Zerstörung des Werkes im Prozess seiner Anwendung,[972] wodurch das Vorgeformte wieder verformt wird.[973] Die äußere Form des übernommenen Fremdwerkes wird damit eine auf bloß leere Hülle reduziert, die durch Müller mit dessen Konzept und demzufolge mit dessen eigener Aussage und damit seiner eigenen Individualität wieder aufgefüllt wird.[974] Dabei handelt es sich nun um eine typisches Merkmal für die Collage, da sie denknotwendig, aufgrund der Konkretheit des Ausdrucksmittels und aufgrund der Zuspitzung auf die Darstellung, in der alle Bildelemente gleichermaßen wichtig sind, oftmals einem bestimmten Konzept verpflichtet ist, das regelmäßig zu einer maßgeblichen Verfremdung des Originalkonzeptes führen muss, was letztlich die Veränderung und teilweise sogar maßgebliche Verdrängung der Individualität des Originalwerkes zur Folge hat. Das Problem ist nun, und deswegen knüpft das BVerfG seine Überlegung an die Zitatfreiheit, dass die ganz h.M. von einem überholten und dem Ästhetizismus anhängenden Werkbegriff ausgeht, der aber den Kunstvorstellungen der heutigen Zeit nicht mehr gerecht wird und eigentlich auch nie gerecht wurde.[975] In dem nun die h.M. den Werkbegriff maßgeblich an der äußeren Formgebung anknüpft und nicht konsequent genug nach der Fundamentalkonzeption fragt, also der künstlerischen Idee hinter dem Werk, übersieht sie freilich, dass, in dem die Fundamentalkonzeption geändert wird, auch die Handschrift und damit die Individualität des Künstlers durch die des nachschaffenden Künstlers überlagert und zurückgedrängt werden kann, mithin nicht allein eine grundlegende Veränderung in der äußeren Gestaltung zur freien Benutzung führen muss, sondern dies bereits durch eine absolute Abkehr von der vom Originalurheber vorgegebe-

970 *www.medienkunstnetz.de/werke/global-groove*; zuletzt abgerufen am 30. 1. 2008.
971 *Primaversi* S. 45.
972 *Primaversi* S. 45, 47.
973 *Müller* G I 1 S. 148.
974 Für den Fall der Parodie vgl. aber schon bei BGH GRUR 1994, 191, 193 – Asterix Persiflagen („die eigenpersönlichen Züge des älteren Werkes … werden … überlagert“).
975 Vgl. dazu unter Kapitel 3 § 3.

nen Fundamentalkonzeption geschehen kann. Denn indem die ästhetische Wirkung des Werkes umfunktioniert und durch eine neue ersetzt wird,[976] wird dabei immer auch eine neue autonome Wirklichkeit[977] im Bild geschaffen. Auch Müller übernimmt nicht die Aussagen Brechts mit dessen Inhalt, sondern er übernimmt nur die durch die Worte vorgegebene Hülle, legt sie seinen Figuren in den Mund, gibt ihnen einen neuen Aussagegehalt und formt sie aus. Damit werden sie, wie bereits festgestellt, nicht nur zur eigenen Aussage Müllers, sondern vor allem mit einem völlig neuen Bedeutungsgehalt versehen. Die ihnen von Brecht mitgegebene Individualität ist damit nicht mehr gegeben. Damit liegt aber eben kein Zitat mehr vor, in der die fremde Individualität aber notwendigerweise erhalten bleiben muss, sondern es entsteht ein völlig neues Werk.

Die Rechtslehre kennt dieses Phänomen der Übernahme einer fremden Formgestaltung unter gleichzeitiger Ersetzung ihrer Aussage bereits an anderer Stelle, nämlich bei der Parodie, in der sich nichts anderes widerspiegelt, als was die Collage oftmals aufgreift, nämlich die antithematische Behandlung des vorhandenen Bildmaterials. Auch hier gilt nicht etwa die Regelung des § 51 UrhG, sondern diejenige des § 24 UrhG.[978] Schafft der Collagekünstler nämlich ein eigenständiges Werk mit einer eigenen und vom Ausgangswerk losgelösten Realität und Individualität, kann man nicht mehr davon ausgehen, dass eine bloß unveränderte Übernahme fremden Gedankenguts unter Beibehaltung der Fundamentalkonzeption und damit der Individualität des Originalurhebers vorliegt. Nicht als zitierendes, sondern als ein in freier Benutzung entstandenes Werk gestaltet sich dann aber die Collage und entspricht damit den Kriterien des § 24 Abs. 1 UrhG und nicht der Vorstellung, die mit dem Zitat als Ausnahmebestimmung verknüpft ist. Mit der Collage wird schließlich nicht ein gegebenes Weltbild mit tausend Mosaiksteinchen belegt, „sondern durch frappierende Kombinationen des Unvereinbaren Neues, Unerwartetes“ geschaffen, „das vorher mit anderen Mitteln nicht vorstellbar war“.[979] Der Mechanismus der Collage ist

976 *Adorno* Ästhetische Theorie S.232.
977 *Bonnet* KAb 1/2005, 51, 55.
978 Vgl. dazu auch unter Kapitel 3 § 3 A III 2 c) (1).
979 *Mon* Collagetexte S. 211, 222.

damit die Kultivierung der Ergebnisse einer systematischen Verfremdung.[980]

Der aus der Kunstfreiheit erwachsene Anspruch auf freie Benutzung fremder Werke in dem von § 24 Abs. 1 UrhG bestimmten Rahmen, wird dem aber iFd Collage gerade gerecht, denn er erlaubt es dem nachschaffenden Collagekünstler, sich weitestgehend unabhängig durch Vorarbeiten inspirieren zu lassen und schränkt die Rechte des Originalurhebers dort ein, wo seine durch das Leistungsprinzip vorgegebene Werkherrschaft nicht mehr gegeben ist. Die Anforderungen an die freie Benutzung sind dabei auch in dem hier diskutierten Zusammenhang als streng zu erachten. D. h. man wird auch iRd Collage nur dort von einer freien Benutzung ausgehen können, wo tatsächlich eine grundlegende Änderung in der Fundamentalkonzeption eingetreten ist, mithin von der eigentlichen Leistung des Originalurhebers nichts, außer der bloßen durch die Gestaltung vorgegebenen Hülle, übrig geblieben ist.[981]

Die Entscheidung des BVerfG ist damit nicht etwa aufgrund ihrer verfassungsrechtlichen Begründung zu rügen, sondern aufgrund des mangelnden Verständnisses von Bild- und Werkbegriff in Kunst und Rechtswissenschaft und aufgrund des falschen Ausgangspunktes. Nicht die Zitatfreiheit aus § 51 UrhG ist unter der angegebenen verfassungsrechtlichen Begründung für die Collage – auch die Literaturcollage – einschlägig, die in § 24 UrhG geregelte freie Benutzung ist es. D.b. freilich keinen Rückschritt in der Privilegierung nachschaffender Künstler, sondern eine Besserstellung ganz im Zeichen der Kunstfreiheit, die jedoch, und hierin liegt die Konzession an den Eigentumsschutz des Originalurhebers, von den strengen Regelungen des § 24 Abs. 1 UrhG abhängig ist.[982]

4. Schlussfolgerungen der Ausführungen zum Zitatrecht für die Collage

Die Zitatfreiheit erweist sich damit zwar zunächst als verfassungsrechtlich opportune Möglichkeit, sich in der künstlerischen Auseinandersetzung fremden Materials einwilligungsfrei zu bedienen.

980 *Ernst*, Jenseits jeder Malerei, S. 326, 330.
981 Vgl. dazu im weiteren unter Kapitel 3 § 3 A III 2 c) (2).
982 Vgl. dazu unter Kapitel 3 § 3 A III 2 c).

Grundsätzlich gilt es jedoch zu beachten, dass die Regelung des § 51 UrhG dann nicht zum Tragen kommen sollte, wenn dem nachschaffenden Künstler durch bereits bestehende Regelungen hinreichend gedient ist. So gilt es zu berücksichtigen, dass in dem Bewusstsein der Kunstfreiheit, unter Beibehaltung weitestgehender und dem Leistungsprinzip folgender Eigentumsfreiheit, dann auch eher von einer freien Benutzung statt eines Zitats auszugehen ist, wenn eine Gesamtbetrachtung der Collage mit Blick auf die vom nachschaffenden Künstler verfolgte Fundamentalkonzeption ergibt, dass die eigentliche Individualität im Werk verschwunden und durch diejenige des nachschaffenden Künstlers ersetzt wurde.

III. Die Collage als freie Benutzung eines urheberrechtlich geschützten Ausgangswerkes nach § 24 UrhG

Anders als das Zitat dient die Regelung des § 24 Abs. 1 UrhG dazu, nachschaffenden Künstlern die Möglichkeit zu geben, um die aus dem fremden Werk entnommenen Elemente herum ein neues Werk aufzubauen. Die benutzten Stellen werden dabei bis zur Unkenntlichkeit immer zum Teil der neuen schöpferischen Leistung.

Ein Künstler kann schließlich durch ein bestehendes urheberrechtlich geschütztes Werk derart inspiriert werden, dass er dieses als Anknüpfungspunkt für das Schaffen einer Collage nimmt. Doch nicht nur ein Werk in seiner Gesamtheit kann Anknüpfungspunkt für das Werkschaffen Dritter sein. Der Collagekünstler kann sich auch durch Teile anderer Werke oder aber durch mehrere Werke oder deren Elemente in seinem Schaffen angeregt fühlen. Die Möglichkeiten, aus denen die Collage schöpfen kann, sind damit vielfältiger Natur. Entsteht dabei iR der künstlerischen Tätigkeit aufgrund freier Benutzung aus einem anderen Werk ein selbständiges Werk des nachschaffenden Künstler, dann darf er dieses laut § 24 Abs. 1 UrhG ohne Zustimmung des Urhebers des benutzten Werkes veröffentlichen und verwerten.

Was bereits während der Betrachtung der Germania 3-Entscheidung des BVerfG angesprochen wurde, gilt es im folgenden Abschnitt noch näher darzulegen.[983] Schließlich hängt der Moment, in dem sich

983 Vgl. dazu unter Kapitel 3 § 3 A II 3 b) (2) b.

ein Collagekünstler auf die freie Benutzung berufen kann, von weit mehr Faktoren ab, als denjenigen, die bereits oben bekannt wurden. IRd Zitatfreiheit wurde schließlich nur die letzte Konsequenz dessen diskutiert, was eine Collage typischerweise zur freien Benutzung werden lässt und sie gerade vom Grundgedanken der Zitierung unterscheidet.

Da es sich bei § 24 UrhG zunächst einmal um die inhaltsgleiche Folgenorm zu § 13 LUG, 16 KUG[984] handelt, besteht die allgemeine Meinung, dass man zur Urteilsfindung in strittigen Fragen der freien Benutzung auch auf die bis zum In-Kraft-Treten des UrhG ergangene Rechtsprechung zurückgreifen kann.[985]

Neben dem Grundsatz der freien Benutzung in Abs. 1, enthält § 24 UrhG noch einen weiteren Regelungsbereich. So wurde entgegen dem ursprünglichen Vorhaben, die Vorgängernorm des § 13 Abs. 2 LUG zu übernehmen, der starre Melodienschutz auch in das UrhG von 1965 übernommen und hat bis heute Bestand. Dieser führt vor allem bei Musikcollagen zu der Frage, ob diese in demselben Maße den Grundsätzen der freien Benutzung nach zulässig sein können, oder aber ob die Kunstfreiheit hier nachträglich noch einmal aufgrund zusätzlicher Kriterien eingeschränkt wird. Aus diesem Grund bedarf es dann auch einer verfassungsrechtlichen Überprüfung der herrschenden Auslegung und damit der Überlegung, ob eine solche Zweiklassenfreistellung iRd § 24 UrhG vom Urheberrechtsschutz gerechtfertigt ist.

1. Notwendige Vorausbetrachtungen für die urheberrechtliche Bewertung der Collage als *in freier Benutzung entstanden*

Die noch zu behandelnden Fragen des § 24 UrhG in der Diskussion um die Collage lassen sich nur dann sachgemäß aufbereiten und bewerten, wenn man zuvor ein grundlegendes Verständnis über die verfassungsrechtliche und dogmatische Einbindung des § 24 UrhG entwickelt hat. Dieses Fundament gilt es daher im Folgenden zu bilden.

984 Vgl. dazu auch amtl. Bgrd. abgedruckt in UFITA 45 (1965/II), 240, 266 „In Übereinstimmung mit dem geltenden Recht (§ 13 LUG, § 16 KUG)"
985 BGH GRUR 1971, 266, 267 – Magdalenenarie; *Dreyer* § 24 Rn 1.

a) *Rechtfertigung der Existenz des § 24 UrhG*

Grundsätzlich gilt, dass kein Künstler aus dem Nichts heraus etwas schaffen kann, sondern dabei immer das Produkt seiner Umwelt und das Erbe seiner kulturellen Vorfahren und Einflüsse ist und dieses sich mithin auch in seinem Werk widerspiegelt.[986] Gegenseitige Beeinflussung ist dabei nicht nur zwischen Lehrer und Schüler gegeben,[987] sondern findet auch zwischen „gestandenen" Künstlern statt, die sich, wie Braque und Picasso und später dazu kommend Gris, von Zeit zu Zeit in höchstem Maße in einen gegenseitigen, künstlerischen Austausch setzen und diesen gewinnbringend nicht nur für die beteiligten Künstler sondern auch für die Kunst im Ganzen pflegen, wie man dies iÜ am Entstehen der Collage exemplarisch festmachen kann. Doch auch ungefragte Inspirationssuche muss daneben immer im Interesse des kulturellen Fortschritts gestattet sein, braucht doch der Künstler diese Vorarbeiten, will er eigenständige Gedankengänge entwickeln und bereits bestehendes Gedankengut weiter ausformen oder mit seiner Arbeit widersprechen. Man stelle sich vor, ein jeder

986 Besonders deutlich wird dies bei den Werken Olympia und Das Frühstück im Freien von Edouard Manet, dessen beide Werke jeweils deutlichen Rekurs auf Tizians Venus von Urbino und Marcantonio Raimonidis Urteil des Paris nehmen.

987 Vgl. dazu den in dieser Situation sehr treffenden Ausspruch *Georg Philipp Harsdörffers*, der oftmals nur verkürzt wiedergegeben wird, was dazu führt, dass seine eigentliche Aussage zu seinen Ungunsten verfälscht wird, wodurch ihm in unzutreffender Weise die Verherrlichung des Plagiarismus unterstellt wird. Zwar könnte man, liest man die erste Zeile, dies annehmen, diese Annahme relativiert sich jedoch sogleich wieder, widmet man sich erst seiner Aussage in voller Länge. Denn das bloße Plagiat ist auch bei Harsdörffer nicht gewünscht. Indem er nämlich die naturgegebene enge Beziehung zwischen Lehrer und Schüler und die daraus zu wünschende fruchtbare Arbeitsatmosphäre beschreibt und zudem die Übernahme fremden Geistesgutes von bestimmte Voraussetzungen abhängig macht, erinnern seine Worte zumindest ansatzweise, in einer für diese Zeit erstaunlichen Weise an die Regelung des § 24 Abs. 1 UrhG und verdeutlicht so die realkünstlerische Notwendigkeit seiner Existenz: Der „literarische Diebstahl, es sei ein ‚rühmlicher Diebstahl bey den Schülern/wann sie die Sache recht anzubringen wissen/wie Virgilus deß Theocriti und Homeri, Horatius deß Pindari Gedichte benutzet hat: ja deßwegen liset man anderer Sprachen Bücher/aus ihnen etwas zu lernen/ und nach Gelegenheit abzuborgen/hiervon sagt jener/ dass die Schüler aus ihrer Lehrmeister Mäntel Kleider machen/ und so stattlich mit Silber und Gold überbremen/ dass sie nicht erkäntlich sind"; aus Poetischer Trichter Theil I, S. 102f.

Künstler würde in seinem eigenen Vorstellungsbild verhaftet bleiben, die großen Kunstentwicklungen, zu denen auch die Collage zählt, wären nicht denkbar. Was nun aber im Großen, in der Entwicklung neuer Kunstformen zählt, gilt auch im Kleinen, in der Weiterentwicklung von Kunstwerken. In seinen Geschichten vom Herrn Keuner äußert sich Brecht unter dem Stichwort der „Originalität" zu der hier diskutierten Problemstellung daher in zutreffender Weise, wenn er sagt: „»Heute« beklagte sich Herr K., »gibt es Unzählige, die sich öffentlich rühmen, ganz allein große Bücher verfassen zu können, und dies wird allgemein gebilligt. Der chinesische Philosoph Dschuang Dsi verfasste noch im Mannesalter ein Buch von hunderttausend Wörtern, das zu neun Zehnteln aus Zitaten bestand. Solche Bücher können bei uns nicht mehr geschrieben werden, da der Geist fehlt. Infolgedessen werden Gedanken nur in eigener Werkstatt hergestellt, indem sich der faul vorkommt, der nicht genug davon fertig bringt. Freilich gibt es auch dann keinen Gedanken, der übernommen werden könnte. Wie wenig brauchen diese alle zu ihrer Tätigkeit! Ein Federhalter und etwas Papier ist das einzige, was sie vorzeigen können! Und ohne jede Hilfe, nur mit dem kümmerlichen Material, das ein einzelner auf seinen Armen herbeischaffen kann, errichten sie ihre Hütten! Größere Gebäude kennen sie nicht als solche, die ein einziger zu bauen imstande ist. «".[988] Mit anderen Worten, die Kunst ist, will sie tatsächlich nachhaltig künstlerische Konzepte, Diskussionsmodelle und Ideen entwickeln, zwingend auf die Vorarbeiten Dritter angewiesen. Man bedenke nur, jeder Erfinder müsste erst einmal das Rad erfinden, bevor er sich neuen Innovationen stellen kann, technischer Fortschritt wäre unmöglich. Und genauso verhält es sich in der Kunst. Diese braucht zwingend ihre Vorarbeiten, da sich nur so der Künstler an der vergangenen Kunst abarbeiten kann, um neues zu produzieren. Um dies zu ermöglichen, muss man ihm aber die entsprechenden rechtlichen Möglichkeiten an die Hand geben.

In dieses Muster passt nun § 24 Abs. 1 UrhG hinein. Als Heiner Müller seinem Freund Wolfgang Heise im Jahr 1986 erklärte, dass „man … nicht voraussetzungslos (schreibe), sondern im Dialog mit Geschriebenem",[989] erläutert er unterbewusst die künstlerische Not-

988 *Brecht* Geschichten vom Herrn Keuner S. 19.
989 *Müller G I 2*, 67.

wendigkeit des § 24 Abs. 1 UrhG. Denn „jedes neue Kunstwerk verändert den Blick auf alle alten. Und jedes neue Kunstwerk bezieht sich, wie ein Teil des großen Musters, auf die vergangene Kunst.“[990]

Nun entwickelt sich freilich die Rechtfertigung des § 24 Abs. 1 UrhG nicht allein aus kulturwissenschaftlicher Begründung oder künstlerischer Notwendigkeit heraus. Doch ist damit ein erster Schritt getan, der bereits in Ansätzen aufzeigt, worum es mit § 24 Abs. 1 UrhG geht. Denn dass das künstlerische Schaffen sich im Spannungsfeld monopolisierender Begrenzungen einerseits und den Eigentumsschutz entfesselnder Bestrebungen andererseits bewegt, ist in dieser Arbeit nichts Neues. Insofern wirken auch hier diese Überlegungen, die damit erneut die Frage aufwerfen, ob denn die wirtschaftlichen Interessen durch § 24 Abs. 1 UrhG derart eingeschränkt werden können, dass sich das UrhG dadurch in Widerspruch zu Art. 14 GG setzt, wenn es an der besagten Regelung festhalten würde, oder ob nicht auch hier die Kunstfreiheit zugunsten des nachschaffenden Künstlers eingreift.[991] Um zu dieser Frage Stellung beziehen zu können, lohnt ein Blick auf den eigentlichen Grund des Schutzes des Urheberrechts und damit der Blick auf die verfassungsrechtliche Normierung des geistigen Eigentums und der dahinter stehenden Überlegungen. Danach wird in erster Linie durch die Eigentumsfreiheit der konkrete, durch Arbeit und Leistung erworbene Bestand an vermögenswerten Gütern geschützt. Die Betonung liegt dabei auf dem Leistungsprinzip. Neben diesem allumfassenden Prinzip wird eine entsprechende Argumentation zugunsten eines weitreichenden Eigentumsschutzes zusätzlich auch auf folgende Gesichtspunkte gestützt: Danach geht es bei Fragen des Urheberrechts auch um Fragen der Existenzsicherung und Gerechtigkeit, der Antriebsfunktion und der Friedensfunktion des geistigen Eigentums, der Gratifikation des Beitrags für die kulturelle Entwicklung der Gesellschaft und der Anerkennung der sich im Werk widerspiegelnden Würde des Einzelnen und damit im Ergebnis immer um den Schutz seiner freiheitlichen Lebensgestaltung.[992] Die Frage ist daher, ob eine dieser, aus Art. 14 Abs. 1 GG hergeleiteten und hinter dem UrhG stehenden Aspekte durch den Regelungsgehalt des § 24 Abs. 1 UrhG unzulässig betroffen ist.

990 *Müller* G I 3, 562.
991 Vgl. zu den Vorausüberlegungen auch unter Kapitel 2 § 3 C II, § 4.
992 *Kirchhoff* FS Zeidler Bd 2 S. 1639, 1641.

Zunächst gilt es zu berücksichtigen, dass die Leistung des nachschaffenden Künstlers gerade darin liegt, einen eigenen schöpferischen Beitrag wiederzugeben. Diese zwar auf den ersten Blick eher für die Begründung der urheberrechtlichen Schutzfähigkeit seines eigenen Werkes zu vermutende Aussage wirkt jedoch auch in diesem Zusammenhang. Denn anders als iRd bloßen Bearbeitung beschränkt sich das Handeln des Künstlers nicht bloß in der Hinzufügung zusätzlicher Elemente oder der Veränderung des Vorhandenen. Als Produkt der künstlerischen Arbeit entsteht vielmehr ein eigenes vom Originalwerk grundlegend zu unterscheidendes Werk, das sich eben nicht bloß als veränderte Fassung des Originalwerks präsentiert, sondern in dem die geistige Struktur und damit die Fundamentalkonzeption eine völlig andere und von der des Originalwerks grundlegend zu unterscheidende ist. Insofern beschränkt sich die vom Urheber übernommene Leistung letztlich auf die bloße geistige Idee, sozusagen die Quintessenz des Werkes, das von ihm in seiner konkreten Weise verwertet wird. Angesichts dieser Feststellung könnte man, als devil's advocate, die Frage aufwerfen, ob denn überhaupt von einer Eröffnung des Schutzbereiches des Art. 14 Abs. 1 Satz 1 GG gesprochen werden kann, wenn die Voraussetzungen des § 24 Abs. 1 UrhG voll erfüllt sind. Und in der Tat eröffnet sich erstaunliches. So ist ein Eingriff in den Schutzbereich des Art. 14 Abs. 1 Satz 1 GG dann abzulehnen, soweit sich im nachgeschaffenen Werk keinerlei individuelle Züge des Originals mehr zeigen. Denn schließlich reduziert sich iRd freien Benutzung die im Originalwerk erbrachte Leistung und damit das geistige Produkt des Urhebers ausschließlich darauf, den Anstoß für das weitere Werkschaffen des davon inspirierten Künstlers zu geben.

Man könnte das Originalwerk insofern als den *Stammvater* ansehen, von dem sich die in freier Benutzung entstanden Werke, wie bspw. die nachgeschaffene Collage, als Nachkommenschaft mit völlig eigenständiger Individualität ableiten lassen. Insoweit ist zwar auch in der iR freier Benutzung entstandenen Nachschöpfung immer ein Quäntchen Fremdleistung enthalten, allerdings wirklich entscheidend für das Vorliegen des Anwendungsbereiches aus Art. 14 Abs. 1 GG kann dies nicht sein. Die Leistung hat sich nun einmal immer auch in etwas handhabbarem fassen zu lassen, was im Urheberrecht dann auch mit der Formulierung der „persönlich geistigen Schöpfung" ausgedrückt wird. Liegt aber keine Übernahme insbesondere der fremden Individualität, die einen Kernaspekt der persönlich geistigen Schöpfung darstellt, vor, dann wird auch nicht die Leistung des Urhebers iSd Art. 14 Abs. 1 Satz 1 GG ausgenutzt.

Zusätzlich, und das kann unter Berücksichtigung der bisher in dieser Arbeit getroffenen Wertungen nicht anders bewertet werden, können auch die anderen Begründungsmuster, die an das Urheberrecht iRd Art. 14 Abs. 1 Satz 1 UrhG gestellt werden, um den dortigen Schutzbereich zu eröffnen, hier nicht als erfüllt gelten. So wäre es vermessen anzunehmen, dass das in freier Benutzung entstandene und sich von der Fundamentalkonzeption des Ausgangswerks grundlegend unterscheidende Werk in einen Substitutionswettbewerb mit dem Ausgangswerk tritt und damit die wirtschaftliche Existenz des Urhebers gefährden könne. Auch die sich im Ausgangswerk widerspiegelnde Persönlichkeit des Schöpfers, die von Teilen zur Begründung des umfassenden Schutzes des UrhG angeführt wird, wird nicht eingeschränkt und kann damit nicht als verneinendes Argument herangezogen werden, kommt sie doch im neuen Werk gerade angesichts der überlagernden Persönlichkeit des Künstlers nicht zum Tragen. Insofern gilt auch hier „Was sind die besten Söhne? Jene, welche den Vater vergessen machen".[993]

Der völlige Verlust der Fundamental- und der darin aufgehenden Werkkonzeption in der überragenden eigenen Leistung des nachschaffenden Künstlers führt unter Berücksichtigung aller zu betrachtenden Punkte zu dem Schluss, dass hier der Eigentumsschutz und damit der Schutzbereich aus Art. 14 Abs. 1 Satz 1 GG nicht überspannt werden darf. Denn würde man in diesem Zusammenhang den Privilegientatbestand des § 24 Abs. 1 UrhG verweigern, käme dies angesichts des kulturellen Beitrags zu einem schwerwiegenden und nicht wieder gut zu machenden Eingriff in die Kunstfreiheit. Somit formuliert sich im Privilegierungstatbestand des § 24 Abs. 1 UrhG, was bereits an anderer Stelle in dieser Arbeit erkannt, niedergeschrieben und dem entsprechend auch rechtlich zu Gunsten des nachschaffenden Künstlers bewertet wurde, nämlich, dass es sich bei § 24 Abs. 1 UrhG nicht um ein Sinnbildnis verfassungsrechtlich motivierter Gesetzesnormen handelt, deren Hintergrund sich nur in der Kunstfreiheit äußert, sondern dass iFd des § 24 Abs. 1 UrhG schon

993 *Brecht* Geschichten vom Herrn Keuner S. 90.

der Schutzbereich der Eigentumsfreiheit nicht als eröffnet angesehen werden kann.

b) Rechtscharakter des § 24 UrhG

Was die systematische Einordnung anbelangt, scheiden sich bei § 24 Abs. 1 UrhG die Geister. Bei einigen Vertretern des Schrifttums findet sich vielfach die Ansicht, dass es sich dabei um eine den §§ 44a ff. UrhG vergleichbare Schrankenregelung zugunsten der Allgemeinheit oder spezieller der Kunstfreiheit handele.[994] Schließlich komme der Anwendungsbereich des § 24 Abs. 1 UrhG nur dann zum Tragen, wenn überhaupt erst in den Schutzbereich des Urheberrechts eingegriffen werde. Da nämlich all das, was an sich schon urheberrechtlich erlaubt ist, keiner eigenständigen Regelung bedürfe, lasse sich das Vorkommen der Norm des § 24 Abs. 1 UrhG nur erklären, wenn man von einer Schrankenregelung iSd UrhG ausgehe. Das impliziert aber auch, dass die Vertreter dieser Auffassung davon ausgehen, dass ein prinzipieller Eingriff in den Schutzbereich des Urhebers des Originalwerkes gegeben ist, mithin das in freier Benutzung entstandene Werk eine Verletzung seiner Rechte aus §§ 15, 16–22 UrhG darstellt. Demgegenüber wird aufgrund seiner Stellung im Gesetz jedoch auch zunehmend die Meinung vertreten, dass es sich bei § 24 Abs. 1 UrhG eher um eine Bestimmung des Schutzumfangs, als um eine Schrankenregelung handele.[995] Danach wird darauf hingewiesen, dass schon unter formalen Gesichtspunkten wenig für die Annahme einer Schranke iSd §§ 44a ff. UrhG spreche. Schließlich habe der Gesetzgeber die freie Benutzung nicht etwa im 6. Abschnitt und damit im Abschnitt der „Schranken des Urheberrechts" angesiedelt, sondern die Regelung dem 4. Abschnitt unterstellt, der von seinem Regelungsbereich den Inhalt des Urheberrechts zum Gegenstand hat, was unter Berücksichtigung der unstreitig begrenzenden Funktion, die § 24 Abs. 1 UrhG einnimmt, den Schluss nahe lege, von einer den Schutzbereich umschreibenden Funktion auszuge-

994 *Christen* S. 40; *Haberstumpf* Handbuch Rn 323; *Hubmann* Recht des schöpferischen Geistiges S. 125 Fn 3; *Rehbinder* FS 100 Jahre URG 353, 355; *E. Schulze* S. 76; im Ergebnis so wohl auch *Dreier/Schulze* § 24 Rn 10.
995 *Chakraborty* S. 25 f.; *v. Gamm* § 24 Rn 3; *Nirk* S. 106; *Plassmann* S. 120; *Ulmer* Urheber- und Verlagsrecht (1980) S. 275.

hen.[996] Zudem wiesen die Bestimmung des Schutzumfangs des Originalwerkes und die Definition der freien Benutzung wesentliche Übereinstimmungen auf, was sie, trotz der verschiedenen Vorzeichen unter denen sie vorgenommen werden, zu ein und demselben mache und damit die Regelung der freien Benutzung eben nicht bloß als Kürzung der urheberrechtlich vorgegebenen und grundsätzlich bestehenden Rechte zu verstehen sei.[997] So werde beide Male die Individualität beider Werke bestimmt, insbesondere inwieweit diese in Fragen von Inhalt und Form miteinander korrelieren. Es gehe also in beiden Fällen um die Festlegung der Schutzbereiche der jeweiligen Werke (Originalwerk und das in freier Benutzung Entstandene). Darüber hinaus lege § 24 Abs. 1 UrhG lediglich die Voraussetzungen fest, nach denen die Zustimmungspflicht zur Verwertung entfällt. Die Rechte des Urhebers würden dadurch aber nicht verkürzt, was aber gerade das typische Merkmal einer Schranke sei. Es werde somit das Urheberrecht nicht beschränkt, sondern in § 24 Abs. 1 UrhG nur das festgestellt, was ohnehin feststehe, dass nämlich dort, wo die individuelle Prägung des Originals im nachgeschaffenen Werk verloren gegangen sei, kein Urheberrechtsschutz mehr bestehe.[998]

Als zwischen beiden Positionen vermittelnder Vorschlag finden sich zuweilen in der Literatur auch Stimmen, die zwar Tendenzen zu letzterer Ansicht aufweisen, deren Auffassung aber sich dahingehend äußert, dass es letztlich von untergeordneter Bedeutung sei, ob man von einer Schrankenregelung iSd §§ 44 a ff. UrhG oder einer Schutzbereichsbestimmung ausgehe, da in jedem Fall mit der freien Benutzung ein Tatbestand geschaffen werde, der es erlaube, mit fremden, urheberrechtlich geschützten Materialen zu arbeiten.[999]

Beispiele unter den Vertretern der Literatur zeigen zudem, dass eine einheitliche Benutzung der Begrifflichkeiten nicht immer so eingehalten wird, wie die scheinbar unversöhnlich gegenüberstehenden Meinungen zu suggerieren scheinen. So findet sich bei Grohmann neben der Vorstellung der freien Benutzung als Schutzbereichsgrenze des Originalwerkes auch die Formulierung einer dem Urheberrecht

996 *Hess* S. 27; wohl auch Wandtke/Bullinger/*Bullinger* § 24 Rn 1.
997 *Hess* S. 28; *Reinhart* UFITA 103 (1986), 65, 71.
998 *Chakraborty* S. 26.
999 *Hess* S. 28; *Reinhart* UFITA 103 (1986), 65, 76.

immanenten Schranke.[1000] Eine ähnlich unentschlossene Haltung findet sich darüber hinaus auch bei Lutz, der von einer unechten Schranke spricht.[1001]

Das formale Argument derer, die gegen die Annahme des § 24 UrhG als Schrankenregelung auftreten, ist natürlich nicht von der Hand zu weisen, es relativiert sich allerdings dann, wenn man die §§ 15, 16–22, 23, 24 UrhG als Gesamtkomplex begreift, in dem die Verwertungsrechte als die eine extreme Position zugunsten des Urhebers, das Bearbeitungsrecht als Zwischennorm und das Recht zur freien Benutzung als den Verwertungsrechten gegenläufige Position betrachtet werden.[1002] Gerade dieser Zusammenhang ist es aber, der durch die aufeinanderfolgende Anordnung der Einzelnormen herausgestrichen und zerrissen werden würde, wenn man § 24 UrhG nicht den §§ 15, 16–22, 23 UrhG nachfolgend kodifiziert hätte. Insofern darf unter Zugrundelegung dieser systematisch-inhaltlichen Überlegungen, der formalen Einordnung kein übermäßig hoher Stellenwert eingeräumt werden. Die entscheidende Überlegung kann daher nicht auf formalen Gesichtspunkten beruhen, sondern entscheidend muss in der Tat sein, ob man hier von einem grundsätzlich noch bestehenden Schutzbereich des Urhebers ausgehen kann, oder aber, ob man bereits dessen Vorhandensein ablehnen muss. Dagegen könnte zwar die Existenz des § 24 UrhG sprechen, doch dass deklaratorisch wiederholt wird, was bereits feststeht, ist in der Gesetzespraxis nicht so ungewöhnlich, dass man bereits daraus zwingend schließen müsste, der Norm käme der konstitutive Charakter einer Schrankenregelung iSd UrhG zu.

Die Diskussion, ob man iRd freien Benutzung noch von einem grundsätzlich eröffneten Schutzbereich zugunsten des Urhebers ausgeht, muss sich vielmehr an der Frage messen lassen, ob man angesichts fehlender Individualität des Ausgangs- im Fremdwerk überhaupt noch von einer in dieser Hinsicht wirkenden Werkherrschaft des Urhebers sprechen kann. Die Individualität des Urhebers im Werk als maßgeblichen Anknüpfungspunkt der Diskussion zu wäh-

1000 Vgl. dazu bei *Grohmann*, der auf den S. 57, 69 von Schutzbereichbereichsgrenze spricht aber auf S. 67 die Funktion des § 24 UrhG als Schranke ansieht.
1001 *Lutz* S. 33, 85.
1002 Vgl. dazu unter Kapitel 3 § 3 A IV 2.

len, ist deswegen überzeugend, da es sich hierbei um das tragende Element des Urheberrechtschutzes handelt. Denn nur dort, wo sich die Individualität des Urhebers im Werk widerspiegelt, kann man von einer eigenen Leistung sprechen. Dennoch wäre es ein Fehler, würde man die Entscheidung allein vom Maßstab der erkennbaren Individualität im nachgeschaffenen Werk abhängig machen. So schützt das Urheberrecht den Künstler nicht als Selbstzweck, sondern weil es die Verfassung in Art. 14 Abs. 1 Satz 1 GG vorgibt. Insofern kann der Gradmesser, ob Schutzfähigkeit des Urhebers in dieser Sache noch besteht, nicht allein aus den einfachgesetzlichen Wertungen des UrhG hergeleitet werden, sondern bedarf der ergänzenden Begründung, abgeleitet aus den Grundsätzen, die dem UrhG von der Verfassung aufgegeben werden. Denn verwehrt man dem Urheber den Schutzbereich des UrhG, ist dies gleichbedeutend mit der Ablehnung des Anwendungsbereiches des Art. 14 Abs. 1 Satz 1 GG. Danach gilt auch in dieser Frage als alles bestimmender Entscheidungsmaßstab, der im Grundgesetz in Art. 14 Abs. 1 Satz 1 GG formulierte überragende Schutzgedanke des Leistungsprinzips und die daraus abgeleitete Belohnung für den aus der Leistung des Urhebers erwachsenden Beitrag zum kulturellen Erbe. Wie bereits festgestellt[1003] bildet auch iRd freien Benutzung die im Originalwerk erbrachte Leistung den entscheidenden Ausgangspunkt für das weitere Werkschaffen des davon inspirierten Künstlers. Nach der hier vertretenen *Stammvatertheorie* handelt es sich letztlich bei jeder iR freier Benutzung entstandenen Nachschöpfung um einen Nachkommen des Originalwerkes. So kann sich zwar kein Künstler von seinen geistigen Vorfahren völlig frei machen, vor allem dann, wenn er ein fremdes Werk zur Grundlage seines eigenen Werkschaffens macht, dies darf jedoch nicht bedeuten, dass er zwangsnotwendig immer auch die im Fremdwerk ausgedrückte Persönlichkeit des Urhebers in sein Werk mit aufnimmt. Sicherlich wäre eine, ohne durch die vorherige Fremdleistung motivierte, freie Benutzung nur schwer denkbar, wodurch in der Tat die nachgeschaffene Collage letztlich immer auch eine Fortsetzung und somit ein Nachkomme dessen ist, was mit dem Originalwerk bereits geschaffen wurde. Vom Schutzgedanken des Grundgesetzes aber, und damit ausgehend vom sog. Leistungsprinzip, und unter gleichzeitiger Berücksichtigung der oben getroffenen Wertungen, kann hier

1003 Vgl. dazu unter Kapitel 3 § 3 A III 1 a).

jedoch nichts anderes gelten, als was nicht bereits oben festgestellt wurde, nämlich dass der Grund, warum das Grundgesetz vom einfachen Gesetzgeber verlangt, den Schutz des Urhebers zu fördern, die Erbringung einer Leistung in der Form einer persönlich geistigen Schöpfung ist. Kennzeichnendes Merkmal einer persönlich geistigen Schöpfung bleibt nun einmal die Individualität.[1004] Unterscheiden sich beide Werke grundlegend in ihrer Individualität und damit in ihrem Werkcharakter, kann nicht mehr von einer Leistungsübernahme, d.h. von einer Übernahme individueller Züge des Originalwerkes gesprochen werden. Damit liegt schon kein Schutzbereich mehr vor, in den eingegriffen werden kann, weder in den des Urheberrechts, noch in den des Grundgesetzes.[1005] Die Söhne haben damit ihre Väter tatsächlich vergessen lassen. Insofern spricht dieser Blickwinkel für eine Schutzbereichsumschreibung und nicht für eine Schrankenregelung.

c) Auswirkungen auf die rechtliche Betrachtung der Collage iRd freien Benutzung

Damit ergibt sich, dass die Verwertungsbefugnis des Urhebers dort endet, wo die Collage in freier Benutzung geschaffen wurde. Denn dieses enthält keinerlei Werkbezug mehr zum Originalwerk, da diejenige Komponente der Individualität, die als leistungsschutzbegründend angesehen werden kann, im Zuge der freien Nachschöpfung ausgetauscht und durch die des nachschaffenden Künstlers ersetzt wurde. Schließlich gilt es, ein Werk mit veränderter Individualität zu schaffen, will man in den Genuss von § 24 UrhG kommen. Folglich ist somit nicht nur der Anwendungsbereich aus Art. 14 Abs. 1 Satz 1 GG, sondern damit gleichsam auch schon der Anwendungsbereich des Urheberrechts dem „verletzten“ Urheber verschlossen.

Dieses Fehlen der Fremdindividualität führt aber zwangsläufig noch zu einem anderen Ergebnis. So ist dem Originalurheber der Versuch einer Unterbindung der Verwertung der in freier Benutzung geschaffenen Collage nicht etwa nur über die Verwertungsrechte nach ausgeschlossen, auch über § 14 UrhG als kodifizierten Ausdrucks des dem

1004 Vgl. dazu unter Kapitel 3 § 2 A IV 2 b).
1005 Vgl. dazu auch unter Kapitel 3 § 3 A III 1 a).

Urheber immanenten Rechts auf Integritätsschutz kann der Urheber des Ausgangswerkes nach der hier getroffenen Wertung, nicht gegen die Collage im Wege des Beeinträchtigungsschutzes vorgehen.[1006] Nicht nur, dass andernfalls immer eine freie Benutzung entfallen würde, da diese zwangsläufig zu einer solch grundlegenden Veränderung des Originals führt, wie in keinem anderen Fall innerhalb der Benutzungshandlungen. Es entfällt schon gar der Anwendungsbereich der Urheberpersönlichkeitsrechte im Allgemeinen und des hier besonders interessierenden Entstellungsschutzes im speziellen, wenn die Collage in freier Benutzung geschaffen wurde. Denn ähnlich wie schon iRd vermögensrechtlichen Betrachtung gilt auch hier, dass es sich bei der in freier Benutzung geschaffenen Collage um ein grundlegend neues und mit dem Ausgangswerk nicht gleich zu setzendes Werk handelt. Eben „eine völlig selbständige Neuschöpfung",[1007] in der sich die eigenständige Individualität des nachschaffenden Künstlers äußert und auf diese Weise die vormalige Persönlichkeitskomponente des Originalurhebers in einer Weise verdrängt, dass diese nicht mehr im nachgeschaffenen Werk vorhanden ist. Fehlt es nun aber an der Individualität des Originalurhebers, mithin an seiner Persönlichkeit im nachgeschaffenen Werk liegt auch keine Möglichkeit vor, diese zu verletzen. Da diese aber das grundlegende Prinzip des Schutzes der urheberpersönlichkeitsrechtlichen Säule des Urhebers ausmacht, fehlt der entscheidende Anknüpfungspunkt für eine Verletzung der Urheberpersönlichkeitsrechte.

Daraus folgt also, dass immer dann, wenn eine Collage die Voraussetzungen aus § 24 UrhG erfüllt, weder ein Versagungsgrund aus verwertungsrechtlicher noch aus urheberpersönlichkeitsrechtlicher Sicht gegeben ist. Eine nachträgliche Prüfung der Verletzung der Urheberpersönlichkeitsrechte des Originalurhebers entfällt damit, ist erst einmal festgestellt, dass eine Collage in freier Benutzung entsprechend den Voraussetzungen aus § 24 UrhG geschaffen wurde.

[1006] Vgl. dazu auch bei *Bullinger* Kunstwerkfälschung S. 61 f.; *Chakraborty* S. 50 f.; Fromm/Nordemann/*Hertin* § 14 Rn 19; *Stuhlert* S. 81 f.
[1007] Amtl. Bgrd. abgedruckt in UFITA 45 (1965/II), 240, 266.

2. Anforderungen iSd § 24 Abs. 1 UrhG an die nachgeschaffene Collage

Die in der Rechtfertigung für das Bestehen des § 24 Abs. 1 UrhG angesprochenen Argumente bedürfen jedoch einer Ausgestaltung im Urheberrecht, die dazu führt, dass man nicht einseitig und ausschließlich zu Lasten des Urhebers Eingriffe in dessen Rechte vornimmt. Denn andernfalls würde man eine verfassungsrechtliche Schieflage unter mangelnder Berücksichtigung der Eigentumsfreiheit befürworten und damit einen Verfassungsbruch unterstützen. Dies ist aber nicht im Sinne der umfassenden Gesamtabwägung unter Berücksichtigung der praktischen Konkordanz, die beiden Verfassungsgütern einen umfassenden Entfaltungsspielraum zugestehen will. Die Anwendungsvoraussetzungen des § 24 Abs. 1 UrhG müssen daher unter dem Eindruck der für sie sprechenden verfassungsrechtlichen Erwägungen dergestalt ausgelegt werden, dass sie den dort beschriebenen hohen Erwartungen, die an die nachgeschaffene Leistung aus Sicht der ansonsten betroffenen Eigentumsfreiheit geknüpft sind, auch gerecht werden.

Bevor jedoch im einzelnen auf die notwendigen Punkte eingegangen werden kann, soll an dieser Stelle zunächst erst einmal ein grober Abriss über die Anwendungsvoraussetzungen gegeben werden, um sie überblicksartig zusammenzuführen und um zu verhindern, dass das Gesamtgebilde des § 24 Abs. 1 UrhG aus den Augen verloren wird. Grundvoraussetzung für das Vorliegen der Anwendungsvoraussetzungen des § 24 Abs. 1 UrhG auch iFd Collage wäre danach zunächst die Schaffung einer selbständigen Collage. Dies lässt sich damit rechtfertigen, dass nur derjenige, der das kulturelle Allgemeingut durch seine schöpferische Leistung bereichert, auch entsprechend privilegiert werden und sich im Pool des Vorhandenen bedienen kann.[1008] Daneben wird § 24 UrhG natürlich nur in den Fällen relevant, in denen mit der Collage überhaupt urheberrechtlich geschützte Materialien verwendet werden, da nur dann der nachschaffende Künstler überhaupt dem Vorwurf der Urheberrechtsverletzung ausgesetzt ist. Schließlich müssen sich beide Werke von einander dergestalt abgrenzen lassen, dass man von einer freien Benutzung des fremden Werkes sprechen kann. Entscheidend dabei ist, dass es als

[1008] Vgl. dazu auch unter Kapitel 2 § 3 C I 1 b), 2.

Anregung für das eigene Werkschaffen dient und sich die Collage nicht lediglich in einer identischen oder lediglich bearbeiteten Übernahme des Fundamental- und Werkkonzeptes des Originalwerkes erschöpft. Mit diesen drei Elementen lässt es sich bei entsprechender verfassungskonformer Auslegung sicherstellen, dass beide Interessengruppen hinreichend berücksichtigt werden. Aus diesem Grund soll nun eine Betrachtung der einzelnen Punkte erfolgen, mit der es sich in Zukunft, gerade auch mit Blick auf die Abgrenzung auf Ausgangswerk und nachgeschaffener Collage, praktisch arbeiten lässt.

a) § 24 Abs. 1 UrhG: Eine selbständige Collage ...

Wie schon iRd Zitierfreiheit ist aus der gleichen Zielsetzung des Grundgesetzes heraus die freie Benutzung eines anderen Werkes nur dann erlaubt, wenn als Produkt des künstlerischen Schaffens ein ernsthafter Zuwachs im Kulturgut zu verzeichnen ist.[1009] Unter Berücksichtigung der Maxime, geistiges und damit persönliches Schaffen mit dem Privilegientatbestand des § 24 Abs. 1 UrhG zu fördern, heißt das nun für diesen Zusammenhang, dass auch hier nur derjenige Collagekünstler in den Genuss des Privilegientatbestand der besagten Norm kommen kann, der eine eigenschöpferische Leistung erbringt und damit mit der Collage ein neues, nach dem Urhebergesetz zu schützendes Werk entstehen lässt.[1010] Es reicht damit nicht aus, dass lediglich einzelne vom nachschaffenden Künstler hinzugefügte Elemente urheberrechtlich geschützt sind. Vielmehr muss die gesamte aus der freien Benutzung heraus entstandene Collage für sich selbst die dafür notwendigen Voraussetzungen der persönlich geistigen Schöpfung im hier vertreten Sinne erfüllen.

Diese notwendige aber hohe Anforderung an die Benutzungsleistung ergibt sich aus der wesensmäßigen Einschränkung der Rechte des Urhebers, die mit der freien Benutzung einhergehen. Denn wie in dieser Arbeit gezeigt, handelt es sich iFd freien Benutzung gerade nicht bloß um eine zustimmungsfreie Inhalts- und Schrankenbestimmung ohne finanziellen Ausgleich zum Verlust der Bestim-

1009 Vgl. unter Kapitel 3 § 3 A II 1 b).

1010 BGH GRUR 1999, 984, 988 – Laras Tochter; KG GRUR 1997, 128 – Verhüllter Reichstag; Schricker/*Loewenheim* § 24 Rn 9; Wandtke/Bullinger/*Bullinger* § 24 Rn 2 mwN.

mungsmacht, sondern vielmehr um eine Konstellation, in der noch nicht einmal der Schutzbereich des Grundrechts aus Art. 14 Abs. 1 Satz 1 GG eröffnet ist. Mehr noch als iFd bloßen Inhalts- und Schrankenbestimmung bedarf es daher sehr engmaschiger Anwendungsvoraussetzungen. Das heißt, dass das neue Werk über eine schöpferische Ausdruckskraft verfügen muss, die es gegenüber dem Ausgangswerk als selbständig erscheinen lässt. Was unter dem Begriff der Selbstständigkeit zu verstehen ist, ist aufgrund des engen Zusammenhangs mit der Formulierung „frei" an entsprechender Stelle zu klären.[1011] Ohne dabei vorgreifen zu wollen, wird man wohl von einer gewissen Eigenständigkeit ausgehen müssen,[1012] die dafür sorgt, dass die Collage sich als eine völlig selbständige Neuschöpfung darstellen müsste.[1013]

b) ... entsteht aus dem Werk eines anderen ...

Grundsätzlicher Anknüpfungspunkt des Collageschaffens muss das Werk eines anderen sein. Gemeint ist damit die geistig persönliche Schöpfung iSd § 2 Abs. 2 UrhG. Gleiches gilt für die Übernahme bloß einzelner Elemente. Auch bei diesen muss es sich um urheberrechtlich geschützte Werkteile handeln. Neben den ausdrücklichen Verweisen in den Vorschriften der §§ 70 Abs. 1, 71 Abs. 1 Satz 3, 72 Abs. 1 UrhG erweitert die Rechtsprechung den Anwendungsbereich des § 24 Abs. 1 UrhG zudem auf den Laufbilderschutz nach § 95 UrhG.[1014] Ob man deswegen eine generelle Ausweitung des § 24 Abs. 1 UrhG auch auf andere durch die Leistungsschutzrechte geschützte Werke befürworten sollte, scheint zumindest erwägenswert.[1015] Zwar findet sich, wie zu Recht bemerkt, neben den oben genannten Regelungen kein weiterer Verweis im Gesetz, der nahe legt, die in § 24 Abs. 1 UrhG formulierte Schrankenregelung auch auf die verwandten Schutzrechte auszuweiten, woraus man schließen könnte, dass es dem Gesetzgeber gerade darauf ankommt, den Er-

1011 Vgl. dazu Kapitel 3 § 3 A III 2 c).

1012 *Stuhlert* S. 15; Wandtke/Bullinger/*Bullinger* § 24 Rn 2.

1013 Amtl. Bgrd. abgedruckt in UFITA 45 (1965/II), 240, 266.

1014 BGH GRUR 2000, 703, 704 – Mattscheibe; OLG Frankfurt ZUM 2005, 477, 480 – Ausstrahlung eines Ausschnitts aus einer Sendung des Hessischen Rundfunks in „TV-total".

1015 Dafür etwa *Dreier/Schulze* § 24 Rn 10; Schricker/*Loewenheim* § 24 Rn 19a.

streckungsbereich abschließend auszugestalten. Dafür spräche allerdings zum einen, dass die verwandten Schutzrechte nicht so sehr kreative als vielmehr organisatorische und wirtschaftlich notwendige Leistungen schützen; außerdem, wenn schon nach § 2 Abs. 2 UrhG geschütztes Material für fremdes Werkschaffen genutzt werden darf, dann muss dies doch erst Recht für die weit weniger umfassende Regelung der verwandten Schutzrechte gelten.[1016] Insofern ist allerdings zu beachten, dass insbesondere bei der Übernahme der Leistung des Herstellers eines Filmwerkes, eines Tonträgers oder der Leistung eines Sendeunternehmens, was vor allem bei Sound- und Filmcollagen problematisch werden könnte, grundsätzlich darauf zu achten ist, dass die Übernahme nicht in der Ersparnis von eigenen Aufwendungen liegt, sondern vielmehr denselben Grundsätzen gehorchen muss wie die Übernahme urheberrechtlich geschützter Werke.[1017]

Daneben darf nicht übersehen werden, dass „überall die Menschen dieselben (sind), und die Zahl typischer Stoffe, Verwicklungen und Konstellationen begrenzt“[1018] ist. Damit ergibt sich notwendigerweise ein auf bestimmte Themen, Formen und Theorien begrenzter Anwendungsbereich der Kunst, der, sobald er nicht durch neue revolutionäre Methoden erweitert wird, auf den Formenschatz des bestehenden beschränkt ist. Das Urheberrecht spricht in diesem Zusammenhang vom sog. Gemeingut.[1019] Dessen Inhalt ist nicht fixiert, sondern unterliegt dem stetigen Wandel der Entwicklung.[1020] Denn jeder Tag könnte etwas neues hervorbringen, etwas, das die Kunstwelt tiefgreifend verändert, so wie es um 1912 Picasso und Braques mit einzelnen papiers collés gelang, nicht nur eine neue Kunsttechnik einzuführen und zu entwickeln, sondern vielmehr auch nebenbei den

1016 *Dreier/Schulze* § 24 Rn 10.

1017 *Dreier/Schulze* § 24 Rn 10; Schricker/*Loewenheim* § 24 Rn 19 a.

1018 *H. Hesse* Lektüre für Minuten S. 201.

1019 Eine umfassende und ziemlich treffende Aufzählung mit einzelnen Erläuterungen findet sich iÜ bei Fromm/Nordemann/*Vinck* § 24 Rn 1 Danach zählen u. a. zum Gemeingut die gesamte Menschheitsgeschichte, das gesamte Volksgut, „Gegenstände und Verlautbarungen, die keine persönlichen geistigen Schöpfungen darstellen und deshalb keine Werke im Urheberrechtssinne sind“, Ideen, Lehren und Theorie, und alles gemeinfrei gewordene Geistesgut.

1020 *Chakraborty* S. 62; *Reinhart* UFITA 103 (1986), 65, 74 („Auch im Gemeingut bilden sich fortlaufend neue Formen heraus; daher ist jede Beschreibung ungenau und unvollständig“).

letzten Stein in einer parallel bereits angelaufenen tiefgreifenden Umwälzung des Bildbegriffs zu setzen. Teilweise wird aus diesem Grund darauf hingewiesen, dass es sich vor allem in dieser Hinsicht bei § 24 Abs. 1 UrhG um eine bloß deklaratorische Vorschrift handele, deren Heranziehung es daher in diesem Fall gar nicht bedarf.[1021] Dem wird jedoch entgegengehalten, dass dies der Bedeutung des § 24 Abs. 1 UrhG auch in diesem Zusammenhang keinen Abbruch tue, da immerhin noch einmal die vom Gesetzgeber vorgenommenen Klarstellung für das Urheberrecht deutlich werde und man § 24 Abs. 1 UrhG mithin nicht als überflüssig bezeichnen könne.[1022] In jedem Fall aber bestätigt sich, ob überflüssig oder nicht, nur noch einmal erneut, dass das Gemeingut nicht monopolisiert werden darf.

c) ... in freier Benutzung ...

Die Collage müsste nach den gesetzlich zwingenden Vorgaben in freier Benutzung entstanden sein. Doch was bedeutet der Begriff freie Benutzung eigentlich? Denn wie sich noch zeigen wird, bedeutet eine Collage zu schaffen nicht zwangsläufig die Anwendbarkeit des § 24 Abs. 1 UrhG. So erreicht derjenige, dessen Collage nicht als freie Benutzung angesehen werden kann, Schutz nur noch über die Bearbeitungsfreiheit nach § 23 Satz 1 UrhG, und dass dann aber eben auch nur in dem dort vorgegebenen kleineren Rahmen. Es gilt daher im Folgenden die Frage zu stellen, wann von einer Collage noch als Bearbeitung und wann schon von einer in freier Benutzung entstandenen Collage gesprochen werden kann. Dieser Punkt wird daher das Kernthema des hier zu behandelnden Abschnitts sein. Mithin wird es entscheidend sein, ob sich eine tragfähige Begriffsdefinition der freien Benutzung bilden lässt, die nicht nur den grundgesetzlichen Vorgaben, sondern auch dem veränderten Bildbegriff in der heutigen Kunstentwicklung entspricht.

Dass diese Diskussion dabei auch in der Praxis geführt wird und für die Collage von entscheidender Bedeutung ist, beweist dabei folgender unlängst vom LG München I entschiedener Fall, der einmal mehr die Frage der Abgrenzung in das Zentrum der rechtlichen Behand-

1021 *Christen* S. 37; *Dreyer* § 24 Rn 8; Fromm/Nordemann/*Vinck* § 24 Rn 1; *Hess* S. 34; Schricker/Loewenheim § 24 Rn 1, 19 a.
1022 *Chakraborty* S. 25.

lung um die Collage rückt: Eine Collagekünstlerin hatte zwei Fotografien, die die Hauptdarstellerin des Stücks „Endstation Sehnsucht" im Schauspiel Frankfurt zeigten, in der FAZ vom 17. 1. 2004 und der SZ vom 19. 1. 2004 entdeckt. Die Künstlerin schnitt die Abbildungen aus und machte diese zum Teil ihrer Collage. Ein Einverständnis des Fotografen wurde, wie so oft in diesen Fällen, nicht eingeholt. Die für Urheberstreitigkeiten zuständige Kammer hatte nun in der mündlichen Verhandlung vom 5. 7. 2006 zu entscheiden, „ob es sich hierbei um eine sogenannte freie oder unfreie Bearbeitung des Lichtbildes handelte, wobei nur im ersten Fall, wenn der Eindruck des Originals gegenüber demjenigen der neuen Werke ‚verblasst', das Urheberrecht eine Nutzung unabhängig vom Einverständnis des Schöpfers des Ausgangswerkes zulässt. Die Kammer wies darauf hin, dass die Beklagte die Aufnahme des Klägers nur leicht verfremdete und nach dem Eindruck der Kammer auch inhaltlich nicht in einen völlig neuen Kontext stellte. Die Fotografie des Klägers präge mit ihrem sehr expressiven Ausdruck auch innerhalb der neuen Bildkompositionen die Aussage der beiden neuen Werke der Künstlerin ganz wesentlich".[1023]

Diese hier kurz umrissene Urteilsbegründung gibt bereits einige Hintergrundinformationen zur Begriffsdefinition der freien Benutzung wieder, wie sie von der h.M. getragen wird. Diesen soll daher im nachfolgenden Abschnitt grundlegende Aufmerksamkeit iSe Darstellung der allgemeinen Meinungen zum Begriff der freien Benutzung geschenkt werden. Gleichzeitig erfolgt dabei fast zwangsläufig eine kritische Auseinandersetzung mit den eben genannten allgemein anerkannten Abgrenzungskriterien, da eine solche Darstellung naturgemäß nicht ohne eigene Überlegungen um einer zukunftsfähigen Betrachtungsweise der Abgrenzungsfragen willen bleiben kann.

(1) Bisherige Begriffsdefinitionen der freien Benutzung und ihre Folgen für die Collage

Vor allem in den Anfangsjahren des Urheberrechts, um die Jahrhundertwende, ließ man es genügen, wenn mit dem Zweitwerk ein Er-

1023 Landgericht München I, 21 O 7436/06 abrufbar unter *www4.justiz.bayern.de/lgmuenchen1/presse/presse1.html*; zuletzt abgerufen am 30. 1. 2008.

zeugnis von selbständiger Eigenart entstand.[1024] Teilweise begnügte man sich auch damit, eine freie Benutzung schon dann anzunehmen, wenn das nachgeschaffene Werk eine eigene geistige Schöpfung darstellte.[1025] Danach wäre es bereits als ausreichend anzusehen, wenn die nachgeschaffene Collage die Voraussetzungen aus § 2 Abs. 2 UrhG erfüllen würde.

Eine weitere Auffassung aus dieser Zeit zeugt ebenfalls von einer eher laxeren Einstellung gegenüber dem Urheberrecht des Betroffenen. Um diese Vorstellung von der freien Benutzung nachvollziehen zu können, ist es wichtig, das komplette Bild dieser Theorie zu vermitteln. Danach komme nur ein Vergleich der Unterschiede zwischen Original und Zweitwerk in Betracht. So findet sich in dieser Hinsicht durchaus konsequent in einzelnen Aussagen des Reichsgerichts die Ansicht, dass man schon beim Hinzutreten einzelner eigenschöpferischer Elemente neben den übernommenen, ebenfalls von einer freien Benutzung ausgehen müsse.[1026]

Diese verschiedenen älteren Auffassungen, die zunächst für den nachschaffenden Collagekünstler als durchaus positiv zu bewerten sind, werden doch Collagen aller Art recht umfassend und unter wenig strengen Kriterien durch den Tatbestand der freien Benutzung erfasst, sahen sich jedoch mit der Zeit in zunehmendem Maße der Kritik ausgesetzt. Diese reichte von der Heraufbeschwörung der Gefahr eines Rückfalls des Urheberrechts in ein reines Nachdruckverbotrechts bis zur Bemerkung, dass damit derjenige privilegiert werde, der nicht so sehr eigenschöpferisch tätig wird, sondern der es besonders gut verstehe, die übernommenen Merkmale des Ausgangswerks zu verschleiern.[1027] Im Zuge dieser ablehnenden Haltung der Literatur blieb auch ein Umdenken in der Rechtsprechung nicht aus und

1024 *Kuhlenbeck* S. 120.
1025 *Riezler* S. 291.
1026 Vgl. dazu RGZ 63, 158, 160 – Durchlaucht Radieschen; RGZ 82, 16, 17 – Die lustige Witwe.
1027 Dies vertretend, im Rahmen einer generellen Kritik an der Entscheidung Die lustige Witwe aus dem Jahr 1913 (RGZ 82, 16ff.) als einer der ersten *Kohler* GRUR 1915, 1, 7; vgl. generell zu dieser historischen Meinung *Chakraborty* S. 69.

die bisher vertretene Auffassung wurde aufgegeben.[1028] Daneben sollten auch die vereinzelt geäußerten und zutiefst „urheberfeindlichen“ Literaturstimmen mangels weiterer Unterstützung zunehmend versanden und damit lediglich Teil einer Geschichte werden, die ohne tiefere Bedeutung für die heutige Auslegung der freien Benutzung blieb.

Doch was versteht die Urheberrechtslehre gerade heute unter dem Begriff der freien Benutzung und welche tragfähigen Auslegungskriterien bildet sie, um eine ausgewogene Abwägungsentscheidung zwischen den polarisierten Interessen des nachschaffenden Collagekünstlers einerseits und derjenigen des Urhebers des Originalwerkes andererseits herleiten zu können. Diesen Überlegungen soll im Folgenden nachgegangen werden.

Eine amtliche Position des Gesetzgebers, was die Ausfüllung dieses unbestimmten Rechtsbegriffs anbelangt, lässt sich dabei, außer in der Formulierung einer einigermaßen kryptischen Forderung, kaum festmachen. Sonach spricht der Gesetzgeber in seiner amtlichen Begründung davon, dass es sich beim nachgeschaffenen Werk um eine „völlig selbständige Neuschöpfung“ handeln müsse. Ansonsten verweist der Gesetzgeber auf die zum Zeitpunkt der Gesetzesbildung geltende Rechtslage[1029] und hinterlässt damit mehr Fragen als Antworten. So war es dann auch nach 1965 an der urheberrechtlichen Praxis durch entsprechende Auslegung des § 24 Abs. 1 UrhG eine Klärung in der Begriffsbildung herbeizuführen. Bis heute ist jedoch eine abschließende Feststellung der notwendigen Kriterien nicht erfolgt, bleibt sie doch nach wie vor dem Fluss der Auseinandersetzung und Diskussion in Rechtsprechung und Literatur überlassen. Allerdings finden sich innerhalb dieser immer wieder einzelne Fixpunkte, die sich zusammengenommen zu einem einheitlichen Bild verdichten, das man durchaus als momentan herrschende Auffassung ansehen könnte.

So wird zunächst darauf hingewiesen, dass sich eine Festlegung der Grenzen der freien Benutzung nur in Abgrenzung zum Bearbeitungs-

[1028] Vgl. dazu RGZ 121, 65, 70 – Rundfunkszenen als Schriftwerk; OLG Karlsruhe GRUR 1958, 402, 403f. – Trotzkopf, zu den Entscheidungen siehe Einzelheiten auch bei *Kastner* NJW 1983, 1151, 1157.
[1029] Amtl. Bgrd. abgedruckt in UFITA 45 (1965/II), 240, 266.

begriff ergebe. Danach wäre mithin unter freier Benutzung all das zu verstehen, was nicht mehr Bearbeitung sei.[1030] Dieser Aussage wird nun zwar vorgeworfen, sie sei eher wenig zielführend, schließlich werden mit dieser Feststellung noch keine wirklich zugkräftigen Abgrenzungskriterien geschaffen. Allerdings übersehen ihre Kritiker,[1031] dass sich es sich hierbei lediglich um einen ersten Anhaltspunkt handelt, der in der Folge durch einzelne und ebenfalls von der allgemeinen Auffassung vertretenen Punkte vertieft wird, auf die im Folgenden nun eingegangen werden soll.[1032] Danach gilt die Fremdbenutzung eines Werkes erst dann als frei, wenn sie „gegenüber dem vorbenutzten Werk völlig neue Wege geht und deshalb im Vergleich zu ihm als selbständiges neues Werk anzusehen ist".[1033] Entscheidend ist damit nach wie vor der nach objektiven Kriterien zu bestimmende Vergleich zwischen Original und Zweitwerk,[1034] mithin also zwischen Ausgangswerk und nachgeschaffener Collage.

Doch wie hat ein solcher Vergleich zwischen benutztem und neugeschaffenem Werk auszusehen? Nachdem die Prüfungskriterien des Reichsgerichts aus den Anfangszeiten des Urheberrechts in der Literatur eine Absage erhielten, galt es diese zu ersetzen. Man entschied sich, nicht mehr die Unterschiede zwischen Original- und Zweitwerk gegenüberzustellen, sondern vielmehr die Gemeinsamkeiten herauszuarbeiten.[1035] Vor allem seit der Trotzkopf Entscheidung des OLG Karlsruhe aus dem Jahr 1957 wurden diese Grundsätze, wenn auch unter zögerlichem Einverständnis,[1036] zu den entscheidenden Prü-

[1030] So schon zum alten LUG und KUG vertreten bei *Voigtländer/Elster/Kleine* S. 97; heute vor allem vertreten von *Chakraborty* S. 80; *Dreier/Schulze* § 24 Rn 11; Fromm/Nordemann/*Vinck* § 24 Rn 2; *Staehle* GRUR 1975, 541, 542.

[1031] *Hess* S. 36.

[1032] Vgl. dazu bei Fromm/Nordemann/*Vinck* § 24 Rn 2.

[1033] So schon bei *Allfeld* S. 174; *Kohler* GRUR 1915, 1, 7; und später allg. A. u.a. in BGH GRUR 1963, 40, 42 – Straßen – gestern und morgen; *Dreyer* § 24 Rn 12; Fromm/Nordemann/*Vinck* § 24 Rn 2.

[1034] Zur Frage Subjektivität und Objektivität wird noch einmal unter Kapitel 3 § 3 A III 2 c) (2) gesondert Stellung genommen.

[1035] KG GRUR 1926, 441, 443 – „Alt Heidelberg" – „Jung-Heidelberg"; RGZ 121, 65, 70 – Rundfunkszenen als Schriftwerk.

[1036] Vgl. dazu die Unsicherheiten mit dem neuen Instrument in der Lili Marleen Entscheidung des BGH in GRUR 1958, 402ff., indem zwar die Gemeinsamkeiten in der Urteilsbegründung benannt, letztlich aber für das Gericht entscheidend die Unterschiede zwischen beiden Werken sein sollten, S. 403f.

fungskriterien iRd freien Benutzung,[1037] die damit, würde man diesen Grundsätzen der Rechtsprechung folgen, auch auf die Prüfung iFd Collage übertragen und angewandt werden müssten. Eine solche Vorgehensweise, so wird argumentiert, böte sich nämlich nicht nur aus den oben genannten Ablehnungen heraus an, sondern sei auch positiv begründet. Schließlich sei es nur natürlich, dass die Allgemeinheit stärker auf Übereinstimmungen, denn auf Unterschiede zwischen den Werken achte.[1038]

Entsprechend der im Zuge dieser sich entwickelnden Vorgehensweise stießen jedoch nach und nach weitere Prüfungsschritte hinzu und bilden nunmehr einen generell anerkannten Prüfungsablauf, der immer wieder von neuem auf den jeweils zu beurteilenden Fall anzuwenden ist. Danach gelte es zunächst festzustellen, welche objektiven Merkmale die Individualität des benutzten Werkes bestimmen.[1039] Entscheidend soll dabei sein, dass nur die eigenschöpferischen Elemente des benutzten Werkes als rechtlich relevante Versagungsgründe in Betracht kommen. Außen vor bleiben damit all diejenigen Aspekte, die vom Urheber des Originalwerkes möglicherweise selbst zuvor entlehnt worden sind oder die, die urheberrechtlichen Voraussetzungen nicht erfüllen.[1040] Das bedeutet nun aber freilich nicht, dass bei der Prüfung, ob diese im entlehnten Werk wiederauftauchen, eine Einzelbetrachtung der jeweiligen Elemente angestellt wird. Denn Werke lassen sich häufig nur unter Zerstörung ihrer Struktur und damit ihrer geistigen Aussage zerteilen, was dazu führen würde, dass den Besonderheiten des urheberrechtlichen Werkes nicht hinreichend Rechnung getragen und damit letztlich auch das Ergebnis der Gegenüberstellung

1037 OLG Karlsruhe GRUR 1957, 395, 396 – Trotzkopf; st. höchstrichterliche Rspr. seit BGH GRUR 1958, 500, 502 – Mecki-Igel I.

1038 *Dreyer* § 24 Rn 18.

1039 Vgl. statt vieler BGH GRUR 1980, 853, 854 – Architektenwechsel; *Dreier/Schulze* § 24 Rn 12; Loewenheim/*Loewenheim* § 8 Rn 13; so im Ergebnis auch *Chakraborty* S. 80.

1040 Vgl. statt vieler BGH GRUR 1988, 812, 814 – Ein bisschen Frieden: Danach setzt die Beurteilung der Frage der Nachbildung bzw. der Entnahme grundsätzlich die Prüfung voraus, durch welche objektiven Merkmale die schöpferische Eigentümlichkeit des Originals bestimmt wird".; Schricker/*Loewenheim* § 24 Rn 12: „Grundsätzlich sind nur die im Schutzbereich des benutzten Werks liegenden Entlehnungen rechtlich relevant".

verfälscht wird.[1041] Statt einer zergliederten Einzelfallbetrachtung sei somit entscheidend, wie sich die schöpferischen Elemente des benutzten Werkes in ihrer Gesamtheit im neuen Werk präsentieren.[1042] Ergebe dabei die geistig-ästhetische Gesamtwirkung, dass Übereinstimmungen vorliegen, bleibe für § 24 Abs. 1 UrhG keine Berechtigung.[1043] Daher könne auch nicht entscheidend sein, dass es sich bei dem in der Collage übernommenen, um einen wesentlichen Teil fremden urheberrechtlich geschützten Materials handele, sondern es genüge, dass dieser überhaupt den Schutzvoraussetzungen des Urheberrechts unterfiele und im fremden Werk übernommen werde.[1044] Damit reicht bereits nach allg. Auffassung ein kleiner Werkteil, wenn ihm eigenpersönliche Züge anhaften. Fehlt dem übernommenen Werkteil hingegen die Schutzfähigkeit, soll die Benutzung zulässig sein.[1045] Nicht zu unterschätzen sei zudem, dass auch bei älteren Werken, die einen hohen Bekanntheitsgrad aufweisen, schon geringfügige Änderungen ausreichen können, um dahinter eine freie Benutzung vermuten zu können. Ob dem dann tatsächlich so ist, sei jedoch letztlich eine Frage des Einzelfalls.[1046] Auch komme es maßgeblich auf den für die Neugestaltung durch das benutzte Werk offengelassenen Spielraum an. Danach sollen „schon verhältnismäßig geringfügige Änderungen ausreichen, wenn andernfalls eine erneute Darstellung unzumutbar erschwert würde“.[1047]

Die Beurteilung dieser Fragen wird in der Gerichtspraxis nun häufig Sachverständigen überlassen, da diesen im Gegensatz zum beurteilenden Richter das dafür notwendige Fachwissen zugestanden

1041 *Chakraborty* S. 71.

1042 U.a. BGH GRUR 1991, 531 – Brown Girl I; BGH GRUR 1991, 533, 535 – Brown Girl II; *Dreier/Schulze* § 24 Rn 16; *Dreyer* § 24 Rn 18.

1043 *Chakraborty* S. 71.

1044 Fromm/Nordemann/*Vinck* § 24 Rn 11; Loewenheim/*Loewenheim* § 8 Rn 13.

1045 BGHZ 9, 262, 267 – Filmverwertungsvertrag und Filmschutz; BGH GRUR 1961, 631, 633 – Fernsprechbuch.

1046 BGH GRUR 1971, 588, 590 – Disney Parodien; BGH GRUR 1994, 191, 194 – Asterix Persiflagen; BGH GRUR 1994, 206, 208 – Alcolix; Schricker/*Loewenheim* § 24 Rn 14.

1047 Schricker/*Loewenheim* § 24 Rn 16; so wie dort auch bei BGH GRUR 1981, 352, 355 – Staatsexamensarbeit; KG CR 1994, 739f. – Englisch-Wörterbuch; *Dreier/Schulze* § 24 Rn 15.

wird.[1048] Dabei soll dieser allerdings in seiner Bewertungsweise an die Sichtweise desjenigen Betrachters gebunden sein, der das dafür erforderliche intellektuelle Verständnis besitzt.[1049] Es komme nämlich darauf an, dass man von einem Betrachter ausgehe, der sowohl das benutzte Werk kenne, als auch aufgrund seiner intellektuellen Fähigkeiten in der Lage sei, die notwendigen Vergleiche zwischen beiden Werken differenziert ziehen zu können.[1050] Dem durchschnittlichen Konsumenten wird die Fähigkeit zu einer solch abstrakten Denktätigkeit abgesprochen,[1051] es bedürfe daher, auch aus Gründen der optimalen Freiheitsgewährleistung des nachschaffenden Künstlers, eines Sachverständigen, der mit den Augen eines Betrachters mit durchschnittlichem Fachwissen seine Analyse erstellt.[1052]

Trotzdem nun die wichtigsten Punkte der von der allgemeinen Auffassungen verfolgten Prüfungsabfolge angesprochen wurden, ist bislang noch nicht geklärt, wann eine Collage innerhalb der von der h.M. angestrebten Prüfungsabfolge als in freier Benutzung geschaffen gilt und wann es sich bei ihr ausschließlich um ein Plagiat oder bestenfalls um eine Bearbeitung handelt. Diesem Kernaspekt gilt es daher noch nachzugehen. Eng verknüpft ist damit letztlich der Versuch einer Definition, die hinter der Formulierung freie Benutzung steht. So soll es dann auch entscheidende Voraussetzung des § 24 Abs. 1 UrhG sein, dass das Werk weder in identischer noch in bloß

1048 Vgl. zur Würdigung des Sachverständigengutachtens u.a. bei BGH GRUR 1988, 812, 815 – Ein bisschen Frieden; BGH GRUR 1991, 531 – Brown Girl I; BGH GRUR 1991, 533, 535 – Brown Girl II; BGH GRUR 1994, 206, 209 – Alcolix „Als Grundlage für die Beurteilung … könnte es zweckmäßig sein, ein Sachverständigengutachten … einzuholen“); näher eingehend zu dieser Problematik auch *Chakraborty* S. 78.

1049 Loewenheim/*Loewenheim* § 8 Rn 13.

1050 BGH GRUR 1971, 588, 589 – Disney-Parodie; BGH GRUR 1994, 191, 194 – Asterix Persiflagen; BGH GRUR 1994, 206, 209 – Alcolix; *Dreyer* § 24 Rn 16.

1051 „Ein kunstverständiger Laie wird sich oft zu sehr auf das äußere Erscheinungsbild abstützen und zuwenig berücksichtigen, inwieweit die übernommenen Elemente schöpferisch umgestaltet wurden“, *Reinhart* UFITA 103 (1986), 65, 78.

1052 *Chakraborty* S. 79; *Reinhart* UFITA 103 (1986), 65, 78.

umgestalteter Form übernommen wurde, sondern sich ausschließlich in der Anregung für das eigene Werkschaffen beschränkt.[1053]

Was dies nun für die Art und Weise der Übernahme fremden Werkschaffens bedeutet, oder besser, welche Höhe die Anforderungen an die Nachschöpfung erreichen müssen, damit noch von einem selbständigen/freien Werk gesprochen werden kann, ist damit freilich immer noch nicht geklärt. Allerdings beschränken sich die Versuche einer Begriffsbestimmung auch nicht auf die Artikulierung dieser zugegebenermaßen offenen Formulierung, sondern gehen noch einen Schritt weiter. So wird heute, um der oben beschriebenen Forderung des Gesetzgebers nachzukommen, oftmals auf den Begriff des Verblassens rekurriert, dessen Ursprung zwar weiter zurück liegt als man annehmen mag,[1054] dessen eigentliche Bedeutung gleichwohl erst durch eine Anpassung der für LUG und KUG gewählten Formulierungen des „Durchschillerns" und „Durchschimmerns"[1055] zu voller Geltung gelangte und das Verblassenskriterium zu einem Stereotyp werden ließ, dessen Erwähnung heute in keiner gerichtlichen Entscheidung fehlen darf[1056] und dem sich die ganz ü. A. in der Literatur in selten einhelliger Meinung angeschlossen hat.[1057] Hess formuliert

[1053] BGH GRUR 2003, 956, 958 – Gies Adler; BGH GRUR 1999, 984, 987 – Laras Tochter; BGH GRUR 1994, 191, 193 – Asterix Persiflagen; BGH GRUR 1994, 206, 208 – Alcolix; Schricker/*Loewenheim* § 24 Rn 10 mwN.

[1054] Schon vor dem UrhG von 1965 kannte man das Problem der Fremdbenutzung. Als entscheidend für die Bejahung der Privilegierung aus § 13 LUG, § 16 KUG galt damals schon, dass das Ausgangswerk im nachgeschaffenen in den Hintergrund zu treten hatte (RGZ 82, 16, 19 – Die lustige Witwe).

[1055] Diese Begriffe wurden z. B. verwendet von *Runge* S. 137.

[1056] Vgl. dazu u. a. bei BGH GRUR 2003, 956, 958 – Gies Adler; BGH GRUR 1999, 984, 987 – Laras Tochter; BGH GRUR 1994, 191, 193 – Asterix Persiflagen; BGH GRUR 1994, 206, 208 – Alcolix; BGH GRUR 1981, 352, 353 – Staatsexamensarbeit; grundlegend auch BGH GRUR 1958, 402, 404 – Lili Marleen weitere Nachweise bei Schricker/*Loewenheim* § 24 Rn 10, sowie für entsprechende Verweise auf die ältere Rechtsprechung vor 1980 vor allem bei *Chakraborty* S. 73 Fn 332, 333.

[1057] Vgl. u. a. bei *Dreyer* § 24 Rn 12; Fromm/Nordemann/*Vinck* § 24 Rn 2; *v. Gamm* § 24 Rn 10; Schricker/*Loewenheim* § 24 Rn 9; Möhring/Nicolini/*Ahlberg* § 24 Rn 7; *Schack* Urheber- und Urhebervertragsrecht Rn 243; *Rehbinder* Urheberrecht Rn 228; Wandtke/Bullinger/*Bullinger* § 24 Rn 10. Dennoch findet sich der Begriff des Durchschimmerns auch heute noch, oftmals in Verbindung mit dem Verblassen in der Diskussion so lösen sich bspw. auch Schries daher zutreffend auf den Punkt, wenn er dem Kriterium des Verblassens Klassikereigenschaft in der Urheberrechtslehre zugesteht.[1058] Grundlegend für dieses Phänomen urheberrechtlicher Definitionskunst war Ulmers 1. Auflage seines Lehrbuchs Urheber- und Verlagsrecht von 1951, indem er feststellen sollte, dass, „wenn angesichts der Eigenart des neuen Werkes die Züge des geschützten Werkes verblassen", man von einer freien Benutzung sprechen muss.[1059, 1060] Damit ersetzte er erstmalig die angesprochenen Eingrenzungsversuche, die nach und nach als unpräzise und wenig aussagekräftig angesehen werden sollten.[1061]

Eine allgemeingültige Anwendungsmaxime für das Kriterium des Verblassens gibt es nicht. Jede Entscheidung hängt nach Auffassung seiner Vertreter maßgeblich von den Umständen des Einzelfalls ab.[1062] Als allgemeiner Grundsatz lässt sich jedoch festhalten, dass sich ein generelles Verständnis unter ihnen durchgesetzt hat, nach dem „bei der Beurteilung der Frage, ob eine freie Benutzung vorliegt,

cker/*Loewenheim* § 24 Rn 11 und Möhring/Nicolini/*Ahlberg* § 24 Rn 7; nicht vollständig von der „alten" Begrifflichkeit.

1058 *Hess* S. 38.

1059 *Ulmer* Urheber- und Verlagsrecht (1951), S. 162; in seiner dritten Auflage findet sich wiederum eine Weiterentwicklung der genannten Formel, indem er nämlich das für das Urheberrecht üblichere Kriterium der Individualität stärker in den Mittelpunkt seiner Aussage rückt. Statt auf die Eigenart eines Werkes abzustellen, kommt es nun darauf an, ob „angesichts der Individualität des neuen Werkes die Züge des benutzten Werkes verblassen", *Ulmer* Urheber- und Verlagsrecht (1980), S. 276.

1060 Das bedeute freilich nicht, dass das benutzte Werk nicht mehr im neuen erkennbar ist, da sich andernfalls die Frage nach der freien Benutzung gar nicht stelle. „Es muss in dem Werk sogar noch die Individualität des benutzten Werkes durchschimmern". Möhring/Nicolini/*Ahlberg* § 24 Rn 8; *Samson* Urheberrecht S. 90; *Traub* UFITA 80 (1977), 159, 165, der allerdings im Anschluss an Samson den Begriff des Durchschimmerns dahingehend präzisiert, dass das Werk bei der Bearbeitung in der Substanz erhalten bleiben muss; ähnlich auch Schricker/*Loewenheim* § 24 Rn 11 „Eine freie Benutzung liegt … dann vor, wenn … das ältere in dem neuen Werk nur noch schwach und in urheberrechtlich nicht mehr relevanter Weise durchschimmert".

1061 Der Begriff des „Durchschillerns" ist dennoch nicht gänzlich aus der Begriffswelt des Urheberrechts verschwunden und wird heute vor allem von *Delp* S. 319 benutzt.

1062 So schon zum alten Recht RGZ 82, 16, 17 – Die lustige Witwe; vgl. zusätzlich statt vieler BGH GRUR 1988, 812, 814 – Ein bisschen Frieden; *Hess* S. 39, Schricker/*Loewenheim* § 24 Rn 10.

im Interesse eines ausreichenden Urheberrechtsschutzes kein (all)zu milder Maßstab anzulegen“[1063] sei.[1064] Dem Urheber soll zwar über § 24 Abs. 1 UrhG ermöglicht werden, sich in fremdem Werkschaffen Anregungen zu holen, dies dürfe jedoch nicht dazu führen, dass ihm deswegen eigenschöpferische Arbeit erspart bleibt.[1065] Zudem gebe es einen „schier unerschöpflichen Fundus“ an frei benutzbarem Material, der die wenigen geschützten Stücke bei weitem überwiege. Daher wäre es falsch, die Eigentumsfreiheit über Gebühr belasten zu wollen.[1066] Entscheidend in der Bewertung des Verblassenskriteriums ist auch in diesem Zusammenhang einmal mehr die „berühmte“ je-desto-Formel. Danach gilt: „Je auffallender die Eigenart des benutzten Vorbildes“ ist, desto höhere Anforderungen seien an „die, in dem neuen Werk verkörperte geistige Leistung“ zu stellen.[1067] Entscheidend sei jedoch auch hier die Gesamtschau der beide Werke bestimmenden Elemente.[1068]

Auf die Collage bezogen hieße das freilich, dass der übernommene Teil innerhalb der Collage nicht mehr zu erkennen sein darf, mithin

[1063] BGH GRUR 1965, 45; 47 – Stadtplan; dem sich anschließend u. a. BGH GRUR 1971, 588, 589 – Disney-Parodie; BGH GRUR 1978, 305, 306 – Schneewalzer; BGH GRUR 1981, 267, 269 – Dirlada; BGH GRUR 1994, 191, 193 – Asterix Persiflagen; BGH GRUR 1994, 206, 208 – Alcolix; BGH GRUR 1999, 984, 987 – Laras Tochter; BGH GRUR 2000, 703, 704 – Mattscheibe; KG GRUR 2006, 54 – Bauhaus-Glasleuchte II; einhellige Meinung auch in der Literatur vgl. statt vieler *v. Gamm* § 24 Rn 4; *Schack* Urheber- und Urhebervertragsrecht Rn 244; *Ulmer* Urheber- und Verlagsrecht (1980) S. 276; *Wanscher* S. 87.

[1064] Jedoch reduziert insbesondere *Chakraborty* (S. 80) die Wirkung diese Feststellung auf eine bloß deklaratorische ohne eigenständigen Bedeutungsgehalt in der Prüfung. Denn sowohl die gesetzlichen Tatbestandsmerkmale als auch die daraus folgenden Abgrenzungskriterien sollen angesichts der sorgfältigen Gegenüberstellung beider Werke schon zwangsläufig zu dem Schluss führen, dass es sich bei § 24 Abs. 1 UrhG um eine eng begrenzte Ausnahme im Urheberrecht handele.

[1065] Vgl. statt vieler BGH GRUR 1958, 500, 502 – Mecki Igel I; BGH GRUR 1965, 45, 47 – Stadtplan; BGH GRUR 1981, 267, 269 – Dirlada; Fromm/Nordemann/*Vinck* § 24 Rn 4; Schricker/*Loewenheim* § 24 Rn 15.

[1066] Vgl. dazu u. a. bei Fromm/Nordemann/*Vinck* § 24 Rn 4; *Schlingloff* S. 69.

[1067] BGH GRUR 1965, 45, 47 – Stadtplan; vgl. u. a. auch bei BGH GRUR 1958, 500, 502 – Mecki-Igel I; BGH GRUR 1978, 305, 306 – Schneewalzer; Loewenheim/*Loewenheim* § 8 Rn 11; Wandtke/Bullinger/*Bullinger* § 24 Rn 10.

[1068] BGH GRUR 1999, 984, 987 – Laras Tochter („nach den Umständen des vorliegenden Falls“); *Dreyer* § 24 Rn 13.

eine originalgetreue Verwendung eigentlich nicht erfolgen kann, sondern sich die Übernahme aus dem Fremdwerk ausschließlich auf Inspiration erstreckt. Da dies jedoch auch von der h. A. nicht als ausreichend empfunden wird, wird neben dem Grad des Verblassens zunehmend auch auf ein zweites Merkmal zurückgegriffen. Danach komme, als paralleles Kriterium, die Frage nach dem inneren Abstand des in freier Benutzung geschaffenen Werkes zu seinem Ausgangswerk zur Anwendung. Denn nicht immer erlaube das künstlerische Vorhaben, das Werk bis zur Unkenntlichkeit zu verfremden. Vielmehr sei es mitunter notwendig, dieses deutlich in die eigene Formgestaltung zu übernehmen, wodurch auch im Zweitwerk noch deren individuellen Züge erkennbar bleiben. Um dennoch nicht dem Vorwurf des Plagiats ausgesetzt zu sein, müsse der Künstler es daher erreichen, dass seine Nachschöpfung einen genügenden, inneren Abstand zum älteren Werk einnimmt, um damit zu erkennen zu geben, dass ihn dieses ausschließlich als Projektionsebene für eigenes selbständiges Schaffen angeregt habe.[1069]

Teilweise wird zwar darauf hingewiesen, dass es sich hierbei bloß um eine sprachliche Variation der schon bekannten Verblassensformel handele, so dass mit unterschiedlichen Ergebnissen, auch unter Zugrundelegung dieser Forderung, nicht zu rechnen sei. Vielmehr würde bei genügendem Abstand des nachgeschaffenen Werkes vom Original dieses immer auch angesichts der Neuschöpfung verblassen, womit es im Grunde auch verzichtbar sei.[1070] Dies sei jedoch nach der Entgegenhaltung Chakrabortys nicht nachvollziehbar. Schließlich könne man das Verblassenskriterium nicht als ein die Begriffsbestimmung abschließendes Merkmal auffassen. Im Zuge des grundrechtlichen Schutzes der Kunstfreiheit müsse vielmehr auch die Verblassensformel, angesichts des Auftretens von künstlerischen Ausnahmefällen wie der Parodie, den dort gewählten Ausdrucksmitteln entsprechend angepasst werden. Denn würde man statisch am

1069 BGH GRUR 1994, 191, 193 – Asterix Persiflagen; BGH GRUR 1994, 206, 208 – Alcolix; BGH GRUR 1999, 984, 987 – Laras Tochter; BGH GRUR 2000, 703, 704 – Mattscheibe; BGH GRUR 2003, 956, 958 – Gies Adler; vgl. in der Literatur zu diesem Kriterium auch bei *Chakraborty* S. 73 f.; *Delp* S. 319 ff.; *Dreier/Schulze* § 24 Rn 16, 25; *Dreyer* § 24 Rn 19; *Rehbinder* Urheberrecht Rn 228.

1070 *Hess* S. 40.

Begriff des Verblassens festhalten, müsste man gerade auch in diesen Fällen, in denen das Ausgangswerk unverändert übernommen würde, die gesetzliche Regelung des § 24 Abs. 1 UrhG für nicht anwendbar erklären.[1071] Damit dürfte also zumindest nach dieser Erweiterung des Verblassensbegriff auch die originalgetreue Übernahme von Fremdmaterial in die Collage erfolgen. Notwendig bleibe jedoch der Nachweis, dass der Künstler in den inneren Abstand zum übernommenen Teil gehe und dieses uU sogar antithematisch bearbeiten wolle. Dabei wird auch iRd Merkmals auf Strenge und Einzelfallentscheidung gesetzt.[1072] Dies erscheint nur als folgerichtig. Denn wenn man einhellig erklärt, dass man den inneren Abstand, den ein Werk zum Original entnimmt, für nichts weiter als ein sinngemäßes Verblassen[1073] oder ein Verblassen im weiteren Sinne hält,[1074] und davon ausgeht, dass auch in diesen Fällen die Individualität des älteren Werkes vom aus dem Abstand heraus entstandenen, eigenschöpferischen Gehalt des neuen überlagert wird,[1075] dann bleibt es nicht aus, die zum Verblassenskriterium eingebürgten strengen Prüfungskriterien auch an dieser Stelle anzulegen.

Neben dieser über Jahre gefestigten Begriffsbestimmung der freien Benutzung finden sich aber noch eine Reihe einzelner Versuche, denen es jedoch an Unterstützung ermangelt und denen aus diesem Grund der endgültige Durchbruch in der Anerkennung als gangbarer Weg, zumindest bisher, versagt geblieben ist.

Am Anfang der Betrachtung soll hierbei zunächst ein von Chakraborty ins Spiel gebrachter Abgrenzungsversuch stehen.[1076] Dieser sieht in den hergebrachten Überlegungen nur unzureichende Versuche, die nicht in der Lage sind, ausreichende Rechtssicherheit zu gewähren, was jedoch gerade angesichts der mit der freien Benutzung zusammenhängenden Unsicherheiten negativ aufstoße.[1077] Unter dem

[1071] *Chakraborty* S. 74.

[1072] BGH GRUR 1994, 191, 193 – Asterix Persiflagen; BGH GRUR 1994, 206, 208 – Alcolix; BGH GRUR 1999, 984, 987 – Laras Tochter; Loewenheim/*Loewenheim* § 8 Rn 12; Schricker/*Loewenheim* § 24 Rn 15.

[1073] *Chakraborty* S. 74.

[1074] Schricker/*Loewenheim* § 24 Rn 11.

[1075] Fromm/Nordemann/*Vinck* § 24 Rn 2; Schricker/*Loewenheim* § 24 Rn 11.

[1076] *Chakraborty* S. 82 ff.

[1077] *Chakraborty* S. 82.

Eindruck der zunehmenden Ökonomisierung des Kulturbetriebes, in der nicht mehr der zweckfreie Kunstbereich, sondern zunehmend die kommerzielle Kreativität die Realität bestimmt,[1078] und unter Berücksichtigung wettbewerblicher Aspekte im Urheberrecht, die an verschiedenen Stellen wie dem Zitatrecht oder in den verwandten Schutzrechten schon längst anerkannt sind,[1079] entwickelt Chakraborty ein wettbewerbliches Abgrenzungskriterium für die Unterscheidung von freier und unfreier Benutzung,[1080] das zumindest ergänzend heranzuziehen sei.[1081] Entsprechend den Kriterien zum amerikanischen fair use, die trotz der persönlichkeitsrechtlichen Verknüpfung des Urheberrechts auch in Deutschland anwendbar seien,[1082] käme es mithin darauf an, dass durch die Verwertung der jüngeren Collage durch den Benutzer „eine nachweisliche Erhöhung des Konkurrenzgrades auf dem Markt des Ausgangswerkes" zu erwarten sei. Bliebe hingegen die „Verwertung des jüngeren Werkes ohne Einfluss auf die wettbewerbliche Lage des Ausgangswerkes, liege auch kein Wettbewerbsverhältnis vor", mithin sei sogar „das Aufbauen auf einem geschützten Werk in größerem Umfang möglich".[1083]

Letztlich beinahe unbeachtet geblieben sind die Überlegungen, nach denen die Privilegierung aus § 24 Abs. 1 UrhG nur dann vorliegt, wenn ausschließlich gemeinfreie oder nichtindividuelle Elemente übernommen werden. Nach dieser Auffassung sei nämlich die individuelle Leistung eines Urhebers in einer Weise geschützt, die sie

1078 *Chakraborty* S. 83; Er verweist dazu ein paar Stellen weiter auf einzelne für die freie Benutzung maßgebliche Entscheidungen wie Mecki-Igel I (BGH GRUR 1958, 500 ff.) oder Stadtplan (BGH GRUR 1965, 45 ff.) um seine Auffassung vom eigentlichen Sinn und Zweck der gerichtlichen Auseinandersetzung in der materiell-wirtschaftliche Motivationen der Grund sind die freie Benutzung in Abrede zu stellen, noch einmal zu untermauern, S. 86 f. Dieses sieht er iÜ auch dadurch bestätigt, dass der Gesetzgeber anstelle einer Kodifizierung des Computerprogrammschutzes im Wettbewerbsrecht vorzunehmen, was nach seinem Dafürhalten angebracht gewesen wäre, diesen dem Urheberrechtsschutz unterstellt, S. 87 ff., insb. 91 ff.

1079 *Chakraborty* S. 85.

1080 *Chakraborty* S. 94 ff., wobei sich der wettbewerbsrechtliche Gedanke iRd Anwendung des § 24 UrhG sich bereits bei *Staehle* GRUR 1975, 541, 545 finden lässt.

1081 *Chakraborty* S. 100.

1082 Vgl. dazu *Chakraborty* S. 94 ff., insb. S. 97 ff.

1083 *Chakraborty* S. 100.

grundsätzlich vor der Fremdübernahme bewahre. Sobald also individuelle Teile eines Werkes, wie bspw. gerade auch in der Parodie, übernommen werden, scheitere eine freie Benutzung im wirklichen Sinne und könne deswegen auch nicht über § 24 Abs. 1 UrhG erfasst werden. § 24 Abs. 1 UrhG sei daher eigentlich überflüssig.[1084] Oftmals fließt bei diesen Überlegungen ein, ob man nicht durch zusätzliche Vorschriften Grenzfälle wie die Parodie iSe einzeln aufgeführter Parodiefreiheit regeln könnte.[1085] Dieser Tradition folgend könnte man mithin auf den Gedanken kommen, ähnlich der angesprochenen Parodiefreiheit, an eine Collagefreiheit zu denken. Immerhin, wie sich am Anfang dieser Arbeit gezeigt hat, handelt es sich bei der Collage um eines der wichtigsten Kunstformen der zeitgenössischen Kunst, die ähnlich wie die Parodie von ihrer Bedeutung für die Kunst und der mit der Technik verbundenen Besonderheiten her eine eigenständige Privilegierung verdient zu haben scheint.

(2) Stellungnahme und eigene Begriffsbildung unter besonderer Berücksichtigung des Bildnisbegriffs der Collage

Die Überlegungen zu § 24 Abs. 1 UrhG zeugen von einer sehr umfangreichen Auseinandersetzung in der urheberrechtlichen Diskussion, die zudem schon seit langem geführt wird. Es fragt sich daher, inwiefern angesichts dieser Fülle von Rechtsprechungsquellen und Literaturverweisen überhaupt noch Bedarf an weiteren Ansätzen be-

[1084] *Hefti* S. 103; *Lutz* S. 27, 30; nicht ganz so konsequent aber im Ergebnis ähnlich bei *Hörnig* UFITA 99 (1985), 13, 39f.; zudem findet sich eine ablehnende Haltung auch bei *Platho* GRUR 1992, 360, 361, die jedoch darauf beruht, dass für ihn bei Parodien nicht § 24 UrhG, sondern in verfassungskonformer Anwendung § 23 UrhG unter Berücksichtigung einer Konkurrenzprüfung im Rahmen eines verfassungsrechtlich motivierten Interessenausgleichs einschlägig sei, S. 362ff.

[1085] Vgl. dazu *Hefti* S. 123, der die Aufnahme folgender Vorschrift in das UrhG nahe legt: „Ein veröffentlichtes, urheberrechtlich geschütztes Werk darf ohne Zustimmung des berechtigten Urhebers dann parodistisch verwandelt werden, wenn der Parodie eine deutliche komische, von der Vorlage divergierende Wirkung und eine auf das Originalwerk bezogene subjektive kritische Stellungnahme des Parodisten eigen ist und wenn die Parodie das parodierte Werk weder durch zu enge noch zu lose Abhängigkeit konkurrenziert“.

steht. Doch dass dem so ist, gilt es vor allem vor dem Hintergrund der Collage mit der folgenden Stellungnahme zu beweisen.

Dabei ist zunächst noch einmal auf den Gesamtkomplex hinzuweisen, in dem § 24 Abs. 1 UrhG im Urheberrecht angesiedelt ist.[1086] Angesichts dieses haben die Stimmen in der Literatur nicht ganz Unrecht, die die Abwägung maßgeblich darauf konzentrieren, Bearbeitung und freie Benutzung voneinander abzugrenzen. Natürlich wäre es falsch, würde man verkürzt feststellen, dass all das, was nicht den Anforderungen an die freie Benutzung genügt, wiederum eine Bearbeitung sei, denn auch die Bearbeitungsleistung hängt von der Erfüllung bestimmter Voraussetzungen ab und das nachgeschaffene Produkt kann immer auch noch ein bloßes Plagiat sein, ohne diese Anforderungen zu erfüllen. Doch wäre es genauso falsch, diesen Punkt, der sich auf die zwischen Bearbeitung und freie Benutzung fokussierende Abgrenzung bezieht, schlichtweg zu übergehen. So wird an anderer Stelle noch darauf hinzuweisen sein, dass maßgeblicher Untersuchungsgegenstand iRd Gesamtkomplexes Collage die Abgrenzungen der einzelnen Tatbestände der §§ 15, 16–22, 23, 24 UrhG unter- und gegeneinander ist, nach der sich daher auch die Begriffsbestimmung orientiert.[1087]

Mit § 24 Abs. 1 UrhG wurde ein Tatbestand in das UrhG aufgenommen, der es erlaubt, dass der Künstler mit seinem in freier Benutzung geschaffenen Produkt aus der Privatsphäre heraustritt und es der Öffentlichkeit präsentiert. Das Privileg des nachschaffenden Künstlers nach § 24 Abs. 1 UrhG geht weiter als das des Bearbeiters nach § 23 Satz 1 UrhG. Daher müssen auch die Anforderungen naturgemäß weit über dem liegen, was für eine Bearbeitung gefordert wird. Insofern ist ein wichtiger Punkt in der Sachverhaltslösung, in der Gegenstand eine nachgeschaffene Collage ist, welchem Privilegientatbestand diese eher zuzuordnen ist, dem der Bearbeitung oder dem der freien Benutzung. Daraus ergibt sich fast schon notwendig, dass man in der Lage sein muss, beide Tatbestände voneinander abzugrenzen. Die Definitionsbestimmung der freien Benutzung ergibt sich damit aus der Abgrenzung zur Bearbeitung. Diese gilt es nun anhand der grundgesetzlichen Vorgaben aus den Art. 5 Abs. 3 und 14 GG und

1086 Vgl. näheres zu dieser Überlegung auch unter Kapitel 3 § 3 IV 2.
1087 Vgl. dazu unter Kapitel 3 § 3 IV 2.

unter Berücksichtigung des hier vertretenen Werkbegriffs sowie der kulturwissenschaftlichen Erkenntnisse, die auch und gerade auf der Entwicklung der Collage beruhen, herauszuarbeiten.

Generell lässt sich festhalten, dass die subjektive Einstellung des Künstlers nicht als alleiniger Gesichtspunkt maßgebend sein darf, wenn es um die Beantwortung der Frage nach einer tragfähigen Abgrenzung zwischen freier Benutzung oder Bearbeitung geht. So zeigt sich auch hier, wie schon in der Frage der Bearbeitung, dass grundlegende Abgrenzungen nicht ausschließlich aufgrund von nicht nachprüfbaren inneren Motivationen heraus funktionieren, sondern grundsätzlich unter objektiven Gesichtspunkten zu erfolgen haben. Man kommt gleichwohl nicht umhin festzustellen, dass trotz gegenläufiger Angaben auch die h. A. nicht vollends die Abwägungen ausschließlich nach rein objektiven Gesichtspunkten bestimmt. Schließlich zeugen die Überlegungen von einem inneren Abstand des Künstlers oder der antithematischen Behandlung, dass die innere Sichtweise des Künstlers zumindest auch in der Bestimmung der freien Benutzung maßgebend sein muss. Dies auch nicht zu Unrecht, denn immer dann, wenn es darum geht, die Fundamentalkonzeption festzustellen, wird es zumindest auch um die innere Haltung des Künstlers zur Kunst gehen, spiegelt sich doch in der konkreten Werkgestaltung immer auch die subjektive Auffassung des Künstlers wider. Zwar wird den angesprochenen subjektiven Gesichtspunkten keine einzelentscheidliche Rolle in der hier besprochenen Abgrenzung zukommen, es gilt aber zumindest, ihr zugegebener Maßen in geringem Grade ergänzender und das Gesamtbild des Werkes abrundender Wert innerhalb der Abwägung nicht außer Acht zu lassen. Insofern gilt es, vor falschen Absolutheitsansprüchen zu warnen, noch dazu, wenn sie selbst nicht eingehalten werden können.

Die Vorgehensweise der herrschenden Auffassung überzeugt daher zunächst, und das nicht nur auf Grund der ablehnenden Gründe gegenüber der alten Auffassung des Reichsgerichts. So gibt der von der herrschenden Auffassung vorgeschlagene Prüfungsaufbau einem weitestgehend objektive Kriterien, die ein hohes Maß an Neutralität und Nachprüfbarkeit gewährleisten, an die Hand. Zudem orientieren sich die hier diskutierten Kriterien, die man auch als vorgelagerte Anwendungsvoraussetzungen des Privilegientatbestandes aus § 24 Abs. 1 UrhG bezeichnen mag, ausschließlich am vorhandenen Werkgut, welches sie zu Recht gegenüberstellen und statt nach den Unterschieden, nach den Gemeinsamkeiten zwischen beiden fragen. Denn darauf kommt es letztlich an. Schließlich findet sich nur im Werkgut die vom Künstler aufgewendete konkret gewordene Leistung, die nicht Allgemeingut ist, wieder. Darüber hinaus kann nur die Suche nach der übernommenen Individualität des Originals im nachgeschaffenen Werk aussagekräftige Antworten auf die Frage geben, ob der Künstler seine eigene Leistung durch fremde Hände Arbeit ersetzt oder aber sich die übernommene Fremdleistung einzig in der bloßen Anregung der Geistestätigkeit beschränkt. Dies lässt sich nicht durch eine Untersuchung beider Werke nach Unterschieden festmachen. Denn Hintergrund des § 24 Abs. 1 UrhG kann es angesichts der strengen Vorgaben des Grundgesetzes nicht sein, dass eine wie auch immer geartete Leistungsübernahme erfolgt und sei sie auch noch so gering im Verhältnis zur eigenen Leistung. Ansonsten sei auf die berechtigten Argumente verwiesen, die bereits iRd Darstellung der Kritiken der überkommenen Auffassung genannt wurden[1088] und die letztlich eine Unterstützung des von der h. A. gewählten Prüfungsaufbaus neben den grundrechtlichen Erwägungen rechtfertigen.

Schließlich gilt es noch darauf hinzuweisen, dass die grundgesetzlichen Erwägungen, nach denen eine einzelfalloptimierte Lösung, die anhand des Gesichtspunktes der praktischen Konkordanz, d.h. bestentwickelter Entfaltungsfreiheit beider Grundrechte, vorzunehmen ist, von sich aus schon eine Einzelfallbetrachtung vorgeben. So ist in der Tat die Strenge des Maßstabs, die an die Einzelfallbetrachtung und die dazu gehörige je-desto-Formel geknüpft wird, keine spezifisch an § 24 Abs. 1 UrhG gebundene Voraussetzung, sondern nur ein Sideffekt, der sich ganz generell aus der grundgesetzlichen Betrachtung des zu beurteilenden Sachverhalts ergibt.[1089]

Richtig ist schließlich auch, dass eine Überprüfung der Gemeinsamkeiten nur anhand einer Gesamtbetrachtung der in beiden Werken vorhandenen individuellen Elemente erfolgen kann. Dies jedoch schon aus einem Grund, der bislang so explizit noch keine Erwähnung unter den urheberrechtlichen Stimmen gefunden hat, und die oben getroffene richtige Aussage, in der es heißt, dass Werke ganz-

1088 Zu den berechtigten Gründen vgl. unter Kapitel 3 § 3 A III 2 c) (2).
1089 Im Ergebnis so auch Chakraborty S. 80.

heitlich betrachtet werden müssen, will man nicht ihre Struktur oder besser Komposition zerstören, nicht etwa nur ergänzt, sondern erst maßgeblich unterfüttert. Diesem Argument soll daher auch im Folgenden nachgegangen werden, schließt sich doch damit gleichzeitig der entscheidende Kritikpunkt an der weiteren Vorgehensweise der herrschenden Auffassung an.

Das entscheidende Problem der allgemeinen Auffassung ist nämlich, dass sie von einem unzulänglichen Werkbegriff ausgeht, der den modernen Aspekten der Kunst schon längst nicht mehr genügt.[1090] Indem sie den veralteten Vorstellungen von in der Formgebung und damit der letztlich ausschließlich in der konkreten äußeren Gestalt des Werkstücks verhafteten Individualität anhängt, gelingt es ihr in der Folge dann auch nicht, zutreffende Abgrenzungskriterien zu entwickeln, die zum einen modernen Kunsttechniken, wie der Collage oder aber Kunstausdrucksformen, wie der Parodie, gerecht werden, zum anderen aber auch zu völlig falschen Bewertungen zwingt, die aber wiederum aus Gründen der Kunstfreiheit notwendig und als solche auch als Notwendigkeiten anerkannt sind.

Künstler finden heute, noch mehr als früher, eine Situation vor, in der sie, wie Friedrich Dürrenmatt festgestellt hat, nicht freie Stoffe, d.h. Möglichkeiten, sondern Gestalten, d.h. Geformtes vorfinden.[1091] Entscheidend für den Künstler kann es daher oftmals nur noch sein, dass er dieses Vorgefundene wieder zu dem macht, was es sein sollte, nämlich zu Stoffen, denn nur dann kann er eigenes Gedankengut gestalten. Dies gelingt aber nur, wenn der Künstler die Stoffe in den bewussten Gegensatz zu dem darstellt, was sie geworden sind. Damit gewinnt er letztlich die Freiheit, die er als Künstler braucht. Ein wichtiger Arbeitsschritt auf diesem Weg ist es „damit den Stoff, … nicht mehr zu finden, sondern nur noch (neu) zur erfinden“.[1092] Dürrenmatt gibt damit zu erkennen, dass es uU notwendig sein kann, mit dem Vorhanden, manchmal auch unter Beibehaltung der konkreten Formgestaltung, zu arbeiten und daraus neues Geistesgut zu entwickeln. Diese Beobachtung Dürrenmatts deckt sich mit den zum Werkbegriff erarbeiteten Grundlagen. Kunst entsteht aus Kunst, wie

1090 Vgl. dazu unter Kapitel 3 § 2 A II.
1091 *Dürrenmatt* S. 42.
1092 *Dürrenmatt* S. 43.

Rudolf Schlichters Collage *Phänomen-Werke* von 1919/20 so eindruckvoll beweist. So wurde festgestellt, dass in dem Fall, in dem der Künstler durch die Erarbeitung der dem Werk zugrunde liegenden Konzeption seine Arbeitsgrundlage schafft, eigentlich erst eine gesteigerte Form der geistigen Auseinandersetzung vorliegt. So stellt bereits Walter Benjamin fest, dass das Material der Montage ... ja durchaus kein beliebiges" ist, sondern vielmehr das vorhandene aufsprengt.[1093] In dem Moment nämlich, in dem die bewusste Wahl des Künstlers auf ein Ausdrucksmittel fällt, mithin er sich in die konkrete Auseinandersetzung und Suche nach der Formgestaltung seines Werkes und damit verfolgten Idee begibt, wird vom Künstler zusammen mit dem Akt der Schöpfung die entscheidende Grundlage für die später im Werk vorhandene Individualität gelegt.[1094] Es verwundert mithin nicht, wenn Robert Musik feststellt, dass die schöpferischen Menschen nicht das aus anderen Zeiten und Orten Kommende übernehmen, sondern es vielmehr in ihnen neu geboren wird.[1095] Denn verändert man nun eine dieser Komponenten in der ursprünglichen Konzeption in grundlegender Weise, führt dies dazu, dass die darin verkörperte Individualität verändert wird. Eine veränderte Konzeption des Werk führt mithin aber auch zu einer Veränderung der im Werk verkörperten Handschrift des Künstlers und damit letztlich zu einer Veränderung des im Werk verobjektivierten Geistes oder zusammengefasst der Individualität, die vor allem immer eine Individualität des Künstlers ist. Auf ein Verblassen oder Durchschimmern kommt es somit gar nicht an und auch die ein wenig bemüht wirkende Formulierung des inneren Abstands folgt eher aus dem Versagen der h. A. in der Bildung des ihr immanenten eigenen Werkbegriffs.

Insofern überzeugt eher noch folgende Formulierung von der „antithematischen Behandlung",[1096] auf die vor allem iRv Satire und Parodie gerne von der h. A. zurückgegriffen wird. Auch wenn diese letztlich in Unkenntnis der dahinter stehenden urheberrechtlichen Werkvorgaben erbracht wird, beschreibt sie letztlich nichts anderes als das Zusammenspiel von Fundamental- und Werkkonzeption und

[1093] *Benjamin* Krisis des Romans S. 232.
[1094] Vgl. dazu unter Kapitel 3 § 2 C III 1.
[1095] *Musil* S. 1266, 1269.
[1096] Vgl. dazu in jüngster Zeit u. a. bei BGH GRUR 2003, 956, 958 – Gies Adler; BGH GRUR 2000, 703, 704 – Mattscheibe; *Hess* S. 65 ff.

drückt aus, dass eine veränderte Individualität auch dann gegeben ist, wenn innerhalb der Collage versucht wird, die übernommenen Teile in einen anderen Gesamtzusammenhang zu stellen und sie damit einer anderen Fundamentalkonzeption zu unterstellen. Insofern bedarf es iRd Überprüfung besser der Überlegung, ob man angesichts veränderter Konzeptionen überhaupt noch von einer Gemeinsamkeit beider Werke sprechen kann. Dies gilt es zu verneinen, wenn es zu einer absoluten und grundlegenden Veränderung der Fundamental-, auch unter Beibehaltung der Werkkonzeption kommt. Denn dann liegt eben keine Übernahme der fremden Individualität vor. Dieses zeigt sich insbesondere auch bei der Betrachtung der Collage und des damit verbundenen Kunstverständnisses. Die Collage zerstört „von vornherein jedes thematisch formulierte Programm und gibt die Zwischenräume frei. Mit dem gegebenen Material, mit den Brocken aus der nur zu bekannten Realität bringt sie durch ihre Methode eine ‚andere' Wirklichkeit hervor".[1097] Durch die Veränderung der Fundamentalkonzeption des Originalwerkes tritt die fertige und in freier Benutzung geschaffene Collage aus der natürlichen Bestimmung und der Identität des Originals heraus und vermittelt eine neue absolute, künstlerische Wahrheit. Man muss sich damit von der Vorstellung lösen, Individualität werde allein durch die erkennbare Formgestaltung bestimmt. Kerngedanke der Collage ist es nun einmal, dass der Künstler mit seinen Bemühungen seine Sicht von der Welt mitteilt, die, wenn es ihm gelingt und er nicht bloß abbildend iS des überkommenen Mimesisbegriffs arbeitet, seine eigene und höchstpersönliche Wahrheit ist und damit auch zum Bruch mit der bisherigen Aussage des Ausgangswerkes führt. Wenn man wie heute vom Kunstwerk als autonomes System ausgeht, in dem die Wirklichkeit nicht nur abgebildet, sondern durch ein eigenes Zeichensystem ersetzt wird, dann erfolgt in der Übernahme der äußeren Gestalt, die in ihrer Fundamentalkonzeption auf die bloße inhaltsleere Hülle reduziert wurde, keine Plagiatierung des Originals, sondern die Entwicklung einer eigenständigen und aus eigener Leistung heraus entstandener Collage, in der sich die Wirkung des Ausgangswerks in der Vorarbeit des Künstlers ausschließlich auf die Funktionen ‚Anregung und Inspiration' reduziert.

[1097] *Mon* Collagetexte S. 211, 222.

Darin liegt iÜ auch der entscheidende Unterschied zum Zitatrecht im herkömmlichen und iRd Collage im besonderen Sinne, innerhalb dessen zwar das Zitat zur künstlerischen Aussage gebraucht werden kann, dieses aber eben unter Beibehaltung der fremden Individualität, was sich auch im allg. Änderungsverbot zeigt. Im Unterschied dazu entsteht mit einem in freier Benutzung entstandenem Werk gem. den Voraussetzungen aus § 24 Abs. 1 UrhG und unter Berücksichtigung des hier vertretenen Werkbegriffs durch die notwendige Änderung in der Fundamentalkonzeption ein völlig neues Werk auch unter Beibehaltung der Werkkonzeption. Dass zeitgenössische Kunst für eine nachvollziehbare Abgrenzung anhand der besprochenen Kriterien dabei einer gewissen Kenntnis bedarf, ist jedoch keine Neuerung des hier vertretenen Werkbegriffs, sondern kommt bereits auch in den Überlegungen der herrschenden Auffassung zum Ausdruck. Kunst verstehen und die Prüfung der Individualität setzt nämlich immer auch voraus, dass die Kenntnis und die Abstraktionsfähigkeit des Rezipienten höher anzusetzen sind.

Zwar erscheint Chakrabortys Überlegung auf den ersten Blick, zumindest als ergänzende Auffassung, erwägenswert, spiegelt sich doch in ihr die bereits iRd Zitatrechts ausführlich behandelte Thematik des nicht gestatteten Substitutionswettbewerbs wider. Doch ist, was Chakraborty letztlich mit den Grundsätzen des fair use umreißt, im Grunde nichts anderes als die bisher ungeschriebene Schranke aus § 51 UrhG, mit der bereits in dessen Rahmen unzumutbaren Beeinträchtigungen vorgebeugt werden soll. Dennoch bedarf es dieser ergänzenden Prüfung bei § 24 Abs. 1 UrhG und folglich bei der Überprüfung der Collage auf ihren Rechtscharakter hin nicht. Chakrabortys Vorschlag ist zwar insofern interessant, als, wenn auch von ihm nicht weiter betont, grundrechtliche Vorgaben aus Art. 14 Abs. 1 GG in einer Weise mit einbezogen werden, die der herrschenden Auffassung in dieser Art bisher fremd sind. Doch geht es iRd § 24 Abs. 1 UrhG letztlich nur darum, festzustellen, ob sich die individuellen Züge der Werke untereinander gleichen. Tun sie das, ist in dieser Prüfung aber kein Platz mehr für den Anwendungsbereich des § 24 Abs. 1 UrhG. Hat der Künstler hingegen eine Veränderung im Rahmen der Fundamentalkonzeption vorgenommen, die trotz scheinbarer Übernahme der Werkkonzeption zu einer völlig anderen Aussage des Kunstwerkes führt und damit die Individualität des Originalurhebers überlagert und noch klarer ersetzt, dann liegt an sich schon keine Frage des Wettbewerbs vor, da ein vom Originalwerk zu unterscheidendes selbständiges Werk vorliegt und nicht eines, das sich lediglich auf die Übernahme individueller Elemente des Originals beschränkt.

Darin unterscheidet sich die hier vertretene Auffassung auch von denjenigen, deren Überlegung nach ausschließlich nichtindividuelle Werke übernommen werden dürfen. Eine solche Auffassung verkennt nämlich ebenfalls grundlegend den mit der Collage eng verknüpften, veränderten Bildbegriff, der zu einem grundlegenden Anschauungswandel in der modernen Kunst geführt hat. Insofern ist gerade auch eine Parodie nicht etwa aufgrund eines wie auch immer gearteten inneren Abstands von § 24 Abs. 1 UrhG erfasst, sondern, weil die vom Künstler des Originalwerks vorgesehene Konzeption durch diejenige des nachschaffenden Künstlers ersetzt wurde, was letztlich dazu geführt hat, dass trotz besagter scheinbarer Übernahme der gegenständlichen Form des Originals, dessen Individualität mangels Übernahme der im Werk liegenden Aussage des Originalurhebers nicht mehr zu erkennen ist, und damit gänzlich von der des nachschaffenden Künstlers überlagert wird. Insofern liegt in diesen Fällen schon gar keine Übernahme individueller Teile des Ursprungswerkes vor, was von Hefti und anderen ähnlich gelagerten Auffassungen aber übersehen wird und damit letztlich zu der Fehlinterpretation des § 24 Abs. 1 UrhG in einer Weise zwingt, die in Ergänzungsvorschlägen wie Parodiefreiheit endet. Zudem erscheint nicht einsichtig, warum der Anwendungsbereich des § 24 Abs. 1 UrhG bei der scheinbaren Übernahme individueller Werkelemente zunächst zwar abgelehnt, dann aber, wie von Hefti,[1098] für die Parodie im Wege einer ergänzenden Kodifizierung wieder eingeführt werden soll. Ziel des Gesetzgebers kann es doch nicht sein, durch Einzelfallregelungen eine Zersplitterung des Urhebergesetzes zu erreichen, nur um möglichst alle Eventualitäten, deren Privilegierung durch die Kunstfreiheit geboten sind, zu erfassen. Ein in Einzelrechte zersplittertes Recht, wie zu Zeiten des Preußischen Allgemeinen Landrechts, erscheint, aus den mit der Kasuistik zusammenhängenden Problemen, als wenig er-

1098 Vgl. *Hefti* S. 103 ff., 123.

strebenswert. So wäre eine auf Kasuistik aufbauende Regelung dem Zeitgeist gegenüber immer im Hintertreffen.

(3) Zusammenfassende Überlegungen zur freien Benutzung und der Collage

Darum sei abschließend noch mal daran erinnert: »Was sind die besten Söhne? Jene, welche den Vater vergessen machen«.[1099] Die Bedeutung dieses Satzes im hier diskutierten Zusammenhang wird damit umso verständlicher, je mehr man den Werkbegriff des Urheberrechts und die von § 24 Abs. 1 UrhG aufgestellte Forderung an die freie Benutzung miteinander abgleicht. Damit ergibt sich, dass erst dann, wenn ein nachgeschaffenes Werk sich durch eine völlig eigenständige Individualität vom Stammvater abnabelt, auch von einer freien Benutzung gesprochen werden kann. Das unterscheidet eine in freier Benutzung entstandene Collage letztlich von einer solchen, die als Folge bloßer Bearbeitungsleistung entstanden ist und in der neben den zusätzlichen Elementen noch die individuellen Züge des Ausgangswerkes erkennbar bleiben und nicht durch die Individualität des nachschaffenden Künstlers ersetzt werden. Zu beachten ist jedoch, dass, gerade wenn es um die Abgrenzung der einzelnen Regelungskomplexe geht, nicht allein auf die erkennbare formale Gestaltung beider miteinander zu vergleichenden Werke abzustellen ist, sondern vielmehr die im Werk verkörperte Individualität auch unter Berücksichtigung der vom Künstler erarbeiteten und vorangestellten Fundamentalkonzeption bestimmt werden kann, da es schließlich diese ist, welche dann im Zusammenspiel mit der Werkkonzeption maßgeblichen Einfluss auf den Werkcharakter und damit die Individualität des Werkes einnimmt. Entscheidend ist in jedem Fall, dass in einem dieser beiden Felder vom nachschaffenden Künstler ein tiefgehender Bruch mit der vorhandenen Individualität vollzogen wird.

Dieses Ergebnis lässt sich nicht zuletzt auch unter verfassungsrechtlichen Gesichtspunkten begründen. Denn auch in dieser Frage gilt der alles bestimmende Entscheidungsmaßstab des in Art. 14 Abs. 1 Satz 1 GG formulierten überragenden Schutzgedankens des Leistungsprinzips, wonach eine Privilegierung, wie sie § 24 Abs. 1 UrhG vorsieht, nur unter sehr engen und die Interessen des Urhebers über-

1099 *Brecht* Geschichten vom Herrn Keuner S. 90.

ragenden Gründen erlaubt ist. Aus diesem verfassungsrechtlich vorgegebenen Grund, der eine weitreichende Beteiligung des Urhebers an seinem Werk fordert, sobald dessen individuelle Leistung übernommen wurde, überzeugt es nicht, zu gestatten, dass die Individualität des Originals im nachgeschaffenen Werk noch erkennbar ist. So ist Grundlage der Existenz des § 24 Abs. 1 UrhG nicht etwa die Rechtfertigung einer Übernahme fremder Individualität, sondern die Anerkennung des Bedürfnisses, dass Kunst auch der Anregung durch Fremdleistung bedarf, um leben zu können.[1100] Darauf hat sich aber die erlaubnisfreie Übernahme fremder Werkteile, will sie für sich die Privilegierung aus § 24 Abs. 1 UrhG in Anspruch nehmen, zu beschränken. Das bedeutet freilich keine unzulässige Einschränkung der Kunstfreiheit des nachschaffenden Künstlers, denn diesem stehen mit der Bearbeitungs- und der Zitatfreiheit zwei wichtige Instrumente zur Seite, die ergänzend eingreifen können, sollten die Voraussetzungen aus § 24 Abs. 1 UrhG nicht erfüllt werden, und die aus der Abwägung zwischen Kunstfreiheit und Eigentumsschutz entstanden sind.

Schlussendlich wird deutlich, dass eine Collage immer dann den Kriterien des § 24 Abs. 1 UrhG genügt, wenn sich in der Gesamtbetrachtung beider Werke ergibt, dass es innerhalb der Werk- oder der Fundamentalkonzeption der neugeschaffenen Collage zu einer tiefgehenden Veränderung der vorgefundenen Individualität des übernommenen Werkteils gekommen ist, die in der Folge jegliche Gemeinsamkeiten beider Werke weit von sich weist. Die Anforderungen dürfen dabei nicht zu tief angesetzt werden, müssen aber bei Environments wie dem *Tragbaren Kriegerdenkmal*[1101] von Kienholz oder den Literaturcollagen Müllers als unzweifelhaft erfüllt angesehen werden.[1102] Diese Wertung gilt aber freilich nicht für alle Collagen gleichermaßen. Zu sehr ist jede Entscheidung, die im Abgrenzungsbereich zwischen Bearbeitungshandlung und freier Benutzung zu treffen ist, eine vom konkreten Einzelfall abhängige, die jeweils gesondert für sich zu treffen ist. An einem Beispiel wird dies umso deutlicher: Wenn die oben angesprochene Theatercollage über das

1100 Vgl. im Einzelnen dazu unter Kapitel 3 § 3 A III 1.

1101 Betrachte dazu die Abbildung unter *www.artchive.com/artchive/K/kienholz/war_memorial.jpg.html*; zuletzt abgerufen am 30. 1. 2008.

1102 Vgl. dazu im Einzelnen unter Kapitel 3 § 3 A II 2 b) (2) b.

Leben Benatzkis[1103] fast ausschließlich aus einer Vielzahl von Benatzkis Texte besteht, dann wird es grundsätzlich nur schwer zu schaffen sein, gegen die Individualität dieser Texte anzukommen. Denn dafür müsste die in den übernommenen Texten verkörperte Individualität Benatzkis in der Theatercollage dergestalt überlagert werden, dass von der Ausgangsindividualität nichts mehr übrig bleibt. Dies ist aber angesichts des geplanten szenisch dargestellten Lebensporträts, durch das Benatzkis künstlerische Individualität, ausgedrückt durch seine Texte, vorgestellt wird, nur schwerlich begründbar. Schließlich wird hier ja gerade auf seine Texte, in der Form, wie sie geschaffen wurden, rekurriert. Unter ähnlichen Gesichtspunkten wird man wohl auch die Anwendbarkeit des § 24 UrhG auf die Fotomontage Heartfields *Die Freiheit selbst kämpft in ihren Reihen* (1936) verneinen. Heartfields Rückgriff auf Delacroix Gemälde *Die Freiheit führt das Volk an* von 1830 ist zu offensichtlich, als dass man hier ein Ersetzen der Individualität Delacroix annehmen kann. Wie das französische Volk sich einst gegen die Tyrannei und die Diktatur der Monarchie erhob, soll sich dem Vorbild folgend, auch die Republik gegen die Diktatur, diesmal die des Faschismus, erheben. Der Bezug zum Ausgangswerk ist derart gesteigert und auch bewusst gesetzt, um die Verbindung zum Werk und dessen Aussage als Propagandamittel zu suchen. Hier wird das Ausgangswerk nicht destruiert und zur bloßen Hülle, sondern seine Aussage wird transportiert und auf die neue Situation angewandt. Es wird zwar neu eingekleidet, behält dabei aber die ihm eigene Individualität. Ein allgemeingültiger, für alle Collage geltender Persilschein, der im Zweifel für die Anwendbarkeit des § 24 Abs. 1 UrhG votiert, kann daher trotz der oben getroffenen Überlegung zur Collage nicht ausgestellt werden.

d) Die Besonderheit des sog. „starren Melodienschutzes" iRd § 24 UrhG unter besonderer Beachtung der Musikcollage

Mauricio Kagel hat unter dem Leitgedanken „Vergegenständlichung der musikalischen Collage" 1969 das Multimediawerk *Ludwig van* geschaffen. In seiner Arbeit nahm er dabei das Kleben von Noten wörtlich, als er einige Notentexte Beethovens auf das Mobiliar eines

1103 Vgl. dazu unter Kapitel 3 § 3 A.

fiktiven Beethovenzimmers befestigt hatte. Diese ließ er abfilmen, filmisch montieren und anschließend von Instrumentalisten spielen.[1104] Wären Beethovens Werke noch nicht gemeinfrei, müsste man sich fragen, ob solch ein Vorgehen überhaupt mit den Regeln des Urheberrechts in Einklang gebracht werden könnte. Besonders deutlich wird die hier zu diskutierende Problematik in einzelnen Aussagen Mauricio Kagels zum Prinzip seiner Arbeitsweise. Danach sei „‚Ludwig van' ... eine Idee und will daher mehr als eine abgeschlossene Komposition sein. Sie versucht, dem Interpreten zu sagen: die Musik der Vergangenheit soll auch als Musik der Gegenwart dargeboten werden". „‚Ludwig van' ist im kompositorischen Bereich die Probe aufs Exempel: die Großform des Stückes basiert auf den 33 Veränderungen über einen Walzer von Diabelli op. 120. Ich übertrug jede Variationstechnik von Beethoven auf die Problematik meiner Komposition und veränderte somit die Musik von Beethoven in ähnlicher Weise wie dieser das Thema von Diabelli. Es entstand eine Transposition zweiten Grades".[1105]

Doch nicht nur Kagel benutzt das collageartige Verwenden musikalischer Versatzstücke; vor allem mit der Entwicklung musique concrète, der elektronischen Musik und des Raps kam es gerade im Wege der „Mixproduction" und der „Lickcollagen" zu einer Zunahme des collageartigen Verwendens von Samples, Sounds, Beats und Basslines in der zeitgenössischen Musik.[1106] Gerade diese Entwicklung zeigt auch, dass der Weg, den die Musikcollage in den letzten Jahrzehnten gegangen ist, nicht allein auf die sog. E-Musik beschränkt ist, sondern zeugt vielmehr von einer Verwendung der Montagetechnik auch und besonders in weiten Teilen der sog. U-Musik, die starken Zulauf und ungeheures Wachstumspotential verzeichnet.

Doch warum beschäftigt man sich nun überhaupt mit etwas was sich starrer Melodienschutz nennt? Gilt nicht vielmehr, nach den oben ge-

[1104] Vgl. dazu Mauricio Kagels Vorwort in der Partitur ludwig van. Hommage von beethoven. Wien: Universal Edition 1969 (UE 14931); generell zur Musikcollage und daran anschließender Auseinandersetzung mit der „problematisch gewordenen traditionellen Musikauffassung" *Großmann* 308, 315.

[1105] *Kagel* Zitat aus Interview von Karl Faust mit Mauricio Kagel publiziert unter *www.netzspannung.org/learning/meimus/sacre/documents/Interview-Kagel.pdf*; zuletzt abgerufen am 30. 1. 2008.

[1106] Vgl. näheres dazu unter Kapitel 1 § 2 A III.

troffenen Erkenntnissen, dass ein Werk, das in freier Benutzung entstanden ist, den Anwendungsbereich des UrhG nicht auslöst? Kann man also nachträglich zu einer sachgerechten und gerechtfertigten Beschränkung dieses Grundsatzes kommen? Die Frage, der daher in diesem Zusammenhang nachgegangen werden soll, ist, ob nun bei Musikcollagen ausnahmsweise, aufgrund der strengen Regelung in § 24 Abs. 2 UrhG, etwas anderes als das bisher festgehaltene gilt.

Bevor jedoch auf die Frage der Rechts- und vor allem der Verfassungsmäßigkeit dieser Regelung eingegangen werden soll, ist es ratsam zu verdeutlichen, zu welchen Einschränkungen der starre Melodienschutz führt. Danach scheidet aufgrund von § 24 Abs. 2 UrhG nicht nur die Übernahme einer fremden Melodie aus, es wäre dem Collagekünstler zudem nicht möglich, über die Freistellung des § 51 Nr. 3 UrhG „ein fremdes Thema vor der eigenen Variation voranzustellen".[1107] D.h. auch dort, wo die fremde Individualität gewahrt bleibt, käme eine prinzipiell mögliche Gestaltungsfreiheit des Künstlers nicht einmal nach den Grundsätzen des Zitatrechts in Frage. Denn im Zweifelsfall sei als Obergrenze für die erlaubte Länge der übernommenen Ausschnitte aus einem fremden Werk, angesichts § 24 Abs. 2 UrhG, die Übernahme der Melodie anzunehmen.[1108] Es stellt sich nun die Frage, ob diese Lesart des § 24 Abs. 2 UrhG, die damit auch in die Frage der Zitierfähigkeit von Werken der Musik hereinspielt, überhaupt substanzfähig ist, d.h. aus verfassungsrechtlicher Sicht seine Berechtigung findet. Hierbei handelt es sich um eine seit der Übernahme der Regelung aus dem alten LUG diskutierte Problematik.

(1) Allgemeines zum sog. „starren Melodienschutz" des § 24 Abs. 2 UrhG

Was muss man unter dieser Einschränkung verstehen? Grundsätzlich ist die freie Benutzung eines Werkes der Musik für den Fall ausgeschlossen, in dem ein Melodie erkennbar einem anderen Werk entnommen und als Grundlage für das neue Werk verwendet wird. Die Regelung des starren Melodienschutzes entstammt aus dem alten

1107 *Seydel* S. 63f.

1108 Möhring/Nicolini/*Waldenberger* § 51 Rn 23; dies vertretend wohl auch Wandtke/Bullinger/*Lüft* § 51 Rn 17.

§ 13 Abs. 2 LUG und war schon während des Gesetzgebungsverfahrens zum Urheberrecht von 1965 Gegenstand zahlreicher Diskussionen.[1109]

Ziel der gesetzgeberischen Vorgaben zu § 13 Abs. 2 LUG war es zu verhindern, dass Dritte durch einfache Variationen bekannter Melodien in die Lage versetzt wären, sich der Werke Anderer zu bedienen, um auf diese Weise unverdientermaßen am Vorschaffen finanziell zu partizipieren. Dadurch, dass Schutz gegen jede erkennbare Entnahme gewährt wird, sollte gleichzeitig durch einen starren Melodienschutz die immer wieder aufkommenden Abgrenzungsschwierigkeiten zwischen freier Benutzung und Bearbeitung ausgeräumt werden.[1110]

Nachdem man eigentlich vor hatte, den starren Melodienschutz aufgrund seiner ungerechtfertigten Beschränkung des musikalischen Schaffens nicht in das neue UrhG mit zu übernehmen,[1111] entschied man sich im Laufe des Gesetzgebungsverfahrens jedoch um und beließ es, aus Gründen der Rechtssicherheit und zur Sicherung des Schutzes des Urhebers vor Ausbeutung von Melodien unter dem Deckmantel der freien Benutzung, bei der alten Regelung des § 13 Abs. 2 LUG.[1112]

Auch heute noch gehört der starre Melodienschutz zu den umstrittensten Regelungen des Urheberrechts. Dabei ist nicht nur die die gesetzliche Norm als solche wiederholt Gegenstand vielfältiger Untersuchungen gewesen, sondern auch die im Einzelnen an § 24 Abs. 2 UrhG geknüpften Voraussetzungen können nicht als abschließend geklärt betrachtet werden.

1109 Vgl. dazu bei *Samson* UFITA 47, (1966), 1, 33 ff.

1110 Vgl. zu den historischen Überlegungen zu § 13 LUG bei *Dreyer* § 24 Rn 31 f.

1111 Vgl. ursprünglicher Entwurf der BReg. amtl. Bgrd. abgedruckt in UFITA 45 (1965/II), 240, 266 f.: „Dieser Grundsatz soll ohne Einschränkung auch für Werke der Musik gelten. Der Entwurf übernimmt nicht die Sonderbestimmung des geltenden Rechts, nach der bei einem Werk der Tonkunst jede Benutzung unzulässig ist, durch welche eine Melodie erkennbar dem Werk entnommen und einer neuen Arbeit zugrunde gelegt wird (§ 13 Abs. 2 LUG)."

1112 Vgl. amtl. Begr. zu § 24 Abs. 2 UrhG BT-Drucks IV/3401, 3.

a. Melodiebegriff in § 24 Abs. 2 UrhG

Bereits im Jahr 1967 erfolgte durch Wolpert eine umfassende Darstellung des starren Melodienschutzes, die den Schwerpunkt auf die Bestimmung des Melodiebegriffs aber auch auf die Frage der erkennbaren Entnahme lenkte. Schon damals wurde festgestellt, dass eine allgemeine Definition des Melodiebegriffs in der Musikwissenschaft sich nicht ausmachen lasse.[1113] Maßgebliche Komponisten scheinen dieser Auffassung Recht zu geben, nicht nur die von Wolpert benannten Humperdinck[1114] und von Weingartner[1115] sahen es angesichts der immer wieder fortwährenden Entwicklung als problematisch an, den Melodiebegriff in einer für alle Zeit geltenden Definition festzuhalten, auch Robert Schumann äußerte sich despektierlich über alle Versuche einer Begriffsbildung.[1116] Damit schließt sich iÜ der Kreis zu Debussys Erkenntnissen, wonach Musik nichts weiter als das Ergebnis des Zufalls und des immerwährenden Forschens menschlichen Geistes ist. Danach muss man feststellen, dass sämtliche Annahmen, nach denen die Melodie in der zeitgenössischen Musik kaum noch eine Rolle spielen, insoweit fehlgeleitet sind, als sie verkennen, dass Melodien nicht notwendig nach hergebrachten Schemen verlaufen, sondern auch sie dem Wandel unterworfen sind. Welche Konsequenzen man daraus ziehen muss, wird auch in der Rechtsdiskussion nicht einheitlich beurteilt. Während einige aus der Ungewissheit dazu übergehen, die Regelung des § 24 Abs. 2 UrhG schon allein deswegen abzulehnen, da sie an Begriffe wie die Melodie anknüpfe, die „weder musikwissenschaftlich, erkenntnistheore-

1113 Vgl. *Wolpert* UFITA 50 (1967), 769, 785 ff.

1114 „Die Geschichte der Tonkunst lehrt, dass die Arten der Melodiebildung, wie überhaupt aller musikalischen Formen, von jeher einer fortgesetzten Umbildung unterliegen. Ich halte es daher für schwierig, wenn nicht aussichtslos eine einwandfreie und für alle Zeiten gültige Definition der Melodie zu geben". vgl. *Wolpert* UFITA 50 (1967), 769, 786.

1115 „Wie wenig man sich über das Wesen der Melodie im Klaren ist, mag der Umstand beweisen, dass man in der regeln von neuer wertvoller Musik sagt, sie habe keine Melodie", vgl. *Wolpert* UFITA 50 (1967), 769, 786.

1116 Melodie ist das Feldgeschrei der Dilettanten und gewiss, eine Musik ohne Melodie ist gar keine. Verstehe aber wohl, was jene darunter meinen, eine leicht fassliche, rhythmisch-gefällige gilt ihnen allein dafür" zitiert bei Fischer/Reich/ *Reich* S. 37.

tisch oder rechtswissenschaftlich definiert sind“,[1117] vertritt die überwiegende Mehrheit der Auffassungen den Grundsatz, nach dem das Recht nach festgelegten Regeln zu funktionieren habe und sich nicht den Luxus gestatten könne, wie die Musikwissenschaft ohne eine Definition auskommen zu können und versteht den Begriff Melodie deswegen als Rechtsbegriff.[1118] Innerhalb dieser Auffassung weitet sich das Spektrum der einzelnen Anschauungen und Definitionsversuche. Danach müsse man die Melodie als eine geschlossene und geordnete Tonfolge verstehen,[1119] in der sich die individuelle Prägung des Werkes ausdrücke.[1120] Wieder andere fragen sich, ob nicht von der Melodie auch das Motiv oder das Thema erfasst seien[1121] oder aber, ob man von einer herauslösbaren charakteristischen Tonfolge sprechen könne.[1122] Nicht erforderlich sei es aber nach allgemeiner Ansicht, dass sich die Melodie singen lasse.[1123]

Man mag eingestehen, dass sich das Recht in der Tat nicht aus der Verantwortung stehlen kann, wenn es darum geht, eine gesetzliche Norm mit Leben zu füllen,[1124] doch darf die Annahme eines Rechtsbegriffs nicht dazu führen, dass dieser ohne Bezüge zum kulturellen Diskurs und losgelöst von der für die zu regelnde Materie wichtigen Musikwissenschaft entwickelt wird. Wenn es darum geht, einen kulturellen Bereich zu regeln, dann kann dies nicht ohne Berücksichtung derjenigen geschehen, die darin tätig sind, wie überhaupt die Gesetzgebung und Auslegung niemals losgelöst von Gesellschaft und Zeit diskutiert werden darf. Insoweit darf die Rechtslehre nicht die

1117 Fischer/Reich/*Reich* S. 37.

1118 Vgl. statt vieler *Riedel* UFITA 59 (1971), 165, 166; Schricker/*Loewenheim* § 24 Rn 28; Wandtke/Bullinger/*Bullinger* § 24 Rn 16.

1119 BGH GRUR 1988, 810, 811 – Fantasy; BGH GRUR 1988, 812, 814 – Ein bisschen Frieden.

1120 Mit diesem Zusatz Fromm/Nordemann/*Vinck* § 24 Rn 15; *Rehbinder* Urheberrecht Rn 233; Wandtke/Bullinger/*Bullinger* § 24 Rn 16.

1121 Im Einzelfall dafür Schricker/*Loewenheim* § 24 Rn 28; sowie wohl auch *Dreier/Schulze* § 24 Rn 45; *Schlingloff* S. 92 f.; vgl. zu weiteren Auffassungen auch bei *Wolpert* UFITA 50 (1967), 769 ff.; sowie bei *Dieth* S. 173 ff.

1122 *Schack* Urheber- und Urhebervertragsrecht Rn 246.

1123 *Dreier/Schulze* § 24 Rn 45; Schricker/*Loewenheim* § 24 Rn 28; *Wolpert* UFITA 50 (1967), 769, 801 f.

1124 Vgl. dazu in der Diskussion um den Kunstbegriff auch unter Kapitel 2 § 2 A.

kulturelle Entwicklung der Musik[1125] aus den Augen lassen und hat daher einen Rechtsbegriff anzunehmen, der dieser auch gerecht wird. Bisher war die Begriffsbildung der Melodie jedoch nichts weiter als die Fortsetzung des überholten Werkbegriffs. Denn wie lassen sich ansonsten Ausführungen wie „individuell ästhetischer Gehalt in der Melodie“[1126] verstehen? Doch von einem solchen altbackenen Werkbegriff, der überholten Vorstellungen von Kunst anhängt, ist wenig zu halten. Aus diesem Grund mögen auch die Ausführungen zum Melodiebegriff bisher nicht überzeugen. Es ist daher ratsam, auf die in dieser Arbeit zum Werkbegriff gemachten Ausführungen zu verweisen und diese auch hier zum Kern der Begrifflichkeit werden zu lassen. Es überzeugt mithin, wenn Ahlberg davon spricht, dass weder entscheidend sein kann, ob die Tonfolge geschlossen, offen, singbar oder herauslösbar ist oder die Zeichnung eines Tongemäldes darstellt.[1127] Weniger überzeugend ist jedoch die rechtliche Folge, die Ahlberg daraus zieht und die ihn dazu bewegt, allein auf die Tonfolge als Rechtskriterium abzustellen.[1128] Besser ist es, die Tonfolge daraufhin zu untersuchen, ob man in ihr ein Werk iSd hier vertretenen Werkbegriffs erblicken kann, also eine Tonfolge, die nach Werk- und Fundamentalkonzeption den Eindruck einer persönlich geistigen Schöpfung erweckt, was vor allem bei den Materialien von einigen der sog. „Lickcollagen“ angesichts der Kürze des entnommenen Samples fraglich sein dürfte.[1129]

b. Eine fremde Melodie darf der Musikcollage nicht erkennbar zugrundegelegt sein

In allen Fällen, in denen die Übernahme des Samples gleichbedeutend mit der Benutzung eines Werkes im urheberrechtlichen Sinne ist, gilt eine solche Übernahme in dem Moment als unzulässig, in dem die Melodie erkennbar dem benutzten Musikwerk entnommen und dem neuen zugrunde gelegt wurde. Als zugrunde gelegt gilt eine Me-

1125 Vgl. dazu Interview von Karl Faust mit Mauricio Kagel, unter *www.netzspannung.org/learning/meimus/sacre/documents/Interview-Kagel.pdf*; zuletzt abgerufen am 30. 1. 2008.
1126 BGH GRUR 1988, 810, 811 – Fantasy.
1127 Möhring/Nicolini/*Ahlberg* § 24 Rn 34.
1128 Möhring/Nicolini/*Ahlberg* § 24 Rn 34.
1129 Im Ergebnis so auch *Münker* S. 161.

lodie dann, wenn sie in das neue Werk dermaßen eingearbeitet ist, dass sie zu dessen wesentlichen Bestandteil wurde[1130] oder aber nach anderer Auffassung zumindest im neuen Werk benutzt wurde.[1131] In jedem Fall sind sich aber beide Auffassungen darüber einig, dass die Anforderungen an § 24 Abs. 2 UrhG nicht so hoch sein dürfen, dass die Melodie vom Nutzer zum beherrschenden Thema des neuen Werkes gemacht werden müsste,[1132] allerdings sei es nach der strengeren der beiden Anschauungen erforderlich, dass das neue Werk auf ihr aufbaue und sich die Melodie zu eigen mache.[1133] Wichtigstes Beispiel für das Zugrundelegen einer fremden Werkleistung seien die auf der benutzten Melodie aufbauenden Variationen.[1134] Allerdings könne man von einer unzulässigen Benutzung im Zweitwerk dann nicht sprechen, wenn die Melodie ein bloßer Fremdkörper im neuen Werk wäre. Dann müsste man überlegen, ob es sich nicht möglicherweise um ein zulässiges Musikzitat handele.[1135]

Wann eine Melodie jedoch als benutzt oder als Bestandteil der Musikcollage gilt, ist nach § 24 Abs. 2 UrhG eine Frage der Erkennbarkeit. Dabei lässt sich festhalten, dass eine einheitliche Meinung in der Begriffsbestimmung der Erkennbarkeit in der Diskussion sich nicht feststellen lässt. So vertrat Allfeld die Meinung, eine Melodie sei dann erkennbar, wenn sie dem Durchschnittshörer sofort beim Hören des Zweitwerkes ins Ohr falle.[1136] Vor allem die Ansetzung des Durchschnittshörers zum Maßstab der Erkennbarkeit wurde in der Folge kritisiert, da es sich hierbei wohl nicht um einen hinreichend verobjektivierten Gradmesser handele.[1137] Dreyer schlägt daher auch an dieser Stelle eine Prüfung in zwei Schritten vor.[1138] Danach sei zunächst jeweils die schöpferischen Eigentümlichkeiten im Werk nach objektiven Merkmalen zu bestimmen und mit einander zu

[1130] *Dreyer* § 24 Rn 46; Möhring/Nicolini/*Ahlberg* § 24 Rn 36.
[1131] Schricker/*Loewenheim* § 24 Rn 30.
[1132] Schricker/*Loewenheim* § 24 Rn 30; Möhring/Nicolini/*Ahlberg* § 24 Rn 36; dafür aber noch *Münker* S. 158.
[1133] Möhring/Nicolini/*Ahlberg* § 24 Rn 36.
[1134] Möhring/Nicolini/*Ahlberg* § 24 Rn 36; *Rehbinder* Urheberrecht Rn 233, *Schack* Urheber- und Urhebervertragsrecht Rn 246.
[1135] *Dreyer* § 24 Rn 46.
[1136] *Allfeld* LUG S. 179.
[1137] Vgl. *Wolpert* UFITA 50 (1967), 769, 816.
[1138] *Dreyer* § 24 Rn 39ff.

vergleichen. Dreyer orientiert sich dabei an den für die Abgrenzung zwischen Bearbeitung und freier Benutzung entwickelten Grundsätzen.[1139] Maßgeblich sei in diesem Zusammenhang die Beobachtung und Auffassung der mit den Werken der entsprechenden Werkgattung einigermaßen vertrauten und hierfür aufgeschlossenen Werkkreise.[1140] Entscheidend sei damit auch nicht mehr das bloße Hören, sondern auch das Lesen des Notenbildes.[1141] Stelle man dabei fest, dass zwischen den Melodien hinreichende Übereinstimmungen vorliegen, sei in einem zweiten Schritt zu überprüfen, ob der Komponist des neueren Werkes die ältere Melodie gekannt habe und ob er bewusst oder unbewusst bei seinem Schaffen darauf zurückgegriffen habe. Je größer die Zahl der wesentlichen Übereinstimmungen sei, desto mehr spreche nach den Regeln des Anscheinbeweises dafür, dass eine bewusste Entnahme vorliege, wobei sich der vermeintliche Plagiator durch Darlegung eines anderen Geschehensablaufs diese Vermutung entkräften könne, wobei er allerdings gewichtige Gründe für die Annahme einer zufälligen Doppelschöpfung anführen müsste. Anderen wiederum reicht es für die Bejahung der Erkennbarkeit aus, wenn sich zumindest eine assoziative Verbindung zum benutzten Werk herstellen lässt[1142] und verzichtet auf eine tiefgehende Vergleichsanalyse anhand der zu § 24 Abs. 1 UrhG entwickelten Maßstäbe. Daher sei es auch nicht notwendig, dass das fragliche benutzte Werk, zweifelsfrei identifiziert zu werden braucht.[1143]

Allein schon aufgrund der systematischen Stellung des § 24 Abs. 2 UrhG erscheint es angebracht, die von Dreyer in seinem ersten Schritt angeregete Abgrenzung nach den zu §§ 23, 24 UrhG entwickelten Abgrenzungskriterien auf die Frage der Erkennbarkeit anzuwenden, sprechen v.a. praktische Gesichtspunkte für eine derartige Betrachtung. Schließlich gilt es zu bedenken, dass die Variation einer Melodie für den Durchschnittshörer leichter zu erkennen ist, als eine ande-

1139 Ähnlich, wenn auch eher beiläufig *Dreier/Schulze* § 24 Rn 47; Möhring/ Nicolini/*Ahlberg* § 24 Rn 37.

1140 Allg. Auffassung vgl. statt vieler BGH GRUR 1981, 267, 268 – Dirlada; *Dreier/Schulze* § 24 Rn 47; *v. Gamm* § 24 Rn 19; *Schlingloff* S. 95; *Dreier/ Schulze* § 24 Rn 47.

1141 Vgl. Forderung schon bei *Wolpert* UFITA 50 (1967), 769, 816.

1142 Loewenheim/*Loewenheim* § 8 Rn 19; *Münker* S. 159; Schricker/*Loewenheim* § 24 Rn 30.

1143 Loewenheim/*Loewenheim* § 8 Rn 19; Schricker/*Loewenheim* § 24 Rn 30.

re, bspw. aufgrund der Bekanntheit der Melodie. Angenommen beide Variationen würden gleichwohl im selben Ausmaß auf das Erstwerk zurückgreifen, ohne jeweils einen notwendigen eigenschöpferischen Beitrag zu leisten, so wäre es doch wenig gelungen, würde man die leichter zu erkennende Variation urheberrechtlich als unzulässig annehmen, die schwer erkennbare, aber keineswegs schöpferische dagegen zulassen.[1144] Es kann nicht im Sinne des Gesetzgebers sein, wenn er zwischen weniger bekannten und berühmten Werken unterscheidet und damit an die Benutzung letzterer höhere Anforderungen stellt. Dies würde dem Grundsatz widersprechen, nach dem im Urheberrecht nicht der Bekanntheitsgrad über das Ausmaß des Urheberrechtsschutzes entscheidet, sondern dieser allen Werken gleichermaßen zukommt, so bald sie als persönlich geistige Schöpfung die Klippe des § 2 Abs. 2 UrhG umschifft haben. Diese Entscheidung wird iÜ auch deutlich, wenn man sich mit der Frage auseinandersetzt, ob der starre Melodienschutz, wie er in § 24 Abs. 2 UrhG vorgesehen ist, überhaupt rechtmäßig ist.

(2) Starrer Melodienschutz und Collage – eine veränderte Auslegung des § 24 Abs. 2 UrhG tut Not

Die erlaubnisfreie Musikcollage müsste nach den Vorgaben des § 24 Abs. 2 UrhG dann den Interessen des Originalurhebers weichen, wenn von der äußeren Erkennbarkeit her eine scheinbare Übernahme der vom Originalwerk vorgegebenen Melodie erfolgt ist. Trotz verschiedener Prüfkriterien, die oben angesprochen wurden, lässt sich doch innerhalb der h.M. die Überzeugung festmachen, dass die in ihrer Folge grundsätzlich sehr weitgehende Regelung des § 24 Abs. 1 UrhG durch Abs. 2 wiederum beschränkt wird.[1145] Maßgeblich ist dabei die Erkenntnis, dass im Fokus der von der h.M. angeführten Überlegungen ausschließlich die äußere Gestalt des nachgeschaffenen Werkes steht,[1146] ohne dass dabei jedoch reflektierend über dessen Gesamtcharakter befunden wird. Damit wäre die künstlerische

1144 Vgl. dazu auch bei *Wolpert* UFITA 50 (1967), 769, 817.

1145 *Dreyer* § 24 Rn 47; Schricker/*Loewenheim* § 24 Rn 26; Wandtke/Bullinger/*Bullinger* § 24 Rn 16, die allerdings die Regelung des § 24 Abs. 2 UrhG ablehnen.

1146 Vgl. dazu die Ausführungen zum Melodiebegriff unter Kapitel 3 § 3 III 2 d (1).

Entfaltung und anschließende Verwertung der Musikcollage ausschließlich über die Lizenzierung durch den Originalurheber gegeben. Dieser starre Melodienschutz ist jedoch, wie bereits angedeutet wurde, nicht unumstritten geblieben und soll auch hier nicht so ohne weiteres als Rechtsfolge anerkannt und für die Musikcollage übernommen werden, sondern sich vielmehr dem den Verfassungsvorgaben entsprechenden und den bisherigen Erkenntnissen verpflichteten Werturteil stellen:

Was sind in diesem Zusammenhang nicht schon alles für Argumente und Gegenargumente ausgetauscht worden! Schon im Gesetzgebungsverfahren tauchte eine der späteren Kernbegründungen in der Literatur auf, wonach mit § 24 Abs. 2 UrhG die Ausbeutung fremder Melodien, vor allem in der Unterhaltungsmusik, verhindert werden soll.[1147] Dagegen wurde der Regelung vorgeworfen, sie sei schlichtweg verfassungswidrig und ein Verstoß gegen die Kunstfreiheit.[1148] Dem wurde wiederum entgegengehalten, dass angesichts der Vielzahl gemeinfreier Melodien Variationen von unendlicher Zahl zur Verfügung ständen, zumal mit der Möglichkeit der Einholung einer Einwilligung des Urhebers auch die künstlerische Entfaltung nicht übermäßig behindert wäre,[1149] was wiederum den Vorwurf auslöste, dem Prinzip der Gleichbehandlung gleichliegender Tatbestände zu widersprechen.[1150] Zumal auf diese Weise, so wird argumentiert, auch die Schaffensfreiheit der Komponisten unnötig eingeschränkt werde, und es aus diesem Grund besser sei, § 24 Abs. 2 UrhG zu streichen, denn mit den §§ 23, 24 UrhG hätte man ausreichende Regelungen zur Hand.[1151] Dem wird unter Berufung auf die BGH Urteile GEMA-Vermutung I–IV versucht, den Wind aus den Segeln zu nehmen, in dem darauf verwiesen wird, dass die GEMA aufgrund § 11 WahrnG grundsätzlich verpflichtet sei, jedem Verlangenden

1147 Vgl. amtl. Begr. zu § 24 Abs. 2 UrhG BT-Drucks IV/3401, S. 3; dieses Argument wird/wurde v.a. von *Dreyer* § 24 Rn 34 u. Möhring/Nicolini/*Nicolini (1. Auflage)* § 24 Anm. 5 a aufgegriffen.

1148 *Schmieder* UFITA 93 (1985), 63, 69.

1149 *Rehbinder* Urheberrecht Rn 233; zustimmend auch Möhring/Nicolini/Nicolini (1. Auflage) § 24 Anm. 5 a; dafür auch *Schlingloff* S. 102 ff.

1150 Fromm/Nordemann/*Vinck* § 24 Rn 12.

1151 Wandtke/Bullinger/*Bullinger* § 24 Rn 16.

Nutzungsrechte, wenn auch gegen Entgelt, aber immerhin, einzuräumen.[1152]

Scheinbar versöhnlicher zeigen sich dagegen Stimmen, die versuchen, zwischen den Positionen zu vermitteln, indem sie zwischen ernster und bloßer Unterhaltungsmusik unterscheiden.[1153] Schließlich müsse man in diesen Zusammenhängen anerkennen, dass eigenes Schaffen immer auf früheren Werken aufbauen müsse und verweist, um diese These zu untermauern, auf berühmte Variationen der deutschen Musik.[1154]

Man merkt daher, dass die Diskussionen zu § 24 Abs. 2 UrhG sehr leidenschaftlich geführt werden und sich wieder alles auf die Frage der Verfassungsmäßigkeit im Dunstkreis der Art. 14 und 5 Abs. 3 GG zu reduzieren scheint.

Grundsätzlich ist zuzugeben, dass mit dem Melodieverbot in der Lesart der h. A. die künstlerische Auseinandersetzung und damit die Kunstfreiheit beeinträchtigt ist. Man wird wohl nur in den seltensten Fällen annehmen können, dass der Urheber der benutzten Melodie freiwillig in die Parodie seines eigenen Werkes einwilligen wird und wenn, dann sicherlich nicht ohne ein Entgelt dafür zu verlangen.[1155] Damit scheint in der Tat die Gleichbehandlung zwischen den verschiedenen Werkarten nicht gewahrt. Diese wird iÜ auch nicht dadurch wiedererlangt, dass man zwischen ernster und „nicht ganz so ernster" Musik unterscheidet. Allein schon die Feststellung, was ernste und bloße Unterhaltungsmusik ist, ist schlichtweg nicht möglich. Nicht nur, dass die Grenzen immer mehr verschwimmen, angesichts von Crossover-Entwicklungen werden mehr und mehr Symbiosen zwischen den einzelnen Genres eingegangen, so dass sie sich letztlich nicht mehr so ohne weiteres voneinander trennen lassen.

1152 Möhring/Nicolini/*Ahlberg* § 24 Rn 39; ähnlich auch vorgebracht von *Riekert* S. 102.

1153 *Dieth* S. 179 f.; 181 ff.; *Schack* Urheber- und Urhebervertragsrecht Rn 246; Schricker/*Loewenheim* § 24 Rn 27; *Ulmer* Urheber- und Verlagsrecht (1980) S. 277; für eine zwischen E- und U-Musik differenzierende Regelung wohl letztlich auch *Dreier/Schulze* § 24 Rn 43.

1154 Vgl. dazu bei *Hertin* GRUR 1989, 159, 162 f. und bei *Wolpert* UFITA 50 (1967), 769, 818.

1155 Fromm/Nordemann/*Vinck* § 24 Rn 12; Möhring/Nicolini/*Ahlberg* § 24 Rn 2; a. A. aber bei *von Ohlenhusen/Ling* UFITA 2003/III, 695, 718.

Man muss im Grund auch feststellen, dass jede Art von Musik sowohl Unterhaltungsmusik, denn unterhalten tut, was gefällt, auf der anderen Seite aber auch ernste Musik ist, denn dem Künstler wird es immer darum gehen, mit seinem Werk ernst genommen zu werden. Vor allem in Grenzfällen würde eine derartige Auffassung dazu führen, dass es oftmals zu einem va banque Spiel für den Benutzer einer fremden Melodie wird und die Entscheidung mehr denn je von subjektivem Empfinden und willkürlichen Entscheidungen abhinge. Dies würde jedoch eindeutig zu Lasten der Rechtssicherheit gehen. Schließlich gilt es, auch folgendes zu bedenken: Angenommen, man träte für eine Differenzierung ein, wer bestimmt dann, was ernste und was Unterhaltungsmusik ausmacht, die Rezipienten, die Kunstkritiker oder andere Sachverständige? Könnte man tatsächlich einen überprüfbaren Kanon aufstellen mit Kriterien, die ein Werk erfüllen muss, um als ernsthaft anerkannt zu werden? Nicht zuletzt gilt es auch zu beachten, dass die Bewertung künstlerischer Arbeit in ihrer scheinbaren „Qualität" im Laufe der Zeit auch der Veränderung unterliegen kann, wie diese Arbeit an vielen Stellen gezeigt hat, woraus sich aber zudem noch ein weiterer Kritikpunkt entwickelt, denn wenn ein Werk vormals als ernst und damit nicht vom Melodienschutz erfasst war, dann muss dies nicht bedeuten, dass dies immer der Fall sein wird. Gerade darin zeigt sich nun aber, wie prekär die Annahme eines zweigeteilten Melodienschutzes ist.

Es gilt nun abschließend festzuhalten, dass der Melodienschutz nichts anderes ist, als die Fortsetzung des Werkschutzes nach §§ 1, 2 Abs. 2 UrhG. Erinnert sei daher in diesem Zusammenhang an die Ausführungen zum Werkbegriff.[1156] So wäre es falsch, den Urheberrechtsschutz nach qualitativen Gesichtspunkten festzulegen, eben so wenig vermag man Urheberrechtsschutz nach Arbeitseinsatz oder kultureller Offenbarung zu verteilen. Genau zu diesem Verstoß grundlegender Urheberrechtsprinzipien käme man aber, wenn der Melodienschutz davon abhängig gemacht würde, ob ein Werk ernst oder nur unterhaltend ist. Jede Unterteilung dieser Art führt den bitteren Beigeschmack eines nach qualitativen Unterschieden suchenden Abgrenzungskriteriums; auch wenn hier der Urheber belohnt wird, der, weil er Unterhaltungsmusik komponiert, augenscheinlich ein

[1156] Vgl. dazu Kapitel 3 § 2 C II, III.

Werk mit nur erheblich geringerer Qualität schafft. Der Schutz im Urheberrecht hat aber gleichermaßen an alle Werke verteilt zu werden, die der Anforderung des § 2 Abs. 2 UrhG und damit dem Merkmal der persönlich geistigen Schöpfung genügen.

Was nun die Ungleichbehandlung der einzelnen Werkgattungen anbelangt, so muss man sich fragen, ob diese nicht angesichts der Eigenheiten einer jeden Werkgattung zu rechtfertigen ist. Schließlich gilt, dass Musikstücke idR kürzer und kompakter sind als Sprachwerke und daher eine Übernahme der Melodie dazu führen könnte, dass die Selbstbestimmtheit des Urhebers des benutzten Werkes weitaus leichter und stärker beeinträchtigt wäre. Zudem besteht die Gefahr, dass die Ausnutzung der Fremdleistung, die in der Absicht geschieht, sich an dem wirtschaftlichen Erfolg des Fremdwerkes zu beteiligen, auf diese Weise erleichtert, statt sanktioniert wird. Damit scheint es so, dass der wirtschaftliche Aspekt in diesem Zusammenhang einfach eine viel stärkere Rolle einnimmt als ihm dies bei der Übernahme eines Werkteils aus einem weit umfangreicheren Sprachwerk zukommt. Akzeptiert man aber die Notwendigkeit einer Ungleichbehandlung der verschiedenen Werkgattungen, würde dies bedeuten, dass § 24 Abs. 2 UrhG auch vor dem verfassungsrechtlichen Hintergrund gerechtfertigt ist. Das bedeutet, dass eine verfassungsrechtliche Notwendigkeit bestehen muss, aus der sich ein Verbot jeglicher Übernahme der Melodie herleiten lässt.

Grundsätzlich muss man feststellen, dass § 24 Abs. 2 UrhG in jeder Hinsicht geeignet ist, die wirtschaftlichen Interessen des Urhebers an seinem geistigen Eigentum zu wahren. Die Frage ist jedoch, ob es dafür einer so weitreichenden Regelung auch tatsächlich bedarf oder ob nicht dadurch in Grundrechte anderer in unzulässiger Weise eingegriffen wird. Es klang bereits an, dass die Kunstfreiheit betroffen sein könnte, wenn es den Künstlern unmöglich gemacht wird, fremde Melodien in ihr Werk mit aufzunehmen. Nun wird, wie bereits festgestellt, auch die Kunstfreiheit nicht absolut und schrankenlos gewährt, findet doch auch dieses Grundrecht seine Grenzen in den Grundrechten Dritter. Art. 14 und Art. 5 Abs. 3 GG schränken sich damit gegenseitig ein und stehen sich in der verfassungsrechtlichen Beurteilung gegenüber. Jedes von ihnen schützt einen eigenen Schutzbereich, den es möglichst umfassend zu bewahren gilt.

Bleibt also die Frage zu klären, ob es dennoch möglich ist, beide Verfassungsrechtsgüter iSe praktischen Konkordanz in Einklang zu bringen. Grundsätzlich wird man eine Entscheidung ausschließlich zu Gunsten der Eigentumsfreiheit nur dann rechtfertigen können, wenn es nur mit Bestehen des § 24 Abs. 2 UrhG in ausreichendem Maße möglich ist, die Rechte des Urhebers zu gewährleisten. Dafür müsste aber die Eigentumsfreiheit überhaupt betroffen sein. Nun wurde aber bereits festgestellt und in ähnlichen Zusammenhängen mehrfach darauf hingewiesen, dass in dem Moment, in dem die Voraussetzungen aus § 24 Abs. 1 UrhG als erfüllt gelten, nicht mehr von der Verletzung der Urheberrechte des Originalurhebers, noch von der Eröffnung des Schutzbereichs des Art. 14 Abs. Satz 1 GG gesprochen werden kann.[1157] Dies ist schon schlicht und einfach deswegen der Fall, da sich im in freier Benutzung entstandenen Werk eine eigenständige und vom Originalwerk strikt zu trennende Individualität des Urhebers abzeichnet, die letztlich dazu führt, dass von einer bloßen plagiatierenden Übernahme des fremden Werkteils nicht gesprochen werden kann. Gleiches muss aber auch für die grundrechtliche Betrachtung des Melodienschutzes gelten. Denn auch derjenige Urheber, der mit der Variation einer fremden Melodie ausschließlich versucht, sich der eigenschöpferischen Arbeit zu entledigen und dessen ausschließliches Ziel es ist, am fremden Erfolg teilzuhaben, wird in seinem Handeln, trotz Ablehnung eines sog. starren Melodienschutzes, durch die §§ 15, 16ff. UrhG gestoppt. Zudem gilt es festzustellen, dass „sobald das durch die Montage und Transformation zugerichtete Material seine alte Identität verliert und in der neuen musikalischen Struktur aufgeht, es eine neue Funktion und Qualität (hat). Es ist nicht das ausgestellte präformierte Material der Collage und kein zusammengefügtes Medienbruchstück, sondern ein speziell aus der Probensammlung des digitalen Codes für die neue Umgebung konstruiertes Material“.[1158] Damit wird schließlich gerade in Bezug auf die Collage ausgedrückt, dass dort, wo die Melodie eines anderen in die eigene Arbeit mit eingearbeitet wird, sie entsprechend der Konzeption einen ganz anderen Aussagegehalt, mithin sogar eine andere Individualität bekommen kann und damit zu einem grundsätzlich eigenständigen Werk wird. Das heißt aber auch, dass in den Fäl-

1157 Vgl. dazu Kapitel 3 § 3 A III 1 a).
1158 *Großmann* Collage S. 308, 325.

len, in denen die Voraussetzungen des § 24 Abs. 1 UrhG erfüllt sind, es dem Urheber schließlich auch nicht darauf ankommt, vom geistigen Schaffensergebnis eines anderen wirtschaftlich durch bloße Plagiatierung zu profitieren. Somit ist den Befürwortern eines starken § 24 Abs. 2 UrhG entgegenzuhalten, dass iFd bloßen Anwendung des § 24 Abs. 1 UrhG auch auf die Melodieübernahme keinerlei gesetzlich goutierter Plagiarismus zu befürchten ist, womit aber gleichzeitig bewiesen ist, dass es aus verfassungsrechtlicher Sicht keines weitergehenden Schutzes des Urhebers als desjenigen in den Grenzen des § 24 Abs. 1 UrhG geben darf.

Verweigert man dem Künstler aber über § 24 Abs. 2 UrhG diese Möglichkeit, würde er zusätzlich in der Wahl seiner künstlerischen Ausdrucksmittel und Themen und damit in der für ihn streitenden Kunstfreiheit behindert, ohne dass diese Behinderung seinerseits auf verfassungsrechtlichen Füßen steht. Daran ändert auch nichts, dass die GEMA einem Abschlusszwang unterliegt, der sie verpflichtet, auf Grund, der von ihr wahrgenommenen Rechte, jedermann auf Verlangen zu angemessenen Bedingungen Nutzungsrechte einzuräumen, § 11 Abs. 1 UrhWG.[1159] Nun mag zwar die absolute Mehrzahl der Komponisten Mitglied in der GEMA sein, doch handelt es sich hierbei immer auch um eine Momentaufnahme. Angesichts neuer Vertriebsmöglichkeiten und der Entwicklung alternativer Formen wie bspw. selbstbestimmten DRMs erscheint es gerade nicht als unbedingt zwingende Vorstellung, dass dieses Vertretungsmonopol auch in der Zukunft in jedem Fall bestehen bleiben wird. Auch bliebe fraglich, wie die Fälle zu behandeln wären, in denen ein Komponist heute schon nicht Mitglied der GEMA ist. Hier wäre es dem Collagekünstler schon jetzt nicht möglich, sich ohne Einwilligung mit dessen Werk auseinander zu setzen. Zudem gilt es sich zu erinnern, dass auch die Nutzungseinräumung durch die GEMA immer entgeltpflichtig und bedingungsabhängig („zu angemessenen Bedingungen") ist. Unabhängig, wie man beurteilen mag, welche Bedingungen durch die GEMA an die Nutzungseinräumung geknüpft werden dürfen, können diese künstlerisches Schaffen von vornherein ersticken und wirken damit hemmend und das, obwohl gar kein verfassungsrechtlich motivierter Grund besteht.[1160]

1159 So intendiert zu lesen bei *von Ohlenhusen/Ling* UFITA 2003/III, 695, 718 f.
1160 Vgl. amtl. Bgrd. abgedruckt in UFITA 45 (1965/II), 240, 267, „Dieser starre Schutz der Melodie zieht dem musikalischen Schaffen ungerechtfertigt enge

Schlussendlich stehen dem Urheber mit den gesetzlichen Normen der §§ 16, 23, 24 Abs. 1 UrhG und dem Urheberpersönlichkeitsrecht ausreichende Mittel zur Verfügung, sich gegen die unbefugte Übernahme seines Geistesguts zur Wehr zu setzen. Denn nicht jede Veränderung ruft automatisch die Privilegierung des § 24 Abs. 1 UrhG auf den Plan. Man darf schließlich nicht dem Irrtum aufsitzen, dass mit der Abschaffung des § 24 Abs. 2 UrhG nunmehr die Melodie von jedermann ganz ohne Grund und hemmungslos aus dem bestehenden Kompositionspool herausgenommen und verwandt werden dürfte. Schließlich handelt es sich bei der Melodie um nichts anderes, als um eine Tonfolge iS einer persönlich geistigen Schöpfung und damit um einen Teil des Gesamtwerkes, das durch selbständigen Werkcharakter gekennzeichnet ist. Diese hat aber bei unveränderter Entnahme, sich am Maßstab des § 24 Abs. 1 UrhG messen zu lassen.[1161] Was wiederum bedeutet, dass die Erlaubnis nach § 24 Abs. 1 UrhG von den dort aufgestellten Voraussetzungen abhängig gemacht wird, die wiederum den von Art. 14 Abs. 1 Satz 1 UrhG vorgegebenen Anforderungen genügen müssen.[1162]

Nun kam es in der Betrachtung dieser Grundnormen ja bereits schon zu einer Güterabwägung und verfassungsrechtlichen Bewertung der urhebergesetzlichen Regelung des § 24 Abs. 1 UrhG. Diese sollte dann aber nicht auch durch die Hintertür wieder einseitig zu Gunsten des Urhebers des benutzten Werkes aufgehoben werden. Zwar mag es sein, dass die Melodie und damit auch das Musikwerk aufgrund ihres wesensmäßigen Umfangs größeren Gefahren ausgesetzt sind als bspw. ein Sprachwerk, doch kann man diesen begegnen, in dem man iRd Prüfungen zur Zitatfreiheit oder der freien Benutzung das Erfüllen der Voraussetzungen durch das Zweitwerk einer genauen Überprüfung unterzieht und in Zweifelsfällen eher zum „Melodien-

Grenzen. Auf dem Gebiet der ernsten Musik werden oft wertvolle selbständige Schöpfungen unter Benutzung fremder Themen geschaffen, wie z. B. Variationen oder Fantasien, deren Verwertung nicht von der Einwilligung des Urhebers der als Anregung benutzten Melodie abhängig sein darf".

1161 Ähnlich vertreten wohl auch von *Dreier/Schulze* § 24 Rn 44, der im Zusammenhang mit § 24 Abs. 2 UrhG von einer bloß klarstellenden Regelung zu Abs. 1 spricht.

1162 Zur verfassungsmäßigen Rechtfertigung der freien Benutzung vgl. unter Kapitel 3 § 3 A III 1 a).

schutz“ tendiert. Von einem generellen Verbot, das bereits im Vorfeld ausgesprochen wird, ist jedoch Abstand zu nehmen.[1163]

Die Frage ist nun, ob es dazu de lege ferenda einer Streichung des § 24 Abs. 2 UrhG bedarf oder ob diese Norm nicht einer veränderten Lesart zugänglich ist, wie sie von einigen vorgeschlagen wird. Möglicherweise handelt es sich bei § 24 Abs. 2 UrhG tatsächlich nur um eine klarstellende Norm, ohne eigenen Inhalt, die von der bisherigen h. A. nur falsch interpretiert wird und mit der es sich auch ohne Streichung weiterarbeiten lässt. Dagegen scheint zunächst einmal der Wortlaut zu sprechen. Schließlich grenzt sich § 24 Abs. 2 UrhG in seinem Anwendungsbereich deutlich von Abs. 1 ab („Abs. 1 gilt nicht“). Allerdings überzeugt ein solcher Einwand freilich nicht. Schließlich macht Abs. 2 nur noch einmal deutlich, dass eine freie Benutzung dann nicht vorliegt, wenn das Werk erkennbar und damit unselbständig übernommen wurde.[1164] Damit schließt sich auch der Kreis, nach dem die Frage der Erkennbarkeit in § 24 Abs. 2 UrhG, wie oben festgestellt, eben nach den zu §§ 23, 24 Abs. 1 UrhG entwickelten Abgrenzungskriterien zu bestimmen ist. Einzig die historische Auslegung unter Berücksichtigung von Teilen der amtlichen Begründungen zu § 24 Abs. 2 UrhG stehen einer veränderten Auslegung damit wirklich entgegen. Allerdings muss man hierbei feststellen, dass dieser nur bedingt Bedeutung beigemessen werden kann, denn letztlich ist allein der Wortlaut der Norm sowie die Systematik und Teleologie eines Gesetzes zur Auslegungsbestimmung maßgeblich und nicht etwa vom Gesetzgeber nicht kodifizierte Erwartungen. Insofern ist es verfassungsrechtlich geboten und angesichts der bestehenden Formulierung auch möglich, § 24 Abs. 2 UrhG einer ver-

[1163] So im Ergebnis in gewisser Weise ja auch schon amtl. Bgrd. abgedruckt in UFITA 45 (1965/II), 240, 267, wenn auch unter zu kritisierender, weil qualitativ motivierte Begründung: „Die Befürchtung, der Fortfall des Melodienschutzes werde zu einer Ausbeutung von Melodien für Schlager führen, erscheint unbegründet. Bei Werken der leichten Musik steht regelmäßig die Melodie so sehr im Vordergrund, dass im Falle ihrer Entnahme aus einem fremden Werk kaum jemals von einer selbständigen Neuschöpfung gesprochen werden kann, § 24 also ohnehin nicht anwendbar ist.“.

[1164] So im Ergebnis letztlich auch vertreten bei Möhring/Nicolini/*Ahlberg* § 24 Rn 37; eine ähnliche Bewertung findet sich auch bei *Dreyer* § 24 Rn 9, die jedoch eine andere Einschätzung der bisherigen Auslegung des § 24 Abs. 2 UrhG vornehmen.

änderten Auslegung zugänglich zu machen. Entscheidend kann damit nur sein, ob die Musikcollage den zu § 24 Abs. 1 UrhG entwickelten Kriterien entspricht, diese werden durch § 24 Abs. 2 UrhG nicht wiederum verschärft.

4. Schlussfolgerungen der Ausführungen zur freien Benutzung zugunsten des nachschaffenden Collagekünstlers

Es gilt, in der Zusammenfassung noch einmal darauf hinzuweisen, dass der Tatbestand des § 24 Abs. 1 UrhG unter dem Eindruck der verfassungsrechtlichen Erwägungen dergestalt ausgelegt werden muss, dass er den hohen Erwartungen, die an die nachschaffende Leistung aus Sicht der ansonsten betroffenen Eigentumsfreiheit geknüpft sind, auch gerecht wird. Dafür bedarf es iRd freien Benutzung, wie festgestellt wurde, eines erhöhten Begründungsaufwands, da hier, anders als iRd Bearbeitung, das in freier Benutzung entstandene Werk auch der Öffentlichkeit zugänglich gemacht werden darf, wodurch ein erhöhtes Risiko der Verletzung der finanziellen Interessen des Urhebers gegeben ist. Da dieser nun aber auch nicht durch eine entgeltliche Abgeltung des Verlustes seiner Bestimmungsmacht abgesichert ist, ist es gerechtfertigt, wenn man vom nachschaffenden Künstler fordert, dass sich die von ihm übernommene Leistung letztlich ausschließlich auf die bloße geistige Idee des Werkes, im wörtlichen Sinne der Anregung, reduziert. Es bedarf daher einer überragenden eigenen Leistung des nachschaffenden Collagekünstlers, die sich am alles bestimmenden Entscheidungsmaßstab, des im Grundgesetz in Art. 14 Abs. 1 Satz 1 GG formulierten Leistungsprinzips orientiert. Das wird schon daraus deutlich, dass bei Vorliegen der Voraussetzungen des § 24 Abs. 1 UrhG bereits kein Eingriff in den Schutzbereich des Art. 14 Abs. 1 Satz 1 GG vorliegt. Denn nach der hier vertretenen *Stammvatertheorie* handelt es sich bei einer iR freien Benutzung entstandenen Collage zwar um die Fortsetzung des Werkes, allerdings in Form eines Produkts, das sich in einer veränderten Individualität zeigt.

Wie nun die veränderte Individualität aber im Zweitwerk auszusehen hat, bestimmt sich in maßgeblicher Weise nach dem Werkbegriff und insbesondere nach der darin vorkommenden Forderung der im Werk verkörperten Individualität. Entsprechend den hier vertretenen Grundsätzen zur Forderung des UrhG nach persönlich geistiger Schöpfung kann dies letztlich nur bedeuten, dass gleichermaßen sowohl die Ersetzung der vorhandenen Fundamental- aber auch die der darin aufgehenden Werkkonzeption zu einem Bruch mit der vorhandenen Individualität führen kann. Dies bedeutet nunmehr, dass die Frage der nicht überlappenden Schutzbereiche nicht allein von der offensichtlichen Formgestaltung abhängig sein darf, sondern es vielmehr einer detaillierten Gesamtbetrachtung nicht nur des Werkkonzeptes, sondern auch der dahinter stehenden Fundamentalkonzeption bedarf, bevor auf Gemeinsamkeiten zwischen beiden geschlossen werden kann. Eine andere Bewertung kann auch nicht nachträglich über die Regelung des § 24 Abs. 2 UrhG eingeführt werden; dessen bisherige Auslegung hat zugunsten einer verfassungskonformen zu weichen, die nichts gemein hat mit dem starren Melodienschutz, sondern in § 24 Abs. 2 UrhG lediglich eine Klarstellungsfunktion für Musikwerke erkennt.

Damit bedarf es für den Collagekünstler, um sich auf § 24 Abs. 1 UrhG berufen zu können, entweder eines grundlegenden Wandels iRd Werkkonzeption oder iFd Übernahme der konkreten äußeren Gestaltungsform einer grundlegend eigene Fundamentalkonzeption, in der sich die äußere Gestalt des Fremdmaterials quasi auf die bloße Hülle, in der keinerlei Individualität des vormaligen Künstlers mehr vorhanden ist, reduziert. Und auch für Musikcollagen gilt dabei nichts anderes.

IV. Die Collage als Bearbeitung – Schutz der künstlerischen Privatsphäre durch § 23 Satz 1 UrhG

Erfüllt eine Collage, wie bspw. die Theatercollage über Benatzki oder Heartfields Fotomontage *Die Freiheit selbst kämpft in ihren Reihen* (1936) den strengen Tatbestand der freien Benutzung nach § 24 UrhG nicht, könnte man zwar andenken, dass die Zitatfreiheit wieder auflebt, es könnte jedoch auch sein, dass sie möglicherweise eher noch nach den Voraussetzungen des § 23 UrhG als „freie Bearbeitung" privilegiert ist. So beschränkt sich die als bloße Bearbeitung entstandene Collage in der Schaffung einer im Grunde nur veränderten Fassung des Originalwerkes und muss damit als ein Minus gegenüber der in freier Benutzung entstandenen und von der Konzeption des Originalwerkes weitestgehend losgelösten und daher selbstständigen Collage betrachtet werden.

Anders als § 24 UrhG erlaubt § 23 UrhG daher auch eine „freie“, d.h. einwilligungslose Bearbeitung grundsätzlich nur iRd Privatsphäre. Liegt also „nur“ eine Bearbeitungsleistung vor, gilt es darzulegen, von welchen Voraussetzungen und mit welchen Widerständen der Collagekünstler zu rechnen hat, wenn er seine Collage dennoch verwerten will. Es wird daher im Folgenden um die Klärung der Fragen gehen, wann und wie weit die Befugnis nachschaffender Collagekünstler besteht, vorbestehende Werke entsprechend den Voraussetzungen zu § 23 UrhG bearbeiten zu können.

1. Die Bearbeitung iSd § 23 UrhG und die Bedeutung ihrer Kenntnis für die Collage

Zwischen Ausgangswerk und Zweitwerk (mithin der in Anlehnung an das Original nachgeschaffenen Collage) ist grundsätzlich zu unterscheiden. Beide gilt es strikt voneinander zu trennen. Regelt § 3 UrhG die Frage, welchen urheberrechtlichen Schutz die Collage in Form der Bearbeitung genießt, geht es in § 23 UrhG darum, unter welchen Voraussetzungen die Herstellung der Collage als Bearbeitung und in welchem Umfang Veröffentlichung und Verwertung überhaupt zulässig sind. Der Schutzumfang eines Werkes erstreckt sich dabei nach § 23 Satz 1 UrhG nicht nur auf die Verwertung des Werkes in der Originalfassung, sondern auch auf dessen Verwertung in umgestalteter Form. Danach gilt, dass jede in Form der Bearbeitung entstandene Collage nur und ausschließlich unter Einwilligung des Urhebers veröffentlicht und verwertet werden darf. Die reine Herstellungsleistung ist damit jedoch für die Mehrzahl des Werkschaffens prinzipiell freigestellt.[1165] Allerdings wird dieser durch die Kunstfreiheit motivierte Grundsatz wiederum unter den Vorausset-

1165 Vgl. dazu auch amtl. Bgrd. abgedruckt in UFITA 45 (1965/II), 240, 266: „Nach der Regelung in Absatz 1 bedürfen nur die Veröffentlichung und die Verwertung des bearbeiteten oder umgestalteten Werkes der Einwilligung des Originalurhebers, nicht dagegen die Herstellung der Bearbeitung oder Umgestaltung selbst“. Damit gibt der Gesetzgeber deutlich zu verstehen, dass auch solche Bearbeitungen, die zwar in der Privatsphäre aber mit Verwertungsabsicht vorgenommen werden dennoch vom Einwilligungsvorbehalt freigestellt sind.

zungen des von der Lehre allgemein als Ausnahmevorschrift aufgefassten[1166] § 23 Satz 2 UrhG eingeschränkt, in dem nämlich besonders kostenintensive Projekte, deren geplanter Öffentlichkeitsbezug bereits in der Herstellung offensichtlich ist, von der allgemeinen Umgestaltungsfreiheit wiederum ausgenommen wird. Der Gesetzgeber sah hier die künstlerische Entfaltungsfreiheit von wirtschaftlichen Interessen überlagert, da finanziell aufwendige Produktionen, wie der Nachbau eines Werkes der Baukunst oder die Verfilmung eines Werkes, immer auch in der Absicht der späteren gewerblichen Verwertung vorgenommen werden. Durch einen Umkehrschluss zu § 23 Satz 2 UrhG wird iÜ auch noch einmal die Annahme bestätigt, wonach in allen anderen Fällen eine Collage in der Form einer Bearbeitung immer frei, d.h. ohne oder sogar gegen den Willen des Urhebers des benutzten Werkes erfolgen darf.[1167] Zu beachten ist auch, dass der Einwilligungsvorbehalt sich nur auf solche Teile des Originalwerkes bezieht, die auch urheberrechtlich geschützt sind, d.b. freilich auch, dass all diejenigen Teile eines Werke, die diese urheberrechtliche Schutzstufe nicht erreichen, auch in veränderter Form verwertet und veröffentlicht werden dürfen.[1168]

a) Sachverhaltskonstellationen des § 23 UrhG iFd Collage

Der Begriff der Bearbeitung umfasst zum einen die Tätigkeit als solche, daneben aber auch das daraus entstandene Produkt. Die Bearbeitung, und damit auch die Collage in der hier diskutierten Form, wie sie in den §§ 3 und 23 UrhG formuliert ist, setzt zunächst ganz generell eine Veränderung des Originalwerkes, mithin einen Eingriff in die Substanz des Originalwerkes[1169] und damit die Umformung der

1166 Vgl. dazu u.a. Fromm/Nordemann/*Vinck* § 23 Rn 4; *Hörnig* UFITA 99 (1985), 13, 66; *Lackner* S. 125; Möhring/Nicolini/*Ahlberg* § 23 Rn 19; *Plassmann* S. 293f.; *Rehbinder* Urheberrecht Rn 266; Wandtke/Bullinger/*Bullinger* § 23 Rn 13.

1167 Vgl. dazu statt vieler *Dreyer* § 23 Rn 14; *Plassmann* S. 302; Schricker/*Loewenheim* § 23 Rn 15.

1168 Vgl. dazu auch BGH GRUR 1988, 812, 814 – Ein bisschen Frieden; BGH GRUR 1994, 191, 198 – Asterix-Persiflagen; dem sich u.a. anschließend Wandtke/Bullinger/*Bullinger* § 23 Rn 6.

1169 Auch die Bearbeitung kann Gegenstand einer erneuten Bearbeitung sein. Es handelt sich dann um den Fall einer mehrstufigen Bearbeitung. Davon zu untermateriellen Trägerschicht voraus.[1170] Die Collage als Bearbeitung bleibt daher immer vom Originalwerk abhängig, da dieses nämlich, auch wenn es weiterentwickelt oder umgeformt wird, in seinem Wesenskern erhalten bleibt.

Es wäre jedoch falsch und zu eng gedacht, würde man zwingend einen Eingriff in die körperliche Substanz verlangen. Der BGH hat in dieser Hinsicht zu Recht erkannt, dass Urheberrechtsgüter in erster Linie immer noch geistige Produkte sind. Daher soll eine Bearbeitung auch dann vorliegen können, wenn das gesamte Originalwerk im nachgeschaffenen Werk unverändert übernommen wurde,[1171] sobald sie als dessen Teil erscheint.[1172] Dieser Überlegung ist zuzustimmen, denn es kann nicht notwendigerweise entscheidend sein, dass ein Eingriff in den materiellen Träger, also in die materielle Substanz erfolgt ist, sondern vielmehr, dass die Veränderung zu einem veränderten immateriellen Gehalt des Werkes geführt hat. Gerade ein Eingriff in den geistigen Gehalt eines Werkes führt letztlich dazu, von einer Veränderung des Originalwerkes zu sprechen, wenn das geschützte Werk zwar unverändert in ein neues Produkt übernommen, aber gleichzeitig in einen neuen Sachzusammenhang gestellt wurde. Denn wenn man nun gleichsam annimmt, dass der geistig-ästhetische Gesamteindruck, den ein Werk vermittelt und dabei als die Konzeptionierung seines Urhebers preisgegeben wird, die entscheidende Information über das Werk in seiner konkreten Form ist, dann muss man das Vorliegen einer Bearbeitung auch in den Fällen annehmen, in denen dieser Gesamteindruck durch die Übernahme des Werkes in den fremden Teil gerade verändert wird, auch wenn es zu keinem grundlegenden Wandel in der Fundamentalkonzeption in dem Sinne kommt, dass man bereits von einer in freier Benutzung entstandenen Collage sprechen könnte.

scheiden ist die sog. Zweitbearbeitung, die dadurch gekennzeichnet ist, dass nicht eine Erstbearbeitung wiederum umgestaltet wird, sondern, dass die Originalfassung ein zweites Mal bearbeitet wird.

1170 *Christen* S. 35.

1171 BGH GRUR 2002, 532, 534 – Unikatrahmen, dem sich u. a. anschließend *Dreier/Schulze* § 23 Rn 8.

1172 BGH GRUR 2002, 532, 534 – Unikatrahmen; Loewenheim/*Loewenheim* § 8 Rn 3; Wandtke/Bullinger/*Bullinger* § 3 Rn 19.

Nachdem damit ein erster Überblick über den Charakter der Bearbeitungsleistung und die damit verbundenen Arbeitsschritte erfolgt ist, muss man sich angesichts der Feststellung, dass auch die unveränderte Übernahme eines Werkes in einen neuen Gesamtzusammenhang zu einer Bearbeitung führen kann, die Frage stellen, worin speziell in diesem Fall eigentlich der Unterschied zum Zitat liegt und ob nicht am Ende doch zumindest in diesem Zusammenhang dem Zitatrecht ein vorrangiger Anwendungsbereich zukommt. Denn die beschriebene Vorgehensweise, nach der unveränderte Teile eines Fremdwerkes in ein neues Gesamtwerk übernommen werden, erinnert doch nur zu sehr an das zuvor behandelte Zitat. Kann man nun tatsächlich annehmen, dass in dem Moment, in dem der Künstler das Werk eines anderen in seiner Collage unverändert einsetzt, darin immer auch eine Bearbeitung des Originalwerkes liegt? Kommt § 23 UrhG damit iFd Collage überhaupt ein eigener Anwendungsbereich zu? Oder wird dieser nicht bereits durch die für den nachschaffenden Künstler scheinbar weitaus vorteilhaftere, weil umfassendere Privilegierung der Zitierfreiheit mit übernommen? Diesem Problem gilt es im Folgenden nachzugehen.

Grundlage jeder weiteren Überlegung muss dabei zunächst die Erkenntnis sein, dass mit der Bearbeitung kein eigenständiges neues Werk geschaffen wird, sondern nur eine vom Originalwerk abhängige Nachschöpfung, welche mit vom Bearbeiter zugefügten Elemente angereichert ist. So spricht Troller nicht zu Unrecht vom „Werk zweiter Hand“,[1173] wenn er die Bearbeitung meint. So entsteht durch den Bearbeiter immer nur eine veränderte Fassung des Originalwerkes,[1174] in dem dieses aber, da die Veränderungen nicht in der Lage sind, die Individualität des Originalwerkes zu überlagern, Hauptbestandteil der Bearbeitung bleibt. Die alles entscheidende Frage in der Fallbetrachtung muss daher immer sein, ob der Collagekünstler tatsächlich nur eine veränderte Fassung des Originalwerkes geschaffen hat, wenn er das Fremdwerk in einen neuen Sachzusammenhang stellt, oder ob damit nicht vielmehr ein neues Produkt entstanden ist. Es muss daher in diesen Fällen untersucht werden, ob bei der Herstellung bspw.

[1173] Diesen Begriff verwendet *Troller* in Immaterialgüterrecht I, S. 392f. als Synonym für die Bearbeitung, da sich bestimmte Erscheinungsformen wie die Übersetzung oder Variation dem allgemeinen Sprachgebrauch nach nicht notwendig mit dem Begriff der Bearbeitung in Verbindung gebracht werden.
[1174] Schricker/*Loewenheim* § 23 Rn 6.

einer Collage aus anderen, urheberrechtlich geschützten Materialien, die Fundamentalkonzeption des nachschaffenden Collagekünstlers grundsätzlich dazu geführt hat, dass sich die Collage nicht bloß als eine uninspirierte Vervielfältigung des Fremdmaterials zeigt, auch wenn sie durch einige neue Elemente verändert sein mag, sondern als ein eigenständiges Werk, wenn auch unter Beibehaltung der im unverändert übernommenen Originalwerk liegenden Individualität. Trotz eigener schöpferischer Elemente, die auch mit einer Bearbeitung erreicht werden können, bleibt die Bearbeitung nämlich in einer Weise vom Werk abhängig, in der sie sich vom Zitat weitestgehend unterscheidet. Während beim Zitat trotz Behalt der im Originalwerk verkörperten Fremdindividualität die Aussage des Fremdmaterials zum Teil des nachgeschaffenen Werkes wird, werden demgegenüber bei der Bearbeitung im hier diskutierten Sinne die nachträglich hinzugefügten Elemente Teil des Originalwerkes. Das Originalwerk und dessen Individualität überdecken damit die neu hinzugefügten Zusätze, auch wenn sie zu einer Veränderung in der Fundamentalkonzeption des Originalwerkes führen mögen. Maßgebliches Untersuchungskriterium muss es daher sein, ob die urheberrechtlich geschützten Materialien vom neuen Werk umfasst werden oder ob sie hauptbestimmender Kern einer nachgeschaffenen Collage bleiben und durch die neu hinzutretenden Elemente lediglich neu eingefasst werden. Denn darin liegt der entscheidende Unterschied des Zitats zur bloßen Bearbeitung im hier diskutierten Sinne. An einem konkreten Beispiel werden diese Überlegungen umso deutlich: Danach müssten die entnommenen Textstellen Benatzkis in der bereits mehrfach angesprochenen Theatercollage, wollte sich der nachschaffende Künstler auf die Zitatfreiheit berufen, derart eingefasst sein, dass sie trotz Beibehalt der fremden Individualität als Teil des neuen Werkes erscheinen. Soll aber wie hier der Text Benatzkis in einer Weise im Vordergrund stehen, dass das Eigene nur als Randerscheinung auftritt, wird man auch einen Rückgriff auf die Zitierfreiheit nur schwerlich vertreten können, da das Eigene es nicht schafft, das Fremde zu inkorporieren, sondern ausschließlich ergänzt und in einen neuen Rahmen gießt.

Sollte das Originalwerk daher in einer Weise übernommen werden, dass damit die Voraussetzungen aus § 24 UrhG nicht erfüllt sind,[1175]

1175 Vgl. zu den Voraussetzungen noch unter vgl. dazu unter Kapitel 3 § 3 A III 2 c).

wird zu überlegen sein, ob nicht zumindest zu Gunsten des nachschaffenden Künstlers an eine ergänzende Heranziehung des § 23 UrhG zur Klärung der entgegenlaufenden Interessen zu denken ist, bevor man die Collage eine plumpe Plagiatierung schimpft. Dieses wird bei der Collage aufgrund der Zentriertheit der Ausdrucksmittel und aufgrund der Beschränkung der Collage auf eine oftmals überschaubare Darstellung grundsätzlich eher der Fall sein, als dass sich ein Rückgriff auf die Zitatfreiheit rechtfertigen lässt.

Aus diesen Erläuterungen folgt, dass § 23 UrhG auch für die Collage gerade auch in der Zeit von der Allgemeinheit zugänglichen Video- und Bildbearbeitungssoftware, Websitengestaltung von Unternehmen und im Pressebereich nicht einfach eine bloß untergeordnete Rolle spielt, im Gegenteil. So kann sich die Regelung des § 23 UrhG auch iRd Collage als eine in bestimmten Zusammenhängen einschlägige Norm erweisen, nämlich dann, wenn (1) klassischerweise in die materielle Substanz des Originalwerkes eingegriffen wird, ohne dass aber dadurch solche Änderungen in der nachgeschaffenen Collage erreicht werden, dass man von einer freien Benutzung sprechen kann; (2) eine eigenständige geistige und das Original überlagernde Konzeption des Collagekünstlers nicht zu erkennen ist und die Collage sich lediglich wie im Fall der Theatercollage um Benatzki als „Originalfassung mit Beiwerk" zeigt; (3) die „Übersetzung" eines bereits vorhandenen Bildes in die Kunstform der Collage vorliegt,[1176] ohne dass dabei die Voraussetzungen aus § 24 Abs. 1 UrhG erreicht werden; oder aber (4) Skizzen einer Collage bestehen, die von einem anderen in die Realität umgesetzt werden und sich damit als Bearbeitung dieser entpuppen. Nicht zuletzt können (5) auch bereits vorhandene Collagen selbst iSd § 23 UrhG bearbeitet werden, in dem Farbschemata verändert, Variationen des vorgefundenen entstehen oder die Collagen wiederum in andere Werkformen gebracht werden.

1176 Schricker/*Loewenheim* § 23 Rn 8; *Ulmer* Urheber- und Verlagsrecht (1980) S. 157, die ganz generell davon ausgehen, dass Nachbildungen in der Kunst und dabei insbesondere die Wiedergabe in einer anderen Technik meist Bearbeitungen sind, auch wenn sie dabei eine schöpferische Leistung nicht erreichen sollten.

b) *Notwendige Vorausbetrachtungen für die urheberrechtliche Bewertung der Collage als Bearbeitung*

Man wird die Fragen, die iRd Bearbeitung und die damit auch für die Bearbeitung in der Form der Collage auftreten, nur lösen können, wenn man sich zunächst einen Überblick über die dogmatischen Schwierigkeiten des § 23 Satz 1 UrhG verschafft. Diese ersten Erkenntnisse werden nämlich grundlegend auf alle Diskussionen ausstrahlen, die es im Folgenden noch zu § 23 Satz 1 UrhG vor dem Hintergrund der Collage zu führen gilt.

(1) Rechtfertigung der Existenz des § 23 Satz 1 UrhG

Die Existenznotwendigkeit des hier zu betrachtenden § 23 Satz 1 UrhG entsteht aus einer Reihe von Überlegungen heraus, die nicht gesondert für sich stehen können, sondern aus der Gesamtschau heraus ein Bild vermitteln,[1177] in dem sich die Regelung des § 23 UrhG von seiner Formulierung, seiner systematischen Stellung und seiner Teleologie her wiederfindet.[1178]

a. § 23 Satz 1 UrhG – als Privilegierungstatbestand

Im Zuge des Gesetzgebungsverfahrens war von verschiedener Seite vorgeschlagen worden, den Schutz des Urhebers auch auf die Privatsphäre hin auszudehnen. Danach sollte der Einwilligungsvorbehalt sich nicht allein auf die Veröffentlichung und die Verwertung der Bearbeitung beschränken, sondern die Herstellung der Bearbeitung selbst sollte bereits grundsätzlich an die Einwilligung des Originalurhebers gebunden werden. Ausnahmen sollte es nur dort geben, wo

1177 So im Ergebnis, wenn auch mit Abstrichen und klarer Tendenz zum verwertungsrechtlichen Argument, vertreten auch von *Plassmann* S. 42ff., 49f.; ähnlich letztlich auch bei *Hörnig* UFITA 99 (1985), 3, 19.

1178 Somit unterscheidet sich die hier vertretene Ansicht grundlegend von der „allgemeinen Auffassung“ der Einzelbetrachtungen. Es lässt sich anhand der Rechtfertigungsversuche im Schrifttum feststellen, dass der überwiegende Teil der Literatur zu einer sehr einseitigen Beurteilungen neigt, in dem seine Vertreter ihre Auffassung idR an nur einem einzigen Anknüpfungspunkt festmachen, sich ansonsten aber in der Ablehnung der anderen Überlegungen üben. Mit dieser Feststellung enden daher gleichzeitig schon alle „Gemeinsamkeiten“ der ansonsten zersplitterten Urheberrechtsliteratur; vgl. zum einzelnen Meinungsstand dezidiert bei *Plassmann* S. 35–50.

Bearbeitungen zum persönlichen Gebrauch oder in der Absicht, die zur Verwertung der Bearbeitung erforderliche Einwilligung beim Urheber des Originalwerkes nachzuholen, hergestellt werden. Der Gesetzgeber lehnte jedoch seinerzeit diese Konzeption des § 23 UrhG vor allem aus Praktikabilitätsgründen ab, da sie zu stark an subjektiven Vorgaben orientiert sei und man davon ausgehen müsse, dass eine Nachprüfbarkeit nur in den seltensten Fällen gelingen würde.[1179] Diese sicher nicht von der Hand zu weisende Argumentation leidet jedoch darunter, dass eine ausdrückliche, verfassungsrechtliche Betrachtung der Regelung in der amtlichen Begründung nicht erfolgt ist. So klingt zwar an, dass der Urheber, kraft seiner Hoheit über das Werk, in seiner Eigentumsfreiheit gestärkt werden soll, allerdings unterbleibt gleichsam eine Betrachtung der Rechte des nachschaffenden Künstlers. Um der Bedeutung des § 23 UrhG und seiner Formulierung jedoch umfassend gerecht zu werden, reicht es nicht aus, wie der Gesetzgeber meint, einfach auf Praktikabilitätserwägungen abzustellen. Es bedarf vielmehr einer klaren Aussage darüber, was § 23 UrhG so besonders macht.

Gerade dieses fehlende Verständnis bzw. ein klares Bekenntnis zur besonderen Stellung des § 23 UrhG ist es dann auch, was, wie sich noch zeigen wird, die Beurteilung des § 23 UrhG und die daraus abgeleiteten Erkenntnisse so schwierig macht. So ist es notwendig, § 23 UrhG auch und gerade als eine zwingende Kompromisslösung, als Ausfluss der grundgesetzlichen Abwägung zwischen der Kunstfreiheit auf der einen und dem Schutz des Persönlichkeitsrechts und der Eigentumsfreiheit auf der anderen Seite auszulegen. Man sollte daher § 23 UrhG als Möglichkeit begreifen, diese unterschiedlichen Verfassungsgüter dergestalt in einen Ausgleich zu bringen, dass allen Seiten ein größtmöglicher Wirkungsgrad belassen wird. Demgemäß bedarf es dann auch einer erneuerten Auslegung des § 23 Satz 1 UrhG, deren Ziel es gerade sein muss, diesen verfassungsrechtlichen Vorgaben eine Stimme zu geben. So gilt es zunächst zu berücksichtigen, dass ausgehend von der Erkenntnis, dass nicht jede Umgestaltung das Licht der Öffentlichkeit erblickt und viel an kreativer Leistung ausschließlich in der Privatsphäre erbracht wird, es mit den Grundsätzen der Kunstfreiheit sicherlich nicht zu vereinen wäre,

[1179] Vgl. dazu amtl. Bgrd. abgedruckt in UFITA 45 (1965/II), 240, 266.

wenn man diese nicht hinreichend berücksichtigen würde. Zumindest innerhalb der Privatsphäre muss künstlerisches Arbeiten auch ohne Zustimmung des Urhebers möglich bleiben.

Jeder vorgetragenen Verletzung der Persönlichkeit des Urhebers muss daher entgegengehalten werden, dass ihr mangels Öffentlichkeitsbezug kaum Gewicht in der Abwägungsentscheidung sowohl in verfassungsrechtlicher aber auch in einfachgesetzlicher Hinsicht zukommen wird und daher in diesem Rahmen in Kauf genommen werden muss. Somit kann man eine Handlung in der Privatsphäre, die zu einer Entstellung iSd § 14 UrhG führt, nicht durch diesen bereits verboten werden,[1180] wenn es sich dabei um eine Bearbeitung nach den Voraussetzungen aus § 23 Satz 1 UrhG handelt. Insofern muss § 23 Satz 1 UrhG, was diesen Bereich anbelangt, zwingend, will man der Kunstfreiheitsgarantie gerecht werden, als Einschränkung der Rechte aus § 14 UrhG und damit als Privilegierung auch zugunsten des in der heimischen Sphäre handelnden Collagekünstlers angesehen werden, die über die Urheberpersönlichkeitsrechte des Originalurhebers die Oberhand behält.

Daneben gilt es festzustellen, dass auch die wirtschaftlichen Interessen des Urhebers durch die Bearbeitung in der Privatsphäre letztlich nur marginal berührt werden. Da der fehlende Schritt an die Öffentlichkeit nur zu einem geringfügigen Eingriff in die Urheberrechte, ohne die Gefahr merklicher wirtschaftlicher Nachteile führt, haben auch in diesem Zusammenhang die Verwertungsinteressen der Urheberrechtsinhaber im Vergleich zu den Nutzungsinteressen aus Gründen der Gewährleistung einer künstlerischen Auseinandersetzung zurückzutreten.[1181] Dies ändert sich erst dann, wenn es zu kostenintensiven Projekten kommt (§ 23 Satz 2 UrhG), die nicht mehr so ohne weiteres dem Anwendungsbereich der Kunstfreiheit unterfallen, sondern dieser bereits in erheblichem Maße durch wirtschaftliche Interessen überlagert werden.[1182]

1180 So auch Wandtke/Bullinger/*Bullinger* § 23 Rn 12; a.A. aber bspw. bei Fischer/Reich/*Reich* § 3 Rn 57.

1181 BVerfG ZUM 2000, 867, 869 – Germania 3 vgl. dazu auch unter Kapitel 2 § 2 A.

1182 Vgl. dazu unter Kapitel 3 § 3 A IV 2.

§ 23 UrhG und die in ihm enthaltenen Privilegien und die davon wiederum abweichenden Einschränkungen sind damit immer auch Ausdruck der grundgesetzlichen Vorgaben. Mag der Gesetzgeber dies nicht ausdrücklich in seiner amtlichen Begründung benannt haben, so lassen sich doch angesichts der hier skizzierten Überlegungen keine anderen Schlüsse ziehen, als in § 23 Satz 1 UrhG einen Privilegierungstatbestand zu erblicken, der im Grunde dessen Hauptaufgabe darstellt.

b. § 23 Satz 1 UrhG als verwertungsrechtliche Regelung

Die zweite Überlegung, die sich in § 23 UrhG manifestieren könnte, ist diejenige, das wirtschaftliche Interessen des Urhebers nicht nur am Originalwerk bestehen, sondern nach den eigentumsrechtlichen Schutzerwägungen des Art. 14 Abs. 1 GG allumfassend zu verstehen sind und sich auch auf den Bereich der Bearbeitungen beziehen. Auch iRv § 23 UrhG darf nichts anderes gelten, was nicht zuvor schon in der Betrachtung der Eigentumsfreiheit festgestellt wurde. Danach ist ein Urheber grundsätzlich „an den wirtschaftlichen Früchten zu beteiligen, die aus seinem Werk gezogen werden".[1183]

Gerade wenn es heißt, dass dem Urheber grundsätzlich die wirtschaftlichen Früchte zustehen sollen, die aus seinem Werk gezogen werden, muss man erkennen, dass auch die Bearbeitung oder das umgestaltete Werk als solches zu den besagten wirtschaftlichen Früchten zu zählen ist.[1184] Schließlich wird in § 37 Abs. 1 UrhG vom „Recht der Einwilligung zur Veröffentlichung und Verwertung einer Bearbeitung" gesprochen, das iÜ sogar im Zweifel beim Urheber verbleibt und damit jede Verwertung oder Veröffentlichung des veränderten Werkes nicht mehr von der Nutzungseinräumung gedeckt ist.[1185] Zusätzlich taucht in § 69c UrhG in diesem Zusammenhang die Formulierung ausschließliches Recht auf, was in der Gesamtschau und unter Berücksichtigung der internationalen Regelung in Art. 8 und 12 RBÜ[1186] den Schluss nahe legt, dass es sich beim Be-

1183 *Hubmann* Urheber- und Verlagsrecht S. 53.
1184 *Lackner* S. 105; Schricker/*Loewenheim* § 23 Rn 2.
1185 *Haberstumpf* FS Schricker S. 309, 313.
1186 „das ausschließliche Recht, ihre Werke zu übersetzen oder deren Übersetzungen zu erlauben", Art 8 RBÜ; „das ausschließliche Recht, Bearbeitungen,

arbeitungsrecht auch um ein „selbständiges Verwertungsrecht“[1187] handelt,[1188] zumal nicht vergessen werden darf, dass neben dem bloßen Verbotsrecht die Verwertungsrechte des UrhG immer auch ein positives Benutzungsrecht beinhalten, das vom Urheber zu Geld gemacht werden kann.[1189] Nichts anderes kann aber für die Bearbeitung gelten. Anhand praktischer Überlegungen wird diese Argumentation noch deutlicher. So besteht die Gefahr, dass durch die Verwertung der zustimmungslosen Bearbeitung das Interesse des Publikums am Originalwerk schwinden kann, mithin ein Sättigungseffekt am Originalwerk eintreten kann. Denn würde man die zustimmungsfreie Bearbeitung grundsätzlich immer erlauben, so wäre uU dem Urheber die umfassende wirtschaftliche Nutzung seines Werkes beschränkt, wenn er sich etwa in Konkurrenz zum Fremdbearbeiter setzen müsste. Die Frage ist nun aber, welche Rolle § 23 UrhG in diesem Zusammenhang spielt, ob ihm neben den schon in den §§ 15, 16–22 UrhG kodifizierten „eigentlichen“ Verwertungsrechten eine eigene konstitutive Wirkung zukommt, oder ob sich dessen Anwendungsbereich aufgrund der genannten Regelungen auf eine rein deklaratorische Funktion beschränkt. Entscheidend für eine nachvollziehbare Einordnung ist dabei die Beantwortung der Frage nach der Reichweite des Begriffs *sein Werk* in § 15 UrhG. Denn legt man die Formulierung *sein Werk* in § 15 UrhG weit aus, so scheint vom Anwendungsbereich des § 23 Satz 1 UrhG, abgesehen von der Wiederholung dessen, was bereits in den §§ 15, 16–22 UrhG geregelt wird, nicht viel übrig zu bleiben. Beschränkt man demgegenüber die Formulierung *sein Werk* in § 15 UrhG ausschließlich auf die Übernahme der originalgetreuen Formgestaltung des Ausgangswerks, müsste man, aufgrund der mit der Bearbeitung zwangsläufig einhergehenden Veränderungen am Originalwerk, hingegen von einer konstitutiven Wirkung des § 23 UrhG ausgehen.

Arrangements und andere Umarbeitungen ihrer Werke zu erlauben“ (Art. 12 RBÜ).

1187 Vgl. auch *Grohmann* S. 73 (die Befugnis zur Verwertung einer Bearbeitung ist „auch ein Verwertungsrecht“).

1188 So unter Berufung auf die Gesetzessystematik u. a. *Haberstumpf* Handbuch Rn 290; zu den einzelnen Argumenten die für die Annahme des § 23 UrhG als Verwertungsrechts sprechen vgl. iÜ ausführlich bei *Dreier/Schulze* § 23 Rn 9.

1189 Vgl. dazu auch bei *Haberstumpf* FS Schricker S. 309, 312.

So wird nun gerade aus der zuletzt genannten Überlegung heraus argumentiert, dass jede Umgestaltung, mag sie auch noch so wenig neue individuelle Bezüge seines Bearbeiters aufweisen, nicht einfach mit dem Originalwerk gleichgesetzt werden dürfe.[1190] Schließlich genieße der Urheber Schutz nur für seine persönlich geistige Schöpfung in der Form, wie sie von ihm geschaffen wurde, was dazu führe, dass unter den Anwendungsbereich der §§ 15 Abs. 1, 16–22 UrhG nicht mehr solche Werke des Urhebers fallen könnten, die sich bereits in geringen Einzelheiten vom Originalwerk unterscheiden. Bei solchen Nachschöpfungen könne man nicht mehr von „seinem" Werk sprechen. D.h. die §§ 15, 16–22 UrhG würden dem Urheber Befugnismacht nur für originalgetreue Werkverwendung einräumen.[1191] Sinn und Zweck des § 23 Satz 1 UrhG sei es daher, die aus dieser Sicht logische Schutzlücke wieder zu schließen.

Eine solche enge Auslegung des Begriffs „sein Werk" ist jedoch nicht mit dem Gesetzeswortlaut überein zu bringen. Danach heißt es in § 2 Abs. 2 UrhG, dass das Werk immer die persönlich geistige Schöpfung des Urhebers ist. Damit sind vor allem die individuellen Elemente gemeint, in denen sich das Schaffen zeigt. Die Bearbeitung schafft es eben gerade nicht, diese individuellen Züge des Originalwerkes zu überlagern und sie durch die eigenen zu ersetzen. In jeder Bearbeitung steckt nämlich immer auch ein Stück Original, dass zumindest in seinen Grundzügen oder seiner schöpferischen Eigenart in der Abwandlung noch zum Ausdruck kommt.[1192] Diese Überlegung erklärt sich iÜ bereits aus der amtlichen Begründung zum Regierungsentwurf, in der es nämlich heißt, dass Urheberrechte an Bearbeitungen nichts weiter als sog. abgeleitete Urheberrechte sind, und dass daher mit jeder Verwertung der Bearbeitung denknotwendig

1190 *Plassmann* S. 40, 62ff.; so wohl auch *v. Gamm* § 15 Rn 10ff.

1191 *Wanscher* S. 12.

1192 In diesem Sinne auch Schricker/*Loewenheim* § 2 Rn 25ff.; § 23 Rn 2; dies erkennend auch *Haberstumpf* Handbuch Rn 291, der dieses jedoch missdeutet, in dem er damit die Annahme rechtfertigt, dass erst mit § 23 UrhG das Bearbeitungsrecht als Verwertungsrecht kodifiziert werde, der jedoch gleichzeitig zu erkennen gibt, dass nach seiner Auffassung nachgeschaffene Formen, die anderen Umgestaltung iSd § 23 UrhG darstellen bereits von den §§ 15, 16–22 UrhG erfasst werden vgl. Rn 153.

immer auch eine Verwertung des Originalwerks erfolgt.[1193] So zieht doch der Benutzer des fremden Werkes seine wirtschaftlichen Vorteile gerade daraus, dass er von der vom Urheber des Originalwerkes geschaffenen Schöpfung profitiert und damit seine eigene Leistung durch die Nutzung des Fremdwerks ersetzt, zumindest aber wesentlich ergänzt. Im Ergebnis bedeutet das daher, dass der wirtschaftliche Schutzcharakter des § 23 Satz 1 UrhG nicht zu Lasten des Urhebers gezogen werden darf, sondern mit dem Wortlaut des Gesetzes in § 2 Abs. 2 UrhG eine weite Auslegung der §§ 15, 16–22 UrhG anzunehmen ist.

Damit scheint zunächst, dass § 23 Abs. 1 UrhG tatsächlich eine bloße deklaratorische Wiederholung dessen ist, was bereits über die §§ 15, 16–22 UrhG geschützt wird. Von der Gegenmeinung wird nun im Gegenzug allerdings oftmals der Vorwurf erhoben, wonach dieses weite Verständnis des Werkcharakters dem systematischen Aufbau des UrhG zuwiderlaufe, der nämlich streng zwischen unmittelbarer (§§15, 16–22 UrhG) und mittelbarer Werkverwertung (§§ 23, 24 UrhG) unterscheide.[1194] Diesem Argument liegt jedoch ein Missverständnis zugrunde, das aus einer mangelnden Berücksichtigung des Privilegientatbestandes des § 23 Satz 1 UrhG resultiert. Es darf schließlich nicht vergessen werden, was eingangs bereits beschrieben wurde, nämlich dass mit § 23 Satz 1 UrhG ein Ausnahmetatbestand für die Fälle beschrieben wird, in denen zum bereits bestehenden Werk neue Elemente hinzutreten, ohne dass diese „Zutaten" dabei bereits das Kriterium der persönlich geistigen Schöpfung erfüllt haben müssen. Dahinter steht die Überlegung, dass auch nachschaffende Künstler, also bspw. diejenigen, die eine Collage anfertigen, die Möglichkeit haben müssen, in die künstlerische Auseinandersetzung mit einem Werk treten zu können. Diese Handlungen werden daher mit § 23 Satz 1 UrhG aus dem Bereich der durch die §§ 15, 16–22 UrhG geschützten Verwertungshandlungen herausgenommen und frei gestellt. Da sich das künstlerische Produkt aber zu wenig als eigene Leistung präsentiert,

1193 Amtl. Bgrd. abgedruckt in UFITA 45 (1965/II), 240, 252: Das Urheberrecht an Bearbeitungen wird mit Recht als abgeleitetes Urheberrecht bezeichnet, da jede Verwertung einer Bearbeitung zugleich auch eine Verwertung des Originalwerkes bedeutet und somit der Einwilligung des Urhebers des Originalwerkes bedarf".

1194 *Hess* S. 30.

bleibt die Freiheitsmöglichkeit des nachschaffenden Künstlers in § 23 Satz 1 UrhG auf die Privatsphäre beschränkt. Mit § 23 Satz 1 UrhG vollführt das UrhG daher einen Spagat, in dem es einmal festschreibt, dass Bearbeitungshandlungen in der Privatsphäre zulässig sind, es aber gleichzeitig, um sicher zu gehen, dass keine Missverständnisse auftreten, noch einmal ausdrücklich darauf hinweist, dass sobald der Bearbeiter den Schutz der Privatsphäre verlässt, er für jedes weitere Handeln einer Einwilligung des Urhebers des Originalwerkes bedarf. Sinn und Zweck des § 23 Satz 1 UrhG ist damit die ausdrückliche Klarstellung der ohnehin schon aus sich selbst heraus bestehenden verwertungsrechtlichen Befugnismacht des Urhebers aus § 15 UrhG, die auch eine mittelbare Verwertung des Werkes mit einschließt,[1195] die hier aber zugunsten von Allgemeininteressen für den Bereich der Privatsphäre zurückgenommen wird.

Was nun die Verwertung in positiver Hinsicht anbelangt, wird diese trotz der hier vertretenen Auffassung eines weiten Werkbegriffs nicht aufgehoben. Ein systematischer Bruch liegt vielmehr schon deshalb nicht vor, da § 23 UrhG, neben seiner klarstellenden Funktion zu den bereits in § 15 UrhG genannten Verbotsrechten, auch die Vorstellung ausdrückt, nach der die Bearbeitung als solche ein Wirtschaftsgut sein kann. Dies wird auch unter einer weiten Auslegung des Werkbegriffs in § 15 UrhG nicht bestritten. Allerdings beschränkt sich § 23 UrhG auch hier auf eine deklaratorische Funktion. Aufgrund des weiten Verständnisses des Werkbegriffs in § 15 UrhG folgt bereits aus den einzelnen Verwertungsrechten selbst, dass der Urheber dem Nutzer das Recht erteilen kann, sein Werk in bearbeiteter Form zu vervielfältigen, zu verbreiten, öffentlich wiederzugeben. Es bedarf damit also eigentlich keiner zusätzlichen Regelung, um dem Urheber eine vollständige und umfassende wirtschaftliche Kontrolle über sein Werk nach dem UrhG einzuräumen. Auch in positivrechtlicher Hinsicht bleibt es damit ausschließlich bei einer bloß deklaratorischen Wiederholung der Rechte des Urhebers aus § 15 UrhG.

Dennoch wäre es falsch, die Bedeutung des § 23 UrhG, trotz seiner in verwertungsrechtlicher Sicht bloß deklaratorischen Wirkung, herunterzuspielen. Denn der Gesetzgeber hat in der Zusammenfassung aller in den §§ 15, 16–22 UrhG verstreut geregelten Befugnisse dem

1195 *Lackner* S. 105; *Riekert* S. 92.

Urheber in § 23 Satz 1 UrhG ein zusammenfassendes Selbstbestimmungsrecht über sein Werk in die Hand gegeben, in dem alle Einzelbefugnisse zusammenlaufen. Damit wird vor allem auch die Rolle der Bearbeitung iRd Zweitverwertung als wirtschaftlich bedeutendes und von den §§ 15, 16–22 UrhG geschütztes Gut noch einmal deutlich artikuliert. Zusammenfassend lässt sich damit feststellen, dass das Bearbeitungsrecht ein Verwertungsrecht iSd § 15 UrhG ist, auch wenn es nicht erst durch § 23 Satz 1 UrhG begründet, sondern nur noch einmal deklaratorisch benannt wird.

c. § 23 Satz 1 UrhG als urheberpersönlichkeitsrechtliche Regelung

Doch haben sich die Überlegungen zu § 23 Satz 1 UrhG noch nicht erschöpft. So gilt es zu berücksichtigen, dass der Urheber mit dem Tag der Schöpfung das Recht erhält, darüber zu entscheiden, wie sein Werk von der Öffentlichkeit wahrgenommen wird. Kraft seiner Stellung als geistiger Vater des Werkes erhält er das Recht auf Durchsetzung eines generellen Änderungsverbotes (§ 14 UrhG). Danach hat der Urheber das Recht, eine Entstellung oder eine andere Beeinträchtigung seines Werkes zu verbieten, die geeignet ist, seine berechtigten geistigen oder persönlichen Interessen am Werk zu gefährden. Damit ist es dem Urheber kraft seiner persönlichen Bindung zum Werk erlaubt, gegen sämtliche Umgestaltungen vorzugehen, die zu einer Veränderung des Originalwerks führen können und die nicht in der durch § 23 Satz 1 UrhG privilegierten Sphäre verbleiben.[1196]

Kennzeichnendes Merkmal der Bearbeitung ist es, dass es zu einer Veränderung in der ursprünglichen Werkintegrität kommt. Jede nachgeschaffene Bearbeitung führt damit zu einer „objektiv nachweisbaren Änderung des vom Urheber geschaffenen geistig-ästhetischen Gesamteindruck des Werkes“[1197] und wird dadurch gleichzeitig immer auch zu einer Beeinträchtigung seines Werkes iSd § 14 UrhG,[1198] wodurch letztlich eine Interessengefährdung des Urhebers

1196 Vgl. dazu auch unter Kapitel 3 § 3 IV 1 b (1) a.

1197 BGH GRUR 1989, 106, 107 – Oberammergauer Passionsspiele II; Schricker/*Dietz* § 14 Rn 19.

1198 Die Begriffsbildung in § 14 UrhG ist unheitlich und umstritten. So nennt § 14 UrhG zwei Veränderungsarten, nämlich zum einen die Entstellung, zum anderen aber die der anderen Beeinträchtigung. In der Literatur ist man in der Frage der Abgrenzung und der Bedeutung dieser beiden Begriffe uneins. Den Wortsinn interpretierend, folgert dabei eine Ansicht, dass es sich bei dem Begriff Beeinträchtigung um den Oberbegriff handelt, der auch die Entstellung als besonders schwerwiegenden Fall der Beeinträchtigung (so OLG München ZUM 1996, 165, 166 – Nachträgliche Veränderung von Dachgauben als Beeinträchtigung gemäß § 14 UrhG; Schricker/*Dietz* § 14 Rn 19; Wandtke/Bullinger/*Bullinger* § 14 Rn 3) erfasst. Die Gegenmeinung trennt hingegen beide Begriffe voneinander, weil dem Interesse des Urhebers an der Verhinderung einer Entstellung im Allgemeinen größere rechtliche Bedeutung zukommt als an der Verhinderung einer sonstigen Beeinträchtigung (Fromm/Nordemann/*Hertin* § 14 Rn 5 dem folgend u. a. *Dreyer* § 14 Rn 36). Bedeutung hat dieser Streit für die Frage, ob sich der den Anspruch des Urhebers einschränkende Relativsatz des § 14 UrhG („die geeignet ist, seine berechtigten geistigen oder persönlichen Interessen am Werk zu gefährden") nur auf die 2. Tatbestandsalternative (andere Beeinträchtigung) (so vor allem ausdrücklich Fromm/Nordemann/*Hertin* § 14 Rn 5) oder auch auf die 1. Alternative (Entstellung) (*Grohmann* S. 88 ff.; *Schilcher* S. 65; Schricker/*Dietz* § 14; Rn 19) bezieht. Davon abhängig ist, ob man im Falle einer Entstellung eine Interessenabwägung für erforderlich hält oder man davon ausgeht, dass diese per se verboten ist. Die Formulierung „andere Beeinträchtigung" wirft zunächst die Frage auf, worauf sich diese Abgrenzung bezieht. Nach dem Wortsinn wird man wohl sagen müssen, dass sich diese Abgrenzung den Begriff der Entstellung bezieht. Dies erscheint sachlogisch, da in § 14 UrhG kein anderer Eingriffstatbestand geregelt ist. Wenn aber noch „andere Beeinträchtigungen" vorliegen können, dann lässt dies im Umkehrschluss zu, dass die Entstellung ein Unterfall des Oberbegriffs Beeinträchtigung darstellen muss (so im Ergebnis auch OLG München ZUM 1996, 165, 166 – Nachträgliche Veränderung von Dachgauben als Beeinträchtigung gemäß § 14 UrhG; *Bullinger* Kunstwerkfälschung S. 73; Schricker/*Dietz* § 14 Rn 19). Dies ist durchaus nicht unüblich, da das Gesetz an vielen Stellen ähnliche Formulierungen kennt und dabei die Bildung eines Oberbegriffs vornimmt. Darüber hinaus ist jedoch noch nicht gesagt, dass dies zwingend bedeutet, dass für beide Rechtsbegriffe derselbe Wertungsmaßstab gilt. Zwar ist Dietz insofern Recht zu geben, als eine Abgrenzung der Begriffe „Entstellung" und „Beeinträchtigung" äußerst schwierig ist. Dies darf jedoch nicht dazu führen, die grundlegenden Auslegungskriterien zu verkennen. So spricht zunächst für die Auslegung Hertins der historische Wille des Gesetzgebers, der Anlass für die Annahme eines absoluten Entstellungsschutzes gibt. So wies RegDir. Schneider (BMJ) ausdrücklich daraufhin, dass sich der Relativsatz nur auf die Beeinträchtigung beziehe; eine Entstellung daher immer verboten sei. Dieser Aussage schloss sich auch der Vorsitzende des Unterausschusses Urheberrecht Dr. Reischl an (Deutscher Bundestag, 4. Wahlperiode, 12. Ausschuss, Unterausschuss Urheberrecht, Kurzprotokoll v. 16. 11. 1964, 12/13; so berichtet bei *Federle* S. 43 Fn 161). Grammatikalisch ist zu sagen, dass „wenn zwei singularische Bezugswörter durch eine disjunktive (ausschließende) Konjunktion wie *oder* verbunden sind, dann richtet sich das Pronomen nach dem zunächst stehenden Substantiv" *(Duden* (Grammatik) Rn 1184; dem auch folgend Bullinger S. 76*)*. Als Beispiel nennt der Duden dabei den Satz: „Das Buch herbeigeführt wird;[1199] was iÜ im Falle der Verwertung einer nachgeschaffenen Collage wohl immer auch der Fall sein wird. Dagegen steht auch nicht an, dass mit der Collage als Bearbeitung möglicherweise das Werk nach der subjektiven Vorstellung des Collagekünstlers nicht in seiner Integrität beeinträchtigt, sondern vielmehr gewürdigt und aufgewertet werden soll. So sind auch solche Veränderungen, die eine angebliche Verbesserung des Werkes und von denen man nach objektiven Maßstäben keine abwertende Beurteilung annimmt, nach § 14 UrhG als Beeinträchtigungen zu werten.[1200] Schließlich glaubte der Urheber, mit seiner Gestaltung, seine Vorstellungen am besten umsetzen zu können. Die grundsätzliche Bedeutung des Urheberpersönlichkeitsrechts im UrhG und die in § 11 UrhG ausdrücklich genannte geistig-persönliche Beziehung führt daher dazu, dass niemand anders als der Urheber selbst zu entscheiden hat, ob ein Werk verbessert werden sollte oder nicht.[1201] In jeder Veröffentlichung und Verwertung der Collage als Bearbeitung liegt damit gleichzeitig immer auch eine Verletzung der ideellen Interessen des Originalurhebers vor.[1202]

Man könnte nun aber freilich vorbringen, dass mit § 14 UrhG als der zentralen Norm des urheberpersönlichkeitsrechtlichen Integritätsanspruchs die Kodifizierung der ideellen Interessen in dieser Hinsicht bereits erschöpfend geregelt sei und daher ein ideeller Ansatz nicht als Begründungsmuster für § 23 Abs. 1 Alt. 2 UrhG tauge. Diese Überlegung trägt jedoch bei genauerem Hinsehen nicht. Richtig ist es zwar, davon auszugehen, dass es sich bei § 14 UrhG um die zentrale Integri-

oder die Schrift, die mein Interesse erregte, habe ich leider nicht erhalten.“ Dieser Satz entspricht der Syntax des hier streitgegenständlichen Satzes. Danach bezieht sich ein Nebensatz nur auf das vorangegangene Substantiv. Dies bedeutet im hier diskutierten Fall, dass die Einschränkung nicht für die Entstellung gilt. Daher lässt der Blick in die deutsche Grammatik keine andere Auslegung zu, als das sich der einschränkende Satz nur auf die andere Beeinträchtigung bezieht.

1199 So schon in RGZ 151, 50, 55 – Übersetzungen; *Flechsig* FuR 1976, 429, 430.

1200 BGH GRUR 1989, 106, 107 – Oberammergauer Passionsspiele II; *v. Gamm* § 14 Rn 8; Schricker/*Dietz* § 14 Rn 21.

1201 RGZ 79, 397, 399 – Felseneiland mit Sirenen; BGH GRUR 1971, 35, 37 – Maske in Blau; *Flechsig* FuR 1976, 589, 595; Fromm/Nordemann/*Hertin* § 14 Rn 2; *v. Gamm* § 14 Rn 8.

1202 Dafür auch *Hörnig* UFITA 99 (1985), 13, 18 f.; als einzelner Anknüpfungspunkt findet sich diese Betrachtungsweise iÜ vor allem auch bei *Christen* S. 47 ff.; Möhring/Nicolini/*Ahlberg* § 23 Rn 1.

tätsschutznorm im deutschen Urheberrecht handelt,[1203, 1204] dennoch

1203 Dafür auch *Grohmann* S. 24; *Grunert* S. 167; *Federle* S. 38; *Schack* Urheber- und Urhebervertragsrecht Rn 351 *Schilcher* S. 55; Schricker/*Dietz* § 14 Rn 2, 39 Rn 7.

1204 Diese Theorie ist nicht unumstritten. So folgert die Lehre vom Änderungsverbot aus Wesen und Inhalt des Urheberrechts ein Änderungsverbot aus den vermögens- und urheberpersönlichkeitsrechtlichen Herrschaftsrechten des Urhebers (*v. Gamm* § 39 Rn 1) und für Vinck ergibt sich ein Änderungsverbot innerhalb eines vertraglichen Nutzungsverhältnisses schon aus der konstitutiven Vorschrift des § 39 UrhG (Nordemann/Fromm/*Vinck* § 39 Rn 1). Abgesehen von der Herleitung des Änderungsverbotes stimmt diese Lehre von der Verankerung des Änderungsverbots in § 39 UrhG aber im Wesentlichen mit der von Gamm begründeten Lehre überein. Beide betonen den Wesensunterschied von Entstellungs- und Änderungsschutz. Danach erfasse zwar der Begriff der Beeinträchtigung in § 14 UrhG auch eine Änderung. Diese Norm habe jedoch einen anderen Rechtscharakter und -gegenstand, da sie nur vor eine Gefährdung der geistigen und persönlichen Urheberinteressen schützt. Das auf die vermögensrechtliche Werknutzung abgestellte Änderungsverbot in § 39 UrhG richte sich hingegen gegen eine Verletzung des Bestandes und der Unversehrtheit des Werkes selbst und habe somit auch einen vermögensrechtlichen Einschlag (*v. Gamm* § 14 Rn 4). Daraus folge, dass der Urheber im Falle einer Verletzung des allgemeinen Änderungsverbotes Rechtsschutz aus den ihm zustehenden Ausschließlichkeitsrechten am Werk iVm § 97 UrhG stützen könne. Folgend der Ansicht § 14 UrhG sei nicht die zentrale konstitutive Norm des generellen Änderungsverbotes wird weiter angenommen, dass sich die §§ 14 und 39 UrhG durch einen eigenen Anwendungsbereich auszeichnen (*v. Gamm* § 14 Rn 4; dem folgend Möhring/Nicolini/*Kroitzsch* § 14 Rn 2; Nordemann/Fromm/*Vinck* § 39 Rn 1). Dass Entstellungsverbot des § 14 UrhG stehe danach selbständig neben § 39 UrhG. § 39 UrhG finde seinem Wortlaut nach nur innerhalb von nutzungsvertraglichen Beziehungen Anwendung, während sich der Entstellungsschutz des § 14 UrhG sowohl gegen den vertraglichen wie gegen den gesetzlichen Nutzungsberechtigten und den nicht nutzungsberechtigten Dritten wende. Dies hat eine Überschneidung der Anwendungsbereiche der §§ 14 und 39 UrhG im Rahmen der hier gegenständlichen Werknutzung durch den Nutzungsberechtigten zur Folge. Der Unterschied der Vorschrift ergebe jedoch sich aus dem Verbietungsmaßstab (*Schöfer* S. 122). § 14 UrhG prüfe durch das Tatbestandsmerkmal der Eignung zur Gefährdung der geistigen und persönlichen Interessen die Zulässigkeit des Eingriffs nach werkimmanenten Interessen und Berührungspunkten. Demgegenüber berücksichtige § 39 Abs. 2 UrhG aufgrund des Merkmals von Treu und Glauben rein vertragsrechtliche Gesichtspunkte in der Abwägung, mit der Konsequenz, dass eine Änderung nach Abwägung der vertragsrechtlichen Interessen zulässig sein könne, wohingegen sich aus der werkimmanenten Interessenlage eine Beeinträchtigung aus § 14 UrhG ergäbe. Nach anderer Auffassung (sog. Lehre von der Gesamtschau) ist aus dem Zusammenhang der Vorschriften §§ 14, 39 UrhG der einheitliche Gedanke des Schutzes der Werkintegrität zunehmen. Dabei stehe § 14 UrhG als zentrale Verbotsnorm im Mittelpunkt dieses Gefüges (*Federle* S. 38; *Grunert* S. 167; *Schack* Urheber- und Urhebervertragsrecht Rn 351; Schricker/*Dietz* § 14 Rn 3). Als ein allgemein geregeltes Beeinträchtigungs- und Änderungsverbot sei es als Abwehrrecht bei allen Verletzungen der Werkintegrität einschlägig. § 39 UrhG nehme somit lediglich eine klarstellende Konkretisierung vor, die in die Interessenabwägung des § 14 UrhG zusätzliche Wertungsgesichtspunkte (*Schilcher* S. 56), wie etwa bei vertraglichen Nutzungen Änderungsvereinbarungen (Abs. 1) und die Interessen der Vertragsparteien (Abs. 2) in die Abwägung einfließen lasse. Gegen die Meinung v. Gamms und Vincks lassen sich mehrere Kritikpunkte festmachen. So erscheint es zunächst im Gesetzesaufbau unsystematisch, beim vertraglichen Nutzungsberechtigten nur Substanzverletzungen ohne sonstige Beeinträchtigungen zu regeln und in § 14 UrhG eine Art Auffangvorschrift für sonstige Beeinträchtigungen zu sehen, anstatt alle änderungsrechtlichen Probleme betreffend vertraglich Nutzungsberechtigten unter einem gesonderten Abschnitt oder die gesamten änderungsrechtlichen Fragen unter einem gemeinsamen Abschnitt zusammenzufassen (*Schilcher* S. 53; *Wallner* S. 73). Zudem legt *Grohmann* (S. 26 ff.) überzeugend dar, dass diese Lehre in ihrer praktischen Anwendung nur lückenhaften Schutz gewährt. Die Geltendmachung der §§ 12, 15 ff. iVm § 97 UrhG versagt etwa bei Verhaltensweisen, die weder eine Veröffentlichung noch einer Werknutzung darstellen, die aber dennoch eine Verletzung der ideellen Urheberinteressen zur Folge haben. Beispielhaft hierfür ist die Veränderung eines Werkes in einer Universitätsvorlesung, die von der Rechtsprechung nicht als Veröffentlichung angesehen wird. Man muss sich auch die Frage stellen, warum auf urheberrechtstheoretische Grundlagen wie „Wesen und Inhalt des Urheberrechts" zurückgegriffen werden soll, wenn sich dasselbe Ergebnis zwanglos aus einer extensiven Interpretation des § 14 UrhG iVm § 39 UrhG ableiten lässt. Das Änderungsverbot muss also anderen Vorschriften des Urheberrechtsgesetzes entnommen werden. Vinck verweist dabei auf § 39 UrhG. § 39 UrhG spricht ausdrücklich vom Verbot der Änderung durch den Nutzungsberechtigten. Doch warum sollte ein so grundlegendes Recht des Urhebers am Fünften Abschnitt des Ersten Teils des Urheberrechtsgesetzes mit dem Titel Rechtsverkehr im Urheberrecht eingeordnet werden. Dies erscheint unsystematisch (*Federle* S. 37, Loewenheim/*Dietz* § 16 Rn 88). Ein Änderungsverbot neben dem Beeinträchtigungsgebot ist auch weder sachlich noch semantisch begründbar. Dies beweist Art. 6bis RBÜ, der die Beeinträchtigung neben der Änderung gleichberechtigt nennt. Auf jenen Art. 6bis RBÜ nimmt nun die amtliche Begründung zu § 14 UrhG Bezug (UFITA 45 (1965/II), 240, 259; darauf zu Recht verweisend auch *Wallner* S. 75). Rechtshistorisch vermag diese Lehre nicht zu überzeugen. Ungeklärt bleibt zudem, wie der Änderungsschutz gegenüber nicht nutzungsberechtigten Dritten herzuleiten wäre. Vinck greift hier wie v. Gamm auf den Ausschließlichkeitscharakter des Urheberrechts zurück und unterliegt damit denselben Schutzlücken. Überzeugendstes Argument gegen die Trennung von Entstellungsschutz in § 14 UrhG und Änderungsschutz in § 39 UrhG ist jedoch die Tatsache, dass beide Vorschriften eine Interessenabwägung verlangen. Das Gesetz enthält jedoch keinen Hinweis auf etwaige unterschiedliche Verbietungsmaßstäbe. Die Beispiele aus der Rechtsprechung zu den § 14 und 39 Abs. 2 UrhG zeigen, dass diese nur bei formalisierter Betrachtungsweise verschieden sind. Trotz der wirtkönnte § 23 Satz 1 UrhG auch unter integritätsschutzrechtlichen Gesichtspunkten urheberpersönlichkeitsrechtliche Aspekte aufweisen und das nicht nur, weil in ihm eine deklaratorische Klarstellung des dem Urheber zustehenden Veröffentlichungsrechts nach § 12 UrhG auch im Zusammenhang mit Bearbeitungen erfolgt.[1205] So scheint der Schutz des Urhebers vor Verletzung der Werkintegrität ausweislich des Wortlauts in § 14 UrhG bisher, trotz absolut wirkender Befugnis des Urhebers,[1206] ausschließlich als reines Verbotsrecht ausgestaltet worden zu sein. Diese Fokussierung der Befugnisse des Urhebers im Zusammenhang mit Verletzungen der Integrität einzig auf das bloße Verbot reicht jedoch nicht aus, um den verfassungsrechtlichen Erwägungen gerecht zu werden. Die Annahme des § 14 UrhG als zentrale Integritätsschutznorm darf nicht dazu führen, dass dem Urheber die Mündigkeit abgesprochen wird, seine persönlichkeitsrechtlichen Befugnisse im Wege einer positiven Befugnis in die eigenen Hände zu nehmen und dementsprechend zu kommerzialisieren,[1207] auch wenn das durch den Wortlaut in § 14 UrhG nicht vorgesehen sein sollte. Schließlich wurde doch bereits an anderer Stelle in dieser Arbeit gezeigt, dass die Urheberpersönlichkeitsrechte nicht mehr nur als unantastbare Güter betrachtet werden dürfen, sondern im Sinne der eigenverantwortlichen Selbstbestimmtheit die direkte Ausgestaltung dieser Befugnisse dem Urheber selbst überlassen sein müssen.[1208] Denn

schaftlichen Gesichtspunkte die § 39 Abs. 2 UrhG bedient, wohingegen bei § 14 UrhG ausschließlich urheberpersönlichkeitsrechtliche Aspekte des Urhebers eine Rolle spielen sollen, bleibt die Abfolge der in die Wertung einfließenden Gedanken doch ähnlich und bei einer Betrachtung vom Ergebnis her von geringer praktischer Unterscheidbarkeit (ähnlicher Gedanken findest sich iÜ auch bei *Heeschen* S. 47). § 14 UrhG ist damit die zentrale Vorschrift des Werkintegritätsschutzes. Er formt ein für alle Werkformen und Verletzer geltendes Änderungs- und Beeinträchtigungsverbot, dessen Umfang von einer Interessenabwägung im konkreten Fall bestimmt wird. § 14 UrhG bildet daher den Rahmen für etwaige Sonderregeln die Einfluss auf die Interessenabwägung nehmen. Der Lehre von der Gesamtschau folgend kommt § 39 UrhG damit lediglich eine klarstellende und konkretisierende Funktion iS einer Auslegungsregel zu. Zudem ergänzt er die Interessenabwägung durch das Gebot der Berücksichtigung auch der verfassungsrechtlich motivierten Interessenlage (§ 39 Abs. 2 UrhG) beider Seiten.

1205 Zur Begründung der in dieser Hinsicht ausschließlich deklaratorischen Funktion des § 23 Satz 1 Alt. 1 UrhG vgl. unter Kapitel 3 § 3 A IV 3 a).

1206 Amtl. Bgrd. abgedruckt in UFITA 45 (1965/II), 240, 243.

1207 *Schricker* FS Hubmann S. 409, 413.

1208 Vgl. dazu unter Kapitel 2 § 3 D II 3.

wenn § 11 UrhG davon spricht, dass der Urheber in seinen geistigen und persönlichen Beziehungen zum Werk geschützt ist und jede Nutzung des Werkes von der Einwilligung des Urhebers abhängig gemacht wird, so muss ihm in der Konsequenz auch das Recht zugestanden werden, Bearbeitungen und damit Eingriffe in die Integrität seines Werkes zu gestatten.

Diese Selbstbestimmtheit sollte sich nun zwar bereits in § 14 UrhG ausdrücken, und insofern ist der Wortlaut als Folge der überholten Auffassung von der ausschließlichen Funktion der Urheberpersönlichkeitsrechte als rein ideelles Recht iS negativer Verbotsrecht wenig zeitgemäß.[1209] Doch bevor de lege ferenda die Formulierung in § 14 UrhG hin zu einer positiven Befugnisnorm geändert wird, könnte man zunächst überlegen, ob mit § 23 Satz 1 Alt. 2 UrhG nicht bereits heute die Antwort auf die Forderung nach diesem Selbstbestimmungsrecht auch iRd Urheberpersönlichkeitsrechte gesetzlich zum Ausdruck kommt. Denn wenn § 23 Satz 1 Alt. 2 UrhG davon spricht, dass der Urheber in die Verwertung einer Bearbeitung seines Werkes einwilligen kann, dann scheint doch der Gesetzgeber damit nichts anderes auszudrücken, als das es dem Urheber erlaubt sein soll, Beeinträchtigungen seines Werkes zuzulassen. Damit scheint also die Wirkung des § 23 Satz 1 Alt. 2 UrhG im Zusammenhang mit Bearbeitungen der nach der Lehre von der Gesamtschau zu § 39 UrhG vorgeschlagenen Ergänzungs- und Klarstellungsfunktion zu § 14 UrhG ähnlich[1210] und § 23 Satz 1 Alt. 2 UrhG damit einen wichtigen, weil konstitutiven eigenen urheberpersönlichkeitsrechtlichen Anwendungsbereich aufzuweisen.

Allerdings lässt sich diese Überlegung nicht halten, wird der hier formulierte Anwendungsbereich des § 23 Satz 1 Alt. 2 UrhG doch letztlich bereits durch die Regelung in § 39 UrhG abschließend wahrgenommen.[1211] Dafür spricht zunächst der Wortlaut in § 29 Abs. 2 UrhG. Dieser nennt ausschließlich die in § 39 UrhG geregelten Rechtsge-

1209 In Bezug auf das allgemeine Persönlichkeitsrecht wird ein solcher Wandel hin zu einer positiven Befugnisnorm bereits festgestellt, vgl. *Seemann*, UFITA 113 (1996), 5, 10.

1210 Vgl. dazu unter Fn 1204.

1211 Im Ergebnis so auch vertreten von *Grohmann* S. 73; *Riekert* S. 93; *Sack* JZ 1986, 1015, 1017.

schäften über Urheberpersönlichkeitsrechte[1212] und erwähnt eben nicht § 23 Satz 1 UrhG. Darüber hinaus sprechen die systematische Stellung des § 39 UrhG im fünften Abschnitt des Urheberrechts sowie dessen Wortlaut für einen in dieser Hinsicht abschließenden Charakter. Auch diese formalen Gesichtspunkte lassen einen eigenständigen, konstitutiven Anwendungsbereich des § 23 Satz 1 Alt. 2 UrhG mit Blick auf Rechtsgeschäfte über Urheberpersönlichkeitsrechte nicht zu. Dagegen spricht auch nicht, dass man annehmen könnte, § 39 UrhG bilde lediglich die Basis, die bis zum Erreichen des Regelungsbereichs des § 23 Satz 1 UrhG Anwendung findet.[1213] Zwar wird vom Verfasser vertreten, dass die Honorierung der Bearbeitungsleistung als Ausnahme vom strengen Grundsatz des umfassenden Eigentumsschutzes ein gewisses Maß an Veränderung im Originalwerk voraussetzt und daher naturgemäß mehr zu sein hat, als eine bloß einfachste Veränderung.[1214] Allerdings deutet der Wortlaut in § 39 UrhG nicht daraufhin, dass die dort genannte Veränderungsleistung auf die Herbeiführung eben dieser einfachsten Änderungsleistungen beschränkt ist. So unterliegt der Inhaber eines Nutzungsrechts am Werk wegen §§ 14, 39 Abs. 1 UrhG einem allgemeinen Änderungsverbot. Vom neutralen Wortlaut erfasst sind davon aber grundsätzlich alle Änderungen und mithin auch solche, die den Status einer Bearbeitung erreichen. Dem widerspricht auch nicht, dass § 39 Abs. 2 UrhG Änderungen unabhängig von jeglicher Einwilligung des Originalurhebers erlaubt, wenn eine entsprechende,

1212 Trotzdem die konkrete Formulierung in § 29 Abs. 2 UrhG gemeinhin als Redaktionsversehen angesehen wird, das darin begründet ist, dass dieser in seinem Wortlaut noch auf den im Zuge des Gesetzgebungsverfahrens nicht mehr aufgenommenen Änderung des § 39 UrhG beruht (vgl. dazu ausführlich mwN bei Schricker/*Dietz* Vor §§ 12 ff. Rn 28 a u. § 29 Rn 3 c; sowie bei *Dreyer* Vor §§ 12 ff. UrhG Rn 16), besteht doch insoweit ein Verständnis des § 29 Abs. 2 UrhG, demgemäß § 29 Abs. 2 UrhG so zu lesen ist, dass Rechtsgeschäfte über das Urheberpersönlichkeitsrecht in der Weise zulässig sind, wie sie im derzeitigen § 39 UrhG geregelt werden und wie sie nach den bisher geltenden und ungeschriebenen Regeln zulässig sind, *Metzger* GRUR Int. 2003, 9, 11; Schricker/*Dietz* Vor §§ 12 ff. Rn 28. Damit wird letztlich nur noch einmal erneut zum Ausdruck gebracht, dass nach auch dem jetzigen Stand des Urheberrechts, der Regelung des § 39 UrhG abschließende Geltungskraft in der Frage der Rechtsgeschäfte über die Urheberpersönlichkeitsrechte zuerkannt wird, und es daher eines konstitutiven eigenen Anwendungsbereichs des § 23 Satz 1 Alt. 2 UrhG deswegen auch nicht bedarf.

1213 So etwa vertreten bei *Lackner* S. 64, der allerdings einem anderen Bearbeitungsbegriff folgt (vgl. dazu auch noch genauer unter Kapitel 3 § 3 A IV 2.

1214 Vgl. dazu unter Kapitel 3 § 3 A III 1 c).

den Grundsätzen von Treu und Glauben folgende Abwägung diese als zulässig erachtet. So erklärt Brugger zu Recht, dass in den Fällen, in denen sich die Änderung als Bearbeitung gestaltet, die Interessenabwägung aus § 39 Abs. 2 UrhG immer zugunsten des Urhebers erfolgen würde, mithin eine Einschränkung der Rechte aus § 23 Satz 1 UrhG durch die vermeintlich schwächere Rechtsposition des Urhebers in § 39 Abs. 2 UrhG nicht ausgehebelt wird.[1215] Dazu kommt, dass, wie festgestellt, das Bearbeitungsrecht bereits vom jeweils einschlägigen „eigentlichen Verwertungsrecht" aus den §§ 15, 16–22 UrhG wahrgenommen wird.[1216] Damit erfolgt idR bereits iRd Einräumung der jeweiligen aus den §§ 15, 16–22 UrhG kommenden Nutzungsrechte, wie von § 39 UrhG vorgesehen, die Vereinbarung, dass der Inhaber eines Nutzungsrechts Änderungen am Werk vornehmen kann. In dieser Feststellung drückt sich damit einmal mehr aus, dass das Bearbeitungsrecht als Veränderungsrecht nach dem Wortlaut von § 39 UrhG bereits von diesem erfasst ist und es somit eines eigenen, konstitutiven Anwendungsbereichs des § 23 Satz 1 Alt. 2 UrhG aufgrund der bloß deklaratorischen Bedeutung iRd Einräumung des Bearbeitungsrechts als Nutzungsrecht schon aus diesem Blickpunkt gar nicht bedurft hätte.

§ 23 Satz 1 Alt. 2 UrhG ist deswegen, nach dem bisher Gesagten, wie folgt zu erklären: Danach ist es eigentlicher konstitutiver Anwendungsbereich des § 23 Satz 1 Alt. 2 UrhG zu gewährleisten, dass auch bei Bearbeitungen, die eine integritätsverletzende Wirkung haben, der Urheber nicht die Möglichkeit haben soll, diese in der Privatsphäre bleibenden Bearbeitungen zu verbieten.[1217] Dass dieser eigentliche Anwendungsbereich des § 23 Satz 1 UrhG erst im Umkehrschluss ausgedrückt wird, ist nun das Resultat einer unglücklichen Formulierung des § 23 UrhG, die darin begründet liegt, dass sich der Gesetzgeber dieser eigentlichen, weil verfassungsrechtlich vorgegebenen Bedeutung, im Zuge des Gesetzgebungsverfahrens nicht bewusst gewesen zu sein scheint. Insofern bleibt es jedoch, trotz des eigentlich für einen in dieser Hinsicht konstitutiven Anwendungsbereich des § 23 Satz 1 UrhG sprechenden Wortlauts, erneut bei einer bloß deklaratorischen

1215 *Brugger* UFITA 51 (1968), 89, 99.

1216 Vgl. dazu unter Kapitel 3 § 3 A IV 1 b) (1) b.

1217 Ähnlich auch vertreten von Wandtke/Bullinger/*Bullinger* § 23 Rn 12; vgl. dazu auch Kapitel 3 § 3 A IV 1 b) (1) b.

Klarstellung dessen, was bereits in § 39 UrhG geregelt ist, nämlich dass auch die Integrität belastende Veränderungen kommerzialisiert werden können; wodurch aber einmal mehr die Notwendigkeit eines umfassenden Selbstbestimmungsrechts des Urhebers über sein Werk deutlich wird und deren Vorhandensein klargestellt ist. Geht es mithin darum festzustellen, ob die vertragliche Erlaubnis einer Bearbeitung auch unter urheberpersönlichkeitsrechtlichen Gesichtspunkten erfolgen darf, bedarf es daher einer Überprüfung der angegriffenen Bearbeitung in der Form der Collage unter den Voraussetzungen der §§ 14, 39 UrhG.

(2) Zusammenfassung und Ausblick auf die Diskussion zur Collage im Anwendungsbereich des § 23 UrhG

Zusammenfassend lässt sich festhalten, dass § 23 Satz 1 UrhG, die einzelnen urheberpersönlichkeitsrechtlichen und verwertungsrechtlichen Regelungstatbestände deklaratorisch wiederholt und bündelt, dass die Auslegung des § 23 Satz 1 UrhG jedoch zwingend dahingehend ergänzt werden muss, als dass § 23 Satz 1 UrhG das Produkt der verfassungsrechtlichen Abwägung nicht nur zwischen Eigentumsschutz und Kunstfreiheit, sondern auch zwischen Kunstfreiheit und verfassungsrechtlichen Persönlichkeitsschutz ist. Es sind daher diese Überlegungen, die den Anwendungsbereich des § 23 UrhG im heutigen Urheberrecht rechtfertigen und die letztlich auch dazu führen, dass man nicht nur von einem einzelnen Anknüpfungspunkt ausgehen kann, wenn man die gesamte Tragweite des § 23 UrhG im Rahmen der Diskussion um die Collage erfassen will. Es erscheint daher am geeignetsten, gerade auch iRd Diskussion um die Collage, bei § 23 Satz 1 UrhG von einer Mischnorm auszugehen, in der sich verschiedene rechtliche Bewertungen zusammenfügen, die aber trotz des einheitlichen Gesamtbildes, dass sich daraus ergibt, nach den jeweils für sie geltenden spezialgesetzlichen Regeln und Prinzipien, seien sie nun verwertungsrechtlicher, urheberpersönlichkeitsrechtlicher oder schrankenrechtlicher Art, zu lösen sind.[1218]

1218 Sicherlich wünschenswert wäre es jedoch, wenn angesichts der hier getroffenen Überlegungen und im Interesse zukünftiger Rechtssicherheit der Gesetzgeber § 23 UrhG de lege ferenda aus der systematischen Verklammerung der

2. Die Collage – Bearbeitung oder „andere Umgestaltung"?

Das Gesetz nennt in § 23 Satz 1 UrhG zwei privilegierte Formen, nämlich die der Bearbeitung und die der anderen Umgestaltung. Es fragt sich mithin, unter welchen Voraussetzungen eine Collage eigentlich schon Bearbeitung und wann sie noch Umgestaltung ist, bzw. ob die im Gesetz erfolgte Differenzierung überhaupt für die Collage im speziellen und für die Werkarten im Allgemeinen notwendig erscheint?

Die Bearbeitung gilt nach der h.M. wie der Wortlaut in § 23 Satz 1 UrhG („Bearbeitungen oder andere Umgestaltungen") zeigen soll, zunächst als ein Unterfall des Oberbegriffs ‚Umgestaltung'.[1219] Als Vorlauf für die hier eigentlich zu führende Diskussion erscheint es daher als sinnvoll, sich noch einmal etwas genauer mit dieser, angesichts des Wortlauts in § 23 Satz 1 UrhG („Bearbeitungen oder andere Umgestaltungen des Werkes") zugegebenermaßen aufdrängenden Vermutung auseinander zusetzen. Bereits die amtliche Begründung zu § 23 UrhG zeichnet sich nämlich nicht durch eine einheitliche Begriffsbildung aus. So wird teilweise von „Umarbeitungen", Bearbeitungen im eigentlichen Sinne oder solchen Umgestaltungen, die keine echten Bearbeitungen sind gesprochen.[1220] Kann man nun also tatsächlich annehmen, dass es dem Gesetzgeber darum gegangen ist, den Begriff der Umgestaltung als Oberbegriff zu etablieren und wäre es dafür nicht besser gewesen, dies auch in der amtlichen Überschrift zu § 23 UrhG deutlich zu machen, in der im Gegenteil sogar die strikte Trennung zwischen Bearbeitung und Umgestaltungen ausdrücklich artikuliert wird, was iÜ auch vom Wortlaut her als eigenständiges Argument gegen die „Oberbegriffstheorie" sprechen würde? Zusätzlichen Nährstoff mag der Zweifler zudem in den §§ 88f., 106ff. UrhG finden. Diesen Normen gemeinsam ist nämlich,

Verwertungsrechte herauslöst und in den Regelungsbereich der „sonstige Rechte" verschieben würde.

1219 So die ganz h.A. vgl. etwa bei *Chakraborty* S. 32; *Hess* S. 32; *Grunert* S. 146; *Nirk* S. 105; *Plassmann* S. 156f.; Schricker/*Loewenheim* § 23 Rn 3; *Traub* UFITA 80 (1977), 159, 163; *Ulmer* Urheber- und Verlagsrecht (1980) S. 265; vgl. die Diskussion dazu unter Kapitel 3 § 3 A IV 2.

1220 Vgl. amtl. Bgrd. abgedruckt in UFITA 45 (1965/II), 240, 266.

dass auch sie, wie § 23 Satz 2 UrhG, nur jeweils von Bearbeitungen oder Umgestaltungen sprechen. Ohne die für die Annahme eines Oberbegriffs notwendigen Unterfallgruppenbildung in einer Vielzahl von änderungsrelevanten Normen, ohne von einer einheitlichen Begriffsbildung durch den Gesetzgeber ausgehen zu können, bröckelt aber die Basis für besagte allzu leichtfertige und unkritische Annahme, von der so viele Stimmern in der Literatur so sicher auszugehen scheinen.[1221]

So verwundert es nicht, wenn sich in der Literatur immer wieder auch Alternativformulierungen finden lassen, die, wenn auch unbewusst vorgetragen, eine anderweitige terminologische Kategorisierung der Begriffe „Bearbeitung" und „Umgestaltung" vornehmen und damit einmal mehr zum Ausdruck bringen, wie wenig ein sachgerechter Umgang und eine klare Stellung zur Frage des Umgangs mit der Terminologie des § 23 UrhG existiert, finden sich doch neben der auch in der RBÜ in Art. 12 verwandten Bezeichnung der „Umarbeitung"[1222] im Zusammenhang mit § 23 UrhG auch die Formulierungen „unfreie Benutzung",[1223] „abhängige Nachschöpfung"[1224] oder schlicht „Änderung".[1225] Eine Entscheidung in dieser Frage der Oberbegriffsbildung scheint damit angesichts dieses unsicheren Umgangs mit der Formulierung in § 23 Satz 1 UrhG angebracht. Ihre Beantwortung hängt jedoch maßgeblich davon ab, wie man sich in der damit zusammenhängenden Frage der Abgrenzung zwischen Bearbeitungen und anderen Umgestaltungen entscheidet.

Die daher eigentlich zu diskutierende Problematik in diesem Zusammenhang ist damit praktisch das Resultat dieser Auseinandersetzung. In Anlehnung an diesen Streit, gilt es nämlich, folgende Diskussion zu führen:

1221 Vgl. statt vieler die Formulierungen bei *Chakraborty* S. 32; *Hess* S. 32.
1222 *Grohmann* S. 59.
1223 Fromm/Nordemann/*Vinck* § 24 Rn 2; *Mestmäcker/Schulz* (11. Lieferung, 1988) § 23 Anm. 2; *Nirk* S. 107; *Reinhardt* UFITA 103 (1986), 65, 69.
1224 OLG Hamburg UFITA 86 (1980), 289, 292 – Darstellung vermenschlichter Hasen; OLG München GRUR 1990, 674, 675 – Forsthaus Falkenau; *Ulmer* Urheber- und Verlagsrecht (1980) S. 272.
1225 *Hörnig* UFITA 99 (1985), 13, 63 ff.

Danach seien nach der e. A. als Bearbeitungen nach § 23 Satz 1 UrhG nur solche veränderte Nachschöpfungen zu verstehen, die den in den §§ 2 Abs. 2, 3 Satz 1 UrhG formulierten Voraussetzungen entsprechen.[1226] D. b. freilich für die Collage, das nur solche Collagen als Bearbeitungen bezeichnet werden könnten, deren Zusätze das Merkmal der persönlich geistigen Schöpfung erfüllen. Denn nach dieser Auffassung soll der Begriff der „anderen Umgestaltungen" all diejenigen Zweitwerke aufgreifen, die diese notwendige Schöpfungshöhe eben gerade nicht erreichen. Als Grund wird dabei oftmals angegeben, dass sich andernfalls eine Gesetzeslücke auftue, die dazu führe, dass sich nichtschöpferische Umgestaltungen nicht erfassen lassen. Daneben habe der Gesetzgeber nur für die Bearbeitung ein eigenes Urheberrecht durch § 3 Satz 1 UrhG vorgesehen.[1227]

Nach angeblich h. M.[1228] hingegen wäre eine Collage erst dann eine Bearbeitung, wenn sie darüber hinaus dem Ausgangswerk dienen, d. h. dieses weiterentwickeln oder anpassen würde.[1229] Vor allem Loewenheim[1230] hat sich als Vertreter dieser Auffassung hervorgetan und geht unter Verweis auf den Willen des Gesetzgebers, nach dem § 23 Satz 1 UrhG nur solche Umarbeitungen eines Werkes erfasst, die den Zweck haben, das Originalwerk bestimmten Verhältnissen anzupassen und ihm zu dienen bestimmt sind[1231] und mit der Be-

1226 *Bußmann* FS Möhring S. 201, 209; Fromm/Nordemann/*Vinck* § 23 Rn 1; *v. Gamm* § 24 Rn 2; *Hörnig* UFITA 99 (1985), 13, 58 ff.; Möhring/Nicolini/*Ahlberg* § 23 Rn 12; *Schack* Urheber- und Urhebervertragsrecht Rn 237; *Traub* UFITA 80 (1977), 159, 165; Wandtke/Bullinger/*Bullinger* § 23 Rn 3 ff.; oftmals wird in diesem Zusammenhang auch auf LG Köln GRUR 1973, 88 – Kinder in Not verwiesen, das zwar in der Tat derart differenziert, es allerdings letztlich doch dahinstehen lässt, da in jedem Fall beide – Bearbeitung und andere Umgestaltung vom Anwendungsbereich des § 23 Satz 1 UrhG umfasst sind.

1227 *Plassmann* S. 65.

1228 So zumindest nach der Bewertung von *Dreier/Schulze* § 23 Rn 5.

1229 Vgl. dazu amtl. Bgrd. abgedruckt in UFITA 45 (1965/II), 240, 266; Schricker/*Loewenheim* § 3 Rn 6, § 23 Rn 4 mwN.

1230 Schricker/*Loewenheim* § 23 Rn 4, 10.

1231 Vgl. amtl. Bgrd. abgedruckt in UFITA 45 (1965/II), 240, 266: „Bearbeitungen im eigentlichen Sinne verfolgen stets den Zweck, das Originalwerk bestimmten Verhältnissen anzupassen, es z. B. in eine andere Sprache oder in eine andere Kunstform zu Übertragen oder es für andere Ausdrucksmittel einzurichten. Der Bearbeiter will hierbei die Identität des Originalwerkes unberührt lassen; er will nur dessen Verwertungsmöglichkeiten erweitern. Es gibt jedoch Umarbeitungen eines Werkes, die keine Bearbeitung im eigentlichen Sinne darstellen.

gründung, dass das Kriterium der persönlich geistigen Schöpfung bei § 23 UrhG keine Rolle spiele, sondern einzig auf § 3 UrhG zugeschnitten sei, davon aus, dass maßgebliches Kennzeichen für eine Bearbeitung nicht der Werkcharakter, sondern die Zielsetzung des nachschaffenden Künstlers sein muss.[1232] Der Collagekünstler müsste es danach vorhaben, mit seiner Collage dem Originalwerk dienen zu wollen. Damit unterscheidet sich Loewenheim zwar definitorisch und in der Herangehensweise von der zuerst genannten Auffassung, kommt jedoch im Endeffekt zu keinen anderen Ergebnissen als diese, da mit der hier vorgeschlagenen Vorgehensweise zwar eine Differenzierung der Begrifflichkeiten innerhalb von § 23 UrhG erfolgt, es aber letztlich, was den Anwendungsbereich von § 23 UrhG anbelangt, zu keinem Ausschluss eines der beiden Umgestaltungsarten aus diesem kommt. Schließlich wird dieser nicht etwa reduziert, sondern es gilt vielmehr, dass unabhängig davon, ob man nun dem nachgeschaffenen Zweitwerk Bearbeitungs- oder Umgestaltungscharakter zubilligt, beide jedenfalls von der Regelung des § 23 Satz 1 UrhG erfasst sind.[1233]

Weitaus interessanter ist daher die Überlegung, nach der auch andere Umgestaltungen, die für die Bearbeitung notwendige Werkhöhe erreichen müssen, um vom Regelungsbereich des § 23 Satz 1 UrhG erfasst zu werden.[1234] Danach müssten grundsätzlich alle Collagen,

Dies ist der Fall, wenn der Verfasser der Umarbeitung nicht das Originalwerk zur Geltung bringen, sondern das Ergebnis seiner Arbeit als eigenes Werk ausgeben will (Plagiat) oder bei dem Versuch, das fremde Werk zu einer neuen selbständigen Schöpfung frei zu benutzen, scheitert, weil er sich von seinem Vorbild nicht genügend frei machen kann".

1232 Dieser Vorstellung verpflichtet u.a. auch OLG Düsseldorf GRUR 1990, 263, 266 – Automaten-Spielplan; KG GRUR-RR 2004, 129, 131 – Modernisierung einer Liedaufnahme; *Chakraborty* S. 34; *Dreier/Schulze* § 23 Rn 5.

1233 Vgl. amtl. Bgrd. abgedruckt in UFITA 45 (1965/II), 240, 266: „Es besteht keine Veranlassung, solche Umgestaltungen anders zu behandeln als die echten Bearbeitungen. Der Entwurf stellt sie daher den Bearbeitungen gleich, d.h. auch ihre Veröffentlichung und Verwertung soll nur mit Einwilligung des Urhebers des umgestalteten Werkes zulässig sein".

1234 *Brugger* UFITA 51, 89, 96f.; *Ulmer* Urheber- und Verlagsrecht (1980) S. 162f., 265f.; sowie bei *Grohmann* S. 59ff., der davon ausgeht, dass in den sonstigen diese Voraussetzung nicht erfüllen Fällen eine unmittelbare Nutzung vorliegt, die bereits von den. §§ 15ff. UrhG und nicht von § 23 UrhG erfasst sei wollten sie in den Genuss der Privilegierung aus § 23 Satz 1 UrhG kommen, den von § 2 Abs. 2, 3 Abs. 1 UrhG vorgegebenen Voraussetzungen genügen. Doch auch hier wird zusätzlich noch eine Unterscheidung zwischen Bearbeitung und Umgestaltung getroffen. Dabei erfolgt eine Differenzierung zwischen Bearbeitungen und Umgestaltungen nach den Prinzipien Loewenheims.

Die Beantwortung dieser Frage ist mit Blick auf die Collage nun aber nicht ganz so unbedeutend, wie man oberflächlich meinen mag. Schließlich wird, zumindest nach der Vorstellung einiger der hier dargestellten Auffassungen, der Collagekünstler, trotz künstlerischen Handelns in der Privatsphäre, dann nicht über § 23 Satz 1 UrhG privilegiert, wenn er keine urheberrechtlich schützbare Leistung erbracht hat. Dies könnte aber einen unzulässigen Eingriff in seine verfassungsrechtlichen Rechte darstellen.

Wie ist nun aber in dieser Frage zu entscheiden?

Ganz generell lässt sich nun zunächst in der Literatur als allgemeiner Konsens feststellen, dass sich in § 23 UrhG die Abhängigkeit zum Originalwerk ausdrückt. Danach habe es der nachschaffende Künstler nicht vermocht, die individuellen Züge des Originalwerkes entscheidend abzubauen.[1235] Es kommt also bei genauerer Betrachtung gar nicht darauf an, welche Unterschiede zwischen einer Bearbeitung und einer Umgestaltung festgestellt werden können, entscheidend ist vielmehr, ob tatsächlich der Anwendungsbereich des § 23 Satz 1 UrhG betroffen ist oder ob nicht vielmehr eine andere urheberrechtliche Regelung einschlägig ist, etwa die des § 24 UrhG oder eine der in den §§ 16ff. UrhG aufgezählten Fälle. Es geht also vielmehr darum festzustellen, ob eine Collage bloß ein Plagiat, eine Bearbeitung oder in freier Benutzung entstanden ist.

Möglicherweise reicht deswegen auch aus, was oben als allgemeiner Konsens festgehalten wurde. Nämlich dass die Individualität des Fremdwerkes in der Bearbeitung noch vorhanden ist. Diesen Überlegungen muss man zwangsläufig nachgehen, will man zu zukunftsfähigen Antworten kommen. Zunächst gilt es dabei, in der Betrachtung

und *Haberstumpf* CR 1991, 129, 135f., wonach Umgestaltungen nur solche sind, die das Ergebnis einer schöpferischen Leistung sind.

1235 *v. Gamm* § 23 Rn 7; Schricker/*Loewenheim* § 23 Rn 4.

das Augenmerk darauf zu lenken, dass die Regelung in § 23 Satz 1 UrhG für beide Fälle gleichermaßen Anwendung findet, was eine differenzierte Betrachtung innerhalb des § 23 Satz 1 UrhG eigentlich schon aus dieser Erkenntnis heraus überflüssig macht.[1236] Dies zeigt sich iÜ vor allem in der praktischen Anwendung der Norm. Schließlich, und dass ist angesichts des Echos in der Literatur, welches diese Frage auslöst, erstaunlich, hat sich doch die höchstrichterliche Rechtsprechung selbst immer wieder vor einer starren Definition gescheut. So wurden Begriffsmerkmale wie Schöpfung, Formgebung, Originalität und weitere ähnlich unbestimmte Rechtsbegriffe[1237] gebraucht, mit denen der BGH scheinbar eine flexible Handhabung des Bearbeitungsbegriffs verfolgt. Auch seine über diese Begriffe hinausgehenden Ausführungen zeugen eher von einem sehr offenen Begriffsverständnis. So ist die möglicherweise noch latent vorhandene Positionierung in der Entscheidung *Biografie: Ein Spiel*[1238] mittlerweile einer sehr einfachen und klaren Vorstellung gewichen, nach der eine Bearbeitung als Umgestaltung eines als Vorlage benutzten Werkes zu verstehen sei.[1239] Durch die Gleichsetzung beider Begriffe (Bearbeitung = Umgestaltung) und unter klarem Verzicht auf eine jegliche qualitative Abgrenzung drückt der BGH daher seine Auffassung von der Bedeutungslosigkeit dieser Frage aus. Dafür würde dann auch sprechen, dass sich im Urhebergesetz keine einheitliche und in sich geschlossene Terminologie der Begriffe Bearbeitung, Änderung und andere Umgestaltung ausmachen lässt.[1240] Man wird daher wohl davon ausgehen müssen, dass damit das Indiz genährt wird, wonach einerseits die Bedeutung der Unterscheidung beider Merkmale nicht zu hoch zu hängen ist. Andererseits beweist die gleichzeitig immer wiederkehrende Betonung der Unterscheidung zwischen freier Benutzung und Bear-

1236 *Dreyer* § 23 Rn 5; in der Auffassung ähnlich, wenn auch nicht eindeutig, *Schöfer* S. 128.

1237 Eine umfassende Aufzählung der durch den BGH üblicherweise gebrauchten Begriffe vgl. bei *Lackner* S. 6.

1238 Siehe dazu in BGH GRUR 1972, 143, 144 – Biografie: Ein Spiel: danach zeichne sich die Bearbeitungsfassung durch eigene schöpferische Ausdruckskraft aus und hebe sich damit vom Original ab, schaffe es aber dennoch nicht dieses komplett abzuschütteln und hinter sich zu lassen, da dessen Züge nach wie vor in der Bearbeitung durchdringen.

1239 BGH GRUR 1990, 669, 673.

1240 *Grossmann* S. 21.

beitung oder aber Bearbeitung und Plagiat und eben nicht zwischen freier Benutzung und Umgestaltung, dass ein eigenständiger Anwendungsbereich für die „Umgestaltungen" in der praktischen Wirklichkeit gar nicht existiert, sondern die tatsächlich vorhandenen Abgrenzungsfragen woanders zu finden sind.[1241]

Diese Überlegung zieht ihre Unterstützung dabei auch aus einer Reihe von weiteren Erkenntnissen, die neben dem dargelegten praktischen Aspekt zur Offenlegung der Fehler in den jeweiligen Ansichten führen und letztlich keinen anderen Schluss als die Ablehnung jeder der besprochenen Meinungen zulassen. Danach ist es zunächst wichtig, mit dem Gedanken aufzuräumen, nach dem es üblich geworden ist, davon auszugehen, dass entweder beide in der nachschaffenden Tätigkeit entstandenen Resultate notwendigerweise persönlich geistige Schöpfung sein müssen oder gar eine Differenzierung zwischen Umgestaltung oder Bearbeitung nach diesem Kriterium erfolgen kann.

Was führt nun zu dieser Überlegung? Es wird in der Literatur oftmals darauf hingewiesen, dass Bearbeitungen in § 3 Satz 1 UrhG als persönlich geistige Schöpfungen geschützt werden und damit auch der Bearbeitungsbegriff in § 23 Satz 1 UrhG nichts anderes als persönlich geistige Schöpfungen erfassen könne.[1242] Dabei wird jedoch übersehen, dass aus der bloßen Existenz des § 3 Satz 1 UrhG nicht zwangsläufig darauf geschlossen werden darf, dass nunmehr jeder Bearbeitung automatisch Werkcharakter zugebilligt werden muss.[1243] Schaut man sich den Wortlaut in § 3 Satz 1 UrhG einmal genauer an, so wird deutlich, dass eben nur solche Bearbeitungen urheberrechtlich geschützt sind, die zusätzlich noch das Merkmal der persönlich geistigen Schöpfung aufweisen. In § 3 Satz 1 UrhG heißt es eben nicht, wie innerhalb dieser Diskussion oftmals so verkürzt dargestellt wird, dass eine Bearbeitung immer auch gleichzeitig ein Werk iSd

1241 Ähnlich im Ergebnis auch vertreten bei *Grossmann* S. 21.

1242 Vgl. statt vieler Fromm/Nordemann/*Vinck* § 23 Rn 1; *Dreyer* § 23 Rn 5 (der jedoch darauf hinweist, dass eine Abgrenzung letztlich „entbehrlich ist"); *Hess* S. 33; *Hoernig* UFITA 99, (1985), 13, 57ff.; *Rehbinder* Urheberrecht Rn 218; *Schack* Urheber- und Urhebervertragsrecht Rn 237; Wandtke/Bullinger/*Bullinger* § 23 Rn 3f.

1243 *Grossmann* S. 21; *Sack* JZ 1986, 1015, 1017; *Wallner* S. 81f.

UrhG ist.[1244] Schließlich handelt es sich bei § 3 Satz 1 UrhG nur um die Bestätigung dessen, was bereits zuvor in § 2 Abs. 2 UrhG ausgedrückt wird, nämlich dass eine urheberrechtlich schützbare Leistung in dem Moment vorliegt, in dem sie die dafür notwendigen und in § 2 Abs. 2 UrhG normierten Anwendungsvoraussetzungen erfüllt und nicht etwa, weil sie dem Begriff nach eine Bearbeitung ist. Sinn und Zweck des § 3 UrhG ist es daher, einzig deklaratorisch klarzustellen, dass auch solche Werke unter den Urheberrechtsschutz fallen, die nicht neu geschaffen wurden, sondern sich an bereits bestehende Werke anlehnen, dabei aber einen eigenen schöpferischen Beitrag aufweisen. Dafür bedarf es jedoch keines Rückgriffs auf § 3 Satz 1 UrhG, da sich dies bereits aus § 2 Abs. 2 UrhG ergibt. § 3 Satz 1 UrhG führt aus diesem Grund nicht etwa zu einer Erweiterung des urheberrechtlichen Werkbegriffs,[1245] sondern seine konstitutive Bedeutung im UrhG erschöpft sich darin, dass er das Verhältnis unter den beiden Urhebern (dem Urheber des Ausgangswerkes und dem Bearbeiter) näher regelt. Dagegen steht auch nicht, dass mit § 3 UrhG nur Bearbeitungen die Möglichkeit zuerkannt wird, urheberrechtlich schutzfähig zu sein. In diesem klaren Bekenntnis zur Bearbeitung als einzigem Rechtsterm äußert der Gesetzgeber vielmehr (unbewußt), wie wenig er dem Begriff der anderen Umgestaltungen selbst an Bedeutung beimisst und nicht davon ausgeht, dass ihnen ein eigenständiger Anwendungsbereich zukommt.[1246]

Doch was heißt das nun in der Konsequenz, denn dass die Auffassung Loewenheims in ihrer Differenzierung ausschließlich nach subjektiven Gesichtspunkten nicht überzeugend ist, leuchtet ein. Dage-

1244 Vgl. dazu etwa bei *Lackner* S. 12: „ Bearbeitung im Sinne des § 3 UrhG ist, wie bereits erörtert, eine persönlich geistige Schöpfung. Dies gilt ebenso für die Verwendung des Begriffes in § 23 S. 1 UrhG."

1245 Möhring/Nicolini/*Ahlberg* § 3 Rn 2; Wandtke/Bullinger/*Bullinger* § 3 Rn 1; a. A. *Dreier/Schulze* § 3 Rn 1.

1246 Gegen diese Annahme auch *Plassmann* S. 218, der unter Berufung auf historische Überlegungen zu den Regelungstatbeständen der §§ 3, 23 UrhG zu dem Schluss kommt, dass „von § 3 S. 1 die Ausfüllung des gesetzlichen Begriffs der ‚Bearbeitung' nicht vorgegeben ist", da „die durch § 23 S. 1 neu eingeführte Terminologie … im Rahmen des § 3 noch gar nicht berücksichtigt" wurde, S. 218f., vgl. daher explizit zu den historischen Gründen die gegen die Annahme sprechen, dass jede Bearbeitung gleichzeitig eine persönlich geistige Schöpfung ist bei *Plassmann* S. 217f.

gen spricht schon, dass, wenn dem so wäre, die Einordnung eines Werkes als Bearbeitung sich immer subjektiv und ausschließlich aus Sicht des Urhebers bestimmen würde. Daher ist es als ausschließliches Differenzierungskriterium ungeeignet.[1247] Geeigneter erscheint es vielmehr, den Begriff der Bearbeitung objektiv unter Berücksichtigung der Form, die das „neue" Werk in der Bearbeitung gefunden hat,[1248] zu bestimmen und diese objektiven Gesichtspunkte uU durch subjektive Momente wie die Ermittlung der Fundamentalkonzeption zu ergänzen. Denn letztlich überzeugt auch eine Nivellierung der Unterschiede zwischen Bearbeitung und Umgestaltung, wie sie iRd dritten Auffassung erfolgt, nicht. Richtig ist zwar, dass eine konsequente Anwendung dieser Ansicht tatsächlich nicht zu der befürchteten Gesetzeslücke führt, die vielfach beschworen wird,[1249] da doch jede Veränderung, die nicht zum Werkcharakter gereicht, bereits durch die §§ 15, 16–22 UrhG als erfasst angesehen werden muss. Doch offenbart auch diese Auffassung Lücken, in dem sie unglücklicherweise aus den beiden anderen Ansätzen jeweils für ihr eigenes Selbstverständnis Begründungsaspekte zieht, die in dieser Arbeit zu Recht nicht unwidersprochen geblieben sind. Zum einen erscheint es auch an dieser Stelle nicht einsichtig, warum Collagen iSd § 23 UrhG nur solche sein dürfen, die Werkcharakter iSd § 2 Abs. 2 UrhG besitzen, was iÜ schon angesichts des expliziten Gesetzeswortlauts in § 3 UrhG nicht einleuchtet, der eben das Vorliegen eines urheberrechtlich geschützten Werkes nicht an den Bearbeitungs- oder Umgestaltungscharakter des fraglichen Produkts knüpft, sondern von den „ganz normalen" Anwendungsvoraussetzungen des Urheberrechts abhängig macht. Zudem überzeugt, wie festgestellt, auch die aus-

1247 BGH GRUR 1972, 143, 144 – Biografie: Ein Spiel; Christen S. 37; *Hörnig* UFITA 99, (1985) 13, 61; Loewenheim/*Hoeren* § 9 Rn 215; Wandtke/Bullinger/*Bullinger* § 3 Rn 11.

1248 Vgl. in der konkreten Anwendung etwa bei LG Köln GRUR 1973, 88 ff. – Kinder in Not; sowie allg. dafür BGH GRUR 1972, 143, 144 – Biografie: Ein Spiel; *Christen* S. 37; Fromm/Nordemann/*Nordemann-Vinck* § 23 Rn 1; Wandtke/Bullinger/*Bullinger* § 3 Rn 10.

1249 Diese Befürchtung hegt aber Möhring/Nicolini/*Ahlberg* § 23 Rn 11.

schließlich nach subjektiven Gesichtspunkten orientierte Differenzierung zwischen Bearbeitung und Umgestaltung nicht.[1250]

Es ist damit gleichgültig, ob der Bearbeiter das Werk fortentwickeln wollte, eine eigene selbständige Collage in der Form freier Benutzung schaffen wollte und dabei gescheitert ist oder sich einfach für eine eigene Collage bewusst fremder Elemente bedient. Entscheidend ist nur, dass es sich bei der Collage als Bearbeitung immer um eine Veränderung des Originalwerkes handelt. In der Konsequenz bedeutet dies, dass (1) weder die Bearbeitung, noch die Umgestaltung, gerade auch im Falle der Collage, sich darin unterscheiden können, dass eines der beiden eine urheberrechtlich schützenswerte Leistung darstellt, (2) man eine Nivellierung des angeblichen Unterschieds zwischen den Rechtsbegriffen Bearbeitung und anderen Umgestaltungen nicht durch die Annahme, dass beide notwendigerweise eine urheberrechtlich schützenswerte Leistung sein müssen, erreicht, (3) die amtliche Begründung von einer falschen und überholten Prämisse ausgeht, wenn sie Zweckdienlichkeit zum unterscheidenden Unterscheidungsmaßstab erhebt, und (4) damit bewiesen ist, dass unter Berücksichtigung der einheitlichen Anwendbarkeit des § 23 Satz 1 UrhG sowohl auf Bearbeitungen als auch auf andere Umgestaltungen die Begriffe „andere Umgestaltung" in § 23 Satz 1 UrhG und Umgestaltung in den §§ 88f., 106ff. UrhG zum bloßen Füllwort verkommen sind und ihnen daher auch kein eigenständiger Bedeutungsgehalt mehr zukommt. Entscheidend ist damit nur, dass es sich bei der Bearbeitung immer um eine Veränderung des Originalwerkes handelt. Diese kann jedoch nicht in der bereits kleinsten Veränderung liegen, sondern es bedarf für die Begriffsbildung, angesichts der grundrechtlichen Verortung iRd Kunstfreiheit und der Einschränkung des weitgehenden Eigentumsschutzes, zusätzlicher einschränkender Kriterien.

Am Anfang der Begriffsbildung steht daher zunächst die Forderung, die verunglückte Formulierung der anderen Umgestaltung de lege ferenda aus dem Urheberrecht zu streichen und den Begriff der Bearbeitung, unter Berücksichtigung der Wortwahl in § 3 UrhG, als alleinigen aussagekräftigen, griffigen Term in § 23 UrhG stehen zu lassen.

[1250] BGH GRUR 1972, 143, 144 – Biografie: Ein Spiel; *Christen* S. 37; *Hörnig* UFITA 99, (1985) 13, 61; Loewenheim/*Hoeren* § 9 Rn 215; Wandtke/Bullinger/*Bullinger* § 3 Rn 11.

Warum? Die überfällige Abschaffung einer sinnlosen Differenzierung rechtfertigt sich aus der besonderen rechtlichen Systematik des § 23 Satz 1 UrhG. So darf nicht vergessen werden, dass mit § 23 Satz 1 UrhG eine Norm geschaffen wurde, der als Kompromiss zwischen den gegenteiligen Interessen nachschaffender Künstler und Urheber iRd Privatsphäre auch der Charakter einer Inhalts- und Schrankenbestimmung nach Art. 14 Abs. 1 Satz 2 GG zukommt. Weiterhin gilt es zu berücksichtigen, dass, wie in dieser Arbeit bereits mehrfach deutlich wurde, nicht jede veränderte Übernahme des Originalwerks bereits den Privilegierungstatbestand des § 23 Satz 1 UrhG auslösen kann, sondern es vielmehr aus Gründen der Eigentumsfreiheit einer weiten Auslegung der Formulierung „sein Werk" in § 15 UrhG bedarf. Zudem erschöpft sich der Grundsatz der freien, nachschaffenden Tätigkeit, wie gezeigt wurde, nicht allein im Privilegierungstatbestand des § 23 Satz 1 UrhG. Eine Collage kann vielmehr auch die Voraussetzungen des § 24 UrhG erfüllen. Auch in dieser Richtung bedurfte es schon einer Abgrenzung. Aus dieser Sicht heraus stellt sich § 23 UrhG daher als eine Art Zwischennorm dar, die gleichsam in die Lücke zwischen dem Anwendungsbereich der Verwertungsrechten der §§ 15, 16–22 UrhG und des, in § 24 UrhG geregelten, Rechts der freien Benutzung tritt und die Grauzone des ganzen Bereichs zwischen bloßem Plagiat und freier Nachschöpfung abdeckt.[1251] Daher braucht es nach den hier dargestellten Zusammenhängen bestimmter Abgrenzungskriterien zur Festlegung, was eine Bearbeitung ausmacht, die sowohl nach der einen als auch der anderen Seite wirken.

Während eine Abgrenzung zwischen den §§ 23, 24 UrhG aus systematischen Gründen in dieser Arbeit bereits an einer anderen Stelle abgehandelt wurde, gilt es hier, der eben aufgeworfenen Frage nachzugehen, ab wann man angesichts der weiten Auslegung des Begriffs „sein Werk" in § 15 UrhG eigentlich überhaupt schon von einer Bearbeitung ausgehen kann. Hier gilt es den Bogen zu dem zu spannen, was am Anfang dieser Darstellung als Ausgangspunkt gewählt wurde, nämlich dass sich in § 23 UrhG die Abhängigkeit zum Originalwerk ausdrückt und von § 23 UrhG all diejenigen Fälle erfasst sind, in de-

1251 In der Betrachtung des § 23 UrhG wie hier *Grunert* S. 145, ohne jedoch daraus die hier besprochenen Konsequenzen zu ziehen.

nen der nachschaffende Künstler es nicht vermocht hat, die im Originalwerk vermittelten individuellen Züge entscheidend abzubauen und durch eigene zu ersetzen. Aufbauend darauf muss man sagen, dass sich im allgemeinen Verständnis durchgesetzt hat, dass eine Bearbeitung immer auch zu einer Veränderung des benutzten Werkes führt.[1252]

Diese beiden Aspekte zusammengenommen vermitteln nun ein Bild, das zusammen mit der Begründung der Teilfunktion des § 23 UrhG als Inhalts- und Schrankenbestimmung gem. Art. 14 Abs. 1 Satz 2 GG als Ausfluss der Kunstfreiheit die Antwort auf diese sehr komplexe Frage liefert, nämlich der Festlegung des Unterschiedes zwischen Plagiat und Bearbeitung. Danach kann einer Bearbeitung, auch in der Form der Collage, unabhängig davon, ob ihr Werkcharakter zukommt, der Privilegierungstatbestand nur dann zu Gute kommen, wenn es (1) zu Veränderungen am Originalwerk in der Form des nachgeschaffenen Werkes gekommen ist; (2) ohne, dass diese dabei notwendig individuelle Züge angenommen haben oder gar die individuellen Züge des Originalwerkes, sei es in der Fundamental- oder der Werkkonzeption, nachhaltig zu ersetzen; (3) diese Veränderungen iRd Collage im Verhältnis zum Originalwerk auch objektiv zum Ausdruck kommen bzw. durch das nachgeschaffene Produkt vermittelt werden; denn nur ein eigener Leistungszusatz rechtfertigt eine Einschränkung des Art. 14 Abs. 1 Satz 1 GG und (4) daher der Rezipient aufgrund dieser Veränderungen in die Lage versetzt wird, Originalwerk und Bearbeitung als Produkte mit jeweils eigenständigem Charakter anzusehen, ohne die Bearbeitung dabei als bloß vervielfältigtes Originalstück wahrzunehmen.[1253]

Diese strengen Anforderungen an den Anwendungsbereich des § 23 Satz 1 UrhG liegen darin begründet, als § 23 Satz 1 UrhG aufgrund der starken verfassungsrechtlich gesicherten Stellung des Urhebers nur solche Bearbeitungshandlungen auch in der Privatsphäre privilegieren darf, die zumindest ansatzweise das erfüllen, was eine völlige Privilegierung des Handelns iRd Öffentlichkeitssphäre wie in § 24

1252 Möhring/Nicolini/*Ahlberg* § 23 Rn 2.

1253 Vgl. zum Begriff Bearbeitung bereits *Allfeld*: Bearbeitung = „Aneignung seines wesentlichen Bestandes und damit die Individualität des Werks unberührt lassend", LUG S. 174.

UrhG geregelt, voraussetzen würde. Schließlich gilt es auch zu berücksichtigen, dass allein die Absicht der Vornahme privater Bearbeitungshandlungen ohne Gewinnabsicht nicht ausreicht, um die Aushebelung der Eigentumsfreiheit rechtfertigen zu können. Der Vorteil einer solchen Sicht besteht zudem darin, dass ein solcher Ansatz zum einen im Hinblick auf § 3 UrhG gesetzessystematischer ist. Zum anderen wird die längst überfällige Aufgabe einer nutzlosen Differenzierung zwischen den Begriffen Bearbeitung und „anderen Umgestaltungen" aufgehoben und durch eine auf die wesentliche Abgrenzung des § 23 UrhG von seinen benachbarten Anwendungsfeldern Plagiat und freie Benutzung ersetzt.

Was bedeutet dies nun für die Eingangsfrage? Nachdem sich der Begriff der Umgestaltung als inhaltsleer entpuppt hat, führt dies zu dem Ergebnis, dass letztlich mit dem Begriff der Bearbeitung die Auswahl an zur Verfügung stehenden Begriffen reduziert und ein § 23 UrhG übrig geblieben ist, der keinen Oberbegriff braucht, weil er nur einen einzigen rechtlich relevanten Begriff kennt, nämlich den der Bearbeitung.

3. Verbot der Veröffentlichung oder Verwertung der nachgeschaffenen Collage

Nachdem bereits angerissen wurde, dass die bloße Herstellungsleistung iRd Privatsphäre grundsätzlich erlaubt ist, gilt es nun die Verbietungstatbestände aufzuzeigen und die damit zusammenhängenden Probleme zu skizzieren. Nach § 23 Satz 1 UrhG bedürfte der bereits erwähnte Theaterregisseur für seine Collage über Benatzki dann der Einwilligung des Urhebers, wenn das bearbeitete oder umgestaltete Werk veröffentlicht oder verwertet werden soll. Damit offenbart § 23 Satz 1 UrhG einmal mehr seinen mehrseitigen Anwendungsbereich, in dem sich sowohl verwertungsrechtliche aber auch urheberpersönlichkeitsrechtliche Aspekte dergestalt vermischen, dass sie sich oftmals nicht voneinander trennen lassen.

a) Das Verbot der Veröffentlichung der nachgeschaffenen Collage

Dass die Collage als Bearbeitung des noch unveröffentlichten Originalwerkes nicht veröffentlicht[1254] werden darf, soll nach allg. Ansicht[1255] bereits aus § 12 Abs. 1 UrhG selbst folgen, so dass man den Eindruck bekommen könnte, dass die Regelung des § 23 Satz 1 UrhG in diesem Zusammenhang eigentlich auf eine rein deklaratorische Funktion beschränkt wird, nach der nur noch einmal ausdrücklich festgestellt wird, dass der Verbotstatbestand des Veröffentlichungsrechts nach § 12 Abs. 1 UrhG auch mit Blick auf die Bearbeitung seine Geltung entfaltet.[1256] Dieser Eindruck bestätigt sich auch bei einer genaueren Analyse der dahinter stehenden Überlegungen, denn auch hier darf nichts anderes in Bezug auf die Auslegung der Formulierung „sein Werk" gelten. In dem das Originalwerk trotz aller Veränderungen im Grunde immer auch in der Bearbeitung durchscheint, wird der Verbotswert des Urheberpersönlichkeitsrechts

[1254] Zur Begriffsdefinition des Veröffentlichungsbegriffs im Urheberrecht sei auf die schon iRd Zitatrechts ausführlich behandelte Auffassung verwiesen, wonach nur eine differenzierte und dem Sachzusammenhang des zu regelnden Falls angepasste Auslegung der in diesem Zusammenhang maßgeblichen Zentralnorm des § 6 Abs. 1 UrhG eine sachgerechte Beurteilung des Öffentlichkeitsbegriffs zu leisten imstande ist, vgl. dazu unter Kapitel 3 § 3 A II 1 a) (2).

[1255] Vgl. dazu bspw. bei *Lackner* S. 157; Möhring/Nicolini/*Ahlberg* § 23 Rn 17.

[1256] Davon zu unterscheiden ist die Frage, ob in der erlaubten Veröffentlichung der Bearbeitung bereits eine Veröffentlichung des Originalwerkes vorliegt. Danach gibt es zahlreiche Stimmen in der Literatur, die gerade dieses vertreten. Da die Bearbeitung durch die Übernahme des Originalwerkes grundsätzlich auch deren individuellen Elemente beinhalte, werden diese immer auch mitveröffentlicht (*Schiefler* UFITA 48, 81, 91; Schricker/*Katzenberger* § 6 Rn 22, 45; *Ulmer* Urheber- und Verlagsrecht (1980) S. 266) Dagegen steht die Überlegung, wonach es sich bei Originalwerk und Bearbeitung um zwei voneinander, zu trennende Werke handele, deren unterschiedliche rechtliche Behandlung vor allem auch dazu führe, dass die an die Veröffentlichung geknüpften Rechtsfolgen nur jeweils für das einzelne Werk Wirkung entfalten (*Hirsch* UFITA 42, 8, 38; *v. Gamm* § 6 Rn 4; *Plassmann* S. 273 ff.; sowie *Stroth* UFITA 43, 92 ff. als Erwiderung auf Ulmer in GRUR Int. 1964). Eine Beantwortung dieser Frage erfolgt iR des in diesem Abschnitt noch zu behandelnden Folgeproblems, in dem es darum geht, ob § 12 Abs. 1 UrhG über § 23 Satz 1 UrhG wieder auflebt, würde man dies nämlich bejahen, würde das für den hier andiskutierten Fall bedeuten, dass eine Veröffentlichung der Bearbeitung nicht gleichzeitig zu einer Veröffentlichung des Originals führt. Insofern hängen beiden Entscheidung von derselben Grundüberzeugung ab.

bereits durch unmittelbare Anwendung der Hauptnorm (§ 12 UrhG) erreicht. Jedes Heraustreten der Bearbeitung aus der Privat- an die Öffentlichkeitssphäre, ohne vorherige Veröffentlichung des Originalwerkes seitens des Urhebers, führt dazu, dass ein Verstoß gegen § 12 UrhG vorliegt. Eines Rückgriffs auf § 23 UrhG bedarf es zur Durchsetzung des Veröffentlichungsrechts daher nicht.[1257]

Umstritten ist jedoch, ob dem Urheber über § 23 Satz 1 UrhG die Möglichkeit eingeräumt werden soll, auch nach der bereits erfolgten Erstveröffentlichung des Originalwerkes jede darauf folgende Veröffentlichung von Bearbeitungen von seiner Einwilligung abhängig zu machen. Das hieße neben der bestehenden deklaratorischen Funktion des § 23 Satz 1 UrhG, diesem doch noch einen eigenständigen Funktionsbereich zuzubilligen. Dem Collagekünstler müsste, trotzdem er ein bereits veröffentlichtes Originalwerk bearbeitet hat, danach der Gang an die Öffentlichkeit verboten werden, wenn er nicht die Erlaubnis nach § 23 Satz 1 UrhG zur Veröffentlichung besagten Originalwerkes in der Form der Collage erhalten hat.

Die Meinungen gehen hierbei weit auseinander.

Einzig auf besagte deklaratorische Funktion wird der Anwendungsbereich des § 23 Satz 1 UrhG von der wohl h.M.[1258] reduziert, weil sie vom Veröffentlichungsrecht aus § 12 Abs. 1 UrhG als Einmalrecht ausgeht, welches auch im Hinblick auf das veränderte Originalwerk nicht wieder durch § 23 Satz 1 UrhG neu begründet werden könne. Daher müsse eine Einwilligungsmöglichkeit des Urhebers in dieser Hinsicht ausgeschlossen bleiben, dem Collagekünstler könnte kein Verstoß des Veröffentlichungsrechts zur Last gelegt werden. Hintergrund dieser Überlegung ist, dass das Veröffentlichungsrecht durch die aus den Verwertungsrechten abgeleiteten Befugnisse ersetzt werde, die dem Urheber in ausreichendem Maße eine Beteiligung und Herrschaftsbefugnis über sein Werk sicherstellen, zudem habe der Urheber durch die Entscheidung, sein Werk zu veröffentli-

1257 Vgl. dazu unter Kapitel 3 § 3 A IV 1 b) (1) b.

1258 *Grohmann* S. 113; *Hubmann* Urheber- und Verlagsrecht S. 143; *Plassmann* S. 263; *Rehbinder* Urheberrecht Rn 225; *Schiefler* UFITA 48 (1966), 81, 90; Schricker/*Dietz* § 12 Rn 7; *Ulmer* Urheber- und Verlagsrecht (1980) S.266; dafür wohl auch *Heeschen* S. 37f.

chen, mithin der Allgemeinheit zur Verfügung zu stellen, diese Befugnis aus der Hand gegeben.

Nach der Gegenauffassung könne von einem Verbrauch des Veröffentlichungsrechts keine Rede sein, so dass der Originalurheber auch nach Veröffentlichung seines Werkes die Veröffentlichung jeder bearbeiteten Version und damit auch solche in der Form der Collage von seiner Einwilligung abhängig machen könne.[1259] Als Grund dieser Überlegung wird angegeben, dass man § 12 Abs. 1 UrhG nicht statisch interpretieren könne, sondern dieser, aufgrund seiner Formulierung, vielmehr einer abweichenden Interpretation offen stehen müsse. Danach beschränke sich der Schutzbereich des § 12 Abs. 1 UrhG nicht allein auf ein Erstveröffentlichungsrecht, dessen Verbrauch mit umfassender Wirkung auch für alle nachgeschaffenen Werke gelte. Eher werde durch die vom Gesetzgeber gewählte Formulierung, nach der § 12 Abs. 1 UrhG nicht nur das „ob“, sondern auch jeweils das konkrete „wie“ schütze, der Vermutung Ausdruck verliehen, nach der dieses für jede abweichende Art und Form des zu veröffentlichenden Werkes neu entstehe.[1260] In § 12 Abs. 1 UrhG werde damit das Veröffentlichungsrecht nicht nur als Einmalrecht geregelt, sondern es könne vielmehr, abhängig von der Situation, auch als Mehrfachrecht auftreten, mit dem der Urheber die Möglichkeit an die Hand gegeben werde, entscheiden zu können, ob er sein Werk auch in bearbeiteter Form als veröffentlicht sehen möchte. Daneben findet sich als Begründungsmotiv unter den

[1259] *v. Gamm* § 23 Rn 9; *Hörnig* UFITA 99 (1985) 13, 69f.; Wandtke/Bullinger/*Bullinger* § 23 Rn 7; ausdrücklich für die Bearbeitung vertritt diese Auffassung auch *Dreier/Schulze* § 12 Rn 8.

[1260] Dem zu Grunde liegt damit ein genereller Unterschied in der Bewertung des Umfangs der Rechte aus § 12 Abs. 1 UrhG. Während einige das Veröffentlichungsrecht des Urhebers auf die Überwachung der Erstveröffentlichung iS des besagten Einmalrechts reduzieren und das gesamte Recht aus § 12 Abs. 1 UrhG daher mit dem Tag der Veröffentlichung als verbraucht ansehen (OLG München NJW-RR 1997, 493, 494 – Ausgleich Nichtvermögensschaden; *Ulmer* FS Hubmann S. 435ff.: „Der Schutz gegen spätere Publikationen wird durch die Verwertungsrechte gesichert (S. 436); *Dreyer* vor §§ 12ff. Rn 12; grundsätzlich auch *Dreier/Schulze* § 12 Rn 6; Wandtke/Bullinger/*Bullinger* § 12 Rn 9 (die beide aber eine Ausnahme dann machen, wenn es um die Frage der Bearbeitung geht), geht die Gegenauffassung davon aus, dass das Veröffentlichungsrecht nur für die konkrete Form der Veröffentlichung verbraucht ist, in der das Werk das Licht der Öffentlichkeit erblickt hat (LG Berlin GRUR 1983, 761, 762 – Portraitbild; Fromm/Nordemann/*Hertin* § 12 Rn 10).

Vertretern dieser Ansicht oftmals die Vorstellung, dass mit jeder Veröffentlichung die urheberpersönlichkeitsrechtlichen Belange in gleicher Weise erneut verletzt werden. Ein Abnutzen im Empfinden des Urhebers iSe Abmilderungsfaktors, der die Verletzungshandlung begleitet, trete nämlich nicht ein.

Grundsätzlich heißt es zunächst einmal in § 23 Satz 1 UrhG, dass „Bearbeitungen ... des Werkes nur mit Einwilligung des Urhebers des bearbeiten ... Werkes veröffentlicht ... werden" dürfen. Unabhängig davon, welche Aussage man zu § 12 Abs. 1 UrhG treffen mag, spricht der direkte Wortlaut des § 23 Satz 1 UrhG, liest man ihn unvoreingenommen, zunächst für die Annahme, dass jede Veröffentlichung, gleichgültig was vorher mit dem Originalwerk geschehen sein mag, von der Einwilligung durch dessen Urheber abhängt. Doch kann man die Entscheidung in dieser Frage einzig von § 23 Satz 1 UrhG abhängig machen? Oder anders gesagt, welche Bedeutung kommt § 23 Satz 1 UrhG in dieser Frage überhaupt zu? Ein vergleichbares Problem, in der es ebenso wie hier um den Anwendungsbereich des § 23 Satz 1 UrhG ging, findet sich bereits an anderer Stelle in dieser Arbeit und die dort festgestellten Grundsätze entfalten auch hier ihre Gültigkeit.[1261] Schließlich darf nicht übersehen werden, dass die Formulierung „sein Werk" in § 12 Abs. 1 UrhG keiner anderen Auslegung zugänglich sein kann als diejenige in § 15 UrhG. Nämlich, dass die Funktion des § 23 Satz 1 UrhG auf eine bloß deklaratorische beschränkt ist. Dies gilt für die Verwertungsrechte wie auch für die Urheberpersönlichkeitsrechte gleichermaßen. Man kommt also nicht umhin, bei der Auslegung des Begriffs „Veröffentlichen", wenn es, wie im hier zu diskutierenden Fall, um das Verbotsrecht des Urhebers geht, mit § 12 Abs. 1 UrhG diejenige urheberpersönlichkeitsrechtliche Norm und ihre Interpretation zur Entscheidung in der Sache heranzuziehen, die dafür im UrhG ausdrücklich kodifiziert wurde.[1262] Damit konzentriert sich die Diskussion

1261 Vgl. unter Kapitel 3 § 3 A II 1 a).

1262 Um so mehr stellt sich die Frage, welche Bedeutung, dann überhaupt dem Begriff des „Veröffentlichens" in § 23 Satz 1 UrhG dann aber noch zukommt, ob sich also dieser auf eine lediglich deklaratorische Umschreibung des bereits geklärten beschränkt. Dem ist freilich nicht so. So wurde bereits darauf hingewiesen, dass es sich bei § 23 Satz 1 UrhG um einen konstitutiven Kompromissausgleich handelt, der Verletzungen der Verwertungsrechte und Urheberpersönletztlich auf die Frage, ob das in § 12 Abs. 1 UrhG geregelte Recht mit der Erstveröffentlichung verbraucht werden kann, oder ob dieser Verbrauch in Abhängigkeit zur gewählten Veröffentlichungsform steht.

Beschäftigt man sich mit § 12 Abs. 1 UrhG und der hier angesprochenen Problematik, so lohnt ein Blick in die amtliche Begründung. Danach ist das Veröffentlichungsrecht „besonders eng mit den Verwertungsrechten verbunden. Ein Werk kann nur veröffentlicht, d.h. der Allgemeinheit zugänglich gemacht werden, indem es verbreitet, öffentlich ausgestellt oder öffentlich wiedergegeben, also zugleich verwertet wird. Die Veröffentlichung des Werkes schließt somit stets eine Verwertung des Werkes ein".[1263] Die Entscheidung, ob einer Veröffentlichung iRd § 12 Abs. 1 UrhG gesondert zugestimmt werden muss, scheint damit iRd § 23 Abs. 1 UrhG bedeutungslos, willigt doch der Urheber über jede Verwertungshandlung gleichsam in die Veröffentlichung mit ein. Damit ließe es sich in diesem Fall doch annehmen, dass es letztlich müßig sei, darüber zu spekulieren, ob jede erneute Veröffentlichung der Bearbeitung von einer Einwilligung abhängt oder ob sie bereits durch den Verbrauch des Einmalrechts mit der Veröffentlichung des Originalwerkes entfällt, da eine gesonderte Veröffentlichung der Bearbeitung ohne gleichzeitige Verwertung durch den Bearbeiter praktisch doch nicht denkbar sei.[1264] Dabei wird jedoch übersehen, dass die Feststellung, ob das

lichkeitsrechte des Urhebers iRd Privatsphäre erlaubt, Verletzungen aber die der Öffentlichkeit zugänglich gemacht werden, von der Einwilligung des Urhebers abhängig macht. Damit drückt § 23 Satz 1 Alt. 1 UrhG vor allem auch eine gesetzestechnisch notwendige Abgrenzung zwischen Privat- (dem Erlaubten) und der Öffentlichkeitssphäre (dem Verbotenen) aus, mit der die Unterscheidung zwischen den besagten Ebenen nicht nur einfach deutlich, sondern vor allem möglich wird, was bei bloßer undifferenzierter Anwendung der §§ 12ff. 15ff. UrhG eben nicht der Fall wäre. Dem Begriff des Veröffentlichens kommt damit iRd § 23 UrhG eine weit mehrschichtigere Bedeutung zu, als man auf den ersten Blick annehmen mag. Dementsprechend handelt es sich bei § 23 Satz 1 Alt. 1 UrhG nicht um eine bloße Leerformel, sondern um eine konkrete Festlegung der Bestimmungsmacht des Urhebers auf der einen und dem Ausdruck des damit auch verfolgten Privilegierungstatbestandes auf der anderen Seite.

1263 Amtl. Bgrd. abgedruckt in UFITA 45 (1965/II), 240, 259.

1264 Auf diesen praktischen Aspekt verweisen vor allem *Lackner* S. 138 sowie *Dreier/Schulze* § 23 Rn 17, nach denen es in den meisten Fällen dahinstehen kann, ob das zugrunde liegende Werk bereits veröffentlicht war oder nicht.

Veröffentlichungsrecht tangiert wurde oder nicht, auch für die Praxis gar nicht so unbedeutend ist, wie man gemeinhin annehmen mag. Denn schließlich sieht das UrhG gerade auch für Verletzung der Urheberpersönlichkeitsrechte in schwerwiegenden Fällen mit § 97 Abs. 2 UrhG einen eigenen Schmerzensgeldanspruch vor. Einen solchen immaterialen Schaden wird man aber vor allem dann annehmen müssen, wenn der nachschaffenden Künstler die Entscheidung über die „Veröffentlichung" des Werkes vorwegnimmt und damit eine Verletzung des Verbotstatbestandes aus § 12 UrhG begeht. Die besondere Schwere der Verletzung ergibt sich dabei zwangsläufig, schließlich wurde schon mehrfach auf die besondere Bedeutung des Veröffentlichungsrechts hingewiesen. Insofern wäre es verfehlt, würde man bei aller Überschneidung der Anwendungsbereiche so einfach über diese eigenständige Bedeutung hinweggehen.[1265] Es reicht mithin nicht aus, die Frage offen zu lassen, sondern es bedarf einer Entscheidung.

Grundsätzlich ändert sich auch in diesem Zusammenhang nichts an der Feststellung, dass in der Collage als Bearbeitung sich immer die individuellen Züge des Ursprungswerkes widerspiegeln. Denn nicht nur, dass mit jeder Verwertung der Collage als Bearbeitung denknotwendig immer auch eine Verwertung des Originalwerks erfolgt,[1266] nein, auch in der Veröffentlichung der Collage liegt immer auch eine Veröffentlichung des Originalwerkes, wenn auch uU reduziert auf dessen Grundzügen, in jedem Fall aber unter Übernahme seiner schöpferische Eigenart.[1267] Damit wird deutlich, dass der Bearbeiter auch immer nur das wiedergeben kann, was vom Urheber bereits veröffentlicht ist. Dieses Recht aber wurde aber bereits vom Urheber wahrgenommen und kann nach dieser Sicht nicht mehr vom Bearbeiter verletzt werden. Zudem wäre eine andere Sicht auf die Dinge,

1265 Auf diese „eigene Bedeutung" des § 12 Abs. 1 UrhG verweist insb. Wandtke/Bullinger/*Bullinger* § 12 Rn 17; anders dagegen Schricker/*Dietz* § 12 Rn 10, der wenig überzeugend auch in der Verletzung eines Verwertungsrechts das Vorliegen eines Anspruchs aus § 97 Abs. 2 UrhG annimmt

1266 Amtl. Bgrd. abgedruckt in UFITA 45 (1965/II), 240, 252: Das Urheberrecht an Bearbeitungen wird mit Recht als abgeleitetes Urheberrecht bezeichnet, da jede Verwertung einer Bearbeitung zugleich auch eine Verwertung des Originalwerkes bedeutet und somit der Einwilligung des Urhebers des Originalwerkes bedarf".

1267 In diesem Sinne auch Schricker/*Loewenheim* § 2 Rn 25 ff.

nicht mit dem Wortlaut aus § 12 UrhG[1268] zu vereinen. Dieser bezieht sich nämlich auf den „Zustand des Veröffentlichen-Seins" und kann zum einen wegen der Formulierung in § 6 UrhG,[1269, 1270] aber zum anderen auch wegen seines physischen Ablaufs als Realakt nur einmal herbeigeführt werden.[1271]

Schlussendlich überzeugend wirkt in diese Richtung auch eine Auseinandersetzung mit Sinn und Zweck des § 12 UrhG. Dahinter steht der Gedanke, dass dem Urheber eine größtmögliche Autonomie in Sachen Werkherrschaft eingeräumt werden soll, solange sich dieses in seiner Privatsphäre befindet. Nicht nur, dass der Urheber davor bewahrt werden soll, dass sein Werk in einer Art und Weise das Licht der Öffentlichkeit erblickt, wie er es nicht möchte. Zudem soll es dem Urheber überlassen bleiben, ob er das Werk der Öffentlichkeit zur Verfügung stellen möchte und er sich damit uU gleichsam in die öffentliche Diskussion hervorwagt, oder aber ob er es vorzieht, jedweden Rummel um sein Werk und damit auch um seine Person zu vermeiden. Diesen Gefahren hat sich der Urheber aber bewusst durch den Akt der Veröffentlichung ausgesetzt und kann diese nun nicht mehr umkehren.[1272] Dagegen steht auch nicht der zu Recht geforderte hohe Schutz des Urhebers, da dieser zum einen über vertragliche Gestaltung Vorbeuge treffen kann, ihm andererseits aber über § 14 UrhG an anderer Stelle im UrhG ausreichend Schutz belassen wird.[1273] Eine solche weite Auslegung § 12 Abs. 1 UrhG, wie sie daher vereinzelt vorgenommen wird, kann damit nicht geteilt werden.

Im Ergebnis gilt damit festzuhalten, dass mit der vom Urheber bewilligten Erstveröffentlichung das Einmalrecht aus § 12 Abs. 1 UrhG verbraucht wurde und auch nicht wieder im Ausnahmefall der Bearbeitung wieder auflebt. Die Veröffentlichung einer Bearbeitung und

1268 Abs. 1: zu veröffentlichen ist; Abs. 2 „solange weder … veröffentlicht ist".

1269 Abs. 1: „Ein Werk ist veröffentlicht …"; Abs. 2: „Ein Werk ist erschienen …".

1270 *Dreyer* § 12 Rn 5; *Haberstumpf* Handbuch Rn 200; *Lackner* S. 158; *Plassmann* S. 263; Schricker/*Dietz* § 12 Rn 7.

1271 *Schack* Urheber- und Urhebervertragsrecht Rn 230, 328; Schricker/*Dietz* § 12 Rn 7.

1272 Vgl. dazu Schricker/*Dietz* § 12 Rn 1; *Ulmer* Urheber- und Verlagsrecht (1980) S. 211; Wandtke/Bullinger/*Bullinger* § 12 Rn 9.

1273 Wandtke/Bullinger/*Bullinger* § 12 Rn 9.

damit der Collage kann vom Urheber des Originalwerkes damit nicht über § 12 Abs. 1 UrhG angegriffen werden.

b) Das Verbot der Verwertung der nachgeschaffenen Collage

Was nun die Frage der Verwertung von Bearbeitungen in Form der Collage betrifft, so gilt es daran zu erinnern, dass Sinn und Zweck des § 23 Satz 1 UrhG sich in der deklaratorischen Ausweitung und Zusammenfassung der bereits einzeln in den §§ 15, 16–22 UrhG formulierten Verwertungsrechte auch auf das bearbeitete Originalwerk begründet und damit die Bearbeitungsmöglichkeit des Originalwerkes als ein eigenständiger Verwertungstatbestand aus dem ein eigenes geldwertes Benutzungsrechts fließt, noch einmal ausdrücklich artikuliert wird. D.h., der Urheber kann dem Bearbeiter gestatten, seine Collage zu bearbeiten und dieses entsprechend zu verwerten. Neben der Feststellung, dass Verwertung iSd § 23 UrhG dem umfassenden Rechtekanon aus den §§ 15, 16–22 UrhG folgt, führt diese Erkenntnis jedoch noch zu einer weiteren Annahme. Unter Berücksichtigung des Rückgriffs auf den offenen Formulierungstatbestand in § 15 UrhG folgt nämlich, dass die Einwilligungsmöglichkeit nicht nur auf bereits bekannte oder bestehende Verwertungsmöglichkeiten der Collage beschränkt bleibt, sondern darüber hinaus alle erst in der Zukunft sich entwickelnden Verwertungs- und Nutzungsarten im Zusammenhang mit der Verwertung der Collage erfasst sind. Schließlich soll gerade die Möglichkeit des Urhebers geschützt werden, sämtliche und damit technisch auch noch nicht vorhandene und sich im Laufe der Zeit entwickelnde Verwertungsmöglichkeiten wirtschaftlich für sich nutzen zu können.

4. Die Einwilligung nach § 23 UrhG am Fall der nachgeschaffenen Collage

Damit die in § 23 UrhG zusammengefassten Handlungsformen nicht, wie eben gezeigt, verboten werden und der nachschaffende Collagekünstler gehindert ist, sein Werk zu verwerten, bedarf es, für die genannten Rechte, der Einwilligung des Originalurhebers. Diese, bereits unzählige Male zuvor erwähnte Tatsache, soll im Folgenden Gegenstand der zu behandelnden Auseinandersetzung sein.

Grundsätzlich bedarf es einer Einwilligung immer dann, wenn von der Collage urheberrechtlich geschützte Teile eines Werkes erfasst sind. D.h. im Gegenzug aber auch, dass in den Fällen, in denen die besagten Teile des Werkes keinen Urheberrechtsschutz genießen, die Bearbeitungsfreiheit unbeschränkt gegeben ist und es auch für Begegnungen der Collage mit der Öffentlichkeitssphäre keiner weiteren Einwilligung bedarf.[1274] Daneben entfällt das Einwilligungserfordernis dann, wenn sich die Collage kraft ihres Gesamteindrucks als vollständig neues Werk präsentiert, in dem die übernommenen Fremdwerke zum Teil desselben werden und die Benutzungshandlung bereits aus Gründen der freien Benutzung privilegiert ist.[1275]

Demgegenüber immer einwilligungsbedürftig verhalten sich allerdings die in § 23 Satz 2 UrhG abschließend aufgezählten Bearbeitungstatbestände, d.h. im Fall der Collage insbesondere die Ausführung von Plänen und Entwürfen eines Werkes der bildenden Kunst. Hier reicht es nicht aus, dass die Bearbeitung in der Privatsphäre verbleibt, da schon die Herstellung der Bearbeitung nach § 23 Satz 2 UrhG an die Einwilligung des Urhebers geknüpft ist.

Daneben zwingt die monistische Ausgestaltung des Urheberrechts dazu, der Überlegung nachzugehen, ob es einer anderen Auslegung des verwertungsrechtlichen Einwilligungsbegriffs in den Fällen bedarf, in denen der Urheber in die Verletzung seiner urheberpersönlichkeitsrechtlichen Befugnisse zustimmt. Denn in jeder Bearbeitung liegt immer auch eine Beeinträchtigung iSd § 14 UrhG.[1276] Die grundsätzliche Bedeutung des Urheberpersönlichkeitsrechts im UrhG und die in § 11 UrhG ausdrücklich genannte geistig-persönliche Beziehung führt nun aber dazu, dass niemand anders als der Urheber selbst zu entscheiden hat, ob ein Werk verbessert werden sollte oder nicht.[1277] Gibt man dem Urheber damit aber die Befugnis, darüber zu entscheiden, wie sein Werk das Licht der Öffentlichkeit erblickt, ob in originalgetreuer oder in veränderter Form, dann muss es ihm auch

[1274] BGH GRUR 1988, 812, 814 – Ein bisschen Frieden; BGH GRUR 1994, 191, 198 – Asterix-Persiflagen; Möhring/Nicolini/*Ahlberg* § 23 Rn 15

[1275] Vgl. dazu unter Kapitel 3 § 3 A III 2 c) (2).

[1276] Vgl. dazu unter Kapitel 3 § 3 A IV 1 b (1) c.

[1277] Vgl. dazu auch die grundlegenden Ausführungen bei RGZ 79, 397, 399 – Felseneiland mit Sirenen; BGH GRUR 1971, 35, 37 – Maske in Blau; *Flechsig* FuR 1976, 589, 595; Fromm/Nordemann/*Hertin* § 14 Rn 2; *v. Gamm* § 14 Rn 8.

gestattet sein zu bestimmen, dass diese Veränderungen auch von einem Dritten vorgenommen werden.

Es wird mithin darum gehen festzuhalten, unter welcher urheberrechtlichen Einkleidung eine solche Einwilligungsbefugnis steht und ob diese, angesichts der oben getroffenen verfassungsrechtlichen Grundsätze, de lege ferenda überhaupt noch haltbar ist.

a) Das Einwilligungserfordernis iFd Verwertung der Collage

Nach dem nun bereits einige Male iRd bisherigen Erläuterungen der Begriff „Einwilligung“ gefallen ist, soll es an dieser Stelle an der Zeit sein, sich einmal genauer mit seiner umstrittenen Rechtsnatur mit Blick auf die verwertungsrechtliche Ebene auseinander zusetzen.

Man vernimmt vereinzelt Stimmen, nach denen die Einwilligung nichts weiter ist als die vorherige Zustimmung iSd § 183 Satz 1 BGB, dessen, für das gesamte BGB allgemeingültige, Legaldefinition damit ihre Wirkung auch im UrhG entfalten soll.[1278] Damit müsste sich der Collagekünstler, bereits bevor er die Collage verwertet bzw. veröffentlicht, um eine Zustimmung des Originalurhebers bemühen. Dafür sprechen sicherlich der Wortlaut und die nachvollziehbare Vorstellung von einer einheitlichen Rechtsterminologie. Als weiteres Begründungsmuster finden sich oftmals Überlegungen zum Rechtscharakter des § 23 UrhG. So wird von Vertretern dieser Auffassung angenommen, dass es sich beim Bearbeitungsrecht um ein bloßes Zustimmungsrecht handele, woraus sich die Rechtsnatur des Einwilligungserfordernisses als vorherige Zustimmung daher schon zwangsläufig ergebe,[1279] allerdings seien die §§ 31 ff. UrhG zumindest entsprechend anzuwenden.[1280]

1278 *Dreyer* § 23 Rn 24; Fischer/Reich/*Reich* § 3 Rn 70; Fromm/Nordemann/*Vinck* § 23 Rn 3.

1279 Fromm/Nordemann/*Vinck* § 23 Rn 3.

1280 *Dreyer* § 23 Rn 24; Fromm/Nordemann/*Vinck* § 23 Rn 2f.; Dem Urheber bleibt danach ein Zustimmungsrecht, das dem Bearbeiter im Wege eines Nutzungsvertrages als absolutes, eigenständiges und nach § 97 UrhG geschütztes Recht Fromm/Nordemann § 97 Rn 2, 5) vor der nachschaffenden Tätigkeit eingeräumt werden kann. Damit sind auch nach dieser Auffassung die §§ 31 ff. UrhG und damit insbesondere die Zweckübertragungsregel des § 31 Abs. 5 UrhG anwendbar (Fromm/Nordemann/*Vinck* § 23 Rn 3).; diese Erweiterung

Ähnlich, aber doch weiter, geht eine einzelne Auffassung, die zwar im Definitionsbereich des BGB verbleibt, neben der Einwilligung iSd § 183 Satz 1 BGB, für das Bearbeitungsrecht aber auch die Möglichkeit der nachträglichen Zustimmung iSd § 184 Abs. 1 BGB (Genehmigung) sieht. Somit könnten vormals rechtswidrige Nutzungshandlungen des Collagekünstlers rückwirkend in rechtmäßige umgewandelt werden. Auch für diese Sicht wird zur Begründung auf den Wortlaut rekurriert. So beinhalte „das Wort Einwilligung ... sowohl die vorherige Zustimmung als auch die nachträgliche Genehmigung gem. den §§ 183, 184 BGB".[1281]

Wiederum andere sehen in der Einwilligung nach § 23 UrhG eine rechtsgeschäftliche Handlung, die zwar in aller Regel auf eine Nutzungsrechtseinräumung hinauslaufe, aber auch vereinzelt als obligatorische Gestattung auftreten könne, wobei im Zweifel davon auszugehen sei, dass sich die beteiligten Parteien wohl auf ersteres geeinigt haben.[1282] Für diese Auffassung werden insbesondere die Systematik des Urheberrechts und die darausfolgende Einordnung des Bearbeitungsrechts unter die Verwertungsrechte sowie eine Gesamtschau der bearbeitungsrechtlich relevanten Normen angeführt. Daraus ergebe sich nämlich zwingend das Bedürfnis des Gesetzgebers, im Rahmen des Urheberrechts eine nutzungsrechtliche Gleichbehandlung zwischen den Bearbeitungs- und Verwertungsrechten zu verfolgen. Zudem sieht diese Meinung keinen Gewinn darin, auf regelungsfremde Vorschriften auszuweichen, da diese den Besonderheiten des Urheberrechts nicht ausreichend Rechnung tragen. Insbesondere sei aber schon aus Schutzzweckgesichtspunkten eine Rechtseinräumung gem. den §§ 31 ff. UrhG einem Rückgriff auf das BGB vorzuziehen, erlaube doch die konstitutive Einwilligungserteilung eine dem Interesse des Urhebers am umfassendsten entgegenkommende Bestimmungsmacht über sein Werk, was sich iÜ auch aus dem Sinn und Zweck des § 23 UrhG als konstitutive Einräumung eines positiven Nutzungsrechts ergebe.[1283]

wird allerdings nicht von Reich artikuliert, der damit hinter Dreyer und Vinck zurückbleibt, vgl. Fischer/Reich/*Reich* § 3 Rn 70.

1281 Möhring/Nicolini/*Ahlberg* § 23 Rn 14.

1282 *Lackner* S. 137 ff., 148; wohl auch *Haberstumpf*, FS Schricker S. 309, 312.

1283 *Lackner* 148 f.; vgl. im Detail auch *ders.* S. 137 ff.

Mit ähnlichen Argumenten arbeitet auch die wohl überwiegende Auffassung, die eine Erteilung der Einwilligung grundsätzlich als Nutzungsrechtseinräumung ansieht, da es sich bei der Verwertung der Bearbeitung um eine mittelbare Werknutzung handele.[1284]

Daneben sind aber auch zahlreiche Stimmen zu finden, die darauf verweisen, dass sich die Einwilligung aus § 23 UrhG keiner bestimmten Rechtsnatur zuordnen lasse, sondern vielmehr der Urheber in die Lage versetzt werde, sein Werk durch drei mögliche Rechtsinstitute zu verwerten. Ihm stände nämlich nicht nur die dingliche Rechtseinräumung nach §§ 31 ff. UrhG zu Verfügung, sondern es wäre ihm zudem möglich, auf die schuldrechtliche Nutzungsgestattung einerseits und die rechtswidrigkeitsausschließende, einseitige Einwilligung iSd Deliktsrechts andererseits auszuweichen.[1285]

Im Zuge der Darstellung des Meinungsspektrums sind bereits einige Argumente hervorgetreten, die es zu systematisieren und zu bewerten gilt. Bevor es jedoch so weit ist, bevor also eine Entscheidung in dieser Frage gefällt werden kann, bedarf es des Hinweises, dass aufgrund der Besonderheiten, die bei Rechtsgeschäften mit Urheberpersönlichkeitsrechten auftreten, aus systematischen und Verständnisgründen auf eine spätere Behandlung dieser Thematik im dafür vorgesehenen Abschnitt verwiesen wird.[1286] Hier soll es daher ausschließlich um den verwertungsrechtlichen Regelungsgehalt des § 23 UrhG gehen.

Neben den schon angesprochenen Argumenten gegen die Übernahme der Legaldefinition aus § 183 BGB spricht vor allem die Wirkungsweise eines auf vorherige Zustimmung reduzierten gesetzlichen Genehmigungstatbestandes gegen einen Rückgriff auf § 183 BGB. Danach zeigen die Beispiele im bürgerlichen Gesetzbuch, dass in den Fällen, in denen die Genehmigung nur in Form der Einwilligung vor-

1284 BGH GRUR 1985, 529, 530 – Happening („Nutzungsrechtsübertragung“); BGH GRUR 1986, 458, 459 – Oberammergauer Passionsspiele I; *Grohmann* S. 142 ff.; *Hörnig* UFITA 99 (1985) 13, 74; *Dreier/Schulze* § 23 Rn 10; Wandtke/Bullinger/*Bullinger* § 23 Rn 8.

1285 *Plassmann* S. 189 f.; in ähnlicher Weise wird diese Auffassung auch von *v. Gamm* § 23 Rn 5; Schricker/*Loewenheim* § 23 Rn 19 getragen, wenn auch ohne die bei Plassmann zu findende Vehemenz und unter Verweis auf die Nutzungsrechtseinräumung als die klassische Vorgehensweise.

1286 Vgl. dazu unter Kapitel 3 § 3 A IV 1 b).

liegen kann, jede Willenserklärung als endgültig unwirksam betrachtet werden muss (vgl. bspw. die §§ 111 Satz 1, 180 Satz 1 BGB). Würde man die beschriebene Rechtsfolge auch im Fall des § 23 UrhG annehmen, ergebe sich beim Übertrag auf die urheberrechtliche Situation gar zu merkwürdig anmutende Folgeerscheinungen, die an der Zweckmäßigkeit einer Übernahme des Einwilligungsbegriffs des § 183 BGB zu Recht zweifeln lassen. Ein solches Verständnis würde nämlich dazu führen, dass man dem Anwendungsbereich des § 23 UrhG nicht ausreichend Rechnung tragen würde. Denn die Annahme, dass sich der Einwilligungstatbestand bei bereits erfolgter Verletzung auf ein bloßes Verbotsrecht reduziert, wäre eine mit Sinn und Zweck des § 23 UrhG nicht zu vereinbarende Beschränkung der Selbstbestimmungsrechte des Urhebers, da ihm quasi verboten wäre, eine bereits erfolgte Verletzung zu erlauben,[1287] obwohl ihm das möglicherweise wirtschaftliche Vorteile bringen würde. Daher übersieht eine solche Auffassung den deklaratorischen Anwendungsbereich des § 23 UrhG, der gerade auf die Verwertungsrechte der §§15, 16–22 UrhG verweist und damit klarstellt, dass die Rechte des Urhebers nicht nur auf das bloße Verbot einer Bearbeitung beschränkt sind, sondern vielmehr der Natur der Verwertungsrechte entsprechend dem Urheber im Wege eines positiven Benutzungsrechts ermöglicht werden soll, Dritten die Erlaubnis zu erteilen, Bearbeitungen am Originalwerk vorzunehmen und diese zu verwerten. Diesem vermittelten, positiven Benutzungsrecht wäre aber nicht hinreichend Rechnung getragen, würde man diese auf den Moment vor der Verwertung beschränken. Es muss im Interesse des Urhebers möglich sein, dessen Befugnisse umfassend in seinem Interesse zu fassen und nicht im Wege gesetzlicher Anleihen, die nicht aus dem Urheberrecht kommen, unnötigerweise einzuschränken.

Doch auch eine Erweiterung des Zustimmungsbereiches des Urhebers über § 183 BGB auf eine nachträgliche Zustimmung iSd § 184 BGB hinaus führt zu unvereinbaren Ergebnissen. Zu bedenken ist nämlich, dass der Regelungsbereich der §§ 182ff. BGB ganz generell ausschließlich Dreipersonenverhältnisse umfasst, deren besondere Konstellation darin besteht, dass Rechtsgeschäfte vorgenommen wurden,

1287 Vgl. dazu etwa bei *Dreyer* § 23 Rn 24 „eine nachträgliche Genehmigung steht ihr nicht gleich"; sowie bei Fischer/Reich/*Reich* § 3 Rn 70.

deren Wirksamkeit immer noch von der Zustimmung eines Dritten abhängen.[1288] Man muss die §§ 183f. BGB damit als Zusatz zum eigentlichen Rechtsgeschäft betrachten,[1289] deren Vorkommen in drei Fallgruppen aktuell wird: Zustimmung bei der Vornahme von Rechtsgeschäften in Arbeitsteilung, Zustimmung kraft Aufsichts- und Verwaltungsrechts und kraft mittelbarer Interessen- oder Rechtsbeteiligung.[1290] Übersetzt in das Urheberrecht würde dies bedeuten, dass die §§ 183f. BGB erst dann berechtigterweise Anwendung finden würden, wenn der bearbeitende Collagekünstler bei der Übertragung von Nutzungsrechten an seiner Bearbeitung an seinen Vertragspartner, beim Originalurheber (in diesem Fall wäre dies dann tatsächlich der ominöse Dritte im Dreipersonenverhältnis) des benutzten Werkes, die dafür notwendige Zustimmung einholt. Davon zu unterscheiden ist jedoch der Fall, der mit § 23 UrhG geregelt werden soll, nämlich dass der Bearbeiter seine Collage bspw. vervielfältigen, verbreiten, öffentlich wiedergeben will. Denn genau darin unterscheidet sich der Anwendungsbereich der §§ 183f. BGB gerade vom demjenigen des § 23 UrhG. So äußert sich, wie dargestellt, der vorgesehene Anwendungsbereich des § 23 UrhG auch iFd Collage ausschließlich in einem Zweipersonenverhältnis zwischen Urheber und Bearbeiter, in dem nämlich der Bearbeiter zwar an die Öffentlichkeit tritt und seine Bearbeitung verwerten will, aber nicht in einer Weise, in dem er Dritten Nutzungsrechte am Originalwerk einräumt und er deswegen der Einwilligung in der Übertragung dieser Nutzungsrechten bedarf, sondern er vielmehr ausschließlich für sich selbst das Nutzungsrecht an der

1288 Vgl. dazu auch bei Staudinger/*Gursky* Vorbem zu §§ 182ff. Rn 20: „Die große Mehrheit der Normen, die die Wirksamkeit eines Rechtsgeschäfts der Zustimmung Dritter abhängig machen, reagieren auf eine mittelbare Rechts- oder Interessenbeeinträchtigung“, federn mithin eine „mit dem Rechtsgeschäft notwendigerweise verbundene reflexweise Beeinträchtigung der Rechtsphäre des Dritten“ ab.

1289 Gursky (Staudinger/*Gursky* Vorbem zu §§ 182ff. Rn 1) bezeichnet die Rechtsnatur der Zustimmung dann folgerichtig auch als Hilfsrechtsgeschäft; ähnlich auch *Schramm* (in MK Vor §§ 182 Rn 2), der zwar zunächst aus rein formaler Sicht von einer Wirksamkeitsvoraussetzung spricht, aber unter formal funktionalen Gesichtspunkten von einem zusätzlichen Hilfsgeschäft ausgeht.

1290 Vgl. dazu bei *Lackner* S. 138, der sich dazu auf MK/*Schramm* Vor §§ 182 Rn 4ff. beruft, was aber als im zivilrechtlichen Schrifttum als allgemeine Auffassung angesehen werden kann, vgl. dazu bspw. bei Staudinger/*Gursky* Vorbem zu §§ 182ff. Rn 22ff.

Bearbeitung begehrt.[1291] Desweiteren muss darauf hingewiesen werden, dass sich auch im BGB keine Einheitlichkeit in der Begriffswahl abzeichnet. So unterscheidet es gar nicht trennungsscharf zwischen Begriffen wie Genehmigung, Einwilligung und Zustimmung, wie man am Beispiel der 1613, 1819ff., 1829 BGB erkennen kann. So spricht es zwar von Genehmigung, meint aber eigentlich Einwilligung.[1292]

Was spricht nun aber für die Annahme einer Nutzungsrechtseinräumung, die doch nun einzig übrig zu bleiben scheint? Auch dazu wurde in dieser Arbeit bereits auf einige berechtigte Argumente in der h. A. hingewiesen, auf die es nun noch näher einzugehen gilt. Laut amtlicher Begründung handelt es sich bei § 23 UrhG um eine Fortsetzung des bis dahin geltenden Rechts, ausgedrückt in den § 12 LUG und § 15 Abs. 2 KUG, in der die Betonung des beim Originalurheber liegenden Einwilligungsvorbehalts sprachlich zwar gegenüber den besagten Vorgängervorschriften verstärkt wurde, eine inhaltliche Änderung der geltenden Rechtslage gleichwohl damit, wie ausdrücklich betont wird, nicht beabsichtigt war.[1293] Aus diesem Grund lohnt ein etwas genauerer Blick auf die geltende Rechtspraxis zu Zeiten von LUG und KUG, in der sich möglicherweise erste Anhaltspunkte finden lassen, die den Gedanken einer Nutzungsrechtseinräumung am Bearbeitungsrecht unterstützen. So finden sich in den §§ 8 Abs. 3 LUG und 10 Abs. 3 KUG Regelungen zum rechtlichen Umgang mit vertraglichen Vereinbarungen zwischen Urheber und Nutzer. Danach konnte das Urheberrecht übertragen werden,[1294] wobei damit die Erlangung der Befugnisse zur Verwertung des Werkes bezeichnet wurde. Eine völlige Übertragung des Rechts, ohne dass dem Urheber zumindest der Kern seiner urheberrechtlichen Position verblieb, war jedoch auch nach dieser Formulierung nicht möglich.[1295] Vielmehr kam es zu einer dinglichen Einräumung von urhe-

1291 So im Ergebnis auch *v. Gamm* § 23 Rn 3; *Grohmann* S. 143; *Hörnig* 99 (1985), 13, 74f.; *Lackner* S. 138, Wandtke/Bullinger/*Bullinger* § 23 Rn 11.

1292 Vgl. dazu auch bei *Lackner* S. 139.

1293 Amtl. Bgrd. abgedruckt in UFITA 45 (1965/II), 240, 266 „Absatz 1 hebt dies in Übereinstimmung mit dem geltenden Recht (§ 12 LUG, § 15 Abs. 2 KUG) nochmals ausdrücklich hervor."

1294 10 Abs. 3 KUG: „Das Recht kann beschränkt oder unbeschränkt auf andere übertragen werden".

1295 *Lackner* S. 141 unter Bezug auf *Riezler* S. 82f.

berrechtlichen Teil- oder Benutzungsrechten, die, wie heute auch, bei ausschließlicher Übertragung absolute Wirkung gegenüber Dritten entfaltet hat.[1296] Damit lassen sich eindeutige Parallelen zur Nutzungsrechtseinräumung iSd §§ 31 ff. UrhG ziehen, die vergleichbar ausgestaltet sind.[1297]

Doch was heißt das nun für die Übertragung des Bearbeitungsrechts an den Collagekünstler?

Eine erste Antwort darauf gibt die historische Auslegung des Bearbeitungsrechts. Denn die damaligen Wertungen zum LUG und KUG bilden nach dem Willen des Gesetzgebers auch im UrhG von 1965 weiterhin das Leitmotiv der rechtsgeschäftlichen Abmachungen.[1298] Vor allem in § 15 Abs. 2 KUG kam nun zum Ausdruck, dass die ausschließlichen Befugnisse nicht nur auf Vervielfältigung oder Verbreitung beschränkt war, sondern sich auch auf das Recht der Bearbeitung erstreckte. Danach konnte derjenige, der ein durch Nachbildung eines bereits vorhandenen Werkes anderes Werk der bildenden Künste oder der Photografie hervorbrachte, seine daraus abgeleiteten Befugnisse nur dann ausüben, wenn der Urheber des Originalwerkes darin eingewilligt hatte.[1299] Eine ähnliche Wertung läßt sich auch aus der sprachlichen Abweichung in § 12 LUG ziehen, bei der explizit von einer Erstreckung der ausschließlichen Befugnisse auch auf die Bearbeitung die Rede ist. Bedenkt man zudem den damaligen Grundsatz der einheitlichen Auslegung der Rechtevergabe[1300] spre-

1296 Vgl. zur Rechtslage vor 1965 insb. bei RGZ 123, 312, 318 – Wilhelm Busch; BGHZ 5, 116, 119 ff. – Parkstraße 13; BGHZ 15, 249, 256 f. – Cosima Wagner; *Reimer* GRUR 1962, 619 ff., 620; *Ulmer* Urheber- und Verlagsrecht (1951) S. 213 ff.

1297 Dafür auch *Lackner* S. 142.

1298 So vor allem auch *Lackner* S. 141 ff.

1299 § 15 KUG (Ausschließlichkeitsrechte, Reprofotos), (1) Der Urheber hat die ausschließliche Befugnis, das Werk zu vervielfältigen, gewerbsmäßig zu verbreiten und gewerbsmäßig mittels mechanischer oder optischer Einrichtungen vorzuführen; die ausschließliche Befugnis erstreckt sich nicht auf das Verleihen. Als Vervielfältigung gilt auch die Nachbildung, bei Bauwerken und Entwürfen für Bauwerke auch das Nachbauen. (2) Auch wer durch Nachbildung eines bereits vorhandenen Werkes ein anderes Werk der bildenden Künste oder der Photografie hervorbringt, hat die im Abs. 1 bezeichneten Befugnisse; jedoch darf er diese Befugnisse, sofern der Urheber des Originalwerkes gleichfalls Schutz genießt, nur mit dessen Einwilligung ausüben.

1300 So *Lackner* S. 142.

chen für eine damals gängige Praxis einer gegenständlichen Rechtevergabe durch den Originalurheber an den Bearbeiter eine Reihe nicht von der Hand zu weisenden Argumente.

Allein damit haben sich die Argumente noch nicht erschöpft. So wird in § 37 Abs. 1 UrhG vom „Recht der Einwilligung zur Veröffentlichung und Verwertung einer Bearbeitung" gesprochen und in § 69c UrhG taucht in diesem Zusammenhang die Formulierung ausschließliches Recht auf, was unter Berücksichtigung der internationalen Regelung in Art. 8 und 12 RBÜ[1301] den Schluss nahe legt, dass es sich beim Bearbeitungsrecht auch um ein „selbständiges Verwertungsrecht" handelt,[1302] mit dem es sich wirtschaftlich handeln lässt. Schließlich folgt aus der in § 23 Satz 1 UrhG artikulierten Verweisung auf die in den §§ 15, 16–22 UrhG bereits geregelten Verwertungsrechte, dass, wenn es sich hierbei nur um die deklaratorische Fortsetzung der Rechte aus den §§ 15, 16–22 UrhG handelt, die allgemein auf Verwertungsrechte angewandten Regelungen ohne Frage auch auf das Bearbeitungsrecht anzuwenden sind. Darin liegt nun freilich das Hauptargument für die Annahme des Rechtscharakters des Begriffs Einwilligung als Nutzungsrecht. Da es sich bei § 23 Satz 1 UrhG in verwertungsrechtlicher Sicht um eine zusammenführende Norm der in den §§ 15, 16–22 UrhG geregelten Einzelnormen handelt, ergibt sich gar keine andere Möglichkeit als die dafür geltenden Vorschriften auch iRd der Bearbeitung anzuwenden. Denn Gegenstand der Rechtseinräumung bleibt immer das Originalwerk, das in der Bearbeitung ja gerade zum Ausdruck kommt. Praktisch gesehen heißt das damit, dass der Urheber es erlaubt, sein Werk iFd Bearbeitung zu vervielfältigen oder zur verbreiten. Damit übt er, wie in diesem Beispiel deutlich wird, gleichzeitig auch immer seine Verwertungsrechte aus, wenn er einem Anderen die entsprechenden Nutzungsrechte am bearbeiteten Werk einräumt. Doch selbst wenn man diese weite Auslegung der Formulierung „sein Werk" nicht teilen würde, so muss man angesichts der Formulierung in § 31 UrhG, in der schlicht von „dem Werk" gesprochen wird, dennoch zu dem

1301 „das ausschließliche Recht, ihre Werke zu übersetzen oder deren Übersetzungen zu erlauben", Art 8 RBÜ; „das ausschließliche Recht, Bearbeitungen, Arrangements und andere Umarbeitungen ihrer Werke zu erlauben" (Art. 12 RBÜ).

1302 Zu den einzelnen Argumenten vgl. ausführlicher *Dreier/Schulze* § 23 Rn 9.

Schluss kommen, dass damit sowohl das Originalwerk als auch die Bearbeitung gemeint sein müssen. Damit, erkennt man das Bearbeitungsrecht als Verwertungsrecht an, müssen auch diejenigen, die fälschlicherweise eine enge Auffassung der Formulierung „sein Werk“ vertreten, zugeben, dass grundsätzlich eine Einräumung des Bearbeitungsrechts im Wege der §§ 31ff. UrhG erfolgen kann.[1303] D.b., dass im hier interessierenden Fall der Collage als Bearbeitung dem Collagekünstler über die in § 23 Satz 1 UrhG genannte Einwilligung schon allein deswegen Nutzungsrechte iSd §§ 31ff. UrhG eingeräumt werden, als der Urheber des Ausgangswerkes über seine in den §§ 15, 16–22 UrhG formulierten Rechte verfügt.

Was nun aber die Frage angeht, ob neben der vorgeschlagenen Nutzungsrechtseinräumung noch weitere Erlaubnistatbestände denkbar sind, ist diese trotz der oben getroffenen Feststellungen noch nicht abschließend geklärt. Vielmehr bedarf es einer etwas variierten Sicht auf die Dinge. So kann man grundsätzlich eine schuldrechtliche Gestattung mit § 23 UrhG annehmen. Darin verpflichtet sich der Urheber seinem Vertragspartner gegenüber zur Nutzungsgestattung unter gleichzeitigem Verzicht auf Geltendmachung seiner Verbotsansprüche. Denn wenn man iRv § 23 UrhG schon einen dinglichen Nutzungsvertrag annimmt, dessen Geschäftstyp in seiner Wirkungsweise viel weiter geht als jegliche schuldrechtliche Verpflichtung, muss man die Schutzinteressen des Urhebers bei der schuldrechtlichen Gestattung als in ausreichendem Maße gewahrt ansehen. Zudem entspricht es der weitreichenden Selbstbestimmung und damit der Privatautonomie des Urhebers ausschließlich schuldrechtliche Verpflichtungen eingehen zu können, welche iÜ iRd „herkömmlichen“ Verwertungsrechte als allgemein anerkannt gelten.[1304] Und auch einen einseitigen Verzicht iSe einseitigen Einwilligung muss man als Möglichkeit des Urhebers in Betracht ziehen, gilt dieser doch grds. im Urheberrecht,[1305] folgt er doch aus der positiven Befugnismacht, die sich aus den Verwertungsrechten ergibt. Damit einhergehend muss man aber generell auch die Möglichkeit der schuldrechtlichen widerruflichen Ermächtigung nach § 185 BGB in Betracht ziehen, die iSe umfassenden Selbstbestimmt-

1303 Daher dafür auch *Lackner* S. 140.
1304 Schricker/*Schricker* vor §§ 28ff. Rn 25.
1305 Loewenheim/*Vinck* § 81 Rn 7; *Plassmann* S. 187; Schricker/*Wild* § 97 Rn 19.

heit des Urhebers als Folge seiner grundrechtlich geschützten Handlungsfreiheit anzusehen ist. Zwar wäre es falsch, sie als einzige Wahlmöglichkeit des Urhebers unter den Begriff Einwilligung zu subsumieren, doch wäre es genauso falsch, die Wahlmöglichkeiten des Urhebers auf eine einzige zu reduzieren.

Insofern ist es überzeugend, von einer mehrstufigen Lösung auszugehen, bei der im Zweifel auf die Grundsätze des § 31 Abs. 5 UrhG sowie § 37 Abs. 1 UrhG zurückzugreifen ist, was nicht bedeutet, dass eine Nutzungsrechtseinräumung des Bearbeitungsrechts nicht auch konkludent eingeräumt werden kann, wenn unzweideutig aus dem Parteiwillen, der sich in den Begleitumständen, im Vertragszweck oder dem Verhalten der Parteien ausdrücken kann, eine solche Übertragung hergeleitet werden kann.[1306] Alles in allem sollte aber immer genau herausgestellt werden, was die einzelnen Parteien beabsichtigen und welche Form der „Einwilligung" sie wählen.

Zulässig sind damit jedenfalls, auch in Bezug auf die Collage, folgende Gestaltungsarten: (1) Nutzungsrechtseinräumung iSd §§ 31 ff. UrhG, (2) schuldrechtlicher Verpflichtungsvertrag, (3) Ermächtigung iSd § 185 BGB und (4) einseitiger Verzicht als allgemeiner Rechtfertigungsgrund, der auch im Urheberrecht gilt.

b) Das Einwilligungserfordernis iFd Verletzung von Urheberpersönlichkeitsrechten durch die Collage

Das Einwilligungserfordernis iRd Bearbeitung ist jedoch nicht nur aus verwertungsrechtlicher Sicht für die Bewertung im Zusammenhang mit der Collage interessant. Denn iFd Collage als Bearbeitung kann der Urheber iR seiner urheberpersönlichkeitsrechtlichen Befugnisse nicht nur in die Veröffentlichung seines Werkes einwilligen. In dem ein Urheber die Verwertung einer Collage, die eine Bearbeitung des Originalwerkes ist, erlaubt, willigt er gleichzeitig immer auch in die Beeinträchtigung seines Werkes ein.[1307] Denn wie bereits festgestellt wurde, liegt schließlich in jeder Bearbeitung zugleich eine Beeinträchtigung der Integrität des Originalwerkes iSv § 14 UrhG,

1306 Dafür u.a. auch BGH GRUR 1986, 458, 459 – Oberammergauer Passionsspiele I; *v. Gamm* § 23 Rn 5; Schricker/*Loewenheim* § 23 Rn 28; Wandtke/Bullinger/*Bullinger* § 23 Rn 8.
1307 Schricker/*Dietz* § 14 Rn 11; *Wallner* S. 125 f.

und damit gleichsam eine Verletzung des Urheberpersönlichkeitsrechts aus § 14 UrhG.[1308] Urheberpersönlichkeitsrechtliche Bedeutung erfährt § 23 Satz 1 UrhG somit nicht etwa nur in der bloß deklaratorischen Wiederholung der Rechte aus § 12 UrhG,[1309] sondern ebenfalls in der deklaratorischen Ausweitung der positiven Befugnisnorm, die sich iRd Integritätsschutzes aus dem Zusammenspiel der §§ 14, 39 UrhG ergibt, welche, aus den oben genannten Gründen, auch auf die Bearbeitung Anwendung finden.[1310]

Die Frage, der in der nun folgenden Diskussion nachgegangen werden soll, ist daher, ob und wenn ja, bis zu welchem Grad eine positive Befugnismacht des Urhebers über seine Urheberpersönlichkeitsrechte besteht, mithin also welche rechtliche Qualität den vertraglichen Abreden nach §§ 14, 39 UrhG im Bereich des § 23 Satz 1 UrhG zuzugestehen ist. Diese Überlegungen sind auch deswegen notwendig, da nach der von der ü. A.[1311, 1312] getragenen sog. Kerntheorie grundsätzlich aus der Eigenart der Urheberpersönlichkeitsrechte folgen soll, dass diese in ihrem Kerngehalt nicht übertragbar sind.[1313] Als Folge dessen sollen die darin enthaltenen urheberrechtlichen Befugnisse nämlich dann auch nicht durch rechtsgeschäftliche Wirkung eingeschränkt werden können, sondern vielmehr zwingend beim Urheber verbleiben.[1314] Denn das persönliche Band zwischen Urheber und Werk lasse sich nicht durch ein Rechtsgeschäft auflösen,[1315] was in der Tat durch § 29 Abs. 1 UrhG einfachgesetzlich normiert zu sein

1308 Vgl. dazu unter Kapitel 3 § 3 A IV 1 b (1) c.

1309 Vgl. dazu unter Kapitel 3 § 3 A IV 3 a).

1310 Vgl. dazu unter Kapitel 3 § 3 A IV 1 b (1) c.

1311 Vgl. statt vieler bei BGHZ 15, 249, 260 – Cosima Wagner; *Clément* S. 27; *Dreyer* Vor §§ 12ff. UrhG Rn 6; Fromm/Nordemann/Hertin Vor § 12 Rn 3; Schricker/*Dietz* Vor §§ 12ff. Rn 27 mwN.

1312 Allerdings wird oftmals der Eindruck vermittelt, es handele sich hierbei um eine in Literatur und Rechtsprechung einhellig vertretene und unbestritten Meinung, übersehen wird dabei jedoch, dass die Kerntheorie, insbesondere von *Schricker* (bspw. in Fs Hubmann, 409ff.), aber auch von *Metzger* S. 165ff., 179, 192f., vor allem in jüngster Zeit angegriffen wurde; näheres dazu vgl. die Diskussion im weiteren Verlauf.

1313 RGZ 123, 312, 320 – Wilhelm Busch; BGHZ 15, 249, 260 – Cosima Wagner.

1314 Vgl. auch amtl. Bgrd. abgedruckt in UFITA 45 (1965/II), 240, 258; *Dreyer* Vor §§ 12ff. Rn 6; Fromm/Nordemann/*Hertin* Vor § 12 Rn 3.

1315 *v. Gamm* § 29 Rn 1.

scheint. Schon der Wortlaut mag somit auf den ersten Blick tatsächlich für eine entsprechende Annahme der sog. Kerntheorie sprechen.

(1) Dispositionen unter Aussparung des sog. Kernbereichs

Auch wenn man den Urheberpersönlichkeitsrechten einen vom Urheber untrennbaren Kernbereich zugesteht, so sagt dies zunächst noch nichts über vertragliche Zugeständnisse des Urhebers aus, die diesen Kernbereich nicht berühren. Im Gegenteil! Schließlich lockert § 39 UrhG diesen umfassenden Werkschutz des § 14 UrhG vor allem für die vertragliche Werknutzung durch Dritte wieder auf, indem es, unterstützt durch den Wortlaut in § 29 Abs. 2 UrhG,[1316] Vereinbarungen über einzelne Urheberpersönlichkeitsrechte zulässt. Insofern ist auch von vornherein denjenigen Stimmen eine Absage zu erteilen, nach denen jegliche Möglichkeiten einer vertraglichen Beschränkung wegen § 29 Satz 2 a.F. UrhG auszuschließen sei.[1317] Grundsätzlich maßgeblich für die Frage nach einer Entstellung bzw. sonstigen Änderung des Originals durch die als Bearbeitung nachgeschaffene Collage bleibt damit zwar weiterhin die Prüfung des § 14 UrhG, der Collagekünstler als vertraglicher Nutzungsberechtigter kann jedoch aufgrund ausdrücklicher Vereinbarung gem. § 39 Abs. 1 UrhG zu gewissen Änderungen berechtigt sein. Eine solche ausdrückliche Vereinbarung wird bei der Einwilligung in die Bearbeitung eines Werkes stets vorliegen.[1318] Insofern dient § 39 Abs. 1 UrhG u.a. dem Schutz des Bearbeitungsrechtsinhabers und verhindert, dass sich der Urheber nach Vereinbarungen über zulässige Änderungen des Werkes später auf einen urheberpersönlichkeitsrechtlichen Integritätsschutz nach § 14 UrhG berufen und die Verwertung des mit seiner Zustimmung bearbeiten Werkes in der Form der Collage verhindern kann.

1316 Zur Diskussion um die Formulierung des § 29 Abs. 2 UrhG vgl. unter Fn 1213.

1317 Bspw. vertreten bei Möhring/Nicolini/*Kroitzsch* § 11 Rn 13f., dessen Bewertung allerdings darauf zurückzuführen ist, dass er nicht mit einer vertraglichen Konstruktion arbeitet, sondern bspw. in der Billigung der Integritätsverletzung den Wegfall der berechtigten Interessen des Urhebers iSd § 14 UrhG annimmt, vgl. dazu Möhring/Nicolini/*Kroitzsch* § 14 Rn 28.

1318 BGH GRUR 1986, 458, 459 – Oberammergauer Passionsspiele I.

Umstritten ist jedoch, auch weil das UrhG und der Gesetzgeber sich bisher nicht ausreichend positioniert haben,[1319] welche rechtlichen Möglichkeiten dem Urheber zustehen, insbesondere ob die Überlassung persönlichkeitsrechtlicher Befugnisse, bspw. an den Collagekünstler, nur zur Ausübung oder durch gebundene Rechtsübertragung erfolgen kann. Metzger spricht in diesem Zusammenhang auch von einer notwendig zu füllenden Regelungslücke.[1320]

Abgesehen von einigen Ausnahmen, die in § 14 UrhG den Entstellungsschutz aufgrund seiner Ausgestaltung als bloßen Verbotsrechts ausnahmslos als unbeschränkbar ansehen und deswegen den Integritätsschutz in seiner Gesamtheit zum Kernbereich erheben,[1321] sieht der Großteil des Schrifttums in der Überlassung zur Ausübung die einzige Möglichkeit der rechtsgeschäftlichen Vereinbarung über das Urheberpersönlichkeitsrecht.[1322] Deren nähere Ausgestaltung ist zwar umstritten, einig ist man sich aber insoweit, dass die Wahrung des Interessenkernbereichs die Zulässigkeit eines quasi-dinglichen Rechtsgeschäfts über das Urheberpersönlichkeitsrecht oder seine Teilbefugnisse nicht zulassen.

1319 Vgl. dazu auch folgende Aussage im Referentenentwurf eines Gesetzes zur Stärkung der vertraglichen Stellung von Urhebern und ausübenden Künstlern: „Darüber hinaus werden die in § 39 geregelten Rechtsgeschäfte über Persönlichkeitsrechte vorbehalten, ohne dass über deren Rechtsnatur eine Aussage gemacht wird".

1320 *Metzger* S. 28f.

1321 *Ulmer* Urheber- und Verlagsrecht (1980) S. 381; vgl. aber auch noch bei *Dünnwald* S. 111: Danach gebe es vom generellen Änderungsverbot nach dem Gesetz zwei Ausnahmen (in § 39 Abs. 1 und § 39 Abs. 2) „In beiden Fällen besteht jedoch als ultima ratio – ein Entstellungsverbot gem. § 14 UrhG".

1322 Fromm/Nordemann/*Hertin* Vor § 12 Rn 4; *v. Gamm* § 11 Rn 7; *Schilcher* S. 152ff.; Schricker/*Dietz* Vor § 12 Rn 26; *Ulmer* Urheber- und Verlagsrecht (1980) S. 379f.; vgl. dazu auch bei *Dieselhorst* S. 135, nach dem zwar auch durch Verzicht eine Änderungseinwilligung denkbar sei, allerdings ohne dass dabei das Recht des Urhebers erlösche, es handele sich dabei nicht etwa um einen Rechtsverzicht, sondern vielmehr um einen Rechtsausübungsverzicht S. 139; mit Blick auf die geltende Gesetzeslage schließt sich auch *Heeschen* S. 69f. der allg. Bewertung des § 29 Abs. 2 UrhG an; die schuldrechtliche Überlassung wird als eine Möglichkeit auch von Wandtke/Bullinger/*Bullinger* Vor §§ 12ff. UrhG Rn 7, gesehen, wobei jedoch Wandtke/Bullinger/*Wandtke-Grunert* in ihren Ausführungen zu Vor §§ 31ff. UrhG deutlich machen, dass ihnen die gebundene Übertragung eher zusagt, Rn 38, vgl. eingehend dazu im folgenden Fließtext.

Nach der Mehrzahl der Stimmen sollte dem Urheber danach die Möglichkeit eingeräumt werden, sich bezüglich der Ausübung einzelner urheberpersönlichkeitsrechtlicher Befugnisse wirksam zur Unterlassung verpflichten zu können. Im Falle einer Verletzung der Werkintegrität stehe folglich das Verbietungsrecht dem Urheber weiter zu, er sei aber schuldrechtlich an seiner Geltendmachung gehindert. Die ausschließlich schuldrechtliche Verpflichtung garantiere somit das Verbleiben des Urheberpersönlichkeitsrechts und der Abwehrrechte gegenüber dem Dritten beim Urheber.[1323] Danach würde der Collagekünstler keine absolute gegen den Urheber wirkende Rechtsposition erhalten, sondern nur eine, an eine strafbewährte Duldungspflicht des Urhebers gekoppelte, die ihm bei schuldhafter Verletzung der Vertragspflichten ausschließlich einen Schadensersatzanspruch gewähren würde.

Daneben wird vorgetragen, dass eine ausreichende Ausübung der Urheberpersönlichkeitsrechte sich auch über eine aus § 185 BGB kommende Ermächtigung zur Ausübung herleiten lasse. Das Band zwischen Urheber und Werk werde nämlich auch hiernach nicht durchtrennt, da auch die Ermächtigung nach § 185 BGB nur schuldrechtlich wirke und jederzeit widerrufen werden könne. Dem folgend, wäre der nutzungsberechtigte Collagekünstler neben dem Urheber aktivlegitimiert und erhielte auf diese Weise zweierlei nämlich die Befähigung der Wahrnehmung der an sich unübertragbaren Urheberpersönlichkeitsrechte im eigenen Namen,[1324] sowie die Möglichkeit Dritte zu ermächtigen, urheberpersönlichkeitsrechtlich relevante Verwertungshandlungen am Werk vornehmen zu können.[1325]

Sicherlich bestehen weder vor dem einfachgesetzlichen Hintergrund des Urheberrechts noch aus verfassungsrechtlicher Sicht Bedenken hinsichtlich der grundsätzlichen Zulässigkeit der Überlassung zur Ausübung auf schuldrechtlicher Ebene. Dieser Geschäftstyp hat weder die Übertragbarkeit des Urheberrechts noch einen zwingenden

1323 Diese praktische Unterscheidung zu anderen Übertragungsmodellen iRd Urheberpersönlichkeitsrechte wird jedoch insb. von Wandtke/Bullinger/*Wandtke-Grunert* Vor §§ 31 ff. Rn 37 widerlegt, die darauf hinweisen, dass der Urheber in jedem Fall immer auch neben dem Nutzungsberechtigten, notfalls auch gegen dessen Willen gegen Dritte vorgehen kann.

1324 Grundlegend dafür *Schack* Urheber- und Urhebervertragsrecht Rn 564 ff.

1325 *Asmus* S. 175.

Eingriff in den Kernbereich der persönlichen Urheberinteressen zur Folge. Zudem erlaubt es die Privatautonomie den Vertragsparteien, sich bis an die Grenze des § 138 BGB[1326] und der Zweckübertragungsregelung für den schuldrechtlichen Geschäftstyp, gleichgültig ob es sich dabei um eine schuldrechtliche Verpflichtung oder um eine schuldrechtlich widerruflich ausgestaltete Ermächtigung iSd § 185 BGB handelt, zu entscheiden.[1327] Die Frage ist nun jedoch, ob dem nutzungsberechtigten Collagekünstler diese bloß schuldrechtliche Vereinbarung genügt oder ob er darüber hinaus nicht auch eine zumindest in Ansätzen dingliche Rechtsposition bevorzugen würde. Schließlich hindert die bloße Verpflichtung den Urheber nicht daran, sich letztlich doch willkürlich auf seine urheberpersönlichkeitsrechtlichen Verbotsrechte zu berufen. Wäre doch eine solche Geltendmachung der Rechte aus den §§ 12ff. UrhG nicht durch eine zugunsten des Collagekünstlers wirkende dingliche Rechtsposition ausgeschlossen, sondern wird sie schlussendlich ausschließlich über eine Vertragsstrafe versucht zu verhindern. Die Frage ist, ob sich mithin ein Mehr an Rechtssicherheit für den das Original bearbeitenden Collagekünstler finden lässt, das noch dazu den verfassungsrechtlichen und einfachgesetzlichen Vorgaben gerecht wird.

Es gibt Stimmen, nach denen die Überlassung persönlichkeitsrechtlicher Befugnisse an Andere auch durch gebundene Rechtsübertragung oder mittels Lizenzierung unter hinreichender Berücksichtigung des Kernbereichs des Urheberpersönlichkeitsrechts[1328] erfolgen kann. Die Rechtsfigur der gebundenen Übertragung ist dabei vor allem mit

1326 Als Begrenzung der schuldrechtlichen Verpflichtung des Urhebers wird § 138 BGB unter ähnlichen Überlegungen auch bei *Hubmann* Das Persönlichkeitsrecht S. 170ff.; *Schack* Urheber- und Urhebervertragsrecht Rn 566; *Rehbinder* Urheberrecht Rn 319 vorgeschlagen. Bei anderen erfolgt eine Grenzziehung im Einzelfall durch Abwägung der gegenläufigen Interessen und unter Berücksichtigung des mit dem Rechtsgeschäft verfolgten Zwecks auf der einen und dem Grad der im Werk vorhandenen Individualität auf der anderen Seite (*Dieselhorst* S. 145). Letztlich wird sich eine Sittenwidrigkeitsüberprüfung aber zur Auffüllung des unbestimmten Rechtsbegriffssittenwidrig genau an diesen Punkten orientieren müssen, so dass hier vertretene Auffassung im Grunde zu keinen anderen Ergebnissen im Vergleich zu den letzt genannten Stimmen kommen würde.

1327 Ähnlich auch vertreten von Schricker/*Dietz* Vor §§ 12 Rn 28, 28b u. *Metzger* andeutungsweise bereits auf S. 88, konkreter dann auf den S. 200ff., 237ff.

1328 *Dreyer* Vor §§ 12ff. UrhG Rn 17ff.

dem Namen Forkel verbunden, der diese maßgeblich in die Diskussion eingeführt hat.[1329] Nach Forkel soll auf diese Weise ein gangbarer Zwischenweg zwischen Unveräußerlichkeit und bloßer Möglichkeit der Einwilligung bzw. obligatorischer Bindung eingeschlagen werden,[1330] der sowohl auf die Einräumung von Nutzungsrechten wie auch auf Rechtsgeschäfte über das Urheberpersönlichkeitsrecht anwendbar sei. Es erfolge dabei keine Veräußerung schlechthin, schließlich gebe der Urheber seine Befugnisse, die er einem Dritten bloß konstitutiv übertrage, nicht endgültig auf. Denn dem Verfügenden bliebe immer noch das Mutterrecht, sprich der bisher schon als Kernbereich bekannte, unveräußerliche Teil der jeweiligen Urheberpersönlichkeitsrechte, erhalten, so dass er sich von keiner seiner Befugnisse ganz trenne. Das verbleibende Mutterrecht erlaube ihm nämlich sowohl Schutz gegen Rechtsverletzungen Dritter als auch gegen unerlaubte Werkänderungen durch Nutzungsberechtigte.[1331] Zudem kehre in dem Fall, in dem das Tochterrecht erlösche, die übertragene Änderungsbefugnis ipso iure zum Urheber zurück und stelle dessen alte Rechtsmacht wieder her. Dem Urheber bliebe darüber hinaus auch grundsätzlich der Rückruf der übertragenen Änderungsbefugnis wegen Überzeugungswandel entsprechend § 42 UrhG vorbehalten.[1332] Der Collagekünstler erhielte danach mittels der Rechtskonstruktion der gebundenen Übertragung, im Wege eines quasi-dinglichen Rechtserwerbs, eine verlässliche, nämlich eine inhaltlich zwar beschränkte aber doch absolute Rechtsposition, die ihm eine von Abwehransprüchen freie Nutzung im Rahmen der übertragenen Befugnisse garantiere.

Bei Forkels Rechtsfigur der gebundenen Übertragung handelt es sich nun zunächst zwar um ein Rechtsgeschäft sui generis, denn das Fortbestehen der Bindung zwischen Mutter- und Tochterrecht führt dazu, dass es mit der in den §§ 398 ff. BGB geregelten Rechtsübertragung unvereinbar ist.[1333] Da das Urheberrecht aber, anders als im Sachen-

1329 *Forkel* Gebundene Rechtsübertragungen S. 44 ff., 178 ff.; *ders.* GRUR 1988, 491 ff., dem folgend u. a. *Federle* S. 80 ff. *Grohmann* S. 149; Wandtke/Bullinger/*Wandtke-Grunert* Vor §§ 31 ff. Rn 38.

1330 *Forkel* GRUR 1988, 491, 493.

1331 *Forkel* GRUR 1988, 491, 497.

1332 *Grohmann* S. 148.

1333 *Federle* S. 80.

recht üblich, keinen numerus clausus der dinglichen Rechtsgeschäfte kennt, scheitert die Überlegung Forkels auch mit Blick auf eine möglichst differenzierbar zu gestaltende Interessengestaltung der Beteiligten nicht am Typenzwang.[1334] Zudem wird die Rechtsfigur der gebundenen Übertragung auch nicht durch eine bereits bestehende zivilrechtliche Rechtsform erfasst, was dazu führt, dass der Weg für die Entwicklung eines Rechtsgeschäfts sui generis auch von dieser Seite her nicht verstellt werden kann.[1335] Nach dem Wortlaut des § 29 UrhG könnte man meinen, dass nach dem Willen des Gesetzgebers nur eine Übertragbarkeit des Urheberrechts als Ganzes und insbesondere nur eine solche des Kernbereichs ausgeschlossen sein soll, nicht aber die Übertragung abgeleiteter Befugnisse, wie z.B. das Recht, Entstellungen des Werkes zu verbieten. Dagegen könnte jedoch zum einen die Erklärung des Gesetzgebers zum UrhG von 1965 stehen, wonach aus dem Urheberpersönlichkeitsrecht erwachsenden Befugnisse dinglich nicht abtretbar sein sollen,[1336] zum anderen aber könnten sich daran anschließend noch aus weiteren historischen Überlegungen Zweifel gegen die Annahme ergeben, der Gesetzgeber würde eine gebundene Übertragung von Urheberpersönlichkeitsrechten bejahen. So sahen die Vorgängerregelungen des § 29 UrhG[1337] vor, dass vom besagten Kernbereich einmal abgesehen, das Urheberrecht und damit auch die Urheberpersönlichkeitsrechte dinglich übertragen werden konnten. Es wird nun aber vorgebracht, dass es nur schwer vorstellbar sei, dass angesichts der angeblich umfassenden Äußerungen des Gesetzgebers in den Erwägungsgründen zum UrhG, zu den historischen Vorlaufernormen in LUG und KUG, von ihm eine klare Stellungnahme zugunsten der gebundenen Übertragung er-

1334 Vgl. dazu bei *Forkel* S. 197 ff.; aber auch bei *Schilcher* S. 152.

1335 Zwar wirft Federle an dieser Stelle die Überlegung auf, wonach Forkels Rechtsfigur dann scheitere, wenn sie bereits mit Hilfe einer der bestehenden dinglichen Rechtskonstruktionen durchsetzbar wäre, da dann eine Regelung sui generis, die ihren eigenen Konzepten folgt nicht möglich sei, doch trotz Ähnlichkeiten der gebundenen Rechtsübertragung mit dem Nießbrauch an Rechten gem. den §§ 1068 ff., 1030 ff. BGB, wird dieser Einwand dann doch letztlich auch von Federle selbst verworfen, da dieser zu Recht feststellen muss, dass eine entsprechende Einordnung der Figur Forkels unter den Nießbrauch letztlich an § 1069 II BGB scheitern muss, der die Bestellung eines Nießbrauchs an unübertragbaren Rechten ausschließt, *Federle* S. 80.

1336 Vgl. dazu amtl. Bgrd. abgedruckt in UFITA 45 (1965/II), 240, 270.

1337 §§ 8 Abs. 3 LUG, 10 Abs. 3 KUG.

folgt wäre, hätte er eine gebundene Übertragung als Möglichkeit vor Augen gehabt.[1338]

Zwar sind bereits einige Gründe, die gegen die gebundene Übertragung sprechen, gefallen, doch eine Gegenargumentation allein auf historischen Überlegungen aufzubauen, mit der versucht wird, den Willen des Gesetzgebers zu dieser Frage zu ergründen, kann in diesem Zusammenhang nicht überzeugen. Denn nicht nur, dass den Gesetzeserwägungen in der Auslegung gesetzlicher Normen nur eine untergeordnete Stellung zukommt,[1339] gerade in der Vergangenheit lässt sich zudem eine wirklich eindeutige Positionierung des Gesetzgebers nicht mehr ausmachen. Metzger bezeichnete das urheberrechtliche Verständnis des Gesetzesverfassers daher auch als so vage, dass es sich letztlich in beide Richtungen deuten lasse.[1340] Dem ist zuzustimmen. Als Beleg mögen die folgenden Textpassagen aus dem, wenn auch nicht in der Form umgesetzten aber von Theorie und Praxis in seinen Regelungsgrundsätzen weitgehend anerkannten,[1341] Referentenentwurf des Gesetzes zur Stärkung der vertraglichen Stellung von Urhebern und ausübenden Künstlern sprechen.[1342] Danach sollte § 39 UrhG – einem praktischen Bedürfnis folgend und ohne nennenswerte Änderung der geltenden Rechtslage – im Wesentlichen deutlich machen, in welchem Umfang rechtsgeschäftliche Vereinbarungen über Urheberpersönlichkeitsrechte möglich sind. Des Weiteren sollte die Neufassung des § 39 UrhG, der bereits in seiner bisherigen Fassung als Beleg für die Zulässigkeit rechtsgeschäftlicher Verfügungen über das Urheberpersönlichkeitsrecht herangezogen werden konnte, allerdings im wesentlichen klarstellenden Charakter haben: „Sie führe über das in Praxis und Rechtsprechung heute schon weitgehend für zulässig erachtete Maß an Verfügungen über das Urheberpersönlichkeitsrecht kaum hinaus".[1343] Worin dieses Maß

[1338] *Alemdjrodo* S. 108.

[1339] Vgl. dazu BVerfGE 1, 299, 312, sowie im 2. Leitsatz der Entscheidung.

[1340] *Metzger* S. 35.

[1341] Vgl. bei Loewenheim/*Dietz* § 15 Rn 18.

[1342] Vgl. dazu den Entwurf eines Gesetzes zur Stärkung der vertraglichen Stellung von Urhebern und ausübenden Künstlern, in der vom Kabinett beschlossenen Fassung vom 30. Mai 2001, abrufbar unter *www.urheberrecht.org/UrhGE-2000/download/GesEUrhVertrR300501.pdf*, zuletzt abgerufen am 30. 1. 2008.

[1343] Vgl. dazu den Entwurf eines Gesetzes zur Stärkung der vertraglichen Stellung von Urhebern und ausübenden Künstlern in der vom Kabinett beschlossegenau liegt sollte, nannte der Referentenentwurf aber nicht, als er feststellt, dass zwar über § 39 UrhG einem praktischen Bedürfnis folgend die auf konkrete Einzelnutzungen bezogenen Rechtsgeschäfte über Urheberpersönlichkeitsrechte erlaubt werden sollen, er aber gleichzeitig zum Ausdruck bringt, dass er damit über deren Rechtsnatur keine Aussage treffen wolle.[1344] Zusätzlich zu der ohnehin schon geringen Bedeutungskraft der Erwägungen des Gesetzgebers iRd objektiven Auslegung einer Norm, kommt also hinzu, dass eine richtungsweisende Stellungnahme des Gesetzgebers tatsächlich nicht besteht. Zumal die vom Gesetzgeber angesprochene Praxis in Rechtsprechung und Literatur eine vielfältige ist. Diese läßt sich zwar in gewisser Weise in die zwei hier benannten Hauptströmungen aufteilen, damit ist aber dennoch noch nichts darüber gesagt, welcher von beiden nun mehr praktische Wirkung zukommt. Zumal gerade die Rechtsprechung in ihrer Cosima Wagner Entscheidung Art und Umfang der Auswertung letztlich nur durch den unverzichtbaren Kern begrenzt sieht, der aber auch bei Forkel aufgrund der bloß gebundenen Übertragung bestehen bleiben würde und dessen Konstruktion mithin vom Wortlaut der Entscheidung erfasst zu sein scheint. Zwar fiel die Cosima Wagner Entscheidung zeitlich noch unter die Rechtslage der Vorgängernormen zu § 29 UrhG, doch auch heute noch gilt die Cosima Wagner Entscheidung als maßgeblich in der Bewertung der hier streitgegenständlichen Frage, mit der Folge, dass entsprechend den in der Cosima Wagner Entscheidung festgelegten Grundsätzen nach der derzeitigen Rechtsprechung weiterhin Dispositionen außerhalb des unverzichtbaren Kerns möglich bleiben sollen. Die Rechtsprechung folgt damit weiterhin den zu den Vorgängernormen des § 29 UrhG entwickelten Grundsätzen.[1345] Damit scheint die Möglichkeit einer gebundenen Übertragung für die Rechtsprechungspraxis, angesichts der vagen rechtlichen Einordnung des Be-

nen Fassung vom 30. Mai 2001, S. 53, abrufbar unter *www.urheberrecht.org/UrhGE-2000/download/GesEUrhVertrR 300501.pdf*; zuletzt abgerufen am 30. 1. 2008.

1344 Vgl. dazu den Entwurf eines Gesetzes zur Stärkung der vertraglichen Stellung von Urhebern und ausübenden Künstlern in der vom Kabinett beschlossenen Fassung vom 30. Mai 2001, S. 39, abrufbar unter *www.urheberrecht.org/UrhGE-2000/download/GesEUrhVertrR 300501.pdf*; zuletzt abgerufen am 30. 1. 2008.

1345 Vgl. dazu auch BGH GRUR 1986, 458, 459 – Oberammergauer Passionsspiele I; BGH GRUR 1999, 230, 232 – Treppenhausgestaltung.

griffs „Dispositionen“, nicht als grundsätzlich ausgeschlossen.[1346] Insofern stände eine ablehnende Haltung, deren Hauptargument einzig in der angeblichen Absage des Gesetzgebers an die gebundene Aussage gründet, nur auf tönernen Füßen, wenn der Gesetzgeber doch gerade in jüngster Zeit deutlich gemacht hat, dass seine Anschauungen zum Rechtsverkehr mit Urheberpersönlichkeitsrechten sich auf der gängigen Rechtspraxis aufbaut.

Des Weiteren gilt es, den ablehnenden Meinungen entgegenzuhalten, dass das ideelle Band nach der herkömmlichen Lesart der Urheberpersönlichkeitsrechte dort nicht mehr besteht, wo diese bewusst kommerzialisiert und wirtschaftlich genutzt werden. Für eine gebundene Übertragung spricht nämlich nicht zuletzt auch die Vergegenständlichung und Unabhängigkeit des Urheberpersönlichkeitsrechts, die im Gegensatz zum allgemeinen Persönlichkeitsrecht eben nicht „dicht auf dem Leib“[1347] des Urhebers sitzt, sondern sich in erster Linie werkbezogen äußert,[1348] auch wenn natürlich, wie § 1 UrhG zum Ausdruck bringt, Schutzinhaber der Urheber sein soll. Die Ausführungen zur verfassungsrechtlichen Einordnung der Urheberpersönlichkeitsrechte haben darüber hinaus gezeigt, dass die kommerzialisierten Urheberpersönlichkeitsrechte aus dem Blickpunkt verfassungsrechtlicher Überlegungen heraus, eher dem Eigentum und damit den Vermögensrechten zuzuordnen sind, als sie noch rein ideelle Interessen wahrnehmen. Insofern überzeugt es angesichts veränderter Realitäten des Lebens nicht, die Urheberpersönlichkeitsrechte zu überhöhen und ihnen einen Charakter zuzugestehen, dem sie nicht mehr ausschließlich gerecht werden können. Nimmt man aber an, dass Urheberpersönlichkeitsrechte auch materiellen Interessen dienen und behandelt man sie verfassungsrechtlich als Eigentum, so liegt der Schritt nahe, dem Urheber, der von der Kommerzialisierung seiner Urheberpersönlichkeitsrechte Gebrauch machen will oder muss, die Möglichkeit der gebundenen Übertragung einzuräumen. Zumal dies auch eher der vom Grundrechtsträger selbst in der Reichweite zu bestimmenden Handlungsfreiheit iSd Art. 2 Abs. 1 GG gerecht wird. Denn wie festgestellt, wäre jede Bevormundung des Urhebers iSe

1346 *Metzger* S. 53.
1347 *Hubmann* Persönlichkeitsrecht S. 133 u. 136.
1348 *Asmus* S. 174; *Metzger* S. 117, 248; *ders.* GRUR Int. 2003, 9, 10.

„harten Paternalismus“,[1349, 1350] durch Verweigerung der völligen Ausübung seiner Entscheidungstätigkeit nicht mit der objektiv-richtigen Auslegung des Grundgesetzes vereinbar und damit eine Verletzung maximaler Freiheit. Staatliches Handeln darf jedoch nicht zu einem, von den Grundrechten grundsätzlich nicht vorgesehenen, Selbstschutz des Urhebers führen, wie ihn aber die ablehnende Haltung in der Frage der gebundenen Übertragung anstrebt.[1351]

Der von Forkel entwickelte Geschäftstyp bietet sich damit tatsächlich für rechtsgeschäftliche Vereinbarungen über das Urheberpersönlichkeitsrecht an; wird doch hierdurch weder gegen das Übertragungsverbot des § 29 Abs. 2 UrhG verstoßen, noch das Erfordernis der Wahrung des Kernbereichs verletzt, zumal, wenn sich der Umfang der vereinbarten Belastung an den hergebrachten zivilrechtlichen und urheberrechtlichen Beschränkungen bspw. der §§ 138, 242 BGB oder § 31 Abs. 5 UrhG orientieren sollte und dem Urheber die Rückrufsbefugnis über § 42 UrhG verbleibt.

(2) Dispositionen unter Einbeziehungen des sog. Kernbereichs

Überträgt man die oben gefundenen Ergebnisse konsequent auf die einfachgesetzliche Ausgestaltung des Urheberrechts, muss man sich iRd Bewertung dieser Diskussion darüber hinaus die grundlegende Frage stellen, ob nicht dem Urheber besser die Möglichkeit eingeräumt werden sollte, in Erfüllung der verfassungsrechtlichen Vorgaben auch gänzlich ungebunden über sein Werk verfügen zu können. Zwar geht seit der Cosima Wagner Entscheidung die allgemeine Auffassung davon aus, dass „ein unverzichtbarer Restbestand des Urheberpersönlichkeitsrechts“[1352] bestehen bleiben muss, doch muss man

1349 *Metzger* S. 97.

1350 Zu den verschiedenen Formen des Rechtspaternalismus iSe Graduierung siehe auch *Enderlein* S. 15ff., 42ff.

1351 Vgl. dazu auch unter Kapitel 2 § 3 D III 1.

1352 BGHZ 15, 249, 260 – Cosima Wagner; zwar billigte schon das Reichsgericht in der Entscheidung Wilhelm Busch dem Urheber zu, dass er „in jedem Fall ein unveräußerliches Persönlichkeitsrecht“ behält und erkannte einen persönlichkeitsrechtlichen Kern an, RGZ 123, 312, 320, doch gilt es zu bedenken, dass diese Entscheidung nicht unter dem Eindruck stand, wie weit Rechtsgeschäfte über Urheberpersönlichkeitsrechte möglich sind, sondern es vielmehr die Frage sich fragen, ob gerade angesichts der zunehmenden Kommerzialisierung und der verfassungsrechtlichen Überlegungen zu Art. 2 Abs. 1 GG ernsthaft noch davon gesprochen werden kann, dass die damit verbundene Auslegung der Formulierung des § 29 UrhG, nach der Rechtsgeschäfte, die in den Kernbereich der Urheberpersönlichkeitsrechte eingreifen, ausgeschlossen sein sollen, noch verfassungskonform ist. Überlegenswert ist damit, wie angesichts dieser Entwicklungen, in Zukunft mit dem sog. Kernbereich umgegangen werden soll.

Insbesondere Schricker hat sich in jüngster Zeit dagegen ausgesprochen, diese Annahme koste es was es wolle aufrechtzuerhalten und vertritt daher im Umkehrschluss die Überzeugung, dass Dispositionen über Urheberpersönlichkeitsrechte auch im Kernbereich zuzulassen seien. Nicht nur, dass angesichts der wenig greifbaren Definitionen des Kernbereichs die Kerntheorie zu erheblicher Rechtsunsicherheit geführt habe,[1353] man müsse auch mehr noch als das heute der Fall ist, die Entscheidungsfreiheit und die Interessen von Werknutzer und Urheber stärker beachten.[1354] Die Frage bei Schricker ist angesichts dessen nicht, ob ein Rechtsgeschäft über die Urheberpersönlichkeitsrechte vom Kernbereich erfasst ist oder nicht, sondern vielmehr, ob in Abstimmung mit der Zweckübertragungsregelung rechtlich wirksame Dispositionen vorliegen oder aber ob in unzulässiger Weise ein Pauschalverzicht vereinbart wurde.[1355] Grundlage Schrickers Überlegun-

zu beantworten galt, wie man mit unbekannten Nutzungsrechten rechtlich umzugehen hatte. Insofern kann man in der Tat erst die Cosima Wagner Entscheidung als für die im heutigen Zusammenhang diskutierte Kerntheorie maßgeblich ansehen.

1353 *Schricker* Informationsgesellschaft S. 93.

1354 *Schricker* FS Hubmann S. 409, 413 u. in Informationsgesellschaft S. 93.

1355 *Schricker* Informationsgesellschaft S. 91 u. 94; ähnliche Überlegung iÜ auch bei *Erdmann* FS Nirk S. 209, 221: „Der Bundesgerichtshof ist deshalb zu Recht davon ausgegangen, dass das Recht gegen Entstellungen nach § 14 UrhG zu den unverzichtbaren urheberpersönlichkeitsrechtlichen Befugnissen gehört. Das bedeutet aber nur, dass der Urheber nicht im Voraus pauschal und generell auf alle entstellenden Eingriffe verzichten kann. Erklärt er sich hingegen vorab mit ganz bestimmten, konkret umschriebenen entstellenden Änderungen einverstanden, so wird er sich in der Regel nachträglich nicht mehr mit Erfolg auf die Unzulässigkeit seiner Einwilligung berufen können. … Der Grundsatz der Vertragsfreiheit lässt es zu, selbst darüber zu befinden, ob er seine Interessen gefährdet sieht“. Allerdings „scheut“ *Erdmann* dennoch die letzte Konsequenz, gen ist damit letztlich das Kriterium der Zweckübertragung, das das ganze Urhebervertragsrecht durchzieht.[1356]

Diese Überlegung Schrickers wurde zuletzt vor allem von Metzger aufgegriffen und durch weitere Zusätze versehen. In dem Bewusstsein, dass eine ausschließlich aus dem Zusammenwirken aller Egoismen ergebende Harmonie nicht realisiert werden könne, sondern es vielmehr zur Herstellung des Gleichgewichts der Kräfte bestimmte Grenzen der urheberrechtlichen Vertragsfreiheit iSe „schwachen Paternalismus“[1357] bedürfe,[1358] ergänzt Metzger das von Schricker aufgestellte Kontrollinstrument der Zweckübertragungsregelung um zwei zivilrechtliche Kontrollmechanismen des allgemeinen Privatrechts:[1359] Danach seien nämlich Dispositionen zu Lasten des Urhebers gegebenenfalls an der AGB-Kontrolle, insbesondere am Maßstab des § 307 BGB (§ 9 AGBGB a.F.), zu messen und seien in jedem Fall daraufhin zu überprüfen, ob sie in der Gesamtbetrachtung zu einem Verstoß gegen die Sittenwidrigkeit führen könnten. Damit ließen sich nämlich letztlich all diejenigen Fallgestaltungen aufgreifen, die zwar dem Spezifizierungserfordernis aus § 31 Abs. 5 UrhG nachkommen, die aber in der Gesamtbetrachtung des Rechtsgeschäfts eine Übermacht des Vertragspartners bei Abschluss erkennen lassen und damit zu einer Fremdbestimmung führen könnten. Schließlich werde in diesen Fällen die notwendige Selbstbestimmtheit nicht erreicht, sodass es daher unter hinreichender Berücksichti-

denn trotz alledem hat nach seiner Auffassung das Werk in seinem Kerngehalt unangetastet zu bleiben, FS Nirk S. 209, 222; vgl. auch bei *Kellerhals*, UFITA 2000/III, 617, 677ff., die sich zwar von den Begrifflichkeiten nicht trennt im Ergebnis aber den Kernbereich letztlich auf den Anwendungsbereich des § 138 BGB reduziert und damit eine grundsätzliches Überdenken der bisherigen statischen Überlegungen nicht ausschließt, S. 681; sowie bei *Heeschen* S. 190ff.: Durch einzelne gesetzliche Regelungen sollten Rechtsgeschäfte über einzeln, bestimmte, konkret umschriebene Sachverhalte und Eingriffe in die ideellen Interessen für zulässig erklärt werden, auch wenn sie im Einzelfall tief einschneiden, S. 191.

1356 *Schricker* Informationsgesellschaft S. 94.

1357 *Metzger* S. 100.

1358 *Metzger* S. 199ff. unter Verweis auf *Ulmer* Gutachten zum Urhebervertragsrecht S. 11ff.

1359 *Metzger* S. 215ff., *ders.* In GRUR Int. 2003, 9, 19ff.

gung der Umstände des Einzelfalls ausnahmsweise des Schutzes des Urhebers durch den Staat bedürfe.[1360]

Im Folgenden gilt es nun zunächst in der wertenden Betrachtung dieser Aufweichung der Kerntheorie, erneut den Blick auf die durch die allgemeine Handlungsfreiheit in Art. 2 Abs. 1 GG verfassungsrechtlich verankerte Privatautonomie zu lenken, die iSe maximalen Freiheitsentfaltung jede „Bevormundung"[1361] durch den Staat zu unterbinden hat. Die objektive Wertung des Grundgesetzes sieht nämlich einen Grundrechtsschutz vor sich selbst nicht vor. Um Bevormundung und damit einen Verstoß gegen die besagte Handlungsfreiheit aus Art. 2 Abs. 1 GG handelt es sich aber, wenn man dem Urheber die Möglichkeit der Verfügung von vornherein untersagt. Und das ganz ohne entsprechende Rechtfertigung, denn schließlich muss man feststellen, dass angesichts der Zweckübertragungsregelung ganz offensichtlich ein gänzlicher Verzicht auf die ideellen Befugnisnormen und damit ein Ausverkauf der Urheberpersönlichkeitsrechte iSe Pauschalverzichts nicht zu befürchten ist. Schließlich wird über § 31 Abs. 5 UrhG sichergestellt, dass im Vertragstext zum einen die übertragenen Nutzungsrechte dezidiert genannt, zum anderen aber jede darüber hinaus gehende Übertragung oder solche die nicht den Formalien des § 31 Abs. 5 UrhG genügen, nur dann wirksam sind, wenn sie dem jeweilig festzustellenden Vertragszweck entsprechen. Damit werden dann auch nur solche Urhebheberpersönlichkeitsrechte an den Collagekünstler übertragen, die vom Zweck des Rechtsgeschäfts gedeckt sind. Alle anderen aber bleiben auch mit dem von Schricker vertretenen Ansatz beim Urheber. Von der Gefahr eines generell zu befürchtenden Pauschalverzichts ist damit wenig zu halten, zumal die ergänzenden Überlegungen Metzgers, die bei Lichte besehen eher auf Normalitäten privatrechtlicher Grenzkriterien hinweisen, verhindern, dass aus der Selbst- eine Fremdbestimmtheit wird. Ergänzt man diese Überlegungen zusätzlich durch entsprechende Beweislasten auf Seiten des bevorzugten Vertragspartners, der im Falle einer gerichtlichen Streitigkeit darlegen und beweisen muss, dass die scheinbare Verletzung der Selbstbestimmtheit aufgrund uneinheitlicher Vertragsparität nicht zu einer Sittenwidrigkeit des Rechtsgeschäfts geführt hat, wird

1360 *Metzger* S. 221 ff.; S. 231 f.
1361 *Schricker* FS Hubmann S. 409, 412.

deutlich, dass den verfassungsrechtlichen Grundsätzen, die eher gegen eine paternalistische Ausgestaltung des Rechts sprechen, genüge getan wurde. Grundgesetzlich opportun ist nämlich nicht Schutz vor sich selbst, sondern vielmehr Schutz vor dem Vertragspartner.[1362] Des Weiteren gilt es angesichts der Realitäten der derzeitigen Urheberrechtspraxis festzuhalten, dass ein starres Aufrechterhalten der bisherigen Auslegung des § 29 UrhG nicht immer im Interesse des Urhebers ist. Dieser kann nämlich uU angesichts des sich lohnenden Gegenwerts, den er dafür erhält, eher an einer Verfügung über seine im Kernbereich liegenden urheberpersönlichkeitsrechtlichen Befugnisse, denn an einem protektionistischen Schutz seiner ideellen Interessen interessiert sein. Zudem wurde bereits gezeigt, dass der Urheber auch bei entsprechender Kommerzialisierung seiner Urheberpersönlichkeitsrechte verfassungsrechtlich nicht schutzlos gestellt wird, sondern über Art. 14 Abs. 1 GG geschützt wird, was ebenfalls gegen eine überzogene Einmischung des Staates in die Freiheitssphäre des Urhebers spricht.

Die Annahmen Schrickers und Metzgers sind damit sachgerecht und verfassungsrechtlich nicht nur begründbar, sondern vor allem auch notwendig. Eine Grenzziehung sollte daher richtigerweise nicht zwischen Kernbereich und Nicht-Kernbereich gezogen werden, sondern vielmehr zwischen denjenigen die ihr Urheberpersönlichkeitsrecht kommerzialisieren und denjenigen, denen es darauf ankommt ausschließlich ihre ideellen Interessen zu verteidigen. Daran hat sich auch die Auslegung des § 29 UrhG zu konzentrieren, will sie den verfassungsrechtlichen Überlegungen gerecht werden.

Zusammenfassend lässt sich also sagen, dass nach § 39 UrhG auch den Kernbereich betreffende Rechtsgeschäfte über die Urheberpersönlichkeitsrechte möglich sein müssen und dass damit auch der nachschaffende Collagekünstler, der das Recht zur Bearbeitung besitzt, diese tätigen kann. Dafür bedürfte es keiner Veränderung der rechtlichen Rahmenbedingungen, sondern einzig einer verfassungskonformen Auslegung. Das heißt nun nicht, dass die auch bereits zur bisherigen Rechtslage des § 29 UrhG gesetzeskonformen Konstruktion der gebundenen Übertragung nach Forkel oder der Überlassung zur Ausübung dann tatsächlich überflüssig wäre. Sie bliebe vielmehr

1362 *Metzger* S. 196.

dem Urheber als eine Möglichkeit rechtsgeschäftlicher Vereinbarung, iSe Strauß von Gestaltungsoptionen, erhalten.[1363] Damit wäre dann auch letztlich eine umfassende, an der Privatautonomie orientierte Gestaltungsfreiheit des Urhebers gegeben, die ihm absolute Auswahlmöglichkeiten an die Seite stellt.[1364]

(3) Schlussfolgerungen der Ausführungen zu §§ 14, 39 iVm 23 Satz 1 Alt. 2 UrhG für die Stellung des Collagekünstlers

Der Urheber eines Originalwerkes kann also mit dem nachschaffenden Collagekünstler auf mehrere Arten Rechtsgeschäfte über die im Zuge der Bearbeitung entstehenden Verletzungen seiner Urheberpersönlichkeitsrechte, insbesondere aber solcher des Integritätsschutzes, abschließen. Neben der unproblematischen Überlassung zur Ausübung, die in den Formen der widerruflichen, schuldrechtlichen Ermächtigung iSd § 185 BGB oder der schuldrechtlichen Verpflichtung allge-

1363 Ähnlich wie hier und damit für eine Bandbreite an Übertragungsmöglichkeiten der Urheberpersönlichkeitsrechte letztlich bei *Rehbinder* Urheberrecht Rn 593 ff., wenn auch unter Aussparung des Kernbereichs.

1364 Des Weiteren könnte man sich die Frage stellen, ob im Urheberrecht angesichts der Erkenntnis, dass Urheberpersönlichkeitsrechte in ihrer Kommerzialisierung eher dem Eigentum denn dem verfassungsrechtlichen allgemeinen Persönlichkeitsschutz zuzurechnen sind, nicht eine vollständige Entäußerung der Urheberpersönlichkeitsrechte mit dinglicher Wirkung, mithin eine Übertragung der einzelnen aus dem Urheberrecht folgenden Rechte denkbar wäre. Diese Überlegung scheitert zwar und das nicht nur in Bezug auf Urheberpersönlichkeitsrechte am Wortlaut des § 29 UrhG und damit an der Konstruktion des Urheberrechts und am historischen Willen des Gesetzgebers. Doch eine andere Bewertung würde nicht am Verfassungsrecht scheitern, sondern im Gegenteil eher von dieser unterstützt. Tiefgehende Überlegungen würden zwar den Rahmen dieser Arbeit zur Collage sprengen. Skizzenhaft lässt sich jedoch sagen, dass zum einen Vermögensrechte wie die im Urhebergesetz geregelten Verwertungs- und, falls kommerzialisiert Urheberpersönlichkeitsrechte, die als Eigentum behandelt werden, auch als solches vollständig übertragen werden können müssten. Zum anderen aber wäre eine solche Überlegung letztlich nur die Endkonsequenz der bisherigen Ausführungen zur allgemeinen Handlungsfreiheit. Denn wenn man feststellt, dass jede Einschränkung des Urhebers, die nicht zu Lasten Dritter geht und mithin sich in eine, harten Paternalismus äußert zu einem vom Grundgesetz nicht getragenen Schutz vor sich selbst führt, ihm aber gleichzeitig nur die teilweise Möglichkeit der rechtsgeschäftlichen Entäußerung zubilligt diesen verfassungsrechtlichen Vorgaben nicht gerecht wird.

mein anerkannt und unbestritten sind, kann sich der Urheber noch aufgrund weiterer Gestaltungsmöglichkeiten binden, die es in verfassungskonformer Auslegung des UrhG zu bilden gilt und deren Kritiker als in Gegensatz zur grundrechtlichen Beachtung der Selbstbestimmtheit des Urhebers ins Bild rücken lässt: So könnte der Urheber unter Beachtung des Kernbereichs auch in eine gebundene Übertragung seiner Urheberpersönlichkeitsrechte an den Collagekünstler einwilligen. Dieses ergibt sich aus der Überlegung, dass der Urheber selbst am besten wissen muss, wie er mit seinem Persönlichkeitsrecht umzugehen hat, denn schließlich ist nach dem dem Grundgesetz zugrunde liegenden liberalen Grundrechtsverständnis eine Bevormundung durch den Staat ausgeschlossen. Daneben muss es ihm in der Endkonsequenz aber auch möglich sein, sich in voller Selbstbestimmtheit auch über im Kernbereich, so er denn überhaupt trennungsscharf festgelegt werden kann, befindliche Rechtspositionen zu entäußern. Diese Selbstbestimmtheit des Urhebers geht dabei jedoch nur soweit, wie diese auch tatsächlich vorliegt. In den Fällen nämlich, in denen eine Vertragsparität nicht mehr als nach allgemeinen privatrechtlichen und urheberrechtlichen Prüfungskriterien als gesichert angenommen werden kann, kommt es ausnahmsweise doch zum Schutz des Urhebers, aber eben nicht vor sich selbst, sondern vor seinem Vertragspartner.

5. Die Collage als eine nach Plänen und Entwürfen eines Werkes der bildenden Kunst entstandene Bearbeitung

Das UrhG enthält in § 23 Satz 2 UrhG eine abschließende Aufzählung von Projekten, deren Herstellung bereits von der Einwilligung des Urhebers des benutzten Werkes abhängig ist. Aufgrund der untergeordneten Bedeutung, die diese Frage bei der Collage spielt und der einzig iRd Ausführung von Plänen und Entwürfen eines Werkes der bildenden Kunst eine gewisse Bedeutung zukommt, sei in diesem Zusammenhang nur kurz auf die benannte Vorschrift einzugehen.

Auf die rechtliche Begründung zu § 23 Satz 2 UrhG wurde eingangs bereits hingewiesen. Danach soll vor allem frühzeitig der „Missbrauchsgefahr der Herstellungsfreiheit" begegnet werden.[1365] Nachdem von der Bundesregierung eine Einschränkung zunächst nur für

1365 Wandtke/Bullinger/*Bullinger* § 23 Rn 13.

die Verfilmung eines Fremdwerkes vorgesehen war, empfahl der Ausschuss eine Ausweitung der Rücknahmetatbestände vom freien Privatgebrauch[1366] auch für die Ausführung von Plänen und Entwürfen eines Werkes der bildenden Kunst. Dies wurde damit begründet, dass auch hier ein wesentlicher Eingriff in die Rechte des Urhebers zu befürchten sei, der an Schwere dem oben genannten gleichkäme.[1367]

Eine solche Ausweitung ist in der Literatur nicht ganz kritiklos hingenommen worden. Danach sah Nicolini die Variante des § 23 Satz 2, Alt. 2 UrhG als weniger notwendig an.[1368] Ganz generell gegen § 23 Satz 2 UrhG richtet sich aber vor allem die Kritik v. Gamms, der darin eine „systemwidrige und sachlich unnötige Vorverlegung des Rechts des Originalurhebers“ erblickt.[1369]

Dem ist grundsätzlich nicht zuzustimmen.[1370] Insoweit betont der Gesetzgeber zu Recht, dass in den in § 23 Satz 2 UrhG aufgezählten Tatbeständen grundsätzlich die wirtschaftliche Seite derart in den Vordergrund rückt, dass man diese wirtschaftlichen Interessen nicht über Art. 5 Abs. 3 GG als geschützt ansehen kann, was iÜ auch ganz dem Sinn und Zweck der Kunstfreiheit entspricht, deren Grenze gerade durch rein wirtschaftliche Beweggründe gezogen werden muss, da hier der eigentliche Anwendungsbereich der Kunstfreiheit beim besten Willen als nicht mehr erfüllt angesehen werden kann.[1371] Denn schließlich muss man in der Tat bei der Mehrzahl der in § 23 Satz 2 UrhG behandelten Ausnahmetatbestände, bei denen hohe Anfangsinvestitionen bereits im Zusammenhang mit der Herstellung entstehen, ein weit überragendes, grundrechtlich begründbares Interesse dem Bearbeiter absprechen. Dagegen spricht auch nicht, dass ebenso andere Bearbeitungsleistungen letztlich mit dem Endziel der gewerblichen Nutzung vorgenommen werden und der Gesetzgeber dennoch ausdrücklich von einer prinzipiellen Herstellungsfreiheit ausgeht.[1372]

1366 Vgl. zur Diskussion um die allgemeine Zulässigkeit und damit die Annahme einer allgemeinen Bearbeitungsfreiheit in der Privatsphäre unter Kapitel 3 § 3 A IV 1 b) (1) a.

1367 Vgl. Bericht des Rechtsausschusses zu BT-Drucks IV/3401 S. 3.

1368 Möhring/Nicolini/*Nicolini* (1. Auflage) § 23 Anm. 6.

1369 *v. Gamm* § 3 Rn 11.

1370 Amtl. Bgrd. abgedruckt in UFITA 45 (1965/II), 240, 266.

1371 Vgl. dazu BVerfGE 31, 229, 240; *Kobor* JuS 2006, 593, 595.

1372 Vgl. amtl. Bgrd. abgedruckt in UFITA 45 (1965/II), 240, 266.

Zwar könnte man hierin eine ungerechtfertigte Verletzung des Gleichbehandlungsgrundsatzes sehen, doch zum einen ist die Mehrzahl dieser Bearbeitungen oftmals mit weniger Finanzaufwand zu erreichen und zum anderen unterscheidet sich der vielfach zitierte Fall der Verfilmung, der Bearbeitung eines Datenbankwerkes oder des Nachbaus eines Bauwerkes von anderen Sachverhalten. Danach spricht, anders als bei herkömmlichen Bearbeitungen, gerade in diesen Zusammenhängen der Verfilmung, des Nachbaus eines Werkes der Baukunst oder der Bearbeitung einer Datenbank auch bei unvoreingenommener Betrachtung in gewisser Weise eine Art Anscheinsbeweis für das Vorhandensein einer subjektiven wirtschaftlichen Erwartung, die der Bearbeiter an die Herstellung seiner veränderten Originalfassung knüpft und die nun mal in anderen Fällen mangels einer vergleichbaren Offensichtlichkeit oftmals nur schwer nachweisbar wäre, was iÜ gerade der Grund ist, der den Gesetzgeber dazu bewogen hat, die allgemeine Herstellungsfreiheit mit § 23 Satz 1 UrhG zu kodifizieren. Letztlich darf auch nicht vergessen werden, dass die vom Privileg ausgenommenen Tatbestände oftmals schon während der Herstellungsphase den privaten Kreis verlassen und von der Öffentlichkeit damit schon zu diesem Zeitpunkt wahrgenommen werden können.[1373, 1374] Prinzipiell

1373 Vgl. dazu Kurzprotokoll 12. Sitzung des Untersuchungsausschusses Urheberrecht des Rechtsausschusses v. 16. 11. 1964, S. 19

1374 Daraus ergibt sich aber auch die Überlegung, nach der eine erweiterte Auslegung des § 23 Satz 2 UrhG gefordert wird. Vor allem Ulmer Urheber- und Verlagsrecht (1980) (S. 270f.) empfindet die Ausnahmeregelung des § 23 Satz 2 UrhG als zu eng und versteht sie daher als nicht abschließend. So sei bspw. bei einem Maler, der ein öffentliches Wandgemälde nach bekannter Vorlage anfertige nicht nur eine Urheberrechtsverletzung durch unveränderte Übernahme des geschützten Werkes gegeben, sondern auch eine veränderte Übernahme müsse urheberrechtlich geahndet werden. Dagegen spricht jedoch, dass jeglicher tatsächliche Öffentlichkeitsbezug der mit einer nach den §§ 15, 16–22 UrhG geschützten Verwertungshandlung zusammenhängt und sich wie im Beispiel Ulmers als Vervielfältigung äußert, nach der hier vertretenen Auffassung bereits durch die §§ 15, 16–22 UrhG erfasst wird und es neben den oben genannten Gründen einer erweiterten Auslegung des § 23 Satz 2 UrhG zumindest was die bisher bekannten Fälle angeht auch aus dieser Überlegung heraus nicht bedarf (zur Begründung vgl. unter Kapitel 3 § 3 A IV 1 b) (1) b.). Das heißt nun freilich nicht, dass nicht in Zukunft ähnlich finanzintensive oder öffentlichkeitsbezogene Sachverhalte wie die Verfilmung auftreten können, bei denen es sich über eine Ergänzung des § 23 Satz 2 UrhG nachdenken ließe, nur für den jetzigen Stand scheint § 23 Satz 2 UrhG damit in der Form, in der er besteht, Entgegenhaltungen gegenüber gewappnet und aus sich heraus auch vor dem verfassungsrechtlichen Hintergrund des Urheberrechts begründbar.

Es fragt sich nun, ob auch der im Zusammenhang mit der Collage interessierende und bisher ausgesparte Fall von den benannten Argumenten erfasst wird. Dies wird kritisch gesehen. Danach sei bei der Ausführung von Plänen und Entwürfen eines Werkes der bildenden Kunst zwar die Gefahr eines frühzeitigen Öffentlichkeitsbezugs als wenig zwingend anzunehmen, allerdings sei in gleichem Maße, wie in den bereits besprochenen Zusammenhängen, mit einer entsprechenden Verwertungsabsicht zu rechnen.[1375]

Grundsätzlich soll die Betonung des Gesetzes auf „Plänen und Entwürfen" liegen, was den Schluss nahe lege, dass die Pläne bisher nicht umgesetzt sind.[1376] Alles andere wäre damit ein Fall der Bearbeitung des Originalwerkes nach § 23 Satz 1 UrhG oder Fortsetzung eines bereits angefangenen Werkes, die aber dann, wenn es zu von der Skizze nicht vorgesehenen, Veränderungen käme und damit zu einer abgeänderten Vollendung der Collage, den Verlust des Schaffenszeugnisses des Originalurhebers nach sich ziehe und damit wieder unter § 23 Satz 2 UrhG fiele.[1377] Hier fängt aber auch das Problem an. So bestehen gerade in den Abgrenzungsfragen Rechtsunsicherheit, lässt sich doch idR nicht eindeutig festlegen, was noch Skizze und was bereits selbständige und vor allem fertige Arbeit ist, die dann aber nach § 23 Satz 1 UrhG wiederum in der Privatsphäre frei zur Collage umgestaltet werden könnte. Um es einmal mit den Worten Hesses auszudrücken: „Schon das kleinste Kunstwerk, eine Bleistiftskizze von sechs Strichen und ein Gedichtvers von vier Zeilen, versucht frech und blind

der Dinge und vor allem in bezug auf Ulmers Beispiel reichen die bisherigen Regelungen aus.

1375 *Plassmann* S. 303, vgl. dazu auch Möhring/Nicolini/*Ahlberg* § 23 Rn 21, der den Anwendungsbereich des § 23 Satz 2 Alt. 2 UrhG nicht allein auf Werke der bildenden Kunst beschränkt, sondern auch auf solche der angewandten Kunst ausgeweitet wissen will, da diese gerade von der gesetzgeberischen Erwägung erfasst sind, da sie aller Regel nach zur Verwertung bestimmt sind; dem sich anschließend *Lackner* S. 164.

1376 Möhring/Nicolini/*Ahlberg* § 23 Rn 21.

1377 Fromm/Nordemann/*Vinck* § 23 Rn 4; ähnlich auch *Dreyer* § 23 Rn 19.

das Unmögliche, geht aufs Ganze, will das Chaos in die Nussschale schöpfen".[1378]

Zudem gilt es festzustellen, dass auch aus verfassungsrechtlicher Sicht wenig zwingende Notwendigkeiten nach einer solchen Regelung fragen, zumal auch Zweifel an einer sich in der Norm wiederfindenden hinreichenden Berücksichtigung grundrechtlicher Interessen der Gegenseite aufkommen. So wird der Urheber zum einen über die Regelung des § 23 Satz 1 UrhG in seinen wirtschaftlichen Interessen in diesem Zusammenhang ausreichend geschützt, zum anderen bleibt es ihm ebenso unbenommen, auch aus urheberpersönlichkeitsrechtlichen Erwägungen gegen die hergestellte Bearbeitung vorzugehen. Zumal auch die Kunstfreiheit im hier diskutierten Sachverhalt der Collage für den Bearbeiter streitet. Denn anders als in den oben beschrieben Bearbeitungen des § 23 Satz 2 UrhG, denen die wirtschaftliche Interessenverfolgung quasi auf die Stirn geschrieben steht, ist dies hier nicht so ohne weiteres anzunehmen. So kann der Kunstschüler, der oftmals im Besitz der Skizzen und Pläne seines Meisters sein wird, es gerade auch als Ausdruck seiner Anerkennung und Wertschätzung ansehen, wenn er das unvollendet gebliebene und nur in Skizzen vorhandene Werk fertig stellt. Es kann nicht per se eine finanzielle Interessenlage beim bearbeitenden Collagekünstler vermutet werden, zumindest aber keine stärkere als in den anderen nicht von § 23 Satz 2 UrhG erfassten Fällen. Dies zeigt sich auch darin, dass anders als bei der Verfilmung eines Werkes oder der Bearbeitung einer Datenbank oder dem Nachbau eines Werkes der Baukunst oftmals die finanziellen Belastungen des Bearbeiters nicht größer sind als in dem Fall, in dem er ein bereits vorhandenes Kunstwerk bearbeitet. Insofern überzeugt die Regelung, was die Ausführung von Plänen und Entwürfen eines Werkes der bildenden Kunst anbelangt, nicht. Denn, wie selbst von den Befürwortern des § 23 Satz 2 Alt. 2 UrhG eingeräumt wird, kann hier noch nicht einmal der erhöhte Öffentlichkeitsbezug angeführt werden, da auch hier idR keine Unterschiede zum alltäglichen Bearbeiten in der Privatsphäre gegeben sein werden. Zumal jede in die Öffentlichkeit gehende Verwertungshandlung bereits über die §§ 15, 16–22 UrhG erfasst wäre.

1378 *H. Hesse* Lektüre S. 217.

Letztlich bleibt damit nur noch zu sagen, dass eine Reihe vernünftiger Erwägungen dafür spricht, den ansonsten berechtigten § 23 Satz 2 UrhG, in dieser Hinsicht doch de lege ferenda auf die übrigen Fallgruppen des § 23 Satz 2 UrhG zu beschränken.

6. Schlussfolgerungen der Ausführungen zur Collage als Bearbeitung

Die Verständnisprobleme, die § 23 UrhG bereitet, und die sich in einer Vielzahl von grundlegenden Streitigkeiten äußert, sind das Ergebnis eines mehrschichtigen Regelungsbereiches, der sich in vielfacher Hinsicht äußert und grundverschiedene Ansichten hervorgebracht hat. Daneben ergeben sich zusätzlich „klassische" Urheberrechtsprobleme aus mit § 23 UrhG zusammenhängenden Normen, deren Ausstrahlwirkung auch auf die Überlegungen zum Bearbeitungsrecht hineinwirken. Aus diesem Grund sei an dieser Stelle noch einmal zusammenfassend auf die wichtigsten Ergebnisse hingewiesen:

Danach handelt es sich bei der Bearbeitung auch in der Form der Collage zunächst immer nur um eine vom Originalwerk abhängige Nachschöpfung, welche mit zusätzlichen vom Bearbeiter zugefügten Elemente angereichert wird, ohne dass diese Veränderungen aber in der Lage sind, die Individualität des Originalwerkes zu überlagern, das damit Hauptbestandteil der Collage bleibt, weil es der Bearbeiter mit der Collage als veränderte Fassung des Originalwerkes nicht schafft, das Fremdwerk derart in einen neuen Sachzusammenhang zu stellen, dass mit der Collage ein neues Werk entsteht, das ausschließlich dessen individuelle Prägung enthält.

Darüber hinaus ist § 23 Satz 1 UrhG als eine Art Mischnorm zu verstehen, in der nicht urheberpersönlichkeitsrechtliche Erwägungen, sondern auch verwertungsrechtliche Vorgaben unter besonderer Berücksichtigung der Inhalts- und Schrankenbestimmung des § 23 Satz 1 UrhG aus der Gesamtschau heraus ein Bild vermitteln, in der die verschiedenen rechtlichen Bewertungen zusammenlaufen. Grundlegendes Problem der Mehrzahl, wenn nicht sogar aller rechtlichen Bewertungen des § 23 UrhG ist nun eine mangelnde verfassungsrechtliche Bewertung des § 23 UrhG, die dazu führt, dass möglicherweise sogar die wichtigste Funktion, nämlich der in § 23 Satz 1

UrhG zum Ausdruck kommende Privilegierungstatbestand nicht hinreichend berücksichtigt wird, welcher jedoch, wie an den betreffenden Stellen aufgezeigt wurde, letztlich die Grundlage für eine Reihe von Missverständnissen bildet. Daneben gilt es festzustellen, dass nach wie vor einer überholten Unterscheidung zwischen Bearbeitung und „anderen Umgestaltungen" in § 23 Satz 1 UrhG nachgegangen wird, deren Berechtigung nicht nachvollzogen werden kann. Vielmehr gilt es, diese überholte Anschauung aufzugeben und diesen Problempunkt zu entschärfen, indem auf die Formulierung der „anderen Umgestaltung" im Gesetzestext verzichtet wird. Weit wichtiger für die Privatsphäre und die daran anschließende Privilegierung ist schließlich die Unterscheidung zwischen Plagiat und Bearbeitung. Denn nur, wenn die Collage sich als Bearbeitung entpuppt und nicht bloß in plagiierender Weise das Originalwerk wiederholt, kann sich der Collagekünstler der Privilegierung aus § 23 Satz 1 UrhG sicher sein. Dabei gilt es festzuhalten, dass angesichts der verfassungsrechtlichen Vorgaben aus Art. 14 Abs. 1 Satz 2 GG nur solche Collagen als Bearbeitungen angesehen werden können, die ohne die individuellen Züge des Originalwerkes zu ersetzen, im Verhältnis zum Originalwerk einen eigenen belohnenswerten Leistungszusatz beinhalten.

Was nun die in § 23 Satz 1 UrhG vermittelten Rechte anbelangt, so gilt vor allem, dass das mit der Erstveröffentlichung verbrauchte Einmalrecht aus § 12 Abs. 1 UrhG und damit der Einwilligungsvorbehalt des Urhebers nicht wieder aufgrund der durch den Collagekünstler erstellten Bearbeitung aufleben kann. Was nun die Einwilligung in verwertungsrechtlicher Hinsicht als solche betrifft, so muss man sagen, dass dem Urheber verschiedene Möglichkeiten zur Seite stehen, mit denen er das Bearbeitungsrecht als positives Benutzungsrecht selbstbestimmt ausüben kann: (1) Nutzungsrechtseinräumung iSd §§ 31 ff. UrhG, (2) schuldrechtlicher Verpflichtungsvertrag, (3) Ermächtigung iSd § 185 BGB und (4) einseitiger Verzicht als allgemeiner Rechtfertigungsgrund, der auch im Urheberrecht gilt. Daneben gilt es für den Urheber zwischen drei Vertragsarten zu wählen, will er mit dem Collagekünstler Rechtsgeschäfte über seine Urheberpersönlichkeitsrechte abschließen: (1) Überlassung zur Ausübung durch schuldrechtlichen Vertrag oder Ermächtigung; (2) gebundene Übertragung und (3) Dispositionen, die den sog. Kernbereich der Urheberpersönlichkeitsrechte berühren. Je nach dem wie weit der Urheber sich binden will, kann er aus diesem Strauß, zu dem sicherlich auch der bereits angesprochene Verzicht als allgemeiner Rechtfertigungsgrund zu zählen ist, von Möglichkeiten, die für ihn passendste auswählen.

Abschließend wurde festgestellt, dass der im Grunde berechtigte § 23 Satz 2 UrhG, wie die Ausführungen am Beispiel der Collage gezeigt haben, dort korrigiert werden sollte, wo es um die Frage der Ausführung von Plänen und Entwürfen eines Werkes der bildenden Künste geht. Die für die Existenz der Ausnahmeregelung ins Feld geführten Argumente passen nicht auf diesen Fall und sind zudem auch aus verfassungsrechtlicher Sicht bedenklich.

B. Schlussfolgerungen für den nachschaffenden Collagekünstler

Die Rechte eines Urhebers mögen absolut und umfassend sein, das heißt jedoch nicht, dass sie nicht unter Umständen, aus Gründen, die in der Kunstfreiheit oder in der mangelnden Eröffnung des Schutzbereiches liegen, wiederum eingeschränkt sein können. Mit § 23 UrhG, insbesondere aber dem § 24 UrhG stehen dabei den nachschaffenden Collagekünstlern gesetzliche Tatbestände offen, die ein Arbeiten auch unter Zuhilfenahme von Fremdmaterialien möglich machen. Die bestehenden Grundlagen bedürfen dabei jedoch einzelner Aufwertungen, die die Folge einer verfassungsrechtlich motivierten Auslegung sind, um in ihrer urheberrechtlichen Anwendung, gerade auch mit Blick auf die veränderten und verfassungsrechtlich geschützten Ausdrucks- und Gestaltungsmitteln in der Kunst, die nicht zuletzt aufgrund der Collage eingetreten sind, auch in Zukunft gerecht werden zu können.

§ 4 Die Collage und das Urheberrecht – Gesamtergebnis der urheberrechtlichen Bewertungen

Die Collage hat sich in besonderer Weise für die Bewertung verschiedener urheberrechtlicher Problemstellungen geeignet. Aufgrund ihrer umfassenden Auswirkungen auf die Kunstentwicklung und ihrer besonderen Technik der Montage greift sie zwei große Problempunkte auf, die zwar auf den ersten Blick nicht viel miteinander gemein haben mögen, die aber bei näherer Betrachtung eng miteinander verknüpft sind.

So wurde gezeigt, dass erst die Entwicklung eines zeitgemäßen Werkbegriffs, der nicht mehr ausschließlich an der äußeren Form festgemacht wird, die Basis für die urheberrechtlich richtige Einschätzung des Umgangs mit der Inkorporation fremder, urheberrechtlich geschützter Werke durch die Collage bildet. Dieses hat unter Berücksichtigung der verfassungsrechtlichen Ergebnisse und Beachtung der kulturwissenschaftlichen Erkenntnisse damit zu dem Resultat geführt, das für die Collage nicht die Zitierfreiheit, und hier gilt es daher den, in der Germania 3 Entscheidung durch das BVerfG gefundenen Ergebnissen zu widersprechen, als vielmehr die freie Benutzung nach § 24 Abs. 1 UrhG zur zustimmungsfreien und unentgeltlichen Benutzungshandlung des Collagekünstlers führt. Dementsprechend war es entscheidend herauszustellen, wann eine Collage in freier Benutzung geschaffen und wann sie noch eine Bearbeitung ist. In freier Benutzung ist sie nach den hier gefundenen Ergebnissen dann geschaffen, wenn es entweder zu einem grundlegenden Wandel innerhalb der Werkkonzeption oder iFd Übernahme der konkreten äußeren Gestaltungsform zu einer grundlegend eigenen Fundamentalkonzeption ohne Übernahme der Fremdindividualität gekommen ist. Diese Überlegungen zur Collage war iÜ auch deswegen notwendig, da die Gefahr des Plagiats iFd Collage naturgemäß eine größere ist, als bei allen anderen Werkarten, weil hier die Übernahme des Werkteils oftmals in originalgetreuer Weise erfolgt. In der Abgrenzung zwischen dem Plagiat auf der einen und der Bearbeitungsleistung auf der anderen Seite, gilt es festzuhalten, dass eine Collage immer nur dann eine Bearbeitung ist, wenn sie, ohne die individuellen Züge des Originalwerkes zu ersetzen, im Verhältnis zum Originalwerk einen eigenen belohnenswerten Leistungszusatz beinhaltet.

Kapitel 4: Die Collage – Rechtliche Einschätzung einer Kunstrevolution in der Zusammenfassung

§ 1 Bestandsaufnahme

Mit der Entwicklung der papier collés durch Picasso und Braque wurde eine Kulturrevolution in Gang gesetzt, die sich auch heute noch in vielen einzelnen Verästelungen zeigt und die dazu geführt hat, dass man die Kunst mit anderen Augen sehen muss. Das Urheberrecht hat in vielen Teilen auf diese kulturelle Bewegung nach wie vor nicht reagiert. Dabei ist nicht so sehr die vorhandene Kodifizierung ein Problem, als vielmehr die sachgerechte Auslegung der bestehenden Normengebilde. Noch viel schwerer wiegt jedoch, dass urheberrechtliche Betrachtungen oftmals daran kranken, dass in ihnen nicht hinreichend auf die verfassungsrechtliche Einbindung des Urhebergesetzes in das Grundgesetz Rekurs genommen wird. Dabei ließen sich auf diese Weise tragfähige Lösungsansätze entwickeln, die nicht nur eine verfassungskonforme Anwendung des Urheberrechts sicherstellen, sondern auch die bestehenden Unklarheiten minimieren würden.

Diese beiden Faktoren nicht hinreichend erkennend, geht die h.M. davon aus, dass sich der Werkbegriff des Urheberrechts, der die entscheidende Zugangsberechtigung zum deutschen Urhebergesetz darstellt, letztlich maßgeblich an der äußeren Gestaltung orientiert. Mithin wird das Begriffsmerkmal der persönlich geistigen Schöpfung im Werk oftmals ausschließlich an der konkreten äußeren Formgestaltung festgemacht, ohne nach den Hintergründen zu fragen – mit schwerwiegenden Folgen, die nicht nur in einer fehlerhaften Werkbegriffsdefinition liegen, sondern sich auch in einer bedenklichen Bewertung urheberrechtlich relevanter Nachschöpfungen zeigen. Collagen, die in der Übernahme fremden Gedankenguts entstanden sind, werden nämlich seit der Germania 3 Entscheidung des BVerfG aus dem Jahr 2000 fälschlicherweise vor allem als zitierendes Werk in Betracht gezogen und nicht wie es richtigerweise sein sollte als Bearbeitung oder als in freier Benutzung entstanden.[1379]

1379 Vgl. dazu die bei *Seifert* FS Erdmann S. 195ff. wiedergegebene Diskussion zwischen ihm und Willi Erdmann, die eben dieser Feststellung entspricht.

Mangelnde Berücksichtigung der Verfassungsnormen und eine unzureichende Berücksichtigung der Besonderheiten der Collage führen also dazu, dass eine Beschäftigung mit dieser Problematik notwendig wurde.

§ 2 Grundlagen für die urheberrechtliche Beurteilung der Collage

Es galt zunächst, eine kulturwissenschaftlich motivierte Bestandsaufnahme dessen zu treffen, was im Titel dieser Arbeit als Collage bezeichnet wird. Unterstützt wurden diese Überlegungen durch Zugrundlegung von Hintergrundinformationen, die sich auf die Entwicklung der Kunst in den letzten hundert Jahren beziehen und die einen Eindruck vermitteln, worauf es der Kunst heute ankommt. Denn anders als zu Zeiten des mimetischen Bildbegriffs vertritt heute jeder Künstler seine eigene Wahrheit und äußert dies in seiner ihm durch die Konzeptionierung seiner Arbeit vorgegebenen höchst eigenen Wahrnehmung. Vor allem seit der Postmoderne wird dabei deutlich, dass künstlerisches Arbeiten oftmals nur als Angebot an die Rezipienten verstanden werden darf und damit als Diskussionsbeitrag auf dem Marktplatz der Ideen.

Trotz der scheinbar verbundenen Aufgabe des Avantgardebegriffs, wie er in der Moderne verstanden wurde, bleibt die Avantgarde als solche in der Kunst in ihrer Bedeutung erhalten, da auch die von den postmodernen Künstlern gewählte Form des Angebots einzelner Diskussionsbeiträge bewusstseinserweiternd sein kann und der Künstler damit nach wie vor in der Lage ist, eine Vorreiterrolle in der Entwicklung von Kunst und Gesellschaft einzunehmen.

Die Collage nimmt nun eine besondere Rolle in der Kunstentwicklung ein, da mit den papiers collés erstmals ein Medium gefunden wurde, in dem Realität nicht bloß abgebildet, sondern Realität direkt in das Bild geholt wurde. Das Werk wird nunmehr zwar selbst Realität, aber immer unter der eigenen Wahrnehmung ihres Künstlers. Damit einher geht auch ein veränderter Bildbegriff, der unter Kunst nicht mehr nur die mimetische Abbildung der Umwelt versteht, sondern die Entwicklung eigener Konzeptionen und Vorstellungen von Kunst und Werk.

Der Begriff Collage muss als allumfassend verstanden werden. Denn mit den papiers collés blieb die Entwicklung nicht stehen. Was folgte, war vielmehr zum einen eine umfassende Veränderung in den bestehenden künstlerischen Ausdrucksformen durch eine völlig neue Konzeptionierung und Darstellung der Gestaltungsmittel, zum anderen aber entwickelten sich neue Ausdrucksformen aus den bestehenden heraus und verselbständigten sich. Doch trotz aller Selbstständigkeit bleibt ihnen, ob Performance, Happening oder Assemblage, ob Environment, Installation oder Videokunst, ob Musik-, Literatur- oder Photocollage das grundlegende Prinzip der Collage, nämlich das der Montage, erhalten, wodurch sie letztlich alle wieder unter den Begriff Collage zusammengeführt werden können.

Diese Entwicklung in der Kunst hat dazu geführt, dass ein Umdenken in der verfassungsrechtlichen Definierung des Begriffs Kunst stattfand. Es wurde deutlich, dass nicht nur der Künstler selbst immer öfter versuchte, Kunst für sich zu definieren und daran letztlich scheiterte, auch die Rechtslehre schien lange Zeit mit einer Begriffsbildung überfordert. Denn um umfassend den künstlerischen Erscheinungsformen gerecht werden zu können, ist es erforderlich, einen für alle Kunstformen grundsätzlich offenen Kunstbegriff zu vertreten, der letztlich in den Grenzfällen unter Zugrundelegung von einzelnen Indizien näher zu bestimmen ist. Maßgeblich bleibt dabei immer der Grundsatz in dubio pro arte, der Bedeutung auch für den urheberrechtlichen Kunstbegriff der §§ 1, 2 Abs. 1 UrhG zeitigt. Auch der Collagekünstler fällt in aller Regel unter den indiziellen Kunstbegriff. Gleichwohl kann seine grundrechtliche Freiheit nicht unbeschränkt gelten, sondern findet vielmehr in den Grundrechten Dritter seine Grenzen.

Diese Grenzen machten es notwendig, dass eine Anwendung der Grundrechte sicherzustellen war, in der eine optimale Freiheitsentfaltung der Parteien iSd praktischen Konkordanz möglich bleibt. Die Grenzen der Kunstfreiheit werden sich für den Collagekünstler vor allem dort auftun, wo er in das geistige Eigentum seines „Kollegen“ eingreift und sich an diesem bedient. Denn das Urheberrecht als Anerkennung und Belohnung der Leistung des Kreativen und als Sicherung seiner wirtschaftlichen Existenz, zu deren Schutz er auf die Hilfe des Staates angewiesen ist, ist in allererster Linie Eigentumsrecht und erfährt seine nähere Ausgestaltung über Art. 14 Abs. 1 GG.

Dabei gilt, dass der Gesetzgeber, wegen Art. 14 Abs. 1 GG verpflichtet ist, dass, dem geistigen Eigentum innewohnende, intellektuelle Produkt zum Gegenstand eines absoluten Ausschließlichkeitsrechts werden zu lassen. Damit wird deutlich, dass das Urheberrecht ein vermögenswertes Rechtsgut ist, das wie das materielle Eigentum durch eine klar abgegrenzte Rechtsnatur gekennzeichnet ist und innerhalb dessen der Urheber über positive Nutzungsrechte und negative Verbotsrechte die Möglichkeit bekommt, sein Werk verwerten zu können. Grundsätzlich gilt dabei, dass eine zustimmungs- und vergütungsfreie Benutzungshandlung, wie sie der Collagekünstler anstrebt, nur unter Erfüllung besonders strenger Anforderungen möglich ist. Dabei ist dem Gesetzgeber verfassungsrechtlich aufgegeben, sicherzustellen, dass bei der inhaltlichen Ausprägung des Urheberrechts der Natur und der sozialen Bedeutung des Rechts entsprechend Rechnung getragen wird. Letztlich läuft die Diskussion dabei auf eine für Grundrechtskollisionen typische Verhältnismäßigkeitsprüfung im Einzelfall hinaus. Das Grundgesetz wirkt damit auch auf die Auslegung des Urheberrechts ein, da es nicht allein auf eine subjektive Abwehrfunktion gegenüber Eingriffen des Staates reduziert werden kann, sondern ihm gleichsam auch eine objektiv rechtliche Funktion zukommt, die, unter gleichzeitiger Beachtung der Kunstfreiheit des anderen, bei der Ausgestaltung der Eigentumsfreiheit unter dem Gesichtspunkt der Interessenwahrung der Allgemeinheit mit einwirkt. Die Erfüllung dieser objektiv-rechtlichen Funktion darf jedoch nicht dazu verleiten anzunehmen, dass Grundgesetz propagiere den unmündigen Bürger, den es vor sich selbst zu schützen gilt. Dort, wo der einzelne Urheber sich bewusst seiner Rechte enthebt und dabei nicht in die Grundrechte Dritter eingreift, darf ihm dies aufgrund seines umfassenden Selbstbestimmungsrechts aus Art. 2 Abs. 1 GG nicht verboten werden. Vielmehr ist es die objektiv-rechtliche Pflicht des Staates, dafür zu sorgen, dass er diese Selbstbestimmtheit auch ausleben kann. Dazu hat ihm dieser die notwendigen rechtlichen Möglichkeiten an die Hand zu geben, die unter Sicherstellung dieser Selbstbestimmtheit, den Umgang mit seinen Rechten in freiheitsmaximierender Weise zulassen.

§ 3 Bewertung der wichtigsten urheberrechtlichen Fragestellungen im Zusammenhang mit der Collage

Am Anfang der urheberrechtlichen Betrachtung stand, unter Berücksichtigung der künstlerischen Gegenwart und des künstlerischen Selbstverständnisses, die Frage nach einem zeitgemäßen Werkbegriff. Dies auch deswegen, da eng zusammen mit der Beantwortung dieser Frage die Entwicklung eines Grundverständnisses des Urheberrechts stand, das auch für die Beurteilung der Arbeit nachschaffender Collagekünstler maßgeblich werden sollte.

Trotzdem die h.M. zum Werkbegriff sehr massiv vertreten wird und beinahe schon als allgemeine Auffassung bezeichnet werden könnte, fanden sich bei näherer Betrachtung dennoch einige Argumentationsvorstöße, die die bestehende Werkbegriffsdogmatik in Frage stellten. Das Problem dabei war jedoch, dass diese nicht in der Lage waren, hinreichende Ersatzalternativen zu bilden, da in ihnen keine hinreichende Beurteilung des zeitgenössischen, künstlerischen Arbeitens sowie der verfassungsrechtlichen Vorgaben vorgenommen wurde, oder sie einfach das Problem nur auf eine andere Ebene verschoben hatten, ohne es wirklich zu lösen. Denn hätten sie dies getan, wäre erkannt worden, dass die Frage nach der Werkeigenschaft nicht allein auf die äußere Formgestaltung reduziert werden darf, sondern vielmehr abstrakt und unter Berücksichtigung aller Faktoren, die zu der konkreten Formgestaltung geführt haben, beantwortet werden muss. Daraus ergibt sich dann auch ein generelles Moment, das alle verschiedenen Kunstrichtungen, -strömungen und -auffassungen zu allen Zeiten verbindet, nämlich, dass die Arbeitsweise des Künstler einem bestimmten Konzept verpflichtet ist, aus dem sich mithin auch sein künstlerisches Selbstverständnis und seine geistige Leistung ergibt. Dabei galt es insbesondere darzulegen, dass auch solche Collagen, die nach der äußeren Gestalt keinem bestimmten Konzept zu folgen scheinen, dennoch konzeptionell geprägt sind. Denn ob eine Collage nach dem Prinzip des Zufalls entstanden ist, ob der Künstler das Merkmal der Performance wählt oder eher das des Happening, ob er scheinbar das Subjektive aufgibt, hängt vom jeweiligen Arbeitskonzept des Künstlers, mithin von seiner eigenen subjektiven Leistung ab. Denn durch die Wahl seiner Ausdrucksmittel fällt damit jeder Künstler die erste Entscheidung über die Werkskonzeption, die damit immer auch der erste Schritt auf dem Weg zu Individualität und geistiger Schöpfung in der konkreten Werkgestaltung ist. Daran anknüpfend ergibt sich für den Werkbegriff, dass sich das Merkmal der geistigen Schöpfung aus dem Zusammenspiel von Fundamental- und Werkkonzeption ergibt. Dafür bedarf es dann auch keiner Neukodifizierung der Anwendungsvoraussetzungen des Urheberrechts, sondern es lässt sich vielmehr durch eine entsprechend andere Auslegung der bestehenden Begriffe eine am Zeitgeist orientierte Auslegung treffen.

Unter Zugrundelegung dieser Ergebnisse galt es, den Umgang des Urheberrechts mit nachgeschaffenen Werken auf den Prüfstand zu stellen. Insbesondere die Collage ist schließlich dadurch geprägt, dass sie Fremdmaterial verwendet. Die Frage war nun, unter welchen Voraussetzungen sich eine Benutzungshandlung des Collagekünstlers rechtfertigen lässt, ohne dass dadurch eine Verwertungspflicht ausgelöst wird. Dafür boten sich zunächst mit dem Zitatrecht (§ 51 UrhG), der Bearbeitungsfreiheit (§ 23 UrhG) und der freien Benutung (§ 24 UrhG) drei Handlungsmöglichkeiten an, die jeweils unter verschiedenen Voraussetzungen und in verschiedener Reichweite das Zugrundelegen fremden Werkschaffens erlauben. Im Zuge der Auseinandersetzung mit den einzelnen Lösungsmöglichkeiten wurden nun nicht nur Probleme wie der Öffentlichkeitsbegriff oder der Beeinträchtigungsbegriff geklärt; auch beschränkten sich die Erläuterungen nicht bloß in der Entwicklung eines Vorschlags für eine sachgerechtere Formulierung des § 23 UrhG. Es wurden mithin nicht ausschließlich begleitende urheberrechtliche Phänomene aufgegriffen, die gleichwohl für eine abrundende Darstellung notwendig waren, sondern es kam auch zu einer wertenden Stellungnahme, innerhalb derer sich herausstellen sollte, dass eine der besagten Handlungsmöglichkeiten, die das Urheberrecht für nachschaffende Künstler vorsieht, nämlich die Zitierfreiheit, für die Kunstform der Collage aufgrund der dortigen Zentriertheit der Aussagemittel und des allgemeinen Konzepts der Collage als Versuch einer anderen Realitätenbildung nicht geeignet ist. Es wurde deutlich, dass zwar die verfassungsrechtlichen Erwägungen des BVerfG, die es in seiner Germania 3 Entscheidung zur Collage unter Berücksichtigung des Zwiespalts zwischen Eigentumsschutz und Kunstfreiheit nennt, zu unterstützen sind, dass aber letztlich das konkrete Mittel des Zitats mit dem allgemeinen Konzept der Collage nicht übereinstimmt. Denn immer dann, wenn eine Collage sich soweit vom Original gelöst hat, dass man von einer eigenständigen Aussage des nachschaffenden Künstlers sprechen kann, mithin die Individualität des Originalurhebers abgelöst wurde, durch die des nachschaffenden Collagekünstlers, liegt nicht etwa bloß ein zitierendes Werk, sondern vielmehr eine nach § 24 UrhG in freier Benutzung geschaffene Collage und somit ein neues Werk vor.

In der Betrachtung des § 24 UrhG im Umkreis der Collage, galt es als Ergebnis festzuhalten, dass der Collagekünstler, um sich auf § 24 Abs. 1 UrhG berufen zu können, entweder einen grundlegenden Wandel iRd Werkkonzeption oder iFd Übernahme der konkreten, äußeren Gestaltungsform eine grundlegend eigene Fundamentalkonzeption herbeizuführen hat. Dieses Gesamtergebnis beruhte dabei auf einer Vielzahl von Überlegungen, deren Ausgangspunkt darin zu finden war, dass mit § 24 Abs. 1 UrhG nicht etwa bloß eine Inhalts- und Schrankenbestimmung iSd Art. 14 Abs. 1 Satz 2 GG gegeben ist, sondern vielmehr bereits keine Verletzung des geistigen Eigentums des Urhebers des Originals vorliegt. Dafür bedarf es zwar iRd freien Benutzung eines erhöhten Begründungsaufwands, da hier das entstandene Werk nicht zuletzt auch der Öffentlichkeit zugänglich gemacht werden darf. Allerdings handelt es sich nach der hier vertretenen *Stammvatertheorie* bei einer iR freien Benutzung entstandenen Collage um ein Werk mit einer derart veränderten Individualität, dass man nicht mehr davon sprechen kann, dass die in der Individualität verkörperten Leistung in ihr noch zum Tragen kommt. Denn entsprechend der hier vertretenen Grundsätze zum Werkbegriff führen sowohl Veränderungen in der Fundamental- als auch in der darin aufgehenden Werkkonzeption zu einem Bruch mit der vorhandenen Individualität, wodurch letztlich auch nur die geringste für den Grundrechtsschutz maßgebliche Leistungsübernahme ausgeschlossen wird.

Und auch die bisher so starre Auslegung des § 24 Abs. 2 UrhG wurde einer veränderten Lesart zugänglich gemacht, deren Geltung auch Auswirkungen auf die Behandlung von Musikcollagen zeitigt. So wurde erkannt, dass die bisherige Auslegung unter schweren verfassungsrechtlichen Bedenken steht und deswegen der sog. starre Melodienschutz in § 24 Abs. 2 UrhG in verfassungskonformer Auslegung als eine im Verhältnis zu § 24 Abs. 1 UrhG klarstellende Regelung für Musikwerke zu verstehen ist.

Ein weiteres Problem, welches in dieser Arbeit beschrieben wurde, war zudem, dass dort, wo das Maß des § 24 Abs. 1 UrhG nicht erreicht wird, mithin die individuellen Beigaben des nachschaffenden Collagekünstlers nicht ausreichen, die Gemeinsamkeiten abzubauen, so dass sie letztlich nur als Zusätze zum Original erscheinen, es aufgrund der Besonderheiten der Collage in der Zentriertheit der Aussage nicht etwa zu einer Wiederbelebung des Zitatrechts, sondern es nur noch zur Anerkennung der Collage als Bearbeitung iSd § 23 UrhG unter den dort vorgesehenen Einschränkungen kommen kann.

Die bereits oben begonnene Abgrenzung zwischen freier Benutzung und bloßer Bearbeitungsleistung galt es hier daher noch einmal aufzugreifen, da die Begriffsdefinition der Bearbeitungsleistung nicht nur aus dieser Abgrenzung heraus entscheidend war, als gerade auch die Klärung des Rechtsbegriffs Bearbeitung notwendig wurde, für die Abgrenzung zwischen der Collage als Bearbeitung auf der einen und als bloßen Plagiats auf der anderen Seite.

Doch war es iRd urheberrechtlichen Diskussion um die Collage als Bearbeitung nicht nur notwendig diese Probleme zu lösen, als vielmehr auch der Frage nachzugehen, unter welchen Voraussetzungen sich iRd § 23 UrhG Verwertungen der Collage durch den nachschaffenden Künstler gestalten können. Es war danach nur sachlogisch eine grundlegende Auseinandersetzung mit der Bearbeitung nach § 23 UrhG zu suchen. Dabei ergab sich nicht nur, dass der Bearbeitungsparagraph letztlich zwar eine aus verschiedenen Begründungen heraus resultierende Norm ist, dass aber das, bisher weder vom Gesetzgeber, noch der Rechtspraxis hinreichend gewürdigte, Hauptmerkmal des § 23 UrhG das der Privilegierung der künstlerischen Leistung in der Privatsphäre unter dem Aspekt der Kunstfreiheit ist. Daran an knüpfte sich nun zunächst die Erkenntnis, dass eine künstlerische Leistung innerhalb der Privatsphäre ausnahmsweise bei Erfüllung der Voraussetzungen aus § 23 UrhG auch solche Bearbeitungen erlaubt, die zu einer Entstellung des Werkes durch die nachgeschaffene Collage geführt haben. Gleichzeitig wurde aber deutlich, dass in dieser Überlegung aber die Grunderkenntnis für die rechtliche Beurteilung des § 23 UrhG lag.

Bevor aber nun geklärt werden konnte, was eine Verwertung der Bearbeitung so schwierig werden lässt, galt es zunächst, angesichts der Formulierung des § 23 Satz 1 UrhG, der Frage nachzugehen, ob eine Collage eher Bearbeitung oder eher andere Umgestaltung ist. Dabei stellte sich heraus, dass deren Klärung letztlich auch eine Antwort auf das Problem der Definierung des Rechtsbegriffs Bearbeitung geben sollte und damit der erste Schritt in Richtung allgemeiner Erkenntnisgewinnung getan werden konnte. Es wurde nunmehr deutlich, dass ein praktisches Bedürfnis für diese Trennung zwischen der Collage als Bearbeitung und derjenigen als andere Umgestaltung nicht besteht. So wurde festgestellt, dass in der Praxis maßgeblich nicht die Abgrenzung zwischen Bearbeitung und anderer Umgestaltung als vielmehr die Abgrenzungen zwischen der Bearbeitung auf der einen und dem Plagiat und der freien Benutzung auf der jeweils anderen Seite ist. Diese Überlegung gründet sich dabei nicht nur auf praktischen Erkenntnissen, als vielmehr auch auf der Negation der bisherigen Abgrenzungsversuche der Bearbeitung vom Begriffsmerkmal der anderen Umgestaltungen, die sich maßgeblich aus der verfassungsrechtlichen Stellung des § 23 UrhG ergibt. Bei der Bearbeitung handelt es sich nämlich ausschließlich um eine von bestimmten Voraussetzungen abhängige Veränderung des Originalwerkes. Gerade die bereits benannte verfassungsrechtliche Einbindung des § 23 UrhG als Privilegientatbestand iSd Art. 14 Abs. 1 Satz 2 GG zugunsten des nachschaffenden Collagekünstlers ließ dabei angesichts vielfacher Überlegungen deutlich werden, dass nur solche Collagen als Bearbeitungen angesehen werden können, die, ohne die individuellen Züge des Originalwerkes zu ersetzen, im Verhältnis zum Originalwerk einen eigenen belohnenswerten Leistungszusatz beinhalten.

Die Erkenntnis, dass die durch Bearbeitung des Originals nachgeschaffene Collage immer auch Ausdruck des Originals und damit von ihm abhängig bleibt, bildete daraufhin die erste Grundlage in der Entscheidung gegen die Annahme, mit der Bearbeitung lebe das bereits betätigte Veröffentlichungsrecht wieder auf, da dieses als Einmalrecht bereits durch die Veröffentlichung des Originals verbraucht wurde.

Überhaupt führte die Erkenntnis, dass eine Bearbeitung letztlich nur das Original in veränderter Form ist, neben der Darstellung des

Rechtscharakters des § 23 UrhG als in urheberpersönlichkeitsrechtlicher, aber auch in verwertungsrechtlicher Hinsicht ausschließlich deklaratorisch wirkend, zu der Überzeugung, dass die in § 23 UrhG genannten Rechte des Urhebers des Originals bereits durch dessen in den §§ 12–14, 16–22 UrhG genannte Rechte konstitutiv und abschließend erfasst werden. Damit wurde deutlich, dass naturgemäß auch die Ausübung besagter Rechte abhängig von den zu diesen Regelungstatbeständen entwickelten Aussagen waren. Somit galt es nicht nur festzustellen, dass die Einwilligung in die Verwertung der Collage nach § 23 Satz 1 UrhG als nach den allgemeinen Grundsätzen zu den Verwertungsrechten zu behandeln ist, mithin als (1) Nutzungsrechtseinräumung iSd §§ 31ff. UrhG, (2) Schuldrechtlicher Verpflichtungsvertrag, (3) Ermächtigung iSd § 185 BGB und (4) einseitiger Verzicht. Es stellte sich vielmehr auch die Frage nach dem rechtsgeschäftlichen Umgang mit den Urheberpersönlichkeitsrechten. Dabei wurde diese Frage nicht nur aus Gründen des Veröffentlichungsrechts virulent. So wurde deutlich, dass in jeder erlaubten Bearbeitung gleichzeitig immer auch eine Einwilligung in die Verletzung der Integrität des Werkes, mithin einen Eingriff in die Rechte aus § 14 UrhG vorliegt.

Aus der Erkenntnis heraus, dass § 14 UrhG als Zentralnorm des Integritätsschutzes der näheren Ausgestaltung durch § 39 UrhG und nicht, wie man annehmen könnte, durch § 23 UrhG, dessen bloß deklaratorische Wirkung damit erneut bewiesen wurde, bedurfte, um iSd eigenverantwortlichen Selbstbestimmung nach Art. 2 Abs. 1 GG als positive Befugnisnorm genutzt werden zu können, konzentrierte sich die Überlegungen vor allem darauf, wie weit eine Kommerzialisierung des Persönlichkeitsrechts möglich ist. Unter Berücksichtigung der verfassungsrechtlichen Vorgaben stellte sich dabei heraus, dass eine bloß schuldrechtliche Überlassung zur Ausübung nicht als ausreichend betrachtet werden konnte und der damit eigentlich verfolgte Schutz des Urhebers vor sich selbst nicht etwa nur eine Beschränkung seiner selbst war, sondern sich vielmehr auch als klare Verletzung des Art. 2 Abs. 1 GG herausstellte, der auch nicht etwa durch eine andernfalls zur befürchtende Verletzung Dritter gerechtfertigt werden konnte. Damit wurde klar, dass nur eine Öffnung der rechtlichen Befugnisse diesem Verfassungsverstoß Abhilfe schaffen konnte. Mit der Folge, dass in verfassungskonformer Auslegung des § 29 Abs. 2 UrhG den

Verwertungsrechten gleich, dem Urheber ein Strauß von Möglichkeiten zukommt, mit denen er der vollen wirtschaftlichen Auswertung seiner zu Vermögensrechten gewordenen Urheberpersönlichkeitsrechte nachkommen kann. Davon umfasst sollten in der Zukunft auch solche Rechtsgeschäfte über Teile des Urheberpersönlichkeitsrechts sein, die bisher unter der Bezeichnung Kernbereich als unberührbar galten.

Schlussendlich galt es sich gerade mit Blick auf die Collage, auch mit § 23 Satz 2 UrhG auseinander zusetzen. Dieser schränkt nämlich die umfassende Wirkung des § 23 Satz 1 UrhG wieder ein und verdeutlicht einmal mehr die Rolle des § 23 Satz 1 UrhG als Privilegientatbestand, der die Bearbeitung als künstlerische Ausdrucksform zwischen dem Plagiat und dem in freier Benutzung geschaffenen Werk anerkennt. Dabei galt es festzustellen, dass die für die Collage vornehmlich interessierende Fallgruppe der Ausführung von Plänen und Entwürfen eines Werkes der bildenden Künste, grundsätzlich von den, die Existenz des § 23 Satz 2 UrhG ansonsten bestätigenden verfassungsrechtlichen Gesichtspunkten, ausnahmsweise nicht erfasst ist.

§ 4 Fazit

Alles in allem erweisen sich die bestehenden Kodifizierungen durchaus geeignet für den Umgang mit der Collage und dass auch im nunmehr 21. Jahrhundert. Was es braucht, sind somit nicht etwa neue Normierungen, sondern verfassungsmäßig getragene und die Kunstentwicklung berücksichtigende Auslegungen des bestehenden Rechts. Damit würde man dann auch der Collage gerecht werden können, die aufgrund ihrer Eigenheiten zugegebenermaßen das Urheberrecht vor schwierige Aufgaben stellen kann.

Es bleibt abschließend zu wünschen, dass den Forderungen und Vorschlägen, die im Rahmen dieser Arbeit aufgetreten sind, Gehör geschenkt und eine entsprechende Diskussion beflügelt werden.

Sachregister

Aktionskunst: S. 37, 49, 50, 72, 80, 161, 164, 221 f., 245
Akkumulation: S. 33, 48
allgemeines Persönlichkeitsrecht: S. 92, 126 ff., 201, 377, 422, 428
Alltag: S. 20, 23, 29 f., 32, 35 f., 48, 54, 59, 234, 241, 248
Allgemeinheit: S. 108, 111 ff. 117, 119, 124, 141, 184, 197, 205, 207, 211, 256, 258, 262, 264, 302, 317, 362, 396, 398, 442
Anachronistischer Zug: S. 78, 89
antithematische Behandlung: S. 293, 324, 328, 331
Art Brut: S. 32
Assemblage: S. 20, 24, 29, 32 ff., 42, 46, 47 f., 72, 174, 182, 226, 254, 255, 441
Ästhetik: S. 33, 39, 75, 200, 234, 286
Autonomie: S. 8, 65, 247, 400
Avantgarde: S. 1, 5, 8, 12 ff., 19, 24, 43, 52, 56, 68 f., 72, 77 f., 84, 146, 149, 158 ff., 165, 168, 175, 178, 182, 195, 199, 224, 238, 249 f., 440

Bearbeitung: S. 119, 136, 191, 206, 259, 266, 267, 300, 304, 312, 313, 315, 319, 327, 328, 335, 336, 340, 345, 355, 356 ff., 439, 444, 446 ff.
Bearbeitungsbegriff: S. 386 f.
Belegfunktion: S. 271, 274, 276, 279, 280
Bildbegriff: S. 2, 54 ff., 60, 151, 188, 199, 224 ff., 244, 246, 248, 280, 285, 312, 334, 440
Bild, imaginäres: S. 240

Collage: S. 1 f., 5 f., 7, 15 ff., 41 ff., 53 ff., 58 ff., 63 f., 65, 67 f., 75, 77, 82, 85, 86, 90, 91, 99, 104, 111, 114 f., 119, 121, 122 ff., 125, 130 f., 132, 145, 146 ff., 149 f., 151, 153 ff., 158 ff., 164 f., 166 ff., 171 f., 173 f., 178, 184 ff., 190, 195 f., 198 ff., 202 ff., 205 f., 207, 210, 212 ff., 217, 219 f., 223 f., 227, 232 ff., 235, 241, 243 f., 248 ff., 251, 252, 255, 257 f., 266, 269 ff., 273, 274, 275 f., 279, 280 ff., 287 f., 290 ff., 295 ff., 300, 305, 306 f., 308 ff., 322, 324 ff., 330 ff., 343 f., 346 f., 351, 355 f., 356 ff. 365, 369, 373, 380 f., 383 ff., 389 ff., 393 ff., 399, 401, 403 f., 407, 409, 411, 412, 414 ff., 426 f., 428, 429, 432 f., 434 ff., 436 f., 439 ff.
collage of actions: S. 37
combine painting: S. 34 ff., 48, 226
Concept Art: S. 36

Dada: S. 19 ff., 47
de jure autonomy: S. 139
Demoiselles d'Avignon: S. 18, 57, 164, 239
dingliche Rechtseinräumung: S. 405, 408, 411, 419, 428
Drittwirkung: S. 66 f., 112
Durchschnittsrezipient: S. 47, 167, 189, 319, 344 f.

Eigentumsbegriff: S. 94, 96, 98, 100, 102, 105, 133, 144 ff.
Einmalrecht: S. 395 ff., 435, 447
Einwilligung: S. 125, 135 ff., 143, 347, 352, 357, 363 ff., 377, 379, 384, 393, 395, 396 ff., 401 ff.
Einwilligungsvorbehalt: S. 357, 358, 363, 408, 435
Entpersönlichung: S. 188, 245, 246
Entstellung: S. 131, 135, 142, 145, 307, 365, 371, 372 ff., 414 f., 419, 424, 446
Environment: S.24, 35 f., 42, 47 ff., 253 f., 336, 441
Erörterungsgrundlage: S. 271, 274
Erstveröffentlichungsrecht: S. 395 f., 398, 400, 435

Existenzsicherung: S. 109, 110, 144, 145, 250, 299

fair use: S. 273, 325, 333
Fallenbilder: S. 32, 33, 159, 188, 227, 251
Folgerecht: S. 126
Fotomontage: S. 20ff., 42, 45ff., 68, 255, 337, 356
Formgestaltung: S. S. 2, 154, 156, 240, 241, 243, 250, 293, 323, 330ff., 356, 367, 439, 443
freie Benutzung: S. 111, 123, 124, 147, 185, 191, 196, 197, 199, 215, 257, 266, 278, 284, 292, 293, 294, 295ff., 356, 359, 362, 386, 387, 390, 391, 393, 437, 439, 445ff.
Freiheitsentfaltung: S. 74, 91, 426, 441
Fremdleistung: S. 117, 125, 268, 290, 300, 305, 329, 336, 350
Fundamentalkonzeption: S. 83, 194, 231ff., 241, 243f., 248ff., 285, 291ff., 300f., 328, 332f., 335f., 343, 356, 359, 361, 389, 437, 445

gebundene Übertragung: S. 415, 417ff., 427, 429, 435
Gegenseitigkeitsprinzip: S. 111, 143
geistiges Eigentum: S. 6, 63, 65, 91f., 93ff., 98, 99f., 101, 102, 103ff., 110ff, 122ff., 171, 257, 278, 285, 299, 350, 441, 442, 445
Gemeinwohlbindung: 112f., 116, 123
Germania 3-Entscheidung: S. 275ff., 280ff., 284ff., 437, 439, 444
Gesellschaft: S. 1, 3, 10, 12ff., 19, 63, 68, 71, 75ff., 83, 86f., 104, 106, 108ff., 113, 121, 130, 213, 223, 225, 226, 228, 237, 238, 248, 279, 282, 289, 299, 342, 440
Gestaltungshöhe: S. 208ff.
Großzitat: S. 270
grundrechtskonforme Auslegung: S. 65, 129

Handlungsfreiheit: S. 139f., 142, 145, 412, 422, 426, 428
Happening: S. 37f., 48, 49f., 76, 81, 157, 161, 164, 245, 441
Herstellungsfreiheit: S. 429ff.

Ideenschutz: S. 156
Identifikation: S. 201f., 203
Immaterialgüter: S. 97f., 99, 143
Individualgarantie: S. 99
Individualisierung: S. 59
Individualität: S. 83, 157, 159, 161, 166, 167, 170, 171, 173, 178ff., 184ff., 188, 194ff., 198ff., 206ff., 212ff., 218ff., 233ff., 240, 241, 244ff., 257, 270, 285, 288, 290, 292f., 295, 300, 303ff., 306f., 317, 321, 324, 329ff., 335ff., 337, 339, 351, 355f., 360f., 386, 392, 417, 434, 437, 444f.
Individualitätstheorie: S. 166ff., 172ff.
Informationsästhetik: S. 184ff.
Informel: S. 32
Inhalts- und Schrankenbestimmungen: S. 67, 104, 110ff., 123f., 146f., 183, 211, 257, 275ff., 282, 309f., 391f., 434, 445
innerer Abstand: S. 323f., 328, 331, 334
Innovation: S. 10, 53, 184ff., 191, 193f., 195, 228, 238, 295
Installation: S. 35, 37, 47, 49, 80f., 191, 441
Institution: S. 12f., 84
Institutsgarantie: S. 99, 111, 283
Intermedien: S. 288
Intertextualität: S. 283, 286, 287, 288

Kernbereich: S. 408, 413, 414ff., 423ff., 429, 435, 449
Kirchenmusik-Entscheidung: S. 95, 100
Kommerzialisierung: S. 135, 140, 144f., 422, 424, 427, 424, 448
Kommunikation: S. 29, 34, 39, 40, 63, 76, 77, 86, 116, 121, 168, 213f., 217, 255, 258, 270, 281, 282, 291
Konkordanz: S. 6. 65, 89, 90, 104, 140, 308, 329, 351, 441

Konzeptkunst: S. 225
Kreativität: S. 184, 186, 186, 187, 286, 325
Kubismus: 18, 28, 31, 56, 57
Kulturgüterindustrie: S. 109, 133 f.
Kunstbegriff, indizieller: S. 85 f., 90, 146, 229, 441
Kunstbegriff, generalisierter: S. 229
Kunstbegriff, offener: S. 227 ff.
Kunstfreiheit: 1, 4, 6, 59, 63, 64, 67 ff., 91 f., 112, 116, 120 f., 129 ff., 145 ff., 153, 216 f., 255, 258, 278, 280 ff., 284, 289, 290, 294, 295, 296, 299, 301, 302, 323, 330, 334, 336, 347, 348, 350, 352, 357, 364, 365, 380, 390, 392, 430, 433, 436, 441, 442, 444, 446
Kunstspezifische Betrachtung: S. 112, 278
Kunstwerk: S. 11, 33, 36, 42, 45, 59, 70, 73, 78, 80, 82 ff., 90, 114, 121, 130, 131, 154, 160, 161, 167, 170 f., 173, 175, 177, 179, 182, 184, 186, 189, 191, 198, 200, 212 ff., 222, 226, 229, 230, 232, 234, 235, 239, 247, 248, 249, 254, 279, 282, 284, 287, 291, 298, 299, 332, 333, 432, 433

Leistungsprinzip: S. 97, 107 f., 110, 111, 115 f., 137, 144, 162 f., 171, 226, 228 f., 249, 256, 268, 282, 294 f., 299, 301, 305, 335, 355
Lickcollage: S. 47, 338, 343
Literaturcollage: S. 51 f., 294, 336
Lüth Entscheidung: 66 f.

Menschenrechtskern: S. 107
Merz: S. 22 ff., 31
Mimese: S. 55, 57, 59, 226, 322, 440
Moderne: S. 8 f., 10, 12,16, 42, 43, 55 ff., 60, 246, 285, 440
monistische Theorie: S. 124, 135, 402
Montage: S. 20, 21, 43, 44, 51, 52, 53, 331, 338, 351, 436, 441
Medienkunst: S. 38 f., 60
Mephisto-Entscheidung: S. 68, 77, 87, 89
Monochrome Malerei: S. 31, 235
Monopolisierung: S. 2 ff., 63 f., 91, 99, 109, 149, 150, 162, 205, 206, 207, 209, 224, 225, 229, 244, 282, 299, 312
Multiperspektivität: S. 57
Mutzenbacher-Entscheidung S. 89

nachschaffender Künstler: S. 2, 63, 64, 67, 91, 104, 115, 119, 121, 123, 146, 147, 150, 164, 199, 252, 280, 282, 285, 290, 294, 295, 299, 300, 301, 306, 307, 308, 309, 314, 315, 319, 327, 334, 335, 336, 355, 357, 360, 361, 362, 364, 369, 370, 384, 385, 387, 391, 392, 399, 401, 403, 427, 428, 436, 443 ff.
Nachschöpfung: S. 185, 196, 300, 305, 306, 320, 323, 360, 368, 382, 383, 391, 434, 439
Naturrecht: S. 93, 106 f.
Netzkunst: S. 40, 161
Nouveau Réalisme: S. 32, 33, 160

Objektkunst: S. 28, 32 ff., 76, 80, 82
Objektmontage: S. 33, 36
objektiv-rechtliche Funktion: S. 67, 74, 112, 140, 258, 442
Öffentlichkeit: S. 32, 71, 77, 128, 130, 136, 154, 158, 168, 173, 217, 257, 327, 355, 358, 364 f., 371, 393, 394, 395, 398, 400, 402, 407, 431 ff., 444, 445
Öffentlichkeitsbegriff: S. 260 ff.
Originalität: S. 54, 162, 167, 169, 201, 204, 298, 386

Papierkörbe: S. 33, 160, 251
papiers collés: S. 17, 26 f., 29, 35, 41, 43, 44, 45, 46, 47, 59, 226, 311, 440 f.
Parodiefreiheit: S. 326, 334
Paternalismus: S. 140 f., 423, 425 f., 427, 428
Performance: S. 38 f., 49 f., 161, 221, 441, 443
Phänomenologie: S. 166, 170, 205

Pop-Art S. 32, 35, 36, 48, 168
Postmoderne: S. 9 ff., 12, 41, 42, 159 f., 226, 246 f., 440
Präsentationkriterium: S. 166 ff., 172 ff., 201, 214 f., 217 f., 222, 224, 227, 229, 248
Privatautonomie: S. 66, 140, 411, 417, 426, 428
Privatsphäre: S. 119, 257, 327, 356, 357, 363 ff., 370, 379, 385, 291 f., 393, 398, 400, 402, 432, 433, 435, 446

Readymade: S. 28, 34, 36, 50, 162, 177, 180, 183, 193, 233 ff., 248
Realität: S. 18, 36, 39, 51, 54, 55, 58, 60, 177, 248, 290, 291, 293, 325, 332, 362, 440, 444
Repas Hongrois: S. 33, 182, 207
Rezipienten: S. 71 f., 76 f., 81 f., 84, 85, 121, 139, 188, 204, 213, 223, 232, 241, 242, 245, 275, 333, 349, 440
right of privacy: S. 138
right of publicity: S. 138

Sacheigentum: S. 94 ff., 100, 109, 113, 115 f., 123, 144, 152
Sachverständiger: S. 73, 81, 84, 85, 186, 190 f., 220, 318 f., 349
Schöpfung, persönlich geistige: S. 151 ff., 162, 165, 197, 209 f., 227, 230 f., 240, 249, 250 f., 267, 269, 346, 368, 387
Schrankensystematik: S. 70, 86 ff.
Selbstbegründungsanspruch: S. 9
Selbstbestimmung: S. 140, 247, 267, 371, 377, 380, 406, 411, 442, 448
selbständige Eigenart: S. 314, 321 f., 368, 399
Sfumato Technik: S. 241, 244
Skizzen: S. 158, 176, 201, 362, 433
Soundcollage: S. 46 f.
Sozialbindung: S. 113 ff., 124
Soziale Plastik: S. 36
Soziales System: 212, 216
Stammvatertheorie: S. 300, 305, 335, 355, 445
statistische Einmaligkeit: S. 166 ff., 178 ff.
Stil: S. 9, 11, 12, 17, 41 f., 209 225, 239, 285
Stilpluralismus: S. 9, 11, 68, 247
subjektiv-rechtliche Funktion: S. 74
Subjektivität: S. 10, 31, 43, 69, 224, 231, 233, 244 ff., 328, 349, 373, 443
Substitutionskonkurrenz: S. 121, 273, 301, 333
Subsystem: S. 213, 217
Surrealismus: S. 16, 24 f., 27 ff.

Topischer Ansatz: S. 79 ff.
Das Tragbare Kriegerdenkmal: S. 36, 253, 254, 289, 336

Urheberpersönlichkeitsrecht: S. 63, 92, 101, 124 ff., 147, 176, 208, 260, 263 f., 277, 307, 353, 365, 371, 373 f., 376 ff., 380, 393 f., 397, 399, 402, 405, 412 ff., 433 f., 448 f.

Verblassenskriterium: S. 215, 320 ff., 331
Vergütungsanspruch: S. 117 ff.
Veröffentlichung: S. 109, 120 f., 174, 176, 197, 200, 201, 203, 218, 260, 261 ff., 279, 357, 363, 366, 373, 375, 376, 384, 393 ff., 435, 447
Vertragsparität: S. 141, 426, 429
Vermögensrecht: S. 95 ff., 99 ff., 110 f., 134 f., 139, 142, 144, 307, 374, 422, 428, 449
vermögenswerte Rechte: S. 105, 142 f.
Videomontage: S. 291

Werk, geborenes: S. 168
Werk, gekorenes: S. 168, 176
Werkbegriff: S. 2, 5, 60, 124, 147, 149, 150 ff., 251, 254, 285, 292, 294, 328, 330, 331, 333, 335, 343, 349, 355, 370, 388, 437, 439, 439, 443 ff.
Werkbereich: S. 78, 120, 130, 281, 282

Werkintegrität: S. 125, 127, 129, 136, 143, 145, 307, 371, 373 ff., 379, 412 ff., 428, 448
Werkkonzeption: S. 83, 231, 232, 244, 249, 285, 301, 331 ff., 356, 392, 437, 444 f.
Werkproduktion: S. 219, 223, 227
Wirkbereich: S. 78, 127, 130, 281, 282

Zeichenstruktur: S. 59
Zentralperspektivität: S. 56 f., 59, 244
Zitatfreiheit: S. 118, 119, 258 ff., 295, 296, 325, 333, 336, 339, 353, 356, 360, 361, 362, 394, 444, 445, 446
Zufall: S. 20, 29, 32 f., 49 f., 54, 155, 160 f., 165, 172, 176, 179, 189, 200, 202, 237, 241, 242 f., 248, 251, 341, 443
Zustimmungsrecht: S. 403

Kolibri 360 GmbH
Ferdinand-Jühlke-Straße 7
99095 Erfurt, Deutschland
produktsicherheit@kolibri360.de